14.III.97

Paul Theroux
Der alte Patagonien-Express

Aus dem Amerikanischen von Erica Ruetz

Hoffmann und Campe

Die Originalausgabe erschien 1979 unter dem Titel
»The Old Patagonian Express. By Train Through the Americas«
bei Hamish Hamilton Ltd., London

Die Deutsche Bibliothek – CIP-Einheitsaufnahme
Theroux, Paul:
Der alte Patagonien-Express / Paul Theroux.
Aus dem Amerik. von Erica Ruetz.
– 2. Aufl. – Hamburg: Hoffmann und Campe, 1995
Einheitssacht.: The old Patagonian express <dt.>
ISBN 3-455-11107-6

Copyright © 1979 Cape Cod Scriveners Company
Copyright der deutschen Ausgabe
© 1995 by Hoffmann und Campe Verlag, Hamburg
Schutzumschlaggestaltung: Lo Breier / Kai Eichenauer
Satz: Utesch Satztechnik GmbH, Hamburg
Druck und Bindung: Mohndruck, Gütersloh
Printed in Germany

Für meine Shanghai Lil
und für Anne, Marcel und Louis
in Liebe

Inhalt

Vorwort zur deutschen Ausgabe 9

1 Der »Lake Shore Limited« 13
2 Der »Lone Star« 45
3 Der »Aztec Eagle« 59
4 »El Jarocho« nach Veracruz 89
5 Der Personenzug nach Tapachula 109
6 Der Siebenuhrdreißigzug nach Guatemala-Stadt 129
7 Der Siebenuhrzug nach Zacapa 151
8 Der Schienenbus nach San Salvador 169
9 Der Eilzug nach Cutuco 187
10 »Die Atlantikbahn«: der Zwölfuhrzug nach Limón 207
11 »Die Pazifikbahn«: der Zehnuhrzug nach Puntarenas 245
12 Der »Balboa Bullet« nach Colón 259
13 Der »Expreso del Sol« nach Bogotá 297
14 Der »Expreso Calima« 323
15 Der »Autoferro« nach Guayaquil 347
16 Der »Tren de la Sierra« 369
17 Der Zug nach Machu Picchu 383
18 »El Panamericano« 407
19 »La Estrella del Norte« nach Buenos Aires 439
20 Der »Subterráneo« von Buenos Aires 459
21 Der »Lagos del Sur«-Expreß 479
22 Der alte Patagonien-Expreß 491

Quellen 511

Vorwort zur deutschen Ausgabe

Jede Reise trägt ein Element von Gefahr in sich: Immer kann etwas Schreckliches geschehen, oder, was viel schlimmer wäre, es kann auch überhaupt nichts passieren. Die schweren Prüfungen eines Reisenden sind in der Rückschau wunderbar; Reisebücher, in denen viel von Leiden und lauernden Bedrohungen die Rede ist, liest man immer gern. Zu meinen Lieblingen gehören Apsley Cherry-Garrards *The Worst Journey in the World* (gefrorene Hölle am Südpol im Jahre 1912), Wilfried Thesigers *Arabian Sands* (Hungern in der Wüste Rub-al-Khali), Geoffrey Moorhouses *The Fearful Void* (Durst und Panik in der Sahara) und Joshua Slocums *Sailing Alone Around the World* (wundersame Errettungen vor Piraten, Indianern und Naturgewalten). Es gibt noch viele andere.

In einer Zeit, in der die Reiseliteratur von manchen Kritikern als neumodische Spielart des Romans gehandelt wird, sagt es viel aus, wenn jemand solche Reisebücher für abwegiger hält als erzählende Literatur. Meiner Ansicht nach unterscheidet sich ein Reisebuch stark von einem Roman und ist keineswegs etwas Neues. Der Bericht eines Reisenden ist vielleicht die Urform der Erzählung; ihr Ursprung liegt wohl in der schmucklosen Wiedergabe der Erlebnisse von Steinzeitmenschen, die die Sicherheit ihrer Höhle aufgegeben und Streifzüge in die Ferne unternommen hatten. Als die menschliche Phantasie damit begann, solche Erzählungen gestaltend zu verschönern und umzuformen, kam die Kunst der Epik zur Welt.

Im berüchtigten kalten Schneewinter des Jahres 1978 brach ich auf nach Südamerika. Ich hatte gerade meinen Roman *Picture Palace* beendet (der deutsche Titel *Orlando oder Die Liebe zur Fotografie*

[Claassen, 1980] stammt nicht von mir, ist aber zugegebenermaßen bei weitem beziehungsreicher und reizvoller), hatte nichts mehr zu schreiben und begab mich ganz gezielt auf eine Reise, um darüber zu berichten. Ich freute mich auf die Unternehmung, weil es so aussah, als müsse ich nur mein Elternhaus in der Nähe von Boston verlassen, mich in einen Zug in die Stadt setzen, umsteigen in einen nach Chicago, dann in einen nach Texas, um von Texas aus mit Anschlußzügen durch Mexiko, Guatemala und El Salvador zu gelangen. Was hätte reizvoller sein können? Durch bloßes Umsteigen, ohne jemals den Boden zu verlassen, könnte ich ein fernes, exotisches Ziel erreichen. Und wenn ich großes Glück hätte, würde mir etwas Schreckliches widerfahren.

Das Schlimmste, was dieser Planet zu bieten hat, ist das Erlebnis des Krieges. Auf einer früheren Reise, über die ich auch ein Buch schrieb, hatte ich den in Vietnam tobenden Krieg miterlebt und mir geschworen, daß ich freiwillig keinen Umweg mehr machen würde, um einem weiteren Krieg ins dämonische Antlitz zu sehen. Den möglicherweise denkwürdigen Erlebnissen, die ich 1978 in Nicaragua beim Zusammenbruch des verbrecherischen Somoza-Regimes hätte machen können, entzog ich mich daher. Meine denkwürdigen Erlebnisse waren weitaus weniger dramatisch: Ich entkam einem der schlimmsten Winterstürme in der Geschichte der USA, erschrak zutiefst über die Armut in Mexiko, Guatemala und El Salvador, lernte in Costa Rica Mr. Thornberry kennen, der ein Problem darstellte, aber auch eine Lösung bot, und fand mich verzaubert von Peru und der Fremdartigkeit Boliviens.

Argentinien, wo das üble Regime unter Videla sich auf übelste Weise seiner Kritiker und politischen Gegner entledigte, hatte in ethischer Beziehung keine, in ästhetischer Beziehung aber sehr wohl seine Vorzüge: solche Widersprüche trifft man auf Reisen öfter an.

Meine Begegnung mit Jorge Luis Borges bleibt mir als eine der bedeutendsten in meinem gesamten Reiseleben im Gedächtnis, zeigte sie mir doch, wie ein schlichtes Zusammentreffen mit einer einzigartigen Person einer Reise Gestalt und einem ganzen Land Bedeutung verleihen kann.

Was mir auf dieser Reise am meisten Glück brachte, war, daß jemand mir zufällig den Namen einer Küste in Costa Rica nannte, auf die wir gerade zufuhren. Im zehnten Kapitel wird der Augenblick geschildert: »Wir hatten die Küste erreicht und fuhren jetzt an einem palmengesäumten Strand entlang: die Moskitoküste, die sich von Puerto Barrios in Guatemala bis nach Colón in Panama erstreckt. Ein wilder Landstrich; er scheint mir ein idealer Schauplatz für eine Geschichte über Schiffbrüchige zu sein.«

Die Beobachtung ist einfach genug, nur ein Blick, aber dieser Strand und der Name hafteten in meinem Gedächtnis, und die Idee mit den Schiffbrüchigen bemächtigte sich meiner Vorstellung. Es war nichts als die Andeutung einer Idee zu einer Erzählung, aber sie genügte. Wer sich für den kreativen Prozeß interessiert, muß nicht weiter vordringen als bis zu diesen beiden Sätzen über Costa Rica, geschrieben von einem siebenunddreißigjährigen Mann, der Heimweh nach seiner Frau und seinen beiden Kindern in London hatte, aber fasziniert war vom Dschungel, durch den er sich bewegte; ein Mann, der sich nach einer Idee sehnte, nach einem neuen Leben, und sich fragte, wie er wohl zurechtkäme, wenn er seine Familie dazu zwingen könnte, ihn in diesen Urwald, an diesen Teil der Moskitoküste zu begleiten. Und so wurde der Roman geboren, in einem Gefühlswirrwarr von Phantasie, Einsamkeit, Panik, Selbstironie und Größenwahn.

Als ich nach Hause kam, hatte ich zwei Bücher zu schreiben. Dieses ist eines davon, *Die Moskitoküste* war das andere. Und es bedeutete eine besondere Freude für mich, daß ich diese beiden höchst exotischen Exkurse während der nächsten drei Jahre in der Geborgenheit meiner Familie niederschrieb, in einem stillen Haus in einer Londoner Straße.

1
Der »Lake Shore Limited«

Einer von uns in diesem dahingleitenden U-Bahn-Wagen war bestimmt nicht auf dem Weg zur Arbeit. Das sah man schon an der Größe seiner Reisetasche, und außerdem kann man einen Flüchtling immer an seinem unsteten Ausdruck von Selbstgefälligkeit erkennen: Er scheint ein Geheimnis auf der Zunge zu haben und sieht aus, als würde er gleich damit herausplatzen. Aber warum mich zieren? – Ich war in meinem alten Schlafzimmer aufgewacht, in dem Haus, in dem ich den größten Teil meines Lebens zugebracht hatte. Tiefer Schnee lag ums Haus, zwischen Hintertür und Mülltonne sah man gefrorene Fußstapfen. Ein Blizzard hatte uns gerade heimgesucht, der nächste stand bevor. Ich hatte mich mit mehr Sorgfalt als üblich angezogen, meine Schuhe fester als sonst geschnürt und die Stoppeln auf der Oberlippe für einen künftigen Schnauzbart stehenlassen. Ich klopfte auf meine Taschen, um mich zu vergewissern, daß ich Kugelschreiber und Paß sicher verstaut hatte, ging nach unten, vorbei an der mit Schluckauf behafteten Kuckucksuhr meiner Mutter und weiter zur U-Bahn-Station Wellington Circle. Ein froststarrender Morgen, der ideale Tag, um sich nach Südamerika aufzumachen.

Für manche war dies die Bahn zum Sullivan Square, zur Milk Street, allenfalls nach Orient Heights – für mich war es der Zug nach Patagonien. Zwei Männer unterhielten sich leise in einer fremden Sprache. Da waren Männer mit Lunchpaketen, Diplomatenkoffern und Aktentaschen; und eine Frau, deren zerknitterte Kaufhausplastiktüte darauf schließen ließ, daß sie einen unerwünschten Artikel zurückbringen oder umtauschen wollte (die Originalverpackung verhalf der unangenehmen Transaktion zur nötigen Glaubwürdigkeit). Das Frostwetter hatte die Gesichter der buntgemischten Fahrgäste in dem Waggon verändert: Die Wangen der Weißen sahen aus wie mit rosa Kreide eingerieben, die Chinesen wirkten blutleer, die Schwarzen aschfahl oder gelblichgrau. Bei Sonnenaufgang waren es minus zehn Grad gewesen, am späten Vormittag minus zwölf, und die Temperatur sank weiter. Als sich am Haymarket die Türen öffneten, fuhr der kalte Wind durch den Wagen und ließ die flüsternden Fremden, die mediterran aussahen, verstummen. Sie zuckten in der Zugluft zusammen. Die meisten Leute saßen in sich zusammengekauert da und hielten sich warm, indem sie die Ellbogen in die Seiten drückten, die Hände in den Schoß legten und die Augen zusammenkniffen.

Sie hatten in der Stadt Dinge zu erledigen: Arbeit, Einkäufe, Bankgeschäfte, den peinlichen Augenblick an der Umtauschkasse. Zwei hatten gewichtige Lehrbücher auf dem Schoß, einen Buchrücken konnte ich entziffern: *Allgemeine Einführung in die Soziologie*. Ein Mann überflog mit feierlicher Miene die Schlagzeilen im *Boston Globe*, ein anderer durchforstete mit dem Daumen die Papiere in seiner Aktentasche. Eine Frau sagte zu ihrer Tochter, sie solle mit dem Zappeln aufhören und sich anständig hinsetzen. Jetzt stiegen sie aus, gingen auf die windigen Bahnsteige – nach vier Stationen war der Zug halb leer. Heute abend würden sie zurückfahren, nach einem Tag voller Gespräche über das Wetter, für das sie sich gut gerüstet hatten: Bürokleidung unter Eskimomänteln, Handschuhe, Fäustlinge, Wollmützen. In ihren Gesichtern zeigten sich Resignation und, schon jetzt, Anzeichen von Erschöpfung. Keine Spur von Aufregung – dies alles war üblich und normal, der Zug gehörte zum Tagesablauf.

Niemand schaute aus dem Fenster. Alle hatten den Hafen, Bunker Hill und die Reklametafeln schon gesehen. Einander sahen sie auch nicht an. Ihr Blick endete ein paar Zentimeter vor ihren Augen. Obwohl sie sie nicht beachteten, sprachen die Schilder über ihren Köpfen doch zu den Menschen, denn sie waren Einheimische, sie zählten, die Werbeleute kannten ihre Adressaten. HABEN SIE SCHON IHRE EINKOMMENSSTEUERFORMULARE? Darunter grinste ein junger Mann mit Matrosenjacke in seine Zeitung hinein und schluckte. BARAUSZAHLUNG AUF SCHECKS IN

GANZ MASSACHUSETTS. Eine Dame mit dem gelblichgrauen Teint der Hottentotten umklammerte ihre Einkaufstasche. FREIWILLIGE HILFSKRÄFTE – BOSTONS STÄDTISCHE SCHULEN BRAUCHEN *SIE*. Für den muffigen Aktentaschenforscher mit der Russenmütze wäre das doch sicher was. BAUFINANZIERUNG? FRAGEN SIE UNS. Niemand sah auf. VOM KELLER BIS ZUM DACH – WERDEN SIE KLEMPNER AM ABENDCOLLEGE. Ein Restaurant. Ein Radiosender. Ein Appell, mit dem Rauchen aufzuhören.

Mir hatten die Schilder nichts zu sagen. Hier ging es um lokale Angelegenheiten, aber ich reiste an diesem Morgen ab. Bei einem, der geht, verfangen die Lockungen der Werbung nicht mehr. Geld, Schule, Haus, Radio: Ich ließ das alles zurück, und schon auf der kurzen Strecke zwischen Wellington Circle und State Street verwandelten sich die Slogans in ein flehendes Gebrabbel: Wortfetzen in einer unbekannten Sprache. Ich konnte sie mit einem Achselzucken abtun, ich wurde von zu Hause weggezogen. Kälte und gleißendes Licht auf dem Schnee – an meiner Abreise war nichts Bedeutsames, nichts Bewegendes, höchstens die Tatsache, daß ich bei der Einfahrt in die South Station schon anderthalb Kilometer näher an Patagonien war.

Reisen ist ein Prozeß des Verschwindens, ein einsamer Weg auf einer dünnen geographischen Linie, die ins Vergessen führt.

What's become of Waring
since he gave us all the slip?

(Was macht denn Mr. Waring
seit er uns allen entwischt ist?)

Ein Reisebuch ist genau das Gegenteil: Der einsame Wolf ist plötzlich überlebensgroß wieder da, um die Geschichte seines Experiments mit dem Raum zu erzählen. Das ist die schlichteste Form der Erzählung, eine Erläuterung, die Aufbruch und Reise in sich selbst rechtfertigt. Fortbewegung, die ihre Ordnung dadurch erhält, daß sie in Worten wiederholt wird. Diese Art des Verschwindens ist elementar, aber die wenigsten kommen zurück und schweigen. Und doch ist es Brauch, die Reisebeschreibung wie in so vielen Romanen teleskopartig zu verkürzen, mittendrin anzufangen und den Leser an einem exotischen Ort landen zu lassen, ohne ihn erst einmal dorthin zu geleiten. »Die weißen Ameisen hatten sich über meine Hängematte hergemacht« könnte so ein Buch anfangen. Oder: »Dort unten schnitt das patagonische Tal tief ein in den grauen Fels, von äonenalten Streifen gezeichnet und von Fluten zerklüftet.« Oder, um mit ein paar echten ersten Sätzen aus drei zufällig ausgewählten Büchern zu beginnen:

»Es war gegen Mittag des 1. März 1898, als ich zum ersten Male in den engen und recht gefährlichen Hafen von Mombasa an der afrikanischen Ostküste einfuhr.« (Lt. Col. J. H. Patterson, *The Man-Eaters of Tsavo*)

»›Herzlich Willkommen!‹ steht auf dem großen Schild am Straßenrand, als das Auto die Haarnadelkurven hinauf aus der Glut der südindischen Ebene hinter sich und uns in eine fast erschreckende Kühle gebracht hat.« (Mollie Panter-Downes, *Ooty Preserved*)

»Vom Balkon meines Zimmers bot sich mir eine Panoramaaussicht auf Accra, die Hauptstadt von Ghana.« (Alberto Moravia, *Die Streifen des Zebras*)

Meine Frage, auf die ich weder in diesen noch in kaum einem anderen Reisebuch eine Antwort finde, lautet für gewöhnlich: »Wie sind Sie dahin gekommen?« Auch wenn kein Motiv angeführt wird, wäre ein Prolog sehr recht, denn die Reise selbst ist oft ebenso faszinierend wie die Ankunft. Aber weil Neugier aufhält und jeder Aufenthalt als Luxus gilt (wozu eigentlich die Eile?), haben wir uns angewöhnt, das Leben als Serie von Ankünften und Abreisen, von Siegen und Niederlagen anzusehen, zwischen denen nichts Mitteilenswertes liegt. Gipfel sind wichtig, aber was ist mit den unteren Hängen des Parnaß? Wir haben das Zutrauen zum Aufbruch von zu Hause nicht verloren, doch die Texte darüber sind rar. Von der Abfahrt wird die panische Sekunde in der Abflughalle, das hastige Fummeln nach den Tickets oder ein ungeschickter Kuß an der Gangway beschrieben, und dann kommt nichts mehr bis zu: »Vom Balkon meines Zimmers bot sich mir eine Panoramaaussicht auf Accra...«

In Wirklichkeit geht Reisen anders vor sich. Vom ersten Moment des Erwachens an wendet man sich dem fremden Ort zu, jeder Schritt (erst an der Kuckucksuhr vorbei, dann die Fulton Street runter zum Fellsway) bringt einen näher ans Ziel. *The Man-Eaters of Tsavo* spielt um die Jahrhundertwende in Kenia und handelt von Löwen, die indische Eisenbahnarbeiter fressen. Aber ich möchte wetten, daß es ein subtileres und ebenso fesselndes Buch über die Seereise von Southampton nach Mombasa gab, das Colonel Patterson aus nur ihm bekannten Gründen ungeschrieben ließ.

Die Reiseliteratur ist armselig geworden. Zur billigen Standardeinleitung gehört inzwischen, daß jemand sich am Fenster der schrägeneigten Flugzeugkabine die Nase platt drückt. Die Effekthascherei eines solchen Witzblattanfangs ist mittlerweile so bekannt, daß sie sich kaum noch parodieren läßt. Wie geht das noch mal? »Unter uns tropisches Grün, ein überflutetes Tal, ein Flickenteppich aus Feldern, und als wir durch die Wolkendecke tauchten, sah ich Schotterpisten, die ins Hügelland führten, die Autos darauf winzig wie Spielzeug. Wir flogen eine Schleife über den Flughafen; beim Landeanflug sah ich die mächtigen Palmen, die Bauern bei der Ernte, die Dächer der ärmlichen Häuser, die quadratischen, mit groben Zäunen zusammengestoppelten Felder, ameisengroße Menschen, das farbige...«

Mich hat diese Art von Ratespiel noch nie sehr überzeugt. Wenn ich irgendwo mit dem Flugzeug ankomme, klopft mir das Herz bis zum Hals, während ich mir, wie vermutlich jeder andere auch, überlege, ob wir gleich abstürzen. Mein Leben blitzt als Potpourri aus scheußlichen und kläglichen Trivialitäten vor mir auf. Dann weist eine Stimme mich an, so lange auf meinem Platz auszuharren, bis das Flugzeug die endgültige Parkposition erreicht hat, und wenn die Maschine endlich Bodenkontakt hat, ertönt aus den Lautsprechern eine konzertante Fassung von *Moon River*. Wenn ich jetzt noch die Nerven hätte, mich umzuschauen, könnte ich vielleicht einen Reiseschriftsteller kritzeln sehen: »Unter uns tropisches Grün...«

Aber was ist mit der Reise selbst? Vielleicht gibt es nichts zu sagen. Über die meisten Flugreisen gibt es nicht viel zu erzählen. Nur das Katastrophale ist der Rede wert, also definiert man einen angenehmen Flug durch Negationen: Das Flugzeug wurde nicht entführt, man ist nicht abgestürzt, man hat sich nicht übergeben, man war nicht verspätet, man hat sich nicht vor dem Essen geekelt. Also ist man dankbar. Diese Dankbarkeit bringt eine so große Erleichterung, daß das Gehirn leer wird – zu Recht, denn der Flugreisende ist ein Zeitreisender. Er kriecht in eine teppichbelegte, nach Desinfektionsmittel stinkende Röhre und wird festgeschnallt, um nach Hause oder von zu Hause wegzufahren. Die Zeit wird verstümmelt, zumindest verdreht, denn er reist in einer Zeitzone ab und kommt in einer anderen wieder heraus. Von dem Augenblick an, in dem er in die Röhre gestiegen ist und in unbequem aufrechter Haltung seine Knie gegen den Sitz vor sich gepreßt hat, vom Augenblick seines Abflugs an konzentriert sich sein Denken auf die Ankunft. Jedenfalls, wenn er überhaupt denkt. Wenn er aus dem Fenster sehen würde, böte sich ihm nichts als die Tundra der Wolkendecke und der leere Raum darüber. Die Zeit wird glänzend geblendet: Es gibt nichts zu sehen. Deswegen scheinen so viele Menschen sich beinah zu entschuldigen, wenn sie per Flugzeug reisen. Sie sagen: »Am liebsten würde ich diese Plastikjumbos vergessen, einen Dreimaster besteigen und mir oben an Deck den Wind um die Nase wehen lassen.«
Solche Entschuldigungen sind nicht nötig. Eine Flugreise ist vielleicht keine Reise im herkömmlichen Sinn, aber sie hat mit Sicherheit etwas Magisches. Für den Preis eines Tickets kann jedermann den burgbewehrten Drachenfels oder den See von Innisfree herbeizaubern, wenn er – beispielsweise in Bostons Logan Airport – die richtige Rolltreppe erwischt, aber wahrscheinlich bietet diese eine Fahrt auf der Rolltreppe mehr Anregung und hat mehr von einer Reise an sich als die ganze Zeit im Flugzeug. Und der Rest? Die Ankunft in dem fremden Land – ist nichts als die Rollbahn eines übelriechenden Flughafens. Wenn der Passagier diese Form von Transfer für Reisen hält und der Öffentlichkeit ein Buch darüber vorlegt, ist der erste Ausländer, den der Leser kennenlernt, entweder ein kleidungfilzender Zollbeamter oder ein schnauzbärtiger Le-

mur am Einreiseschalter. Obwohl sie inzwischen einfach dazugehören, sollten wir doch die Tatsache beklagen, daß Flugzeuge uns unser Gefühl für den Raum genommen haben; wir sind behindert wie Liebende, die in einer Ritterrüstung stecken.
Dies ist offensichtlich. Was mich interessiert, ist das Aufwachen am Morgen, das Vorrücken vom Vertrauten über das Seltsame und das Fremdartige zum völlig Unbekannten und schließlich Exotischen. Es kommt auf die Reise an und nicht auf die Ankunft; die Passage zählt, nicht die Landung. Weil ich mich von anderen Reisebüchern darum betrogen fühlte und mich fragte, was es eigentlich war, was man mir vorenthalten hatte, wollte ich meinen eigenen Weg ins Reisebuchland ausprobieren, so weit nach Süden fahren, wie es von Medford, Massachusetts, mit Zügen möglich ist, und mein Buch da beenden, wo andere Reisebücher anfangen.
Ich hatte nichts Besseres zu tun. In meinem Leben als Schriftsteller war ich an einem mir inzwischen vertrauten Punkt angekommen: Ich hatte gerade einen Roman beendet, also zwei Jahre Arbeit in geschlossenen Räumen hinter mir. Während ich noch nach einem neuen Thema suchte, fiel mir auf, daß ich, statt Nägel auf die Köpfe zu treffen, nur serienweise Schläge ins Leere vollführte. Ich kann Kälte nicht ausstehen, ich wollte ein bißchen Sonne. Ich hatte keinen festen Beruf: mich hielt nichts. Ich nahm mir meine Landkarten vor und fand eine Strecke, die offenbar ohne Unterbrechung vom Haus meiner Eltern in Medford bis zur Hochebene von Patagonien im Süden Argentiniens verlief. Dort, in der Stadt Esquel, war dann Schluß mit den Eisenbahnen. Nach Tierra del Fuego gab es keine Züge, aber zwischen Medford und Esquel ziemlich viele.
In dieser wanderlustigen Stimmung bestieg ich den ersten Zug, den, der die Leute zur Arbeit brachte. Sie stiegen aus – ihre Zugreise war schon zu Ende. Ich blieb drin – meine fing gerade an.

An der South Station, wo meine Haut sich in der stumpfen Kälte wie Kreppapier zusammenzog, erschienen ein paar Freunde. Dampf waberte unter den Waggons hervor; sie tauchten als Nebelgestalten daraus auf, Atemwölkchen wehten um ihre Köpfe. Wir tranken Champagner aus Pappbechern und hopsten herum, um uns warm zu halten. Meine Familie brach aus dem Dunst hervor,

Hände wurden geschüttelt wie Pumpenschwengel. Vor Aufregung vergaß mein Vater meinen Namen, aber meine Brüder bewahrten die Ruhe. Der eine gab sich ironisch, der andere beäugte einen flotten jungen Mann auf dem Bahnsteig und meinte: »Ui, ein Süßer, Paul, paß auf, der steigt ein!« Ich winkte meinem Abschiedskomitee zu und tat es ihm nach. Bei der Abfahrt des »Lake Shore Limited« von Gleis 15 kam ich mir vor, als sei ich immer noch in einem vorläufigen Zustand, als würden alle anderen bald aussteigen und nur ich bis zur Endstation im Zug bleiben.

Eine schöne Vorstellung, die ich aber für mich behielt. Wenn ein Fremder mich fragte, wohin ich wollte, sagte ich: »Chicago.« Zum Teil war es Aberglaube – in diesem frühen Stadium der Reise brachte es sicher Unglück, wenn ich mein Ziel angab. Außerdem wollte ich weder den Fragenden mit abwegigen Ortsnamen wie Tapachula, Managua oder Bogotá verwirren noch seine Neugier wecken und ihn zum Nachhaken animieren. Jetzt war ich sowieso noch auf vertrautem Boden, kannte alles: die gebeugten Rücken der braunen Sandsteinhäuser in der Stadt, die lächerlich feierlichen Turmspitzen der Boston University, jenseits des zugefrorenen Charles River die weißen Spitztürme von Harvard, jeder einzelne in seiner ganzen Zerbrechlichkeit wie ein gescheiterter Versuch, einen Elfenbeinturm darzustellen. Die Luft war kalt und klar, weit trug sie den Schrei der Lokomotivpfeife durch die Back Bay. Die Pfeifen amerikanischer Züge haben diesen bittersüßen Doppelton; selbst der unbedeutendste Zug spielt den Träumern am Rande des Schienenwegs das sehnsuchtsvolle Lied perfekt vor. In der Musik heißt der Klang verminderte Terz: Huu-*iii*! Huu-*iii*!

Ein paar Autos fuhren auf den gestreuten Straßen, Fußgänger waren nicht zu sehen. Es war zu kalt, um irgendwohin zu laufen. Die Außenbezirke von Boston wirkten wie nach einer Evakuierung: keine Menschen, alle Türen und Fenster fest geschlossen, der schmutzige Schnee türmte sich an den Rändern der leeren Straßen und auf den parkenden Autos. Ein Fernsehsender, mit vorgesetzter Klinkerfassade auf Herrensitz getrimmt, ein zugefrorener Ententeich, eine Kaserne mit angedeuteten grauen Festungsmauern, deren militärischer Nutzen ungefähr so überzeugend war wie der von Pappburgen zum Ausschneiden auf der Rückseite von Cornflakes-

packungen. Ich wußte, wie diese Vororte hießen, war schon oft dort gewesen, aber weil ich ein so fernes Ziel hatte, gewann jeder Punkt, den wir passierten, an Bedeutung. Es war, als ginge ich zum ersten Mal von zu Hause weg, und zwar für immer.
Weil mir auf einmal klar wurde, wie gut ich diese Orte verstand, hielt ich am Vertrauten fest und wollte es nicht für die Ferne aufgeben. Die Brücke dort, die Kirche da drüben, das Feld. Von zu Hause wegzugehen kommt nicht als Schock, sondern eher als ein langsam wachsendes Trauergefühl; es verstärkt sich mit jedem vertrauten Ort, der am Fenster vorbeizieht, der verschwindet und zur Vergangenheit wird. Die Zeit wird sichtbar und bewegt sich mit der Landschaft. Jede verstreichende Sekunde wurde mir vorgeführt, während der Zug dahinschoß und die Gebäude mit einem Tempo abhakte, das mich melancholisch stimmte.
Hier in Framingham wohnten elf meiner Cousins. Bungalows, gezähmte Wälder und eisbedeckte Veranden auf Hügeln, sauberer Schnee als in Boston. Und etwas menschliches Leben: Kinder, die an diesem Winternachmittag auf einer Eisbahn zwischen ein paar verfallenen Häusern vornübergebeugt auf ihren Schlittschuhen herumsausten. Augenblicke später überquerten wir eine Klassenschranke: große rosafarbene, grüne, gelbe und weiße Kästen, manche davon mit schneegefüllten Swimmingpools. Der »Lake Shore Limited« legte den Verkehr auf der Hauptstraße lahm, wo ein Polizist, dessen vor Kälte aufgedunsenes Gesicht die Farbe einer Salami hatte, mit Bärentatzenfäustlingen an den Händen die Autos zurückhielt.
Weit war ich bisher nicht gekommen. Ich hätte noch schnell aus dem Zug springen und per Bus den Heimweg nach Medford antreten können. Obwohl ich mich hier gut auskannte, entdeckte ich neue Dinge: eine andere Struktur des Vorortschnees, die kumpelhaften Namensschilder an den Läden (»Wally's«, »Dave's«, »Angie's«) und immer wieder die amerikanische Flagge. Die Stars and Stripes wehten über Tankstellen, Supermärkten und zahllosen Hinterhöfen. Ein Kirchturm in der Form einer Pfeffermühle. Ich konnte mich nicht entsinnen, ihn schon gesehen zu haben, aber ich war auch noch nie so Hals über Kopf von zu Hause weggereist wie jetzt. Weil ich eine so lange Reise vor mir hatte, konnte ich es mir erlau-

ben, mich mit Details zu befassen. Die Fahnen gaben mir Rätsel auf: Handelte es sich um stramm patriotische Großsprecherei, eine Warnung an Fremde oder um Dekorationen für einen staatlichen Feiertag? Warum zum Beispiel flatterte die hübsche kleine Fahne im müllbedeckten Gärtchen dieses verkommenen Häuschens dort so treu an ihrer Stange? Allem Anschein nach handelte es sich um eine amerikanische Obsession, um eine Art von Götzendienst, die ich nur den primitivsten politischen Gemütern zugetraut hätte.

Die untergehende Sonne färbte den Schnee bronzefarben, und jetzt sah ich fahnengeschmückte Fabriken, die auf den hohen Backsteinschornsteinen für ihre Produkte warben: SNIDER'S DRESSED BEEF stand auf einem, auf einem anderen ein einziges Wort: ENVELOPES. Und wie vorher die Kaserne mit ihren falschen Burgmauern nun eine Kathedrale mit Stützpfeilerattrappen und glockenlosem Glockenturm, ein paar Häuser mit Säulen, die das Dach nicht trugen, dekorative Imitate an einem Pfefferkuchenhäuschen. Echtheit sollte hier nicht vorgespiegelt werden, es ging um die Betonung der Niedlichkeit, wie sie oft an amerikanischen Gebäuden zu sehen ist – Zitate als legitime Bestandteile der Architektur.

Und zwischen den kleinen Industriestädtchen – die jetzt immer weiter auseinander lagen – wurden die dichten Wälder dunkler, die Stämme der Eichen sahen schwarz und abweisend aus wie Kirchenkanzeln. Kurz vor Springfield legte sich die Nacht über die kahlen Hügel, in den verschneiten Tälern glitt der Phosphorschein des tiefen Schnees zu schwarzen Bächen mit von der Strömung aufgerauhten Oberflächen. Seit Boston war ständig Wasser in Sicht gewesen: eisbedeckte Seen und Teiche, halb zugefrorene Flüsse oder Bäche mit muschelförmigen Eisablagerungen an den Ufern, das wenige offene Wasser wirkte im Zwielicht wie Tinte. Dann ging die Sonne unter, das Licht vom Himmel ergoß sich in das Loch, in dem sie verschwunden war, und die winzigen Fenster, die durch die Wälder zu sehen waren, schienen heller erleuchtet. Weit entfernt an der Straße stand ein Mann mit Fäustlingen allein vor den Zapfsäulen seiner Tankstelle und sah dem Zug nach.

Bald darauf waren wir in Springfield. Ich erinnerte mich sehr deutlich an den Ort, daran, wie ich an einem Winterabend an diesem Bahnhof ausgestiegen und über die lange Brücke über den Connecticut River bis zur Route 91 gelaufen bin, um per Anhalter nach Amherst weiterzufahren. Auch heute abend trieben Eisschollen auf dem Fluß, da waren immer noch die dunkelbewaldeten Hänge auf dem jenseitigen Ufer und der gleiche schneidende Wind. Erinnerungen an die Schule sind für mich immer Erinnerungen an Verlassenwerden, Unerfahrenheit, an die freudlose Ungeduld, unter der ich litt wie unter Armut. Traurige Zeiten habe ich damals durchgemacht. Das Vorwärtskommen beim Reisen ist eine Gnade: Bevor ich mir allzuviel ins Gedächtnis rufen und diese Stadt und dieser Fluß mir eine bestimmte Erinnerung zuspielen konnten, kam der Pfiff, und fort ging es in die Amnesie der Nacht. Wir fuhren nach Westen durch die Wälder von Massachusetts, das Rattern des Zuges klang dumpf zwischen den Schneewehen. Aber sogar in dieser Dunkelheit erkannte ich alles. Es war nicht die undurchsichtige Nacht, nicht die ungebrochene Dunkelheit im Hinterland einer fremden Gegend, sondern eine Finsternis, die nur Fremde verwirrt. Für diese Jahreszeit in dieser Gegend war es ein ganz gewöhnlicher Abend; ich kannte alle seine Gespenster: Es war die Dunkelheit der Heimat.

Ich saß noch immer in meinem Abteil. Der Champagner an der South Station hatte mich ziemlich benebelt, und obwohl William Faulkners *Wilde Palmen* aufgeschlagen auf meinem Schoß lag, hatte ich keine drei Seiten gelesen. Hinten auf den Schutzumschlag hatte ich gekritzelt: »Polizist mit der Gesichtsfarbe einer Salami«, »Wasser wie Tinte«, »Fahnen« – und ansonsten zum Fenster hinausgesehen. Andere Passagiere hatte ich noch nicht wahrgenommen, weil ich nicht darauf geachtet hatte. Ich wußte nicht, wer sonst in diesem Zug saß, und verschob in meinem teilnahmslosen Zustand die sozialen Kontakte auf später: wenn heute nicht, dann eben morgen in Chicago oder übermorgen in Texas. Ich hätte es mir auch bis Lateinamerika oder bis zu einer anderen Klimazone aufheben, einfach dasitzen und lesen können, bis das Wetter sich änderte, und erst dann ein bißchen spazierengehen. Aber schließlich fand ich den Faulkner doch zu unzugänglich und ließ meine Neugier über meine Trägheit siegen.

Im Gang des Schlafwagens (übrigens der einzige Schlafwagen des Zuges, und einen Namen hatte er auch: »The Silver Orchid«) stand ein Mann. Er hatte die Unterarme und das Gesicht gegen die Fensterscheibe gedrückt und starrte auf Pittsfield oder die Berkshires: auf einen kalkweißen, in Nacht und Schnee gehüllten Birkenhain, auf eine Reihe Zaunpfosten, die aus den Schneewehen, in denen sie halb begraben lagen, deutlich heraustakten, auf die schattigen Laternenformen kleiner Zedern und auf einen streifigen Zuckerguß aus Schneeflocken, der auf der Scheibe vor seiner Nase die Bewegung des Windes nachahmte.
»Genau wie die ›Transsibirische Eisenbahn‹«, sagte er.
»Nein«, sagte ich.
Er zuckte zusammen und starrte weiter vor sich hin. Mit schlechtem Gewissen, weil ich ihm über den Mund gefahren war, ging ich bis zum Ende des Waggons. Als ich mich umwandte, stand er noch immer da und betrachtete die Dunkelheit. Ein älterer Herr, der seine Bemerkung sicher nur als freundliche Geste gemeint hatte. Ich tat so, als sähe ich selbst aus dem Fenster; als er sich aufrichtete und, wie auf einem im Sturm schwankenden Schiffsdeck in einer Art Tango die Balance haltend, auf mich zukam, sprach ich ihn wieder an: »In Sibirien gibt es nicht so viel Schnee.«
»Was Sie nicht sagen.« Er ging weiter. Seinem brüsken Ton konnte ich entnehmen, daß er für mich verloren war.
Da es bis Albany, wo der New Yorker Zugteil mit dem Speisewagen angekoppelt wurde, nichts zu essen geben würde, ging ich in den Salonwagen, trank ein Bier, stopfte meine Pfeife, zündete sie an und ergab mich dem tranceartigen Zustand müßigen Nachdenkens, in den Pfeifenrauch mich immer versetzt. Ich blies einen so dichten Kokon aus dicken, tröstlichen Wolken um mich herum, daß das Mädchen, das in den Wagen kam und sich mir gegenübersetzte, so geisterhaft aussah wie ein im Nebel verirrtes Kind. Sie legte drei prallvolle Tüten auf den Tisch, kreuzte die Beine zum Schneidersitz, faltete die Hände im Schoß und stierte versteinert in den Waggon hinein. Ihre Intensität machte mich hellwach. Am Nachbartisch saß ein in eine Matt-Helm-Geschichte vertiefter Mann, daneben zwei Poker spielende Streckenarbeiter mit ihrem Werkzeug. Dann noch ein Junge mit einem Kurzwellenempfänger, des-

sen Krach aber im Getöse des Zuges unterging. Ein Uniformierter rührte in seinem Kaffee – eine alte, verschmierte Laterne zu seinen Füßen wies ihn als Eisenbahner aus. Am gleichen Tisch wie er, aber ohne sich mit ihm zu unterhalten, saß eine dicke Frau und knabberte verstohlen an einem Schokoriegel. Sie tat es so schuldbewußt, als ob sie befürchten müßte, daß jeden Moment jemand kommen und sie anschnauzen könnte: »Schmeiß das Ding weg!«
»Können Sie vielleicht das Rauchen lassen?«
Das Mädchen mit den Tüten und dem versteinerten Blick. Ich sah mich nach einem Nichtraucherschild um. Es gab keins.
»Stört es Sie?«
»Es macht mir die Augen kaputt.«
Ich legte die Pfeife hin und trank einen Schluck Bier.
»Das Zeug ist Gift«, sagte sie.
Ich sah sie nicht an, sondern betrachtete ihre Tüten: »Erdnüsse sind krebserregend, heißt es.«
Rachsüchtig grinste sie mich an: »Kürbiskerne.«
Ich wandte mich ab.
»Und das hier sind Mandeln.«
Ich überlegte, ob ich meine Pfeife wieder anzünden sollte.
»Und hier sind Cashews drin.«
Sie hieß Wendy. Ihr Gesicht war ein Oval voller Unschuld, ungetrübt von jeder Art von Wissensdurst. Vielleicht war sie irgendwie hübsch, aber auf mich wirkte sie nur hausbacken, also absolut uninteressant. Sie konnte ja nichts dafür; wem gelingt es schon, im Alter von zwanzig interessant zu sein. Sie sei Studentin, sagte sie, und auf dem Weg nach Ohio. Sie trug Holzfällerstiefel zu einem indischen Rock; in der schweren Lederjacke sah sie aus, als hätte sie Hängeschultern.
»Was studieren Sie denn, Wendy?«
»Östliche Philosophie. Ich zieh mir gerade Zen rein.«
Himmel hilf, dachte ich. Aber sie redete weiter. Sie hatte gerade etwas über die große Leere gelernt, vielleicht ging es auch um die ganzheitliche Lehre – für mich ergab das sowieso keinen Sinn. Gelesen hätte sie noch nicht wahnsinnig viel, sagte sie, und außerdem hätte sie miese Lehrer. Aber wenn sie erst mal in Japan oder Burma wäre, hätte sie sich gedacht, würde sie viel mehr rauskriegen. Erst

mal würde sie noch ein paar Jahre in Ohio bleiben. Das Irre am Buddhismus sei doch, daß er das ganze Leben einschloß. Egal, was man tut, es ist Buddhismus. Was auch immer in der Welt passiert – alles Buddhismus.

»Die Politik aber nicht«, sagte ich. »Die ist bloß verlogen und hat mit Buddhismus nichts zu tun.«

»Das sagen alle, aber sie haben unrecht. Ich hab gerade Marx gelesen, und irgendwie ist der auch Buddhist.«

War das ihr Ernst?

»Marx hatte ungefähr soviel von einem Buddhisten an sich wie diese Bierdose«, sagte ich. »Wie auch immer; ich dachte, wir reden über Politik. Die ist nämlich das Gegenteil von Denken: Selbstsucht, Engstirnigkeit und Unehrlichkeit, nichts als Halbwahrheiten und Verkürzungen. Der eine oder andere buddhistische Politiker könnte vielleicht etwas ändern, aber in Burma, wo...«

»Nehmen Sie eine.« Sie zeigte auf ihre Tüten mit Nüssen. »Ich esse nur Rohkost und nehme auch keine Milchprodukte zu mir. Wahrscheinlich haben Sie damit recht, daß die Politik immer auf dem falschen Weg ist. Ich glaub, daß die Menschen sowieso alles falsch machen – vollkommen falsch, meine ich. Sie essen Müll. *Sie konsumieren Müll*. Sehen Sie sie doch an!« Die dicke Frau nagte immer noch an ihrem Schokoriegel – vielleicht war es auch schon ein neuer. »Sie zerstören sich selbst und wissen es nicht einmal. Sie rauchen sich zu Tode. Sehen Sie sich den Qualm in diesem Waggon hier an.«

»Ein Teil davon stammt von mir.«

»Er macht mir die Augen kaputt.«

»Keine Milchprodukte«, sagte ich. »Das heißt, Sie trinken also keine Milch?«

»Genau.«

»Und Käse? Käse ist doch was Gutes. Und man braucht doch auch Kalzium.«

»Ich decke meinen Kalziumbedarf durch Cashewnüsse.« Konnte das stimmen? »Und von Milch war ich immer total verschleimt. Milch ist der größte Schleimerzeuger, den es gibt.«

»Das wußte ich nicht.«

»Früher hab ich pro Tag eine ganze Schachtel Kleenex verbraucht.«

»Eine Schachtel? Das ist ja ziemlich viel.«
»Die Milch war schuld. Ließ alles verschleimen. Sie können sich gar nicht vorstellen, wie mir immer die Nase lief.«
»Kommt es daher, daß manchen Leuten dauernd die Nase läuft? Von der Milch?«
»Ja!« rief sie.
Vielleicht war ja etwas dran an ihrer Theorie. Milchtrinkern läuft die Nase. Kinder trinken Milch. Also muß Kindern die Nase laufen. Und Kindern läuft *wirklich* andauernd die Nase. Aber ich hatte doch meine Zweifel. Jedem lief die Nase – nur ihr nicht, offenbar.
»Von Milchprodukten kriegt man außerdem Kopfschmerzen.«
»Sie wollen sagen, daß *Sie* davon Kopfschmerzen kriegen.«
»Genau. Erst neulich abend. Meine Schwester weiß, daß ich Vegetarierin bin, und sie hat Auberginenauflauf mit Parmesan für mich gemacht. Sie wußte nämlich nicht, daß ich ausschließlich Rohkost esse und keine Milchprodukte. Ich hab den Auflauf angeguckt – ein Blick auf die Käseschicht, und schon wußte ich, daß ich mich danach scheußlich fühlen würde. Aber sie hatte den ganzen Tag in der Küche gestanden – was sollte ich machen? Das Komische ist, daß es mir sogar gut geschmeckt hat. Gott, war mir hinterher schlecht – und meine Nase fing an zu laufen.«
Ich erzählte ihr, daß Mahatma Gandhi in seiner Autobiographie behauptet, Essen fördere die Lüsternheit. Und ausgerechnet er hat mit dreizehn, in einem Alter, in dem die meisten amerikanischen Kinder in der Jugendliga herumbolzen oder ihre gesamte Hirnkapazität auf die Herstellung von Wurfgeschossen aus Spucke und Papier konzentrieren, geheiratet – und er war Vegetarier.
»Aber das war keine richtige Hochzeit«, meinte Wendy. »Eher so eine Art hinduistische Zeremonie.«
»Der Ehevertrag wurde geschlossen, als er sieben war, die Hochzeit hat das Geschäft nur besiegelt. Da waren beide dreizehn, und er fing schon an, sie zu bumsen – obwohl das vielleicht nicht der passende Ausdruck für das Liebesspiel des Mahatma ist.«
Wendy wurde nachdenklich. Ich versuchte es noch mal. Ob sie, wollte ich wissen, vielleicht seit ihrer Konversion zur Rohkost ein Nachlassen ihres sexuellen Appetits festgestellt habe?
»Schlafstörungen hatte ich zuerst«, sagte sie. »Und schlecht war

mir, echt schlecht. Und miese Laune habe ich auch gekriegt, muß ich zugeben. Ich glaube, daß Fleisch wirklich aggressiv macht.«
»Aber was ist mit den sexuellen Wünschen? Hunger, Gier – ich weiß nicht recht, wie ich es nennen soll.«
»Meinen Sie Sex? Sex soll ja nicht gewalttätig sein, sondern etwas Sanftes und Schönes. Still und ruhig.«
Vielleicht wenn man Vegetarier ist, dachte ich. Die pedantische Studentinnenstimme brabbelte unablässig weiter.
»Ich verstehe meinen Körper jetzt viel besser... Ich habe meinen Körper jetzt erst richtig kennengelernt... Stellen Sie sich vor, ich merke es inzwischen sofort, wenn sich mein Blutzuckerspiegel auch nur ein kleines bißchen verändert. Ich kann spüren, wie er rauf- und runtergeht, mein Blutzuckerspiegel, wenn ich bestimmte Dinge esse.«
Ob sie jemals schwer krank geworden sei, erkundigte ich mich. Absolut nicht, sagte sie. Ob sie sich manchmal ein kleines bißchen krank fühle?
Ihre Antwort war erstaunlich: »Ich glaube nicht an Keime.«
Toll. »Wollen Sie damit sagen, daß Sie nicht an die Existenz von Krankheitserregern glauben? Daß die Dinger bloß eine optische Illusion unter dem Mikroskop sind, Staubkörnchen, kleine Flekken, so was?«
»Ich glaube nicht, daß Keime krank machen. Bakterien sind Lebewesen – kleine, harmlose, lebendige Wesen.«
»Wie Flöhe und Kakerlaken«, sagte ich. »Nette kleine Tierchen, oder?«
»Keime machen nicht krank«, beharrte sie. »Essen macht krank. Wenn man sich schlecht ernährt, schwächt man seine Organe und wird krank. Die Organe werden krank, das Herz, der Darm.«
»Aber wovon werden die Organe krank?«
»Von schlechtem Essen. Es schwächt sie. Wer sich gut ernährt wie ich«, sie deutete auf ihre Kürbiskerne, »wird nicht krank. Ich werde auch nie krank. Wenn mir die Nase läuft und ich Halsweh habe, nenne ich das nicht Erkältung.«
»Nein?«
»Nein, weil es daher kommt, daß ich etwas Schlechtes gegessen habe. Also esse ich dann etwas Gutes.«

Ich stellte meine Frage, ob mit dem Begriff Krankheit nur eine laufende Nase gemeint sei und nicht vielleicht auch Krebs oder Beulenpest, erst einmal zurück. Befassen wir uns mit dem Detail, dachte ich. Was sie denn an diesem Tag gegessen habe?
»Das hier. Kürbiskerne, Cashewnüsse, Mandeln. Eine Banane. Einen Apfel. Ein paar Rosinen. Eine Scheibe Vollkornbrot – getoastet. Wenn man es nicht toastet, verschleimt man.«
»Ihre Lebensweise ist eine Art Kriegserklärung an alle Gourmets, nicht wahr?«
»Ich weiß, ich habe ziemlich radikale Ansichten.«
»Ich würde sie nicht als radikal bezeichnen«, sagte ich, »sondern eher als selbstgefällig und selbstbezogen, man könnte auch sagen, egozentrisch. Witzigerweise kann man, wenn man selbstgefällig und egozentrisch ist und die ganze Zeit an Gesundheit und Reinheit denkt, ganz leicht zum Faschisten werden. Meine Ernährung, mein Darm, mein Ego – so reden Rechte. Als nächstes werden Sie sich noch über die Reinheit der Rasse auslassen.«
»Okay«, gestand sie in einer plötzlichen Kehrtwendung: »Ich gebe zu, daß einige meiner Ansichten konservativ sind. Na und?«
»Tja, weil zum Beispiel außerhalb Ihrer Eingeweide eine ganz große Welt liegt. Der Mittlere Osten. Der Panamakanal. Politische Gefangene im Iran, denen man die Fußnägel rausreißt. Indische Familien, die verhungern müssen.«
Meine Tirade machte wenig Eindruck und brachte sie bloß auf das Thema Familie, vielleicht weil ich hungernde Inder erwähnt hatte. Familien könne sie nicht ausstehen, sagte sie. Da sei einfach nichts zu machen, sie hasse sie einfach.
»Woran denken Sie bei dem Wort Familie?«
»Ein Kombi, eine Mutter, ein Vater. Vier oder fünf Kinder, die Hamburger essen. Sie sind gräßlich, und sie sind überall, fahren überall rum.«
»Sie meinen also, daß Familien nur die Landschaft verschandeln?«
»Eigentlich ja.«
An ihrem College in Ohio war sie seit drei Jahren. In dieser ganzen Zeit hatte sie keinen einzigen Literaturkurs belegt. Und noch interessanter war, daß sie auf dieser Reise zum ersten Mal in ihrem

Leben mit der Bahn fuhr. Der Zug gefalle ihr, sagte sie, ließ sich ansonsten aber nicht weiter darüber aus.
Was sie mit ihrem Leben vorhabe, erkundigte ich mich.
»Ich glaub, ich will was mit Ernährung machen. Unterricht über Essen. Leuten beibringen, was sie essen sollen. Ihnen sagen, was sie krank macht.« Die Stimme einer Kommissarin, die im nächsten Augenblick schwelgerisch tönte: »Manchmal sehe ich ein Stück Käse. Ich weiß, daß es gut schmeckt, ich weiß, daß es *mir* schmekken würde. Aber ich weiß auch, daß es mir am nächsten Tag ganz scheußlich geht, wenn ich es esse.«
»So geht es mir beim Anblick einer Magnumflasche Champagner, einer Kaninchenpastete und eines Tellers voll Windbeutel mit Schokoladensoße«, sagte ich.
Damals nahm ich Wendys Verrücktheit nicht so wichtig, aber als ich mich später an unsere Unterhaltung erinnerte, kam mir das Mädchen doch außerordentlich gestört vor. Und außerordentlich desinteressiert. Ich hatte ihr ganz nebenbei zu verstehen gegeben, daß ich im einstigen Königreich Burma und in Afrika war, hatte ihr Leopold Blooms Vorliebe für »den schwachen Urinduft« der Leber, die er zum Frühstück aß, geschildert und ein bißchen was über den Buddhismus, über die Eßgewohnheiten von Buschmännern in der Kalahari und über Gandhis frühes Eheleben einfließen lassen, war also ein ziemlich interessanter Mann – oder etwa nicht? Aber sie hatte mir während der ganzen Unterhaltung keine einzige Frage gestellt und sich weder dafür interessiert, was ich machte, noch woher ich kam und wohin ich wollte. Entweder hatte ich ihr Fragen gestellt, oder sie hatte monologisiert, mit ihrer süßlichen Fistelstimme rosarote Gemeinplätze von sich gegeben, ab und zu ihre Beine wieder in den Lotussitz zurückverfrachtet und ein Beispiel an vollkommener Selbstversenkung und verzweifelter Selbstbeweihräucherung geboten. Eine Verwechslung von Egoismus und Buddhismus. Ich habe immer noch ein Faible für die Unvoreingenommenheit amerikanischer College-Studenten, aber dieses Mädchen erinnerte mich daran, wie viele ich kennengelernt habe, denen nichts beizubringen war.
Die vorgerückte Stunde und mein Hunger müssen das Gespräch

wohl auf das Essen gelenkt haben. Aber jetzt waren wir in Albany. Ich entschuldigte mich und ging schnellstens in den jetzt angekoppelten Speisewagen. Die nächsten Meilen führten über eine historische Trasse: Seit über einhundertfünfzig Jahren verkehren schon Züge zwischen Albany und Schenectady, anfangs mit der »Mohawk and Hudson Railway«, Amerikas ältester Eisenbahngesellschaft. Im weiteren Verlauf folgt die Strecke dem Erie Canal. Diese Eisenbahn war es, die den Kanälen und Wasserstraßen das Geschäft wegnahm, auch wenn ihre Effizienz von den rivalisierenden Gesellschaften erbittert bestritten wurde. Die Fakten sprachen für sich: Um 1850 brauchte man für die Schiffsreise von New York nach Chicago vierzehneinhalb Tage; mit dem Zug nur noch sechseinhalb.

Flott stellte ein serviettenschwenkender Kellner das Amtrak-Essen auf den Tisch. Mein Steak-Sandwich, auf das ich reichlich Tabascosoße gegossen hatte, betrachtete ich als Racheakt an Wendy mit ihrer Vorliebe für rohe Alfalfasprossen. Während ich aß, setzte sich ein Vertreter (er verkaufte Polaroidgeräte zur Herstellung von Führerscheinen) namens Horace Chick an meinen Tisch und bestellte einen Hamburger. Auch er ein Monologisierer, aber von der harmlosen Sorte. Wenn er irgend etwas besonderen Nachdruck verleihen wollte, preßte er Luft durch eine Lücke zwischen seinen Schneidezähnen. Er kaute und keuchte.

»Sämtliche Flieger waren voll. *Pfiit.* Da hab ich den Zug genommen. Bin noch nie mit diesem Zug gefahren. Geht ja prima. *Pfiit.* Drei Uhr früh sind wir schon in Rochester. Da nehm ich mir 'n Taxi. Meine Frau springt im Dreieck, wenn ich sie um drei Uhr morgens vom Bahnhof aus anruf. Das nächste Mal nehm ich die Kinder mit. Pflanze sie einfach hin, lasse sie rumrennen. *Pfiit.* Heiß hier drin. Ich hab's lieber kühl, so um neunzehn, zwanzig Grad. Meine Frau kann Kälte nicht ab. Ich kann dann nicht schlafen, also geh ich hin, *pfiit*, und mach das Fenster auf. Sie schnauzt mich an. Wacht einfach auf, *pfiit*, und schreit rum. So sind die meisten. Frauen. Wollen es vier Grad wärmer haben als Männer. *Pfiit.* Keine Ahnung, warum das so ist. Muß der Körper sein. Anderer Körper, anderer Thermostat. Ob das hier besser ist als Autofahren – da könn' Sie sich drauf verlassen! Fahren? Acht Stunden, vierzehn

Tassen Kaffee. *Pfiit*. Aber der Hamburger hier... schmeckt schwer nach Sägemehl. He, Herr Ober!«

Draußen Eis und Schnee. Jede Straßenlampe beleuchtete den eigenen Pfosten und einen runden Schneefleck direkt davor, mehr nicht. Als ich um Mitternacht aus meinem Abteilfenster sah, fiel mir ein weißes Haus auf einem Hügel auf. Hinter jedem Fenster brannte eine Lampe, und all die erleuchteten Fenster schienen das Haus zu vergrößern und zugleich seine Leere zu verraten.

Um zwei Uhr früh passierten wir Syracuse. Ich habe geschlafen, sonst wären die Erinnerungen auf mich eingestürmt. Aber der Name der Stadt auf dem Amtrak-Fahrplan am Frühstückstisch genügte, um den erbarmungslosen Regen von Syracuse heraufzubeschwören, eine zufällige Begegnung mit dem schon damals hoffnungslos heruntergekommenen Dichter Delmore Schwartz in der Orange Bar, das Klassenzimmer (meine Ausbildungszeit für das Peace-Corps, ich lernte gerade die Bantusprache Nyanja), in dem ich vom Attentat auf Kennedy erfuhr, und die aufwühlende Erinnerung an eine Anthropologin, die, unbeeindruckt von meiner glühenden Verehrung, später – aber nicht deswegen – einen gewaltsamen Tod fand, als irgendwo im Westen ein Baum auf ihr Auto stürzte und sie zusammen mit einer Turnlehrerin, mit der sie eine lesbische Beziehung hatte, zerquetscht wurde.

Buffalo und Erie lagen inzwischen auch hinter uns, und das war nicht schlecht. Ich hatte keine Ahnung, wo wir waren. Ich war in meinem Abteil aufgewacht, in dem eine solche Hitze herrschte, daß meine Lippen aufgesprungen waren und meine Fingerspitzen sich wie geschält anfühlten. Aber zwischen den Waggons, wo es besonders kalt war, hingen Vorhänge aus schwerem Dampf, Eisblumen wuchsen an den Fensterscheiben des Speisewagens. Ich rieb ein bißchen daran, konnte aber nicht viel mehr sehen als blaugrauen Nebel, der mit wolkigem Leuchten die Konturen der Landschaft verwischte.

In diesem Dunst hielt der Zug. Ein paar Minuten lang passierte gar nichts. Dann tauchte ein schwach erleuchteter Baumstumpf aus dem Nebel auf. Ein Streifen Orange rann heraus, verbreitete sich zum Fleck, wuchs weiter und ergoß sich über die verwitterte Rinde wie Blut, das durch einen grauen Verband sickert. Dann stand der

ganze Stumpf in Flammen, die Grasbüschel dahinter loderten auf, plötzlich waren Bäume da. Bald funkelte das rubinrote Feuer des Sonnenaufgangs auf den Feldern, und als die ganze Landschaft mit dem Baumstumpf, den Bäumen und dem Schnee hell erleuchtet war, fuhr der Zug weiter.
»Ohio«, sagte die Frau am Nebentisch.
Ihr Mann, der sich in seinem ausgebeulten gelben Hemd offenbar etwas unbehaglich fühlte, antwortete: »Sieht aber nicht aus wie Ohio.«
Mir war klar, was er meinte.
»Doch, natürlich ist das Ohio«, sagte der Kellner. »Bald sind wir in Cleveland. Cleveland, Ohio.«
Dicht beim Bahndamm ein Wald von gefrorenen Zweigen, frostige Pappeln wie geisterhafte Masten und Segel in einem Ozean aus Schnee, Ulmen und Buchen, angeschwollen zu eisstarrenden Gebilden aus zerfetzter Spitze. Und windgepeitschte Schneeflächen; Haarbüschel aus gebrochenem braunem Gras spitzten heraus. Schneebedeckt konnte sogar Ohio ein Traumland sein.
Der Zug war sonnendurchflutet und jetzt viel leerer. Mister Chick und sein *Pfiit* waren nicht mehr zu sehen oder zu hören, auch Wendy, die Rohköstlerin, war verschwunden. Ich war gar nicht weit von zu Hause weg, und doch kam es mir so vor, als würde mir zusehends mehr von dem entgleiten, was mir vertraut war. Die beiden hatte ich nicht besonders gern gemocht, aber jetzt fehlten sie mir. Die anderen Menschen im Zug waren Fremde.
Ich schlug mein Buch wieder auf. In der vergangenen Nacht war ich darüber eingeschlafen: immer noch *Wilde Palmen*, immer noch dunkel und unverständlich. An welcher Stelle war ich eigentlich eingeschlafen? Vielleicht über diesem Satz oder besser dem Schwanzende eines Bandwurmsatzes: »...es war das Mausoleum der Liebe, es war der stinkende Katafalk des erstorbenen Leibes, der geboren war zwischen den geruchlosen, wandelnden Gestalten des unsterblichen, fühllosen, fordernden, ehrwürdigen Fleisches.«
Mir war nicht ganz klar, worauf Faulkner hinauswollte, aber die Beschreibung paßte prima zu dem Bratwürstchen, das an diesem frühen Morgen in Ohio auf meinem Teller lag. Ansonsten war das Frühstück – Kaffee, Rührei, eine Scheibe Schinken, eine Grape-

fruit – köstlich. Schon Jahre zuvor war mir aufgefallen, wie genau sich die Kultur eines Landes in seinen Eisenbahnen widerspiegelt: Ein armseliges, notleidendes Land hat armselige, dürftige Eisenbahnzüge, eine stolze, tüchtige Nation wie Japan ist auch an ihrem fahrenden Inventar zu erkennen. Indien läßt hoffen, da den Zügen wesentlich größere Bedeutung beigemessen wird als den motorisierten Affenkäfigen, die manche Inder über die Straßen steuern. Besonders die Speisewagen sprechen Bände (wenn es überhaupt keinen Speisewagen gibt, ist das betreffende Land ohnehin indiskutabel). Der Nudelstand im malaysischen Zug, Borschtsch und schlechte Manieren in der »Transsibirischen Eisenbahn«, *Kippers* und geröstete Brotscheiben im »Flying Scotsman«. Und hier, im »Lake Shore Limited« der Firma Amtrak, zeigte mir ein Blick auf die Frühstückskarte, daß ich eine *Bloody Mary* oder einen *Screwdriver* bestellen konnte, einen »Morgenmuntermacher«, wie sich diese Injektion von Wodka in meine Adern hier nannte. Auf der ganzen Welt gibt es keinen anderen Zug, in dem man sich zu dieser morgendlichen Stunde Hochprozentiges bringen lassen kann. Amtrak gibt sich Mühe. Dicht neben meinem Toast lag eine Broschüre, der ich entnahm, daß die Trassenführung für die nächsten einhundertdreißig Meilen schnurgerade und absolut kurvenfrei bleiben würde. Also schrieb ich diesen halsbrecherischen Satz von Faulkner ab, ohne daß die leiseste Schwingung des Zuges meinen Stift angeschubst hätte.

Am späten Vormittag war der Dampf zwischen den Waggons gefroren. Jeder Spalt qualmte wie ein Tiefkühlgerät, war von kunstvollen Reifstrukturen und festen Eisblasen bedeckt, frischer Dampf quoll aus den Rissen in den Gummidichtungen. Hübsch war es, dieses Eis und dieser Schnee, drinnen und draußen, aber auch lästig. Nach elf Uhr inzwischen, und wir hatten Cleveland noch immer nicht erreicht. Wo war Cleveland? Ich war nicht der einzige, der sich Gedanken machte. Im ganzen Zug löcherten die Reisenden die Schaffner: »He, was ist denn mit Cleveland? Sie haben doch gesagt, daß wir um diese Zeit dasein müßten? Was ist denn los?« Dabei hätte Cleveland, unter Schneemassen begraben, ebensogut gleich vor unseren Fenstern liegen können.

Mein Zugbegleiter drückte die Stirn an ein frostbeschlagenes Fen-

ster. Bevor ich ihn fragen konnte, was mit Cleveland passiert sei, meinte er: »Ich guck, wo der Weichensteller bleibt.«
»Stimmt was nicht?«
»Nö. Er schmeißt bloß immer einen Schneeball nach mir, wenn wir hier vorbeikommen.«
»Übrigens, wann sind wir denn in Cleveland?«
»Das dauert noch. Wissen Sie nicht, daß wir vier Stunden Verspätung haben? 'ne gefrorene Weiche hinten in Erie.«
»Ich muß einen Zug kriegen, der um sechzehn Uhr dreißig in Chicago abfährt.«
»Das schaffen Sie nie im Leben.«
»Na toll.« Ich wandte mich ab.
»Machen Sie sich keine Sorgen. In Elkhart schick ich ein Kabel, und wenn wir in Chicago sind, können wir das Ganze von Amtrak regeln lassen. Die bringen Sie im Holiday Inn unter, da sind Sie gut aufgehoben.«
»Aber nicht in Texas.«
»Überlassen Sie das nur mir, Sir.« Er tippte an seine Mütze. »Haben Sie schon mal solchen Schnee gesehen? Mein Gott, schrecklich.« Seufzend sah er wieder aus dem Fenster. »Kann mir nicht denken, was mit dem Weichensteller los ist. Hat wohl Frostbeulen gekriegt.«
Erst nach Stunden erreichten wir Cleveland, und wie fast immer bei Verspätungen ging die verzögerte Ankunft mit einem Spannungsabfall einher: Ich hatte den Eindruck, schon alle Gedanken, die er verdiente, auf den Ort verschwendet zu haben. Inzwischen langweilte mich der Schnee bloß noch, und die Häuser, klitzekleine Bungalows, kaum größer als die Autos davor, deprimierten mich. Der größte Witz war, daß Cleveland – das schon in der Woche zuvor vom Schneesturm begraben worden war und wo man über den Rundfunk Überlebenstechniken bekanntgemacht hatte (Ratschläge zu Schlafsäcken, Körperwärme, Wohnraumisolierung im Notfall, Kochen auf »Sterno«-Karbidkochern und ähnlichem, alles für Arktisforscher bestimmt von Interesse) –, diese unter Schneemassen steifgefrorene Stadt, sich mit einer langen Geschichte im *Cleveland Plain Dealer* über die monströse Unfähigkeit der Russen beim Schneeräumen aufheiterte. Ausgerechnet die

Russen! Unter der Überschrift MOSKAUER WINTERDIENST ZACKEN AUS KRONE GEFALLEN hieß es: »Moskau. Fehler in der Planwirtschaft und unerwartet heftige Schneefälle haben zu drastischen Einschränkungen im einst so berühmten Winterdienst der Stadt geführt.« Im gleichen schadenfrohen Ton ging es weiter: »Das Problem liegt offenbar nicht an unzureichender Spezialausrüstung... Bittere Klagen der Einwohner über den schlechten Straßenzustand häufen sich... Heftige Schneefälle im Dezember und Mängel in der Regelung des ruhenden Verkehrs dürften als Erklärung für wochenlang unpassierbare Straßen kaum ausreichen.«
Selbstgerechtigkeit des Mittleren Westens. Wer in Ohio angeben will, muß schon die Russen bemühen. Oder noch besser Sibirien, mit dem Ohio im Winter eine frappierende Ähnlichkeit hat. Ich las diesen Artikel in Cleveland. Ich las den ganzen *Plain Dealer* in Cleveland. In Cleveland saß der Zug fast zwei Stunden lang fest. Der Schnee sei schuld, erklärte mir der Zugbegleiter, außerdem seien die Schienen vereist.
»Ein schlimmer Winter.«
Ich erzählte ihm, daß die Züge in Sibirien immer pünktlich verkehrten – ein billiger Scherz, denn ich fand mich zehnmal lieber in Cleveland wieder als in Irkutsk, auch wenn Cleveland im Augenblick kälter war.
Im Salonwagen trank ich einen Morgenmuntermacher, las weiter in *Wilde Palmen*, genehmigte mir noch einen Muntermacher und noch einen, bestellte nach einiger Überlegung einen vierten, beschloß aber, ihn nicht gleich zu trinken, da weitere Muntermacher mich mit Sicherheit unter den Tisch zwingen würden.
»Was lesen Sie da?«
Eine rundliche sommersprossige Mittfünfzigerin, die an einer Dose zuckerfreiem Tonic nippte.
Ich zeigte ihr den Umschlag.
»Hab schon mal davon gehört. Ist es gut?«
»Gelegentlich.« Plötzlich mußte ich lachen, allerdings nicht über Faulkner. In einem anderen Amtrak-Zug, gar nicht weit von hier, hatte ich ein Buch bei mir, nach dem sich niemand erkundigte, das aber doch heftiges Interesse geweckt hatte: eine Biographie des

Autors H. P. Lovecraft. Weil einfach nur *Lovecraft* auf dem Schutzumschlag stand, glaubten meine Mitreisenden, daß ich während einer zweitägigen Tour die ganze Zeit meine Nase in ein Buch über Sexpraktiken gesteckt hatte.

Sie sei aus Flagstaff, Arizona: »Und woher kommen Sie?«
»Boston.«
»Ach.« Sie schien interessiert. »Sagen Sie mal was für mich. Sagen Sie mal ›Gott‹, so wie man es bei euch sagt.«
»*God.*«
Sie klatschte verzückt in die Hände. Bei ihrer Rundlichkeit war sie sehr klein und hatte ein breites, flaches Gesicht. Ihre Zähne standen so gleichmäßig schief, als wären sie abgefeilt. Ich staunte über das Vergnügen, das ich ihr mit dem einen Wort bereitet hatte.
»*Gawd*«, ahmte sie mich nach.
»Was sagen Sie?«
»Ich sage *Gahd.*«
»Der Herr wird's schon verstehen.«
»Ich find's einfach süß, wie Sie das sagen. Vor einer Woche bin ich schon mal mit diesem Zug nach Osten gefahren. Wir hatten Verspätung wegen des Schnees, aber es war toll. Man hat uns im Holiday Inn untergebracht!«
»Ich hoffe, daß man das nicht mit uns macht.«
»Och, sagen Sie doch nicht *so was!*«
»Ich hab ja nichts gegen das Holiday Inn«, sagte ich, »ich muß bloß meinen Anschlußzug kriegen.«
»Das müssen wir alle. Ich fahr bestimmt viel weiter als Sie – Sie wissen ja, bis Flagstaff.« Sie nahm noch einen Schluck von ihrem Tonic: »Am Ende hat es dann Tage – *Tage!* – gedauert, von New York nach Chicago zu kommen. Überall lag Schnee! Im Zug war ein Junge aus Boston. Er saß neben mir.« Sie bedachte mich mit einem vielsagend lächelnden Seitenblick: »Wir haben miteinander geschlafen.«
»Wie nett.«
»Ich weiß, was Sie jetzt denken, aber so war es nicht. Er war auf seiner Seite und ich auf meiner. Aber«, jetzt klang sie fast ehrfürchtig, »wir haben miteinander geschlafen. Meine Güte, war das eine Nacht. Ich trinke ja nicht, dafür hat er für zwei gesoffen. Sieben-

undzwanzig war er, hab ich Ihnen das schon gesagt? Und in der ganzen Nacht hat er immer ›*Gawd, you're beautiful*‹ zu mir gesagt und mich geküßt. ›Gott, bist du schön.‹«
»Und das war im Holiday Inn?«
»Im Zug. Nachts, im Wagen mit den Liegesesseln. Es war unheimlich wichtig für mich.«
Das höre sich ja wirklich nach einem reizenden Erlebnis an, sagte ich und versuchte mir vorzustellen, wie der volltrunkene junge Mann die dicke sommersprossige Frau begrapschte, während im Waggon mit den Liegesesseln, der wie immer in der Nacht nach alten Socken und vergammelten Sandwiches roch, alles schnarchte.
»Mehr als reizend. Es war unheimlich wichtig. Ich brauchte es gerade damals. Deswegen war ich nämlich nach Osten unterwegs.«
»Um diesen Typ zu treffen?«
»Nein, nein«, meinte sie gereizt. »Meine Mutter war gestorben.«
»Das tut mir leid.«
»Ich hab's in Flagstaff erfahren und mich sofort in den Zug gesetzt. Und dann wurden wir in Chicago aufgehalten, wenn man eine Nacht im Holiday Inn so nennen kann. Jack hab ich etwa bei Toledo kennengelernt – ziemlich genau hier, wenn das hier Toledo ist.« Sie sah aus dem Fenster. »›*Gawd, you're beautiful.*‹ Es hat mich in dem ganzen Schlamassel so aufgerichtet.«
»Mein Beileid. Es muß sehr traurig sein, zu einer Beerdigung nach Hause zu fahren.«
»Zwei Beerdigungen.«
»Wie bitte?«
»Mein Vater ist auch gestorben.«
»Erst kürzlich?«
»Am Dienstag.«
Heute war Samstag.
»O Gott«, sagte ich.
Sie lächelte: »Es ist so schön, wenn Sie das sagen.«
»Ich meine, das mit Ihrem Vater ist ja schrecklich.«
»Das war schon ein Schlag. Ich dachte, ich fahr zum Begräbnis meiner Mutter nach Hause, und dann stellt sich raus, daß es für beide ist. ›Du solltest öfter nach Hause kommen, Süße‹, hatte Dad noch gesagt, und ich hab's versprochen. Flagstaff ist ziemlich weit

weg, aber ich hab meine eigene Wohnung und verdiene gut. Dann ist er gestorben.«
»Was für eine traurige Reise.«
»Und ich muß noch mal hin, weil man sie nicht beerdigen konnte. Zum eigentlichen Begräbnis muß ich noch mal zurück.«
»Das müßte doch inzwischen stattgefunden haben.«
Sie warf mir einen strengen Blick zu. »In New York City kann keiner beerdigt werden.«
Sie mußte mir den Satz noch einmal wiederholen, und sie tat es im gleichen Tonfall.
»O Gott«, sagte ich.
»Sie hören sich an wie Jack.« Sie lächelte: diese merkwürdigen Zähne einer Eskimooma.
»Warum kann denn in New York keiner beerdigt werden?«
»Der Boden ist zu hart. Total tief gefroren. Da kann man nicht graben...«
Im strengen Winter von 1978, dachte ich, als der Boden so hart war, daß keine Begräbnisse mehr stattfinden konnten, und die Leichenhäuser bis zum Dachfirst gesteckt voll lagen, entschloß ich mich zu einer Zugreise in den sonnigen Süden Lateinamerikas.
Die Frau aus Flagstaff setzte sich woandershin, aber während der nächsten acht Stunden hörte ich im Salonwagen, im Großraumwaggon und im Speisewagen ständig ihre flache, trockene Spinatwachtelstimme, die langsam wiederholte: »...in New York City kann keiner beerdigt werden.«
Zweimal sah sie mich wieder, sagte »*Gawd!*« und lachte.
Die festgefrorene Weiche, die vereisten Schienen, der Schnee: Wir hatten inzwischen große Verspätung, und mein Schaffner nahm mir die letzte Hoffnung, daß ich noch pünktlich ankommen oder meinen Anschluß nach Fort Worth erreichen könnte. »Keine Chance, nie im Leben«, meinte er an einem Bahnhof in Indiana. Er hatte einen Schneeball in der Hand. Außerdem gab es ein neues Problem: Ein Rad heizt sich zu stark auf, und (ich hoffe, ich gebe das korrekt wieder) eine Sicherung war durchgebrannt; am Ende des Zuges machte sich frostiger Gasgeruch bemerkbar. Wegen der Explosionsgefahr wurde die Reisegeschwindigkeit auf vierundzwanzig Stundenkilometer gedrosselt, und in diesem Tempo krochen wir bis

zur nächsten Möglichkeit, den betroffenen Waggon vom »Lake Shore Limited« abzukoppeln. In Elkhart wurden wir den defekten Wagen los, aber die Aktion dauerte unzumutbar lange.
Während des Aufenthalts war im Schlafwagen »Silver Orchid« alles ruhig. Nur der Schaffner, der meinte, daß der gefrierende Dampf die Bremsen blockieren könnte, hastete geschäftig mit einem Besen hin und her. Hier gefalle es ihm viel besser als bei seinem alten Schreibtischjob in einer Elektronikfirma: »Ich hab lieber mit der Öffentlichkeit zu tun.«
Der Fahrkartenschaffner merkte, daß es seinem Kollegen vom Schlafwagen allmählich mulmig wurde: »Ich weiß, was mit dir los ist: Du machst dir jetzt schon in die Hosen.«
»Kann sein.« Der Schlafwagenschaffner hieb mit dem Besen auf das Eis ein, das sich an der Innenseite der Tür angesammelt hatte. »So schlimm wie beim letztenmal wird's ja nicht werden. Das war der gefrorene Wahnsinn.«
»Ich muß an meine Fahrgäste denken«, sagte der Schlafwagenschaffner.
»Meine Fahrgäste« ... Im »Silver Orchid« waren wir insgesamt drei, nämlich das Ehepaar Bunce und ich. Als erstes teilte Mister Bunce mir mit, daß seine Vorfahren mütterlicherseits mit der *Mayflower* eingewandert seien. Mr. Bunce, gut verpackt in Mütze mit Ohrenklappen und in zwei übereinandergezogene Strickjacken mit Reißverschluß, wollte sich gern über seine Familie und Cape Cod unterhalten. Mrs. Bunce fand Ohio viel häßlicher als das Cape. Mr. Bunce hatte auch noch Hugenotten im Stammbaum. In gewisser Weise war der alte Bunce ein untypischer Langweiler, denn normalerweise brüsten Amerikaner sich gern mit der bitteren Armut ihrer Vorfahren, die Ahnentafel von Mr. Bunce dagegen las sich von Beginn an als Erfolgsgeschichte. Mit aller Geduld, deren ich fähig war, hörte ich zu. Vielleicht war es Bunce, überlegte ich, den ich am ersten Tag beleidigt hatte (»Wie die ›Transsibirische Eisenbahn‹.« – »Nein.«). Jedenfalls ging ich den Bunces danach aus dem Weg.
Noch während des Aufenthalts in Elkhart machte sich im »Lake Shore Limited« Panik breit. Inzwischen war jedem klar, daß er seinen Anschluß in Chicago verpassen würde. Eine große Gruppe

von jungen Mädchen wollte zum Mardi Gras nach New Orleans. Ein paar ältere Herrschaften waren in höchster Sorge, weil sie in San Francisco ihr Schiff für die gebuchte Kreuzfahrt erreichen mußten. Ein junger Mann aus Kansas fürchtete, seine Frau werde denken, er habe sie endgültig verlassen. Ein schwarzes Paar tuschelte miteinander; »Mist«, sagte das Mädchen. Eine der Mardi-Gras-Teilnehmerinnen sah auf die Uhr: »Jetzt hätten wir uns schon amüsieren können.«
Die frisch verwaiste Frau aus Flagstaff sorgte allerdings für einen Stimmungswechsel: Vorfreude steigerte sich zu Festtagslaune. Sie erklärte, daß sie erst vor zehn Tagen mit dem Gegenzug nach Osten gefahren sei, und da habe sich das gleiche abgespielt: Verspätung, Schnee, verpaßte Anschlußzüge. Amtrak hatte alle im Holiday Inn in Chicago untergebracht, Essengutscheine ausgegeben, jedem vier Dollar fürs Taxi erstattet und zusätzlich die Kosten für ein Telefonat pro Person übernommen. Und das, sagte sie, würde Amtrak auch dieses Mal tun.
Die Nachricht verbreitete sich schnell im Zug, und wie zur Bekräftigung von Amtraks guten Absichten wurde im Speisewagen eine kostenlose Mahlzeit angeboten: Suppe, Brathähnchen und Vanilleeis. Eine späte Bestätigung für die plötzlich nicht mehr hilflos verwaiste Frau aus Flagstaff: »Und warten Sie ab, wenn wir erst mal in Chicago sind!«
Anderswo im Zug waren die Fahrgäste schon dabei, die vier Dollar auszugeben, die sie noch gar nicht hatten.
»Okay, Ralph.« Ein Junge mit fettigen Haaren legte dem Barkeeper einen Dollar hin: »Dann saufen wir uns mal die Hucke voll.«
»Wir hängen hier schon seit acht Stunden rum«, sagte der lauteste von drei Halbstarken, »wir sind voll.«
»Ich mach schon Überstunden«, bemerkte Ralph hinter seiner Theke. Trotzdem fing er brav an, Eiswürfel in Plastikbecher zu stopfen. Andere Stimmen waren zu hören:
»Man soll nie im Frühling nach Hause fahren. Dann ist es nie dasselbe.«
»Jesus Christus...« (Pause) »war schwarz. Wie ein Äthiopier. Weiße Gesichtszüge und ein schwarzes Gesicht.« (Pause) »Die ganzen anderen Beschreibungen sind Quatsch.«

Und dann wieder: »...weil in New York City keiner beerdigt werden kann.«
Alle miteinander waren furchtbar fröhlich. Sie freuten sich über die Verspätung, waren selig über den Schnee, der jetzt wieder fiel, und jubilierten über die Verheißungen, die die Frau aus Flagstaff ihnen von einer oder vielleicht gar zwei Nächten im Holiday Inn gemacht hatte. Ich teilte weder ihre Freude, noch hegte ich einem von ihnen gegenüber auch nur freundliche Gefühle, und als ich erfuhr, daß der Wagen, der abgekoppelt werden mußte, zwischen dem »Silver Orchid« und dieser Meute lag, sagte ich meinem Schaffner, ich ginge wieder zu Bett: »Wecken Sie mich, wenn wir in Chicago sind.«
»Kann sein, daß wir erst um neun da ankommen.«
»Wunderbar.« Ich schlief ein, mit Faulkners *Wilden Palmen* auf dem Gesicht.
Der Schaffner weckte mich um zehn vor neun: »Chicago!« Ich sprang auf und schnappte meinen Koffer. Als ich den Bahnsteig hinunterhastete, umwabert von den unter dem Zug heraufsteigenden Dampfschwaden, die meine Ankunft mit der geheimnisvollen Aura alter Filmbilder glorifizierten, formten sich nadelspitze Eiskristalle zu einer Kruste auf meinen Brillengläsern, so daß ich kaum noch etwas sehen konnte.
Die Frau aus Flagstaff hatte vollkommen recht. Ich erhielt vier Dollar, ein Zimmerchen im Holiday Inn und drei Essengutscheine. Alle Fahrgäste, die ihren Anschlußzug verpaßt hatten, bekamen genau das gleiche: die Bunces, die betrunkenen Radaubrüder aus dem Salonwagen, der junge Mann aus Kansas, die Mardi-Gras-Mädchen, die grölenden Holzfäller, die die Reise auf den billigen Plätzen im Großraumwagen verschlafen hatten, die älteren Herrschaften, die nach San Francisco wollten, die Frau aus Flagstaff. Wir wurden von Amtrak-Personal empfangen und auf den Weg gebracht.
»Bis nachher im Hotel!« schrie eine Frau, deren Gepäck aus zwei Einkaufstaschen bestand.
Sie konnte ihr Glück kaum fassen.
Einer von den Halbstarken meinte: »Das kostet Amtrak ein Vermögen!«

Der wüste Schnee, das Hotel, mit dem ich nicht gerechnet hatte, Chicago. Mir kam es unwirklich vor, ein Gefühl, das sich durch die anderen Gäste im Holiday Inn noch verstärkte: Schwarze in aberwitzigen Uniformen, grellgrüne Schlaghosen, weiße Schirmmützen und goldene Tressen, rote Uniformen, weiße Uniformen mit Orden, beigefarbene mit silbernen Tressenschlaufen an den Epauletten. Eine Band, ein Regiment aus Pop-art-Polizisten? Weder – noch. Diese Männer (die Frauen trugen Zivil) waren, so stand es in kleiner Schrift auf ihren Schulterstücken, Mitglieder des *Loyal Order of Antlers*, des »Ordens der Getreuen vom Hirschhorn«. Die Männer salutierten auf Antler-Art, schüttelten sich auf Antler-Art die Hände, stolzierten mit ihren weißen Antler-Schuhen in der Lobby herum und blickten leicht irritiert auf die Sorte Menschen, die der Sturm gerade hereingeweht hatte. Zu einer Konfrontation kam es nicht, da die Amtrak-Fahrgäste sich sofort in die »Why-Not-Disco« und die »Bounty Lounge« verfügten, während die Antlers (manche trugen ein Schwert) weiter salutierend herumstanden – wahrscheinlich mußten sie stehen, weil Sitzen ihre Bügelfalten verknittert hätte.

Der Swimmingpool war von Scheinwerfern beleuchtet und voller Schnee. An der Außenwand prangten aufgemalte grüne Palmen, die aus den Schneewehen herauszuwachsen schienen. Die Stadt war gefroren. Eisschollen trieben im Fluß. Der Schnee der letzten Woche türmte sich an den Randsteinen, auf den Straßen lag schon wieder neuer Schnee, der Graupelschauer mit sich brachte, winzige trommelnde Körnchen, die das Autofahren gefährlich machten. Die Bibel in meinem Zimmer lag aufgeschlagen beim 2. Buch der Chronik, Kap. 25. Eine Botschaft für mich? »Die Väter sollen nicht sterben für die Kinder noch die Kinder für die Väter; sondern ein jeglicher soll um seiner Sünde willen sterben.« Amen, dachte ich, klappte die Bibel zu und packte Faulkner aus.

Zufälligerweise hatte der etwas mitzuteilen: »...dann war es auch in Chicago Winter«, las ich, »und die absterbenden Tage starben dahin im Neonlicht auf den pelzumrahmten Blumenblättergesichtern der Frauen und Töchter von Vieh- und Holzhändlermillionären und der aus Europa und von den Luxusranches zurückgekehrten Geliebten von Politikern ... der Söhne von Londoner Maklern und binnenländischen Schnürsenkelvertretern...« Er läßt sich noch weiter über ihren Status aus und beschreibt dann, wie sie alle vor dem Schnee in Chicago nach Süden fliehen. Sie waren »Leute jener Rasse, die, ohne das für Entdeckungsreisen nötige Taktgefühl und bewaffnet mit Notizbüchern und Kameras und Schwammbeuteln, es für richtig hielten, die christlichen Feiertage in dem dunklen und bereiften Dschungel der Wilden zu verbringen«. Was mein Taktgefühl bei Forschungen anging, war ich mir nicht so sicher, Kamera und Kulturbeutel hatte ich auch nicht, aber vierundzwanzig Stunden im Holiday Inn im winterlichen Chicago überzeugten mich vollends: Je schneller ich den wilden Dschungel erreichte, und sei er noch so dunkel und bereift, desto besser.

2
Der »Lone Star«

Es konnte für mich auf Reisen kaum etwas Vollkommeneres geben, als beim Anbruch der Nacht einen Zug zu besteigen, einer eisigen, hemmungslosen Stadt die Abteiltür vor der Nase zuzuschlagen und zu wissen, daß der Morgen mir einen neuen Breitengrad bringen würde. Für ein Schlafwagenabteil in einem Schnellzug nach Süden hätte ich wohl immer alles gegeben.
Im »Lone Star«, der in Chicago seine Reise durch sechs Staaten beginnt, kann man nicht sitzen, ohne die Melodien all der Songs im Ohr zu haben, die diesen Zug feiern. Der halbe Jazz ist Eisenbahnmusik, Bewegung und Geräusch des Zuges selbst sind der Rhythmus des Jazz. Überraschend ist das nicht: Die Ära der Jazzmusik war zugleich das Zeitalter der Eisenbahn. Die Musiker reisten entweder mit der Bahn oder gar nicht, das stampfende Tempo, das Rattern und der einsame Pfeifton fanden ebenso ihren Weg in die Songs wie die Eisenbahnstädte an der Strecke – wie sonst wären Joplin oder Kansas City in Liedtexten zu Ehren gekommen? Wir verließen die Union Station in Richtung Joliet, und die schöne Kombination aus Einsamkeit und Bewegung – und dazu das Baßgedröhn der Räder auf den Schienen – brachte mir eine Melodie in den Sinn, Noten zuerst, dann die Worte. Die Räder sagten: *It ain't nothing like my daddy's big cigar – no, it ain't...*
Ich hängte meinen Mantel auf, breitete meine Habe aus, schenkte mir ein Glas Gin ein und sah zu, wie die letzten rosa Flecken des Sonnenuntergangs vom Schnee in Joliet verschwanden.

> *Keep your money and your liquor and your fancy car –*
> *it ain't nothing like my daddy's big cigar.*

Don't matter if he's broke,
'cause how that man can smoke...

Keep your special table at that downtown bar –
it ain't nothing like my daddy's big cigar.
He offers me a puff
but one just ain't enough...

Nicht schlecht für den Anfang. Der Ton schien ganz gut getroffen, es fehlte nur noch der letzte Schliff. Außerdem kam gerade der Schaffner.
»Sie sind zufällig in eine bessere Kategorie gerutscht.« Er betrachtete mein Ticket und lochte es dann routiniert. »Wenn Sie was brauchen, müssen Sie's nur sagen.«
»Kommt noch jemand in das Abteil hier?«
»Nö. Sie haben alles ganz für sich.«
»Was sagt der Wetterbericht?«
»Könnte nicht schlimmer sein«, meinte er. »Ich arbeite seit fünfzig Jahren auf dieser Strecke, und das ist der übelste Winter, den ich je erlebt habe. Dreiundzwanzig Grad unter Null und Windgeschwindigkeiten von hundertsechzig Stundenkilometern. Unten in Cleveland hat's die Signale weggerissen. Mannomann!«
Eines bringt kalte Witterung immer mit sich: Jeder wird plötzlich zum Statistiker. Temperatur, Windgeschwindigkeit, Kältefaktoren hörten sich jedesmal anders an, doch immer extrem. Selbst wenn nicht alles stimmte, für mich jedenfalls würde die Eiszeit in ein, zwei Tagen ein Ende haben. Seit Boston hatte ich keinen einzigen grünen Baum und kein eisfreies Gewässer mehr gesehen. Es konnte nur besser werden – ich bewegte mich in südlicher Richtung, noch viel weiter die Landkarte hinunter, als irgend jemand in diesem Expreß nach Süden es sich träumen ließ. Irgendwo da unten fächelte der Wind durch Palmen. Aber jetzt befanden wir uns noch in Streator, Illinois.
Streator war dunkel, und mit einem einzigen kurzen Blick auf Galesburg erfaßte ich ein Rechteck aus Schnee, ein Schild mit der Aufschrift PARKING, einen kleinen beleuchteten Schuppen und ein halb im Schnee versunkenes Auto: eine Szene von der schlichten

Belanglosigkeit eines Titelblatts des *New Yorker*. So bot sie sich mir vom Speisewagen aus dar, in dem ich bei Heilbutt und Chablis saß. An der Weinflasche lehnte *Der dünne Mann* von Dashiell Hammett – den Faulkner hatte ich in Chicago hastig zu Ende gelesen und neben der *Gideon's Bible* im Nachtschränkchen des Holiday Inn zurückgelassen.

Ich fand die Kriminalhandlung im *Dünnen Mann* viel weniger aufregend als den Alkoholkonsum. Alle in diesem Buch trinken; in der Welt von Herrn Hammett herrschte offenbar permanent Cocktailstunde. Der Faulkner war mir mit seiner überströmenden Unerheblichkeit und seinen Südstaaten-Mysterien auf die Nerven gegangen. Hammetts Englisch war wesentlich klarer, dafür wirkte die Handlung etwas schlicht zusammengebastelt, und die ganze Arbeit der Detektive schien mir nichts weiter zu sein als eine faule Ausrede für ausgedehnte Besäufnisse.

Ich wandte also meine Aufmerksamkeit den drei Leuten am Nachbartisch zu, die mit ihrer gedehnten Aussprache fröhlich dahinplauderten. Ein Ehepaar mittleren Alters hatte in dem Fremden, der an ihrem Tisch Platz genommen hatte, einen Landsmann aus Texas erkannt. Trotz seiner schwarzen Kleidung sah er so verkommen aus wie einer der ehebrecherischen Prediger, die dann und wann in den ehrenwerten in dieser Weltgegend spielenden Romanen vorkommen – es war neun Uhr, wir befanden uns in Fort Madison, Iowa, am Westufer des Mississippi.

»Ja, der mächtige Miss«, sagte der Kellner, als ich ihn um Bestätigung bat, nahm meinen leeren Teller vom Tisch und summte den anderen Dinnergästen schmachtend »*The Mississippi, the Mississippi*« vor.

Der Prediger stammte – wie das Ehepaar, das darüber ganz aus dem Häuschen war – aus San Antonio. Alle drei kamen gerade aus New York und überboten sich mit Horrorgeschichten: Ostküstengeschichten von Drogen und Gewalt. »An einem Abend gingen wir zum Hotel zurück, da sahen wir diesen Mann...« Etwas in dieser Art, dann etwas in jener: »Wenn Sie das schlimm finden... Also ein Freund von mir war drüben im Central Park...«

Bald schwelgten sie in Erinnerungen an Texas, verlegten sich dann aufs Angeben, und schließlich nahm die Prahlerei eine unerwartete

Wendung. Sie unterhielten sich über all ihre Bekannten in Texas, die Waffen trugen. »Mein Vetter hat sein Leben lang sein Schießeisen bei sich gehabt.« Und: »Ron kannte mal einen Politiker, der ohne seine Pistole überhaupt nirgendshin gegangen wäre.« Und: »Mein Großvater hatte eine wunderschöne Pistole.«
»Hatte damals jeder«, meinte der Prediger.
»Er hat sie meinem Vater geschenkt«, sagte die Frau.
»Mein Daddy hatte zwei Knarren«, sagte der Prediger. »Hier eine und da eine.« Er klopfte sich auf zwei Jackentaschen.
Die Frau erzählte, daß ihr Daddy einmal versucht habe, ein Schießeisen in ein Kaufhaus in Dallas mitzunehmen. Er war fremd in der Stadt, ein Fremder aus San Tone. Wachte an dem Morgen damals auf und schnallte seinen Revolver um, wie er das immer gemacht hatte. Nichts Besonderes. Hatte er immer gemacht, jeden Tag in seinem Leben. Ging in den Laden rein und nahm seine alte Knarre mit. War ein Riese von Mann, über einsneunzig. Als die Mädels im Kaufhaus ihn sahen, haben sie geglaubt, es wär 'n Überfall. Haben auf die Alarmglocke getreten, und schon war die Hölle los, aber Daddy hat sich kein Stück drum gekümmert, hat seinen Revolver gezogen, und als die Polizei kam, hat er bloß gesagt: »Na los, Jungs, den holen wir uns!«
Der Ehemann der Frau ergänzte noch, daß Daddy vierundachtzig Jahre alt gewesen sei.
»›Na los, Jungs, den holen wir uns!‹«
Während sich der Prediger die Geschichte angehört hatte, war seinem Gesichtsausdruck zunehmend die Niederlage abzulesen. Er schwieg für einen Augenblick und konterte dann: »Mein Daddy hatte acht Herzanfälle.«
Die Frau betrachtete ihn aus zusammengekniffenen Augen.
»Wahnsinn«, sagte ihr Mann.
»Herzkranzthrombosen. Hat alle acht überlebt.«
»War er auch aus San Tone?« wollte der Mann wissen.
»Klar war er das.«
»Ein zäher Mensch«, meinte die Frau.
»Kein Mensch von der Ostküste könnte so was überstehen«, behauptete der Prediger. »Acht Herzattacken überlebt nur einer aus dem Westen.«

Allgemeine Zustimmung. Ich wollte fragen, *wieso* denn einer aus dem Westen acht Herzanfälle hatte, aber ich verkniff es mir.
»Drüben im Osten...« ließ sich die Frau wieder vernehmen.
Zeit zu gehen. Durch eine Reihe von Tiefkühltruhen – die eisigen Verbindungsgänge zwischen den Waggons – erreichte ich mein Schlafwagenabteil, zerrte mir die Decken über den Kopf und wünschte Kansas eine gute Nacht. Sollte ich morgen früh Schnee auf dem Erdboden sehen, stehe ich gar nicht erst auf, dachte ich.

Das Morgengrauen in Ponca City, Oklahoma, war ein winterliches Schimmern unter haferbreigrauem Himmel. Inzwischen waren wir achthundert Meilen südlich von Chicago und fuhren in Richtung Perry. Die Landschaft war flach und karg; aber die Spuren von Schnee – weiße Fellfetzen, die wie verstreute Hermelinbälge in Wegfurchen und Senken geweht waren – reichten doch nicht aus, daß ich schmollend im Bett liegenblieb. Wie kalt es da draußen in Oklahoma war, wußte ich erst, als ich die weißen ovalen Umrisse gefrorener Teiche und die schmalen Eisbahnen in der Mitte steiniger Flußbetten gesehen hatte. Alles übrige war braun, ein paar kahle braune Bäume, eine kleine, in all der Weite verlorene Herde brauner Rinder, die an braunen Halmen knabberten. Im obersten Teil der Himmelskuppel löste sich der trostlose Haferbrei auf, glitt auseinander und gab eine Wölbung von Aquamarin frei. Die Sonne war ein karmesinroter Schlitz, ein rotes Zwinkern in der Masse von Frühstücksbrei, ein waagerechter, über dem Horizont hängender, zweieinhalb Zentimeter langer Riß.
Für ungefähr zwanzig Minuten und etwa ebenso viele Meilen blieb die Landschaft vollkommen leer: keine Häuser, keine Menschen, kaum Schnee, nichts als das unabänderliche Braun. Das war die schmucklose Oberfläche der Erde, hügelloses Weideland, jedes Hälmchen flachgebürstet vom Wind, und nirgends eine in der Landschaft herumwandelnde Kuh, die ihr Dimensionen verliehen hätte.

These are the gardens of the Desert, these
the unshorn fields, boundless and beautiful,
for which the speech of England has no name –
the Prairies.

Wir erreichten Perry: Bungalows im Stil der Häuser von Massachusetts und Ohio, manche von den einfachen, nur mit Dachpappe gedeckten, in deren Fenstern Klimageräte rosteten, verschwanden beinah hinter den riesigen, in der Sonne ausgebleichten Autos in der Einfahrt. Die Autos waren so breit wie die Straßen. Aber ein einzelnes Haus in Perry war hoch und weiß, hatte drei Veranden, Giebel, Spitzdach und Gauben, die Holzschindelfassade war frisch gestrichen. Inmitten von viertausend Quadratmeter grünem Rasen auf Cape Cod wäre es nicht weiter aufgefallen, aber in Perry, wo es wie ein Leuchtturm zwischen flachgetretenen Steinen aufragte, wirkte es wie ein Bilderrätsel, so deutlich gezeichnet, daß man für die Lösung nicht nachdenken mußte. Die zuversichtliche Klarheit dieses Gebildes war eindeutig amerikanisch, und auf seine Weise fand ich es ebenso bemerkenswert wie den plötzlich auftauchenden Parkplatz (der erleuchtete Schuppen, das Schild, das versunkene Auto), den ich in der Nacht zuvor in Galesburg gesehen hatte, oder den verschneiten Swimmingpool mit den aufgemalten Palmen in Chicago. Ich hätte es nicht so schön gefunden, wäre es mir nicht zugleich auch ein bißchen komisch vorgekommen. Es handelte sich hier um amerikanischen Humor: unzweideutig, frisch geprägt, klischeehaft und genial zugleich, als Bild erinnerlich wie der Augenblick, den wir in Norman, Oklahoma, zugebracht hatten: das Sooner Movie House an der Ecke von Main und Jones Street, die amerikanischen Flaggen über den Geschäften, die fünf geparkten Autos, die einschüchternd schmucklose Reihung von niedrigen Gebäuden, die Main Street als schnurgerade Linie vom Bahnhof bis zur Stadtgrenze, der braune Fleck Prärie am Ende der Straße.
»Mann, ist das kalt da draußen«, sagte der Schaffner in Oklahoma City und empfahl mir, ja im Zug zu bleiben. Oklahoma City sah eigentlich auch nicht anders aus als Perry. Die Schuppen, Läden und Lagerhäuser waren größer, hatten aber die gleichen Formen, und wie Perry wirkte die Stadt provisorisch und halb fertig wie ein Ort, der einfach irgendwo in die Prärie geknallt worden war.
Diese Städte im Westen waren alterslose Siedlungen von baptistisch geprägter Zweckmäßigkeit: Die Bewohner beteten und arbeiteten, rissen die Häuser wieder ab, die sie nicht mehr brauchten, stellten neue, viereckige an ihre Stelle und hielten sich, vom Fahnen-

schmuck abgesehen, mit der Fassadengestaltung nicht weiter auf. So glitten die Städte vorüber, eine Main Street unterschied sich kaum von der anderen, Kirche und Postamt im stets gleichen Strickmuster, zweistöckige Gebäude in der Stadtmitte, eingeschossige am Rand. Erst der Anblick eines bestimmten Hauses, einer Scheune oder einer Nebenstraße mit einer Reihe schwarz gewordener, zersplitternder Schuppen konnte mir einen Begriff davon geben, wie diese alten Orte gewesen sein mochten, und mich einen Hauch ihrer Romantik spüren lassen.

»Wollen Sie mal was Schreckliches hören?« fragte jemand, der gerade zum Frühstück in den Speisewagen kam. »Fünfundvierzigtausend Schulkinder sind eben in den Zug gestiegen.« Brummelnd griff er nach dem Platzdeckchen mit der aufgedruckten Speisekarte. Ich trank meinen Kaffee aus, und auf dem Rückweg zu meinem Waggon sah ich, was er meinte. Ganz so viele, wie er gesagt hatte, waren es nicht, zwei- oder dreihundert vielleicht, Frauen und Kinder, alle durch Namensschildchen ausgewiesen: *Ricky, Sally, Tracy, Kim, Kathy*. Kathy sah toll aus; sie schwatzte mit der ebenso umwerfenden Marilyn. Die pausbäckigen kleinen Töchter der beiden standen neben ihnen.

»Daddy hat eine ganz üble Erkältung«, sagte Kathy mit einem Blick nach unten. »Ich mußte ihn ins Bett stecken.«

»Unser Daddy ist wie immer im Büro«, sagte Marilyn.

Eine andere Frau hatte sie gehört und fragte mit der gleichen Fernsehmutti-Stimme: »Und wo ist unser Daddy, Süße? Erzähl mal, wo unser Daddy ist.« Ihre kleine Tochter nuckelte an einem Finger und betrachtete den Fußboden. »Unser Daddy ist verreist. Und wenn er wiederkommt, erzählen wir ihm, daß wir auch verreist sind! Mit dem Zug!«

Das meiste war wohl, vermutete ich, Selbstironie. Fein herausgeputzt waren sie zu einem Tagesausflug nach Fort Worth ihren Küchen entflohen und hatten doch die Kinder am Hals. Ein kleines, zu kleines Stückchen Freiheit: Morgen würden sie wieder zu Hause sein, die Hausarbeit verfluchen und das ganze Mutti- und Papi-Getue hassen. Heute waren sie proper und lustig wie die Hausfrauen, die im Werbefernsehen Waschpulver und Deo anpreisen. Wenn nur zwölf oder dreizehn von ihnen dagewesen wären, hätte ich kaum

über sie nachgedacht, aber diese zur Gouvernantenarbeit verdammten Hundertschaften, die mit sanftem Zynismus über ihre Daddys herzogen, boten doch ein eindrucksvolles Beispiel für vergeudete Talente. Es schien zumindest unfair, daß sich in einem der sozial höchstentwickelten Länder der Welt eine Gruppe so verhielt wie in einer vollkommen eingeschüchterten Agrargesellschaft. Außer mir, der ich hier nur durchging, befand sich in den drei Waggons, die sie besetzt hatten, kein einziger erwachsener Mann. Eine Haremsatmosphäre, die nicht nur Feministinnen schwer erträglich, sondern auch den Aktivistinnen unter ihnen bejammernswert vorkommen mußte. Und da mindestens die Hälfte dieser intelligent aussehenden jungen Frauen Soziologie im Hauptfach gehabt hatte, dürfte ihnen ihre eigene Ähnlichkeit mit den Frauen der südsudanesischen Dinka kaum entgangen sein.
Ich ging zu meinem Abteil zurück und verfiel ins Grübeln. Beim Anblick einer Pumpe in der Prärie fiel mir ein, daß ich die Dinger schon während der letzten drei Stunden gesehen hatte, in ganz Oklahoma das Auf und Ab von schwarzen Spindeln auf Türmen, riesige Schiffsschaukeln, manchmal in Trupps, häufiger nur ein einsamer armeschwenkender Apparat mitten im Nirgendwo.
Hinter Purcell, neunhundert Meilen südöstlich von Chicago, entstiegen wir der Eiszeit. Die Bäche waren nicht mehr knubblig vom Eis, sondern morastig, spärliche Schneeflecken lagen auf dem dichten Gras wie Papierfetzen. Hier bestand eine Stadt aus zwei Straßen mit Bungalows, einem Holzlager, einem Lebensmittelgeschäft, einer amerikanischen Flagge – und nach ein paar Sekunden schon wieder Prärie. Ich hielt nach Einzelheiten Ausschau und war nach etwa einer Stunde eingehender Betrachtung schon froh über den einen oder anderen Baum oder eine wippende Pumpe, die die Monotonie unterbrach. Wie es wohl wäre, an einem solchen Ort geboren zu sein, wo nur der Vordergrund – die Veranda, das Schaufenster des Kramladens, die Hauptstraße – zählte? Der Rest war Leere, oder kam mir das nur so vor, weil ich ein Fremder war, ein Durchreisender im Zug? Ich hatte keine Lust, hier anzuhalten. Wer aus Oklahoma oder Texas stammt, brüstet sich gern mit seiner Freiheit und redet davon, wie eng zusammengepfercht die New Yorker leben müssen, aber die Landstädte hier kamen mir zum

Ersticken eng vor. Schon die Art, wie sie angelegt waren, deutete auf Verteidigungsbereitschaft hin, als seien sie nur aus einer allgemeinen Angst entstanden. Das Raster entsprach dem einer Wagenburg. Die kleinen rechteckigen Häuser sahen sogar aus wie Wagen – räderlose Wagen, die man hier bloß deswegen abgestellt hatte, weil schon andere da waren. Das Land war weit, aber die Häuser kauerten sich zusammen, mit dem Gesicht zu den Nachbarn und der engen Straße, mit dem Rücken zum ungeheuren Raum der Prärie.

Zehn Meilen hinter Ardmore, an der Grenze zwischen Oklahoma und Texas, sagte ein alter Mann am Fenster: »Gene Autry.«

Weil ich ihn um eine Erklärung bat, verpaßte ich den Ort, der nicht der Cowboy war, sondern schon wieder ein Städtchen mit einem so winzigen Bahnhof, daß der »Lone Star« in voller Fahrt hindurchdonnerte.

»Vielleicht ist er hier geboren worden«, sagte der Mann. »Oder begraben.«

Flache trockene Hügel, die in grüngraue Ebenen übergingen, markierten die Grenze zu Texas. Kein Eis, kein Schnee: das Wetter sah mild aus. Von Amseln umflattert, pflügte ein Farmer sein Feld mit dem Traktor, schraubte beim Fahren sechs erdige Streifen aus dem Boden. Erleichtert sah ich, daß er keine Fäustlinge trug. Also hatte die Jahreszeit sich geändert; in der ersten Februarwoche herrschte hier Vorfrühling, und wenn ich mich an meine Züge hielt, würde für mich in ein paar Tagen Sommer sein. Ein Flugpassagier kann kurzfristig in jede beliebige Klimazone jetten, dem Fahrgast im Expreß nach Süden bleibt die Befriedigung, daß er zusehen und an den kleinsten Details ablesen kann, wie sich mit jeder Stunde das Wetter verändert. In Gainesville wurde gepflanzt und wieder gepflügt, ein paar junge Halme sprossen schon zwei Finger hoch aus dem Boden. Hier gab es Bäume zwischen den Häusern und weniger Enge, als ich sie in den Siedlungen von Oklahoma gesehen hatte: große Gehöfte mit Brunnen, Wetterfahnen und Obstgärten.

Here, where the red man swept the leaves away
to dig for cordial bark or cooling root,
the wayside apple drops its fruit.

Der Trassenverlauf des »Lone Star« – man kann sich das auf Karten im Geschichtsbuch vor Augen führen – folgt der Richtung des großen Rindertrecks nach Norden, des »Chisholm Trail«. Anfangs, in den Sechzigern des vorigen Jahrhunderts, wurde das Vieh durch die als das Indianerterritorium von Oklahoma bekannte Gegend zur Bahnstation von Abilene in Kansas getrieben. Alle großen Eisenbahnstädte wie Dodge City, Wichita (durch das wir um sechs Uhr früh gefahren waren) und Cheyenne lebten von dem Vieh, das hier vor der Verladung auf die Züge nach Chicago in Gatter getrieben und sortiert wurde. Recht wilde Tiere zogen mit auf dem langen Weg vom Rio Grande, aber mit allen wurde man auf mexikanische Art fertig: Die amerikanischen Cowboys hatten das Lasso, das Brandeisen und den Jargon (wie auch das Wort *lingo,* die Bezeichnung für den Jargon selbst) von mexikanischen Viehtreibern geerbt. Der »Chisholm Trail« war nur eine der bekannten Routen; auf dem »Sedalia«-Treck wurde Vieh durch Arkansas und Missouri getrieben, der »Goodnight-Loving-Trail« verlief am Ufer des Pecos River, Strecken, die später die Eisenbahn übernahm – die Wasserstellen am Weg, die den Verlauf des »Chisholm Trail« bestimmt hatten, waren für die durstigen Kessel der Dampfloks von ebenso großer Bedeutung –; erst viel später sicherten menschliche Passagiere anstelle der Rinder das Einkommen der Bahn.

Ich sah die Rinderherden, Schwärme von Flugenten und große, schwarze, kreisende Vögel, Bussarde vielleicht, aber auch hier, fast tausend Meilen südlich von Chicago, waren die Bäume kahl. Auf der ganzen viertägigen Reise quer durchs Land hatte ich keinen einzigen grünen Baum zu Gesicht bekommen. Ich versuchte, einen auszumachen, sah aber bloß noch mehr Raubvögel, Windräder oder grasende Pferde. Häuser gab es zwar, aber keine Städte, die diese Bezeichnung verdient hätten. Die wenigen Bäume waren abgestorben, standen aber noch aufrecht wie spitzige Kleiderständer an den Ufern der ausgetrockneten Flüsse. Hinter den abgelegenen Farmhäusern mit ihren rostigen Dächern war leerer Raum. Näher am Schienenstrang und meistens neben einem Zaun aus dornigem Stacheldraht sah ich das Erwartete: splittrige Rinderknochen, gebleichte Knöchel und Haufen von Wirbeln, aufgesprungene, hohläugige Schädel.

Texanischen Stolz, eine liebenswerte, aber ungehobelte Lebensart, zeigte der grotesk verfettete Mann, der an einem Februartag im »Silver Dollar Saloon« im Zentrum von Fort Worth seinen überdimensionierten Cowboyhut aufbehielt. Vielleicht war es eine trotzige Geste: Der Tag war kühl und verhangen und die Bar kerkerhaft dunkel (als einzige Lichtquelle diente das unterseeische Flackern aus einem Aquarium, das auf einem Regal voller Whiskyflaschen vor sich hin blubberte). Ich war hier untergekrochen, um mich aufzuwärmen und in aller Stille die Lokalzeitung, das *Fort Worth Star Telegram*, zu studieren, als sich meine Augen an das Dunkel gewöhnt hatten. Außerdem mußte ich eine Entscheidung treffen: Ich konnte entweder in Fort Worth übernachten oder in wenigen Stunden nach Laredo weiterfahren. Mein Koffer stand allerdings noch am Bahnhof: Fort Worth hatte keinen guten Eindruck auf mich gemacht.

Der Ort war mir empfohlen worden, weil er freundlicher und übersichtlicher sei als Dallas. An diesem Februarnachmittag allerdings sah er bloß grau und kiesig aus, eine texanische Stadt von pompöser Bedeutungslosigkeit, in der der Wüstenwind blutige, ketchupgetränkte Sandwichtüten gegen Männer blies, die ihre albernen Hüte festhielten. An jedem öffentlichen Ort hing das gleiche ominöse Schild (eigentlich waren es zwei, aber ich zähle *Wer hier arbeitet, muß nicht verrückt sein – doch es hilft!* nicht mit). Die Warnung lautete:

IN DIESEM GEBÄUDE KÖNNTE SICH EIN
BEWAFFNETER POLIZEIBEAMTER BEFINDEN.
WENN SIE ZUM STEHENBLEIBEN
AUFGEFORDERT WERDEN –
FOLGEN SIE BITTE
SEINEN ANWEISUNGEN!
– Fort Worth Police Dept. –

Vielleicht war es ja ein Hinweis auf die Freundlichkeit von Fort Worth, daß die Bürger davor gewarnt wurden, einen Herrn mit Schießeisen mit einem harmlosen Tontaubenschützen zu verwechseln.

Dieses Schild hing in allen Kreditbüros und in allen Läden mit Westernausrüstung – zwei Geschäftszweige, mit denen Fort Worth überreich gesegnet schien: Hypotheken und Cowboyanzüge aus Goldlamé waren an jeder Ecke zu haben. Es hing auch im Blutspendezentrum (fünfzig Dollar für den halben Liter, und gleich auch zwei verlotterte Individuen, die aufs Anzapfen ihrer Venen warteten), im engen Büro des Kautionsverleihers (*24-Stunden-Service* hieß es unter dem Konterfei eines armen Teufels in Handschellen auf seinem Werbeschild), in allen Chili-Buden. Im »Silver Dollar« hing es auch, aber als ich dort Zuflucht fand, war mir die Warnung schon so oft begegnet, daß sie ihre einschüchternde Wirkung auf mich verloren hatte.

Im gurgelnden Licht des Aquariums las ich die Zeitung. Die Schlagzeilen ereiferten sich über Lokales, also blätterte ich mich zum Sportteil durch, dessen Aufmacher aus einem detaillierten Jubelbericht vom »Fat Stock Show Rodeo« auf der »Southwest-Exposition« bestand. Kein Baseball, weder Football noch Hockey, nichts als das amerikanische Äquivalent für die Bärenhatz. Ein Rodeo – das sollte Sport sein? Der Bericht füllte zwei komplette Seiten: »Bullenreiten«, »Lassoarbeit am Kalb«. Man meinte es ernst.

»Vor nich zu doll langer Zeit«, der fette Cowboyhut-Träger bediente sich einer mir bis dahin unbekannten Konstruktion, die in seiner zerdehnten Aussprache wie ein kompletter Satz klang, »hätten die Leute hier 'nen Aufstand gemacht, wenn sie die Rodeo-Ergebnisse nich hätten lesen können. Jaja, wir sind froh, daß wir sie ham.«

Die Rodeo-Nachrichten bestanden aus wenig mehr als einer Bilanztabelle mit den Gewinnsummen eines Viehtreibers, den ein Foto beim Stierquälen zeigte. Die Anhäufung von zweitausend Dollar – von Technik war keine Rede – erschien mir als unverdienter, wenn nicht gar unehrenhafter Triumph. Das Ganze war schiere Barbarei – und außerdem für mich die erste Sportseite, auf der neben jeder Punktzahl gleich das Dollarzeichen prangte.

In der Hoffnung auf etwas leichtere Kost wandte ich mich den Leserbriefen zu. Wenn ich hier schon übernachtete, wäre es nicht schlecht, mir einen Eindruck vom Charakter der Stadt zu verschaffen. Der erste Brief fing an: »Wie man weiß, wird die Evolutionstheorie im Unterricht an den öffentlichen Schulen als Sammlung gesicherter Fakten behandelt...« Es folgten ein paar etwas plump-sarkastische Sätze über die Wissenschaft, die die »moralischen Werte« unterhöhle, und die Anzeichen dafür, daß Fort Worth's große Attraktion, die »Fat Stock Show«, bald von einem Schauprozeß in den Dimensionen des *Scopes/Monkey Trial** abgelöst werden könnte. Brief Nummer zwei: »Haltet den Panamakanal, um Himmels willen!« Brief Nummer drei enthielt einen bemerkenswerten Angriff auf das »Texas Democratic Committee«, das Cesar Chavez nach Texas eingeladen hatte. Mr. Chavez, der die Farmarbeiter organisieren wolle, sei ein Unruhestifter. Der Brief schloß mit dem Satz: »Die Gewerkschaften tragen mehr als jeder andere Faktor dazu bei, unsere Volkswirtschaft zu zerstören und die Arbeitslosenziffern und die Inflationsrate in die Höhe zu treiben.«

Gewerkschaften, der Panamakanal und die Bibel: in Fort Worth kam man nicht auf das Wesentliche zurück – man hatte es gar nicht erst aus den Augen verloren. Da ich mich nicht stark genug fühlte, um mich jetzt mit Adam und Eva und den Gesetzen über Kinderarbeit zu befassen, reichte ich meine Zeitung an Fatty weiter, verließ den »Silver Dollar«, passierte die Reklametafeln *(Hört Redneck-Radio – Hört Hinterwäldlerfunk!)* und eilte zum Bahnhof.

Während ich auf meinen verspäteten Zug wartete, lernte ich einen sehr glücklichen Mann kennen. Er sei neu in Fort Worth, doch schon sechs Monate in dieser Stadt hätten ihn von den unbegrenzten Möglichkeiten des Ortes überzeugt, den ich problemlos an einem Nachmittag abgehakt hatte.

»Tennis, Golf, Bowling«, sagte er. »Schwimmen.«

»Das kann man auch in Cleveland«, meinte ich.

»Hier kann man alles machen, *anythink*.«

Anythink?

---

* 1925 wurde an den Schulen des Staates Tennessee jede andere Lehre über den Ursprung des Menschen als der biblische Schöpfungsbericht gesetzlich verboten. John Scopes verstieß gegen dieses Verbot und lehrte Darwins Gesetze. Obwohl von Bürgerrechtlern aus dem ganzen Land und vom prominentesten Anwalt der USA unterstützt, unterlag er in einem vielbeachteten Strafprozeß. (A. d. Ü.)

»Sind Sie Engländer?«
Ja, in der Tat, das sei er, aus London. Polizist sei er gewesen, in einem scheußlichen Distrikt von Südlondon, aber dann hätte es ihm gereicht mit den Steuern, der allgemeinen Trübsal und dem leidenschaftlichen Hang der Briten zu Unprofessionalität und Fehlschlägen. Er war nach Fort Worth ausgewandert: »Mehr wegen der Kinder als sonstwas.«
In London habe man sich über ihn als Bobby mit diesem albernen Helm, abgesehen von Schlagstock und Trillerpfeife unbewaffnet, lustig gemacht. Immer schon hatte er Golf spielen wollen. Aber Londoner Polizisten spielen nicht Golf. Er schwamm gern. Aber in der öffentlichen Badeanstalt von Tooting kann man nicht ernsthaft schwimmen. Er hatte ganz unten auf der Besoldungsliste gestanden, auf der untersten Sprosse der sozialen Leiter. Aber hier, als Hotelportier in einer Stadt der Bullenreiter, Kälbertreiber, Kautionsverleiher und Großhändler für Cowboyanzüge, der fundamentalistischen Nörgler und – es war ihr eigenes Wort – *Rednecks*, Hinterwäldler, adelte ihn sein näselnder Südlondoner Tonfall und verlieh ihm geradezu churchillhafte Autorität.
»Ich bleib hier«, sagte er.
»Sie könnten doch auch hier bei der Polizei arbeiten.«
»Die verdienen hier gar nicht schlecht«, meinte er.
Ich wünschte ihm alles Gute. Ein bißchen beruhigt und immer noch in verkehrter Richtung auf dem einstigen Rindertreck, dem »Chisholm Trail«, sprang ich auf den Zug nach Laredo.

3
Der »Aztec Eagle«

Ein regnerischer Abend in Laredo: Obwohl es noch nicht spät war, wirkte der Ort wie ausgestorben. Eine ehrbare Grenzstadt an der Endstation der Amtrak-Strecke; ihr geometrisches Raster aus hell erleuchteten schwarzen Straßen überzog einen Lehmhang, der ausgebaggert und angekratzt aussah wie ein frischer Steinbruch. Darunter, in einem Einschnitt von der Tiefe eines Abwasserkanals, floß der Rio Grande, ein stiller Strom, an Laredo vorbei; am Südufer lag Mexiko.
Die Straßenbeleuchtung betonte die Leere der Stadt. Im gleißenden Licht der städtischen Laternen konnte ich erkennen, daß sie eher mexikanische als amerikanische Merkmale hatte. Blitzend wiesen die Lichter auf Leben hin, wie Lichter das eben tun. Aber wo waren die Menschen? Verkehrsampeln an jeder Ecke, Fußgängerampeln forderten blinkend mal zum Warten, mal zum Gehen auf; die zweistöckigen Geschäftshäuser lagen im Flutlicht, Lampen brannten hinter den Fenstern einstöckiger Gebäude, die Straßenlaternen verwandelten die Pfützen in helle Löcher im nassen Straßenbeton. Unheimlich wirkte diese Illumination, als versuchte eine pestverseuchte Stadt, sich mit Licht vor Plünderern zu schützen. An den Türen der Geschäfte schwere Vorhängeschlösser, die Kirchen durch ganze Artilleriebataillone von Bogenlampen erhellt, keine Bars. Statt ein Gefühl von Wärme und Betriebsamkeit zu vermitteln, entblößte all das grelle Licht mit seinen nervtötenden Strahlen nur die gähnende Leere.
Vor den roten Ampeln warteten keine Autos, an den Überwegen keine Fußgänger. Doch in der Stille der Stadt schwang ein unverwechselbarer Herzschlag durch den Nieselregen, ein rhythmisches

Zirpen von ferner Musik. Ich lief und lief, von meinem Hotel zum Fluß, vom Fluß zu einem Marktplatz und ins Gewirr der Straßen hinein, bis ich fast sicher sein konnte, daß ich mich verirrt hatte. Ich sah nichts. Es war ziemlich beängstigend, vier Blocks weiter einen Lichtschein wahrzunehmen, hinter dem ich eine Eckkneipe, ein Restaurant, eine Veranstaltung, irgendein Anzeichen von Leben vermutete, hinzugehen und mich schließlich keuchend und aufgeweicht vor einem für die Nacht geschlossenen Schuhgeschäft oder Bestattungsinstitut wiederzufinden. Ich lief durch die Straßen von Laredo und hörte nichts als meine eigenen Schritte, ihr betont forsches Klicken, ihr Zögern vor schmalen Gassen, ihr hastiges Platschen, als ich wieder zu dem einzigen Orientierungspunkt zurückkehrte, den ich kannte: dem Fluß.

Er selbst machte kein Geräusch, obwohl er machtvoll dahinströmte, sich wie ein Schwarm glitschiger Schlangen herumwand in der Schlucht, aus der jeder Baum und Strauch entfernt worden war, damit die Grenzpolizisten darin patrouillieren konnten. Drei Brücken verbinden an dieser Stelle die Vereinigten Staaten mit Mexiko. Oben auf dem Steilufer hörte ich das Zirpen deutlicher: Es kam als gerade noch wahrnehmbare Belästigung, wie vom Radio eines Nachbarn, von der mexikanischen Seite des Flusses her. Jetzt konnte ich die Biegungen des Rio Grande gut sehen und mir klarmachen, wie sehr ein Fluß sich als Grenze eignet: Wasser ist neutral und läßt mit seinen unparteiischen Windungen die nationale Grenzlinie als göttlich gewollt erscheinen.

Ich blickte nach Süden über den Fluß hinweg und begriff, daß ich einen anderen Kontinent vor mir hatte, ein anderes Land, eine andere Welt. Da drüben gab es Geräusche – Musik, aber nicht nur Musik, sondern auch das Quäken und Hupen von Stimmen und Autos. Die Grenze war Wirklichkeit; da drüben taten die Menschen die Dinge anders. Mit einiger Anstrengung sah ich Bäume, die sich vor Neonschildern mit Bierwerbung abzeichneten, einen Verkehrsstau, die Quelle der Musik. Keine Menschen, aber die Autos und Lastwagen bezeugten ihre Anwesenheit. Weit dahinter, hinter der mexikanischen Stadt Nuevo Laredo, ein schwarzer Hang: die konturlosen, nachtdunklen Republiken Lateinamerikas. Hinter mir hielt ein Wagen. Nach einer Schrecksekunde merkte ich,

daß es nur ein Taxi war. Ich nannte dem Fahrer den Namen meines Hotels und stieg ein, erntete aber mit meinem Versuch, eine Unterhaltung anzufangen, nichts als ein Grunzen. Er verstand nur seine Muttersprache.
»Es ist sehr ruhig hier«, sagte ich auf spanisch.
Zum ersten Mal sprach ich auf meiner Reise spanisch. Danach fanden fast alle Unterhaltungen in dieser Sprache statt, doch werde ich mich im Verlauf meiner Erzählung bemühen, spanische Wörter zu vermeiden und alle Gespräche zu übersetzen. Für Sätze wie »›*Caramba!*‹ sagte der *campesino*, der in der *estancia* seine *empanada* aß...« fehlt mir die Geduld.
»Laredo«, sagte der Taxifahrer achselzuckend.
»Wo sind denn all die Leute?«
»Drüben.«
»Nuevo Laredo?«
»›Boys' Town‹, Puffgegend.« Der englische Ausdruck überraschte mich und kam mir irgendwie komisch vor. Auf spanisch ergänzte er: »In der Zone gibt es eintausend Prostituierte.«
Ein etwas runde, aber überzeugende Zahl, die mir plötzlich die Erklärung dafür lieferte, was mit dieser Stadt los war. Wenn es Nacht wurde, schlich sich Laredo nach Nuevo Laredo rüber und ließ zu Hause das Licht brennen. Deswegen wirkte Laredo so ehrbar und, auf seine verregnete und leicht angeschimmelte Art, beinahe distinguiert: Die Klubs, die Bars und die Bordelle waren auf der anderen Seite, der Rotlichtbezirk lag zehn Minuten weit weg in einem anderen Land.

Aber es ist noch mehr dran an dieser in Brückenköpfen ausgedrückten Moral von den gegensätzlichen Ufern. Während die Texaner von beiden Kuchen das beste Stück für sich behielten, indem sie dafür sorgten, daß der Fleischmarkt auf der mexikanischen Seite der International Bridge blieb – und der Fluß zäh wie eine knifflige Auseinandersetzung zwischen Tugend und Sünde dahinmäanderte –, besaßen die Mexikaner genug Taktgefühl, um »Boys' Town« drüben durch Verfall zu tarnen: noch ein Beispiel für moralische Geographie. Abgrenzungen allerorten: Niemand wohnt gern Tür an Tür mit einem Bordell, aber trotzdem existierten beide

Städte gerade durch »Boys' Town«. Ohne Hurerei und Glücksspiel hätte Nuevo Laredo wohl nicht die nötigen städtischen Gelder für die Geranien vor dem Denkmal seines wild gestikulierenden Patrioten auf der Plaza aufbringen oder für sich selbst als Basar voller Korbwaren und gitarrenklimpernder Folklore werben können – wenn auch wohl kaum jemand nach Nuevo Laredo fuhr, um sich mit Körben einzudecken. Und Laredo brauchte die Sündhaftigkeit der Schwesterstadt, um seine Kirchen zu füllen. Laredo hatte den Flughafen und die Kirchen, Nuevo Laredo die Bordelle und Korbfabriken. So hatte sich offenbar jede der beiden Nationen ihrem eigenen Kompetenzbereich zugeneigt, ganz nach volkswirtschaftlich gesundem Denken und ganz im Sinne der Theorie der komparativen Kosten des berühmten Nationalökonomen David Ricardo (1772–1823).

Auf den ersten Blick wirkte das Ganze wie das typische Verhältnis von den Pilzen zum Misthaufen, das sich an den Grenzen vieler ungleicher Nachbarstaaten findet. Doch je länger ich darüber nachdachte, desto mehr kam mir Laredo vor wie ein Pars pro toto für die Vereinigten Staaten und Nuevo Laredo wie eines für die Länder Lateinamerikas. Diese Grenze war mehr als ein Beispiel für gemütliche Heuchelei. Hier zeigte sich alles, was man über die Moralbegriffe der beiden Amerikas wissen muß, über die puritanische Effizienz nördlich der Grenze und die chaotische, leidenschaftliche Unordnung, die Anarchie von Sex und Hunger auf der Südseite. Ganz so einfach war es nicht, da sich Niedertracht und Nächstenliebe offensichtlich auf beide verteilten, aber als ich, der müßige Reisende mit seinem Koffer voller schmutziger Wäsche, seinem Stapel von Eisenbahnfahrplänen, seiner Landkarte und seinem Paar wasserfester Schuhe den Fluß (den die Mexikaner nicht Rio Grande, sondern Río Bravo del Norte nennen) überquerte, kam es mir vor, als figurierte ich selbst in einem bedeutsamen Bild. Es hatte etwas damit zu tun, daß ich eine Staatsgrenze überschritt und auf der anderen Seite einen so großen Unterschied feststellte: Jeder menschliche Zug da drüben hatte den Beiklang einer Metapher.

Es liegt nur knapp zweihundert Meter entfernt, aber der Geruch von Nuevo Laredo steigt hoch in den Himmel hinauf. Es ist der

Geruch der Gesetzlosigkeit, rauchig und schwer von Chili und billigem Parfum. Ich hatte die propere texanische Stadt kaum verlassen, als ich schon am anderen Ende der Brücke das Gekreisch und Gehupe hören und die Autoschlangen und das Menschengewühl sehen konnte. Manche der Leute warteten wohl auf die Einreise in die USA, aber die meisten starrten nur zur anderen Seite hinüber, die für sie die Grenze der Armut bedeutete.

Die Mexikaner reisen in die USA ein, weil es dort Arbeit für sie gibt. Sie tun es illegal, da ein arbeitsuchender mittelloser Mexikaner so gut wie keine gesetzliche Einreisemöglichkeit hat. Wenn man sie erwischt, werden sie verurteilt, für eine kurze Zeit ins Gefängnis gesteckt und dann abgeschoben. Nach ein paar Tagen sind sie schon wieder unterwegs in Richtung Vereinigte Staaten, zu den Farmen, auf denen sie als schlechtbezahlte Tagelöhner immer Beschäftigung finden. Die Lösung ist einfach: Wenn wir ein Gesetz erlassen würden, nach dem US-amerikanische Farmer nur Arbeitskräfte mit Aufenthalts- und Arbeitserlaubnis beschäftigen dürften, gäbe es kein Problem. Ein solches Gesetz existiert nicht – dafür hat die Lobby der Farmer gesorgt –, denn wie sollten diese breitärschigen Sklaventreiber ihre Ernte einbringen, wenn sie keine Mexikaner mehr ausbeuten könnten?

Aus der Nähe zerfiel das Chaos in einzelne Bilder. Die herumlungernden Soldaten und Polizisten ließen das Ganze noch gesetzloser aussehen, der Krach war beängstigend, und nationale Charakteristika zeigten sich schon auf den ersten Blick: Die Männer hatten keine Hälse, die Polizisten trugen Schuhe mit Plateausohlen, keine Prostituierte lief ohne ihren natürlichen Verbündeten, eine alte Frau oder einen Krüppel, herum. Es war kalt und regnerisch in der Stadt, Ungeduld lag in der Luft; immer noch Februar: Die Touristen würden noch Monate auf sich warten lassen.

In der Mitte der Brücke war ich an einem verrosteten Briefkasten mit der Aufschrift KONTERBANDE vorbeigekommen. Er war für Drogen gedacht. Zweisprachig waren die Strafen aufgeführt: fünf Jahre für weiche Drogen, fünfzehn für harte. Ich versuchte hineinzuspähen, sah nichts und versetzte dem Ding einen Faustschlag. Es hörte sich blechern und leer an. Ich ging weiter bis zur Schranke, steckte fünf Cent in den Schlitz für das Drehkreuz und stand – es war so einfach, als wäre ich bloß in einen Bus gestiegen – in Mexiko. Mein neuer Schnurrbart, mit dem ich mir einen lateinamerikanischen Anstrich hatte verleihen wollen, verfehlte eindeutig seine Wirkung. Zusammen mit vier anderen Gringos wurde ich durchgewinkt: Wir sahen unverdächtig aus.

Ich war zweifellos angekommen, denn während die halslosen Männer, die gockelhaften Polizisten und verkrüppelten Tiere eine gewisse düstere Internationalität an sich hatten, war der Knoblauchverkäufer das personifizierte Lateinamerika. Ein schmächtiges, schmutzstarrendes Männchen mit zerrissenem Hemd und speckigem Hut, das immer wieder dieselben drei Wörter ausrief. Diese Attribute allein waren nicht weiter bemerkenswert – auch er hatte sein Gegenstück in Cleveland. Das Besondere an ihm war die Art, wie er seine Ware transportierte. Einen Zopf aus Knoblauchknollen trug er um den Hals, einen anderen um die Taille gebunden, ganze Seile davon baumelten von seinen Armen, und wieder andere schüttelte er in den Fäusten. Die Knoblauchzöpfe tanzten auf seinem Körper auf und nieder, während er sich durch die Menge schlängelte. Gab es ein besseres Beispiel für die kulturellen Unterschiede als diesen Mann? Auf der texanischen Seite der Brücke hätte man ihn wegen Mißachtung irgendeiner Lebensmittelhygienevorschrift verhaftet, hier beachtete man ihn nicht. Was war schon Besonderes daran, wenn jemand Knoblauchstränge um den Hals trug? Vielleicht nichts, außer daß er es nicht getan hätte, wenn er kein Mexikaner gewesen wäre, und daß es mir nur auffiel, weil ich Amerikaner bin.

Der Name »Boys' Town« für die »Zone« paßt gut, da so vieles an diesem bösen Ort das sexuelle Alptraumparadies verbotener Jungenphantasien widerspiegelt. Er ist Begierde und Angst zugleich, ein ganzer Stadtteil der Lust, in dem einem gleich die bittere Quittung für jeden gierigen Wunsch präsentiert wird. Es ist das Kind, das noch träumend die erregende Umarmung eines Liebhabers begehrt; aber kein Kind schwelgt in dieser Vorstellung ohne das Bewußtsein um ihr Gegenteil, die Angst vor der Verfolgung durch ebendieses Geschöpf. Die Monate von Winterwetter, Regen und Nichtstun in der flauen Saison hatten aus den Prostituierten der

»Zone« ziemlich jämmerliche Exemplare von Liebesdämonen gemacht, heulende, ärmelzupfende, armgrapschende und anrempelnde Verkörperungen des strafenden Teils erotischer Phantasie. Ich kam mir vor wie Leopold Bloom, der sich vorsichtig durch das grenzenlose Bordell der städtischen Nacht tastet, da man sich hier nicht interessiert zeigen kann, ohne Demütigung zu riskieren. Daß ich nur neugierig war und weder urteilen noch ermutigen wollte, machte es für mich noch schlimmer; man hielt mich für eine der erbärmlichsten unter den emotional geschädigten Seelen, für den kurzsichtigen Voyeur, einen Spanner mitten auf dem Fleischmarkt. »Ich seh mich bloß um«, wollte ich sagen, aber Prostituierte haben dafür wenig Verständnis.
»Mister!«
»Tut mir leid, ich muß meinen Zug erreichen.«
»Wann fährt er?«
»In ungefähr einer Stunde.«
»Zeit genug – Mister!«
Die kleinen Bengel, die alten Damen, die Krüppel, die Losverkäufer, die wilden, schmutzigen Jugendlichen, die Männer mit ihren Bauchläden voller Klappmesser, die Tequila-Bars und das unaufhörliche, ohrenbetäubende Gedudel, die Hotels mit ihrem Wanzengestank: das Tollhaus war fast zuviel für mich. Es faszinierte mich schon, das mußte ich zugeben, aber ich hatte doch Angst, daß meine Neugier ihren Preis fordern würde. »Wenn Sie sich dafür nicht interessieren«, sagte ein hübsches Mädchen und schob mit einer lockeren, knappen Bewegung den Rock hoch, »warum sind Sie dann hier?«
Eine gute Frage, und da ich keine Antwort darauf parat hatte, zog ich mich zurück und ging lieber zum Büro der mexikanischen Eisenbahngesellschaft, um meine Fahrkarte zu besorgen. Die Stadt sah verkommen aus: kein Gebäude ohne mindestens ein kaputtes Fenster, keine Straße ohne Autowrack, kein Gully, der nicht mit Müll verstopft war; in dieser klammen Jahreszeit, ohne die Hitze, die ihre Schäbigkeit rechtfertigen oder ihr etwas Pittoreskes verleihen könnte, war sie nur grauenhaft häßlich. Aber der Basar Nuevo Laredo gehört uns und nicht Mexiko. Er braucht seine Besucher.

Manche Bürger bleiben sauber. Beim Bezahlen des Schlafwagentikkets für den »Aztec Eagle« erzählte ich der freundlichen Büroleiterin, daß ich gerade aus der »Zone« käme.
Sie verdrehte die Augen: »Soll ich Ihnen mal was sagen? Ich weiß nicht mal, wo das eigentlich ist.«
»Gar nicht weit von hier. Sie müssen nur...«
»Sagen Sie's nicht. Ich bin seit zwei Jahren hier. Ich kenne mein Haus, ich kenne mein Büro, ich kenne meine Kirche. Mehr brauche ich nicht.«
Statt mich in der »Zone« herumzutreiben, hätte ich mir die Souvenirs ansehen sollen, meinte sie. Auf dem Weg zum Bahnhof folgte ich ihrem Rat. Es gab die unvermeidlichen Körbe und Postkarten und Klappmesser, aber auch Hunde und Christusfiguren aus Gips, geschnitzte hockende Frauen, religiösen Kitsch in jeder Spielart, unter anderem Rosenkränze, so stark wie Trossen, mit baseballgroßen Perlen, Verkaufsbuden mit vor sich hin rostendem regennassen Schmiedeeisen und düstere, von den Menschen, die sie angepinselt hatten, ziemlich grausam gemarterte Gipsheilige – alles mit der Aufschrift *Souvenir aus Nuevo Laredo*. Ein Reiseandenken ist ein Gegenstand, der zu nichts anderem als dem Beweis dient, daß man angekommen ist: der aus einer Kokosnuß geschnitzte Affenschädel, der brennbare Aschenbecher oder der Sombrero wären wertlos ohne die Aufschrift *Nuevo Laredo*, waren aber wesentlich vulgärer als alles, was ich in der »Zone« gesehen habe.
In der Nähe des Bahnhofs stand ein Mann, der Glasrohre schmolz und zu hauchdünnen Röhrchen zog, aus denen er kleine Modellautos baute. Seine Geschicklichkeit war beinahe Kunst, aber dem Ergebnis, dem ewig gleichen Auto, fehlte jede Inspiration. Die gläserne, zerbrechliche Filigranarbeit kostete ihn Stunden; er plagte sich ab, um aus etwas, was ein schöner Gegenstand hätte werden können, ein albernes Souvenir zu machen. Ob er schon einmal etwas anderes gebaut habe?
»Nein«, sagte er. »Nur dieses Auto. Ich hab ein Bild davon in einer Illustrierten gesehen.«
Wann das gewesen sei, wollte ich wissen.
»Das hat mich noch nie jemand gefragt! Es ist vielleicht zehn Jahre her – oder noch länger.«

»Und wo haben Sie Ihr Handwerk gelernt?«
»In Puebla. Hier nicht.« Er sah von seinem Schweißbrenner auf.
»Glauben Sie etwa, daß irgend jemand hier in Nuevo Laredo etwas lernen könnte? Diese Arbeit gehört zum traditionellen Kunsthandwerk von Puebla. Ich hab's auch meiner Frau und meinen Kindern beigebracht. Meine Frau macht kleine Klaviere, mein Sohn Tiere.«
Immer und immer wieder das gleiche Auto, das gleiche Klavier, das gleiche Tier. Wenn es sich bei diesen Objekten um einen Fall von simpler Massenproduktion gehandelt hätte, wäre es nicht weiter beunruhigend gewesen, doch hier wurde enorm viel Geschick und Geduld auf die Herstellung von Gegenständen verwendet, die letztlich nur Ramsch waren. Sinnlose Verschwendung, sollte man meinen, aber auch nicht viel anders als die »Zone«, die süße Mädchen in übellaunige, raffgierige alte Hexen verwandelte.
Früher am Nachmittag hatte ich meinen Koffer im Bahnhofsrestaurant abgestellt. Auf meine Frage nach der Gepäckaufbewahrung hatte eine junge Mexikanerin an einem Tisch, auf den jemand gespuckt hatte, ihren Blechteller mit Bohnen beiseite geschoben: »Die ist hier«, hatte sie gesagt, mir einen Fetzen Papier in die Hand gedrückt und mit Lippenstift *PAUL* auf den Koffer gemalt. Große Hoffnungen, ihn jemals wieder zu Gesicht zu bekommen, hatte ich mir eigentlich nicht gemacht.
Als ich ihn jetzt abholen wollte, nahm ein anderes Mädchen den Papierfetzen in Empfang. Die Neue brach beim Anblick der »Quittung« in Gelächter aus und rief zu einem schielenden Mann hinüber, er solle sich das mal ansehen. Auch er fing an zu lachen.
»Was ist denn so lustig?« fragte ich.
»Wir können ihre Schrift nicht lesen«, meinte der Schielende.
»Sie schreibt chinesisch«, erklärte das Mädchen, kratzte sich am Bauch und betrachtete feixend das Papier. »Was soll das heißen: fünfzig oder fünf?«
»Sagen wir doch einfach fünf«, schlug ich vor. »Oder fragen wir das Mädchen. Wo ist sie denn?«
»Iste«, der Schielende sprach jetzt englisch, »bei die Fische gegangen.«
Beide fanden das zum Brüllen komisch.
»Und mein Koffer? Wo ist der?«

»Weg«, antwortete das Mädchen, zog ihn aber schon kichernd aus der Küche, bevor ich etwas sagen konnte.
Der Schlafwagen des »Aztec Eagle« stand hundert Meter weiter unten am Gleis, und ich war völlig außer Atem, als ich dort ankam. Die wasserfesten englischen Schuhe, die ich mir extra für die Reise angeschafft hatte, waren vollgelaufen, und meine Kleider trieften. Ich hatte meinen Koffer wie ein Kuli auf dem Kopf transportiert, mit dem einzigen Ergebnis, daß ich Migräne bekam und Regenwasser in meinen Kragen getrichtert wurde.
Ein schwarz Uniformierter versperrte den Eingang: »Sie können nicht einsteigen. Sie waren noch nicht beim Zoll.«
Das stimmte, aber ich fragte mich doch, woher er das eigentlich wissen konnte.
»Wo ist der Zoll?«
Er wies auf das entgegengesetzte Ende der überfluteten Gleise und bedeutete mir angewidert: »Da drüben.«
Ich hievte also meinen Koffer wieder auf den Kopf und platschte in der Gewißheit, daß ich nicht nasser werden konnte, ins Bahnhofsgebäude zurück.
»Zoll?« fragte ich. Eine Frau, die Kaugummikugeln und Kekse feilbot, lachte mich aus. Ich fragte einen kleinen Jungen. Er versteckte das Gesicht in den Händen. Ich fragte einen Mann mit einem Klemmbrett. »Warten Sie mal«, sagte er.
Der Regen tröpfelte durch die Löcher im Dach, Mexikaner karrten ihre Habe in Bündeln heran und stopften sie in die Fenster der zweiten Klasse. Für einen überregionalen Zug mit gutem Ruf waren allerdings nicht viele Passagiere in Sicht. Der schmuddlige Bahnhof war wie ausgestorben. Die Kaugummiverkäuferin unterhielt sich mit dem Brathähnchenverkäufer, barfüßige Kinder spielten Fangen; der Regen – kein frischer, reinigender Platzregen, sondern ein dunkles, zähes Nieseln wie von Rußflocken, die im Fallen alles dunkel färbten – ließ nicht nach.
Dann sah ich den Mann mit der schwarzen Uniform, der mich nicht in den Schlafwagen gelassen hatte. Er war naß geworden und sah wütend aus.
»Ich kann den Zoll nicht finden«, sagte ich.
Er hielt mir einen Lippenstift vor die Nase: »Das ist der Zoll.«

Ohne weitere Fragen markierte er meinen Koffer mit einem blutroten Lippenstiftstrich, richtete sich ächzend wieder auf und meinte: »Machen Sie schon, der Zug fährt gleich ab.«
»Hab ich Sie warten lassen? Das tut mir aber leid.«
Die beiden alten Schlafwagen des Zuges waren ausgemusterte amerikanische Modelle von einer in den Staaten bankrott gegangenen Eisenbahnlinie. Die Abteile mit den tiefen Sesseln, Art-déco-Verzierungen, facettierten Klappspiegeln und dicken Teppichböden waren schön und bequem. Alles, was ich in Nuevo Laredo gesehen hatte, war in irgendeinem Stadium des Verfalls gewesen, nichts instand gehalten, nichts gepflegt. Dieser alte Zug mit seinen gebrauchten Schlafwagen aber war in einem guten Zustand und würde sich in ein paar Jahren zur bestens erhaltenen Antiquität mausern. Reiner Zufall: Weil den Mexikanern das Geld fehlte, um wie Amtrak ihre Schlafwagen mit Chrom und Plastik umzurüsten, hatten sie die alten Wagen mitsamt der originalen Art-déco-Ausstattung in Schuß halten müssen.
Die meisten Abteile waren leer. Kurz vor dem Pfiff zur Abfahrt ging ich durch die Waggons und sah eine mexikanische Familie, ein paar Kinder mit ihrer Mutter, ein besorgt aussehendes amerikanisches Touristenpärchen und eine augenzwinkernde Mittfünfzigerin im imitierten Leopardenpelz. Im Schlafwagenabteil nebenan hatte sich eine alte Frau mit ihrer hübschen Begleiterin einquartiert, einem vielleicht fünfundzwanzigjährigen Mädchen. Die alte Frau war mir gegenüber kokett, aber schroff zu dem Mädchen, das ich zunächst für ihre Tochter hielt. Das Mädchen war furchtbar schüchtern, die farblose Kleidung (um den Hals der Alten baumelte ein Nerz) und ihre traurige englische Blässe verliehen ihrem süßen Gesicht mit den grünen Augen einen Ausdruck leidenschaftlicher Reinheit. Auf dem ganzen Weg nach Mexiko-Stadt versuchte ich, mit dem Mädchen ins Gespräch zu kommen, aber jedesmal drängte sich die Alte mit gackernden Fragen dazwischen, bevor die Jüngere antworten konnte. Die Unterwürfigkeit des Mädchens mußte mehr sein als töchterlicher Gehorsam; mit Sicherheit war sie eine Bedienstete, die vorsichtshalber den Mund hielt. Bei aller Eitelkeit konnten der Alten weder die Attraktivität dieses Mädchens noch das eigentliche Motiv für meine Fragen

entgangen sein. Es war etwas Russisches, Altmodisches und Unergründliches um dieses Paar.

Ich saß in meinem Abteil, schlürfte Tequila und dachte darüber nach, warum so dicht an den USA (vom Bahnhof aus konnte ich die Kaufhäuser auf den ausgewaschenen Uferfelsen von Laredo erkennen) alles so anders, zu dieser fröhlichen, mexikanischen Unordnung hatte werden können. Da klopfte es an der Tür.

»Entschuldigung.« Der Schaffner quetschte sich geschäftig ins Abteil: »Ich stell das hier bloß mal oben ab, wenn's recht ist.«

Es handelte sich um eine große, mit viel kleineren Tüten vollgestopfte Einkaufstüte. Grinsend hielt er sie sich vor die Brust und zeigte auf das Gepäckgitter über dem Waschbecken.

»Da wollte ich gerade meinen Koffer unterbringen«, sagte ich.

»Kein Problem! Sie können Ihren Koffer unters Bett stecken. Sehen Sie – lassen Sie mich machen.«

Er kniete sich hin und schob mit der Bemerkung, wie vorzüglich er doch da hineinpasse, den Koffer außer Sicht. Es war mir nicht in den Sinn gekommen, ihn daran zu erinnern, daß es sich hier um mein Abteil handelte.

»Was ist das?«

Er hielt seine Tüte noch fester umklammert und grinste wieder.

»Das hier?« fragte er leichthin. »Ein paar Sachen, nicht der Rede wert.« Er ließ die Tüte – die so dick war, daß sie nicht unter das Bett gepaßt hätte – aufs Gepäckgitter plumpsen und beteuerte noch einmal: »Kein Problem, okay?«

Das Ding füllte das ganze Gitter aus. »Ich weiß nicht recht.« Ich zupfte an der Öffnung und versuchte, einen Blick in die Tüte zu werfen. Mit scheelem Grinsen legte er mir die Hand auf die Schulter und schob mich zur Seite.

»Es ist alles in Ordnung!« Er lächelte immer noch, inzwischen mit einer Art gerissener Dankbarkeit.

»Warum bringen Sie sie nicht woanders unter?«

»Die steht hier am besten«, meinte er. »Ihr Koffer ist klein. Gute Idee – man sollte immer mit leichtem Gepäck reisen. Paßt wunderbar da unten rein.«

»Was ist denn eigentlich da drin?«

Weder gab er eine Antwort, noch nahm er seine Hand von meiner

Schulter. Mit sanftem Druck bugsierte er mich auf meinen Sitz zurück. Dann tat er einen Schritt rückwärts, spähte nach rechts und nach links den Gang hinunter, trat wieder vor, beugte sich zu mir herunter und hauchte auf spanisch: »Ist alles in Ordnung. Sie sind Tourist. Kein Problem.«
»Na gut.« Ich lächelte erst ihn an, dann die Tüte.
Sofort hörte er auf zu lachen, ich glaube, weil ihn meine Bereitschaft, mich mit der Tüte abzufinden, nun doch irritierte. Er zog die Abteiltür halb zu, flüsterte: »Sagen Sie nichts«, legte einen Finger auf die Lippen und sog die Luft ein.
»Nichts sagen?« Ich stand auf. »Zu wem denn?«
Er schob mich zu meinem Sessel zurück. »*Sagen Sie nichts.*«
Er schloß die Tür.
Ich betrachtete die Tüte.
Eine Sekunde später klopfte es an der Tür. Der gleiche Schaffner, ein neues Grinsen: »Bitte Platz nehmen zum Abendessen!«
Er wartete, bis ich das Abteil verlassen hatte, und schloß hinter mir die Tür ab.
Mein Versuch, mit dem grünäugigen Mädchen ins Gespräch zu kommen, fand im Speisewagen statt. Die alte Frau fing jede Frage ab. Ich nahm zwei Pilsener und den Leichnam eines hageren Hühnchens zu mir. Ich versuchte es wieder. Es war auffallend, wie die alte Frau bei jeder Antwort von »ich« statt von »wir« sprach: »Ich fahre nach Mexiko-Stadt«, »Ich war in Nuevo Laredo.« Also war das grünäugige Mädchen mit ziemlicher Sicherheit eine Angestellte, ein Gepäckstück der Alten. Diese Frage beschäftigte mich so sehr, daß ich die drei uniformierten Männer kaum wahrnahm, die in den Speisewagen gekommen waren. Ich sah sie: Pistolen, Schnauzbärte, Schlagstöcke, keine Hälse, und schon waren sie weg. Mexiko war voller Männer in undefinierbaren Uniformen; sie schienen zur Landschaft zu gehören.
»Ich wohne in Coyoacán«, sagte die alte Frau. Sie zog sich die Lippen nach, deren Farbe beim Essen abgegangen war.
»Hat dort nicht Trotzki gewohnt?«
Ein Mann im weißen Stewardjackett erschien am Tisch.
»Gehen Sie zurück in Ihr Abteil. Man will Sie sprechen.«
»Wer will mit mir sprechen?«

»Der Zoll.«
»Ich war schon beim Zoll.« Da sich Schwierigkeiten andeuteten, sprach ich englisch.
»Sie nix sprechen Spanisch?«
»Nein.«
Die alte Frau musterte mich mit einem scharfen Blick, sagte aber nichts.
»Männer. Wollen sprechen mit Ihnen«, sagte der Steward.
»Ich trink bloß noch mein Bier aus.«
Er schob mein Glas weg: »Jetzt.«
Die drei bewaffneten Zollbeamten warteten vor meinem Abteil auf mich. Vom Schaffner war weit und breit nichts zu sehen, aber das Abteil war aufgesperrt worden: Er hatte sich offensichtlich verdünnisiert, um mir den Spaß allein zu gönnen.
»Guten Abend«, grüßte ich. Mein Englisch löste einen Austausch von Grimassen aus. Ich kramte Papiere, Fahrkarte und Gesundheitspaß hervor und wedelte damit herum, um sie erst mal abzulenken: »Hier, sehen Sie, ich habe ein Touristenvisum für Mexiko, Pockenimpfung und einen gültigen Reisepaß! Schauen Sie sich's nur an.« Ich zupfte die Ziehharmonika von Extraseiten aus meinem Paß und zeigte ihnen die Marken, die auf dem Visum für Burma klebten, mein knallbuntes Dauervisum für Laos und den Wisch, der mir uneingeschränkten Zugang nach Guatemala bescheinigte.
Für einen Moment waren sie abgelenkt – sie murmelten und blätterten –, aber dann ging der häßlichste von den dreien ins Abteil und schlug mit seinem Polizeiknüppel ans Gepäckgitter.
»Gehört das Ihnen?«
Ich beschloß, kein Spanisch zu verstehen. Eine wahrheitsgemäße Antwort hätte den Schaffner in die Bredouille gebracht – wohin er wahrscheinlich auch gehörte. Aber ein paar Stunden zuvor hatte ich mitbekommen, wie ein tyrannischer Zollbeamter einen älteren Mexikaner mit einer Kanonade von improvisierten Demütigungen gequält hatte. Der alte Mann reiste mit einem kleinen Jungen; in ihrem Koffer waren ungefähr dreißig Tennisbälle. Sie hatten den Koffer ausleeren müssen; die Tennisbälle kullerten kreuz und quer durch die Gegend, und die beiden Opfer hetzten hinter ihnen her,

während der Zöllner die Bälle immer wieder wegkickte und ständig auf spanisch wiederholte: »Ich bin mit eurer Erklärung nicht zufrieden!« Diese Szene hatte gnadenlose Haßgefühle gegen das gesamte mexikanische Zollwesen in mir geweckt, Gefühle, die wesentlich stärker waren als mein kräftiger Groll gegen den Schaffner, der mich hereingeritten hatte.

Ohne klares »Ja« oder »Nein« sagte ich sehr schnell auf englisch: »Das war hier schon lange, *about two hours,* bestimmt schon seit zwei Stunden.«

Weil er das Wort »Stunden« nicht verstanden und »unser« herausgehört hatte, meinte er auf spanisch: »Also ist es Ihres.«

»Ich hab das Ding vorher noch nie in meinem Leben gesehen.«

»Es gehört denen«, rief er den anderen zu. Die Männer im Gang grunzten.

Mit strahlendem Lächeln versicherte ich dem Mann: »Ich glaube, es handelt sich hier um ein großes Mißverständnis«, bückte mich und zog meinen Koffer unter dem Sitz hervor: »Sehen Sie doch, ich war schon beim Zoll: Hier an der Seite ist noch der Lippenstiftstrich. Ich mach ihn gern für Sie auf. Ich hab ein paar alte Kleidungsstücke dabei, ein paar Landkarten...«

Auf spanisch fragte er mich: »Sprechen Sie kein Spanisch?«

Ich antwortete auf englisch: »Ich bin erst seit einem einzigen Tag in Mexiko. Da können wir noch keine Wunder erwarten, was? Ich bin doch nur Tourist.«

»Der da ist Tourist«, schrie er in den Gang.

Während unserer Unterredung sauste der Zug schwankend dahin und warf uns gegeneinander. Um das Gleichgewicht nicht zu verlieren, griff der Zollbeamte unwillkürlich nach Schlagstock und Pistole.

Mit klitzekleinen Augen und drohender Stimme sagte er langsam auf spanisch: »Das gehört also alles Ihnen, auch das Paket da oben?«

Ich antwortete in meiner Muttersprache: »Was möchten Sie eigentlich sehen?«

Er nahm wieder die Tüte in Augenschein. Er drückte sie. Etwas klirrte darin. Er war höchst mißtrauisch und schwer enttäuscht, weil ich als Tourist ein Anrecht auf persönliches Gepäck hatte, das nicht kontrolliert wurde. Dieser Schaffner wußte genau Bescheid.

»Gute Reise«, wünschte der Zollbeamte.
»Ihnen auch.«
Ich ging zum Speisewagen zurück, um mein Bier auszutrinken. Die Kellner, die die Tische abräumten, tuschelten miteinander. Wir hielten an einem Bahnhof; bei der Abfahrt war ich mir sicher, daß die Zöllner inzwischen ausgestiegen sein mußten, und hastete wieder zu meinem Abteil, weil ich unbedingt sehen wollte, was sich in der Tüte befand. Nach allem, was passiert war, hatte ich wohl jedes Recht, einen Blick hineinzuwerfen. Der Waggon war leer, das Abteil sah genau so aus, wie ich es verlassen hatte. Ich schloß die Tür ab und stellte mich auf den Klodeckel, um besser an das Gepäckgitter heranzukommen. Die Einkaufstüte war weg.

Bei der Abfahrt aus Nuevo Laredo hatte es schon gedämmert. Die wenigen Bahnhöfe, an denen wir später am Abend haltmachten, waren so schlecht beleuchtet, daß ich ihre Namen auf den Tafeln nicht mehr entziffern konnte. Ich las noch lange im *Dünnen Mann,* den ich in Texas beiseite gelegt hatte. Mit der Handlung kam ich längst nicht mehr mit, aber die Saufereien interessierten mich immer noch. Alle Figuren trinken: Sie sehen sich zum Cocktail, vereinbaren konspirative Treffen in irgendwelchen Spelunken, reden vom Trinken und sind selten nüchtern. Nick Charles, Hammetts Detektiv, trinkt am allermeisten, beschwert sich über seinen Kater und trinkt wieder, um den Kater zu kurieren. Er fängt vor dem Frühstück an, säuft den ganzen Tag über und genehmigt sich am Abend noch einen Schlummertrunk. An einem Morgen fühlt er sich besonders mies, jammert: »Ich muß wohl nüchtern ins Bett gegangen sein« und gönnt sich erst einmal ein Gläschen. Die Trinkereien lenkten mich in der gleichen Weise von der Story ab, wie der nervöse Tick von Präsident Banda von Malawi mich immer daran gehindert hatte, irgend etwas von dem zu hören, was er sagte. Aber warum kommt soviel Alkohol in diesem Krimi vor? Er spielt zur Zeit der Prohibition – und wurde auch damals geschrieben. Evelyn Waugh hat einmal erklärt, daß *Wiedersehen mit Brideshead* so viele üppige Mahlzeiten enthält, weil er es 1945 geschrieben habe, als die Lebensmittel rationiert waren und das Tagesgespräch sich nur noch um irgendwelche Köstlichkeiten drehte, die man aus So-

jabohnen zaubern konnte. Um Mitternacht hatte ich den *Dünnen Mann* beendet und eine Flasche Tequila intus.
Zwei Bettdecken reichten nicht aus, um mich in meinem Abteil warm zu halten. Drei- oder viermal wachte ich bibbernd auf und wähnte mich – in einem dunklen Zug täuscht man sich so leicht – wieder zu Hause in Medford. Am Morgen fror ich immer noch, das Rollo war noch geschlossen, und ich war mir nicht sicher, in welchem Land ich mich befand. Ich schob den dunklen Stoff nach oben und sah, wie hinter einem grünen Baum die Sonne aufging. Es war ein einzeln stehender Baum, dem die kletternde Sonne in der steinigen Landschaft eine zeichenhafte Ausstrahlung verlieh; eine blasse, mit handgranatengroßen Früchten besetzte Säule, die immer dicker wurde, ihre Ähnlichkeit mit einem Baum zusehends verlor und sich schließlich zu einem steifen Kaktus aufrichtete.
Es gab hier noch mehr Kakteen; manche sahen aus wie abgebrannte Fackeln, andere wie die viel vertrauteren Kandelaber. Bäume sah ich nicht. In dieser Morgenfrühe leuchtete die Sonne hell, übergoß die Hügel, die sich in der Ferne dahinzogen, mit einem blauen Schimmer und ließ die Stilettspitzen der Kakteen glitzern. Die langen Morgenschatten lagen wie stille dunkle Seen da und malten scharfe Ränder auf den rauhen Boden. Ich fragte mich, ob es draußen kalt war, als ich einen Mann sah – das einzige menschliche Wesen in dieser Wüste –, der mit einem Eselskarren über eine Straße rumpelte, die auch ein trockenes Bachbett hätte sein können. Der Mann war warm angezogen, hatte sich den Sombrero tief über die Ohren gezerrt, einen kastanienbraunen Schal vor das Gesicht gebunden und sich in eine wattierte Jacke aus leuchtendbunten Flicken gewickelt.
Es war noch früh. Als die Sonne höher stieg, wurde der Tag wärmer und weckte die Gerüche, bis diese eigentümliche mexikanische Mischung aus Glanz und Verfall, blauem Himmel und Schmutz sich durchsetzte. In der hellen Luft lag die elende Stadt Bocas. Vier grüne Bäume gab es hier, auf einem steilen Hügel eine über der weißen Tünche rotverstaubte Kirche, Kakteen, die so groß waren, daß man an ihren stachligen Stämmen Kühe festgebunden hatte. Das meiste an der Stadt war Täuschung: Die Kirche war eigentlich ein Haus, die Häuser waren bloß Schuppen, fast alle Bäume Kak-

teen, und ohne Mutterboden kümmerten die Feldfrüchte – roter Paprika und Mais – nur als Gerippe vor sich hin. Ein paar zerlumpte Kinder kamen zum Zug gehüpft, hörten dann aber eine Hupe und rannten zur sandigen Landstraße, um zuzusehen, wie ein schwerbeladener Coca-Cola-Laster, der bis zu den Achsen im Sand eingesunken war, sich auf den einzigen Laden der Stadt zuquälte.
Die Mexikaner bringen die städtische Müllkippe meistens neben den Eisenbahngleisen unter. Der Abfall der ganz Armen ist unvorstellbar widerlich, so ekelhaft, daß er nicht einmal richtig brennt, sondern nur schwelt. In der Müllkippe von Bocas, die zum Bahnhof von Bocas gehörte, zerrten zwei Hunde an einem Haufen Müll und zwei Schweine an einem anderen. Während sie mit gebührendem Abstand voneinander dort herumwühlten, konnte ich sehen, daß beide Hunde hinkten und daß dem einen Schwein ein Ohr fehlte. Die verstümmelten Tiere paßten zu dem verstümmelten Städtchen, zu den zerlumpten Kindern und zu den verfallenden Schuppen. Der Cola-Laster hatte inzwischen geparkt. Die Kinder beobachteten jetzt einen Mann, der ein aufgeregtes Schwein über die Schienen schleifte. Das Tier war an den Hinterbeinen zusammengebunden; sein Besitzer zerrte die schreiende Kreatur hinter sich her.
Ich halte mich nicht unbedingt für einen Tierfreund, aber Tiere nicht zu mögen heißt noch lange nicht, daß man sie verstümmeln oder quälen würde. Es gibt eine Übereinstimmung zwischen den Lebensumständen von Haustieren und denen der Menschen, die sie mißhandeln. Die gleiche Verachtung; der geprügelte Hund und die mit Holz beladene Frau hatten die gleichen angsterfüllten Augen. Geschlagene Menschen schlagen ihre Tiere.
»Bocas«, griente der Schaffner auf englisch, »heißte Kusse.« Er schmatzte mit den Lippen.
Auf spanisch fragte ich ihn: »Warum haben Sie mir nicht gesagt, daß Sie Schmuggler sind?«
»Ich bin kein Schmuggler.«
»Und was ist mit der Schmuggelware, die Sie in mein Abteil gestellt haben?«
»Ist keine Schmuggelware. Nur ein paar Sachen.«
»Warum haben Sie sie in mein Abteil gestellt?«
»Ist da besser aufgehoben als in meinem.«

»Warum haben Sie sie dann wieder rausgeholt?«
Er schwieg. Ich wollte ihn schon fast in Ruhe lassen, mußte dann aber wieder daran denken, daß ich mich seinetwegen an diesem Morgen auch im Gefängnis von Nuevo Laredo hätte wiederfinden können.
»Sie haben es in mein Abteil gestellt, weil es Schmuggelware ist.«
»Nein.«
»Und Sie sind Schmuggler.«
»Nein.«
»Sie haben Angst vor der Polizei.«
»Ja.«
Draußen hatte der zerlumpte Mann sein Schwein über die Schienen gezerrt und schleifte es jetzt rückwärts zu einem am Bahnhof geparkten Kleinlaster. Das Schwein schrie; Steine flogen unter seinen scharrenden Klauen auf; es klang wie von Sinnen, weil es genug Verstand hatte, seinen Untergang vorauszusehen.
»Die Polizei macht uns Ärger«, sagte der Schaffner. »Ihnen machen sie keinen Ärger. Wissen Sie, wir sind nicht in den Vereinigten Staaten diese Männer wollen Geld. Verstehen Sie?« Er krallte seine braune Hand zusammen, als wollte er etwas zusammenscharren. »Das ist es, was sie wollen: Geld.«
»Was war in der Tüte? Drogen?«
»Drogen!« Er spuckte zur Tür hinaus, um mir zu demonstrieren, wie lachhaft meine Frage war.
»Was dann?«
»Küchengeräte.«
»Sie schmuggeln Küchengeräte?«
»Ich schmuggle überhaupt nichts. In Laredo kaufe ich Küchengeräte. Ich nehme sie mit nach Hause.«
»Gibt es in Mexiko keine Küchengeräte?«
»In Mexiko haben wir Dreck.« Er nickte. »Natürlich gibt es bei uns Küchengeräte. Aber sie sind teuer. In Amerika sind sie billig.«
»Der Mann vom Zoll hat mich gefragt, ob sie mir gehören.«
»Was haben Sie ihm gesagt?«
»Sie haben gesagt, ich soll nichts sagen. Also habe ich nichts gesagt.«
»Sehen Sie – kein Problem!«

»Sie waren ziemlich sauer.«
»Natürlich. Aber was sollen sie machen? Sie sind doch Tourist.«
Die Schreie des Schweins gingen im Ton der Lokomotivpfeife unter: Abfahrt aus Bocas.
»Ihr Touristen habt's leicht«, sagte der Schaffner.
»Ihr Schmuggler habt's leicht wegen uns Touristen.«

Drüben in Texas deutet der Texaner mit raumgreifender Geste auf die Main Street, das neue Einkaufszentrum und das Dutzend Bankfilialen und sagt: »Das alles hier war vor ein paar Jahren nichts als Wüste.« Der Mexikaner verfährt anders: Er nötigt einen dazu, das Elend der Gegenwart zu ignorieren und sich lieber mit der gloriosen Vergangenheit zu befassen. Als wir an dem Tag, der so kalt angefangen hatte und jetzt, gegen Mittag, wolkenlos und sengend heiß geworden war, in San Luis Potosí einfuhren, sah ich die nackten Kinder, die lahmenden Hunde und die aus etwa fünfzig Güterwaggons bestehende Siedlung auf dem Abstellgleis. Der Mexikaner hängt einen Vorhang aus verschossener Wäsche vor den Eingang, fügt einen Hühnerstall und ein paar Kinder dazu, dreht sein Radio auf volle Lautstärke, und schon hat er den Güterwaggon in ein Eigenheim verwandelt und fühlt sich zu Hause. Es ist ein grauenhafter, nach Exkrementen stinkender Slum, aber der Mexikaner, der neben mir in der Tür des »Aztec Eagle« stand, lächelte versonnen: »Vor vielen, vielen Jahren war das mal eine Silbermine.«
Die Waggons standen jetzt immer enger zusammen und wurden immer entsetzlicher, und weder die Geranien noch die Frauen, die vor den Eingängen hockten und Essen zubereiteten, noch die Hähne, die von den Puffern heruntérkrähten, konnten die grausame Wahrheit vertuschen, daß diese Waggons, ehemalige Viehwagen, die hier in San Luis Potosí als Karikatur ihrer ursprünglichen Funktion herumstanden, nirgendwohin mehr fuhren.
Der Mexikaner war voller Enthusiasmus. Er stieg hier aus. Er wohnte hier. Ein berühmter Ort sei das, sagte er. San Luis Potosí habe viele schöne Kirchen; sehr *typisch,* sehr *hübsch,* sehr *alt.*
»Gibt es hier Katholiken?« fragte ich.
Er lachte drei böse kleine Takte und antwortete mit antiklerikalem Augenzwinkern: »Zu viele!«

»Warum leben diese Leute in den Viehwaggons?«
»Da drüben«, er deutete über die Dächer der Güterwagen hinweg, »an der Plaza Hidalgo steht ein phantastisches Gebäude. Der Regierungspalast. Benito Juárez war da – Sie haben sicher von ihm gehört. In diesem Palast hat er die Exekution von Erzherzog Maximilian angeordnet.«
Er zwirbelte an seinem Schnauzbart und lächelte voll Bürgerstolz. Aber das stets rückwärtsgewandte mexikanische Nationalbewußtsein wurzelt im Fremdenhaß. Es gibt kaum ein Land auf der Erde, das mehr Anlaß zur Xenophobie hätte, und in gewissem Sinn hat die mexikanische Spielart ihren Ursprung hier in San Luis Potosí. Wie viele Reformer verschuldete Benito Juárez sich gewaltig. Bei Regierungen mit reformerischen Absichten scheint das geradezu zwangsläufig so zu sein. Als er die Zinszahlungen für die mexikanischen Auslandsschulden einstellte, führte das zum bewaffneten Eingreifen Spaniens, Englands und Frankreichs. Nur die französischen Truppen blieben. Da er einsah, daß er Mexiko-Stadt nicht halten konnte, zog Juárez sich nach Potosí zurück. Im Juni 1863 rückte die französische Armee in Mexiko-Stadt ein und rief Erzherzog Maximilian von Österreich zum neuen Kaiser von Mexiko aus. Maximilians Regierungsstil war verworren und widersprüchlich, eine Tyrannei der guten Absichten. Und er war schwach; er brauchte die französische Präsenz, um sich an der Macht zu halten, und bekam wenig Unterstützung von der Bevölkerung (obwohl es heißt, daß die Indios ihn mochten, weil er blond war wie Quetzalcoatl – wegen seiner Ähnlichkeit mit der gefiederten Schlange genoß Cortez die gleiche absurde Popularität). Aber am meisten sprach gegen Maximilian, daß er Ausländer war. Die mexikanische Xenophobie ist stärker als jede Neigung zu Streitereien untereinander, und so dauerte es nicht lange, bis Maximilian von den Kanzeln der katholischen Kirchen herab als Syphilitiker denunziert wurde. Seine Frau, Kaiserin Carlotta, hatte ihm keine Nachkommen geboren: Das war der Beweis. Auf einer verzweifelten Reise nach Europa versuchte Carlotta, Unterstützung für ihren Mann zu finden; als jedoch ihre Appelle ungehört blieben, fiel sie in geistige Umnachtung, aus der sie bis zu ihrem Tod nicht mehr erwachte. Fast während der ganzen Zeit war Amerika in den Bürgerkrieg verwickelt und drängte zu-

gleich die Franzosen, sich aus Mexiko zurückzuziehen. Nach dem Ende des Bürgerkriegs rüsteten die Vereinigten Staaten – die Maximilian nie anerkannt hatten – Juárez mit Waffen aus. Im Guerillakrieg, der darauf in Mexiko ausbrach, wurde Maximilian gefangengesetzt und 1867 in Querétaro erschossen; Juárez hatte San Luis Potosí bis dahin als Regierungssitz behalten.
Die amerikanische Hilfe hätte uns bei den mexikanischen Nationalisten vielleicht etwas beliebter machen können. Doch schließlich war Juárez ein reinrassiger Indio aus dem Volk der Zapateken und eines der wenigen mexikanischen Regierungsoberhäupter, die eines natürlichen Todes starben. Sein Nachfolger aber, der falsche und habgierige Porfirio Díaz, hieß – was natürlich seinen Preis hatte – all jene willkommen, die wir heute für Philantropen und Pioniere halten, die Hearsts, U.S. Steel, die Anaconda Corporation, Standard Oil und die Guggenheims. Obwohl Ralph Waldo Emerson sich eigentlich auf Santa Annas paranoide Herrschaft bezieht (Santa Anna ließ sich mit »Euer durchlauchtigste Majestät« ansprechen; die mexikanischen Diktatoren, zum Beispiel der kreolische Schlächter Iturbide, der sich mit »Agustín I.« anreden ließ, gaben sich oft königliche Titel), passen seine Zeilen auch zu dem Guggenheim-Abenteuer:

> *But who is he that prates*
> *of the culture of mankind,*
> *of better arts and life?*
> *Go, blindworm go,*
> *behold the famous States*
> *harrying Mexico*
> *with rifle and with knife!*

Mexiko war noch nie so friedlich, so industrialisiert und so elend gewesen wie unter Díaz. Ganz Lateinamerika ist mit der Grandiosität korrupter Staatsmänner gestraft; die Indios und Bauern aber bleiben Indios und Bauern. Während der blutigen Revolution, die durch Díaz' Diktatur unausweichlich wurde – des Bauernaufstands von 1910, der in B. Travens *Die Rebellion der Gehenkten* und seinen fünf anderen tendenziösen »Dschungelromanen« so schwül-

stig beschrieben ist –, bestieg Díaz heimlich einen speziell für ihn gefertigten Sonderzug, floh inkognito nach Veracruz und von da ins Exil nach Paris.
»Und außerdem wurde hier in Potosí«, der Mexikaner sprach immer noch, »unsere Nationalhymne geschrieben.« Der Zug war an einem langen Bahnsteig zum Halten gekommen. »Und das hier ist einer der modernsten Bahnhöfe des Landes.«
Er meinte das eigentliche Gebäude, dessen obere Wände mit Fresken von Francisco Real verziert sind, ein Mausoleum für abgestumpfte Reisende. Das Ganze spiegelte eine sehr mexikanisch geprägte Auffassung von Innendekoration für öffentliche Gebäude wider, eine Vorliebe für Massenszenen und Schlachtengemälde anstelle von Tapeten. Auf dem Wandfries hier im Bahnhof war eine aufgebrachte Menge anscheinend damit beschäftigt, zwei Gummilokomotiven zu zerlegen. Ein Pandämonium unter Donnergewölk; Musketen, Pfeile, Äxte und symbolisch zuckende Blitze; wahrscheinlich blies Benito Juárez zur Attacke. Falls mexikanische Maler auch ganz normale Leinwände benutzen sollten, habe ich das Ergebnis nie gesehen. »Diego Riveras Fresken im Innenhof des Erziehungsministeriums sind hauptsächlich wegen ihrer Quantität bemerkenswert«, schreibt Aldous Huxley in *Beyond the Mexique Bay.* »Sie bedecken bestimmt acht- oder zehntausend Quadratmeter.« Aus der Wandkunst, die ich in Mexiko zu sehen bekam, schloß ich, daß die Maler sich ihre Inspiration bei Gulley Jimson geholt hatten.
Auf der Plaza erstand ich vier Bananen und eine mexikanische Zeitung. Alle anderen Fahrgäste kauften sich Comic-Hefte. Kurz vor der Abfahrt sah ich am Bahnsteig das blasse grünäugige Mädchen mit einer offenbar gerade gekauften Zeitschrift in der Hand. Als ich merkte, daß es sich um ein Comic-Heftchen handelte, ließ meine Begeisterung schon nach: Es schreckt mich eher ab, wenn eine hübsche Frau Comics liest. Die Alte hatte nichts bei sich. Vielleicht sollte die Grünäugige das Heft nur für die Alte tragen? Mit neu erwachtem Interesse ging ich auf sie zu. »Letzte Nacht war's kalt.«
Sie schwieg.
»Der Zug hat keine Heizung«, antwortete die Alte.

Ich wandte mich wieder an das Mädchen: »Jetzt ist es wenigstens warm.«

Das Mädchen rollte das Comic-Heft zu einer Röhre auf und krampfte die Hand darum.

»Sie sprechen so ein schönes Englisch. Ich wünschte, Sie könnten mir ein bißchen Englisch beibringen, aber ich bin zum Lernen ja wohl zu alt! « sagte die Alte mit einem verschlagenen Blick durch die Fransen ihres Schals und stieg in den Zug. Das Mädchen folgte ihr brav und hielt ihr vor den staubigen Stufen den Rocksaum hoch.

Die Frau im falschen Leopardenmantel stand auch auf dem Bahnsteig. Auch sie hatte ein Comic-Heftchen unter dem Arm. Sie lächelte mir zu: »Sie sind Amerikaner, so was seh ich gleich.«

»Ja, aus Massachusetts.«

»Sehr weit!«

»Ich fahre noch viel weiter.« Ich war erst seit sechs Tagen unterwegs; wenn ich darüber nachdachte, wie weit es noch bis Patagonien war, wurde mir angst und bange.

»In Mexiko?«

»Ja, und dann nach Guatemala, Panama, Peru...« Ich zählte nicht noch mehr auf, denn es brachte sicher kein Glück, von Reisezielen zu reden.

»Ich war noch nie in Zentralamerika.«

»Und was ist mit Südamerika?«

»Noch nie. Aber Peru – das ist doch in Zentralamerika, oder? Bei Venezuela?«

»Ich glaube nicht.«

Ungläubig schüttelte sie den Kopf. »Wie lange haben Sie denn Ferien?«

»Zwei Monate, vielleicht auch mehr.«

»Ui! Sie werden ja wohl genug zu sehen kriegen!«

Der Pfiff ertönte; wir hasteten zur Treppe.

»Zwei Monate Ferien! So einen Job möcht ich mal haben. Was machen Sie denn?«

»Ich bin Lehrer.«

»Ein Lehrer mit Glück.«

»Das stimmt.«

Im Abteil entfaltete ich *El Sol de San Luis*. Auf der ersten Seite ein Bild von einem sinkenden Schiff im Bostoner Hafen; darunter die Schlagzeile: TOD UND CHAOS NACH HEFTIGEN SCHNEESTÜRMEN IN USA. Die Nachrichten lasen sich erschreckend: sechzig Zentimeter Schnee in Boston, etliche Todesfälle, ein Stromausfall, der die Stadt in Finsternis getaucht hatte, einer der schlimmsten Schneestürme in der Geschichte Bostons. Ich kam mir dadurch noch mehr wie ein Flüchtling vor, schuldbewußt und schadenfroh wegen meiner gelungenen Flucht, als hätte ich vorausgeahnt, daß ich Chaos und Tod für diese sonnige Zugfahrt entronnen war. Ich legte die Zeitung hin und sah aus dem Fenster. In einer hellbraunen Wasserrinne im Vordergrund zupfte eine große Ziegenherde an einzelnen Grasbüscheln, der Hirtenjunge hockte unter einem Baum. Die Sonne brannte von einem wolkenlosen Himmel. Später sah man die Überreste einer verlassenen Silbermine und eine wilde, von felsigen Hügeln gesäumte gelbe Wüste, yuccaartige Büsche, aus denen Tequila gemacht wird, und schließlich grotesk geformte Kakteen: groß und steif wie angeschwollene Bäume, aus denen einzelne Pingpongschläger, Schwerterbündel oder ganze Büschel stachliger Rohrmuffen herauswuchsen.

Die nächste halbe Stunde lang las ich über den Schneesturm und blickte zwischen den einzelnen Abschnitten oder beim Umblättern auf, um meine Augen auszuruhen, und mal sah ich einen Mann, der mit einem Ochsengespann und einer kleinen Pflugschar den Staub umgrub, mal eine Gruppe von Frauen, die an einem seichten Bach knieten und Wäsche wuschen, mal einen Jungen, der einen mit Feuerholz beladenen kleinen Esel führte. Dann wieder der Bericht: »Kraftfahrzeuge steckengeblieben... Büros blieben geschlossen... Immer mehr Herzattacken... Straßen unter Eis und Schnee...«

Ich hörte ein Glockenspiel: Der Steward aus dem Speisewagen, der mit seinen Glöckchen scheppterte. »Mittagessen!« schrie er. »Platz nehmen zum ersten Mittagessen!«

Mittagessen und die Morgenzeitung im »Aztec Eagle«: wunderbar. Hitze flimmerte über der Ebene, die von den Äckern her grün leuchtete; inzwischen war es so heiß, daß der Zug das einzige zu sein schien, was sich rührte. Auf den Feldern war niemand zu se-

hen; die Wäscherinnen hatten die Bäche verlassen, nur die Seifenblasen schwebten noch über dem seichten Wasser. Wir fuhren durch Querétaro, wo Maximilian erschossen wurde. Hier saßen dunkle, zäh aussehende Mexikaner in ihren Hauseingängen und warfen uns finstere Blicke zu. Sie waren ganz anders als die Hanswurste mit den Goldzähnen, die ich in Nuevo Laredo gesehen hatte; die Gesichter, die uns aus den Häuserschatten beobachteten, wirkten unter den Krempen der Sombreros unheimlich und abweisend. Außerhalb der Häuser gab es kaum Schatten, nichts rührte sich im alles ausdörrenden Sonnenlicht dieses Nachmittags. Bald fuhren wir durch eine Steppenlandschaft; durch den Hitzeschleier konnte ich die bleistiftdünnen Umrisse der Sierra Madre Oriental erkennen. Mitten in dieser großen sonnenverbrannten Ebene stand ein angebundenes Eselchen neben einem winzigen Baum, eine reglose Kreatur in einer kleinen Lache aus Schatten.
Das Mittagessen war vorbei. Die drei Kellner und der Koch dösten an einem Tisch in der Ecke. Ich war schon aufgestanden und wollte den Speisewagen verlassen, als plötzlich die Kupplungen krachten und ich fast das Gleichgewicht verlor. Bockend kam der Zug zum Stehen; Salz- und Pfefferstreuer polterten zu Boden.
»Ein kleiner fetter Stier«, sagte der Kellner und öffnete ein Auge. »Aber jetzt braucht man sich seinetwegen auch nicht mehr aufzuregen.«
Der »Aztec Eagle« kletterte durch den Cerro Rajón, ein Hochtal voller steiler, buschbedeckter kleiner Berge. Auf den Serpentinen kroch er so langsam bergauf, daß ich die wilden Blumen neben den Gleisen hätte pflücken können, bergab allerdings ratterte er ohrenbetäubend mit Höchstgeschwindigkeit und Rumbagerassel von den Kupplungsteilen unter dem Verbindungsgang, in den ich mich zum Luftschnappen gestellt hatte, dahin. In dieser kühleren Höhenlage hatte sich der Dunst verzogen; ich konnte mindestens siebzig Kilometer weit über eine blaugrüne Ebene hinweg sehen. Weil der Zug am Hang in Schleifen fuhr, änderte sich der Blick ständig; von dieser Ebene zu einer Hügelkette, dann wieder zu fruchtbaren Tälern mit Säulenreihen von hohen, fedrigen Bäumen an den Ufern schäumender Flüsse, dann und wann eine tiefe Schlucht mit schroffen Wänden aus vertikalen Granitblöcken. Die Bäume – Eukalyp-

tus – wirkten so afrikanisch wie die ganze Aussicht, eine Ungeheuerlichkeit aus Stein und Raum.
Am ordentlichen Bahnhof von Huichapan war kein Mensch; niemand stieg zu, niemand stieg aus, nur der Signalgeber mit seiner Flagge wagte sich aus dem Zug. Hier wie auch andernorts hatte man die am Morgen gewaschene Wäsche nach mexikanischer Art zum Trocknen aufgehängt: durch Aufspießen auf die Stacheln der Kakteen, die mit den Stoffstücken aussahen wie hockende Gestalten in sauberen Lumpengewändern. Der imposant am Bahnsteig von Huichapan vor sich hin dröhnende Zug verhalf dem Ort zu einer gewissen Größe, aber als ich bei der Abfahrt zurückblickte, schien sich mit dem rieselnden Staub eine heiße Verlassenheit über den kleinen Bahnhof zu legen. Die in Fetzen gehüllten Kakteen verharrten in ihrer kauernden Stellung, Abbilder vergessener, geisterhafter Passagiere.

An diesem Nachmittag las ich *Des Teufels Wörterbuch* von Ambrose Bierce, ein galliges Buch voll von selbstbeweihräucherndem Zynismus. Den Eintrag »Eisenbahn« hatte ich mir zuerst vorgenommen; Bierce definiert sie so: »Wichtigste von vielen mechanischen Einrichtungen, die es uns ermöglichen, uns von dort, wo wir sind, dorthin zu begeben, wo wir auch nicht besser dran sind.« Sechzig Zentimeter Schnee in Boston. Chaos und Tod. Stromausfälle bei Temperaturen unter dem Gefrierpunkt. Und hier vor meinem Fenster der mexikanische Sonnenschein, Hügel, Töpfe mit leuchtendroten Geranien auf den Fensterbrettern kleiner Hütten. Bierce fährt fort: »Aus diesem Grund genießt die Eisenbahn die besondere Wertschätzung des Optimisten, da sie es ihm gestattet, die Strecke schleunigst zu bewältigen.« Bierce ist nie brillant; manchmal ist er komisch, öfter aber verfehlt er den Punkt, zieht die Pointe an den Haaren herbei und klingt letztlich angestrengt und pompös. Er ist schon als »amerikanischer Swift« bezeichnet worden, aber seine Witzeleien auf Kosten anderer rechtfertigen kaum den Vergleich. Er war weder so böse und verrückt noch so gelehrt wie Swift und lebte in einer Ära des wesentlich schlichteren literarischen Geschmacks. Wenn das Amerika des neunzehnten Jahrhunderts kompliziert genug gewesen wäre, einen Swift zu benötigen, hätte es einen produziert. Jedes Land hat die Autoren, die es braucht und verdient, und deswegen hat Nicaragua in zweihundert Jahren seit der Alphabetisierung nur einen einzigen Schriftsteller hervorgebracht, einen mittelmäßigen Dichter. Ich fand Bierces Witze über Frauen und Kinder auf konventionelle Weise dumm, aber es interessierte mich, das Buch in der Gegend von Mexiko zu lesen, in der er verschollen ist. Jede Zeile wirkt wie ein hastig hingekritzeltes Epitaph, die eigentliche Grabinschrift aber findet sich in einem Brief aus dem Jahr 1913, den er kurz vor seinem Verschwinden abfaßte. »Ein Gringo in Mexiko zu sein«, schrieb er – damals war er einundsiebzig Jahre alt –, »ah, das ist Euthanasie!«

In der Nähe von Tula steigerte sich eine baumlose Wüste aus langgestreckten Hügeln zu pyramidenförmigen Gipfeln: die Hauptstadt der Tolteken mit ihren Säulen, Tempeln und einer hoch aufragenden Pyramide. Mexikos Pyramiden in Teotihuacán, Uxmal und Chichén Itzá sind nichts anderes als das Ergebnis des menschlichen Bestrebens, Berge zu bauen. Sie passen in die Landschaft, die sie gelegentlich sogar parodieren. Der Gottkönig muß demonstrieren, daß er die göttliche Geographie wiederholen kann; die Pyramiden sind der sichtbare Beweis für diesen Versuch. In der Wildnis um Tula lag die Landschaft in Trümmern, das Werk der Tolteken aber würde bis in die nächste Epoche hinein überdauern.

Kurz vor Anbruch der Dunkelheit sah ich ein Feld voller aufrechter Schwerter; Sisal vielleicht, aber viel eher noch die Tequila-Pflanze, deren feuriger Saft mich in meinen halluzinatorischen Dämmerzustand versetzte.

Der Schaffner – es war der Schmuggler – grinste breit, als wir in Mexiko-Stadt ankamen, bot an, meinen Koffer zu tragen, ermahnte mich, nichts im Abteil liegenzulassen, und betonte ständig, wieviel Spaß ich in Mexiko-Stadt haben würde: Liebedienerei, die mir kein Trinkgeld wert schien. Mein kühler Dank machte ihm wohl klar, daß er es mit dem mir aufgezwungenen Sack voll Konterbande etwas zu weit getrieben hatte.

Der Bahnhof war riesig und kalt. Ich war hier schon früher gewesen. Mexiko-Stadt mit seinen zwölf Millionen Einwohnern und erfinderischen Bettlern (Schwert- und Feuerschlucker führen auf den Bürgersteigen in der Nähe von Bushaltestellen ihre Tricks vor, um von den Wartenden in der Schlange ein paar Peso zu ergattern) ist ein nur teilweise anziehender Ort. Die dreiviertel Million Menschen, die in der Nähe des Flughafens in Netzahualcoyotl leben, teilen sich die zweifelhafte Ehre, einen Ort zu bewohnen, der als »größter Slum der westlichen Hemisphäre« gilt. Ich hatte kein starkes Bedürfnis, Mexiko-Stadt wiederzusehen. Es ist vor allem ein Ort, in dem man verlorengehen kann, eine smoggeplagte Metropole von gigantischen Ausmaßen, weswegen vielleicht die beiden entschlossensten Exilanten dieses Jahrhunderts, Leo Trotzki und B. Traven, sie zum Zufluchtsort wählten.

Wenn ich in einer Stadt ankommen soll, dann am liebsten am frühen Morgen, damit ich noch den ganzen Tag vor mir habe. Also ging ich jetzt unverzüglich zum Fahrkartenschalter, erstand ein Schlafwagenticket nach Veracruz und stieg in den Zug. Es kostete weniger als ein Hotelzimmer, und außerdem hieß es, daß Veracruz, an der Golfküste, viel wärmer sei.

4
»El Jarocho« nach Veracruz

Bevor ich in den »Jarocho« stieg (der Name, mit dem sich die Bewohner von Veracruz selbst bezeichnen, bedeutet soviel wie »Grobian«), besorgte ich mir im Restaurant des Bahnhofs Buenavista ein Lunchpaket. Vor der Abfahrt aus Mexiko-Stadt blieb mir keine Zeit mehr zum Essen, und der »Jarocho« hatte keinen Speisewagen. Die Entscheidung für das Lunchpaket erwies sich trotzdem als Fehler, den ich nicht noch einmal begehen sollte. In einer knallbunten Verpackung befand sich eine dieser Karikaturen einer Mahlzeit, wie sie nur Menschen mit einem großen Hang zur Vollständigkeit und einer tiefen Verachtung für Geschmack zusammenstellen können: zwei altbackene Schinkensandwiches, ein halbflüssiges Ei, eine Orange, die sich nicht schälen ließ, und ein verschimmeltes Stück Kuchen. Ich ritzte die Orange mit meinem Klappmesser aus Nuevo Laredo auf und verdünnte meinen Tequila mit dem Saft. Alles andere warf ich aus dem Fenster, sobald wir den Bahnhof verlassen hatten: dieses ekelhafte Lunchpaket war vermutlich eine Strafe für meine Weigerung, mich länger als eine Stunde in Mexiko-Stadt aufzuhalten. Mir war nicht nach Sightseeing zumute; ich war froh, daß ich in diesem Schlafwagen in Richtung Küste saß. Hungrig unterwegs zu sein machte keinen Spaß, doch der Tequila war ein hervorragender Appetitzügler. Außerdem sorgte er für tiefen Schlaf und lebhafte Träume von Erfüllung – mir verschaffte er eher die augenrollende Stumpfheit eines Narkotisierten als alkoholseligen Übermut –, und wenn ich aufwachte, würde ich schon mitten in Veracruz sein.
So, mit hochgelegten Füßen – das Glas vier Fingerbreit mit Tequila und Orangensaft gefüllt –, in meinem pfeifenrauchgeschwängerten

Abteil des Nachtexpresses nach Veracruz, unterwegs aus der nebligen Höhe zur feuchtheißen, palmengesäumten Küste, war ich hoch zufrieden. Die Lokomotivpfeife kreischte, der Schlafwagen neigte sich in eine Kurve, und die Vorhänge teilten sich: Dunkelheit, ein paar funkelnde Lichter und eine schwache Andeutung von Gefahr, die die Romantik noch verstärkte. Ich ließ das Klappmesser aufschnappen und schnitt ein weiteres Stück Orange für meinen Drink zurecht. Ich befand mich auf einer geheimen Mission (der Tequila tat allmählich seine Wirkung) und reiste unter dem Deckmantel eines schlichten Englischlehrers, um eine knifflige Aufgabe als Kundschafter in Mexiko zu lösen. Der Dolch in meiner Hand war eine tödliche Waffe, und ich war betrunken genug, davon überzeugt zu sein, daß ich jedem, der so dumm war, mich anzugreifen, die Eingeweide zu Sockenhaltern zurechtschneiden könnte. Der Zug, die Atmosphäre, mein Zielort, meine Stimmung – das alles spielte sich in der Phantasie ab, war zum Lachen und höchst erfreulich.

Als ich mein Glas geleert hatte, schob ich das Messer in die Tasche meiner schwarzen Lederjacke und schlich mich auf den Gang hinaus, um vorsichtig meine Mitreisenden zu inspizieren.

In der Nähe der Abteiltür lungerte eine Gestalt herum, ein Schnurrbärtiger mit einer höchst verdächtigen Schachtel.

Er sprach mich an: »Woll'n Sie 'nen Schokoladenkeks?«

Der Bann war gebrochen.

»Nein, vielen Dank.«

»Nehmen Sie doch. Ich hab jede Menge.«

Aus purer Höflichkeit nahm ich einen von seinen Keksen. Der Mann war groß, freundlich und hieß Pepe. Er kam aus Veracruz. Daß ich Amerikaner sei, habe er gleich gemerkt, sagte er, fügte aber schnell hinzu, daß das weniger mit meinem Spanisch zu tun habe als mit meinem Aussehen. Schade, daß ich jetzt erst nach Veracruz führe, meinte er, denn der Karneval sei gerade zu Ende. Ich hätte etwas Wunderbares verpaßt. Bands – sehr laute Bands! Tanzen – mitten auf den Straßen! Umzüge – sehr lange Umzüge! Musik – Trommeln, Bläser, Marimbas! Kostüme – Menschen, die sich als Prinzen und Clowns und Konquistadoren verkleidet hatten! Und dann auch noch Gottesdienste und wunderbares Essen, viel phantastischen Tequila und alle Arten von Verbrüderung.

Seine Beschreibung nahm mir jeden Funken von Bedauern darüber, den Karneval von Veracruz versäumt zu haben. Ich war erleichtert, dieses vulgäre Spektakel, das mich vermutlich bloß deprimiert und geärgert, mir aber auf jeden Fall den Schlaf geraubt hätte, nicht über mich ergehen lassen zu müssen.
Aber ich antwortete: »Wie schade, daß ich es verpaßt habe.«
»Sie können ja nächstes Jahr wiederkommen.«
»Natürlich.«
»Woll'n Sie noch einen Schokoladenkeks?«
»Nein, vielen Dank, ich hab den hier noch nicht aufgegessen.« Ich wollte, daß er ging. Ich wartete einen Augenblick, gähnte ostentativ und sagte dann: »Ich bin sehr verheiratet.«
Er sah mich scheel an.
»Sehr verheiratet? Wie interessant.« Sein Gesichtsausdruck blieb verwirrt.
»Sind Sie nicht verheiratet?«
»Ich bin erst achtzehn.«
Jetzt war die Verwirrung auf meiner Seite: »Verheiratet – das ist man doch, wenn man ins Bett möchte?«
»Sie meinen *müde*.«
»Genau.« Die spanischen Wörter klangen so furchbar ähnlich: *casado* bedeutet »verheiratet« und *cansado* »müde«.
Dieser Wortsalat tat jedenfalls seine Wirkung: Er glaubte offenbar, daß ich nicht ganz richtig im Kopf sein konnte, wünschte mir eine gute Nacht, klemmte sich seine Keksschachtel unter den Arm und zog von dannen. Andere Fahrgäste sah ich in diesem Schlafwagen nicht.

»Die Fahrt von Veracruz (nach Mexiko-Stadt) ist, was spektakuläre Effekte angeht, für mich die schönste der Welt«, schreibt der Teufelsverehrer Aleister Crowley in seinen *Confessions*. Am Tage sollte man in Veracruz ankommen, wurde mir gesagt: »Man muß die Zuckerrohrfelder und den Vulkan von Orizaba, die Bauern und die Gärten gesehen haben.« Aber Lateinamerika ist mit Vulkanen, Zuckerrohrfeldern und Bauern so reich gesegnet, daß es einem manchmal vorkommt, als ob es nicht viel anderes zu sehen gäbe. Mir gefiel der Gedanke besser, daß ich bei Tagesanbruch ankommen würde; der »Jarocho« war ein angenehmer Zug, und ich hatte gehört, daß mein Anschlußzug nach Tapachula und zur Grenze von Guatemala sich in einem beklagenswerten Zustand befand. Ich würde einen Extratag in Veracruz haben, um mich darauf vorzubereiten. Und ich *würde* mich vorbereiten. Der »Jarocho« gehörte zu den inzwischen selten gewordenen Zügen, in die man völlig erschöpft einsteigt, um ihn topfit wieder zu verlassen. In diesem Vorort von Mexiko-Stadt war ich betrunken, aber der Zug fuhr so langsam, daß ich bis zum Morgen in Veracruz wieder nüchtern sein würde.

Als ich aufwachte, war das Abteil heiß und dampfig, das Fenster beschlagen; ich mußte es erst trockenreiben, um sehen zu können, daß der Tagesanbruch hier aus schaumigem gelbem Licht und dünnem Nieselregen über dem morastigen Grün einer Marschlandschaft bestand. Schlammfarbene, zerrissene, niedrige Wolken wie abgestorbene Bartflechtenfetzen. Wir näherten uns der Golfküste; am Horizont standen hohe Palmen wie alberne Parapluies im Regen.

Vollkommene Stille herrschte. Nicht einmal der Zug machte ein Geräusch. Das allerdings lag an meinen Ohren: Sie taten scheußlich weh und fühlten sich an wie nach der Landung in einem Flugzeug mit schlechtem Luftdruckausgleich in der Kabine. Im Schlaf hatte ich den enormen Höhen- und Druckunterschied auf dieser Strecke nicht durch Schlucken ausgleichen können. Jetzt, auf Meereshöhe, brannten meine Trommelfelle, an diesem Morgen taub für jedes Vogelstimmchen, vor Schmerzen.

Weil ich schnell von dem schmutzigen Fenster und aus dem stickigen Abteil wegwollte und außerdem glaubte, daß ein paar tiefe Atemzüge meinen Ohren guttun würden, ging ich ans Ende des Schlafwagens. Das Fenster vom Zwischengang stand offen, ich schluckte Luft und betrachtete die vorüberziehenden Slums. Mein Gehör wurde besser; ich konnte den Trommelwirbel des Zuges wieder wahrnehmen.

»Schauen Sie sich die Leute da an«, sagte der Schaffner.

Neben dem Bahndamm waren Hütten zu sehen, nasse Hühner und schwermütige Kinder. Ich fragte mich, was der Schaffner dazu sagen würde.

»Die machen's richtig. Sehen Sie sich das an – ein tolles Leben!«

»Was für ein Leben denn?« Ich sah nichts als Hütten und Hühner und Männer, denen der Regen von den Hutkrempen triefte.
»Sehr ruhig.« Leutselig deutete er mit dem Kopf auf die Behausungen. Der wahre Gönner befleißigt sich meist eines sehr weisen Tons, wenn er von seinen Opfern redet. Dieser hier kniff wissend die Augen zusammen und sagte: »Sehr ruhig; nicht wie Mexiko-Stadt. Da geht alles schnell, schnell – jeder rennt dahin und dorthin. Die haben doch alle keine Ahnung vom wahren Leben. Aber sehen Sie mal, wie friedlich es hier ist.«
»Was würden Sie denn sagen, wenn Sie in so einem Haus wohnen müßten?« fragte ich.
Es war kein Haus, sondern eine Bude aus Pappe und verrostetem Blech. Ins Blech hatte man Löcher geschlagen, die als Fenster dienten, mit Ziegelbrocken beschwerte Plastikfetzen bedeckten das undichte Dach. Ein Hund schnüffelte im Müll neben dem Eingang, in dem eine fette, verhärmte Frau im zerrissenen roten Pullover stand und zusah, wie wir vorüberfuhren. Wir erhaschten einen Blick auf noch größere Greuel im Inneren.
»Ah!« meinte der Schaffner geknickt.
Ich hätte ihn das nicht fragen sollen. Er hatte Zustimmung erwartet: »O ja, wie friedlich! Diese winzige Hütte – wie idyllisch!« Bei den meisten Mexikanern schien die Freundlichkeit davon abzuhängen, wie weit man sich ihren Ansichten anschloß. Widerspruch oder auch nur Gegenargumente wurden als Zeichen von Aggression gewertet. Mir war nicht ganz klar, ob es sich dabei um Unsicherheit handelte oder um das gleiche mangelnde Vertrauen in Subtilität, das jedes Bild in ein achttausend Quadratmeter großes Fresko und jedes Comic-Heft in ein brutales Frauenhasser-Pamphlet ausarten ließ. Mein Spanisch war nicht schlecht, aber ich hatte doch Mühe, mit den Mexikanern Unterhaltungen zu führen, die über reine Herumflachserei oder etwas völlig Unkompliziertes hinausgingen. An einem heißen Nachmittag winkte ich außerhalb von Veracruz einem Taxi, und noch bevor ich dem Fahrer ein Ziel nennen konnte, fragte er: »Wollen Sie eine Nutte?«
»Ich bin müde. Und verheiratet bin ich auch.«
»Verstehe«, sagte der Fahrer.
»Außerdem möchte ich wetten, daß sie nicht hübsch sind.«

»Nein«, meinte er. »Hübsch sind sie überhaupt nicht, aber jung. Und das ist doch auch schon was.«

Ich war um sieben Uhr morgens in Veracruz angekommen, hatte an der hübschen Plaza Constitución ein Hotel gefunden und war spazierengegangen. Ich hatte absolut nichts zu tun: in Veracruz kannte ich keine Menschenseele, und der Zug zur Grenze von Guatemala würde erst in zwei Tagen abfahren. Der Ort schien mir jedenfalls nicht schlecht. In Veracruz gibt es nicht viele Touristenattraktionen: ein altes Fort und etwa drei Kilometer weiter südlich einen Strand. Die Reiseführer beschreiben diese relativ häßliche Stadt mit einiger Vorsicht: Der eine nennt sie »exaltiert«, der andere »pittoresk«. Sie ist ein verwaschener Seehafen, Slums und billige Moderne drängen sich um die malerisch bröckelnden Häuser im Zentrum. Im Gegensatz zu allen anderen mexikanischen Städten gibt es hier Straßencafés, in denen verlassene Straßenkinder betteln und Marimba-Spieler die von der Fahrt herab von den Orizaba-Höhen geschädigten Trommelfelle vollends zerstören. Die Mexikaner gehen mit streunenden Kindern um wie andere Menschen mit herrenlosen Katzen (streunende Katzen behandeln sie wie Ungeziefer), sie nehmen sie auf den Schoß und kaufen ihnen Eis, wobei sie laut brüllen müssen, um sich im Getöse der Marimbas Gehör zu verschaffen.

An meiner Plaza fand ich nichts Unterhaltsames, also ging ich die anderthalb Kilometer bis zum Kastell von San Juan de Ulua. Früher stand es auf einer Insel – Cortez ging hier in der Karwoche des Jahres 1519 an Land –, gehört aber heute, da der Hafen verlandet ist, zum Festland und ist über eine Straße zu erreichen, vorbei an den schmierigen Fabriken, den schmuddligen Schuppen und Graffiti, die Mexiko offenbar von seinen städtischen Regionen erwartet. Im Kastell befindet sich eine Dauerausstellung über die Geschichte von Veracruz, ein historischer Bilderreigen von Invasionen, Rachefeldzügen und militärischen Niederlagen. Eine besondere mexikanische Leidenschaft: Demütigung als Historie. Während die Stiche und alten Fotografien zeigten, wie zynisch und aggressiv andere Länder, vor allem die USA, sich gegen Mexiko verhalten hatten, war der in Veracruz so auffällige Standort der Ausstellung eine Einladung an die Bevölkerung, hier mal zu

einer vormittäglichen Runde Wundenlecken und Selbstverachtung vorbeizuschauen. Veracruz hat den Beinamen »Heldenstadt«, eine etwas bittere Bezeichnung, da in Mexiko »Held« fast immer ein Synonym für »Leiche« ist.
Es hatte den ganzen Morgen über etwas unentschieden vor sich hin geregnet, aber als ich wieder aus dem Kastell kam, hoben sich die Wolken und teilten sich in einzelne weiße Blumenkohlröschen. Ich suchte mir einen Platz auf einem sonnigen Festungswall und las Zeitung. Die Nachrichten vom Schneesturm in Boston klangen immer noch schlimm, doch hier, zwischen glitzerndem Wasser und raschelnden Palmen in einer frischen Meeresbrise, die mir Möwenschreie zutrug, fiel es mir schwer, die Vorstellung einer winterlich dunklen Stadt, von zugeschneiten Autos oder dem körperlichen Schmerz von bitterer Kälte heraufzubeschwören. An Schmerzen erinnert man sich am allerwenigsten: das Gedächtnis ist barmherzig. Eine andere Schlagzeile lautete: KARNEVAL NIMMT BÖSES ENDE, darunter stand: *Zehn Sextäter festgenommen* – und darunter: *Aber 22 noch auf freiem Fuß*. Der Artikel handelte von einer zweiunddreißigköpfigen Sexualverbrecherbande, deren Mitglieder sich die Fastnacht damit vertrieben hatten, Frauen (»Mütter und Töchter«) in die Büsche zu zerren und zu vergewaltigen. »Die Wahnsinnigen überfielen die Frauen auch in ihren Hotelzimmern.« Die Täter nannten sich selbst »Die Röhren« – was der Name bedeuten sollte, leuchtete mir nicht ganz ein, vielleicht hatte er irgendeine sexuelle Nebenbedeutung. Die zehn Festgenommenen waren auf einem Farbfoto abgelichtet: ziemlich normal und eher kleinlaut aussehende Jugendliche hockten in Jeans und schlabbrigen Sweatshirts da und hätten genausogut die Verlierermannschaft in einem Freundschaftsspiel beim Tauziehen sein können – ein Gedanke, den sowohl ihre säuerlich grienenden Gesichter als auch ihre mit den Namen amerikanischer Colleges bedruckten Sweatshirts nahelegten: *University of Iowa, Texas State, Amherst College*. Mindestens ein dutzendmal auf der Seite war von Irren die Rede, obwohl noch keiner verurteilt war. Sie wurden mit vollem Namen genannt, und nach jedem Namen – so etwas ist in mexikanischen Gerichtsreportagen üblich – kam noch ein Alias: »der Chinese«, »der König«, »der Jodler«, »der Pole«, »der Mutige«, «das Pferd«, »der Löwe«,

»der Magier« und so weiter. Mexikanische Männer haben durchaus einen Sinn für Stil, aber wenn eine Röhre mit dem Spitznamen »Jodler« an einem würdigen christlichen Feiertag im College-Sweatshirt loszog, um Frauen zu vergewaltigen, schien mir das eher auf Stilverwirrung hinzudeuten.

Am gleichen Tag sah ich noch etwas mindestens ebenso Absonderliches. Ich kam an einer Kirche vorbei, vor der ein Priester, dem vier Ministranten mit Kerzen und Kreuzen assistierten, acht neue Pritschenwagen mit einem Eimer voll Weihwasser segnete. An sich war das nicht abwegig, auch in Boston werden Häuser geweiht, und jedes Jahr erbittet man in Gloucester Gottes Segen für die Fischereiflotte; seltsam war nur, daß der Besitzer, nachdem der Priester die Türen, die Reifen, die Heckklappe und die Kühlerhaube mit Weihwasser besprenkelt hatte, die Kühlerhaube öffnete, damit der Geistliche unter dem Deckel auch noch die Maschine mit dem heiligen Naß befeuchten konnte – als sei der Allmächtige nicht imstande, bis ins Innere der Maschine vorzudringen. Vielleicht war Gott für sie bloß wieder so ein unzuverlässiger Ausländer, weshalb sie ihr Mißtrauen gegenüber allen Gringos auch auf Ihn ausdehnten. Jesus *war* ein Gringo: auf jeder frommen Postkarte sah man den Beweis.

Um mir selbst vorzugaukeln, daß ich in Veracruz etwas Wichtiges zu tun hätte, erstellte ich eine Proviantliste für meine Reise nach Guatemala. Dabei fiel mir ein, daß ich noch keine Fahrkarte besaß. Ich ging sofort zum Bahnhof.

»Ich kann Ihnen heute kein Ticket verkaufen«, sagte der Mann am Schalter.

»Wann dann?«

»Wann fahren Sie?«

»Am Donnerstag.«

»Gut. Ich kann Ihnen am Donnerstag eins verkaufen.«

»Und warum nicht heute?«

»Das tun wir nicht.«

»Und wenn es am Donnerstag keine Plätze mehr gibt?«

Er lachte: »In *dem* Zug ist immer Platz.«

An diesem Tag traf ich den Taxifahrer, der mir die »überhaupt nicht hübsche« Nutte anbot. Ich hätte keinerlei Interesse, sagte ich ihm,

aber was konnte man denn in Veracruz noch unternehmen? Ich sollte zum Kastell gehen, meinte er. Ich war schon dort gewesen. Ich könnte doch einen Rundgang durch die Stadt machen: schöne Kirchen, gute Restaurants, Bars voller Nutten. Ich schüttelte den Kopf.
»Zu dumm, daß Sie nicht vor ein paar Tagen hier waren. Der Karneval war wunderbar.«
»Vielleicht geh ich schwimmen«, sagte ich.
»Gute Idee. Wir haben den schönsten Strand der Welt.«
Er heißt Mocambo; am nächsten Morgen stattete ich ihm einen Besuch ab. Der Strand selbst war sauber und aufgeräumt, aber das Wasser schillerte vom Ölschlick. Vielleicht fünfzig Menschen lagen auf dem anderthalb Kilometer langen Sandstreifen, aber niemand schwamm im Meer: ich war gewarnt. Den Strand säumte eine Reihe völlig gleich aussehender Restaurants. Ich bestellte mir eine Fischsuppe; ein Mann, den ich für einen netten Zeitgenossen hielt, bis er für zwei Dollar ein Foto von mir machen wollte, setzte sich zu mir.
»Ich gebe Ihnen fünfzig Cent.«
Er machte ein Bild von mir.
»Mögen Sie das Essen in Veracruz?« fragte er.
»In der Suppe hier ist ein Fischkopf.«
»Wir essen immer Fischköpfe.«
»Seit meiner Zeit in Afrika habe ich keinen Fischkopf mehr gegessen.«
Der Vergleich schien ihn zu beleidigen: Er runzelte die Stirn und suchte sich einen anderen Tisch.
Ich mietete mir einen Liegestuhl, sah zu, wie Kinder sich mit Sand bewarfen, und wünschte mir, wieder unterwegs nach Süden zu sein. An diesem leeren Strand herumzufaulenzen war ein trügerisches Vergnügen. Ich konnte mich nicht mit dem Gedanken befreunden, daß ich die Zeit totschlug, aber wie die Figur bei de Vries, die ich immer bewundert hatte, tat ich es zum Selbstschutz. Ein Bus fuhr am Strand vor, vierzig Menschen stiegen aus. Sie hatten indianisch geschnittene Gesichter. Die Männer trugen Landarbeiterkleidung, die Frauen lange Röcke und Umschlagtücher. Bald teilten sie sich in zwei Gruppen: Männer und Jungen begaben sich in den Schatten eines Baumes, Frauen und Kleinkinder in den eines anderen; die

Männer standen, die Frauen setzten sich. Sie betrachteten die Brandung und flüsterten miteinander. Sie behielten alle Kleidungsstücke an, sogar die Stiefel. Sie schienen nicht an den Strand gewöhnt zu sein und verhielten sich schüchtern – vielleicht waren sie zu diesem Ausflug von weit her gekommen. Voll Verlegenheit posierten sie für den Fotografen, und als ich Stunden später wieder ging, waren sie immer noch da und starrten verwundert auf die öligen Wellen; die Männer stehend, die Frauen sitzend. Wenn es sich um durchschnittliche mexikanische Landbewohner handelte (so sahen sie jedenfalls aus), dann waren sie Analphabeten, wohnten in Hütten mit nur einem Raum, aßen kaum jemals Fleisch oder Eier und verdienten weniger als fünfzehn Dollar in der Woche.

Kurz vor Ladenschluß ging ich auf die Jagd nach Proviant. Ich kaufte einen Korb, den ich mit kleinen Brotlaiben, einem Pfund Käse, ein paar Scheiben Schinken und – da es in einem Zug ohne Speisewagen meistens auch keine Getränke zu kaufen gibt – ein paar Flaschen Bier, Grapefruitsaft und Mineralwasser füllte, als hätte ich ein zweitägiges Picknick vor mir. Die Vorkehrung erwies sich als sehr vernünftig. Die Mexikaner nehmen auf Bahnreisen keinen eigenen Proviant mit, sondern empfehlen einem, es ihnen nachzutun: Sie versorgen sich bei den Frauen und Kindern, die an jedem Bahnhof lokale Spezialitäten verkaufen. Die Köstlichkeiten der Region werden immer in einer blechernen Waschschüssel auf dem Kopf transportiert und sind somit nicht im Blickfeld des Händlers der sein »Leckeres Hühnchen!« feilbietet, ohne die Fliegen zu sehen, die sich darauf angesammelt haben. Der typische mexikanische Lebensmittelverkäufer ist eine Frau auf einem Bahnsteig mit einem Zuber voll Fliegen auf dem Kopf.

Eigentlich hatte ich früh zu Bett gehen wollen, damit ich gleich bei Tagesanbruch mein Ticket nach Tapachula kaufen konnte. Gerade als ich das Licht ausgemacht hatte, hörte ich die Musik; die Dunkelheit machte die Töne klarer, die eine viel zu starke Resonanz hatten, um von einem Radio stammen zu können. Es war eine kräftige, volltönende Blaskapelle:

Land of Hope and Glory, Mother of the Free,
how shall we extol thee, who are born of thee?

Pomp and Circumstance? In Veracruz? Um elf Uhr abends?

Wider still and wider shall thy bounds be set;
God who made thee mighty, make thee mightier yet.

Ich zog mich wieder an und ging nach unten.
In der Mitte der Plaza, neben den vier Brunnen, stand das weißuniformierte Musikkorps der mexikanischen Flotte und machte Edward Elgar alle Ehre. Lämpchen glitzerten im Geäst der Laburnum-Bäume, rosafarbene Lichtbündel aus Scheinwerfern schwenkten über Balkone und Palmen. Eine beträchtliche Zuhörermenge hatte sich versammelt: Kinder spielten am Brunnen, Hundebesitzer führten ihre Schützlinge spazieren, Liebespärchen hielten Händchen. Die Nacht war kühl und lind, die Zuhörer gut gelaunt und aufmerksam. Dieser Anblick war einer der hübschesten, die ich je gesehen habe; die Mexikaner zeigten jenen anziehenden nachdenklichen Ausdruck von Heiterkeit, den wunderbare Musik manchmal erzeugen kann. Es war spät, ein sanfter Wind fächelte durch die Bäume, die tropische Kraßheit, die ich hier für einen Dauerzustand gehalten hatte, war vergangen; die Menschen hier waren sanftmütig, es war ein schöner Ort.
Das Lied ging zu Ende. Applaus. Die Kapelle spielte jetzt den *Washington Post March*, und ich spazierte eine Runde um den Platz. Das war nicht ganz risikofrei. Weil der Karneval gerade zu Ende gegangen war, steckte Veracruz voll von unterbeschäftigten Prostituierten, und ich merkte beim Herumschlendern, daß die meisten von ihnen nicht wegen der Musik auf die Plaza gekommen waren: der größte Teil des Publikums bestand tatsächlich aus dunkeläugigen Mädchen, die geschlitzte Röcke oder tief ausgeschnittene Kleider trugen und mir, wenn ich an ihnen vorbeiging, »Komm doch mit zu mir« zuriefen oder ein Stückchen mitliefen und ein schlichtes »*Fuck?*« murmelten. Ich fand es komisch und nicht unangenehm: die militärische Würde der Marschmusik, das rosafarbene Licht auf den üppigen Bäumen und Balkonen der Plaza und dazu die geflüsterten Einladungen dieser willigen Mädchen.
Die Kapelle spielte jetzt Weber. Ich wollte ihr von einer Bank aus meine ganze Aufmerksamkeit widmen und setzte mich auf einen

freien Platz neben ein anscheinend ins Gespräch vertieftes Pärchen. Beide sprachen zu gleicher Zeit. Die Frau war blond und versuchte, dem Mann auf englisch klarzumachen, daß er verschwinden sollte; der Mann versprach ihr auf spanisch einen Drink und eine tolle Nacht. Sie war beharrlich, er beschwichtigend – und viel jünger als sie. Mit größtem Interesse hörte ich zu, zwirbelte meinen Schnurrbart und hoffte, übersehen zu werden. »Mein Mann – verstehen Sie?« sagte die Frau gerade. »In fünf Minuten treff ich mich hier mit meinem Ehemann.«
Der Mann wiederholte in seiner Sprache: »Ich kenne ein schönes Plätzchen, ganz in der Nähe.«
Die Frau wandte sich an mich: »Sprechen Sie Englisch?«
Ja, allerdings.
»Wie sagt man solchen Leuten, daß sie abhauen sollen?«
Ich drehte mich zu dem Mann um: er konnte kaum älter als fünfundzwanzig sein. »Die Dame will in Ruhe gelassen werden.«
Er zuckte erst nur mit den Achseln und sah mich gehässig an. Dann warf er mir stumm einen Blick zu, der soviel wie »Eins zu null für Sie« bedeutete, und zog ab. Zwei Mädchen hefteten sich an seine Fersen.
»Heute morgen mußte ich schon einem eins mit dem Schirm überziehen, weil er nicht abhauen wollte«, sagte die Frau.
Sie war vielleicht Ende Vierzig und auf eine brüchige, trügerische Art attraktiv: Sie trug dickes Make-up, Lidschatten und schweren mexikanischen Silberschmuck mit Türkisen. Ihr Haar war platinblond mit einem Anflug von Rosa und Grün – Lichtreflexe von der Platzbeleuchtung vielleicht. Weißer Hosenanzug, weiße Handtasche, weiße Schuhe. Man konnte es dem Mexikaner kaum verdenken, daß er versucht hatte, bei ihr zu landen, da sie eine so große Ähnlichkeit mit dem Stereotyp der Amerikanerin aus den Stücken von Tennessee Williams und mexikanischen Fotoromanen hatte: die Urlauberin mit der defizitären Libido, dem Alkoholproblem und dem symbolhaften Namen, die sich in Mexiko einen Lover suchen wollte.
Sie hieß Nicky und war seit neun Tagen in Veracruz. Als ich verwundert reagierte, meinte sie: »Ich bleib vielleicht einen Monat – wer weiß? – vielleicht noch viel länger.«

»Also gefällt es Ihnen hier.«
»Stimmt.« Sie beäugte mich genauer. »Und Sie, was machen Sie hier?«
»Ich lasse mir einen Bart wachsen.«
Sie lachte nicht: »Ich suche nach einem Freund.«
Fast wäre ich aufgestanden und gegangen – es lag daran, wie sie es sagte.
»Er ist sehr krank. Er braucht Hilfe.« Ihre Stimme klang verzweifelt, aber ihr Gesicht blieb unbewegt. »Ich kann ihn bloß nicht finden. Ich hab ihn in Mazatlán ins Flugzeug gesetzt. Ich hab ihm Geld gegeben, ihm ein paar Sachen zum Anziehen und ein Ticket besorgt. Es war sein erster Flug. Ich weiß nicht, wo er ist. Lesen Sie Zeitung?«
»Ständig.«
»Haben Sie das hier gesehen?«
Sie hielt mir das auf die Breite einer Spalte zusammengefaltete Lokalblatt hin: Unter ›Bekanntmachungen‹ sah man eine schwarzgerahmte Anzeige mit der spanischen Überschrift: DRINGEND GESUCHT. Dann ein Amateurfoto mit einer Bildunterschrift. Einer dieser überbelichteten Schnappschüsse, auf denen aufgeschreckte Nachtklubbesucher einem lästigen Knipser mit seinem »Foto? Foto?« zum Opfer gefallen sind. Das Bild zeigte Nicky mit riesiger Sonnenbrille und Abendkleid – strahlend, braungebrannt und etwas voller im Gesicht – an einem Tisch (Blumen und Weingläser) neben einem dünnen Mann mit Oberlippenbart. Er sah ein bißchen verschreckt und ein bißchen verschlagen aus, aber daß er den Arm um sie gelegt hatte, zeugte von Kühnheit.
Der Text lautete: *Señora Nicky – sucht dringend Kontakt zu ihrem Ehemann, Señor José, zuletzt wohnhaft in Mazatlán. Vermutlich hält er sich jetzt in Veracruz auf. Wer ihn auf diesem Bild erkennt, möge sich bitte umgehend melden bei* – Es folgten ausführliche Anweisungen, wie mit Nicky Kontakt aufzunehmen sei, dann drei Telefonnummern.
»Hat schon jemand bei Ihnen angerufen?«
»Nein.« Sie stopfte die Zeitung wieder in die Handtasche. »Heute ist es zum ersten Mal erschienen. Ich laß es die ganze Woche über laufen.«

»Das ist bestimmt nicht billig.«
»Ich hab genug Geld. Er ist sehr krank. Er stirbt an Tb. Er hat gesagt, er wolle zu seiner Mutter. Ich hab ihn in Mazatlán ins Flugzeug gesetzt und bin noch ein paar Tage dort geblieben – die Nummer von meinem Hotel hatte ich ihm gegeben. Und als er dann nicht anrief, hab ich mir Sorgen gemacht und bin hergekommen. Seine Mutter wohnt hier – deswegen wollte er hierher. Aber ich kann ihn nicht finden.«
»Haben Sie es schon bei seiner Mutter versucht?«
»Die kann ich auch nicht finden. Er wußte ja ihre Adresse nicht. Er wußte bloß, daß es gleich beim Busbahnhof ist. Er hat mir sogar ein Bild von dem Haus gezeichnet. Ich hab ein Haus gefunden, das so aussieht wie das auf dem Bild, aber da kannte ihn niemand. Er wollte bis Mexiko-Stadt fliegen und von da mit dem Bus weiterfahren, weil er dann das Haus von seiner Mutter finden würde. Es ist ein bißchen kompliziert.«
Und ein bißchen faul, dachte ich, beschränkte meinen Kommentar allerdings auf ein mitfühlendes Geräusch.
»Aber die Sache ist ernst. Er ist krank. Inzwischen wiegt er vielleicht noch hundert Pfund oder noch weniger. In Jalapa gibt es ein Krankenhaus, wo man ihm helfen könnte. Ich würde es bezahlen.«
Sie sah zum Musikpavillon hinüber. Die Kapelle spielte jetzt ein Potpourri aus *My Fair Lady*. »Heute war ich sogar schon beim Standesamt, wo sie die Todesfälle registrieren, um rauszukriegen, ob er gestorben ist. Das ist er wenigstens nicht.«
»Nicht in Veracruz.«
»Wie meinen Sie das?«
»Er könnte in Mexiko-Stadt verstorben sein.«
»Da kennt er niemanden. Da hätte er nicht übernachtet. Er wäre bestimmt gleich hierhergekommen.«
Er war aber ins Flugzeug gestiegen und verschwunden. Nach neuntägiger Suche hatte Nicky keine Spur von ihm gefunden. Vielleicht stand ich ja noch unter dem Einfluß des Romans von Dashiell Hammett, den ich gerade gelesen hatte, aber ich ertappte mich dabei, daß ich ihre Lage mit detektivischer Skepsis untersuchte. Nichts hätte melodramatischer sein oder mehr an einen Bogart-Film erinnern können: kurz vor Mitternacht in Veracruz, eine Ka-

pelle spielte ironische Liebeslieder, eine Plaza voller freundlicher Nutten, eine Frau im weißen Kostüm, die mir vom Verschwinden ihres mexikanischen Ehemanns erzählte. Möglicherweise liefert diese Art von Kinophantasie, in die man eintauchen kann, wenn man allein unterwegs ist, eins der Hauptmotive für das Reisen überhaupt. Sie hatte sich selbst den Part der Hauptfigur in ihrem Suchspiel gegeben, und ich spielte willig meine Rolle. Wir waren weit weg von zu Hause und konnten sein, wer wir wollten. Reisen bieten wunderbare Entfaltungsmöglichkeiten für Amateurschauspieler.

Ich habe mich selbst in dieser Bogart-Rolle gesehen, sonst hätte ich sie vielleicht bemitleidet und mein Bedauern darüber geäußert, daß sie den Mann nicht finden konnte. So aber war ich unparteiisch und wollte alles wissen. »Weiß er, daß Sie nach ihm suchen?«
»Nein, er weiß nicht einmal, daß ich hier bin. Wahrscheinlich glaubt er, ich bin wieder in Denver. Wir hatten ausgemacht, daß er bloß nach Hause fahren und nach seiner Mutter sehen sollte. Er ist seit acht Jahren nicht mehr zu Hause gewesen. Sehen Sie, und das ist es, was ihn so durcheinanderbringt. Er hat immer in Mazatlán gewohnt, er ist ein armer Fischer und kann kaum lesen.«
»Interessant. Sie leben in Denver und er in Mazatlán.«
»Genau.«
»Sind Sie mit ihm verheiratet?«
»Nein – wie kommen Sie denn darauf? Wir sind nicht verheiratet. Er ist bloß mein Freund.«
»In der Zeitung steht aber, daß er Ihr Mann ist.«
»Das habe ich nicht geschrieben. Ich kann kein Spanisch.«
»Das steht jedenfalls da. Er ist Ihr Ehemann.«
Jetzt war ich nicht mehr Bogart, sondern Montgomery Clift als Psychiater in *Plötzlich im letzten Sommer*. Katherine Hepburn übergibt ihm den Totenschein von Sebastian Venable; Sebastian ist bei lebendigem Leibe von kleinen Jungen gefressen worden, auf dem Schein wird die Verstümmelung beschrieben. »Es ist auf spanisch«, sagt sie und glaubt das grausige Geheimnis gewahrt. Montgomery Clift antwortet kühl: »Ich kann Spanisch lesen.«
»Das ist ein Fehler«, sagte Nicky. »Er ist nicht mein Mann. Er ist nur ein schönes menschliches Wesen.«

Sie machte eine Kunstpause. Die Kapelle spielte einen Walzer.
»Ich hab ihn vor einem Jahr in Mazatlán kennengelernt. Damals war ich kurz vor einem Nervenzusammenbruch, weil mein Mann mich gerade verlassen hatte. Ich wußte nicht, wohin. Ich ging am Strand entlang. José sah mich und stieg aus seinem Boot. Er streckte die Hand aus und berührte mich. Er lächelte...« Ihre Stimme versagte. Dann fuhr sie fort: »Er war sehr gut zu mir. Und das war es, was ich brauchte. Ich stand vor einem Nervenzusammenbruch, und er hat mich gerettet.«
»Was für ein Boot hatte er denn?«
»Ein kleines Ding – er ist bloß ein armer Fischer.« Sie kniff die Augen zusammen. »Er hat nur seine Hand ausgestreckt und mich berührt. Dann lernte ich ihn ein bißchen besser kennen. Wir gingen zusammen essen – in ein Restaurant. Ihm hatte noch nie etwas gehört, er war nicht verheiratet und besaß keinen Cent. Er hatte noch nie anständige Kleider getragen, noch nie in einem guten Restaurant gegessen und wußte gar nicht, wie man sich da benimmt. Alles war neu für ihn. Er konnte nicht verstehen, warum ich ihm soviel geschenkt habe. ›Weil du mich gerettet hast‹, sagte ich. Er lächelte bloß. Ich habe ihm Geld gegeben, und ein paar Wochen lang hatten wir es wunderschön. Dann hat er mir erzählt, er habe Tb.«
»Aber er konnte doch kein Englisch?«
»Ein paar Brocken konnte er schon.«
»Haben Sie ihm das mit der Tb geglaubt?«
»Gelogen hat er nicht, wenn Sie das meinen. Ich bin zu seinem Arzt gegangen. Der hat mir gesagt, daß er ärztliche Behandlung brauche. Also hab ich mir geschworen, daß ich ihm helfen würde, und deshalb bin ich vor einem Monat nach Mazatlán gegangen. Um ihm zu helfen. Er war abgemagert und konnte nicht mehr zum Fischen. Ich hab mir ernsthaft Sorgen gemacht und ihn gefragt, was er sich wünscht. Er wollte seine Mutter besuchen. Da hab ich ihm Geld und ein paar Sachen gegeben und ihn ins Flugzeug gesetzt, und als ich nichts mehr von ihm hörte, bin ich selbst hergekommen.«
»Das hört sich sehr großzügig an. Sie könnten sich hier wunderbar amüsieren, und statt dessen suchen Sie Veracruz nach dieser verlorenen Seele ab.«

»Gott verlangt es von mir«, flüsterte sie.
»Wirklich?«
»Und wenn Gott es will, werde ich ihn finden.«
»Sie lassen nicht locker, was?«
»Wir Schützen sind ungeheuer hartnäckig – richtige Abenteurertypen! Was für ein Sternzeichen haben Sie?«
»Widder.«
»Ehrgeizig.«
»Das bin ich.«
»Irgendwie«, sagte sie, »glaube ich, daß Gott mich prüfen will.«
»Wie denn?«
»Diese José-Geschichte ist nichts. Ich hab gerade eine ganz schwierige Scheidung hinter mir. Und da sind noch andere Sachen.«
»Zu José. Wenn er Analphabet ist, kann seine Mutter höchstwahrscheinlich auch nicht lesen. In diesem Fall wird sie die Zeitungsannonce gar nicht sehen. Warum lassen Sie kein Plakat machen – ein Bild, ein paar Einzelheiten –, hängen es bei der Bushaltestelle auf und da, wo angeblich das Haus seiner Mutter steht.«
»Ich glaube, das werde ich probieren.«
Ich machte noch mehr Vorschläge: einen Privatdetektiv engagieren, Suchmeldungen im Radio. Dann kam es mir in den Sinn, daß José vielleicht nach Mazatlán zurückgeflogen war. Wenn er krank oder in Sorge gewesen war, hätte er das sicher getan, und wenn er versucht hatte, sie zu betrügen – was ich vermutete –, hätte er das über kurz oder lang spätestens dann getan, als das Geld alle war.
Sie meinte auch, daß er vielleicht zurückgekehrt sei, aber nicht aus den Gründen, die ich nannte. »Ich bleibe hier, bis ich ihn gefunden habe. Aber auch, wenn ich ihn morgen finde, bleibe ich noch vier Wochen. Ich finde es schön hier. Eine richtig nette Stadt. Waren Sie schon beim Karneval hier? Nein? Da war was los, das kann ich Ihnen sagen. Alles war hier unten auf der Plaza...«
Die Kapelle spielte jetzt Rossini, die Ouvertüre zum *Barbier von Sevilla*.
»Es wurde getrunken und getanzt. Alle waren so nett. Ich hab so viele Leute kennengelernt. Ich hab jede Nacht mitgefeiert. Und deswegen macht es mir nichts aus, wenn ich hierbleibe und weiter nach José suche. Und – äh, ich hab einen Mann kennengelernt.«

»Einen von hier?«
»Mexikaner. Der hat echt gute Vibrationen für mich, genau wie Sie. Sie sind so positiv – Poster machen lassen, Suchmeldungen im Radio –, so was brauche ich.«
»Dieser neue Mann, den Sie kennengelernt haben – könnte der die Dinge nicht etwas komplizieren?«
Sie schüttelte den Kopf. »Er tut mir gut.«
»Und wenn er rauskriegt, daß Sie nach José suchen? Er könnte sich darüber ärgern.«
»Er weiß Bescheid. Wir haben schon darüber gesprochen. Und außerdem«, sagte sie nach einem Augenblick, »stirbt José.«
Das Konzert war zu Ende. Inzwischen war es sehr spät, und ich hatte einen Mordshunger. Ich wollte irgendwo in ein Restaurant, und Nicky fragte: »Haben Sie etwas dagegen, wenn ich mich anschließe?« Beim Schnapperfisch erzählte sie mir von ihren Scheidungen. Ihr erster Mann war gewalttätig, ihr zweiter – wortwörtlich – ein »Penner«.
»Ernsthaft?«
»Das können Sie mir glauben. Er war dermaßen faul – na, er hat für mich gearbeitet, wissen Sie. Als wir noch verheiratet waren. Aber er war so faul, daß ich ihn rausschmeißen mußte.«
»War das während der Scheidung?«
»Nein, lange vorher. Ich hab ihn gefeuert, blieb aber mit ihm verheiratet. Das ist jetzt ungefähr fünf Jahre her. Danach hing er bloß noch im Haus rum. Und als ich das satt hatte, hab ich die Scheidung eingereicht. Und was glauben Sie, was dann passiert ist? Er rennt zum Anwalt und versucht, Unterhalt aus mir rauszuquetschen. *Ich* soll *ihm* was zahlen!«
»Was für ein Unternehmen haben Sie denn?«
»Ich besitze Slums. Siebenundfünfzig Slums – siebenundfünfzig Einheiten, meine ich. Früher hatte ich mal hundertachtundzwanzig. Und die siebenundfünfzig sind auf achtzehn verschiedene Orte verteilt. Ach Gott, es ist ein Kreuz – die Leute wollen andauernd Farbe, wollen irgendwas reparieren, wollen neue Dächer, was weiß ich.«
Allmählich sah ich in ihr nicht mehr die Frau, deren Libido defizitär war und die hier in Mexiko vor sich hin schmachtete. Sie hatte

Immobilienbesitz und zehrte von den Mieteinnahmen aus ihren Slums. Steuern zahle sie nicht, sagte sie, wegen der steuerlichen Abschreibungen, und auf dem Papier stehe sie »richtig gut da«.
»Gott hat es gut mit mir gemeint.«
»Wollen Sie Ihre Slums denn verkaufen?«
»Wahrscheinlich. Ich würde gern hier leben. Ich bin ein echter Mexiko-Freak.«
»Und wenn Sie sie verkaufen, verdienen Sie was dran.«
»Genau darum geht's.«
»Warum lassen Sie dann nicht die Leute mietfrei wohnen? Die tun Ihnen doch einen Gefallen, wenn sie die Wohnungen in Schuß halten. Dafür würde Gott Sie lieben. Und Sie hätten immer noch Ihren Profit.«
»Das ist Blödsinn.«
Die Rechnung wurde gebracht.
»Ich zahle für mich selbst«, sagte sie.
»Sparen Sie lieber Ihr Geld – José könnte auftauchen.«
Sie lächelte mich an: »Sie sind ein ganz interessanter Typ.«
Ich hatte kein Wort über mich selbst verloren; sie wußte noch nicht einmal, wie ich hieß. Vielleicht fand sie diese Verschwiegenheit interessant? Eigentlich war ich ja gar nicht so schweigsam: Sie hatte mich nur nichts gefragt.
»Vielleicht sehen wir uns morgen«, sagte ich.
»Ich wohne im Diligencia.«
Da wohnte ich auch, hielt es aber für besser, ihr das nicht mitzuteilen, und sagte nur: »Ich hoffe, Sie finden, was Sie suchen.«
Am nächsten Tag stand ich früh auf und hastete zum Bahnhof, um meine Fahrkarte nach Tapachula zu kaufen. Es ging ohne Schwierigkeiten, so daß mir noch Zeit blieb, zum Frühstück ins Hotel zurückzukehren. Beim Essen sah ich Nicky durch die Halle gehen. Sie kaufte eine Zeitung. Sie sah sich um. Ich versteckte mich hinter einer Säule. Als die Luft rein war, machte ich mich auf den Weg zum Bahnhof. Die Sonne stand hoch über der Plaza. Es würde ein sehr heißer Tag werden.

5
Der Personenzug nach Tapachula

Seit zwölf Stunden saß ich nun schon im Zug. Irgend etwas stimmte nicht mit ihm: Wir waren einen ganzen Tag lang unterwegs gewesen und hatten höchstens hundert Meilen zurückgelegt, meistens durch Sumpfland. Mir war schlecht von der Hitze; vom Krach der schlagenden Türen und dem Amboßgetöse der Puffer dröhnte mir der Kopf. Mittlerweile war es Nacht geworden, es war immer noch laut und sehr kalt. Die meisten der achtzig Plätze im offenen Waggon waren besetzt, fast alle Fenster zerbrochen oder aufgestemmt. Die Birnen an der Decke waren zum Lesen zu schwach, zum Schlafen zu hell. Die übrigen Passagiere schliefen, auf der anderen Seite des Gangs schnarchte jemand laut. Der Mann, der auf dem Platz hinter mir den ganzen Tag lang geseufzt und geflucht und gereizt gegen die Lehne meines Sitzes getreten hatte, benutzte jetzt seine geballten Fäuste als Kopfkissen und war eingeschlafen. Die Spinnen und Ameisen, die ich tagsüber dabei beobachtet hatte, wie sie in die Roßhaarfüllung der zerschlissenen Sitzpolster hinein- und wieder herauskrabbelten, fingen nun an, mich zu beißen. Oder waren es Moskitos? Meine Fußknöchel juckten und brannten. Es war kurz nach neun. In der Hand hatte ich eine Ausgabe von Mark Twains *Querkopf Wilson*, die zu lesen ich längst aufgegeben hatte. Ich blätterte um bis zum Vorsatzblatt und schrieb: »Zwei Klassen: beide unbequem und dreckig. Keine Privatsphäre, kein Entkommen. Ständiges Halten und Wiederanfahren, kaputte Lok, grölende Passagiere. An solchen Tagen frage ich mich, warum ich das alles auf mich nehme, Ordnung und Freunde gegen Unordnung und Fremde eintausche. Ich habe Heimweh und fühle mich für meine selbstsüchtige Abreise gestraft. Das ist genau das gleiche, was Cru-

soe auf seiner Insel sagt. Gefängnisatmosphäre: die braunen Wände und die schummrige Beleuchtung einer Zelle. Und dann auch noch der Lärm: Fabrikgeräusche, Rammstöße, die von den dichten Urwaldwänden neben dem Gleis widerhallen und durch die offenen Fenster auf uns einhämmern.«
Ich unterbrach. Schreiben kann einen sehr einsam machen.
»Eines habe ich heute gesehen: einen schlanken weißen Reiher in einem Sumpf.«
Auf dem Blatt war noch ein Zentimeter frei. »Die anderen fahren nach Hause. Sie beschweren sich zwar über die Reise, aber morgen sind sie zu Hause. Ich bin zum nächsten Zug unterwegs. Viel lieber würde ich...«
Dann schlief ich ein. Der Unterschied zwischen Schlaf und Wachen bestand in diesem Zug darin, daß ich im Wachzustand nach den Moskitos schlug. Im Schlaf merkte ich zwar, daß ich gestochen wurde, war aber wehrlos, weil mir die Willenskraft fehlte, die Tiere daran zu hindern.
Den Reiher hatte ich im Marschland bei Piedras Negras beobachtet; er war groß und aufmerksam, ein schlankes, feingliedriges Geschöpf, das sich in diesem sumpfigen Salat wie ein Fremdkörper ausnahm. Eine Stunde später keine Spur von Feuchtigkeit mehr, sondern nur noch staubige Bäume in trockener Erde, verdorrtes Gras, verbrannte Blätter, mit Palmwedeln gedeckte Lehmhütten wie in den ärmsten Gegenden Afrikas. Der Zug hielt ständig an, meistens neben einem Zuckerrohrfeld; da in den wenigsten Fällen ein Bahnhof in der Nähe war, mußte mit der Lok etwas nicht in Ordnung sein. Grüppchen von Männern tauchten auf, stocherten in der Lokomotive herum und rückten die Strohhüte zurecht. Dann fuhren wir wieder los, zuckelten für ein paar Meilen dahin.
Bei einem Halt – diesmal war es ein Bahnhof, kein Defekt – stieg ein Junge zu, stellte sich vorn in den Waggon und fing mit glockenreiner Stimme an zu singen. Die Fahrgäste waren zunächst etwas peinlich berührt, applaudierten nach dem zweiten und dritten Lied aber doch. Der Junge fühlte sich bestätigt und gab noch ein viertes Lied zum besten. Als das Abfahrtssignal ertönte, ging er durch den Waggon, um zu sammeln. Sein Alter machte mir ebensoviel Eindruck wie seine Stimme: mit seinen etwa zwanzig Jahren wäre er

alt genug gewesen, um auf den Zuckerrohrfeldern oder als Landarbeiter Beschäftigung zu finden (Farmarbeiter in Mexiko arbeiten aber im Durchschnitt nur etwa 135 Tage pro Jahr). Als Beruf kam mir die Singerei ungewöhnlich vor, aber vielleicht sang er nur, wenn der Zug durch sein Dorf kam.
Wir erreichten Tierra Blanca; ein sprechender Name, der über diesen Ort nichts aussagte. Spanische Ortsnamen passen höchstens als Ironie oder Vereinfachung, treffend sind sie selten; ein Umstand, der in anderer Formulierung meist als Beleg für die Vordergründigkeit, Dummheit und Einfallslosigkeit des jeweiligen spanischen Kartographen oder Entdeckers zitiert wird. Der Augenzeuge sah einen dunklen Fluß und hatte sofort einen Namen parat: Rio Negro. Dieser Name kommt in ganz Lateinamerika immer wieder vor, paßt aber nie zur Farbe des Wassers.
Die insgesamt vier Rio Colorados, die ich zu sehen bekam, zeigten nicht die geringste Spur von Rot. Piedras Negras war Sumpfland, keine schwarzen Steine; ich sah keine Hirsche in Venado Tuerto und keine Eidechsen in Lagartos. Keine Laguna Verde war grün, das einzige La Dorada, das ich sah, wirkte eher bleigrau als golden, Progreso in Guatemala war absolut rückschrittlich, La Libertad in El Salvador eine Bastion der Repression in einem Land, in dem Erlösung kleingeschrieben wurde. La Paz war nicht friedlich, La Democracia nicht demokratisch. Das hatte weniger damit zu tun, daß die Namensgeber es mit der Wörtlichkeit nicht allzugenau nahmen, als mit schlichter Launenhaftigkeit. Die Ortsnamen riefen Gedanken an Schönheit, Freiheit, Frömmigkeit oder starke Farben hervor, aber die so hübsch benannten Orte selbst standen in krassem Gegensatz dazu. War es beabsichtigte Ungenauigkeit oder ein Mangel an Feingefühl, aus dem heraus die Landkarte mit diesen schönen Attributen und Lobesworten so glorifiziert wurde? Es fällt den Lateinamerikanern schwer, mit den nackten Tatsachen zu leben; wenn der zauberhafte Name ihren Wohnort schon nicht verwandeln konnte, so nahm er ihm wenigstens den Fluch. Außerdem bestand ja immer die Chance, daß der sprechende Name irgend etwas evozieren könnte, was die schlichte Ortschaft erträglich machte.
Intensiv betrachtete ich Tierra Blanca. Es war arm und braun. Hühner stolzierten auf dem Bahnsteig herum, Männer hievten

Bündel in die Höhe, Kinder zeigten mit den Fingern auf die Fahrgäste, die aus den Zugfenstern stierten. Imbißverkäufer (es war Mittagszeit) priesen schreiend ihre Ware an: Pfannkuchen, Bohnen, fritierte Maisbällchen, geröstete Maiskolben, Törtchen, Käsesandwiches, gebratenes Hühnchen, Bananen, Orangen, Ananas, Wassermelonen. Ich hatte ja meine eigene Verpflegung. Ich schnitt einen der kleinen Brotlaibe auf und belegte die Hälften mit Schinken und Käse. Auf der anderen Seite des Gangs verzehrten die Mitglieder einer großen Familie, die nach Guatemala unterwegs war, ihr soeben erworbenes fliegenumschwärmtes Hühnchen und starrten mich an.
»Das ist aber ein großes Butterbrot«, meinte die Mutter.
»Bei uns heißt das *Submarine Sandwich*«, erklärte ich.
Sie starrten weiter.
»Wegen der Form.« Ich hielt das Brot in die Höhe. »Wie ein U-Boot.«
Sie kniffen die Augen zusammen. Sie hatten noch kein Unterseeboot gesehen.
»Ach so«, sagte die Mutter.
In den nächsten Stunden hielt der Zug noch achtmal an. Aber nicht an Bahnhöfen. Irgendwo an einem Zuckerrohrfeld, mitten im Marschland oder in einem stickigen Wald wurde er langsamer, die trompetende Lok verstummte, und ruckelnd hielt der Zug an; die Passagiere stöhnten, guckten aus den Fenstern, sahen keinen Bahnhof und sagten: »Nirgendwo« oder: »Keine Ahnung«. Während der Zug fuhr, hatten sie vielleicht noch fröhlich miteinander geplaudert; wenn er anhielt, grummelten und seufzten sie nur noch wortkarg vor sich hin. Unterbrochen wurde die dampfige Stille meistens durch lautes Geschrei vor den Fenstern: »*Bananas?*«
Egal, wo wir anhielten, ob in einem Sumpf oder in scheinbar menschenleeren Wäldern, überall tauchte ein Händler auf – fast immer war es ein kleines Mädchen im zerrissenen Kleid – und schrie sein »*Bananas*«. Den Hungertod brauchte ich in diesem Zug nach Tapachula wenigstens nicht zu fürchten.
Gegen zwei Uhr nachmittags kamen wir an ein paar Zuckerrohrfeldern vorbei; ich dachte gerade darüber nach, wie dicht nebeneinander die Pflanzen standen – ein nahezu undurchdringliches

Dickicht aus grünen Stämmen, wie eine Bambuswand –, und merkte, daß der Zug wieder langsamer wurde. Ich sah aus dem Fenster: noch mehr Zuckerrohrfelder. Der Zug hielt. Die Passagiere ächzten. Ich schlug *Querkopf Wilson* auf und las. Eine Stunde verging – eine träge, feuchte Nachmittagsstunde; ein Radio dudelte im nächsten Waggon. Der Bananenverkäufer war gekommen und schon wieder gegangen. Ich machte mir ein Sandwich und trank eine Flasche Mineralwasser. Und es ging mir durch den Kopf, daß ich all meine Vorräte aufgegessen und mein Buch durchgelesen haben könnte, bis wir wieder losfuhren. Dieses Essen, dieses Buch waren das einzige, woran ich mich halten konnte.
Der Zug fuhr an, ich legte die Füße hoch und stieß einen erleichterten Seufzer aus. Der Zug fuhr hundert Meter und hielt wieder. Im nächsten Waggon schrie jemand: »Heilige Mutter Gottes!« Wir standen auf einer langen roten Eisenbrücke, unter uns ein Fluß. Ich kramte meine Landkarte heraus und fuhr mit dem Finger die Bahnstrecke von Veracruz entlang, fand Tierra Blanca, die Sümpfe und einen Fluß: das hier war also der Rio Papaloapan. Laut Reiseführer war das Feuchtgebiet, aus dem sich der Fluß speiste, »zweimal so groß wie die Niederlande«, das gleichnamige Dorf habe aber »wenig Bemerkenswertes« zu bieten. Wir blieben noch eine Stunde lang auf der Brücke stehen – eine enervierende Stunde, in der wir nicht aussteigen und herumlaufen konnten, weil es auf der Brücke keinen Weg für Fußgänger gab und die Strömung des Flusses ausgesprochen tückisch aussah. Ich wollte schon etwas essen, besann mich aber eines Besseren, da wir bei diesem Tempo noch Tage nach Tapachula brauchen würden. Die Fahrgäste, gefangen in einem Zug, der selbst wiederum auf der Brücke in der Falle saß, wurden allmählich nervös; die Kinder der guatemaltekischen Großfamilie lehnten sich aus dem Fenster und schrien: »Auf geht's, los!« Sie hörten bis kurz vor Sonnenuntergang nicht damit auf.
Ich überlegte, ob ich einfach weiter lesen sollte. Lesen war das einzige, was mich in solchen Momenten völliger Langeweile bei Sinnen hielt. Aber wenn ich *Querkopf Wilson*, das mir so gut gefiel, zu Ende las, hätte ich nichts anderes mehr. Ich lief in dem langen Zug auf und ab, und schon jetzt kam es mir vor, als sei ich viel länger als einen Tag darin unterwegs. Bald bewegte er sich,

ruckelte vielleicht zweihundert Meter voran, mehr nicht, dann hielt er wieder.

Wir hatten das Dorf Papaloapan erreicht. »Wenig Bemerkenswertes« war wüst übertrieben: zwei Läden, ein paar Hütten, ein paar Schweine, ein paar Papayabäume. Die Sonne stand jetzt auf gleicher Höhe mit den Fenstern und schickte glühende Strahlen in den Zug.

Ein Mann saß etwas weiter weg vom Bahndamm auf einer wackligen Bank, als der Zug einfuhr. Der Baum, den er sich ausgesucht hatte, war ziemlich klein, und ich wollte wissen, was er tun würde, wenn das Sonnenlicht ihn traf. Eine halbe Stunde lang rührte er sich nicht, obwohl zwei an dem Baum festgebundene Schweine grunzend und quiekend an ihren Fesseln zerrten. Er schien die Tiere nicht wahrzunehmen, er sah den Zug nicht, er achtete nicht auf die Sonne, die von den unteren Ästen zu seinem Hut hinunterglitt. Der Mann blieb unbewegt. Die Schweine quiekten. Die Sonne sank tiefer und beschien die Nase des Mannes. Er bewegte sich nicht gleich, scharrte sehr langsam mit den Füßen und blinzelte, als erreichte er nur eine neue Schlafphase, schob mit einem Finger den Hut tiefer, beschattete seine Nase und war wieder ruhig. Aber die Sonne bewegte sich, fand mit ihren Strahlen sein Gesicht (und die Schweine, die ihr mit Gezerre entkommen wollten); der Mann tippte mit dem Finger an den Hut. Er hatte den Zug nicht beachtet, er nahm die Schweine nicht zur Kenntnis, er schlief nicht und war nicht wach, die einzige Veränderung bestand in der senkrecht vor sein Gesicht gerammten gelben Hutscheibe, die wie das aufmerksame Antlitz einer welkenden Sonnenblume der Sonne folgte.

Während ich den Mann betrachtete, der eine gute Sonnenuhr abgegeben hätte, kletterte ein Zwerg in den Zug. Als er vor meinem Sitz stand, waren seine Augen auf gleicher Höhe wie meine; ich konnte sehen, daß sie hervorquollen, daß keine Pupille ihre saure graue Farbe durchdrang: er war blind. Aber er war quietschvergnügt und bettelte wie im Scherz. Er sah aus wie ein Lumpenbündel: Knoten und Schlaufen von fransiger Schnur, die seine zerfetzten Kleider zusammenhalten sollten, spannten sich um seinen ganzen Körper. Die Fahrgäste sprachen ihn an, wenn

er mit der Mütze in der Hand durch den Waggon humpelte, und kichernd gab er seine Antworten.
»Mach du mal, daß der Zug weiterfährt«, sagten sie.
»Ich tu, was ich kann«, meinte der Blinde.
»Wo sind wir?« wollten sie wissen.
»Papaloapan«, antwortete der Zwerg. »Netter Ort. Warum bleiben Sie nicht hier?«
»Wir wollen nicht hierbleiben!«
Der kleine Mann lachte und tastete sich mit seinem Stock in den nächsten Wagen. »Guten Abend...« hörte ich noch.
Mehr Leute stiegen ein, um zu betteln: eine alte Frau mit einem Säugling auf dem Arm und zwei magere Kinder. Imbißverkäufer kamen: Kinder mit Kaffeekannen und Schüsseln voll Maisbällchen, Frauen mit Brot und grätigen Fischen. Noch mehr Kinder aus Papaloapan hüpften in den Zug, sausten herum, sprangen wieder heraus, Männer aus dem Laden schlenderten herüber, um mit den Fahrgästen zu plaudern.
Binnen weniger Stunden (es war später Nachmittag, Männer auf dem Heimweg von der Arbeit in den Zuckerrohrfeldern blieben stehen, um zu sehen, was los war) verlor der hängengebliebene Zug seine Rolle als das fremde Ding, das sonst immer durch das Flußdörfchen Papaloapan hindurchdonnerte. Dorfbewohner, die ihn bis jetzt wohl nur von ferne kannten, stiegen ein, probierten die Klos aus und winkten ihren Freunden von den Fenstern aus zu; die Hühner pickten krächzend unter den Waggons herum und wirkten genauso gelassen wie die Fahrgäste, die vor dem Laden auf der Stange hockten und Limonade tranken. Der Zug war Teil des Dorfes geworden.
Niemand wußte so recht, was eigentlich nicht stimmte. Ein liegengebliebener anderer Zug vor uns auf der Strecke, meinte ein Mann. Ein anderer glaubte, die Maschine sei kaputt. Panikreaktionen blieben aus; zweiunddreißig Grad Tagestemperatur hatten jedem den Mumm aus den Knochen genommen. Nur wenige Leute fragten überhaupt nach, keiner regte sich auf: man fühlte sich hier in Papaloapan schon ganz wie zu Hause. Laut Fahrplan sollten wir erst am nächsten Tag Tapachula erreichen, und niemand wußte genau, wie weit wir bis jetzt gekommen waren. (Zum Zeitvertreib fragte

ich herum, wie weit wir von Veracruz entfernt seien; die richtige Antwort, nämlich hundertsechzig Kilometer, konnte mir keiner geben.) In einem Land, in dem chronische Unpünktlichkeit herrschte, kam eine solche Verspätung nicht überraschend; außerdem war das Dorf recht nett, das Wetter schön warm, und jede Sitzbank hatte sich in ein Nest aus Butterbrotpapier, Kissen und dösenden Kindern verwandelt. Mein Hintermann hatte aufgehört, gegen meinen Sitz zu treten, und war die Ruhe selbst: »Ich denke, wir werden hier übernachten.«
Die Mutter aus Guatemala sagte zu ihren Kindern: »Ich glaube, er hat recht. Ach, was soll's.«
Nichts scheint länger als ein unvorhergesehener Aufenthalt. Nichts ist schwieriger zu beschreiben oder langweiliger zu lesen. »Eine Stunde verging«, schreibt man, und der Satz enthält nicht die zähe Langeweile, nicht den Geruch, nicht die Hitze, nicht den Lärm und nicht die taumelnden Fliegenschwärme vor der nicht zu schließenden Klotür. »Eine weitere Stunde verstrich« – wie schwierig, hier die beiden Radios einzubringen, die wimmernden Schweine, das Gekreisch der Kinder, den Sitz mit der klumpigen Roßhaarpolsterung, aus der die Spinnen krabbelten. Die Hitze selbst scheint den Lauf der Zeit zu verlangsamen. Wenn das Dorf nur ein bißchen größer gewesen wäre, hätte ich wohl meine Sachen gepackt und mich im nächsten Hotel einquartiert, aber es war winzig, und der nächste Zug nach Tapachula ging erst in drei Tagen.
Ich hatte nur noch fünfzig Seiten von *Querkopf Wilson* vor mir und beschloß, mir das meiste aufzusparen, bis meine Nerven so angespannt wären, daß ich es brauchen würde, widerstand also der Versuchung, mich weiter in die Handlung zu vertiefen, und las statt dessen die Einführung. Ein zutiefst verwirrendes Erlebnis: der ernsthafte Ton des Essays und im Kontrast dazu die nahende Dämmerung, der Lärm und Gestank des baufälligen Dorfes, der vollbesetzte Zug. »Seine Methode der ironischen Brechung erhellt sich durch den Vergleich mit Jane Austen, die in ihren Romanen das gesellschaftliche Leben gutheißt, auf dem ihre eigenen hochgespannten Moralvorstellungen fußen...«
»Auuuutsch!« Ein Mädchen auf der anderen Seite des Gangs brüllte, ihr Bruder lächelte süß und kniff sie noch einmal. Der Mexika-

ner im Schatten kratzte sich den Kopf, ohne dabei seinen Hut zu verrücken. Die Schweine grunzten. Das Radio im Laden drüben dudelte und knisterte. Zwei Männer an der Tür lachten laut. »Kaltes Bier«, schrie ein Verkäufer. »Bananen!« »Eis!« »Er hat mich gekniffen!«
»... in ihrem Werk sind gesellschaftliche Wertvorstellungen nicht mit moralischen Wertbegriffen identisch, doch ihre Ironie macht deutlich, was geschieht, *wenn* sie sie ersetzen, wenn eine bestimmte Form des vollkommenen und akzeptierten...«
Ein Kichern, ein »Nein, hab ich nicht«, und zwei hübsche Mädchen mit schwarzem Haar, leuchtenden Augen und grünen Schuluniformen schlenderten lachend mit den Büchern unter dem Arm am Zug entlang.
«...vollkommenen und akzeptierten gesellschaftlichen Bewußtseins sich schließlich zugleich als moralisches Bewußtsein manifestiert...«
Ich klappte das Buch zu. Am Ende des Waggons war ein Streit ausgebrochen; nichts Ernstes, bloß Gebrüll, Widerworte, Gefuchtel. Der Gestank vom Klo war schlimmer geworden. Wir saßen seit Stunden fest, und die Leute hatten weiter durch das Blechrohr geschissen; auf den Gleisen unter dem Waggon türmte sich ein ekelhafter Haufen, der die Fliegen begeisterte: laute, fette Exemplare umschwärmten ihn in einer dichten Wolke und surrten durch die ewig offenen Fenster. Der Bierverkäufer kam zurück, stellte seine Kiste ab und setzte sich drauf. Heiser vom Schreien fragte er mich jetzt flüsternd, ob ich ein Bier wollte. Obwohl ich selbst noch zwei hatte, nahm ich ihm zwei weitere ab: schließlich war jetzt Cocktailstunde, und wir hatten eine lange Nacht vor uns.
Am hinteren Ende des Zuges fand ich eine leere Sitzreihe, streckte mich mit meinem Dämmerschoppen aus, schmauchte meine Pfeife und gönnte mir noch ein Kapitel *Querkopf Wilson*. Die Nacht breitete sich über Papaloapan. Hunde bellten, die Stimmen des Dorfes wurden zum Gemurmel, die Radios dudelten immer noch, die Leute im Zug sprachen in der Dunkelheit leiser miteinander. Es gab Grillen; sie zirpten so schnell wie Kastagnetten – ich hatte seit einer Ewigkeit keine Grillen mehr gehört und fand den Klang tröstlich. Außerdem heiterte der Roman mich auf: was für ein groß-

artiges Buch! Ich hatte geglaubt, es zu kennen, mich aber nur noch an die Sache mit den Fingerabdrücken, an die gleichartigen Kinder und an das Verbrechen erinnert. Die ironischen Feinheiten waren mir bis dahin entgangen. Es geht um Freiheit und Sklaverei, Identität und Maskerade; die Schattierungen der Rassen sind in Attribute verwandelt. Ein wildes Meisterstück von grausamer, grimmiger Lustigkeit; einfallsreicher und pessimistischer als alles, was ich je von Twain gelesen hatte. Die Handlung basiert auf einem Volksmärchen: die vertauschten Kinder, das Sklavenkind, das zum Herrn, der Sohn des Herrn, der zum Sklaven wird. Aber die rassischen Implikationen machen es zum Alptraum versteckter Ungerechtigkeiten. Begonnen hatte Twain den Text als Farce über siamesische Zwillinge, was er selbst für einen Fehler hielt: »Es sind zwei Geschichten in einer, eine Farce und eine Tragödie.« Die Tragödie ist so bitter, daß dieser selten gelesene Roman, der zu den schwärzesten Komödien der amerikanischen Literatur gehört, nur als Geschichte einer komischen Figur gelesen wird, eines ländlichen Anwalts, dem Fingerabdrücke zur Lösung eines Falles verhelfen. Dieser Sieg verdeckt jedoch nicht ganz die Tatsache, daß jeder andere im Roman versagt, auch die Figur mit dem ehrenwertesten Charakter. Ich fand ein Thema für eine Vorlesung darin: Wie wir durch sorgfältige Auswahl unsere Autoren einfach machen; die amerikanische Literatur als Sammlung des Erträglichen.
Inzwischen war es in Papaloapan noch dunkler geworden. Ich sah auf und erblickte eine einsame Lokomotive, die sich von der Brücke her näherte. Sie fuhr vorbei, und fünf Minuten später gab es einen Stoß, einen Ruck und erneute Aktivitäten auf dem Bahndamm. Dann ein gellender Pfeifton und das Geschrei der guatemaltekischen Kinder: »Auf geht's, los!« Im Dorf waren die Lichter angegangen, grelle, blendende Lichtquellen. Bald bewegten sie sich am Zug entlang, die Dorfbewohner sahen zu, wie wir abfuhren; manche winkten zögernd, als erwarteten sie halb, daß wir bald wieder anhalten würden. Aber wir hielten nicht mehr. Eine frische Brise reinigte die Waggons, und hinter den Bäumen des Dorfes konnten wir ein glitzerndes Stückchen Himmel sehen, einen Sonnenuntergang, wie ihn auch ein aztekischer Dichter vor fünfhundert Jahren hier beobachtet hatte:

*Mit Federn reich geschmückt, stürzt
unser Vater, die Sonne, sich
in ein Gefäß aus Juwelen,
verziert mit einem Halsband aus Türkisen,
zwischen buntschillernde Blüten,
die unablässig niederregnen.*

Das Glitzern hielt einige Minuten lang an, dann wurde der grüne, sumpfige Dschungel zur Wand aus Schatten, und bald war die Dunkelheit vollkommen. Vier schwache Glühbirnchen – die übrigen waren kaputt oder fehlten – reichten als Leselicht nicht aus. Ich verstaute mein Buch, trank und sah aus dem Fenster.
Es gab nur noch wenige Aufenthalte – ein paar Dörfer, ein paar Ansiedlungen, die kaum Dörfer zu nennen waren. Ich sah im Kerzenlicht flackernde Eingänge, von Laternen in Weiß getauchte Räume in Hütten. In einem Eingang der hocherotische Anblick einer weiblichen Figur, die entspannt am Türpfosten lehnte, die Beine gegrätscht, die Arme über dem Kopf verschränkt, während das von drinnen kommende Licht ihren schlanken Körper im durchsichtigen Kleid abzeichnete – eine liebreizende Gestalt in einem leuchtenden Rechteck mitten in der mexikanischen Nacht. Es verwirrte mich und machte mir ein bißchen angst.
In irgendeiner Ortschaft lehnte sich ein Junge aus dem Fenster und winkte eine kleine Maisverkäuferin heran: »Wo sind wir?« wollte er wissen.
Das Mädchen nahm das Tablett mit den Maiskolben vom Kopf und starrte ihn an. Eine schwierige Frage.
»Sie weiß nicht, wo wir sind!« rief der Junge.
Das Mädchen sah den lachenden Jungen im Zug an. Sie wußte, wo sie war. Aber danach hatte er sie nicht gefragt.
Der Junge weckte erst seinen Vater, dann seinen Bruder und schüttelte den Kopf auch in meine Richtung: »Sie weiß nicht, wo wir sind!«
So laut, daß das Mädchen mit dem Tablett es hören konnte, sagte ich: »Ich weiß, wo wir sind.«
»Wo denn?« fragte der Junge.
»In einem Zug.«

Das fanden sie urkomisch. Der Junge wiederholte es, sie lachten noch lauter. Tatsächlich waren wir in Suelta, einem dicht an dicht bebauten Ort, dessen Name soviel wie »lose« bedeutet.
Schlafen konnte ich danach nicht und lesen erst recht nicht, also kritzelte ich ein paar Notizen auf das Vorsatzblatt meines Buches: »Zwei Klassen: beide unbequem und dreckig...« Ich hatte Heimweh. Worin bestand eigentlich der Sinn dieser Reise, abgesehen davon, daß ich zu unruhig gewesen war, an meinem Schreibtisch sitzen zu bleiben und noch einen Winter zu ertragen? Ich war in bester Stimmung losgezogen, aber ich war kein Forscher; eine Vergnügungsreise sollte dies werden und kein Überlebenstraining. Es machte mir keinen Spaß, die Widrigkeiten einer solchen Reise nur durchzustehen, um später Partygespräche damit zu bestreiten. Ich hatte wissen wollen, wie es ist, wenn man am Morgen zu Hause aufsteht, sich in den Vorortzug setzt und einfach sitzen bleibt, wenn die Pendler aussteigen und zur Arbeit gehen, wenn man an der Endstation einen anderen Zug nimmt und so lange immer wieder umsteigt, bis es keine Züge mehr gibt – und in Patagonien wäre. Noch melancholischer als der Gedanke an ein mögliches Buch mit dem Titel »Heimweh: Ein Reisebericht« stimmte mich die Erinnerung an eine Anekdote über Jack Kerouac, die ich gelesen hatte: Mit fünfzig, Jahre nach seinem großen Erfolg *Unterwegs,* wollte er noch einmal durch Amerika trampen. Er war fett geworden und fühlte sich geschlagen, war aber trotzdem überzeugt, sein *Road*-Epos wiederholen zu können. Also verließ er New York und machte sich auf nach Kalifornien. Seine bedrohlichen Gesichtszüge waren nicht zu retuschieren, und die Zeiten hatten sich geändert. Der arme Teufel kam bis nach New Jersey, stand dort stundenlang im Regen und hielt vergeblich den Daumen in die Höhe, bis er schließlich aufgab und mit dem Bus nach Hause fuhr.
Moskitos und Kälte weckten mich: ich hatte nicht gemerkt, daß ich eingeschlafen war. Ich stopfte die Hosenbeine in die Socken (die Tierchen konnten allerdings auch durch Stoff stechen), zog mir den schweren Pullover und die Lederjacke an, die ich extra für die Höhenzüge der Anden mitgenommen hatte, rollte mich wieder zusammen und schlief bis zum Morgengrauen wie ein Stein. Ich hatte mir diese Anpassungsfähigkeit selbst nicht zugetraut, und der Sieg

über das Elend einer schrecklichen Nacht auf den zerschlissenen Polstern in einem kalten, stinkenden Zug verhalf mir zu dem luziden Optimismus und der guten Laune, die solche Exkursionen immer begleiten. Ich kam mir äußerst mannhaft vor und wußte zugleich, daß ich mich damit lächerlich machte.

Um sechs an diesem Morgen spähte ich auf meine Uhr. Im Waggon waren die Sicherungen für die Beleuchtung durchgebrannt, es war stockfinster. Ein paar Minuten später ging die Sonne auf. Noch keine Sonnenglühlampe, ein sickerndes Licht vielmehr, das die Dunkelheit auflöste, auf allen Seiten zugleich aufstieg und ozonduftende Bläue in einen schon bald gigantischen Himmel brachte. Es führte eine warme Heiterkeit der Luft mit sich, die Landschaft erhielt ihren Maßstab zurück, und der Waggon erfüllte sich mit dem süßen Duft des Wüstentaus. Ich hatte den Morgen noch nie so schnell kommen sehen, aber ich hatte auch noch nie so übernachtet. Die Fenster waren offen, es gab keine Rollos: es war, als hätte man auf einer Parkbank geschlafen.

Ferne Berge: im Sonnenlicht erschienen ihre winzigen Häupter und breiten Schultern schroff und lila, kleine schwarze Bäume säumten die Hänge wie zarte Augenwimpern. Eine Bergkette, die sich zerklüftet im Osten auftürmte; gen Süden schüttere, staubige Wälder. Der Zug hielt. Leere überall. Am Fenster erschien ein Mädchen: »Kaffee!« Sie schenkte mir ein, einen Pappbecher voll; ich schlürfte den Kaffee, während wir unsere Reise durch die Tiefebene zu Füßen des Steilhangs wieder aufnahmen.

Wir befanden uns auf der Pazifikseite des Isthmus von Tehuantepec am schmalsten Punkt Mexikos – er ist so schmal, daß er lange Zeit als idealer Standort für einen Verbindungskanal zwischen den Meeren galt. Wegen der größeren Nähe zu den USA wäre er viel praktischer als Panama gewesen. Tehuantepec, ein heißes, armseliges Kaff, hatte eine interessante Geschichte. Immer war der Ort von Indios besiedelt, oft von ihnen beherrscht gewesen. Diese Indios, die Zapoteken, waren ein matrilineales Volk: die Frauen besaßen das Land, betrieben Fischfang, Handel, Landwirtschaft und regelten die Lokalpolitik; die Männer zeigten den blöden Ausdruck, der vom Faulenzen herrührt, und beschränkten sich aufs Nichtstun. Zumindest an den Bahnhöfen, die wir an diesem Morgen passierten, schien diese Tradition ungebrochen: geschäftstüchtige Frauen, Männer mit leeren Händen. Ihre Fähigkeit zu leidenschaftlichen Ausbrüchen war allerdings leicht zu unterschätzen: Geduld hat so oft den Anschein von Nachgiebigkeit, Schweigen sieht aus wie Sinneswandel. 1680 fand hier einer der ersten Indianeraufstände Mexikos statt; es waren diese Menschen, die sich auflehnten und acht Jahre lang weite Teile des Isthmus unter ihre Kontrolle brachten. Wann immer in späteren Jahren Konzepte erstellt wurden, die der Landenge zu Bedeutung verhelfen sollten, zogen die Indios nicht mit – sie hielten sich zurück und sahen zu, wie die Pläne scheiterten.

In seinem erfrischenden Reisebuch *The West Indies and the Spanish Main* schreibt Anthony Trollope, dieser Teil Mexikos sei »die Passage, die Cortez ausgesucht und der spanischen Regierung dringend anempfohlen hatte... Die Linie sollte vom Golf von Campeche den Fluß Coatzacoalcox hinauf bis Tehuantepec und zum Pazifik verlaufen.« Trollope, der weiter südlich gelegene Strecken durch Panama und Costa Rica (er hatte beide Länder bereist) für zu teuer und unpraktisch hielt, schrieb dies im Jahr 1860. Zehn Jahre später ließ Präsident Ulysses S. Grant (ausgerechnet er) durch eine Expedition nach Tehuantepec die Möglichkeiten für einen Kanaldurchstich überprüfen. Insgesamt wurden sieben Expeditionstrupps ausgeschickt, und obwohl es nicht zum Bau des Kanals kam, überquerten Zehntausende den Isthmus, zuerst auf Maultieren und in Postkutschen, später per Eisenbahn. Der Weg über Mexiko gehörte zu den besseren Routen von der Ostküste der Vereinigten Staaten nach Kalifornien, und der Goldrausch von 1849 hatte den Verkehr heftig anwachsen lassen. Da sich solche Menschenmassen den Isthmus hinauf- und hinunterwälzten (unter, wie anzunehmen ist, den traurigen oder spöttischen Augen der Indios), mußte es nur vorteilhaft scheinen, diesen Streifen Land zu annektieren; mehrmals drängte die amerikanische Regierung die Mexikaner zur Übergabe. Alle mexikanische Standhaftigkeit richtete nichts gegen die amerikanische Habgier aus, und so überließen die Mexikaner den Amerikanern schließlich alle Landesteile, die heute zu den »Western States« gehören, hielten aber zäh an Tehuantepec fest. 1894 wurde die Eisenbahnstrecke über den Isthmus erbaut und so-

fort ein Riesengeschäft; sie war eine der meistbefahrenen Trassen der Welt, über die zur Spitzenzeit täglich sechzig Züge fuhren. Eine erstaunliche Zahl, da heute sowenig von der Betriebsamkeit und Effizienz übriggeblieben ist, ein so winziges Restchen vom Werk der Baumeister und Spekulanten. Von der Tehuantepec-Staatseisenbahn ist weniger erhalten als von den Maya-Ruinen in Uxmal oder Palenque, kein Hinweisschild an den eingetrockneten Flußbetten und staubigen Pisten zwischen den armen Ortschaften macht darauf aufmerksam, daß dies einst einer der großen Verkehrsknotenpunkte der Welt gewesen ist. Einiges von der Bahnstrecke ist allerdings noch da. 1913 wurde die Strecke bis zur sogenannten Pan American Railway an der Grenze zu Guatemala verlängert; ein sinnloses Unterfangen: im Jahr darauf eröffnete man den Panamakanal, der jede Eisenbahn-, Maultier-, Fähr- und Postkutschenstrecke Mittelamerikas ruinierte. Von diesem Jahr an begann der langsame Tod Tehuantepecs, und nicht einmal die Entdeckung von Öl (schon lange zuvor hatten die Azteken die klebrigen Klumpen, die aus dem Boden gequollen waren, gefunden und diesen magischen Stoff bei religiösen Zeremonien verbrannt) konnte den Isthmus kurieren oder ihm gar zu Wohlstand verhelfen. Heute sieht es hier kläglich aus: ein rauhes Land, heiß und unfruchtbar; den Indios, die von der Hand in den Mund leben müssen, merkt man ihre große Bedrängnis an, die Städtchen und Dörfer sind unbedeutender als zur Zeit der Azteken. Aber die Mexikaner haben gelernt, ihren Trost aus der Vergangenheit zu ziehen, sei es aus historischen Ereignissen oder der tröstlichen Einfachheit ihrer Mythen, und so fühlen sich nostalgisch gestimmte Mexikaner sogar in den kakteenbewehrten Hügeln und der holprigen Wüste von Tehuantepec vom Gedanken an die einstigen ruhmreichen Tage beflügelt.
Die Bergkette, ein Ausläufer der mütterlich beschützenden Sierra Madre, die mal wie eine Festung und mal wie eine Kathedrale aussah, begleitete uns den ganzen Tag. Hinauf fuhren wir nicht; unser Weg führte nach Süden, durch die heißen Niederungen, und je weiter wir dorthin vordrangen, desto primitiver und winziger wurden die Indiodörfer, desto holzschnittartiger die Bewohner: nacktes Kind, Frau mit Korb, Mann auf Pferd, versammelt im mörderischen Sonnenlicht vor einer ärmlichen Lehmhütte. Im Verlauf

des Vormittags zogen sich die Menschen zurück; um elf Uhr beobachtete man uns aus den Fenstern von Hütten, die hier noch viel kleiner waren. Schatten war knapp: klapprige Dorfhunde schliefen unter den Bäuchen von Kühen, die selbst wie gelähmt vor ihren harten Grasbüscheln standen.
Weiter weg, im Südwesten, gab es Wasser; blaugrüner Dunst, schimmernde Leere, flaches Land ging in Glitzern über, braune, grotesk schwebende Boote: das Mar Muerto, ein langgestreckter Binnensee vor der Pazifikküste. Näher am Bahndamm waren Pferde an den Verandapfosten von Dorfkneipen angebunden, Männer saßen an den Fenstertischen; Frauen und Mädchen verkauften Krebse und rosafarbene Fische aus Eimern. Meine Augen tränten von der Hitze; durch den Schleier sah ich Schweine, Kokospalmen- und Bananenstaudenhaine, dahinter geröllbedeckte Berge.
Wir passierten die Grenze zum Staat Chiapas. Hier sahen die Berge höher aus, das Land darum noch ausgeglühter; die beiden gegensätzlichen Landschaften wirkten so unwirtlich und so unbeeinflußt von jeder menschlichen Einwirkung, daß die wenigen Menschen den Eindruck von Pionieren machten, von zähen Neuankömmlingen, die diesem Ort erst noch ihren Stempel aufdrücken mußten. So sah es zwischen den Bahnhöfen aus, aber auch die Bahnhöfe selbst wirkten wie Vorposten der Zivilisation. In Arriaga fragte ich den Schaffner, wann etwa wir in Tapachula ankommen würden. Er zählte etwas an den Fingern ab und lachte, weil wir über zehn Stunden Verspätung hatten.
»Vielleicht heute abend«, sagte er. »Keine Sorge.«
»Ich mach mir keine Sorgen.«
Sorgen hatte ich nicht, aber diesen heißen, vollen Zug war ich ziemlich leid. Eine solche Bummelbahn konnte das reine Vergnügen sein, wenn die Sitze heil waren, die Toiletten funktionierten und gelegentlich der Boden aufgewischt wurde. Die Hitze hatte die Fahrgäste niedergestreckt; sie lagen mit offenen Mündern flach auf den Sitzen, als wären sie allesamt erschossen worden.
»Ich komm wieder vorbei«, meinte der Schaffner. »Ich sag Ihnen Bescheid, wenn wir bei Tapachula sind, okay?«
»Danke.«
Aber mit der Ankunft in Tapachula war nicht viel gewonnen. Ta-

pachula lag im Nirgendwo. Es war nichts weiter als die Endstation für diesen Zug.
Bei der Ankunft in Pijijiapan hatte ich meinen Proviant fast vollständig aufgezehrt; was davon übrig war – ein paar schillernde Scheiben Schinken und etwas verschwitzter Käse, der in der Hitze weich wie Fensterkitt geworden war –, warf ich aus dem Fenster. *Querkopf Wilson* hatte ich auch durch. Im Städtchen Pijijiapan war Markt, ein Getümmel, das sich durch die Ankunft des Zuges in einen Aufruhr verwandelte: der Zug blieb eine halbe Stunde lang mitten in der Stadt stehen, so daß weder Käufer noch Händler, noch die klapprigen Autos die Straße überqueren konnten. Niemand durfte durch den Zug hindurchgehen; das erlaubte der Schaffner nicht. Also stand man mit den Körben voller Mais und Bohnen, mit den Hühnern und Truthähnen in der prallen Sonne, und die Fische, die noch verkauft werden sollten, stanken immer fauliger. Die Marktbesucher waren Indios, kleinwüchsige Menschen mit breiten Gesichtern, die diese Unterbrechung mit finsteren Mienen betrachteten.
Will man mehr über sie wissen, höre man sich nur Jacques Soustelle über die Azteken an. Bevor er sich mit den künstlerischen und kulturellen Errungenschaften der Adligen beschäftigt, lenkt er in einem Prolog gewissermaßen hinter vorgehaltener Hand unsere Aufmerksamkeit auf eine andere Gruppe. »Am Rand der reichen, glänzenden Städte«, schreibt er, »führte der Bauer, der Nahuatl, Otomí, Zapoteke etc., sein geduldiges, mühevolles Schattendasein. Über ihn wissen wir so gut wie nichts... Für ihn und seine Hütte, sein Maisfeld, seine Truthähne, seine kleine monogame Familie und seinen engen Horizont interessierten sich weder einheimische noch spanische Chronisten, sie erwähnen ihn nur nebenbei... Aber es ist wichtig, an dieser Stelle von ihm zu sprechen, und sei es nur, um seine stumme Existenz im Schatten der glanzvollen städtischen Zivilisation ins Blickfeld zu rücken; besonders deshalb, weil er nach der Katastrophe von 1521 (der Eroberung durch die Spanier), dem Zusammenbruch aller Autorität, aller Wertvorstellungen und des gesamten Systems von Gesellschaft und Religion der einzige Überlebende war; und allein er lebt noch immer.«
Er – in diesem Fall eine Sie – verkaufte mir in Pijijiapan eine Portion

fritierte Maisbällchen mit Reis, ich trank mein Mineralwasser aus (die andere Hälfte der Flasche hatte ich zum Zähneputzen verbraucht), und wir fuhren weiter. In einer so schönen Landschaft müde zu sein war genauso frustrierend, wie in einem Konzert einzuschlafen. Der Zug wurde schneller und schoß durch die Savannenlandschaft am Fuß der majestätischen Berge, aber Hitze, Schmutz, meine Erschöpfung und das jetzt so laute Rattern raubten mir jede Konzentration und hinderten mich daran, meinen Blick auf die hellen Felsen oder die vorbeipeitschenden Bäume zu heften. Es war schlimm, sich so zerschlagen und unfähig zu fühlen, aber noch schlimmer, zu wissen, daß mir das Beste von Chiapas entging. Mühsam versuchte ich, mich wach zu halten und hinzusehen, aber die Anstrengung war zuviel, die strahlende Luft und das gelbe Land überwältigten mich, und ich schlief ein.

Schweißgebadet wachte ich auf, wenn der Zug in kleinen Städten wie Mapastepec und Margaritas hielt, wo der Vordergrund in einem Farbenrausch verschwamm: Jakaranda-, Bougainvillea- und Hibiskusbüsche, elektrisierende, widerstreitende Schattierungen inmitten einer nur von Tabak- und Maisfeldern unterbrochenen Wüste aus kümmerlichen Bäumen und unfruchtbarer Erde. Wir waren jetzt in der tiefsten Provinz, im Hinterland, und später erkannte ich sie immer, die Kombination aus abgelegenem Indiodorf, schlechter Straße und Eisenbahnlinie, die die Chinesen anzog, deren Namen die Ladenfronten zierten: *Casa Wong* oder *Chen Hermanos* – ganz unerklärlich war es nicht, sie waren mit der Eisenbahn gekommen und einfach geblieben. Am Morgen hatte ich es heiß gefunden; der Nachmittag war geradezu unerträglich; im Soconusco war mir vor Hitze schlecht.

Ich machte mich also auf die Suche nach einer Flasche Wasser, mit der ich mein Magenpulver trinken wollte, und sah auf meiner Wanderung durch den Zug einen Mann, den ich zunächst für einen Amerikaner hielt. Seit der Abfahrt aus Veracruz hatte ich niemanden mehr getroffen, der englisch sprach, also grüßte ich ihn, froh, jemanden gefunden zu haben, der sicher verstehen würde, wie unwohl mir war. Er zuckte zurück. Er trug ein Jackett, und die Gläser seiner Brille waren staubbedeckt, er hatte eine kleine Landkarte, er saß allein in der zweiten Klasse. Ein Deutscher, natürlich.

Er konnte weder Englisch noch Spanisch. Wo er eingestiegen sei, fragte ich ihn in holprigem Deutsch. In Veracruz. Aber ich hatte ihn weder dort noch in Papaloapan, noch sonstwo gesehen. Tja, er sei eben nicht von seinem Platz aufgestanden. Was er denn gegessen habe, wollte ich wissen.
»Ein Sandwich. Käse.«
In zwei Tagen?
»Ja. Ich mag die Toiletten nicht. Ich esse nicht, also muß ich nicht aufs Klo. Ich hab eine Pepsi getrunken. Ich esse dann in Guatemala.«
»Da sind wir aber vielleicht erst morgen.«
»Dann esse ich morgen. Es schadet nichts, wenn man ein paar Tage lang fastet. Die Leute essen sowieso zuviel, besonders die hier. Haben Sie sie gesehen? Wie sie die Klos benutzen?«
»Was haben Sie in Guatemala vor?«
»Vielleicht die Ruinen ansehen, ich weiß nicht. – Ich muß nächste Woche wieder arbeiten.«
»Und das ist wo?«
»Deutschland.«
»Aha.« Er fuhr zweiter Klasse. In der zweiten Klasse gab es zerschlissene schwarze Plastiksitze. In der ersten waren sie rot und ebenso zerschlissen, hatten aber gelegentlich Armlehnen. Die zweite war etwas voller. Wie es ihm gefalle, fragte ich.
Er schenkte mir ein Lächeln – sein erstes, und es wirkte triumphierend und hoch erfreut. »Drei Dollar«, sagte er.
Weder Forscher noch Tramper, keinen Rucksack und keinen Kompaß bei sich, ausgerüstet mit nichts als einem ordentlichen kleinen Koffer und einer kleinen, goldgerahmten, staubigen Brille, einer leeren Pepsiflasche und einem Butterbrotpapier, saß er in teutonisch aufrechter Haltung im wilden Hinterland von Chiapas. Seine Landkarte war klein, anderen Lesestoff schien er nicht zu haben, und er trank kein Bier. Mit einem Wort, ein Geizkragen.
Ein anderer Zug, einer mit numerierten Sitzen und Abteilen, hätte uns vielleicht zusammengewürfelt, und ich hätte seine bleierne Gesellschaft zwei Tage lang ertragen dürfen. Wenn die Unordnung in diesem schlampigen mexikanischen Zug einen Vorzug hatte, dann den, daß die Passagiere in den schäbigen Waggons freie Platzwahl

hatten. Es schien keine Regeln zu geben, und wenn es sie gab, dann hielt sich niemand daran. So konnte ich mit Freude auf die Kameradschaft dieses Herrn verzichten – nicht etwa, daß er sie mir angeboten hätte: knausrige Menschen geizen mit ihrer Freundschaft ebenso wie mit Bargeld, sind mißtrauisch, ungläubig und desinteressiert. Auf gewisse Weise bewunderte ich seine Reserve, obwohl sie bloß aus seinem wenig bewundernswerten Egoismus und seiner Gier nach dem Billigen geboren war. Dennoch: Gerade weil er kein Risiko eingehen wollte, setzte er sich doch der größten Gefahr aus, nämlich der, an einem so heißen und anarchischen Ort, an dem Freunde wirklich vonnöten sein konnten, allein zu sein.
Ich wünschte ihm eine gute Reise, er nickte ohne ein Lächeln. Das war's. Eine zufällige Begegnung, mehr nicht. Wir hatten uns in dieser entlegenen Weltgegend nur gestreift.
Noch ein chinesischer Laden, noch mehr Tabakfelder, am Nachmittag zogen Wolken auf, es blieb heiß. Ich lag auf dem Sitz, schlief wieder ein und wachte erst auf, als ich eins der guatemaltekischen Kinder »Los, auf geht's« brüllen hörte – wie es das schon seit Veracruz getan hatte. Diesmal galt das Gebrüll allerdings mir. Draußen war es dunkel, der Zug stand, und die guatemaltekische Mutter beugte sich über mich.
»Sie haben doch gesagt, Sie wollen zur Grenze: wir könnten uns ein Taxi teilen und ein bißchen Geld sparen. Ich hab bloß drei Koffer und die vier Kinder hier. Wir quetschen uns hinten rein, und Sie können vorn beim Fahrer sitzen. Was halten Sie davon?«
Nach der scheußlichen Bahnfahrt sah ich in ihrem Vorschlag eine gute Chance, Mexiko, diesem Zug und diesem Ort zu entrinnen, indem ich einfach über die Grenze ging. Später wurde mir klar, daß ich in einem Hotel in Tapachula wesentlich besser dran gewesen wäre, aber jetzt wollte ich unbedingt weg, sagte ja und fand mich eine halbe Stunde später auf der nachtdunklen Brücke über den Fluß Suchiate. Hinter mir lagen die welligen Hügel und Bananenplantagen von Mexiko, vor mir eine schwarze Felswand, auf ihren Vorsprüngen und Adern düsterer blauer Urwald und weiße, im Mondlicht leuchtende Lianen und andere Schlingpflanzen; als das Tosen des Flusses etwas nachließ, hörte ich das Gekreisch von Fledermäusen.

6
Der Siebenuhrdreißigzug nach Guatemala-Stadt

Guatemala hatte plötzlich angefangen: ein Fluß, am jenseitigen Ufer struppige Urwaldfelsen und hängende Lianen. Sturmwolken zogen vor einem Mond vorüber, der ihnen die Formen von zipfelmützigen Druiden oder grauen Fetzen verlieh. Die Grenzstadt Tecún Umán war so klein, daß Tapachula sich geradezu wie eine Metropole ausnahm. Die Erinnerung an eine Reklametafel mit einer Hotelwerbung (»Gutes Essen, Komfortzimmer, niedrige Preise«) in Tapachula überkam mich, als ich im schummrig beleuchteten Gastzimmer eines wesentlich übleren Hotels (es hieß »The Pearl«) in Tecún Umán vor einem grauenhaften Bohnengericht saß. Vor hundert Jahren schrieb ein englischer Reisender über Guatemala: »Ein Fremder, der ohne Empfehlungen hier ankommt, ist auf sehr schäbige, für Maultier- und Viehtreiber oder fliegende Händler gedachte Herbergen angewiesen.« Ich war allerdings allein – kein einziger Maultiertreiber, dessen Gesellschaft mir sogar höchst willkommen gewesen wäre, ließ sich blicken. An der Tür lag ein Hund, der seine Hinterläufe nach Flöhen absuchte. Ich gab ihm ein Stück Knorpel von meinem Teller, sah ihm zu, wie er es, mit wildem Blick, verschlang, und fand, daß ich Glück hatte, weil am nächsten Morgen ein Zug von hier wegfahren würde. »Sehr früh«, hatte der Wirt gesagt. »Je eher, desto besser«, meinte ich.
Tecún Umán war ein winziger Kopfbahnhof, sonst nichts. Aber früher einmal war alles von hier bis Panama – damals eine vernachlässigte Provinz Kolumbiens – das Königreich Guatemala. Ein instabiles, zerstrittenes Land, das nach einer Reihe von Aufständen, die eine konstitutionelle Regierungsform und eine zweifelhafte Unabhängigkeit ergaben, noch instabiler wurde. Auch Mexiko – unter

dem absurden Agustín de Itúrbide, der sich in einer selbstverliebten Zeremonie die Krone des, in Simón Bolívars höhnischen Worten, »Herrschers von Gottes und der Bajonette Gnaden« auf den Kopf gesetzt hatte – stellte eine Bedrohung dar. Eine Folge der Unabhängigkeit Guatemalas war die Einsetzung von Stadtverordneten, die wiederum 1822 mit dem Argument, es sei besser, sich den Mexikanern anzuschließen, als eine Niederlage im Kampf gegen sie einstecken zu müssen, für Guatemalas Anschluß an Mexiko stimmten. Aber auch die mexikanische Instabilität zeigte sich von Anfang an, Itúrbide erwies sich als Tyrann, ein Jahr später zog Guatemala das Angebot zurück, und die Nationalversammlung verkündete die Unabhängigkeit seiner fünf Provinzen Guatemala, Costa Rica, Honduras, Nicaragua und El Salvador.

Offiziell handelte es sich um eine Konföderation, um die »Vereinigten Provinzen von Zentralamerika«, auch wenn der ausländische Reisende sie noch für die nächsten achtzig Jahre »Guatemala« nennen und seine Abenteuer in den Urwäldern von Costa Rica oder Nicaragua und seine Kanutrips über den Ilopango-See in El Salvador als »Reisen in Guatemala« zusammenfassen sollte. Guatemala war nichts weiter als eine falsche Bezeichnung für diesen wirren Haufen von Ländern, aber »Vereinigte Provinzen« gehört zu der schlimmen Sorte von einfältigen Sprachverdrehungen, mit denen heutzutage eine aberwitzige Diktatur als »Volksrepublik« deklariert wird. Fast sofort brach in den fünf Ländern der Bürgerkrieg aus: Hinterwäldler gegen Städter, Konservative gegen Liberale, Indios gegen Spanier, Pächter gegen Grundbesitzer; die Provinzen kämpften, die Einheit versank in Säbelrasseln und Kanonendonner. Innerhalb von fünfzehn Jahren war das ganze Gebiet politisch und sozial zum Tollhaus geworden – oder zur, wie ein Historiker es nennt, »Fünflingsverwirrung«. Amerikanische und britische Reisende beklagten sich bitter über die Schwierigkeiten, die es machte, sich von einem Dorf zum anderen durchzuschlagen, und wiesen darauf hin, wie wenig man über dieses schwache geographische Gewebe wisse, das Südamerika mit Nordamerika verbindet.

Es ist nicht einfach, sich die Namen richtig zu merken. Guatemala ist das Amboßförmige neben Mexiko, El Salvador das Winzige, das durch den großen Klecks von Honduras in die Form eines rechtekkigen Floßes gequetscht wird, das gleich beim Stapellauf in den Pazifik Schiffbruch erleidet, Nicaragua ist ein Keil, Costa Rica die Manschette an Panamas langem Ärmel. Belize hat keine Eisenbahnen. In Anbetracht ihrer Geschichte – einer langen Reihe von Aufständen, Bürgerkriegen und Revolutionen, dazu noch gewaltige Erdbeben und ununterbrochene vulkanische Tätigkeit – ist es ein Wunder, daß sie überhaupt noch existieren und nicht wutentbrannt im Meer versunken sind. Diese Länder liegen auf einer der schlimmsten Nahtstellen unseres Planeten, einer Erdspalte, die sich jedes Jahr auf die versprochene ungeheure Weise zu verschieben und sie mitsamt ihren Zänkereien zu verschlucken droht. Ironischerweise sind diese Länder besonders stolz auf ihre Vulkane; sie finden sich in jedem nationalen Wappen, auf fast allen Münzen, und sie spielen eine bedeutende Rolle im Volksglauben.

All dies lag vor mir, aber ich wollte mich an meine Route halten und mir ein Land nach dem anderen vornehmen. Der Wirt meines Hotels hatte etwas verwirrt reagiert, als er hörte, ich wartete auf den Zug.

»Der Bus ist schneller.«
»Ich hab's nicht eilig.«
»Der Zug ist sehr alt.«
»Der mexikanische Zug nach Tapachula war auch alt.«
»Aber unserer ist auch noch dreckig.«
»Ich kann ja baden, wenn ich in Guatemala-Stadt bin.«
»Alle anderen Touristen nehmen Busse oder Taxis.«
»Ich bin aber kein Tourist.«
»Ja«, sagte er, als er merkte, daß es mir Ernst war, »der Zug ist sehr interessant. Aber aus irgendeinem Grund nimmt ihn niemand.«
Damit hatte er schon mal unrecht. Am frühen Morgen des nächsten Tages waren schon jede Menge Menschen am Bahnhof. Kleine Menschen: Bauern mit Schlapphüten und Strohsombreros, Indiofrauen mit langen Zöpfen und Babys in Rückentüchern, barfüßige Kinder. Jeder trug ein großes Bündel, einen mit Bast verschnürten Korb oder einen selbstgefertigten Koffer. Wahrscheinlich reisten sie mit der Bahn, weil sie in Bussen mit solch großem Gepäck sicher nicht gern gesehen waren. Außerdem befuhr der Zug eine andere

Strecke als die Busse, und der Fahrpreis von Tecún Umán nach Guatemala-Stadt betrug nicht mehr als zwei Dollar. Bis zehn Minuten vor der planmäßigen Abfahrt hielt uns ein Polizist hinter der Bahnsteigschranke zurück, und da standen wir dann und umkrampften unsere Fahrkarten, lange Papierstreifen, auf denen alle Haltestellen aufgelistet waren: am Zielbahnhof wurde er um das entsprechende Stück Papier gekürzt.

Der Unterschied zwischen mexikanischen und guatemaltekischen Zügen zeigte sich, sobald wir einsteigen durften. Die insgesamt vier Waggons waren winzige hölzerne Dinger mit großen Fensteröffnungen. In den Fenstern fehlte das Glas, auf dem Holz der Anstrich. Das Schmalspurbähnchen sah aus wie ein Minizug in einem abgewirtschafteten Vergnügungspark, für ein ernsthaftes Transportmittel viel zu winzig und altersschwach. Die ebenfalls winzigen Sitzbänke waren binnen fünf Minuten nach der Abfahrt vollbesetzt. Ich saß Knie an Knie mit einer Indiofrau, die, kaum waren wir losgezuckelt, ihr Kinn in ihr rotes Wollumschlagtuch schmiegte und einschlief. Ihr dünnes, zappeliges Kind, ein kleines Mädchen im zerrissenen Kleid, starrte mich an. Niemand im Zug sprach etwas, höchstens mit den fliegenden Händlern, die uns an den Bahnhöfen am Weg ihr Obst anpriesen.

Zwar hatte ich das befriedigende Bewußtsein, in einem Anschlußzug an jenen zu sitzen, in den ich zwei Wochen zuvor an einem frostigen Morgen in Boston eingestiegen war, aber ansonsten versprach dieser Personenzug nach Guatemala-Stadt weder Trost noch Gesellschaft, und ich erwartete an diesem rauch- und nebelverhangenen Tag nichts weiter als eine ziemlich ungemütliche Fahrt durch feuchten, dunstigen Dschungel. Wo er kein dunkles Blätterdach bildete, sah der Urwald aus wie eine Müllkippe voller Verpackungen, Schnur, zerbrochener Kisten und Stoffetzen, die sich bei genauerem Hinsehen als abgestorbene Blätter, Schlingpflanzen und Blumen entpuppten. An diesem bewölkten Morgen war selbst der Dschungel grau, und der schwer schlingernde Zug, der seine verkohlte Decke und die gesplitterten Bänke wie Wunden zeigte und bei jedem Bremsen und Anfahren unsicher zitterte, schien mir höchst unzuverlässig, wenn nicht geradezu gefährlich. Auf der Landkarte sah alles ganz einfach aus: Veracruz–Tapachula–Tecún

Umán–Guatemala-Stadt: höchstens zwei Tage. Die Karte war aber irreführend, und dieser Zug, der in jeder Kurve und bei jedem kleinen Anstieg gräßliche Ächzlaute ausstieß, machte nicht den Eindruck, als könnte er die Reise bis zum Ende durchstehen. Die sorgenvollen Mienen der anderen Fahrgäste schienen meine Ansicht zu bestätigen. Der Schienenstrang lag frei, aber in einem Abstand von nur drei Metern auf jeder Seite war der Urwald so dicht, daß kein Lichtstrahl ihn durchdrang.
Ein Bostoner hat 1886 diese Strecke bereist und war von der unberührten Wildnis so hingerissen, daß er die Ankunft der Eisenbahn mit Abscheu betrachtete – der typische reisende Snob voller griesgrämiger Überheblichkeit und glorifizierender Angeberei über die Strapazen in unwegsamen Wäldern, die man allein mit ein paar Indios und Viehtreibern bewältigt. (Evelyn Waugh füllt sein Vorwort zu *Als das Reisen noch schön war* – dieser Titel ist ein typischer Lieblingssatz des Griesgrams – mit den gleichen trübsinnigen Klagen.)
»Alte Globetrotter wissen, wie schnell die Individualität eines Landes verlorengeht, sobald die Flut des Fremdenverkehrs sich in seine Städte und Sträßchen ergießt«, schreibt William T. Brigham in seinem Buch *Guatemala*. (Hierbei handelt es sich, glaube ich, um den William Brigham, der sich in Hawaii beinahe selbst den letzten Stromschlag verpaßt hätte, weil er einen Holzstab berührte, den ein eingeborener Magier mit irgendeinem faulen Starkstrom-Zauber geladen hatte.) Brigham führt seine Befürchtungen an: »Wenn die Northern Railroad sich bis Guatemala ausdehnt, wenn die Transcontinental Railway die Ebenen von Honduras durchquert und der Kanal von Nicaragua den Atlantik mit dem Pazifik vereint, ist der Zauber verflogen; dann wird es den Maultierpfad und den *mozo de cargo* (den Bündelträger) nicht mehr geben, und eine Reise quer durch Zentralamerika wird etwa so langweilig sein wie eine Fahrt von Chicago nach Cheyenne.«
Wie unrecht er doch hatte.
Chiapas war dürr: eine steinige, exponierte Landschaft, die so aussah, als warte sie noch auf die Eroberung durch den Menschen. Das Grenzland von Guatemala dagegen war dicht bewaldet. Ansteigendes Gelände und lianenumschlungene Bäume hatten abrupt die

Staatsgrenze markiert, und bei der Talfahrt nach Coatepeque und Retalhuleu wandelte sich die Szenerie zu tropischem Durcheinander: wild wuchernder Urwald, ärmliche, kleine, grob zusammengeschusterte Hütten, das einzig Symmetrische die rechteckigen Zuckerrohrfelder. In Mexiko hatte ich das geschnittene Rohr in Güterwaggons gesehen, hier wurde es so lose auf Karren und klapprige alte Lastwagen gepackt, daß große Bündel auf den Boden herunterhingen, sich bald lösten und die Straßen übersäten; es sah aus wie nach einem wütenden Sturm, der lauter kahle Äste herabgerissen hatte.

Die Zuckerrohrernte hatte einen widerlich süßen Dunst über Guatemala gelegt. Die Männer mit den Macheten hatten ihn freigesetzt, und während der Tag heißer wurde, lag der Geruch immer schwerer in der Luft. Eine ekelerregende Süße wie von verbranntem Sirup mit einem Hauch von Gemüse und einem kratzigen chemischen Nachgeschmack. Dazu noch ein schärferer Gestank, das widerwärtige Aroma von Zucker, den man über offenem Feuer bis zu den schwärzlichen Überresten verbrennen ließ. Wenn wie jetzt die Ernte mit ihren Gerüchen, vollbeladenen Lastern und Arbeitertrupps in vollem Gange war, wirkte Guatemala geschäftig und fleißig, allerdings auf eine altmodische Art im Stil der einstigen großen Plantagen.

Parallel zum Schienenstrang, der sie manchmal auch überquerte, war eine Straße zu sehen; die meiste Zeit über berührten wir kaum dichtbesiedelte Gebiete. Die Ortschaften waren klein und schäbig; in dieser Nation von Busbenutzern wohnten die meisten Menschen an den Hauptstraßen. Nach ein paar Haltestellen wurde mir klar, daß der Zug als eine Art Lokalbahn fungierte, mit der niemand längere Strecken fuhr. Die Fahrgäste, die in Tecún Umán zugestiegen waren, wollten zum Markt an der Straße nach Coatepeque oder nach Retalhuleu und von da weiter an die vierzig Kilometer entfernte Küste. Mittags hatten wir La Democracia erreicht. Damals empfand ich den Namen als bitteren Hohn, aber vielleicht paßt er ganz gut zu einem süßsäuerlich riechenden Ort mit Hütten aus Latten, Pappe und plattgehämmerten Blechdosen, jaulenden Radios und lärmenden Bewohnern, von denen manche in Busse stiegen, andere Obst verkauften, die meisten aber nur in Decken

gehüllt dastanden und düster den Zug anstarrten. Müde Kinder kauerten im Schlamm. Hier und da ein flotter Flitzer neben den uralten Klapperkisten, dann und wann ein hübsches Haus zwischen den Hütten. Die Demokratie ist eine unordentliche Regierungsform, und auf eine verworrene Art entsprach der Name dieser schlampigen Stadt eben doch. Aber wieviel Demokratie gab es hier?
Plakate klebten an den Verandapfosten vor den Geschäften: In ein paar Monaten würde es Wahlen geben. Während der Fahrt nach Guatemala-Stadt versuchte ich, die anderen Fahrgäste in politische Gespräche zu verwickeln, und merkte, daß die Guatemalteken keineswegs so offen waren wie die Mexikaner. »Echeverria war ein Gauner und Heuchler«, hatte ein alter Mann in Mexiko gesagt. »López Portillo ist genau das gleiche – warten Sie's ab.« Die Guatemalteken waren viel mehr auf der Hut: Sie zuckten mit den Schultern, spuckten aus, verdrehten die Augen, äußerten sich aber nicht über ihre politischen Ansichten. Wer hätte es ihnen verübeln können? Zwölf Jahre lang wurde das Land von einer fanatisch-antikommunistischen Partei regiert, einer Partei, die von der CIA – die doch begreifen müßte, daß fanatische Antikommunisten fast unweigerlich fanatische Antidemokraten sind – stark favorisiert worden war. In den späten Sechzigern und frühen Siebzigern gab es eine Welle von Terroranschlägen. Gegen Menschenraub, Morde und Bombenanschläge konnte das Militär nichts ausrichten, und der Arm des Gesetzes hatte sich in Guatemala schon immer durch notorische Lahmheit ausgezeichnet. Die Lösung schien einfach: Auf Anraten des Militärattachés der US-amerikanischen Botschaft (den man später ermordet auffand) wurden Wachtruppsgebildet. Eine solche Anti-Terror-Truppe ist niemandem Rechenschaft schuldig, und so hatte die »Weiße Hand«, die guatemaltekische Version einer freiwilligen Gestapo-Einheit, bald Tausende von Mordanschlägen und Foltereien zu verantworten. Es scheint zunächst seltsam, daß ein so kleines Land ein so widerwärtiges Blutvergießen veranstalten, daß ein System von Terror und Gegenterror so viele Tote hinterlassen konnte. Wozu das Ganze, könnte man sich fragen. Fünfundsiebzig Prozent der Bevölkerung Guatemalas sind Landbewohner im klassischen Sinne: Selbstversorger

und Saisonarbeiter im Zuckerrohr-, Kaffee- und Baumwollanbau. Die Regierung, die zwar auf ihre demokratische Struktur pocht und behauptet, niemanden ins Gefängnis bringen zu wollen, macht Wahlschiebereien und läßt es zu, daß die »Weiße Hand« und ein Dutzend andere Sicherheitstruppen eine verständlicherweise verdrossene Bevölkerung mit Terror überziehen. (In Guatemala gibt es jede Menge selbsternannte Scharfschützen; 1975 verkündete der Vizepräsident, er verfüge allein in seiner Partei über genug bewaffnete Männer, um in Belize einzumarschieren, für den Fall, daß die Armee nicht genug Mumm oder Willenskraft dafür habe.) Unter diesen Umständen wunderte ich mich nicht mehr über den verkommenen Zustand von La Democracia und die finsteren Mienen meiner Mitreisenden.

In diesem Zug hatte ich einen politischen Tagtraum; er ging etwa so: Die Regierung hielt Wahlen ab, ermunterte die Bevölkerung zur Stimmabgabe und verhielt sich scheinbar demokratisch. Die Armee verhielt sich scheinbar neutral, die Presse scheinbar unparteiisch. Und es blieb eine bäuerlich strukturierte Gesellschaft, im wesentlichen unterernährt und unfrei. Es muß jeden Bauern verwirren, wenn man ihm erzählt, daß er in einem freien Lande lebe, seine gesamten Lebensumstände jedoch im Widerspruch dazu stehen. Vielleicht verwirrt es ihn ja auch nicht, denn er hat Beweise genug für die Annahme, daß Demokratie nichts anderes ist als eine feudale, von Gaunern und schießwütigen Sicherheitswächtern angeführte Bürokratie. Wer beobachten kann, wie eine Regierung im guatemaltekischen Stil sich solch hehre soziale Absichten aufs Panier schreibt und dann solch mäßige Ergebnisse erzielt, ist wohl kaum überrascht, wenn der Bauer sein Heil auch mal im Kommunismus suchen will. Eine lateinamerikanische Krankheit: Schwache Regierungen bringen die Demokratie in Verruf und lassen den Menschen keine Wahl, als sich nach Alternativen umzusehen. Zyniker könnten sagen (und das taten viele, die ich kennenlernte), daß die Menschen hier mit autoritären Regierungsformen besser dran wären. Ich halte das allerdings für Unsinn. Die meisten Länder zwischen Guatemala und Argentinien stehen unter der Herrschaft von raffgierigen, eigennützigen Tyrannen, die nur der gnadenlosen Rache der Anarchie Vorschub leisten. Der schäbige Betrug war von

diesem Zug aus genauso offensichtlich wie eine Serie von Werbetafeln entlang einer US-amerikanischen Landstraße.
Die stechende Süße des Zuckerrohrs, die Fäulnis in den elenden Dörfern, die trostlosen Kinder, die zerfallenden Hütten und die düsteren Gesichter der Fahrgäste im Zug – das alles versetzte mich in nachdenkliche Stimmung. Und weil ich mit dem Zug unterwegs war, hatte ich die Illusion, nicht sehr weit von Boston weg zu sein – immerhin hatte ich erst eine Woche zuvor die amerikanische Grenze hinter mir gelassen. Der Zug gab mir ein Gefühl von Kontinuität, das – anders als das von Entwurzelung und Zusammenhanglosigkeit, wie es durch Flugreisen entsteht – Guatemala widersinnig und verwirrend erscheinen ließ. Durch einen Anschlußzug aus Boston hatte ich barfüßige Indios, hungernde Kinder und ziemlich finster aussehende Bauern mit sechzig Zentimeter langen Messern auf den Knien kennengelernt.
Die Stimmung im Zug war düster. Hier saßen Menschen von der untersten Stufe der sozialen Leiter, hauptsächlich Leute auf dem Weg zum nächsten Dorf – ein Fahrschein für zehn Cent, um für einen Dollar Bananen zu verkaufen. Die Kinder schwatzten miteinander; sie waren die einzigen. Die Erwachsenen schienen teilnahmslos oder mürrisch, die wenigen, deren Blicke ich auffing, wirkten mißtrauisch und wandten sich sofort schuldbewußt ab. Wenn ich sie ansprach, waren sie kurz angebunden, stellten keine Fragen und antworteten knapp.
In Coatepeque sagte ich zu einem Mann auf dem Bahnsteig: »Kalt hier. Ist es immer so kalt?«
»Manchmal.« Er wandte sich ab.
In Santa Lucia fragte ich einen Mann, von wie weit her er gekommen sei; die Antwort hieß Mazatenango.
»Wohnen Sie in Mazatenango?«
»Nein.« Mehr sagte er nicht. Als der Zug wieder anfuhr, setzte er sich woandershin.
In La Democracia sagte ich einem Mann, daß ich nach Zacapa wollte. Er antwortete nicht, und ich fragte mich schon, ob er taub sei. »Ist es schwierig, dorthin zu kommen?«
»Ja«, sagte er und verfiel wieder in tiefes Schweigen.
Er rauchte eine Zigarette. Die meisten Fahrgäste hatten Zigaretten

zwischen den Lippen: Angehörige einer Nation von Kettenrauchern. Ein englischer Reisender bemerkte dazu: »In Guatemala gibt es Moden, die mit Achtung zu behandeln mehr als das übliche Maß von Nachsicht erfordert; unter diesen ist besonders der unmäßige Tabakgenuß beider Geschlechter zu erwähnen.« Der Satz stammt aus dem Jahr 1828. Der Autor – er hieß Henry Dunn – kam zu der Schätzung, daß die Männer täglich zwanzig Zigarren und die Frauen fünfzig Zigaretten rauchten. In meinem Zug rauchte niemand Zigarren, aber die Fahrgäste waren wie gesagt Vertreter der ärmsten Bevölkerungsschicht.

Wenn man etwas verstehen möchte, hilft es schon, mit dem Zug zu fahren. Verstehen war wie eine Garantie für Depression, aber es war eine Annäherung an die Wahrheit. Für den Durchschnittstouristen ist Guatemala eine viertägige Kurzreise durch malerische Orte und Ruinen: ein bißchen in der Hauptstadt die Kirchen bewundern, einen Tag Blumenschnüffeln in Antigua, einen Tag auf dem farbenfrohen Indiomarkt in Chichicastenango, ein Picknick vor den Maya-Tempeln in Tikal. Ich hätte, glaube ich, diese Abfolge viel deprimierender und weniger lohnend gefunden als meinen Zickzackkurs von der mexikanischen Grenze durch die Küstengebiete. Der Zug quietschte und wimmerte, fuhr aber unglaublicherweise nach Plan: Um zwanzig nach drei waren wir, wie in *Cook's International Timetable* versprochen, in Santa María, und bei meiner fünften Banane an diesem Tag befaßte ich mich mit unseren Fortschritten beim Anstieg auf die Höhen von Escuintla und die noch größere Höhe von Guatemala-Stadt.

Vulkane umgaben uns jetzt, vulkanische Höcker vielmehr, die die Mexikaner »kleine Öfen« nennen. Kühler war es hier, und als die Sonne sich rosa verfärbte und eine Hügelkette sich ihr dorthin entgegenhob, wo sie, auf die Form einer Schale zusammengeschrumpft, über dem Pazifik schwebte, warf die Dämmerung Halbtöne auf die Hügel; die weißen Splitter dort drüben waren die Hüte und Hemden der heimwärts marschierenden Zuckerrohrarbeiter. Dies war kein gewöhnliches Dschungelzwielicht mit Schattenrissen unter breiten, glänzenden Blättern, mit flackernden Feuern vor den Hütten und dem Gedränge gefleckter Schweine und Ziegen. In der Ferne stand der Himmel in Flammen, und als wir näher kamen,

war ein enormes Feuer zu sehen: auf den Hängen brannten Scheiterhaufen von Zuckerrohrabfällen, die lila-, orangefarbene und karmesinrote Wolkenwogen in den Himmel sandten. Dort schwebten sie dahin, verloren ihre Farben, verblaßten zu Weiß und wurden von der Nacht verschluckt. Rauch vernebelte die Bahngleise, bis ich das Gefühl hatte, hinter irgendeiner antiken Dampflok einen Bergpaß in Indien zu überqueren, durch einen Dunst, der nach verdorbenen Karamelbonbons roch. Mit den Worten von Hart Crane: »*We roared by and left/three men, still hungry on the tracks, ploddingly/watching the tail lights wizen and converge, slip-/ping gimleted and neatly out of sight.*«
Das letzte Stück Landschaft, das ich bei Tageslicht gesehen hatte, war eine Kette von Vulkanen gewesen, die aussahen wie Berge auf Kinderzeichnungen, mit steifen, steilen Seiten und spitzen Gipfeln. Kurz vor Guatemala-Stadt gab es keine nennenswerte Landschaft mehr. Die Feuer vom Zuckerrohr waren noch da, und ich konnte die Scheinwerfer der Autos auf den Straßen sehen, aber alles übrige war schwarz, nur unterbrochen von ein paar vereinzelten Lampen und hin und wieder einem angestrahlten Kirchturm in irgendeinem Bergdorf. Kühl war es auf unserem Weg durchs Bergland in die Stadt auf dem Hochplateau. Hütten, Häuser, Straßenlaternen, Gebäude. Wir überquerten eine Brücke über die Hauptstraße. Die Fahrgäste, die an der Küste zugestiegen waren, sahen auf das Licht und die Menschenmenge hinunter und wirkten zutiefst besorgt. Guatemala-Stadt, eine extrem horizontal hingebreitete Stadt, sieht aus, als läge sie auf dem Rücken. Ihre Häßlichkeit, ihr bedrohtes Aussehen (die niedrigen, grämlichen Häuser sind voller Erdbebenrisse und scheinen, von Angst zerfurcht, vor einem zurückzuweichen) ist in den Straßen besonders schlimm, wo sich knapp hinter den geduckten Gebäuden der Kegel eines blauen Vulkans herausbeult. Vom Fenster meines Hotelzimmers im zweiten und zugleich obersten Stock des Hauses aus konnte ich die Vulkane sehen. Sie waren hoch und sahen aus, als könnten sie noch Lava speien. Sie waren unbestreitbar schön, aber ihre Schönheit war die von Hexen. Das Donnergetöse ihrer Feuer hatte diese Stadt dem Erdboden gleichgemacht.
Nachdem die erste Hauptstadt durch Überschwemmungen zerstört

worden war, verlegte man Mitte des sechzehnten Jahrhunderts die neue ins knapp fünf Kilometer entfernte Antigua. 1773 legte ein Erdbeben Antigua in Trümmer, und ein stabilerer Standort – wenigstens war er weiter von den Hängen der großen Vulkane entfernt – fand sich hier, im Tal der Eremiten, am Platz eines früheren Indiodorfes. Kirchen wurden gebaut, ein ganzes Dutzend im anmutigen spanischen Stil, mit schlanken Türmen, kunstvoll gearbeiteten Portalen und Kuppeln. Die Erde bebte – nicht sehr stark, aber heftig genug, um sie zum Bersten zu bringen. Das Beben hinterließ Risse zwischen den Fenstern und trennte in den bleiverglasten Scheiben den Hirten von seiner zerbrechlichen Herde, den Heiligen von seinem goldenen Stab, den Märtyrer von seinen Häschern. Christusstatuen fielen von den Kreuzen, und Marienbildnisse wurden verletzt, als das porzellanweiße Email ihrer Hände und Gesichter zersprang – manchmal so vernehmlich, daß es die Gläubigen aus ihren Gebeten aufschreckte. Fenster, Mauerwerk und Statuen wurden repariert, dick trug man Blattgold auf die zersplitterten Altäre; die Kirchen schienen wieder ganz intakt. Aber die Erdstöße hatten nie vollständig aufgehört; in Guatemala konnte man ihnen nicht entrinnen. 1917 wurden alle Gebäude der Stadt – jede Kirche, jedes Haus und jedes Bordell – auf die Straßen geschleudert. Die noch nie dagewesene Stärke dieses Erdbebens konnte nichts anderes bedeuten als einen Fingerzeig Gottes; Tausende starben, noch viel mehr flohen an die Karibikküste, wo man sich allenfalls mit Wilden herumschlagen mußte.

Die Guatemalteken, schon immer ein schwermütiges Volk, reagieren auf das Thema Erdbeben mit einer Art beschämter Resignation, wenn nicht gar Schuldbewußtsein. Charles Darwin stellt es wunderbar dar, dieses Gefühl von Entwurzelung und geistiger Panik nach einem Erdbeben. Er hat selbst eines miterlebt, während die *Beagle* vor der chilenischen Küste ankerte. »Ein schlimmes Erdbeben«, schreibt er, »zerstört auf einen Schlag sämtliche alten Zusammenhänge: der Erdboden, dieses Ursymbol von Festigkeit, hat sich unter unseren Füßen bewegt wie eine dünne Kruste auf einer flüssigen Substanz; eine Sekunde hat im Geist eine seltsame Vorstellung von Unsicherheit erzeugt, die stundenlange Reflexion nicht hätte herstellen können.«

Wenn sie von ihren eigenen häufigen Beben sprechen, scheinen die Guatemalteken auf ihre zurückhaltende Art davon auszugehen, daß es sich um verdiente Strafen handelt. Das sind sie auch. Geweissagt werden sie im Buch der Offenbarung, Kapitel sechs, Vers 12–15, bei der Öffnung des sechsten Siegels: »Und ich sah, daß es das sechste Siegel auftat, und siehe, da ward ein großes Erdbeben, und die Sonne ward schwarz wie ein härener Sack, und der Mond ward wie Blut; und die Sterne des Himmels fielen auf die Erde, gleichwie ein Feigenbaum seine Feigen abwirft, wenn er von großem Wind bewegt wird. Und der Himmel entwich wie ein zusammengerolltes Buch; und alle Berge und Inseln wurden bewegt aus ihren Örtern. Und die Könige auf Erden und die Großen und die Reichen und die Hauptleute und die Gewaltigen und alle Knechte und alle Freien verbargen sich in den Klüften und Felsen an den Bergen...«
Guatemaltekische Erdbeben sind mindestens genauso schlimm wie dieses Spektakel vom Jüngsten Tag.
Die Stadt wurde wieder aufgebaut; es gibt keinen anderen Ort, an den man sie noch rücken könnte. Spätere Erdstöße haben ihre Spuren in Guatemala-Stadt hinterlassen, aber diese Fältchen – die das Gesicht der Stadt ausmachen – entstellen sie weit weniger als die Baustile, die die spanische Architektur ersetzten. Reihenweise aneinandergebaute Hütten, Häuser im Pseudo-Kolonialstil mit angeklatschtem Stuck, zweistöckige Blocks und inzwischen auch die höheren Hotelkomplexe amerikanischer Bauart (wie lange, fragt man sich, werden diese Scheußlichkeiten wohl halten?) bestimmen heute das Bild der Stadt. Ein paar Kirchen hat man wieder zusammengeflickt, doch ihre Feinheiten sind bei der Wiederherstellung vergröbert worden.
Ich fand die Kirchen düster, und dennoch vertrieb ich mir nach ein paar Tagen die Zeit nur noch mit Kirchenbesuchen. »Die Bewohner Guatemalas scheinen der Volksbelustigungen, die man in den meisten Städten sieht, nur wenig zu bedürfen«, schrieb Robert Dunlop im Jahre 1847. Solchen alten Einschätzungen gab es kaum etwas hinzuzufügen. »Fast die einzige Unterhaltung der Eingeborenen stellen die religiösen Prozessionen dar, während deren Heiligenstatuen herumgetragen werden... Von diesen finden allmonat-

lich zwei oder drei statt.« Aus historischen, religiösen und seismischen Gründen suchte ich mir am Patroniziumstag der Heiligen Mutter Gottes der Gnaden die Kirche La Merced aus. Sie hatte Erdbebenschäden, allerdings in geringerem Umfang als die Kathedrale, deren rissige Stützpfeiler, Säulen und zum Teil fehlende Decke längst zu einer Schließung wegen Baufälligkeit hätten führen müssen. Intakt war La Merced nicht, empfahl sich aber durch die Darstellung des Chevalier Arthur Morelet (den sein Übersetzer als »adligen französischen Amateur mit profunden wissenschaftlichen Kenntnissen« apostrophiert) in seinen 1871 erschienenen *Reisen durch Zentralamerika:* »Eine hübsche Kirche auf einem anmutigen Platz. Ihre massigen Türme mögen vielleicht von zweifelhaftem künstlerischem Wert sein, wiewohl das Gebäude einen Großteil seiner Originalität gerade ihnen verdankt.«

Mehrere hundert Menschen hatten sich vor La Merced versammelt und warteten auf Einlaß; es waren so viele, daß ich einen Nebeneingang benutzen mußte. Drinnen spielten sich gleich drei Dinge auf einmal ab: Eine enorme Menschenmenge drängte sich im Mittelgang um einen Priester im Ornat, der eine große Kerze in einem silbernen Leuchter emporhielt (das Ganze war so groß wie ein Gewehr); eine zweite Menge – Familien, die sich von Männern mit Polaroidkameras ablichten ließen – war etwas weiter verstreut; eine dritte Gruppe hatte sich um einen vor einer brutalen Kreuzigungsszene aufgestellten Tisch versammelt, um Papierabschnitte zu unterschreiben und einem Mann Geldstücke auszuhändigen – eine Lotterie. In den kleineren Kapellen und vor Nebenaltären wurde gebetet, Kerzen wurden angezündet, Wachsstöcke herumgetragen oder freundschaftliche Gespräche geführt. In einer Seitenkapelle stand die Jungfrau von Chiquiniquira, eine schwarze Madonna mit ebenholzfarbenem Gesicht. Schwarze Guatemalteken (davon gibt es viele; eine ganze Siedlung von Schwarzen in Livingstone an der Karibikküste ist englischsprachig) lagen im Staub vor der negroiden Jungfrau, die, »üppig mit Tand beladen«, wie Morelet schreibt, »ausschließlich von den Gläubigen afrikanischer Rasse verehrt wird«.

Weniger einfühlsame Reisende als Morelet – unbeugsame Protestanten wahrscheinlich – empfanden den Katholizismus guatemaltekischer Prägung als barbarisch. Für Dunlop waren die Feste der Heiligen in Guatemala nichts anderes als Gelegenheiten zum Abschießen »großer Mengen von Feuerwerk«. Voll Abscheu beschreibt Dunn die Figuren: »Die meisten Heiligendarstellungen… sind sehr gewöhnliche Werke der Bildhauerei, dazu noch durch absurde und vulgäre Kleider entstellt.« Aldous Huxley, der einem komischen, stumpfen Buddhismus anhing (in dem albernen Roman *Island* hat er seine senilen transzendentalen Neigungen in literarische Form gegossen), spottete über die guatemaltekischen Büßer, bis seine Reisegruppe ihn nach Antigua abrief, wo er seine Spottreden fortsetzte.

Jeder, der in einer Messe in Guatemala wild gewordene Weltlichkeit zu sehen glaubt und meint, so etwas müsse ausgemerzt werden, sollte sich einmal am Sankt-Antonius-Tag in den Norden von Boston begeben und sich mit der Wahrscheinlichkeit der Erlösung durch das Schlurfen von zehntausend Italienern befassen, die wie die Wahnsinnigen Dollarnoten an die Kutte ihres Schutzpatrons heften, während er in einer von einem jaulenden Priester und sechs süßlich lächelnden Meßdienern angeführten Prozession auf einer Sänfte an Pizzaschuppen und Mafiaspelunken vorbeigetragen wird. Im Vergleich dazu war das Treiben in La Merced ausgesprochen würdevoll. Der Priester mit dem silbernen Leuchter schien sich seinen Weg durch die in Massen angetretene Weiblichkeit hart zu erkämpfen – in diesem Teil der Kirche hielten sich nur Frauen auf –, dabei versuchte er bloß, den Frauen den Zugriff auf die Kerze zu ermöglichen. Eine Frau wartete ab, sprang, ergriff mit beiden Händen die Kerze und kreischte ein Stoßgebet, dann entwand der Priester ihr den heiligen Gegenstand wieder, und schon war die nächste mit einem Hechtsprung an der Reihe. Der Priester schritt im Kreis herum, Schweiß hatte sein weißes Chorhemd grau getönt. Die Polaroidfotografen waren etwas besser organisiert. Sie arbeiteten mit Schleppern, die die Verwandtengrüppchen ansprachen und gegen zwei Dollar Gebühr vor besonders gepeinigt aussehenden Heiligen für das Foto Aufstellung nehmen ließen. Der Konkurrenzkampf schien hart: Ich kam auf vierzehn Fotografen und ebenso viele Kundenwerber. Sie hatten sich von der Tür zur Sakristei bis zum Taufbecken hin postiert, und in jeder Nische und vor jedem

Altar (beim heiligen Sebastian standen gleich zwei Fotografen: Dieses Martyrium war offenbar besonders beliebt) knallten die Blitzlichtbirnchen, während den leichtgläubigen Indios beim Anblick ihrer eigenen aufgeschreckten Gesichtszüge, die sich in Farbe auf den Schnappschußrechtecken abzuzeichnen begannen, die Münder offenstanden. Auf gewisse Weise war dies das Wunder, das sie erhofft hatten, zu einem hohen Preis – zwei Dollar entsprachen einem Wochenlohn.

Die Lotterie war viel billiger. Der Tisch vor der Kreuzigungsszene war so umlagert, daß ich eine Viertelstunde lang anstehen mußte, um einen Blick auf das Brett mit den Losen, die Preistafel oder gar den Hauptgewinn zu erhaschen. Ein stark alphabetisiertes Land war Guatemala gewiß nicht. Die wenigsten Loskäufer konnten eine Unterschrift leisten; alle anderen teilten einer Frau in schwarzem Schultertuch Namen und Anschrift mit, die sie umständlich aufschrieb, bezahlten zehn Cent und erhielten dafür einen numerierten Papierstreifen. Die Mehrzahl waren Indiofrauen, die ihre Babys nach indianischer Weise in Tüchern auf dem Rücken trugen wie schlaffe Rucksäcke. Ich wartete ab, bis ein Mann den Wisch unterschrieben hatte, lächelnd seinen Losabschnitt betrachtete und sich zum Gehen wandte.

»Entschuldigen Sie bitte. Was möchten Sie denn gewinnen?«
»Haben Sie die Figur nicht gesehen?«
»Nein.«
»Sie steht auf dem Tisch – kommen Sie.« Er zog mich auf die andere Seite der Menge und zeigte auf etwas. Die Frau im schwarzen Schultertuch sah, daß ich ein Ausländer war, der unbedingt die Figur sehen wollte, und hob sie für mich hoch.
»Schön, nicht?«
»Sehr schön«, sagte ich.
»Ich glaube, sie ist sehr teuer.«
»Natürlich.«

Ein paar von den Indiofrauen hörten uns. Sie nickten und grinsten zahnlos; sie sei wunderschön, sagten sie, schrieben weiter ihre Namen hin oder sagten sie auf und bezahlten ihren Einsatz.

Der Lotteriegewinn – mehr als eine Figur – war höchst außergewöhnlich. Ein etwa sechzig Zentimeter hoher Christus, von hinten

gesehen. Er trug eine goldene Krone und ein leuchtendrotes Cape mit goldenen Fransen; mit der rechten Hand klopfte er an die Tür eines kleinen Bauernhauses, das eindeutig einem englischen Cottage nachempfunden war: Bruchsteinwände aus Plastik, Kunststoffgebälk an den Dachtraufen, Sprossenfenster mit Plexiglasscheiben und eine Kunststoffeichentür, um die sich blaue und gelbe Plastikkletterrosen rankten. (Da sie Plastikdornen hatten, konnte es sich jedenfalls nicht um Trichterwinden handeln.) Durch meine katholische Erziehung kannte ich Jesus am Kreuz, in einem Boot, war damit vertraut, daß er gezüchtigt wird, in einer Schreinerwerkstatt arbeitet, betet, die Geldwechsler brandmarkt und in einem Fluß steht, um getauft zu werden. Daß der Heiland an die Tür eines englischen Country Cottage klopft, hatte ich noch nie gesehen, wenn ich mich auch dunkel an ein Bild mit einem ähnlichen Motiv erinnerte. (Fünf Monate später ging ich durch die Londoner Sankt-Paulus-Kathedrale, sah Holman Hunts »The Light of The World« und fand plötzlich die Verbindung zu diesem guatemaltekischen Machwerk.)
»Was tut Jesus da?« fragte ich den Guatemalteken.
»Das sehen sie doch. Er klopft an die Tür.« Im Spanischen hat das Wort »Klopfen« einen ziemlich brutalen Beigeschmack, es klingt eher nach »Hämmern« oder »Würgen«. So etwas tat Jesus nicht.
»Warum tut er das?«
Der Mann lachte. »Er will rein. Ich *glaube*, daß er reinwill.«
Die Frau im schwarzen Schultertuch setzte die Statue ab: »Ganz schön schwer.«
Ich zeigte auf das Häuschen: »Das Haus – meinen Sie, daß es in Guatemala steht?«
»Ja«, sagte der Mann. Er stellte sich auf die Zehenspitzen und schaute noch mal hin. »Weiß nicht.«
»Stellt das Haus irgend etwas dar?«
»Das kleine Haus? Es stellt ein Haus dar.«
So kamen wir nicht weiter. Der Mann entschuldigte sich: Er wollte sich noch fotografieren lassen.
Ein Priester stand in der Nähe.
»Hochwürden, ich habe eine Frage.«
Er nickte gütig.

»Ich habe eben am Lotterietisch die Christusfigur bewundert.«
»Eine wunderschöne Arbeit«, sagte er.
»Ja, aber was stellt sie dar?«
»Sie stellt Jesus dar, der ein Haus besucht. Das Haus wird dargestellt. Sie sind Amerikaner, nicht? Hier kommen viele Amerikaner her.«
»Ich habe noch nie so etwas gesehen.«
»Ja, das ist eine ganz besondere Lotterie. Unser Festtag.« Er verneigte sich – offenbar wollte er mich loswerden.
»Steht das in der Bibel? Jesus vor dem kleinen Haus?«
»O ja. Jesus geht zu dem Häuschen. Er besucht die Menschen, er predigt und so weiter.«
Es hörte sich improvisiert an.
»Wo genau«, fragte ich, »ist in der Bibel von...«
»Würden Sie mich entschuldigen?« Er raffte seine Röcke: »Willkommen in Guatemala.«
Vielleicht glaubte er, ich wollte mich lustig machen, was aber nicht der Fall war – ich bat bloß um Aufklärung. Wenn mein Hotel etwas anderes als eine miese Absteige unter der Leitung einer übellaunigen Hexe gewesen wäre, hätte ich wohl eine *Gideon's Bible* im Nachttisch finden können, aber es gab weder einen Nachttisch noch eine Bibel. »Ich habe ein Zimmer mit Bad«, hatte die alte Schachtel gesagt – das Bad bestand aus einer rostigen Duschdüse, die an einer Drahtschlinge von der Decke baumelte. Nach zwei Tagen in diesem Hotel würde mir jeder Zug recht sein – sogar ein guatemaltekischer.
Irgendwann später fand ich die Bibelstelle, auf die sich der Lotteriegewinn bezog: in der Offenbarung des Johannes, gar nicht weit von dem Vers mit dem Erdbeben (»die Sonne ward schwarz wie ein härener Sack«). Im dritten Kapitel, Vers 19–20, sagt Jesus: »Welche ich liebhabe, die strafe und züchtige ich. So sei nun fleißig und tue Buße! Siehe, ich stehe vor der Tür und klopfe an. So jemand meine Stimme hören wird und die Tür auftun, zu dem werde ich eingehen und das Abendmahl mit ihm halten und er mit mir.«
Die Zeit in Guatemala-Stadt nutzte ich zur Erholung von der aufreibenden Zugfahrt von Veracruz; ich brauchte lange Spaziergänge und mindestens zwei Nächte Schlaf; ich rief in London an (meine

Frau sehnte sich nach mir, und ich sagte ihr, daß ich sie liebte; meine Kinder erzählten, sie hätten einen Schneemann gebaut; der Anruf kostete mich 114 Dollar) und begab mich dann in der Hoffnung, Guatemalteken mit interessanten Geschichten kennenzulernen, auf eine Tour durch die Bars, in denen ich nur auf enttäuschte Touristen stieß. Ich lief von einem Ende der Stadt zum anderen, von einem Viertel zum anderen, über den Souvenirmarkt (bestickte Hemden, Körbe, Töpferwaren – ungelenke Werke von bedrückt aussehenden Indios) und über den Lebensmittelmarkt (abgezogene Schweinsköpfe, schwarze Würste und der mittelalterliche Anblick kleiner Kinder, die mit blutenden Fingern Blumensträußchen banden und von grausamen alten Männern angebrüllt wurden). Eine große Stadt, aber einladend war sie nicht. Sie hatte einen schlechten Ruf als Ort voller Diebe, kam mir aber nicht gefährlich vor, nur gewöhnlich und düster. Gegenüber der Hexe im Hotel bedauerte ich, daß die Stadt wenig Unterhaltung biete.

»Sie sollten zum Markt nach Chichicastenango«, meinte sie. »Das machen alle.«

Und genau deswegen will ich nicht hin, dachte ich, sagte aber: »Ich möchte nach Zacapa.«

Sie lachte. Ich hatte sie noch nicht lachen sehen. Es war scheußlich.

»Sie sind hierhergekommen, weil Sie nach Zacapa wollen?!«

»Genau.«

»Wissen Sie, wie heiß es in Zacapa ist?«

»Ich bin noch nie dagewesen.«

»Hören Sie mal zu«, sagte sie. »In Zacapa gibt es nichts. Nichts, nichts.«

»Es fährt aber ein Zug hin. Und einer fährt von da weiter nach San Salvador.«

Sie grölte wieder los: »Haben Sie den Zug gesehen?«

Es wurde mir langsam zuviel – ich hätte ihr gern mal gesagt, was ich von ihrem Hotel hielt.

»Als ich klein war«, erzählte sie, »hatte mein Vater einen Hof in Mazatenango. Damals bin ich andauernd mit dem Zug gefahren. Es dauerte einen ganzen Tag! Mir hat's gefallen, weil ich noch so klein war. Aber jetzt bin ich kein kleines Mädchen mehr«, eine unbestreitbare Tatsache, »und habe mich nie wieder in einen Zug

gesetzt. Nehmen Sie doch den Bus. Und vergessen Sie Zacapa – fahren Sie nach Tikal, sehen Sie sich Antigua an, kaufen Sie sich was auf dem Markt – aber fahren Sie bloß nicht nach Zacapa.«
Ich ging zum Bahnhof. Über den beiden Fahrkartenschaltern ein Schild: FAHR ZUG – ES IST GÜNSTIGER! Über einem Fenster stand: RICHTUNG PAZIFIK, über dem anderen: RICHTUNG ATLANTIK. Für einen Dollar erwarb ich eine Fahrkarte nach Zacapa, das auf dem halben Weg zum Atlantik lag.
Weil der Zug erst am nächsten Morgen um sieben abfuhr, machte ich noch einen letzten langen Spaziergang, diesmal in den Vierten Bezirk und zu einer Kirche, auf die ich weder in Guatemala noch überhaupt in dieser Hemisphäre gefaßt war. Mit pseudo-russisch-orthodox ist der Baustil der Capilla de Yurrita noch längst nicht beschrieben, trotz ihrer Zwiebeltürme und Ikonen – sie ist ein verrücktes Schloß. Auf die Betonmauern sind rosafarbene Rechtecke gemalt, die Ziegelmauern darstellen sollen; die Spitze des Hauptturms zieren vier überdimensionierte Eistüten, und darunter finden sich vierzehn Säulen, quergestreift und bunt wie die rotierenden Glaszylinder vor amerikanischen Friseurgeschäften. Die Kirche hat Balkone und Veranden, Reihen von Zementblüten auf dem zinnenbewehrten Dach, vier Uhren, die die falsche Zeit angeben, steinerne Wasserspeier und einen Hund in doppelter Lebensgröße, der sich an eine der Eistüten klammert. An der Fassade sind die vier Evangelisten zu sehen, aus den Fenstern lugen die zwölf Apostel, drei Christusse und ein zweiköpfiger Adler. Das Ganze ist schwarz und rot und besteht aus rostigem Metall und Kacheln. Das linke der beiden geschnitzten Eichentürpaneele zeigt guatemaltekische Ruinen, das rechte Gräber, auf einer Schriftrolle über der Tür steht in spanischer Sprache: »Kapelle unserer lieben Frau der Bedrängnis« mit einer Widmung an Don Pedro de Alvarado y Mesia. Auf Don Pedros Schild ist ein Konquistador dargestellt, der eine Armee zurückdrängt, darunter drei Vulkane, einer davon tätig.
Drinnen saßen drei alte Frauen in der ersten Bank und sangen einen Lobpreis Mariens – inbrünstig, aber falsch: *Ma-ri-hi-aa*. Auf den hinteren Bänken eine Frau mit einem kleinen Hund und fünf Indianer. Diese frommen Menschen waren überwältigt – und wer wäre das nicht gewesen – von der Chorempore im maurischen Stil, vom

reichverzierten spanischen Altarbild und dem riesenhaften, mit einem Spitzenvorhang bedeckten liegenden Christus, dem eine dunkel gewandete Maria mit sieben silbernen Dolchen in der Brust die Ehre gab. Sämtliche Figuren waren bekleidet, und viele der Sträuße in den vergoldeten Vasen echt. An den Wänden düstere, starrende Fresken und Steinmetzarbeiten: Bäume, Kerzen, Sonnenstrahlen, Flammen; in der Nähe der Kanzel ein Relief von der Bergpredigt. Sogar der kleine Hund blieb stumm. Irgendwie hatte diese aberwitzig überladene Kirche ein Jahrhundert von Erdbeben überstanden. Auch das Polytechnikum weiter unten an der Avenida Reforma steht unbeschädigt da: Offenbar haben nur die bizarrsten Gebäude den Erdstößen standgehalten, in diesem Fall eine zwei Häuserblocks breite Festung mit nachgemachten Wachtürmen, Wachhäuschen und Mauerschlitzen, die aussehen wie Geschützöffnungen. Das Gebäude ist grau getüncht und trägt auf dem Hauptturm das Motto: »Tugend – Wissenschaft – Stärke«. Die breite, schattige Allee, an der das Polytechnikum steht, ist von Statuen gesäumt: ein großer Bronzestier (dessen Penis mit roter Farbe beschmiert war), ein Panther, ein Hirsch, noch ein Stier, diesmal kurz vor dem Angriff, ein Löwe, der ein Krokodil tötet, zwei große, kämpfende Wildschweine (das eine beißt das andere in den Bauch). An der Kreuzung dieser Allee mit einer Hauptstraße ein großes Denkmal aus Löwen, Kränzen, Jungfrauen und einer Säulenreihe, das Ganze gekrönt von einem Patrioten. Gleich daneben ein offener Straßenschacht, so tief wie ein Brunnen und zweimal so breit.
Die Straße war leer, andere Spaziergänger gab es hier nicht. Ich schlenderte weiter und überlegte, daß der Tatsache, daß ausgerechnet die Witzblattkirche, das falsche Fort und die wilden Statuen die schlimmsten Erdbeben der Weltgeschichte überstanden hatten, etwas Grundsätzliches anhaftete: Die Erdbeben waren an ihnen vorübergegangen wie die Verachtung an einem Narren. Ich lief so lange, bis ich kurz nach Anbruch der Dunkelheit in einem schlechtbeleuchteten Vorort ein vegetarisches Restaurant fand. Im Gastraum saßen ganze drei Leute, einer davon, angetan mit dem Turban, dem Silberarmband und dem langen Bart, die die Religionsgemeinschaft der Sikhs vorschreibt, war ein junger Mann aus Kalifornien. Er sei, erzählte er, gerade dabei, sich wieder von seiner

Religion zu lösen, habe sich aber noch nicht zum Rasieren entschließen können und fühle sich mit dem Turban immer noch sicherer. Alle drei waren Architekten, sie entwarfen Häuser für die Menschen, die beim Erdbeben von 1976, das zwei Jahre zurücklag, obdachlos geworden waren.
»Entwerfen Sie die Häuser nur«, fragte ich, »oder bauen Sie sie auch?«
»Wir entwerfen, gießen Betonplatten, planen Dörfer, bauen Häuser – das ganze Drum und Dran«, sagte der mit dem Turban.
Man könne es mit solchem Idealismus auch zu weit treiben, meinte ich. Schließlich sei es doch die Aufgabe der Regierung, ihre Bürger unterzubringen; und wenn sie dafür Geld brauche, könne sie ja ein paar von den Bronzestatuen als Schrott verkaufen.
»Wir arbeiten für die Regierung«, sagte einer der anderen.
Ob es nicht besser sei, fragte ich, den Leuten beizubringen, wie man Häuser baut, und sie dann sich selbst helfen zu lassen?
»Wir tun folgendes«, sagte der Mann mit dem Turban, »wir ziehen drei Wände hoch. Wenn einer so ein Haus will, muß er es mit der vierten Wand und dem Dach selbst zu Ende bauen.«
Mir gefiel diese Überlegung, schien sie doch zwischen dem Vertrauen in den Idealismus und einem gehörigen Maß an Vorsicht die richtige Balance zu halten. Ich erzählte, daß ich bis jetzt die Guatemalteken als einen ziemlich düsteren Haufen empfunden hätte, und fragte sie nach ihren Erfahrungen.
»Sag du's«, forderte einer den mit dem Turban auf. »Du bist schon seit einem Jahr hier.«
»Die sind echt ziemlich finster drauf«, sagte der Mann mit dem Turban und strich sich weise den Bart. »Aber sie haben auch jeden Grund dazu.«

7
Der Siebenuhrzug nach Zacapa

Eine brutale Stadt, doch um sechs Uhr früh verlieh schaumiger Nebel ihr die schlichte Verschwiegenheit eines Berggipfels. Bevor die aufgehende Sonne ihn wegbrannte, löste der Dunst die öden geraden Linien ihrer Straßen auf, tünchte die niedrigen Häuser weiß und ließ ihre düsteren Bewohner wie Geister erscheinen, die für einige Momente auftauchten und gleich wieder davongeweht wurden, Untote, beim Spuken ertappt. Guatemala-Stadt, dieses finstere Etwas, wurde dann zum Entwurf, zur körperlosen Skizze, und die armen Indios und Bauern, die keine Macht hatten, sahen schwermütig, tapfer und wachsam aus. Zu dieser Stunde gehörte die Stadt ihnen. Der Nebel schwebte in feinen grauen Wolken einen halben Meter über dem Boden. Sogar das Bahnhofsgebäude, nicht mehr als ein Backsteinschuppen, gab sich jetzt als Palast aus: man hätte nicht beweisen können, daß es nicht fünf Stockwerke hoch mit einem von Tauben und Schmiedeeisen bekränzten Glockenturm gen Himmel ragte, so gut war sein kleines Blechdach im Nebel verborgen. Etwa zwanzig Menschen standen vor dem Fahrkartenschalter – zerlumpte Gestalten, aber ihre Fetzen hätten genausogut wieder eine Sinnestäuschung im Nebel sein können.
Es waren Indios und wettergegerbte Bauern, die dort stumm in der Nässe standen, sie hatten Körbe bei sich, Pappkartons, Bananen und Macheten. Ein distinguiert wirkender Herr mit fleckenlosem Sombrero, weißem Schnurrbart und Gehrock paffte einen Stumpen. Von der Taille aufwärts hätte er auch der Bürgermeister sein können, aber seine Hose war zerrissen, und er trug keine Schuhe – was die herumlungernden Schuhputzjungen sofort bemerkten; sie waren auch barfuß.

Eine Glocke wurde geläutet, das Tor geöffnet, wir gingen zum Bahnsteig durch. Die Waggons – sie waren in viel schlechterem Zustand als die, mit denen ich aus Tecún Umán hergereist war – hatten den noch größeren Nachteil, vom Nebel durchtränkt zu sein. Die gepolsterten Sitze waren zerrissen, Sprungfedern und Polsterung quollen heraus; die hölzernen Sitze wackelten; naß waren alle. Der Waggon selbst, ein Relikt aus den zwanziger Jahren, war weder malerisch noch bequem, sondern nichts weiter als eine kleine, ungepflegte, nach Schmutz stinkende Schachtel, von deren Decke nackte Drähte herunterhingen. Gebaut war er, wie alle anderen zentralamerikanischen Eisenbahnwaggons auch, wie ein Straßenbahnwagen: eine Holzkonstruktion mit gewölbtem Dach und offenen Plattformen an beiden Enden. Zacapa liegt nicht an den Touristenrouten; wenn das der Fall wäre, gäbe es einen gutgefederten Bus in die Region. Das guatemaltekische Fremdenverkehrsbüro kümmert sich aufmerksam um die Bedürfnisse der Besucher, aber in Zacapa wohnten bloß barfüßige Bauern, zu denen der Zug in seinem bejammernswerten Zustand gut paßte.
In dem nassen Waggon saßen wir nun und lauschten dem Gebrabbel aus dem grünen Radio eines Mädchens. Das Mädchen hielt das Radio in einem Arm, im anderen einen Säugling.
Ein Mann mit einem Schraubenschlüssel ging durch den Waggon. Mein Platznachbar meinte: »Der Waggon hier ist kaputt.«
»Das stimmt«, antwortete ich.
Man hörte Rufe, denen ein großes Gedränge und Geschiebe folgte, als die Fahrgäste unseres Waggons in den nächsten rannten. Die Indios schleiften ihre Körbe, die Frauen schoben die Kinder vor sich her, Männer liefen mit Macheten herum. Die meisten senkten nur die Köpfe und boxten sich zum nächsten Wagen durch. Ein paar Minuten später saß ich allein da. »Raus«, sagte der Mann mit dem Schraubenschlüssel, ich ging den anderen nach – jetzt quetschten sich die Fahrgäste aus zwei Waggons in einen – und war heilfroh, noch einen Sitzplatz zu bekommen.
»Guten Morgen«, wünschte ich den Indios in dem Versuch, mich bei den Menschen beliebt zu machen, die mich auf dieser Tagesreise in die östlichen Provinzen begleiten würden. »Wie geht's?«
Ein kichernder Mann zu meiner Linken, der einen großen, mageren

Jungen auf den Knien schaukelte, meinte: »Sie sprechen kein Spanisch. Sie kennen ein paar Worte, mehr nicht.«
»Mehr kann ich auch nicht.«
»Aber nein, Sie machen das ganz großartig.«
»Englisch kann ich allerdings ein bißchen besser.«
Der Mann lachte – viel zu laut. Er war offensichtlich betrunken, aber wie er das so früh am Morgen geschafft hatte, konnte ich mir nicht erklären.
Der Zug rangierte vor und zurück, und der defekte Waggon, der auch nicht viel kaputter ausgesehen hatte als der, in dem wir jetzt saßen, wurde abgekoppelt. Ich hatte mit einer Verspätung gerechnet und mich mit der Morgenzeitung und einem Roman bewaffnet, aber Punkt sieben schrillte das Abfahrtssignal, und wir begannen unsere eilige Fahrt durch den Nebel, parallel zu einer schlammigen Straße.
Am ersten Bahnübergang gab es draußen ein großes Hallo; drinnen stand eine Frau auf, lachte und rief etwas. Der Zug war vor der Schranke langsamer geworden, und jetzt sah ich einen Jungen mit einem Bündel neben dem Zug herrennen. Die Frau schrie dem Jungen zu, er solle sich beeilen, und im gleichen Moment legte ein Soldat, der an der Tür stand (in jedem der drei Waggons waren zwei Soldaten postiert) sein Schnellfeuergewehr ab, lehnte sich hinaus, fing das Bündel auf und gab es der Frau.
»Mein Essen«, sagte die Frau.
Die Fahrgäste starrten sie an.
»Hab ich heute früh vergessen. Das war mein Sohn.«
»Ein flotter Sprinter«, meinte mein betrunkener Nachbar. »Der Soldat ist aber auch ganz schön fix! Bravo!«
Der Soldat klemmte das Gewehr wieder unter den Arm, postierte sich erneut an der Tür und sah den Mann scharf an. Wenn man beobachtete, wie die Soldaten, Gewehr bei Fuß, die Hütten der Umgebung mit ihren Blicken abtasteten, mußte man glauben, daß sie jederzeit heftigen Beschuß erwarteten, aber das tödlichste Geschoß, das diesen Waggon traf, war eine Bananenschale.
Die Hütten hier – und später noch andere in einem Slum vor San Salvador – waren die schlimmsten, die ich in Lateinamerika zu sehen bekam. Armut auf dem Land ist schlimm genug, aber ein

Kürbisfeld, der Anblick von Hühnern oder einer Koppel voller Kühe, die, selbst wenn sie nicht den Leuten in den Hütten gehören, dem hungrigen Viehdieb wenigstens eine Chance bieten, haben etwas Tröstliches. Dieser Slum vor den Toren von Guatemala-Stadt, ein wildes Durcheinander von hinfälligen Behausungen aus Blech und Pappe, wirkte trostloser als alles, was ich je in meinem Leben gesehen hatte. Die Bewohner, hörte ich später, waren während des letzten Erdbebens obdachlos geworden: Flüchtlinge, die hier schon seit zwei Jahren lebten; vermutlich würden sie bis an ihr Lebensende hier hausen oder so lange, bis die Regierung sie evakuierte und die Hütten in Brand steckte, damit dieser elende Anblick die Touristen nicht erschreckte. Die Hütten bestanden aus Abfallholz und Ästen, Pappe und Plastikfetzen, Lumpen, Autotüren und Palmwedeln, von ihren Pfosten abgerissenen Blechschildern und Maschendraht mit durchgeflochtenen Grasbüscheln. Und dieses Elendsviertel, das zwanzig Minuten lang über etliche Kilometer im Blickfeld blieb, qualmte. Vor jedem Haus ein kleines Küchenfeuer, darauf eine rußige Blechdose, in der etwas köchelte. In den Tropen stehen die Kinder früh auf; dieser Slum schien ausschließlich von Kindern bevölkert, von verdreckten, verrotzten Knirpsen, die durch die Vorhänge aus gelbem Nebel dem Zug nachwinkten.
Die Reisenden auf dem Weg nach Zacapa zeigten wenig Interesse für solches Elend – was man ihnen nicht verdenken konnte: sie waren genauso zerlumpt wie die Menschen in den Hütten.
Und dann kam plötzlich nichts mehr. Keine Hütten, keine Bäume, kein Rauch, keine bellenden Hunde. Die Erde tat sich auf, und da war nur Leere; die Stimmen von Vögeln und Insekten waren verstummt, in der Stille nur noch ein Echo von Krähen; ein ungeheures Erlebnis von Raum. Wir waren auf einer Brücke über einer tiefen Schlucht. Ich sah aus dem Fenster, und bei dem Anblick verschlug es mir den Atem, meine Beine wurden taub, und ich bekam Ohrensausen. Hunderte von Metern weiter unten, an den rostigen Stelzen der Eisenkonstruktion, klaffte eine tiefe Felsscharte. Wir verließen das Hochplateau von Guatemala-Stadt über diese klapprige, ewig lange Brücke, deren anderes Ende ich nicht sehen konnte, und befanden uns auf dem Weg in die Berge nordöstlich der Stadt. Für einen Zug wie diesen kam mir die Überfahrt beson-

ders gefährlich vor, und das nicht nur, weil er so alt war und auf der Brücke zu zittern schien, sondern vor allem, weil sämtliche Fenster offenstanden.
Ich stählte mich innerlich für den Schock, lehnte mich hinaus und wagte einen zweiten Blick in die Schlucht. Es war kein Wasser darin, nur felsige Zinnen, an denen sich Nebelfetzen verfangen hatten wie Schafwollsträhnen an ländlichen Dornenhecken; durch das flüchtig strömende Weiß flatterte und segelte ein Krähenpaar. Ich sah hinunter auf die Rücken der Krähen, und mit dem Weiß dahinter kam es mir vor, als sähe ich ein Stück Himmel – die Silhouetten der Vögel in den Wolken –, als führe der Zug verkehrt herum, mit den Rädern nach oben. Über uns war nichts als Nebel, unter uns aber waren schüttere Wolken, Vögel und ein Schimmer von Sonnenlicht. Von dieser kopfstehenden Aussicht wurde mir schwindlig. Ich schloß das Fenster.
»Machen Sie das Fenster auf!« Ein acht- oder neunjähriger Junge schlug mir aufs Knie.
»Nein.«
»Ich will rausgucken!«
»Das ist gefährlich«, meinte ich.
»Ich will was sehen!« kreischte er und versuchte, sich an mir vorbeizuquetschen.
»Setz dich hin«, sagte ich. Die anderen Leute starrten mich an. »Es ist sehr gefährlich.«
Der Junge redete mit seinem Vater, dem Betrunkenen. »Ich will aus dem Fenster gucken, und der läßt mich nicht!«
Ich lächelte den Vater an: »Er fällt in die Schlucht.«
»Du wirst«, der Alte schubste den Jungen zur Seite, »in die Schlucht fallen!« Der Junge machte ein langes Gesicht. »Er macht nichts als Ärger«, erklärte mir der Alte. »Mit dem wird es noch ein schlimmes Ende nehmen.«
Der betrunkene Alte war offensichtlich wütend. Ich versuchte, ihn zu beschwichtigen: »Ihr Sohn ist ein guter Junge, aber der Zug hier ist wirklich gefährlich, also...«
»Der Zug ist nicht wirklich gefährlich«, sagte der Mann. »Es ist ein alter Mistzug. Keinen Peso wert.«
»Genau«, sagte ich. Die Indios nickten. Es freute mich zu hören,

daß auch die anderen wußten, in was für einem Schrotthaufen sie unterwegs waren; ihr Schweigen hatte ich so gedeutet, daß es ihnen vielleicht entgangen war.

Noch mehr Brücken kamen, noch mehr Schluchten voller Wolken und Dunst, aber keine so furchterregend wie die erste. Dennoch erinnerte dieser Teil der Strecke mich an die Route über den Khyber-Paß, die der klapprige Zug nach Peshawar überwindet, und zwar nicht nur wegen der ähnlichen Aussicht auf felsige Gebirgszüge von einem ähnlich altersschwachen Waggon aus: Es war der Anblick von einem Dutzend Gleisteilstücken vor mir, auf der anderen Talseite, darunter, da drüben, eines parallel dazu, noch weitere oben und unten bis hinunter zum Grund des Tals, kein Dutzend Bahnstrecken, sondern Abschnitte des einen, auf dem wir fuhren, Abschnitte, die diese ächzende Lok um vier Berge herum bis zu einem abschüssigen Stück führen würden, über eine weitere Brücke und wieder ein Stück aufwärts bis zu den Serpentinenringen um die fernen Gipfel. Ringsherum und rundherum ging die Fahrt; mal war die Lok nicht mehr zu hören, weil sie schon vor uns einen Bergkamm überquert hatte, mal waren die Haarnadelkurven so eng, daß sie donnernd auf uns zukam, als sei sie mit einem ganz anderen Zug in Gegenrichtung unterwegs.

Die Talböden waren steinig; hier hatte der Nebel sich schon gelichtet. Die Sonne entblößte eine tote braune Landschaft. Die Pflanzen, die von hoch oben wie blaßgrüne Wälder ausgesehen hatten, waren Dornenbüsche und Kakteenbündel, zu dünn, um Schatten zu werfen. Ich hatte geglaubt, Guatemala sei überall so grün wie der Urwald um Tecún Umán, aber während der Fahrt – erst von Westen nach Osten und dann nach Nordosten in Richtung Zacapa – war das Land immer karger, ärmer und karstiger geworden. Jetzt, im Tal von Motagua – auf der Karte sah es hügelig aus, mit einem Fluß in der Mitte –, befanden wir uns in einer wasserlosen Wüste: keine Spur von einem Fluß in dieser ausgetrockneten Ödnis. Die Berge nackter Fels, die Flußbetten voll Geröll; keine Menschen. Weiter vorn, wo das leere Land sich staubig in der Sonne dahindehnte, sah es noch schlimmer aus.

Alle zehn oder fünfzehn Minuten hielt der Zug an. Die Soldaten sprangen ab und knieten sich draußen hin, die Gewehre im Anschlag. Danach kletterten ein paar Menschen aus dem Waggon und wanderten, ohne sich noch einmal umzusehen, in die Wüste – waren fort, hinter den Felsbrocken verschwunden, bevor der Zug weiterfuhr. Die wenigsten dieser Haltestellen waren auf dem Fahrschein aufgeführt; sie bestanden aus nicht viel mehr als einer Ortstafel oder einer Gruppe von Kakteen. Aguas Calientes war auch so ein, Ort: ein Schild, ein paar Kakteen, ein Haufen von Felsen am Fuß eines karstigen Berges. Wir fuhren weiter, ich sah ein trokkenes Flußbett, das als Straße fungierte, und neben dem Flußbett etwas Seltsames: große weiße Dampfstrahlen aus den heißen Quellen, die dem Ort seinen Namen gegeben hatten und am Fuße dieses Berges, eines Vulkans, hervorblubberten. Rings um die Wasserdampfsäulen hatten sich heiße Tümpel gebildet, in denen Frauen ihre Wäsche wuschen. Nicht einmal ein Kaktus konnte zwischen diesen Geysiren überleben; das kochende Wasser brodelte im nackten Gestein und floß durch die Felsspalten ab; die einzigen Lebewesen in diesem toten Wüstenwinkel waren die gebückten Frauen, die ihre Wäschestücke schrubbten.

Die erste größere Bahnstation war eigentlich keine, nur eine Reihe von Läden, eine Schule und ein paar hohe, abgestorbene Bäume. Von den Ladeneingängen her sahen die Menschen uns zu, Kinder rannten auf den Schulhof, weil sie die Eisenbahn sehen wollten (nur zweimal in der Woche hielt hier ein Zug). Ein paar Leute stiegen aus, aber niemand ein. Bei diesem unzuverlässigen und sporadischen Zugverkehr machten sich offenbar nicht einmal die Essensverkäufer die Mühe, den Bahnhof aufzusuchen. Ein Junge mit einem Kasten Tonic-Wasser bot lautstark seine Getränke feil, das war alles. Wenigstens war der Indio vom Platz gegenüber ausgestiegen, so daß ich jetzt meine Beine ausstrecken konnte.

In der Hitze waren die meisten anderen Fahrgäste eingeschlafen; es waren kleine Menschen, die in diese Sitze paßten und sich darin zurücklehnen konnten. Ich kauerte mich irgendwie hin und zwang mich dazu, mir auf den Leerseiten von Edgar Allan Poes *Denkwürdigen Erlebnissen des Arthur Gordon Pym*, für die ich viel zu müde war, Notizen zu machen. Ab und zu zog ich an meiner Pfeife. Ich sprach mit niemandem. Niemand redete hier. In diesem Zug gab es keine Gespräche.

Seit meiner Abreise aus Veracruz, fiel mir auf, hatte in keinem der Züge jemand gesessen, der mir zugesagt hätte. Ständig wurde ich daran erinnert, daß ich allein unterwegs war; ich war weder auf solch sture Menschen noch auf dermaßen heruntergekommene Züge gefaßt gewesen, sondern hatte mit dem üblichen bunten Durcheinander gerechnet – Plantagenbesitzer und Pächter, Indios, Hippies, Farmarbeiter, Schwarze von der Küste, Amerikaner mit Rucksäcken und Landkarten, ein paar Touristen –, aber mit der Bahn fuhren nur die Ärmsten der Armen, alle anderen reisten per Bus. Meine Mitreisenden waren nicht nur arme, sondern hoffnungslose Leute, die Hüte, aber keine Schuhe besaßen und nicht nur Fremde mißtrauisch beäugten. Sie waren kaum aus dem Holz geschnitzt, aus dem fröhliche Kumpane sind, und wenn ich auch das Rattern des Zuges gern hörte und mich freute, eine kaum bekannte Route durch Zentralamerika gefunden zu haben, hatte ich mich doch auf eine ziemlich einsame Fahrt eingelassen.

Die Strafe für meine Entdeckerfreude – wer hätte geahnt, was für eine Wüste Guatemala war – und das erhebende Erlebnis, eine solche vulkanische Wunderlandschaft zu durchqueren, bestand darin, als Fremder unter Fremden zu reisen, die meine Anwesenheit entweder gar nicht oder mit leichter Verwirrung zur Kenntnis nahmen. Gelegentlich warfen sie verstohlene Blicke auf meine Pfeife, aber wenn ich sie in ihrer Muttersprache anredete, demonstrierten sie mit Achselzucken und Grunzlauten ihre Aversion gegen jeden Schwatz.

Auf der anderen Gangseite hustete und spuckte eine alte Frau. Sie räusperte sich und spie ständig mit lautem Platschen vor sich auf den Boden. Mir ging es auf die Nerven (und ich fand es eklig, wie die anderen Fahrgäste durch die Bescherung trampelten), aber es sollte noch schlimmer kommen. An einem winzigen Bahnhof kam eine Frau in den Zug, die Kaffee aus einem großen Tonkrug verkaufte. Ich hatte nicht gefrühstückt und dachte mir außerdem, daß ein heißer Kaffee genau das richtige wäre, um mir zu einem kühlenden Schweißausbruch zu verhelfen. (In den heißesten Gegenden Burmas trinken die weisen Burmesen viele Tassen dampfend heißen Tee, um sich kühl zu halten.) Mit einem Blechbecher schöpfte die Kaffeeverkäuferin den Kaffee aus dem Krug in eine winzige Tasse,

die sie aus ihrer Rocktasche gezogen hatte und dem Kunden reichte. Wenn der seinen Kaffee ausgetrunken hatte, nahm die Frau die Tasse wieder an sich und wiederholte den Vorgang: also tranken alle aus dem gleichen Gefäß. Wenn ich es nicht gewußt oder mir selbst hätte einreden können, daß so etwas nicht gefährlich wäre, hätte ich ihr vielleicht eine Portion abgekauft. Aber bevor ich an die Reihe kam, rief die spuckende Frau die Kaffeeverkäuferin zu sich heran.
»Wieviel?«
Die Verkäuferin nannte einen Preis: zwei Cent.
Die Frau spuckte aus, trank, wischte sich den Mund und gab die Tasse zurück.
Jetzt war ich dran.
»Haben Sie noch eine andere Tasse?«
»Tut mir leid.« Sie ging weiter.
Etwas später kam ein kleines Mädchen mit Wassermelonen; sie waren größtenteils schon aufgeschnitten. Ich behauptete: »Solche Riesenstücke kann ich nicht essen«, zog mein Taschenmesser heraus, säbelte mir meinen eigenen Schnitz herunter (»Das ist schon besser, was?«) und schützte mich auf diese Weise vor Cholera: was ich auf den fertig geschnittenen Stücken für Kerne gehalten hatte, waren schillernde schwarze Fliegen.
Die Berge zogen sich in die Ferne zurück. Wir hatten die unteren Hänge umfahren und rollten jetzt auf einem geraden Stück hinunter in eine gottverlassene Gegend. Die nächsten paar Stunden über hielt ich nach dem Fluß Motagua Ausschau, aber er kam nicht in Sicht. Es war wie im Tal des Todes. Die Erde war feiner und stumpfer als Sand, hellbraunes Pulver, das von dem kleinen Zug aufgewirbelt wurde. Eine dünne Schicht hatte sich über alle Kakteen gelegt und gab ihnen das Aussehen von toten Baumstümpfen. Es gibt kaum ein trostloseres Objekt als einen toten Kaktus; er fällt nicht in sich zusammen, sondern wird einfach hart und grau und scheint zu versteinern. Sonst waren hier nichts als Gestrüpp und einzelne Feldsteine und einmal, ziemlich dicht an den Gleisen, die Rippen- und Schädelknochen einer Kuh, viel bleicher als die, die ich in Texas gesehen hatte. Der einzig wahrnehmbare Geruch stammte vom Staub dieser pulverisierten Ebene. Das Hauptmerk-

mal einer Wüste ist, abgesehen vom fehlenden Wasser, ihre Geruchlosigkeit.
Ich hatte ständig im Ohr, was die Alte im Hotel gesagt hatte: »Fahren Sie nicht nach Zacapa!«
Aber wenn ich nicht hierhergekommen wäre, hätte ich das Ausmaß dieser Ödnis nicht kennengelernt. Die Hitze war heftig, aber gerade noch erträglich, und hatte ich nicht erst neulich in Chicago über die Kälte gejammert? Ich hatte es nicht anders gewollt. Die Bahnlinie folgt der alten Maultiertreiberroute nach El Salvador, die außerdem – obwohl heutzutage kaum noch benutzt – die Hauptstrecke nach Puerto Barrios und zur sogenannten Atlantikküste ist. Es war schlimm, aber wenn es nicht schlimmer wurde als jetzt – was kaum vorstellbar war –, mußte es auszuhalten sein.
Eine Sorge hatte ich allerdings: daß der Zug anhalten würde, keine Vorwarnung, kein Bahnhof; daß die Lok in der Hitze den Geist aufgeben könnte und wir hier festsäßen. Hundertsechzig Kilometer hinter Veracruz, auf einer angeblich guten Bahnstrecke, war es doch auch passiert, ohne daß die Mexikaner eine Erklärung dafür gehabt hätten. Die Bahn hier war wesentlich älter, und die Lok röchelte noch schlimmer. Und wenn es passiert, dachte ich, wenn sie einfach anhält und nicht mehr flottzumachen ist? Es war zehn Uhr morgens, die offenen Waggons vollbesetzt, der Zug führte kein Wasser mit sich, und meilenweit gab es weder eine Straße noch Schatten. Wie lange würde es dauern, bis man starb? In dieser grenzenlosen Wüste wahrscheinlich nicht lange.
Die Ankunft im Ort Progreso (»Fortschritt«) eine halbe Stunde später war auch kein Trost. Aldous Huxley war 1933 hier durchgekommen: »Als wir aus dem Bahnhof hinausdampften, stellte ich fest, daß der Ort Progreso hieß. Es irritierte mich; ich bemerke Ironie auch dann, wenn man sie nicht extra für mich unterstreicht.« Progreso bestand aus nichts als Hütten aus ungebrannten Lehmziegeln mit Palmblattdächern obendrauf. (Merkwürdig: Palmen wuchsen hier ebensowenig wie irgendwelche anderen Bäume.) Rancho, ein paar Meilen weiter, war auch nicht besser: kein Fortschritt in Progreso, keine Ranch in Rancho. Dieses Nest war das heißeste, staubigste und verkommenste, das ich außerhalb der tiefsten Provinz von Norduganda je gesehen hatte.

Einen großen Unterschied gab es aber doch. Der Friedhof von Rancho war weitläufig und leicht als solcher zu erkennen; die Gräber waren fast so groß wie die Lehmhütten des Ortes selbst, nur viel stabiler, solide gebaut und frisch geweißt, im Cottagestil mit Säulen und spitzen Dächern. Die Logik war für mich klar. Ein Mensch verbrachte zwar sein Leben in einer Lehmhütte, aber diese Gräber sollten seine Überreste bis in alle Ewigkeit beherbergen. Die Hütten waren nicht erdbebensicher konstruiert – die Gräber schon.

In dieser sengenden Hitze wurde ich furchtbar durstig; meine ausgedörrte Kehle fühlte sich an, als hätte ich eine Handvoll Motten gegessen. Eine Stunde später besorgte ich mir eine Flasche Sodawasser und trank sie so warm, wie sie war. Die Hitze ließ nicht nach, die Landschaft änderte sich nicht, von Haltestelle zu Haltestelle gab es nichts zu sehen als die Kakteen und die feingemahlene Erde. Ein paar Leute kletterten in den Zug, ein paar heraus; viele schliefen, die alte Frau spuckte. Es ging mir nicht aus dem Kopf: »Was ist, wenn die Lok den Geist aufgibt – was dann?«, und dann sah ich einen hageren Mann, der uns wie ein Todesengel vom fadenscheinigen Schatten einer Kaktee her beobachtete.

Ich war schon über den Punkt hinaus, an dem ich noch erwartet hätte, etwas anderes zu Gesicht zu bekommen, als eine lange Akkerfurche, voll mit schwarzem Wasser, neben dem Zug erschien: ein Bewässerungsgraben. Er verbreiterte sich zu einem langen Kanal, der sich aus Rohren auf Felder ergoß – Maisfelder in Malena, Tabak in Jicaro. Das Grün blendete fast, und weil ich mich so an die Schattierungen der Wüste gewöhnt hatte, erschien mir diese Farbe – nicht mehr als ein kleiner Fleck inmitten einer riesigen Einöde – wie ein Wunder.

Jicaro lag offensichtlich im Erdbebengebiet; es gab nicht allzu viele Hütten, aber alle, die ich sah, hatten entweder Risse, eine zusammengebrochene Wand oder ein eingefallenes Dach. Sie standen trotzdem nicht leer; die Menschen hatten sich mit den fehlenden Wänden und den Mauerrissen arrangiert. Neue Häuser wurden auch gebaut – die Pläne dafür stammten sicher von den amerikanischen Architekten, die ich in Guatemala-Stadt getroffen hatte. Besonders erfolgreich war das von der Regierung geförderte Projekt offenbar nicht, denn den meisten Neubauten fehlten immer

noch das Dach und die vierte Wand, ein eindeutiger Hinweis auf die mangelnde Bereitschaft, sie fertigzubauen und dort einzuziehen. Die Ortschaft Jicaro lag in Trümmern, die Katastrophe zeigte sich noch immer, wenig war hier wieder aufgebaut worden.
In Cabañas wuchsen Kokospalmen. Eine Frau saß vor einem Berg von Kokosnüssen, hackte sie mit einer Machete auf und reichte sie in den Zug hinein, fünf Cent das Stück. Die Fahrgäste tranken die Kokosmilch aus und warfen den Rest wieder aus dem Fenster. Schweine versuchten, ihre Rüssel in die Nüsse zu zwängen und das Fruchtfleisch zu fressen, aber die Frau hatte die Früchte mit drei geschickten Schnitten in Trinkgefäße verwandelt, in die die Schweinenasen nicht hineinpaßten: grunzend kauten sie auf den Schalen herum.
Der Aufenthalt in Cabañas dauerte lange. Ein hölzerner Bahnhof; das Dorf lag wohl irgendwo auf der anderen Seite der Sanddüne. Zentralamerikanische Bahnhöfe befinden sich offenbar immer außerhalb der Ortschaften und nie im Zentrum. Die Temperatur im Waggon stieg an; inzwischen war es wie in einem Backofen. Der Müllhaufen aus Kokosnußresten hatte die Fliegen angelockt; meine Mitreisenden schnarchten. Ich sah ein paar Arbeiter, die sich an der Lok zu schaffen machten, und versuchte auszusteigen.
»Ist das Ihr Zielbahnhof?« Ein Soldat, einer von unseren bewaffneten Wachtposten.
»Nein«, antwortete ich.
»Dann setzen Sie sich wieder hin.« Er hielt mir sein Gewehr vor die Nase.
Ich hastete zu meinem Platz zurück.
»Es könnte hier passieren«, dachte ich. »Vielleicht ist das meine Endstation.«
Ein alter Mann, dem wohl die Hitze zu Kopf gestiegen war, begann, sich mit lautem Geschrei über den Ort aufzuregen.
»Cabañas! So was! Wissen Sie, was Cabañas in den USA sind? Das sind so kleine Segeltuchhütten bei Hotels oder Erfrischungsständen. 'ne Art Strandkörbe.«
Die Mitreisenden schwiegen, aber den Mann mußte man ohnehin nicht anfeuern.
»Cabañas in den USA sind was Schönes. Man setzt sich rein und

schlürft ein paar kühle Drinks. So heißen die Dinger: *cabañas. Und dann nennen sie dieses dreckige Loch auch so!*«
Bei dem Gebrüll öffnete die Indiofrau auf dem Platz daneben ein Auge, sah nichts als einen rotgesichtigen Mann, der sich mit einem Taschentuch den Schweiß aus dem Sombrero wischte, und schloß es gleich wieder.
»Das sind doch keine Cabañas – so was sollte einen anderen Namen haben.«
Die Aufregung war verpufft; jetzt keuchte er nur noch atemlos: »Ich hab die Cabañas in den USA gesehen. Die sind nicht so wie das hier.«
Den anderen war es ziemlich egal. Aber ich fand es interessant, daß diese zahnlosen Bauern und schlummernden Indios den Ort lächerlich finden konnten. Ihnen war die ganze Trostlosigkeit ebensowenig entgangen wie die Tatsache, daß der Zug nur Schrottwert hatte. Von diesem Moment an verzichtete ich auf jede barmherzige Selbstzensur meiner Gedanken. Etwas anderes, noch Merkwürdigeres fiel mir auf: daß diese sonst so wenig gesprächigen Menschen völlig ungehemmt aufstehen und wilde Reden halten konnten. Der Mann beruhigte sich, als der Zug wieder anfuhr.
Das Dorf Anton Bram war so klein, daß sein Name gar nicht auf dem Fahrschein stand.
»Anton Bram!« Der Mann hinter mir prustete los.
»Was für ein blöder Name!« Das war seine Frau.
Die anderen Fahrgäste lächelten. Aber warum hatten sie nicht über Progreso gelacht?
Wir erreichten ein anderes totes Tal, wo die Sonne wie im ersten alle Farben weggebrannt hatte. Dieses Tal war flacher als das vorherige, kam mir noch viel heißer vor und hatte eine absonderliche Vegetation. Die Kakteen, die hier wuchsen, wurden so hoch wie Ulmen und hatten die gleiche Form. Die kleineren richtigen Bäume waren abgestorben und zeigten unter der abgesprungenen Rinde die Blässe menschlicher Haut. Euphorbien wuchsen hier, Wolfsmilchgewächse, die auch als Heilpflanzen Verwendung finden, und eine andere, apfelbaumgroße Kakteenart mit zylindrischen Gliedmaßen. (Kakteen sind zäh. Wenn die Sträucher mit weniger komplizierten Wurzelsystemen und leichter freßbaren Blättern abge-

storben oder mit Stumpf und Stiel abgeweidet sind, bleibt der Kaktus immer noch da; seine Stacheln halten die Tiere auf Distanz, seine feinen weißen Haare beschatten seine zähe Haut und schützen ihn vor dem Austrocknen.) Und dann, unter einem Himmel von klarstem Blau, noch bizarrere Gewächse: Büschel von Kammgras wie haarige braune Röhren, spitzige Birnenkakteen und kriechende Unkrautnetze.
Da der Zug mit etwa sechzehn Stundenkilometern dahinzuckelte, konnte ich meine botanischen Beobachtungen gleich an Ort und Stelle auf den leeren letzten Seiten meines Poe-Romans niederlegen und das System hinter dem krabbelnden Durcheinander auf den rissigen Nestern der Grabwespen zu ergründen suchen. Damit hatte ich vollauf zu tun, bis ich zwei Stunden später einen Traktor sah, einen Schuppen, ein paar kaputte Häuser und dann eine dreistöckige graue Bretterkonstruktion mit umlaufenden Balkonen auf jedem Stockwerk: *Bahnhofshotel*.
Wir waren in Zacapa.
Ein staubiger Bahnhof am Ende einer staubbedeckten Straße; jetzt, mitten am Nachmittag, erstickend heiß. Eine Menschengruppe hinter der Bahnhofsschranke schrie dem Zug etwas entgegen. Ich ging hindurch in Richtung Hotel – ein gespenstisches, trostloses Gebäude –, hörte den Lärm eines Generators und sah ein paar Männer, die in der Nähe den Boden aufgruben: die steinharte Tonerde ließ sich nur mit einem Preßluftbohrer bearbeiten. In diesem Hotel würde ich keine Ruhe finden. Das, was ich von der Stadt sehen konnte, machte mir auch nicht gerade Lust auf einen längeren Aufenthalt: rissige Hütten, ein gelber Kirchturm, noch mehr Kakteen. Das also war Zacapa. Die Frau in Guatemala-Stadt hatte nicht übertrieben. Der Ort schien gräßlich zu sein, genauso heiß wie all die anderen elenden Dörfer an der Strecke, höchstens ein bißchen größer.
Ich fand das Büro des Bahnhofsvorstehers: der Mann besaß einen Ventilator, einen Kalender, einen hölzernen Aktenschrank, einen Spieß voller Zettel. Da man den Krach des Generators bis hierher hören konnte, mußte ich fast brüllen.
»Entschuldigen Sie. Wann geht der nächste Zug zur Grenze?«
»Über welche Grenze wollen Sie denn?«

Eine berechtigte Frage, denn schließlich waren wir hier näher an Honduras als an El Savador.
»Ich möchte nach Metapán in El Salvador.«
»Ja, nach Metapán gibt es einen Zug, der geht in zwei Tagen – am Mittwoch. Sechs Uhr dreißig morgens. Wollen Sie eine Fahrkarte?«
Zwei Tage hier... »Nein danke.«
Mein letzter Zug hatte Zacapa verlassen und war jetzt auf dem Weg nach Norden, in Richtung Puerto Barrios. Auf dem leeren Bahnsteig setzte sich der Staub langsam wieder ab. Ich zückte *Cook's Timetable*, stellte fest, daß ich am nächsten Tag einen Anschluß nach San Salvador hätte, wenn ich auf der anderen Seite der Grenze nach Metapán oder Santa Ana käme, und beschloß, es zu versuchen – die Grenze war nicht weit weg, knapp fünfzig Kilometer.
Ein Mann beobachtete mich. Ich fragte ihn, ob es in Zacapa einen Busbahnhof gäbe.
»Wo wollen Sie denn hin?«
»El Salvador.«
»Da haben Sie Pech. Die Busse nach El Salvador fahren alle frühmorgens ab.«
Aber er lächelte.
»Ich möchte am liebsten nach Santa Ana«, sagte ich.
»Ich hab ein Auto«, meinte er. »Aber Benzin ist sehr teuer.«
»Ich geb Ihnen fünf Dollar.«
»Für zehn bring ich Sie nach Anguiatu. Das ist die Grenze.«
»Ist das weit?«
»Nicht besonders.«
Direkt hinter Zacapa verließen wir die Wüste. Ich sah Hügel, grüne Buckel, zwischen denen ein Fluß strömte. Ich unterhielt mich mit dem Mann. Er hieß Sebastiano; er war arbeitslos – niemand in Guatemala habe einen Job, sagte er. Er stamme aus Zacapa. Er könne Zacapa nicht ausstehen, meinte er, aber er sei mal in Guatemala-Stadt gewesen, und da sei es noch viel schlimmer.
»Ich muß Ihnen was sagen.« Vor einer Kurve bremste er ab, fuhr an den Rand, hielt an und lächelte dümmlich. »Ich hab keinen Führerschein, und dieses Auto... Es ist nicht zugelassen. Versichert auch nicht... Wenn man keine Zulassung hat, ist es doch Quatsch, die Versicherung zu bezahlen, oder?«

»Interessant«, sagte ich. »Aber warum haben Sie angehalten?«
»Ich kann Sie nicht weiterfahren. Wenn ich das mache, dann wollen die Polizisten an der Grenze meinen Führerschein und den ganzen Kram sehen. Und weil ich keinen habe, nehmen sie mich fest und behandeln mich wahrscheinlich schlecht. Bestechen kann ich sie nicht – ich hab ja kein Geld.«
»Sie haben zehn Dollar«, meinte ich.
Er lachte. »Das reicht fürs Benzin!«
»Was soll ich also machen?«
Er beugte sich herüber und öffnete die Beifahrertür: »Laufen.«
»Ist es weit?«
»Nicht besonders.«
Er fuhr weg. Eine Weile stand ich einfach da an der Straße im Grenzland von Guatemala, dann lief ich los. Nicht sehr weit, hatte er gesagt. Es waren anderthalb Kilometer. Autos fuhren hier nicht; es gab grüne Bäume und Vogelgezwitscher. Mein Koffer war nicht schwer, und so fand ich den Weg recht angenehm.
Die Grenze bestand aus einem Schuppen. Ein Junge im Sporthemd stempelte meinen Paß und verlangte Geld. Ob ich Drogen bei mir hätte? Ich verneinte. »Was mache ich jetzt?« fragte ich.
»Sie gehen da oben die Straße rauf«, sagte er. »Da steht noch ein Haus. Das ist El Salvador.«
Eine schattige Straße, die um einen Hügel herumführte, vorbei an einer Wiese und einem glucksenden Bach. Welch eine Veränderung der Landschaft: am Vormittag hatte ich noch gedacht, daß ich austrocknen und in der Wüstenei des Motagua-Tals zugrunde gehen würde, und jetzt schlenderte ich zum Gesang von Vogelstimmen über grüne Bergwiesen. Es war ein sonniger Spätnachmittag, als ich zu Fuß von Guatemala nach El Salvador ging, kühl und frisch wie ein Sommertag in Massachusetts. Dieser Grenzübertritt war einer der glücklichsten Spaziergänge, die ich je unternommen hatte, und erinnerte mich angenehm an einstige Wanderungen von Amherst nach Shutesbury.
Ein Auto stand neben dem Grenz-Schuppen. Ein Soldat kam heraus und untersuchte meinen Koffer: »Was ist das?«
»Ein Buch. Auf englisch. *Die denkwürdigen Erlebnisse des Arthur Gordon Pym.*«

»Da rüber«, sagte er. »Zeigen Sie da Ihren Paß.«
»Wohin wollen Sie?« fragte der Paßbeamte.
»Nach Santa Ana.«
Ein Auto war am Schuppen angekommen, ein Mann ausgestiegen. Er stand jetzt hinter mir. »Ich fahr nach Santa Ana«, sagte er. »Wollen Sie mit?«
»Für wieviel?«
»Umsonst!«
So kam ich nach Santa Ana, das nicht weit weg lag. Wir fuhren am Guija-See vorbei, passierten Vulkane, Kaffee- und Tabakfelder.
»Warum fahren Sie nicht mit nach San Salvador?« fragte der Mann in Santa Ana. »Ich fahr heute abend noch weiter.«
»Ich glaub, ich bleibe hier.«
»Ich würde Ihnen davon abraten. Dieser Ort ist voller Räuber, Taschendiebe und Mörder. Kein Witz.«
Aber es wurde Nacht. Ich entschied mich, in Santa Ana zu bleiben.

8
Der Schienenbus nach San Salvador

Die Stadt sah gottverlassen aus, war aber eigentlich sehr angenehm und vereinigte eine Menge guter Eigenschaften. Santa Ana, die zentralamerikanischste aller Städte Zentralamerikas, war in jeder Beziehung perfekt: sie war untadelig in ihrer Frömmigkeit und in Gestalt der hübschen Mädchen, fehlerlos in ihrem Schlummer, ihrer kaffeeduftenden Hitze, ihrer dschungelartigen Plaza und der staubigen Eleganz der alten Häuser, deren kalkweiße Tünche in der Abenddämmerung wie Phosphor schimmerte. Sogar ihr Vulkan funktionierte bestens. Mein Hotel, das Florida, war ein labyrinthisches eingeschossiges Gebilde mit Topfpflanzen, Korbsesseln und guter Küche: frischer Fisch aus dem nahen Guija-See, gefolgt vom samtigen einheimischen Kaffee zum Santa-Ana-Spezialdessert, einem köstlichen Kuchen aus Bohnen- und Bananenpüree mit Sahne. Eine Übernachtung in diesem schönen Haus kostete vier Dollar. Es lag einen Block von der Plaza entfernt, an der alle bedeutenden Gebäude der Stadt (insgesamt sind es drei) zu finden sind: die Kathedrale im neugotischen Stil, das Rathaus mit der kolonnadenreichen Opulenz eines herzoglichen Palastes und das Theater, das früher einmal ein Opernhaus war.
In einer anderen Klimazone wäre ein Musentempel wie dieser vielleicht nicht so ungewöhnlich gewesen, aber in dieser verschlafenen Tropenstadt im westlichen Hochland von El Salvador, die dem Touristen auf der Suche nach Luxus oder Ruinen nichts zu bieten hatte, wirkte er grandios und fremdartig. Das Gebäude im griechisch-römischen Bananenrepublikstil war frisch geweißt und auf eine angenehm vulgäre Art klassizistisch. Auf der Fassade und dem Dach tummelten sich pausbäckige Engel, trompetende himmlische

Heerscharen und Masken der Komödie und Tragödie in einer unvollständigen Schwesternschaft der Musen: eine pummelige Melpomene, eine tramplige Thalia, eine Kalliope mit einer Lyra im Schoß und schließlich eine Terpsichore, deren Muskeln sich unter der Tunika abzeichneten wie bei einer Gymnastiklehrerin. Säulen gab es auch, einen neoromanischen Portikus und auf einem Wappenschild einen Vulkan von ähnlicher Wohlgestalt wie der des Izalco gleich vor der Stadt, der vermutlich für dieses Emblem Modell gestanden hatte. Ein wunderschönes Theatergebäude aus der Jahrhundertwende, und es war nicht einmal ganz vernachlässigt; früher hatte es Santa Ana mit Konzerten und Opern versorgt, war aber, den inzwischen geringeren kulturellen Bedürfnissen des Ortes entsprechend, auf einen Kinosaal zurechtgestutzt worden. In dieser Woche stand *New York, New York* auf dem Programm.

Mir gefiel Santa Ana auf den ersten Blick; das Klima war mild, die Menschen waren wach und ansprechbar, und es war so klein, daß ich schon nach einem kurzen Spaziergang die Außenbezirke erreichen konnte, wo die Hügel tiefgrün von Kaffeebüschen glänzten. In den schwer bedrängten Guatemalteken hatte ich ein geteiltes Volk gefunden – die Indios im Hinterland schienen rettungslos verloren –, aber El Salvador, jedenfalls nach Santa Ana zu urteilen, war ein Land voller vitaler, gesprächiger Mischlinge und Mestizen, die eine auf taktiler Liturgie basierende Version des Katholizismus praktizierten: in der Kathedrale zwickten die frommen Salvadorianer den Heiligen in die Füße oder rubbelten auf Reliquien herum, und Frauen mit Säuglingen ergriffen – nie ohne zuerst eine Münze in den Kasten zu stecken und eine Kerze anzuzünden – das lose Ende vom Leibgurt Jesu und strichen dem Kind mit der Quaste über die Stirn.

Doch kein Bewohner dieser Stadt hatte eine genaue Vorstellung davon, wo sich der Bahnhof befand. Ich war im Auto von der Grenze gekommen und wollte nach zwei Tagen in Santa Ana allmählich zur Hauptstadt weiterreisen. Zweimal am Tag ging ein Zug dorthin, so stand es jedenfalls in meinem Fahrplan, und mehrere Menschen erklärten mir mit absoluter Gewißheit den Weg zum Bahnhof. Ich suchte die ganze Stadt ab und fand ihn nie dort, wohin sie mich geschickt hatten. So lernte ich zwar die engen Gas-

sen von Santa Ana recht intim kennen, aber der Bahnhof entzog sich mir beharrlich. Als ich ihn dann endlich am Morgen meines dritten Tages fand, anderthalb Kilometer weit vom Hotel, in einem Stadtteil, der schon in frisch gepflügte Äcker und Gemüsefelder ausfranste, versteckt hinter einem hohen Zaun und, abgesehen von einem einzigen Mann an einem leeren Schreibtisch – dem Bahnhofsvorsteher –, vollkommen verlassen, verstand ich, wieso keiner wußte, wo er war. Niemand fuhr mit dem Zug. Von Santa Ana führt eine große Straße nach San Salvador. »Wir fahren mit dem Bus« lautete offenbar die zentralamerikanische Antwort auf die Werbeslogans der Bahn: »*Fahrt mit dem Zug – es ist günstiger!*« Eine Zeitfrage: Der Bus brauchte zwei Stunden, der Zug den ganzen Nachmittag.
Dieser Bahnhof ähnelte keinem, den ich je gesehen hatte. Seine Form erinnerte an einen Schuppen zur Tabakfermentierung, wie man sie im Connecticut Valley sieht, ein grünes Holzgebäude mit Bretterwänden, durch die der Wind strich. Der gesamte Fuhrpark stand davor: vier hölzerne Waggons und eine Diesellok. Die Wagen waren zwar abwechselnd mit *Erste Klasse* und *Zweite Klasse* beschriftet, aber klassenlos verdreckt. Auf einem Rangiergleis stand eine betagte Dampflok mit konischem Schornstein, auf dem Kessel die Inschrift *Baldwin Locomotive Works, Philadelphia, Pennsylvania 110* – sie war vielleicht hundert Jahre alt, aber laut Auskunft des Bahnhofsvorstehers noch funktionstüchtig. Näher am Bahnhofsgebäude ein silbern gestrichener hölzerner Schienenbus in der Form eines Straßenbahnwaggons. Dieses Fahrzeug, das einen eigenen Motor hatte, war, wie ich erfuhr, auf der Strecke von hier nach San Salvador im Einsatz.
»Woher sind Sie gekommen?« wollte der Bahnhofsvorsteher wissen.
»Aus Boston.«
»Flugzeug?«
»Zug.«
Er schüttelte mir kräftig die Hand: »Mann, das würde ich auch gern mal machen!« In Zacapa sei er schon gewesen, aber es habe ihm nicht gefallen – ein wirres Volk, diese Guatemalteken. Die Honduraner seien allerdings noch schlimmer. Aber ich solle doch von meiner Strecke von Boston hierher erzählen. Er wollte alles

wissen. Wie viele Stunden es von Chicago nach Fort Worth seien. Was für Züge. Und die mexikanische Eisenbahn, ob die so gut sei, wie man immer sage. In welchen Zügen gab es Speisewagen und Pullmans? Und ob ich schon einmal so etwas wie diese Dampflok zu Gesicht bekommen hätte. »Angeblich ist die 'ne Menge Geld wert – kann schon sein.« Wohin ich denn wolle. Als ich »Argentinien« sagte, meinte er: »Wunderbar! Aber passen Sie in Nicaragua auf: Da ist gerade ein Aufstand ausgebrochen. Dieser grausame Mann, dieser Somoza.«
Wir standen neben dem Schienenbus. Der Bahnhofsvorsteher deutete mit dem Kopf hin: »Er ist schon ziemlich alt. Aber er macht's noch.«
Er sollte am frühen Nachmittag abfahren. Ich bezahlte meine Rechnung im Florida und kaufte mir am Bahnhof zum Schleuderpreis von fünfunddreißig Cent für fünfunddreißig Meilen meine Fahrkarte. Ich setzte mich zuerst ganz nach vorn, zog dann aber wegen der lauten Motorengeräusche nach hinten um, wo ich kurz nach der Abfahrt zwei Salvadorianer kennenlernte: zwei Vertreter, beide Mitte Zwanzig. Alfredo, ein untersetzter, dunkler Typ, wirkte auf eine bullige Art athletisch; er handelte mit Kunststoffbecken und Hausgeräten. Mario war dünn und hatte ein freudloses, ratterndes Lachen. Er verkaufte Zahnpasta, Öl, Seife und Butter. Ihre Firmen hatten sie nach Santa Ana geschickt, beide bereisten das Gebiet in und um die Stadt, fast den ganzen westlichen Teil El Salvadors. Ein großer Bereich, meinte ich. In einem sehr kleinen Land, betonten sie: Wenn sie profitabel arbeiten wollten, mußten sie täglich zwanzig bis dreißig Geschäfte abklappern.
Wir unterhielten uns auf spanisch – ob sie Englisch könnten, wollte ich wissen.
»Genug«, meinte Mario auf spanisch und ließ sein Maschinengewehrlachen hören.
»Ich kann genug«, ergänzte Alfredo. »Ich war zwei Monate in 'Arrisborg: Englisch studieren.«
»Harrisburg, Pennsylvania?«
»Miessiepie.«
»Sagen Sie mal was auf englisch.«
Alfredo griente mich an: »*Titty.*« Dann folgten etliche Obszönitä-

ten, die in seiner grauenhaften Aussprache irgendwie gar nicht anstößig wirkten.
»Spanisch ist besser als Englisch«, behauptete Mario.
»Stimmt«, pflichtete Alfredo ihm bei.
»Blödsinn«, sagte ich. »Wie kann eine Sprache besser sein als die andere? Das hängt doch davon ab, was man sagen will.«
»Für alle Dinge«, meinte Mario, »hat das Spanische blumigere Begriffe. Englisch ist kurz und praktisch.«
»Ist Shakespeare kurz und praktisch?«
»Wir haben Shakespeare auf spanisch«, erklärte Alfredo.
Mario blieb bei seinem Argument: »Wir haben mehr Wörter im Spanischen.«
»Mehr Wörter als das Englische?«
»Viel mehr.«
Der Schienenbus hatte gehalten, um Passagiere aufzunehmen; jetzt fuhren wir weiter, und in der Nähe des Bahndamms pflügte ein struppiges, scheckiges Schwein mit dem Rüssel das Gras um. Mario zeigte auf das Tier: »Zum Beispiel das Wort ›Schwein‹ – wir haben fünf Ausdrücke dafür. Wie viele habt ihr?«
Eber, Sau, Ferkel, Schwein. »Vier.«
»Hör zu«, er zählte es an den Fingern ab. »*Cuche, tunco, maraño, cochino, serdo*. Was sagst du jetzt?«
»Und zwei Wörter für ›Hund‹«, sagte Alfredo. »*Chucho* und *can*.«
»Wir haben ungefähr sieben Wörter für ›Kinder‹ oder ›Kind‹«, sagte Mario. »In Honduras haben sie acht!«
»Wie viele Ausdrücke für ›Hund‹ habt ihr?« fragte Alfredo.
Welpe, Rüde, Töle, Köter. »Vier. Mehr als ihr.«
»Wir haben aber vier für ›Stier‹«, konterte Mario.
Meine Güte, was für eine lächerliche Unterhaltung.
Mario zählte die Bezeichnungen für ›Stier‹ auf: *novillo, buey, torrete, guiriche*.
»Eins zu null für euch.« Der Zug hielt wieder, und während Mario und Alfredo sich auf dem Bahnsteig Cola kauften, grub ich mein spanisches Wörterbuch aus dem Koffer und prüfte ein paar der Ausdrücke nach. Als unser Schienengefährt sein schrilles Kreischen wiederaufgenommen hatte, teilte ich ihnen mit: »*Buey* heißt nicht ›Stier‹, sondern ›Ochse‹.«

»Ist aber das gleiche Tier«, meinte Mario.
Für eine Weile debattierten wir darüber, bis Alfredo gnädig zugab: »Ja, in den Vereinigten Staaten ist der Ochse anders als bei uns. In 'Arrisborg hab ich welche gesehen.«
Wir fuhren durch eine wunderschöne Gebirgslandschaft mit steilen Vulkanbergen. An vielen der unteren Hänge wuchsen Kaffeepflanzen. Auch jetzt waren wir noch nicht weit von Guatemala entfernt, und ich fand es erstaunlich, wie schnell sich das Gesicht der Gegend von Land zu Land ändern konnte. Hier war sie nicht nur grüner und steiler als drüben im Motagua-Tal, sondern sie hatte auch einen gepflegten, säuberlich-ländlichen Charme, der sie recht anziehend machte. Damals wußte ich noch nicht, daß El Salvador das meiste Gemüse aus Guatemala importierte – El Salvador sah viel geschäftiger aus als das Nachbarland, viel besser integriert. Sein schwerstes Handicap war seine geringe Größe: was konnte ein so kleines Land schon verlangen? Ich hatte gehört, daß vierzehn Familien sich die Macht im Lande teilten; eine traurige statistische Ziffer mit dem Beigeschmack von aberwitzigem Snobismus und sozialem Gerangel auf der einen und einer heftigen Opposition von wutschnaubenden marxistischen Studenten auf der anderen Seite. Mario und Alfredo bestätigten meinen Eindruck.
»Ich rede nicht gern über Politik«, sagte Alfredo. »Aber in diesem Land ist die Polizei grausam und die Regierung militaristisch. Was meinst du, Mario?«
Mit einem Kopfschütteln machte Mario deutlich, daß er sich lieber über andere Dinge unterhielt.
Gegen halb vier erreichten wir die Stadt Quetzaltepeque. Beim Anblick einer Kirche bekreuzigten sich Mario und Alfredo, die Frauen im Wagen taten das gleiche, manche Männer nahmen sogar die Hüte ab.
»Bist du nicht katholisch?« fragte Alfredo.
Um ihn nicht zu enttäuschen, schlug ich schnell ein Kreuz.
Alfredo fragte: »Was bedeutet *huacha*?«
Was sollte das sein, irgendein Wort aus der Nahuatl-Sprache? Alfredo kicherte – nein, indianische Sprachen würden in El Salvador nicht gesprochen. *Huacha* sei ein englisches Wort, beharrte er, aber was sollte es heißen? Ich hätte es noch nie gehört, sagte ich, ob er

es mir einmal in einem ganzen Satz sagen könne? Er räusperte sich, rückte näher und sagte auf englisch: »*Huacha gonna do when da well rons dry?*« *(What are you going to do when the well runs dry?* – »Was machst du, wenn der Brunnen austrocknet?«)
»Englisch«, schnaubte Mario verächtlich.
Die Handelsvertreter hofften beide auf einen baldigen Aufstieg in ihren Firmen und einen Schreibtischposten in San Salvador. Mario arbeitete direkt auf Kommissionsbasis, Alfredos Profit errechnete sich nach einem Kreditsystem, das ich nicht verstand: Er hatte den für Verkäufer typischen Hang, den Zuhörer durch lange, obskure Erklärungen erschöpft in die Knie zu zwingen, noch bevor er etwas begriffen hatte. Sie kämen mir beide sehr ehrgeizig vor, sagte ich. Aber ja, meinte Alfredo, Salvadorianer seien viel schlauer als andere Zentralamerikaner: »Wir sind wie die Israeli.«
»Wollt ihr irgendwo einmarschieren?«
»Vor ein paar Jahren hätten wir Honduras einnehmen können.«
»Ich hab ein Ziel«, meinte Mario. Der Außendienstler in seiner Firma, der die meisten Waschmittelpakete unter die Leute bringe, könne eine Reise auf die Insel San Andrés gewinnen. Er rechne sich gute Gewinnchancen aus, weil er Tausende abgesetzt hätte.
Die Täler wurden tiefer, die Berge im schwindenden Sonnenlicht schattiger. Der Schienenbus war klein, aber zu keiner Zeit voll besetzt; wahrscheinlich würde er über kurz oder lang eingemottet und die Strecke würde nur noch für den Transport von Kaffee benutzt werden. Am späten Nachmittag kamen wir durch einen dichten Wald. In der Nähe, erzählte Alfredo, sei ein Schwimmbad, das aus einem Wasserfall gespeist werde – ein wunderbarer Ort, um Mädchen aufzugabeln. Er würde mich gern mal mitnehmen. Ich wolle weiter, sagte ich, nach Cutuco und Nicaragua. Er würde um keinen Preis nach Nicaragua gehen, sagte er. Weder Alfredo noch Mario waren je in Honduras oder Nicaragua gewesen, obwohl beide Länder gleich nebenan lagen.
San Salvador versteckte sich. Es liegt in einem Talkessel, überragt von Bergen, zwischen denen die smoggeschwängerte Luft steht. Rechts von uns lag ein Highway – die »Panamericana«. Eine Schnellstraße, meinte Alfredo, sie habe aber ihre Tücken. Zum Beispiel die, daß sie fünfzehn Kilometer vor San Salvador gelegent-

lich als Notlandebahn für den Luftverkehr herhalten müsse. Da ließe ich mich doch, meinte ich, lieber in diesem Schienengefährt durch die Kaffeeplantagen schaukeln, als in einem Bus zu sitzen, der schnurstracks in ein landendes Flugzeug hineinrast.
Was die beiden denn in der Hauptstadt vorhätten? Geschäfte, sagten sie, den Chef treffen, Bestellungen bearbeiten. Mario gab ein wenig zögernd zu, daß er außerdem seine Freundin sehen wollte – er hatte noch keine in Santa Ana, und der moralinsaure Provinzialismus dort treibe ihn zur Verzweiflung, Alfredo hatte zwei oder drei Freundinnen. Sein Hauptmotiv für die Reise nach San Salvador (»Sag's bloß nicht meinem Chef!«) war das Fußballspiel am gleichen Abend, eins der wichtigsten Spiele des Jahres: El Salvador trat im Nationalstadion gegen Mexiko an, und da Mexiko bei der Weltmeisterschaft in Argentinien teilnehmen würde, bot das Spiel für El Salvador eine einmalige Chance, seine Qualitäten unter Beweis zu stellen.
Vom lateinamerikanischen Fußball hatte ich gelesen – vom Chaos, von den Schlägereien, von den fanatischen Schlachtenbummlern, von der Art, wie politische Frustrationen sich im Stadion entluden. Ich wußte aus Erfahrung, daß es sehr nützlich sein kann, sich ein englisches Fußballspiel anzusehen, wenn man die Engländer verstehen will. Dann sind sie nämlich nicht mehr so verkniffen und ordentlich. Ein englisches Fußballspiel ist eine Gelegenheit für offenen Bandenkrieg zwischen den jüngeren Zuschauern, wie überhaupt das muskelprotzende sportliche Ritual immer eine deutliche Zurschaustellung der ungezähmten Impulse eines Nationalcharakters ist. Die Olympischen Spiele sind vor allem als eine Art Sandkastenweltkrieg interessant.
»Hättest du was dagegen, wenn ich mit zu dem Spiel käme?«
Alfredo sah besorgt aus. »Es wird furchtbar voll«, sagte er. »Vielleicht gibt es Ärger. Wir gehen besser morgen ins Schwimmbad – wegen der Mädchen.«
»Meinst du, ich bin in El Salvador, um im Freibad Mädchen aufzureißen?«
»Bist du nach El Salvador gekommen, weil du das Fußballspiel sehen willst?«
»Ja.«

Der Bahnhof von San Salvador befand sich am Ende eines aufgerissenen Straßenstücks in einem finsteren Bezirk der Stadt. Ein Mann mit Anglerhut, Sporthemd und altmodischem Revolver am Gürtel sammelte die Fahrkarten ein. Der Bahnhof bestand aus nicht mehr als einer Reihe von Güterschuppen, in denen die Ärmsten der Armen sich für die Nacht eingerichtet hatten, um auf den Frühzug nach Cutuco zu warten: die Alten und die ganz Jungen fallen der zentralamerikanischen Armut als erste zum Opfer. Alfredo hatte mir ein Hotel genannt, in dem er mich eine Stunde vor dem Anpfiff treffen wollte; Spielbeginn war um neun. Die Spiele fänden so spät statt, sagte er, weil es dann nicht mehr so heiß sei. Jetzt war es draußen schon dunkel, und die feuchte Hitze schnürte mir die Kehle zu; ich wünschte mir beinahe, daß ich Santa Ana nicht verlassen hätte. Das erdbebengefährdete San Salvador war kein hübscher Ort; es wucherte wie ein Geschwür, es war laut, und seinen Gebäuden fehlte jeder Charme. Im Licht der Autoscheinwerfer sah man tanzende Staubflocken. Warum sollte irgend jemand hierherkommen?
»Laß noch ein gutes Haar dran«, meinte ein Amerikaner in San Salvador. »Du kennst Nicaragua noch nicht!«
Alfredo kam zu spät. Der Verkehr sei schuld. »Im Stadion sind bestimmt eine Million Leute.« Er hatte Freunde mitgebracht, zwei Jungen, die, wie er stolzgeschwellt berichtete, Englisch studierten.
»Wie geht's?« fragte ich sie auf englisch.
»Bitte sehr?« fragte der eine. Der andere lachte. Der erste erklärte auf spanisch: »Wir sind erst bei Lektion zwei.«
Wegen des Verkehrs und der Autodiebe in der Nähe des Stadions ließ Alfredo sein Auto bei einem Freund, dessen Haus etwa achthundert Meter weit weg lag. Dieses Haus war höchst bemerkenswert: es bestand aus einer Ansammlung von kleinen Schachteln, die an Bäume genagelt waren; Blätter und Äste ragten in die Zimmer hinein. Über Stöcke gelegte Stoffbahnen ersetzten die Wände; rings um das Ganze lief ein kräftiger Zaun. Ich fragte den Freund, wie lange er hier schon wohne – seine Familie lebte schon seit vielen Jahren dort. Ich erkundigte mich nicht danach, was sie machten, wenn es regnete.
Die Armut in einem armen Land hat subtile Abstufungen. Der Weg

zum Stadion führte einen langen Hügel hinunter und über eine Brücke. Ich warf einen Blick in die Schlucht, in der ich einen Fluß vermutete, und sah an den Hang gebaute Schuppen, Feuerstellen und Laternen. »Wer wohnt da?« wollte ich von Alfredo wissen.
»Arme Leute«, antwortete er.
Auch andere waren zu Fuß zum Stadion unterwegs. Wir folgten einer langen Prozession von flott marschierenden Fans, die kurz vor dem Ziel anfingen, zu drängeln und ihre Schlachtrufe zu brüllen. Die Prozession schwärmte über die Hügel unterhalb des Stadions aus, trampelte durch private Gärten und drosch auf die Kotflügel steckengebliebener Autos ein. Dicker Staub stieg unter den trampelnden Füßen der Fans auf und verdichtete sich zu einem braunen Nebel, so daß das Ganze aussah wie ein Sepiadruck einer Massenszene, von Autoscheinwerfern mit tanzenden Spitzkegeln erhellt. Die Meute rannte jetzt, Alfredo und seine Freunde wurden von der Staubwolke verschluckt. Alle fünf Meter stürzten sich halbwüchsige Jungen auf mich, wedelten mir mit Eintrittskarten vor der Nase herum und brüllten: »Sonnen, Sonnen, Sonnen!« Schwarzmarktverkäufer: sie kauften die billigsten Karten und verscherbelten sie mit Aufschlag an Fußballfreunde weiter, denen die Zeit oder der Mut fehlte, in der Schlange von Fußballrowdys am Eintrittskartenschalter anzustehen. Die Platzverteilung war die gleiche wie beim Stierkampf: »Sonnen« waren die billigsten Plätze in der Sonnenkurve, »Schatten« die teureren unter dem Vordach.
Ich kämpfte mich zwischen den Kartenverkäufern durch und stieg ohne Alfredo, den ich verloren hatte, den Berg zum kesselförmigen Stadion hinauf. Ein unheimlicher Anblick: die Menschenmasse, die sich aus der Dunkelheit in den braunglühenden Nebel ergoß, die Schlachtrufe, die aufsteigenden Staubwolken, die schwelenden Berge unter einem Himmel, der in all dem Staub sternenlos schien. Zu diesem Zeitpunkt überlegte ich noch, ob ich umkehren sollte, wurde aber im Strudel der Menge mitgerissen, nach vorn zum Stadion, wo das Gebrüll der Zuschauer, die schon drin waren, sich anhörte wie das Tosen von Flammen in einem Schornstein.
Die Meute stimmte in den Schrei ein, brandete an mir vorbei und wirbelte noch mehr Staub auf. Rings um das Stadion verlief ein Gehweg, auf dem Frauen Bananen und Frikadellen über offenen

Feuern brieten. Im Rauch dieser Feuerstellen und dem Staub sah es aus, als ob sämtliche Scheinwerfer qualmend in Flammen stünden. Die Jungen mit den Schwarzmarkttickets tauchten jetzt näher am Stadion auf; inzwischen waren sie hysterisch. Das Spiel würde gleich anfangen und sie hatten ihre Eintrittskarten noch nicht verkauft. Sie zerrten an meinen Armen, rammten mir die Karten ins Gesicht, schrien auf mich ein.

Ein Blick auf die Schlange vor dem Schalter sagte mir, daß ich nicht die geringste Chance hätte, legal an eine Karte zu kommen. Ich überlegte noch, wie ich es anstellen sollte, als Alfredo aus Rauch und Dunst auftauchte.

»Mach die Armbanduhr ab«, sagte er. »Den Ring auch. Steck sie in die Tasche. Du mußt aufpassen. Die Leute hier klauen fast alle, die rauben dich aus.«

Ich tat, was er sagte. »Und was ist mit den Eintrittskarten? Sollen wir den Jungs da ein paar Sonnenplätze abkaufen?«

»Nein. Ich nehm Schatten.«

»Sind die nicht sehr teuer?«

»Klar, aber das wird ein sagenhaftes Spiel. So was krieg ich in Santa Ana nie zu sehen. Außerdem sind Schattenplätze ruhiger.« Alfredo sah sich um. »Versteck dich da hinten an der Wand. Ich hol die Karten.«

Alfredo verschwand in der Conga-Formation vor dem Kartenschalter, tauchte bald in der Mitte der Schlange auf, mogelte sich nach vorn, drängelte weiter und hatte sich in kürzester Zeit bis zum Fenster vorgearbeitet, mit einem Tempo, das sogar seine Freunde verblüffte. Grinsend kam er zu uns zurück und wedelte triumphierend mit den Karten.

Am Eingang wurden wir erst mal gefilzt, dann schoben wir uns durch einen Tunnel und kamen am Ende des Stadions heraus. Von außen hatte es wie ein Kessel ausgesehen; von innen war es eher schalenförmig, eine Suppenterrine voller brauner, kreischender Gesichter, mit einem makellosen grünen Rasengeviert am Boden. Diese fünfundvierzigtausend Menschen boten einen repräsentativen Querschnitt durch die Gesellschaft von El Salvador. Außer der Hälfte des Stadions, wo die Leute mit den Karten für Sonnenplätze saßen (sie war gesteckt voll, kein leerer Platz war zu sehen), und der fast ebenso vollen Schattenhälfte, wo die Leute besser gekleidet waren (am Abend, in der Trockenzeit, gab es keinen Unterschied in der Qualität der Plätze: auch wir saßen auf Betonstufen, die wegen des höheren Preises aber nicht ganz so dicht besetzt waren), gab es noch eine Abteilung, die Alfredo nicht erwähnt hatte: die Balkons. Über uns, in fünf Stufen einer Galerie, die um unsere Hälfte der Arena verlief, saßen die Balkonmenschen. Die Balkonmenschen hatten Dauerkarten. Die Balkonmenschen hatten kleine, schrankgroße Zimmer, ungefähr so groß wie die Hütte eines Durchschnittssalvadorianers; ich konnte die Weinflaschen erkennen, die Gläser, die Teller mit dem Essen. Die Balkonmenschen hatten Klappstühle und eine gute Sicht aufs Spielfeld. Viele Balkonmenschen gab es nicht – zwei-, dreihundert vielleicht –, aber bei einem Preis von 2000 US-Dollar für eine Dauerkarte in einem Land, dessen jährliches Pro-Kopf-Einkommen bei 373 Dollar lag, konnte man verstehen, warum. Die Balkonmenschen hatten eine Aussicht auf die schreienden Sonnenmenschen gegenüber und auf eine Anhöhe hinter dem Stadion. Was ich zuerst für eine Art klumpigen Bewuchs gehalten hatte, erwies sich als Menschenhaufen, der sich auf dem Gipfel und an den Seiten festklammerte. Tausende standen in dieser Menge, die einen noch schrecklicheren Anblick bot als die Sonnenmenschen. Das gleißende Flutlicht leuchtete sie an; die Körperknäuel zeigten eine gerade noch wahrnehmbare Krabbelbewegung; ein Ameisenhügel.

Über Lautsprecher ertönten Nationalhymnen von verkratzten Schallplatten, das Spiel fing an. Der Sieger stand vom ersten Moment an fest. Die Mexikaner waren größer, schneller und spielten taktisch geschickt; die Mannschaft der kleinwüchsigen Salvadorianer hatte zwei Spieler, die den Ball mit Beschlag zu belegen versuchten, und machte insgesamt einen ziellosen Eindruck. Die Menge zischte die Mexikaner nieder und feuerte grölend die eigene Mannschaft an. Einer der Kicker von El Salvador spielte sich frei, schoß und verfehlte das Tor. Der Ball ging an die Mexikaner, die für eine Weile die Salvadorianer mit Pässen quälten und dann, fünfzehn Minuten nach dem Anpfiff, das erste Tor schossen. Im Stadion war es totenstill, während die mexikanischen Spieler sich um den Hals fielen.

Ein paar Minuten später flog der Ball ins Publikum, in die Schattenseite. Er wurde zurück aufs Spielfeld geworfen, das Spiel fortgesetzt. Dann geriet er zwischen die Menge auf den Sonnenplätzen; die Sonnenmenschen balgten sich darum, einer kriegte das Leder zu fassen, wurde verprügelt, und der Ball schoß nach oben; zehn Sonnenmenschen stürzten hinterher. Einer versuchte, mit dem Ball die Treppen hinunterzulaufen; man hielt ihn fest und entwand ihm die Beute. Eine Schlägerei ging los; mittlerweile versuchten Dutzende von Sonnenmenschen, sich bis zum Ball durchzuboxen. Von den Plätzen weiter oben flogen Flaschen, Dosen und zerknülltes Papier auf die Kämpfenden herunter, unablässig regneten Gegenstände – Fleischpasteten, Bananen, Taschentücher – nieder. Von den Schattenplätzen, den Balkons und dem Ameisenhügel aus beobachtete man die Schlacht.
Auch die Spieler sahen zu. Das Spiel war unterbrochen; die Mexikaner scharrten mit den Füßen im Rasen, die Salvadorianer brüllten die Sonnenmenschen an.
Bitte geben Sie den Ball zurück. Der Ansager. Er klang heiser. *Wenn der Ball nicht zurückgegeben wird, muß das Spiel abgebrochen werden.*
Darauf folgte ein noch heftigerer Regen von Wurfgeschossen aus den oberen Rängen: Tassen, Kissen, noch mehr Flaschen, die platschend auf den Betonsitzen zerbarsten. Die Sonnenmenschen auf den unteren Rängen fingen an, die Geschosse nach oben zurückzuwerfen; es war unmöglich auszumachen, wo der Ball hingeraten war.
Er wurde nicht zurückgegeben. Der Ansager wiederholte seine Drohung. Die Spieler setzten sich auf den Rasen und beschäftigten sich mit Lockerungsübungen, bis – zehn Minuten nach dem Verschwinden des ersten Balls vom Spielfeld – ein neuer eingeworfen wurde. Das Publikum jubelte auf und wurde genausoschnell wieder still. Mexiko schoß ein zweites Tor.
Bald darauf beförderte ein Fehlpaß das Leder auf die Schattenseite, wo auch sofort ein Kampf um den Ball begann; man konnte erkennen, wie er durch die Ränge wanderte. Ihn selbst sah man zwar selten, konnte aber durch das Handgemenge, das mal hier, mal da losging, ausmachen, wo er sein mußte. Die Balkonmenschen gos-

sen Wasser auf die Schattenmenschen, die ihre Beute nicht herausgaben. Jetzt hatten die Sonnenmenschen Gelegenheit, zuzusehen, wie die bessergestellten Fans auf den Schattenplätzen sich wie die Schweine aufführten. Der Ansager wiederholte seine Drohung: Das Spiel würde erst fortgesetzt, wenn der Ball zurückkäme. Niemand scherte sich darum, und nach geraumer Zeit trabte der Schiedsrichter mit einem neuen Ball aufs Feld.

Insgesamt gingen fünf Bälle auf diese Weise verloren. Der vierte landete in meiner Nähe, und ich konnte sehen, daß richtige Schläge ausgeteilt wurden und Blut aus Salvadorianernasen strömte. Die zerbrochenen Flaschen und der Streit um den Ball machten das Getümmel zu einem eigenen Wettkampf, der viel ungestümer als der auf dem Spielfeld ausgetragen wurde, mit einer besinnungslosen Wildheit, die man vielleicht aus Büchern über blutrünstige mittelalterliche Sportarten kennt. Die Warnung des Ansagers war nicht mehr als eine rituelle Drohung; die Polizei griff nicht ein, sondern blieb auf dem Spielfeld und überließ es den Zuschauern, ihre Rechnungen untereinander zu begleichen. Die Spieler, die sich allmählich langweilten, liefen auf der Stelle oder machten Liegestütze. Wann immer das Spiel wiederaufgenommen wurde und die Mexikaner den Ball erwischten, bewegten sie sich geschickt auf die Gegenseite und schossen unweigerlich ein Tor. Dieses Fußballspiel und diese Tore waren kaum mehr als Intermezzi in einem viel blutigeren Kampf, der gegen Mitternacht (das Fußballspiel war immer noch nicht zu Ende) neue Varianten erhielt, als die Sonnenmenschen anfingen, Feuerwerkskörper in die eigenen Reihen und aufs Spielfeld zu werfen.

Bei der letzten Spielunterbrechung, während deren unter den Sonnenmenschen erneut Faustkämpfe ausbrachen und der Ball von einem zerlumpten Fan zum nächsten hopste, wurden von den oberen Rängen Ballons losgelassen. Sie waren weiß, zeppelinförmig und hatten an einem Ende einen Nippel; erst stieg einer auf, dann waren es Dutzende, die unter johlendem Gelächter von einer Reihe zur nächsten geschubst wurden: Präservative. Alfredo war das zutiefst peinlich. »Das ist übel«, japste er beschämt. Er hatte sich schon für die Unterbrechungen entschuldigt, für die Schlägereien, für das verzögerte Spiel. Und jetzt das – Dutzende von fliegenden

Präsern. Das Stadion verwandelte sich in ein Tollhaus; das Spiel endete in Konfusion, Faustkämpfen und Müll. Aber das warf ein interessantes Licht auf die Freizeitgestaltung der Salvadorianer. Und was das andere betrifft – die aufgepumpten Pariser –, so erfuhr ich später, daß das größte mittelamerikanische Familienplanungsprogramm der *Agency for International Development* in El Salvador durchgeführt wird. Ob es sich auf die Geburtenrate auswirkt, wage ich zu bezweifeln, aber im ländlichen El Salvador machen Kindergeburtstage mit all den kostenlosen Ballons bestimmt besonders viel Spaß.

Mexiko entschied das Spiel mit sechs zu eins für sich. Laut Alfredo war das Tor von El Salvador das schönste des ganzen Spiels, ein Kopfball aus dreißig Metern Entfernung. So wahrte er sich wenigstens ein Quentchen seines Stolzes. Während der ganzen zweiten Halbzeit gingen Zuschauer schon nach Hause, und die Dagebliebenen merkten entweder gar nicht oder scherten sich nicht darum, daß das Spiel zu Ende war. Kurz bevor wir das Stadion verließen, sah ich zum Ameisenhaufen hinauf. Jetzt war er wieder zum Hügel geworden, die Menschenmenge verschwunden; so entvölkert, sah er sehr klein aus.

Draußen auf dem Abhang vor dem Stadion bot sich eine Szenerie wie auf einem der schreckenerregenden Wandgemälde von der Hölle, wie man sie in lateinamerikanischen Kirchen sieht. Schon die Farbe war infernalisch: gelber Staub rieselte und wirbelte zwischen kraterartigen Gruben, kleine Autos mit dämonischen Scheinwerfern hopsten wie Schachtelteufel von Loch zu Loch. Und während auf den Gemälden die Sünden dargestellt und mit goldenen Lettern bezeichnet sind – *Wollust, Zorn, Habgier, Trunksucht, Völlerei, Diebstahl, Stolz, Neid, Wucher* und *Glücksspiel* –, sah man hier nach Mitternacht Trüppchen von Jungen, die lüstern nach Mädchen grapschten, Knäuel von Menschen, die sich prügelten, ihr beim Wetten gewonnenes Geld zählten, schwankend aus Flaschen tranken, obszöne Flüche gegen Mexiko kreischten, die Motorhauben von Autos zertrümmerten oder sich mit abgerissenen Zweigen und Autoantennen duellierten. Grölend trampelten sie im Staub herum; die Autohupen hörten sich an wie rauhes, klagendes Muhen – ein Wagen wurde von einer Bande schwitzender, halb-

nackter Jugendlicher umgestürzt. Viele hielten sich Taschentücher vor Mund und Nase und versuchten, vor dem Pöbel davonzurennen, aber hier waren Tausende von Menschen, außerdem Tiere, verkrüppelte Hunde, knurrend und geduckt wie in einer klassischen Vision des Infernos. Es war heiß, die dunkle, schmierige, von Schweißgestank geschwängerte Luft kaum zu atmen; sie war so dick, daß sie die Lampen verdunkelte, sie schmeckte nach Schwelbrand und Asche. Die Meute löste sich nicht auf, sie war zu wütend, um nach Hause zu gehen, zu sehr von der Niederlage getroffen, um ihren Schmerz verwinden zu können. Sie war laut und wogte wie angeschoben kreuzweise durcheinander, sie tanzte wild in einer Senke, die aussah wie ein tiefes Loch.
Alfredo kannte eine Abkürzung zur Straße. Er führte uns über den Parkplatz und durch ein verwüstetes Wäldchen hinter ein paar Hütten. Ich sah Menschen am Boden liegen, konnte aber nicht erkennen, ob sie schliefen, verwundet oder tot waren.
Ich sprach Alfredo auf die Meute an.
»Was hab ich gesagt? Jetzt tut's dir leid, daß du mitgekommen bist, was?«
»Nein«, antwortete ich und meinte es auch so. Ich war zufrieden. Ohne gewisse Gefahren ist Reisen sinnlos. Ich hatte den Abend damit verbracht, mir alles genau anzusehen, versucht, mir alle Einzelheiten einzuprägen, und war mir jetzt sicher, daß ich in Lateinamerika nie wieder zu einem Fußballspiel gehen würde.
Das Spiel war nicht das einzige Ereignis jenes Abends. Während im Nationalstadion die Fans randalierten, empfing in der Kathedrale der Erzbischof von El Salvador die Ehrendoktorwürde aus den Händen des Präsidenten der Georgetown University. Der Erzbischof hatte ganz bewußt, als Herausforderung an die Regierung und als Gelegenheit für eine jesuitische Ansprache, eine öffentliche Großveranstaltung daraus gemacht. Zehntausend Menschen hatten sich in und vor der Kathedrale versammelt; es hieß, diese Menge sei in ihrer Unzufriedenheit mindestens genauso furchterregend gewesen.
Zehn Jahre zuvor hatte der »Fußballkrieg« – auch bekannt als »Hundertstundenkrieg« – stattgefunden, eine Auseinandersetzung zwischen El Salvador und Honduras, zuerst zwischen den Fußball-

mannschaften und den randalierenden Fans, dann zwischen den Armeen. Der eigentliche Grund für den Konflikt war El Salvadors chronischer Landmangel. Immer wieder schlüpften Salvadorianer über die Grenze nach Honduras, besetzten Land, betrieben Landwirtschaft oder arbeiteten auf den Bananenplantagen. Es waren tüchtige Leute, aber als die Honduraner Wind davon bekamen, verschärften sie die Einreisebestimmungen, verfolgten die Landbesetzer und schoben sie wieder ab. Wie immer bei solchem Zwist blieben die Horrormeldungen nicht aus: Vergewaltigungen, Morde, Folterungen. Aber bis zu den fatalen Ausscheidungsspielen für die Weltmeisterschaft von 1970 hielten sich die Feindseligkeiten in kleinem Rahmen. Im Juni 1969 kam es nach dem Spiel von El Salvador gegen Honduras, das in Tegucigalpa stattfand, zu Ausschreitungen, die sich eine Woche später beim Rückspiel in San Salvador wiederholten. Wenige Tage später begann die Armee von El Salvador mit ihrem bewaffneten Überfall auf Honduras – Auslöser war das Fußballspiel gewesen: aus der Streitsucht der Fans wurde Ernst. Obwohl der Krieg nur etwas mehr als vier Tage dauerte, fielen ihm zweitausend Soldaten und Zivilisten, hauptsächlich Honduraner, zum Opfer.

1978 fanden in El Salvador Wahlen statt. Wahlbetrug wurde aufgedeckt. Es kam zu gewalttätigen Ausschreitungen und Massenszenen von der Art, wie ich sie beim Fußballspiel gesehen hatte, damals aber auf den Straßen der Hauptstadt. Studenten wurden erschossen, Bürger verhaftet, und El Salvador fand sich wieder einmal unter der Herrschaft eines diktatorischen Militärregimes, diesmal eines besonders brutalen. Politik ist ein häßliches Thema, aber so viel will ich sagen: Es heißt, daß eine Diktatur manchmal für die Ordnung im Lande notwendig und daß diese hochzentralisierte Regierungsform stabil und verläßlich sei. Das ist aber selten der Fall. Fast immer ist sie bürokratisch und korrupt, instabil, launenhaft und barbarisch und erzeugt genau diese Eigenschaften in jenen, über die sie herrscht.

Wieder im Hotel, das kein gutes Hotel war, machte ich mir Notizen über das Fußballspiel. Das Schreiben hatte mich aufgerüttelt, und ich hörte Geräusche im Zimmer – ein unregelmäßiges Kratzen von der Decke her. Ich schlug Poes *Denkwürdige Erlebnisse des Arthur*

Gordon Pym auf und fing an zu lesen. Vom ersten Kapitel an ist die Geschichte grauenerregend: Pym reist als blinder Passagier, wird tagelang ohne Essen und Wasser zwischen den Decks eingesperrt und spürt das schwere Stampfen des Schiffs. Er hat seinen Hund bei sich. Der Hund wird verrückt und greift ihn an. Pym kommt beinahe um und wird aus seinem Gefängnis befreit, nur um feststellen zu müssen, daß an Bord eine Meuterei stattgefunden hat und ein weiterer Sturm ausbricht. Die ganze Zeit über hatte ich in meinem eigenen engen Gelaß das unheimliche Gekratze gehört. Ich machte das Licht aus, schlief ein und hatte einen Alptraum: ein Sturm, Dunkelheit, Wind, Ratten, die in einem Schrank herumscharrten. Von dem Traum wurde ich wach. Ich tastete nach dem Lichtschalter. Im grellen Schein der Lampe konnte ich sehen, daß die Zimmerdecke ein Loch hatte, direkt über meinem Kopf, so groß wie ein Vierteldollarstück. Vorher war es nicht dagewesen. Ich beobachtete es ein paar Minuten lang, dann erschien ein Paar gelber Zähne an seinem angenagten Rand.
In dieser Nacht schlief ich nicht mehr.

9
Der Eilzug nach Cutuco

Selbst die Salvadorianer mit ihrer kleinstaatentypischen Loyalität und ihrem gewalttätigen Nationalismus halten Cutuco für ein Loch. Und wenn man gleich hinter der Grenze auf Nicaragua blickt, weiß man sofort, daß die Endstation nicht weit weg sein kann. Eine sichtbare Tatsache: Der Zug von Boston hält in Cutuco endgültig an. Danach kommt eine je nach Gezeitenstand zwischen acht und elf Stunden lange Fährpassage über den Golf von Fonseca nach Nicaragua. Wenn gerade kein Indioaufstand, keine Bauernrevolte und kein Bürgerkrieg ausgebrochen ist, müßte es möglich sein, sich auf dem Landweg nach Nicaragua durchzuschlagen, und sei es auch nur, um sich selbst ein Urteil darüber zu bilden, wieviel an der verbreiteten Meinung schamlos übertrieben ist, daß Nicaragua der schlimmste Schandfleck der Erde sei: das heißeste, ärmste, am schlechtesten regierte Land der Welt mit einer mörderischen Landschaft, mittelalterlichen Gesetzen und widerlichem Essen. Ich hatte gehofft, mir selbst ein Bild davon machen zu können. Wie eine schreckliche Zugfahrt kann auch ein unwirtliches Land der Erzählung des Reisenden zu ein paar heldenhaften Glanzlichtern verhelfen. Und die Reise von Bostons South Station zum Hauptbahnhof von San Salvador war trotz einiger Widrigkeiten alles in allem ein leichtes Spiel gewesen. Nicaragua aber stellte mich vor ein Problem.
Über das Land hatte ich intensiv nachgedacht, seit ich Monate vor meiner Abfahrt aus Boston gelesen hatte, daß der Guerillakrieg (zum Teil war er auch ein Indioaufstand) sich von Managua aus in die kleinen Dörfer ausgeweitet hatte. Warum, fragte ich mich, lagen all diese Dörfer auf meiner geplanten Route durch das Land? Meine

Reisevorbereitung schließt normalerweise keine Zeitungslektüre ein. Ich hatte mir die besten Karten beschafft, die zu bekommen waren, und anhand von Reiseführern und aller Fahrpläne, deren ich habhaft werden konnte, versucht, die besten Verbindungen von einer Eisenbahnlinie zur nächsten herauszufinden. Auf Hotels verschwendete ich keine Gedanken: wenn eine Stadt groß genug war, um auf der Karte verzeichnet zu sein, nahm ich an, daß sie einen Besuch wert war. (Überraschungen sind natürlich unvermeidlich: Zacapa stand auf fast allen Karten, Santa Ana nicht; aber solche Entdeckungen halten den Reisenden bei Laune und ermutigen ihn.) Ich hatte gehört, Nicaragua sei das zentralamerikanische Gegenstück zu Afghanistan, aber abgesehen von dieser nebulösen Vorstellung und dem historischen Faktum, daß es von 1855 bis 1857 von einem anderthalb Meter kleinen Männchen aus Tennessee namens William Walker regiert wurde (er erhob Englisch zur Landessprache, institutionalisierte die Sklaverei und schmiedete Pläne für einen Anschluß Nicaraguas an den amerikanischen Süden; 1860 wurde dieser Zwerg erschossen), wußte ich wenig über das Land. Fast vierzig Jahre lang hatte es unter der barbarischen Herrschaft der Familie Somoza gestanden – das war allgemein bekannt. Aber dieser Guerillakrieg? In den Zeitungsberichten, an die ich mich nun halten mußte, wurde seine Bedrohlichkeit unterschiedlich eingeschätzt.

Überall in Mexiko, Guatemala und El Salvador kaufte ich mir die Lokalzeitungen und versuchte herauszufinden, was sich in Nicaragua abspielte. Die Nachrichten waren immer schlecht und schienen sich noch zu verschlimmern. Auf die Überschrift des einen Tages: GUERILLEROS GREIFEN POLIZEIREVIER AN folgte: SOMOZA VERHÄNGT AUSGANGSSPERRE am nächsten Tag. Dann hieß es: GUERILLEROS RAUBEN BANK AUS – ich machte mir sorgfältige Übersetzungen von den Schlagzeilen – und SOMOZA REAGIERT MIT EISERNER FAUST. In Santa Ana hatte ich GUERILLEROS TÖTEN ZEHN MENSCHEN gelesen, in San Salvador lauteten die Schlagzeilen: SOMOZA LÄSST 200 VERHAFTEN und INDIOS GREIFEN ZU DEN WAFFEN. Kurz darauf erfuhr ich: ZÖGERNDE BERUHIGUNG IN NICARAGUA, aber vor meiner Abreise aus San Salvador fand ich in *La Prensa* einen

Artikel mit der Überschrift GUERILLEROS KAUFEN FÜR FÜNF MILLIONEN DOLLAR WAFFEN IN DEN USA. Präsident Carter hatte sich bisher in der Nicaragua-Frage besonnen und neutral verhalten; offensichtlich hoffte man in den USA auf einen Sturz Somozas. Ein frommer Wunsch, mir nützte er jedenfalls nichts. Jetzt, Ende Februar, ließ die Revolution noch immer auf sich warten; hier und da gab es noch blutige Auseinandersetzungen und Berichte von Massakern, und Somoza war weiter an der Macht. Es sah so aus, als bliebe er im Amt oder würde allenfalls den Regierungsapparat – im Fall Nicaragua besteht er aus Folterwerkzeugen – an seinen Sohn weitergeben. Mir war der Gedanke an eine Fahrt durch Nicaragua nicht mehr ganz geheuer. Ich beschloß, zur Grenze zu fahren und dort mit den Leuten zu reden. Wenn die Nachrichten sich noch immer nicht besser anhörten, müßte ich eben einen Umweg machen. Also fuhr ich mit dem Zug nach Cutuco, um mir Nicaragua aus der Nähe anzusehen. Es war ungefähr so, als wenn man zum Zahnarzt muß und inständig hofft, die Praxis geschlossen vorzufinden, weil der Doktor mit einer schlimmen Attacke von Hexenschuß daniederliegt. Beim Zahnarzt war mir das nie passiert, aber an der Grenze nach Nicaragua wurde ich genau in dieser Form begnadigt.

»Nach Nicaragua können Sie nicht rüber«, meinte der salvadorianische Grenzposten am Fähranleger. (Gab es eigentlich etwas auf dem Erdball, was schlammiger und trübseliger ausgesehen hätte als der Golf von Fonseca?) »Die Grenze ist dicht. Die Soldaten schicken Sie gleich wieder zurück.«

Das war besser als eine aufgeschobene Hinrichtung. Ich war der Verantwortung für eine Reise durch Nicaragua enthoben und fuhr zurück nach San Salvador. Mein altes Hotelzimmer hatte ich gegen ein rattenfreies eingetauscht, aber eigentlich gab es in der Stadt nichts mehr für mich zu tun. Ich hatte einen Vortrag über das Thema gehalten, das mir im Zug nach Tapachula eingefallen war: »Unbekannte Bücher berühmter amerikanischer Autoren, z. B. *Querkopf Wilson, Des Teufels Wörterbuch, Wilde Palmen.*« Ich hatte mir die Universität angesehen (niemand konnte mir erklären, wieso ein Wandgemälde mit den Konterfeis von Marx, Engels und Lenin das Universitätsgebäude in einer rechtsgerichteten Diktatur zierte) und noch einen Tag zur Verfügung, beschloß also, noch einmal den Zug nach Cutuco zu nehmen, diesmal aber unterwegs haltzumachen.

Vom letzten Mal wußte ich, daß die Fahrt weit vor San Miguel, nach etwa drei Vierteln der Wegstrecke nach Cutuco, langweilig wird. Wie beim ersten Mal gab es nur zwei Personenwaggons mit insgesamt etwa fünfundzwanzig Fahrgästen. Während wir darauf warteten, daß der Zug zum Bahnsteig rangiert wurde, fragte ich ein paar meiner Mitreisenden, wohin sie wollten. Nach San Vicente, sagten sie. Zum Markttag. Ob San Vicente hübsch sei? O ja, sehr. Also nahm ich mir vor, dort auszusteigen.

Kein Zug gleicht dem anderen. In El Salvador sind die Züge zwar genauso klapprig wie in Guatemala, aber es gibt Unterschiede. Selbst wenn sie von der gleichen Fruchthandelsgesellschaft auf die Schienen gesetzt wurden, haben sie sich anders entwickelt. Das trifft übrigens auf alle Eisenbahnlinien der Welt zu: ich habe noch keine zwei gesehen, die sich auch nur entfernt geähnelt hätten. Der »El Jarocho« ist von der »Golden Blowpipe« so verschieden wie sein Name. Das liegt nicht nur an den nationalen Unterschieden, sondern auch daran, daß Züge den Charakter ihrer Strecken annehmen. Die Einzigartigkeit des Eilzugs nach Cutuco fällt einem gleich beim Einsteigen auf. Hier an der Schranke stand wieder der dunkle kleine Mann, der mich vom Schienenbus aus begrüßt hatte. Er trug sein Sporthemd, seine alte Pistole im Halfter und ein paar Patronen im Munitionsgürtel. Ich hoffte, daß er nicht dazu provoziert würde zu feuern, weil das Ding mit Sicherheit vor seiner Nase explodieren und mich nicht durch die Kugel, sondern durch die Splitter töten würde. Er lochte meinen Fahrschein, der Zug quietschte zum Bahnsteig, und ich stieg ein. Die Bezüge aller Sitze waren zerrissen. Sie waren mit Roßhaar gefüllt: eine Qual, sich anzulehnen.

»Die Bezüge hier sind wirklich in einem schlimmen Zustand«, entschuldigte sich der Salvadorianer auf der anderen Seite des Gangs und versetzte dem Sessel vor ihm einen Fußtritt, »aber solide – sehen Sie, die Dinger selber sind ganz in Ordnung, bloß verschlissen und verdreckt. Die müßten repariert werden.«

»Und warum tut das niemand?«

»Weil hier jeder mit dem Bus fährt.«
»Wenn sie repariert wären, würde vielleicht jeder mit der Bahn fahren.«
»Stimmt«, meinte er. »Aber dann würde sich alle Welt im Zug drängeln.«
Ich pflichtete ihm bei, nicht weil ich glaubte, was er sagte, sondern weil ich einfach keine Lust mehr hatte, Vorträge über Unordnung zu halten. Zentralamerika ist vermurkst; es ist ungefähr so, als wäre Neuengland komplett den Bach hinuntergegangen und als hätten sich Orte wie Rhode Island und Connecticut, regiert von wahnsinnigen Generälen und räuberischen Polizisten, in ziellose Tyranneien und nationalistische Umerziehungslager verwandelt. Eigentlich kein Wunder, daß Magnaten wie Vanderbilt und imperialistisch gesinnte Fruchthandelsgesellschaften in diesen degenerierten Staatsgebilden die Macht an sich rissen und sie zu führen versuchten. Es hätte ganz einfach sein sollen. Aber Bonzen und große Konzerne verfügen weder über die Moralität noch über das Mitleid, noch über den Sinn für Recht und Gesetz, die dazu nötig sind, diese Länder zum Funktionieren zu bringen; sie handelten aus Verachtung und Eigennutz – sie waren noch weniger als Kolonialherren; sie waren Schieber, die wiederum Schieber ausbrüteten. In diesem Zustand der Gesetzlosigkeit erlebten die Länder eine groteske Ungleichheit und eine scheußliche Welle von Gewalt. El Salvador verdient, heiter zu sein, aber es ist nicht heiter. Das Fußballstadion, Arena für den einfachsten Sport der Welt, ist hier zum offenen Kampfplatz für schlagkräftige Frustration geworden, auf dem die Zuschauer sich selbst in den Mittelpunkt stellen. Warum sollen wir nicht auch ein bißchen Spaß haben, könnten sie sagen. Schließlich leben wir wie Hunde. Fußball war hier nicht Fußball, die Kirche nicht die Kirche, und dieser Zug war anders als jeder andere, in dem ich je gesessen hatte. Schon lange vor Erreichen des jetzigen Zustands hätte jede vernünftige Eisenbahngesellschaft das Versicherungsgeld für den Schaden kassiert und noch einmal von vorn angefangen, so wie es in Indien gemacht wird. Aber wir waren in El Salvador und nicht in Indien: über diesen Schrotthaufen hätte man sogar in Westbengalen gelacht, und das heißt einiges.

Aber es ist wahr, daß die schlimmsten Züge durch die besten Landschaften fahren. Die schicken Expreßzüge wie die Hochgeschwindigkeitsbahnen in Japan, der »Train Bleu« von Paris nach Cannes und der »Flying Scotsman« bieten Vergnügungsfahrten, mehr nicht; die Geschwindigkeit schmälert die Freuden des Reisens. Der Eilzug nach Cutuco aber zuckelt mühselig durchs Spektakuläre. Wer sich vom pistolenbehängten Fahrscheinknipser, den schmutzigen Waggons und den peinigenden Sitzen nicht in die Flucht schlagen läßt, wird mit der großartigsten Szenerie südlich von Massachusetts belohnt. Wegen der greisenhaften Langsamkeit des Zuges – eine schwache Lokomotive, viele Haltestellen und dreieinhalb Stunden für die etwas über sechzig Kilometer nach San Vicente – könnte man meinen, El Salvador sei so groß wie Texas.

Es dauert eine Weile, bis das Spektakel anfängt.

El Salvador war mir ordentlich, fruchtbar und wohlhabend vorgekommen. Das ist es auch, im Westen. Aber östlich der Hauptstadt, auf der anderen Seite des Bahndamms, beginnt die Verheerung. Sie fängt da an, wo das Bahnhofsgelände aufhört, an einem Steinbruch am Rande der Stadt. Eine volle Stunde lang sieht man nichts als den steinzeitlichen Horror kleiner Hütten: Lehm und Bambus, Pappe und Knüppel, Blech und Schlamm, und auf den Dächern liegt jede Art von Abfall, der die Dinge am Boden halten soll, da man in Lehm oder Pappe keine Nägel einschlagen kann. Die Dächer sind erstaunliche Ansammlungen kaputter Gegenstände. Zum Beispiel hier: eine alte, rostige Nähmaschine, Stücke eines Eisenofens, sechs Autoreifen, Ziegel, Blechdosen, Felsbrocken; oder dort: splittriges Bauholz, ein Ast von einem Baum und ein paar Steine. Aneinandergelehnt quetschen die Hütten sich zwischen die Steilwände des Steinbruchs und den Bahndamm, ohne Schmuck bis auf ein Bild von Jesus oder einem Heiligen, ohne Farbe bis auf die der Lumpen, die an einem dreibeinigen Holzgestell zum Trocknen hängen. In diesem Land wird Kaffee angebaut. Der Preis für Kaffee ist sehr hoch. Aber diese Menschen müssen wirklich wie Hunde leben, und die Hunde selbst scheinen sich zurückentwickelt zu haben, zu geduckten Kreaturen, die nicht bellen, sondern sich hinkend im staubigen Gestrüpp herumdrücken, um nach Freßbarem zu suchen. Die Hunde sind zu einer Spezies von aasfressenden Höhlen-

bewohnern retardiert, zu einer besonders krätzigen Sorte von afrikanischen Erdferkeln. Der Zug kroch jetzt so langsam dahin und war so leer und verkommen, daß Kinder aus dem Slum kreischend hineinkletterten, über alle Sitze hopsten und in den Gängen auf und ab rannten. In der nächsten Kurve, in einer Fortsetzung des Slums, sprangen sie wieder ab.
Wenn die Slumkinder noch zehn Minuten länger im Zug geblieben wären, hätten sie das offene Land sehen können, Bäume, wilde Blumen und zwitschernde Vögel. Aber diese Kinder treiben sich nicht im Land herum. Entweder ist es verboten, oder sie gehorchen nur dem Instinkt des Slumbewohners, der ihnen eingibt, den Schutz des Slums zu suchen und seine Grenzen nicht zu überschreiten. Mit ihren Lumpen sind sie leicht zu erkennen und zu demütigen, sind leichte Beute für Polizisten, Grundbesitzer und Steuerinspektoren. Also ist der Slum, der in Zentralamerika fast ausnahmslos von einem Bach, einem Fluß oder einem Bahndamm begrenzt ist, tagsüber immer voll und belebt. Gleich hinter dieser Grenze beginnt Urwald oder Weideland. Am Ende dieses Elendsviertels lagen Kaffeeplantagen, also konnte man vernünftigerweise annehmen, daß die bettelarmen Menschen, die ich vorher gesehen hatte, Kaffeepflücker waren. Später erfuhr ich, daß ihre Löhne in keinem Verhältnis zum Marktpreis für Kaffee standen.
Der Zug kletterte ein paar niedrige Hügel hinauf und erklomm dann den Kamm eines noch höheren. Ich blickte ins Tal und sah einen See, den Ilopango-See, und einen Vulkan, den Chinchontepec. Von diesen Höhen bis nach San Vicente, wo die Ausblicke sich durch den Abstieg des Zuges in die östlichen Niederungen verkürzen, wachsen See und Vulkan zu enormer Größe heran und verändern ihre Farbe mit der wandernden Sonne hinter ihnen. Schon der erste Blick ist beeindruckend, aber der See schwillt noch an, und der Vulkan ragt immer höher hinauf, und Meile für Meile wachsen sie zu einer schier unglaublichen Schönheit heran. Das Wasser des Sees ist erst blau, dann grau, dann schwarz, während der Zug sein eigenes Vulkangebirge erklimmt, auf dessen Rückgrat er die Nordseite des Sees entlangfährt. Auf dem See liegt eine Insel. Sie tauchte im Jahr 1880 auf, als plötzlich der Wasserstand absank, und liegt immer noch da wie ein mastenloses Flaggschiff in diesem dunkel

changierenden Meer. Zwischen See und Zug lagen sanfte Hügel mit grüner Vegetation und einem langen Streifen von Baumwipfeln, die sich aus der Nähe als Bananen- und Orangenhaine und hohe Büschel von schwankendem gelbem Bambusrohr erwiesen. Das Laub direkt am Bahndamm war fahl und staubbedeckt, aus der Ferne hatte es smaragdgrün und üppig ausgesehen.

Der See ist mal silbern, überzogen mit blau schimmernden Scheiben von Email, mal schwarz mit Furchen von schaumigem Weiß, mal von Rosa übergossen, aber im Uferbereich so grün wie die Farbe der grünsten Bäume. Für die Indios an seinen Ufern war der See viel mehr als ein Gewässer zum Fischen, Waschen und zum Löschen ihres Durstes. In den Reiseführern für unbedarfte Touristen werden allerdings immer wieder die gleichen Unwahrheiten wiederholt: einer behauptet, daß die Indios vor der Eroberung durch die Spanier »die Erntegötter damit günstig stimmen wollten, daß sie alljährlich vier Jungfrauen darin ertränkten«. Vielleicht hat das einmal zugetroffen; zumindest gibt es Anlaß zu dem alten Witz, daß das Ritual aus Mangel an passenden Opfern aufgegeben werden mußte. Bis weit ins letzte Jahrhundert hinein gab es an diesem See tatsächlich Menschenopfer, aber mit irgendwelchen Erntegöttern hatten sie nichts zu tun. Es handelte sich um eine komplizierte, zweckgebundene Prozedur.

Einen Augenzeugen gab es, einen gewissen Don Camillo Galvar, der in den Sechzigern des vorigen Jahrhunderts *Visitador General* in San Salvador war. Im Jahr 1880 berichtete er von seinen Beobachtungen der angeblich so blutrünstigen Praktiken der Indios am Ilopango. »Die Menschen in den Pueblos um den See«, schrieb er, »die Cojutepeque, Texacuangos und Tepezontes, deuten die Erdbeben im See, die sie am Verschwinden der Fische erkennen, so, daß der Herr dieser Gegend – ein Ungeheuer, das in den Tiefen des Sees haust – die Fische frißt.«

Kein Erntegott also, sondern ein Ungeheuer; die Indios fürchteten, daß es alle Fische fressen und für die Fischer nichts mehr übriglassen könnte, würde es nicht mit »zarterer, saftigerer Nahrung versorgt werden, die seiner Macht und Unersättlichkeit würdig war«. Die Indios glaubten, daß das Ungeheuer Fisch etwa so aß »wie Menschen Früchte, nämlich zur Erfrischung und um den Hunger

zu lindern«. See und Vulkan grollten, die Fische verschwanden; die Indios, »von Hungersnot bedroht ..., versammelten sich auf Geheiß ihrer Häuptlinge«. Hexenmeister mit zeremoniellen Gewändern und geschmückten Häuptern traten auf und rieten den Indios, Früchte und Blumen in den See zu werfen. Manchmal funktionierte das auch, und das Beben ließ nach. Doch wenn es weiterging, versammelten die Indios sich wieder. Nun sollten sie es mit Tieren versuchen, vor allem mit Beutelratten, Waschbären, Gürteltieren und anderen, die sie *taltusas* nannten. Die Tiere sollten lebend gefangen und ins Wasser geworfen werden. Jeder, der dabei ertappt wurde, wie er ein totes Tier hineinwarf, mußte mit dem Tod durch Erhängen an einer Zinak-Liane rechnen, da das Ungeheuer in Zorn geraten würde, wenn es totes Fleisch verzehren sollte.
Ganze Tage verbrachte man mit der Beobachtung des Wasserstands, der Anzahl der Fische, der Anzeichen für Erdstöße. Wenn die Zeichen noch immer schlecht standen, traten die Hexenmeister auf den Plan. Sie suchten ein sechs- bis neunjähriges Mädchen aus, schmückten es mit Blumen, »nahmen es um Mitternacht mit auf die Mitte des Sees und warfen es hinein, an Händen und Füßen gebunden, am Hals mit einem Stein beschwert. Wenn das Kind am nächsten Tag auf der Oberfläche auftauchte und die Erdstöße nicht nachließen, wurde mit dem gleichen Zeremoniell ein weiteres Opfer in den See geworfen.
Als ich in den Jahren 1861 und 1862 diese Orte besuchte«, fährt Don Camillo fort, »erzählte man mir, daß man nach wie vor an dieser barbarischen Sitte festhalte, um das Ausbleiben der Fische zu verhindern.« Es gab also einen Grund dafür, und die Indios weideten sich keineswegs daran. Ganz im Gegenteil, ergänzt Don Camillo, sie sprachen zu ihm »mit großer Zurückhaltung«.
Der See hatte jetzt ein tieferes Blau angenommen, über das geistergraue Nebel jagten, und der Zug fuhr immer noch weiter bergauf. Unter uns lag nicht ein Tal, sondern fünfzig, in einer Landschaft aus grünen Gipfeln. Es war schwer zu glauben, daß die Hügel tief unten so hoch aufragen konnten, aber der Zug überquerte den Paß in großer Höhe: eine Lektion in Sachen Maßstab erhielt man, wenn man die Hügel mit dem Vulkan Chinchontepec verglich. Wir waren weit von ihm entfernt, und er wuchs immer noch an; jetzt

erschien er in mammuthaftem, unbezwingbarem Schwarz. Aber er blieb in der Ferne, in jenen anderen, üppigeren Breiten.

Der Zug überquerte eine heißere Gebirgskette. Staub wehte in die Waggons. Ich stand auf und wanderte herum, um mir die Beine zu vertreten, und als ich zurückkam, erkannte ich meinen Sitzplatz an der Farbe: alle anderen waren dick mit braunem Staub bedeckt, nur auf meinem Sitz war die Schicht dünner. Die Waggons hatten weder Türen noch Fensterscheiben: überall konnte ein so heftiger Sandsturm hineinfegen, daß Schaffner, Stewards und das gesamte Zugpersonal auf die Dächer der Waggons kletterten, wohin der Staub nicht gelangte. Dort hockten sie und hielten sich an den Röhren und Rädern des Daches fest, oder sie standen gegrätscht in der Mitte. Der Zug nach Zacapa war staubig gewesen, aber es herrschte Windstille im Motagua-Tal. Hier waren wir hoch oben, wo Fahrtwind und eine steife Gebirgsbrise zusammentrafen und gemeinsam Böen von beträchtlicher Geschwindigkeit erzeugten, die einen braunen Schleier über den Zug legten und uns streckenweise völlig die Sicht nahmen. Die Fahrgäste kauerten sich zusammen, beugten die Köpfe nach unten und hielten sich ihre Hemden vors Gesicht. Das Geräusch des Zuges war ein einziges lautes Hämmern und Klappern; man konnte kaum Luft holen. Es war, als donnerten wir in panischer Flucht vor einem Einsturz durch einen engen Erdtunnel dahin.

Vor dem Dorf Michapa durchquerte der Zug eine Mulde zwischen hohen Sandbänken. Ein kleines Mädchen, vielleicht acht Jahre alt, hatte sich an eine Sandbank gedrückt, der Staub wirbelte um sie herum. Sie hielt ihre winzige Ziege im Arm, damit das Tier nicht vor Schreck auf die Gleise lief; sie selbst sah wie von Staub und Lärm verfolgt aus und verzog das Gesicht, als würde sie gewürgt.

Als der Sandsturm sich gelegt hatte und der Himmel weit und blau wurde, verschluckte die leere Luft den Lärm, und es war auf einmal wie in einem Flugzeug, das auf der Höhe der Baumwipfel im Sinkflug ins Tal hinabglitt. Ein Trick der Landschaft, wie der Zug auf dem schmalen Berggrat balancierte und einem einen freien Blick auf alles verschaffte, nur nicht auf seine eigene Spur. Vorher war er langsam gewesen, bei der Talfahrt bekam er Schwung, aber das Rattern war nicht mehr so auffällig. Die alte Lok und ihre Anhänger hatten sich in die Lüfte geschwungen, als würde die Eisenbahn hochgehoben und vom Himmel hinabfahren. Es kommt nicht oft vor, daß man von einem Zug aus eine solche Sicht bekommt, und dieser Blick war so schön, daß ich die Hitze, den Staub und die kaputten Sitze vergessen und mich am Anblick der Berge weit unten und der kaffee- und bambusbestandenen Hügel im Vordergrund berauschen konnte. Während der letzten halben Stunde der Talfahrt tauchte die Lufteisenbahn durch Hügel von reinstem Grün.

Die Landschaft wechselte; die Dörfer blieben sich gleich. *Hier war ich schon mal*, denkst du dir. Das Dorf ist klein und trägt den Namen eines Heiligen. Der Bahnhof ist ein Schuppen, nach drei Seiten offen, daneben liegen Haufen von Orangenschalen, aufgeknackte, fasrige Kokosnüsse, Papierfetzen und Flaschen. Dieses graue Abwasserrinnsal, das sich in einer grünlichgelben Lache sammelt; die Frau da mit dem Korb auf dem Kopf, im Korb sind Bananen, und auf den Bananen sitzen Fliegen; der Haufen von schwarzen Eisenbahnschwellen und der Stapel ölverschmierter Fässer; das zu Rosa verblichene Coca-Cola-Schild; die zehn schmutzigen Kinder und das kleine Mädchen mit dem nackten Säugling auf dem Rücken, der Junge mit dem dudelnden, schuhschachtelgroßen Radio, die Bananenstauden, die vier Hütten, der hinkende Hund, das wimmernde Schwein, der dösende Mann mit dem Kopf auf der linken Schulter und der verknautschten Hutkrempe. Du warst schon mal da, hast den Trampelpfad und den Rauch gesehen, die Sonne, die in genau dem gleichen glühenden Winkel von den Bäumen herabschien, das Autowrack, das auf den Felgen aufsitzt, die Hühner, die im Schatten Steinchen aufpicken, das Gesicht hinter dem Vorhangfetzen im Hüttenfenster, den hemdsärmligen Stationsvorsteher mit der dunklen Hose, der mit seinem Kursbuch in der Sonne strammsteht, die Blätter der Dorfbäume, die unter ihrer dicken Staubschicht wie tot aussehen. Das alles scheint so bekannt, daß du dich schon fragst, ob du vielleicht in einem engen Kreis herumgereist, jeden Morgen losgefahren und jeden Tag in der Hitze des Nachmittags im selben Dorf angekommen bist, in diesem Dorf mit seinem Schwein und seinen Menschen und seinen verdorrten Bäumen, wobei die Vision von Verfall sich

genauso wiederholt wie der Traum, der dich immer wieder zur Rückkehr an den gleichen Schauplatz zwingt; die Gleichartigkeit hat eine merkwürdig spöttische Dimension. Kann es denn wahr sein, daß du nach wochenlanger Bahnfahrt nicht weiter gekommen bist als bis hier und bloß wieder einmal in dieses schmutzige Nest zurückexpediert wurdest? Nein: Südlich des Rio Grande hast du zwar Hunderte von solchen Orten gesehen, aber hier bist du noch nicht gewesen.
Und wenn die Lokomotivpfeife krächzt und du wieder weiterfährst, hinterläßt das Dorf keinen Eindruck, weil du schon so viele Abfahrten wie diese erlebt hast. Staub wirbelt hinter dem Zug auf, die Hütten verschwinden darunter. Irgendwo im Gedächtnis aber sammeln diese armseligen Orte sich an, bis du um etwas betest, was ein bißchen anders ist, um ein bißchen Hoffnung, die ihnen Hoffnung geben könnte. Die Armut eines Landes wahrzunehmen bedeutet nicht, in sein Herz zu blicken, aber es fällt schwer, über solche mitleiderregenden Dinge hinwegzusehen.
Wir erklommen eine weitere Hügelkette, und die nach Süden gelegene Schlucht lenkte mich ab. Hohe, gekrümmte Bäume, umschlungen vom Gedärm schlanker Kletterpflanzen, wuchsen an den Felsvorsprüngen wie Ausläufer eines Urwalds. Das Land war zu abschüssig für Feldfrüchte, zu steil für Pfade oder gar Hütten. Es war wild und unbewohnt; Vögel flatterten an den Hängen der Schlucht, schienen aber Angst davor zu haben, sie im Flug zu überqueren. Sie flöteten dem Zug zu. Ich wollte noch mehr sehen, lehnte mich aus dem Fenster, und alles wurde schwarz.
Wir waren in einem Tunnel. Die Fahrgäste fingen an zu kreischen. Die meisten Zentralamerikaner schreien in Tunneln, aber ob sie es aus Begeisterung oder aus Todesangst tun, weiß ich nicht. Es gab keine Innenbeleuchtung im Waggon, und mit der Dunkelheit kam ein Schwall von Staub, der immer dicker wurde, während der Zug sich blind vorantastete. Ich spürte, wie mir der Staub ins Gesicht fegte, und fühlte ihn im Haar, als säße ich in einem Loch, in dem Dreck auf mich heruntergeschaufelt wurde. Ich machte es wie vorher die anderen, vergrub mein Gesicht im Hemd und atmete durch den Stoff. Fünf Minuten lang fuhren wir durch den Tunnel; eine ganz nette Zeitspanne dafür, daß man blind dasitzt und würgt und

andere Leute kreischen hört. Aber nicht alle hatten geschrien. Vor mir saß eine alte Frau, die mir erzählt hatte, sie wolle nach San Vicente, um dort ihre Kiste Orangen zu verkaufen. Eine Stunde zuvor war sie eingeschlafen, sie schlief, als wir in den Tunnel einfuhren, und schlief immer noch, als wir wieder herauskamen. Ihr Kopf war nach hinten gekippt, ihr Mund stand offen, sie hatte sich nicht gerührt.
Der Zug schoß aus dem Tunnel, bei Sonnenschein und klarer Luft verlor sich sein Getöse. Wir schwankten auf einem Berg dahin, und das jetzt gedämpfte Puffen der Lok klang wie eine geflüsterte Ehrenbezeugung für die sechzehn fruchtbaren Kilometer des Jiboa-Tals, das sich vom Tunnelende an glatt wie ein Skihang nach unten hinbreitete, um am Fuß des Vulkans wieder anzusteigen. Der Vulkan zeigte sich in einem tieferen Grün als die Landschaft, aus der er sich erhob, er hatte löwenhafte Konturen aus Licht und Schatten; manche wie Schultern und Vordertatzen, andere wie muskulöse Flanken und Hinterläufe. Er sah aus, als wäre er planvoll von Menschenhand geschnitzt: eine grüne, monumentale, kopflose Sphinx, deren Löwenhaupt davongerollt, deren Körper aber unversehrt geblieben ist. Es war leicht zu begreifen, wieso die Indianer dieser Gegend glaubten, ihr Land sei von königlichen Ungeheuern bewohnt. Die Berge mit ihren tierischen Formen und den plumpen Klauen von Riesen und Dämonen sahen nicht nur ungeheuerlich aus, sie knurrten und rumpelten außerdem, zitterten, brüllten und schüttelten die klapprigen Hütten der Indios von sich ab; sie verbrannten die Menschen bei lebendigem Leib, begruben sie unter Asche, ließen die Fische verschwinden und fraßen die Kinder. Noch immer konnten die Absonderlichkeiten dieser Landschaft Angst und Schrecken verbreiten.
Die nächsten vierzig Minuten lang rollten wir talabwärts auf die Schatten des Vulkans zu. Aber wir bewegten uns so zäh dahin, daß es einem vorkommen konnte, als klebte man am Rand des Tals fest, während der Vulkan aufstieg und sich drehte, seinen anmutigen Löwenrücken entblößte und sich dehnte – sich vielleicht streckte, um mit einem Ausbruch zuzuschlagen –, um schließlich, gerade als ich mich darauf gefaßt machte, daß er aufstehen und brüllen würde, zu verschwinden – ganz und gar, bis auf die beiden sehnigen

Bergkämme, die wie Vorderläufe dalagen. Wir waren in San Vicente, der Stadt zwischen den Pranken des Vulkans.

Die meisten Fahrgäste kletterten hier aus dem Zug, stolperten quer über die Gleise. Niemand sammelte die Fahrkarten ein; die Bahnbeamten sahen vom kühlen Schatten einer Baumgruppe aus zu. Die Pfeife ertönte, mit einem Ruck fuhr der Zug weiter in Richtung Cutuco. Dann legte sich der Staub, und mit ihm senkte sich die trauerschwere Stille eines Landstädtchens an einem heißen Nachmittag herab.

Ich erkundigte mich nach dem Marktplatz. Ein Junge, der überrascht schien, daß sich jemand in dieser winzigen Ortschaft nicht auskennen sollte, gab mir eine schlichte Wegbeschreibung: immer der Straße nach. Der Bahnhof lag nicht in der Ortsmitte; von dort bis zur Plaza ging es etwa achthundert Meter die Hauptstraße hinunter. Die meisten Gebäude von San Vicente stehen an dieser Straße; sie beginnt als Schotterpiste, ist dann befestigt, danach gepflastert und bei der Plaza betoniert. Der angeblich so sehenswerte Markt war wie ein orientalischer Basar: Buden aus Zeltplanen standen an mehreren kleinen Gassen aufgereiht. Jede Bude war vollgestopft mit Früchten oder Gemüse, toten Tieren an improvisierten Galgen, Schachteln voller Bleistifte oder Taschenkämme. Alle Händler in einer Abteilung verkauften das gleiche: Es gab ein Viertel mit Obst, eins mit Gemüse, eins mit Fleisch oder Haushaltswaren, weiter weg einen Bereich, wo es nach faulenden Fischen roch. Ich kaufte eine Flasche Mineralwasser und stellte fest, daß niemand etwas anpries. Die Händler standen in Grüppchen zusammen – Frauen hier, Männer dort – und schwatzten freundschaftlich miteinander.

Am Ende des Marktplatzes liegt die Plaza, mittendrin die Kirche von San Vicente, eine der ältesten Kirchen Zentralamerikas. Sie heißt El Pilar. Seit die Spanier sie in dieser abgelegenen Stadt erbaut haben, ist sie nie restauriert worden: das war nicht nötig, da die Kirche erbaut wurde, um den heidnischen Belagerungen und den Verwüstungen durch Erdbeben standzuhalten. Das hat sie auch getan; abgesehen von ein paar zerbrochenen Fensterscheiben zeigen sich kaum Spuren von Alter oder Zerstörung. Ihre Wände sind meterdick, ihre Säulen mit einem Umfang von dreieinhalb Metern sind niedrige, plumpe Stützpfeiler, so mächtig, als müßten sie eine Kathedrale tragen. Dennoch ist El Pilar kaum mehr als eine Kapelle; sie hat die Form der Mausoleen, die ich auf dem Land in Guatemala gesehen hatte, ist weiß und gerundet, mit den moscheeartigen Kuppeln und gedrungenen Arabesken, mit denen die Spanier ihre Landkirchen schmückten. Die weiße Tünche verbirgt ihren wehrhaften Charakter nicht, und trotz der Bleiglasfenster und Kreuze sieht sie noch aus wie das, was sie vielleicht immer gewesen ist: eine Festung.

Im frühen neunzehnten Jahrhundert tobten in diesem Teil Zentralamerikas mehrere Indianerkriege. Durch ihre zahlenmäßige Überlegenheit und ihren Kampfgeist konnten die Indianer in manchen Landstrichen die Spanier besiegen und indianische Hochburgen gründen, kleine Königreiche innerhalb der spanischen Kolonie. Von diesen Orten aus überfielen sie spanische Städte und terrorisierten deren Einwohner. Die gesamten dreißiger Jahre des neunzehnten Jahrhunderts über kam es zu kriegerischen Auseinandersetzungen; Anführer der größten Gruppe der Indios war ein christlicher Häuptling namens Agostino Aquinas, dessen Tollkühnheit ihn bis hierher brachte, zur Kirche El Pilar in San Vicente. Zum Zeichen seiner Verachtung stürmte Aquinas die Kirche, riß der Statue des heiligen Joseph die Krone vom Kopf, rammte sie sich selbst auf den Schädel und erklärte den Spaniern den Krieg. Dann zog er sich in die Berge zurück, wo er zusammen mit seinen Indios ein beträchtliches Gebiet kontrollierte, und zettelte einen Guerillakrieg an.

Zu der Zeit, als Aquinas mit Gebrüll hineinstürzte und sie entweihte, dürfte die Kirche kaum anders ausgesehen haben als heute. Die Bogen sind schwer, die Fliesen unbeweglich, der geschnitzte hölzerne Altaraufsatz ist allenfalls dunkler, das Innere hat etwas von einem engen Grab. Es ist wohl das heiligste Gebäude der Stadt; mit Sicherheit ist es das stärkste und hat, wie gesagt, zweifellos schon als Festung gedient.

Elf alte Frauen knieten betend in den vorderen Bankreihen. In der Kirche war es kühl; ich setzte mich ziemlich weit nach hinten und versuchte, die Statue des heiligen Joseph ausfindig zu machen. Von den elf mit schwarzen Schals bedeckten Köpfen her ertönte stetiges Gemurmel; leise siedende Beschwörungsformeln, sacht blubbernde

Töne wie vom Brodeln des dicken salvadorianischen Eintopfs, der gleichförmige Rhythmus formelhafter Gebete. Sie waren wie Gespenster, die schwarzverhüllten alten Weiber, die in der düsteren Kirche ihre gedämpften Gebete hersagten; die Sonnenstrahlen, die durch die Löcher in den Bleiglasfenstern drangen, bündelten sich zu hellen Scheiten, die die Wände zu stützen schienen; es roch nach brennendem Wachs, die Kerzen flackerten im gleichen beständigen Zittern wie die Stimmen der alten Frauen. Hier im Inneren von El Pilar hätte es auch 1831 sein können, die Frauen hier die Ehefrauen und Mütter spanischer Soldaten, die um Erlösung von den Angriffen aufgehetzter Indianer beteten.

Ein Glöckchen ertönte aus der Sakristei. Ich saß ordentlich und fromm da und drückte in einem instinktiven Reflex meinen Rücken durch. Eine alte Gewohnheit: Ich kann keine Kirche betreten, ohne vor dem Kreuz das Knie zu beugen und meine Finger ins Weihwasserbecken zu tauchen. Ein Priester schlurfte zum Altar, hinter ihm zwei Meßdiener. Er hob die Arme mit einer Geste, die etwas vom demonstrativen Schwung eines Nachtklubanimateurs hatte (vielleicht war es auch sein gutes Aussehen: der brav gekämmte Seelsorger schien auf seine klerikale Grandezza eher aufgepfropft). Er betete; auf spanisch, nicht in lateinischer Sprache; es klang maniériert. Dann deutete er mit erhobenem Arm in eine Ecke des Gebäudes, die ich nicht sehen konnte. Er schüttelte eine kleine spielerische Bewegung aus dem Handgelenk: Musik ertönte.

Würdevoll war sie nicht gerade. Als zwei Elektrogitarren, eine Klarinette, Rumbarasseln und ein komplettes Schlagzeug dröhnten, suchte ich mir einen anderen Platz, von dem aus ich die Musiker beobachten konnte. Es war das harte Gejaule unmelodischer Popmusik, dem ich seit Wochen zu entgehen versuchte, das Krächzen und Krachen, das zuerst von der mexikanischen Seite her an meine Ohren gedrungen war, als ich am steilen Flußufer von Laredo gestanden hatte. Seit damals war ich kaum jemals außer Hörweite dieser Musik gewesen. Wie soll man sie beschreiben? Zum Gitarrenjaulen gesellte sich ein unregelmäßiger *beat*: jeder Schlag hörte sich an, als würde ein komplettes Service auf dem Boden zerdeppert; ein Junge und ein Mädchen schüttelten ihre Rumbarasseln und sangen dazu in einem katzenjammerarti-

gen Versuch, harmonisch zu klingen, doch derart falsch, daß es nicht einmal so melodisch wirkte wie ein Trupp wild schabender Heuschrecken.
Was sie intonierten, war natürlich ein Kirchenlied. In einer Weltgegend, wo Jesus Christus als zäher Muskelmann, als jugendlich-attraktiver, blauäugiger Latino mit angeklatschtem Haar dargestellt wird, hat Religion viel mit einer Liebesaffäre zu tun. In manchen Formen des Katholizismus, besonders in Lateinamerika, ist das Gebet eine Art Romanze mit Jesus. Er ist kein schrecklicher Gott, kein Zerstörer, kein kalter, zorniger strafender Asket, er ist ein Prinz und damit die ultimative Machofigur. Das Kirchenlied war ein Liebeslied der besonderen lateinamerikanischen Art; es jubilierte vor klagender Leidenschaft, und in jeder Zeile kam das Wort »Herz« vor. Es war außerdem extrem laut. Wir befanden uns in einem Gottesdienst, aber zwischen dem, was hier in dieser alten Kirche vor sich ging, und dem, was man aus der Musikbox von El Bar Americano weiter unten an der Straße hören konnte, bestand kein wesentlicher Unterschied. Die Kirche war zum Volk gekommen, doch es war dadurch nicht frommer geworden: die Schäflein hatten hier nur die Gelegenheit gefunden, sich zu unterhalten und dem Gottesdienst die Langeweile zu nehmen. Eine Messe oder diese Vesper sollten ein Anlaß sein, sich ins Gebet zu versenken; die Musik machte Ablenkung daraus.
Diese ohrenbetäubende Musik schien in Lateinamerika besonders wichtig zu sein, weil sie jede Art von Nachdenken verhinderte. Der Trottel mit dem Transistor im Zug, die Dorfjungen, die sich um ihren blökenden Kasten versammelt hatten, der Mann in Santa Ana, der sein Kassettendeck zum Frühstück mitbrachte und seinen ächzenden Verstärker anstarrte, all das Kniegezucke und Fingergeschnippe und Geschnalze schien einem einzigen Zweck zu dienen – einem selbsterzeugten Stupor für Menschen, die an einem Ort wohnen, wo Alkohol teuer ist und Drogenkonsum verboten. Es ging um Taubheit und Vergessen; die Musik feierte nichts als verlorene Schönheit und gebrochene Herzen; sie hatte keine Melodie, die man sich merken konnte, ein Klang wie von Glassplittern, die in stetem Schwall eine Toilette hinuntergespült werden, untermalt von dumpfen Trommelwirbeln und dem Gegrunze der Sänger. Alle

möglichen Leute, die ich auf meiner Reise kennenlernte, haben mir erzählt, sie liebten Musik. Nicht die Popmusik aus den Vereinigten Staaten, sondern diese. Ich verstand, was sie meinten.
Inzwischen hatte der Priester sich neben den Altar gesetzt und wirkte hoch zufrieden mit sich selbst. Mit Recht: die Musik tat ihre Wirkung. Sie hatte kaum angefangen, als schon die Menschen in die Kirche strömten: Schulkinder mit Uniformen und Schulranzen, kleine Kinder – barfüßige Kerlchen, Knirpse mit verfilztem, nissigem Haar, die auf der Plaza herumgetollt waren; Mümmelgreise mit Macheten, zwei junge Farmarbeiter, die sich die Strohhüte vor die Brust hielten, eine Frau mit einem Zinkwaschzuber und einer Bande von Jungen, ein verwirrter Hund. Der Hund saß im Mittelgang und klopfte mit dem Stummelschwanz auf die Fliesen. Die Musik war so laut, daß sie bis zum Marktplatz oben an der Straße zu hören sein mußte, denn auch drei Frauen mit weiten Röcken, leeren Körben und Lederbörsen fanden sich ein. Manche setzten sich, andere warteten hinten am Kirchenportal. Sie blickten zur Band, nicht zum Tabernakel, und lächelten dabei. O ja, darum geht es doch bei der Religion: Freut euch, lächelt, seid glücklich, der Herr ist mit euch; schnalzt mit den Fingern, Er hat die Welt erlöst. Zweifaches, markerschütterndes Beckenkrachen.
Die Musik endete. Der Priester erhob sich. Das Gebet begann.
Und die Menschen, die bei der Musik in die Kirche geströmt waren, drängelten sich nun zum hinteren Ausgang. Die elf alten Frauen in den ersten Reihen rührten sich nicht, nur sie blieben da, um das Confiteor zu sprechen. Der Priester schritt am Altargitter auf und ab und gab eine kurze Predigt von sich: Gott liebt euch, sagte er; ihr müßt lernen, Ihn zu lieben. In unserer schnellebigen Zeit sei es nicht einfach, sich Zeit für Gott zu nehmen; es gebe Versuchungen, die Anzeichen der Sünde seien überall. Es sei nötig, hart zu arbeiten und jede Arbeit der Ehre Gottes zu widmen. Amen.
Wieder ein Wedeln mit der Hand, die Musik begann von neuem. Diesmal war sie noch lauter und zog eine noch größere Menge von der Plaza her an. Das Lied hörte sich ähnlich an wie das erste: Jaul, Dumpf, *Herz-Herz*, Jaul, Krach, Dubidu, Dumpf, Krach, Krach. Als es zu Ende war, gab es bei den Zuschauern kein Halten mehr: sie flohen beim letzten Krachen. Aber nicht für lange. Zehn

Minuten später (zwei Gebete, eine Minute Meditation, ein bißchen Gefuchtel mit einem Weihrauchfaß, noch ein paar aufbauende Worte) spielte die Band weiter, und die Leute kamen zurück. Dieser Tanz setzte sich eine ganze Stunde lang fort und war noch im vollen Gange, als ich mich leise davonmachte – während eines Liedes, nicht bei einer Predigt oder einem Gebet. Ich mußte zu meinem Zug.

Der Himmel ein einziges Lila und Pink, der Vulkan schwarz, geisterhaft glühende Bahnen von orangefarbenem Staub füllten die Täler, und der See schimmerte feurig wie ein Teich aus geschmolzener Lava.

10
»Die Atlantikbahn«:
der Zwölfuhrzug nach Limón

Ich war etwas überrascht, in einer Bar in San José, Costa Rica, einen Chinesen anzutreffen. Die Chinesen sind keine Kneipenbrüder. Einmal im Jahr, wenn es einen besonderen Anlaß gibt und sie sich in Gesellschaft anderer Männer befinden, gönnen sie sich vielleicht ganz verwegen eine ganze Flasche Brandy. Dann laufen sie rot an, äußern lautstark Albernheiten oder Beleidigungen, übergeben sich und müssen nach Hause getragen werden. Trinken ist ihr verzweifelter Versuch, lustig zu sein, aber er ist pervers, denn er macht ihnen keine Freude. Was also tat dieser Chinese hier? Wir redeten erst etwas vorsichtig miteinander, wie Fremde es eben tun, und erzielten zunächst Einigkeit über Nebensächlichkeiten, bevor wir uns an persönlichere Themen wagten. Und dann kam er heraus mit der Sprache: Ja, sagte er, die Bar gehöre zufällig ihm. Ein Restaurant und ein Hotel besaß er auch noch. Er sei Bürger von Costa Rica, und zwar aus eigenem Entschluß. Er mochte kein anderes Land, das er bis jetzt gesehen hatte.
»Zum Beispiel?« wollte ich wissen. (Wir unterhielten uns auf spanisch: sein Englisch sei nicht besonders, meinte er, und ich erklärte ihm, daß es mit meinem Kantonesisch auch nicht weit her sei.)
»Alle Länder«, sagte er. »1954 bin ich aus China weggegangen. Ich war jung und wollte reisen. Ich hab mir Mexiko angesehen – ich bin überall rumgefahren. Aber es gefiel mir nicht. Dann war ich in Guatemala, auch überall. Nicaragua – das war ganz furchtbar. Panama mochte ich nicht. Sogar Honduras und El Salvador – solche Länder meine ich.«
»Und die USA?«

»Da war ich auch überall. Vielleicht ist es ja ein gutes Land, aber nicht für mich. Ich könnte da nicht leben. Ich war immer noch unterwegs, und dann hab ich mich gefragt: ›Was ist das beste Land?‹ und kam auf Costa Rica – hier gefiel es mir sehr. Also bin ich hiergeblieben.«

Ich hatte bisher zwar nur San José gesehen, konnte aber verstehen, was er meinte. Die Stadt schien sehr ungewöhnlich. Wenn San Salvador und Guatemala-Stadt gründlich mit dem Schlauch abgespritzt werden würden, alle Hütten geräumt und die Menschen in ordentliche Bungalows umgesiedelt, alle öffentlichen Gebäude frisch gestrichen, die streunenden Hunde an die Leine genommen und gefüttert, alle Kinderfüße in Schuhe gesteckt, der Müll in den Parks aufgesammelt, die Soldaten in Pension geschickt (Costa Rica hat keine Armee) und die politischen Gefangenen freigelassen – dann könnten diese Städte vielleicht ein bißchen aussehen wie San José. In El Salvador hatte ich frustriert das Mundstück meiner Pfeife kaputtgekaut – in San José war es möglich, ein Ersatzstück anpassen zu lassen (ich kaufte gleich noch eins extra für Panama): so eine Art Ort ist diese Stadt. Das Wetter war gut, der Service zufriedenstellend, die Straßen ordentlich. Gerade waren Wahlen abgehalten worden. Im übrigen Mittelamerika können Wahlen zu einem kriminellen Schauerstück ausarten; die in Costa Rica waren fair gewesen und zugleich eine Art Fiesta. »Sie hätten zu den Wahlen hiersein sollen«, sagte eine Frau in San José – es klang, als hätte ich eine Party verpaßt. Die Costaricaner sind stolz auf ihre anständige Regierung, ihre hohe Alphabetismusquote und ihre guten Manieren. Der einzige Wesenszug, den Costa Rica mit seinen mittelamerikanischen Nachbarn gemeinsam hat, ist die gegenseitige Antipathie. Man hört kein gutes Wort über Guatemala oder El Salvador; Nicaragua und Panama – die Länder, zwischen denen Costa Rica eingekeilt liegt – werden offen gehaßt. Costa Rica ist genauso selbstgerecht wie alle anderen, hat aber mehr Grund dazu. »In diesen Ländern hassen sie die Gringos«, erklärte mir ein Ladenbesitzer. Er sagte damit zwei Dinge zugleich, nämlich daß Gringos in Costa Rica nicht verhaßt sind und daß die Costaricaner eine Art Gringos ehrenhalber darstellen. Mit gewissen Hemmungen erklären Ausländer, warum Costa Rica ihrer Meinung nach so gut

funktioniert: »Es ist ein weißes Land«, sagen sie vorsichtig. »Ich meine, es gibt hier nur Weiße, oder?«
Diese Ansicht – man muß nur einmal mit dem Zug nach Limón fahren, um es herauszufinden – ist falsch. Aber mir ging es gut in San José, und so hob ich mir die Zugfahrt für später auf.
Die Costaricaner waren zu mir höflich und hilfsbereit. Die Ausländer nicht. Man kommt in einen stinkenden Ort wie Cutuco und denkt sich, daß er aussieht wie die fliegenverseuchte Kulisse eines Bogart-Films; genau die Hitze und die kinogerechte schmuddlige Romantik, das Elend der Hoffnungslosen und die übel aussehenden Kaschemmen, die zu den schnauzbärtigen Gringos in gefährlicher Mission so gut passen. Aber in Cutuco gibt es keine Gringos, und das Gefährlichste vom Ganzen ist das Trinkwasser. Der Fremde sucht sich nicht das entlegene, malariaverseuchte Kaff aus, sondern den angenehmen Ort in tropischen Breiten, in dem man trotz aller Langeweile ein anständiges Essen bekommen, ein sicheres Bordell besuchen, ein Geschäft aufziehen oder sich finanziell gesundstoßen kann. Costa Rica boomt; in San José ist der Wohlstand deutlich zu sehen. Romantisch ist San José wohl kaum, hat aber nach Panama den höchsten Ausländeranteil in ganz Zentralamerika. Manche Ausländer sind Kleinkriminelle und Nutten, andere Großverbrecher. Robert Vesco behauptet, in einem Vorort von San José zu wohnen, weil ihm das Klima behage; angeblich soll er aber eine halbe Milliarde Dollar von einer Investmentgesellschaft veruntreut haben. (Vescos Haus mit dem hohen Zaun und dem Videoüberwachungssystem im Gebüsch gehört zu den Sehenswürdigkeiten von San José; die Touristen werden auf dem Ausflug zum Vulkan Irazú daran vorbeigefahren.) Nicht alle Ausländer in San José sind Betrüger. Sie sind Holzhändler, Apotheker, Buchhändler und Speiseeisfabrikanten. Und dann gibt es noch die Pensionäre aus allen Staaten der USA, die sich hier Wohnungen und Grundstücke gekauft haben, im Schatten hocken und ihrem Gott danken, daß sie nicht in »Saint Pete«, Florida, sitzen. Der Unterschied zu Florida besteht darin, daß es in Costa Rica nicht so viele Greise gibt, die sie daran erinnern, daß auch sie zum Sterben hier heruntergezogen sind.
»In Florida wären sie viel besser dran«, meinte Captain Ruggles. »Zum einen hätten sie eine viel bessere medizinische Versorgung.

Gott weiß, was für einen wilden Eiertanz man hier aufführen muß, damit ein Doktor einen Hausbesuch macht.«

Andy Ruggles – der »Captain« war ein Ehrentitel: er war Pilot für eine Fluggesellschaft – stammte selbst aus Florida und fragte sich ständig lautstark, was er um Gottes willen eigentlich in San José zu suchen hätte. Wir saßen in der Bar des Royal Dutch Hotels, und Andy schien wild entschlossen, sich zu betrinken. Im Dienst könne er nicht saufen, sagte er. Wenn er Bereitschaft habe, gehe da gar nichts. Ein anständiger Urlaub für ihn, meinte er, sei eine Sauftour in Gesellschaft einer tollen Nutte. »Aber solches Bier gibt's auch in Florida, und die Mädchen sehen da viel besser aus. Paul«, sagte er, »ich glaub, ich hab einen Riesenfehler gemacht, hierherzukommen. Aber das Flugticket war so billig.«

Wir unterhielten uns über Religion: Andy war Baptist. Wir sprachen über Politik: Nach Andys Ansicht war Nixon hereingelegt worden. Wir redeten von Rassen. In dieser Beziehung war Andy wirklich aufgeklärt: Es gebe fünf Rassen auf der Welt. Ein etwas engstirnigerer Mensch hätte von zweien gesprochen. Die Indianer Mittelamerikas seien natürlich Mongolen. »Die sind über die Beringstraße gekommen, als es da noch Land gab. Schau dir doch unsere Indianer an – Mongolen bis auf die Knochen.«

Unterhaltungen über Menschenrassen sind mir immer etwas unbehaglich; solche Gespräche enden unweigerlich bei Auschwitz. Ich war froh, als er fragte: »Wie sprichst du die Hauptstadt von Kentucky aus, Louieville oder Lewisville?«

»Louieville«, antwortete ich.

»Falsch. Sie heißt Frankfort.« Er lachte dröhnend. »Ist doch 'ne olle Kamelle!«

Ich fragte ihn nach der Hauptstadt von Obervolta. Andy wußte nicht, daß Ouagadougou die Hauptstadt von Obervolta ist. Er konterte mit Nevada. Ich konnte Carson City nicht nennen und mußte bei Illinois passen. Andy kannte mehr Hauptstädte als irgend jemand, der mir je begegnet war, und dabei war ich immer so stolz auf meine fundierten Kenntnisse. Er paßte bei New Hampshire (Concord) und Sri Lanka (Colombo), das war aber auch alles, abgesehen von Obervolta. Er gab drei Bier aus, ich endete bei sechsen. Andy war ein gleichmütiger Trinker und wollte mich, weil er schon

seit drei Tagen in San José sei, nun ein bißchen herumführen. Doch sein Nachbar zur Rechten hatte uns zugehört und sagte, als Andy gerade aufstehen wollte, mit starkem spanischem Akzent: »Ich finde, daß Ihre Fluggesellschaft die schlimmste der Welt ist. Das denke ich. Ich muß nach Miami, aber mit Ihrer Gesellschaft flieg ich nicht. Die ist die allerschlimmste.«
Andy grinste mich an: »Den einen oder anderen unzufriedenen Kunden hat man immer, oder?«
Der Mann sagte: »Sie ist beschissen. Echt beschissen.«
Ich wartete schon darauf, daß Andy ihm eine runterhauen würde. Aber das Lächeln kehrte in sein gerötetes Gesicht zurück: »Hatten wohl einen schlechten Flug, wie? Paar Turbulenzen?« Andy ließ seine Hand flattern. »Flugzeug ging ein bißchen rauf und runter, was?«
»Ich bin schon oft geflogen.«
»Berichtigung«, sagt Andy. »Zwei schlechte Flüge.«
»Mit Ihrer Gesellschaft würd ich nie mehr fliegen.«
»Ich werd's dem Präsidenten melden, wenn ich ihn das nächste Mal treffe.«
»Sie können ihm noch was anderes von mir ausrichten...«
»Einen Moment, Sir«, sagte Andy sehr ruhig. »Was ich bloß wissen will: Was macht ein Schotte wie Sie eigentlich hier?«
Der Spanier sah verwirrt aus.
Andy zupfte seine Manschette von der Armbanduhr und wandte sich ab: »Mahlzeit.«

»Ich zeig dir die Stadt, Junge. Du bist total neu hier. Ich zeig dir die Sehenswürdigkeiten. Wenn wir welche von meinen Kumpeln treffen, hältst du einfach die Klappe. Ich sag dann, du bist Engländer, gerade aus London eingeschwebt. Sag bloß nichts – dann merken sie nichts.«
Wir gingen in eine Bar namens Our Club. Es war laut und düster, im Schatten konnte ich Männer sehen, die sich verstohlen mit Prostituierten herumdrückten.
»Laß knacken«, sagte Andy. »Dieser Gentleman und ich wünschen etwas Bier. Sorte egal.« Das Mädchen hinter dem Tresen trug ein tief ausgeschnittenes Kleid. Sie wischte mit einem Lumpen die The-

ke ab. »Siehst aus wie 'n kluges Mädel«, sagte Andy. »Weißt du«, das Mädchen zog ab, »äh, sie hört nicht zu. Paul, wer ist der größte Dichter der Welt? Nein, nicht Shakespeare. Keine Ahnung? Es ist Rudyard Kipling.«
Unsere zwei Bier kamen.
Ich hab nie was anbrennen lassen. Gib dem Mädel zwei Dollar, Paul – schuldest du mir noch für Oregon – Salem, weißt du noch? Ich hab mich genug umgetan.« Er versenkte sich in seine Rezitation von *The Ladies*, wobei es seiner Aufmerksamkeit zu entgehen schien, daß anderthalb Meter weiter unten an der Theke ein ungeheuer fetter Mann allein vor sich hin trank, Erdnüsse aus einem Schälchen schaufelte und uns beobachtete. Der Mann ließ die Nüsse wie aus einem Würfelbecher in die Hand rasseln, bevor er sie sich in den Mund warf, dann griff er mit der anderen Hand nach seinem Drink. Er trank und angelte nach mehr Erdnüssen. Setzte sein Getränk wieder ab, schüttelte die Nüsse und schoß sie sich in den Mund. Gefräßig wiederholte er diese Bewegung unaufhörlich, aber seine Augen blieben auf uns fixiert.
Andy war heiser, seine Stimme war fast rauh, aber von Melancholie überhaucht.

Doll in a teacup she were –
but we lived on the square, like a true-married pair,
an' I learned about women from 'er.

(Wie 'n Püppchen in 'ner Teetasse, so war sie –
aber wir haben richtig zusammengelebt wie 'n Ehepaar,
und von ihr hab ich was über Frauen gelernt!)

»War mal 'n tolles Land hier«, sagte der Fette mit dem Mund voller Erdnüsse.
Ich sah zu ihm hinüber. Er kicherte versonnen. Seine Linke fand die Erdnüsse. Er hatte nicht hingesehen.
Andy zitierte:

An' I took with a shiny she-devil,
the wife of a nigger at Mhow;

'taught me the gypsy folks' bolee,
kind of volcano she were...

(Und da hab ich mich mit 'ner tollen Teufelin eingelassen,
der Frau von 'nem Nigger in Mhow;
die hat mir die Sprache der Zigeuner beigebracht,
sie war 'n ziemlicher Vulkan...)

»Alles voll Nutten«, sagte der Fette. Ich schätzte ihn auf hundertvierzig Kilo. Er hatte glatt zurückgekämmte Haare und riesenhafte talgigweiße Arme. »Man konnte sich kaum rühren vor lauter Nutten.«
Andy sagte:

For she knifed me one night 'cause I wished she was white
and I learned about women from 'er.

(Und einmal nachts hat sie mich fast erdolcht, weil ich wollte,
sie wär weiß,
und von ihr hab ich was über Frauen gelernt!)

»Die Amerikaner kommen hier runter, kaufen sich kleine Geschäfte – Taxiunternehmen, Getränkemärkte, Tankstellen – und sitzen dann blöd rum und zählen ihr Geld. Die Regierung wollte solche Leute, also haben sie hier 'ne Reinigungsaktion gemacht und die Bordsteinschwalben nach Panama geschickt. Wegen der Leute, die hierherziehen. Sind fast alle aus New York. Die meisten sind Jidden.«
Andy war mit seiner Rezitation noch nicht am Ende, hörte aber schnell auf und sagte: »Die Lady des Colonel und Judy O'Grady sind Schwestern im Geiste. Haben Sie etwas gesagt, Sir?«
»Jidden«, sagte der Fette. Sein Kauen klang wie eine Herausforderung.
»Hast du das gehört, Paul?« Andy wandte sich an den Fetten. »Aber Sie sind hier, oder?«
»Ich bin bloß auf der Durchreise«, antwortete der Fette. Drink, Nüsse, Drink, Nüsse; pausenlos.
»Na klar«, sagte Andy. »Sie bringen Ihr Geld hier runter. Aber

wenn andere das auch tun, fangen Sie an zu meckern.« Er hatte also gehört, was der Fette gesagt hatte! Er hatte *The Ladies* rezitiert, aber alles gehört. In wohlgesetzten Worten sprach er weiter: »Sir, Sie haben ein Recht auf Ihre Meinung. Ich werde mich mit Ihnen nicht darüber auseinandersetzen. Aber ich habe auch ein Recht auf meine eigene Meinung, und ich sage, daß Robert W. Service der Zweitgrößte ist.«
Andy begann mit dem Vortrag von Robert Services Ballade *The Cremation of Sam McGee*, geriet ins Stocken, fluchte, fing wieder an und rezitierte in voller Länge ein Gedicht mit dem Titel *My Madonna*.

I haled me a woman from the street,
shameless, but oh, so fair.

(Ich winkte mir 'ne Frau von der Straße,
schamlos, doch ach, so schön!)

Ein paar Minuten lang gab der Dicke nun Ruhe, drehte aber wieder auf, kaum daß Andy geendet hatte.
»Nicht bloß Jidden«, meinte er. »Jeder, der ein paar Kröten hat. Sie haben den ganzen Ort versaut. Ich werd Ihnen mal was sagen – Carazo hat gerade die Wahlen gewonnen, und der wird die alle vor die Tür setzen. Über kurz oder lang sind die alle wieder in New York, wo sie hingehören. Das Dumme ist bloß, daß die Nutten dann auch nicht wiederkommen.« Seine Hand fuhr in das Schälchen und kratzte auf dem Boden herum. Erst jetzt sah er hin. Es war leer. »Die Nutten kommen nicht wieder.«
»Woher sind Sie, Sir?« fragte Andy.
»Texas.«
»Wußte ich's doch. Wollen Sie wissen, warum? Weil ich gleich gemerkt hab, daß Sie sich für Gedichte interessieren, Tex. O ja, Tex, so war's. Hören Sie mal, ich weiß, daß Sie kein reaktionärer Südstaaten-Spießer sind...«
»Hier spricht das Bier«, sagte der Fette. Seine erdnußlose leere Hand kramte auf dem Tresen herum, ein großer, gieriger Klumpen von Fingern auf Futtersuche.

»...aber ich möchte doch wissen, ob Sie mir einen Gefallen tun können.«
»Häh?«
»Nur ein Antrag auf Mitgliedschaft«, erläuterte Andy. Er hockte auf seinem Barhocker wie auf einem Ast. Er redete ganz sachlich, unterbrach seine Sätze aber mit wiederholten Schlucken zwischen den einzelnen Worten: »Ich überlege, ob sie für mich, äh«, er nahm einen Schluck Bier, »einen Antrag auf, äh«, wieder ein Schluck, »Mitgliedschaft im, äh«, er setzte das Glas noch einmal an und leckte sich die Lippen, »Ku-Klux-Klan unterstützen würden.«
Der Fette räusperte sich ruckartig und spuckte Schleim auf den Boden.
»Könnten Sie mir diesen kleinen Gefallen tun?«
»Du kannst da vielleicht die Betten machen«, knurrte der Fette.
»Wußte ich's doch, der Mann hat Humor«, sagte Andy. »Unser Tex ist ein richtiger Spaßvogel; ich kann's euch sagen, am liebsten würd ich die ganze Nacht hier sitzen bleiben und Witze mit ihm reißen. Aber leider, Paul, ich glaube, ich hab jetzt genug Bier intus.«
Andy kletterte von seinem Barhocker und geriet bei dem Versuch, eine aufrechte Haltung einzunehmen, schwer ins Schwanken. Er stützte sich am Tresen ab, blies die Backen auf und sagte: »So isses: Wenn du nicht mehr gerade stehen kannst, haste genug. Und jetzt sag mal, wie heißt wieder gleich mein Hotel?«
Als Andy weg war, meinte der Fette: »Der hat Glück, daß ich so guter Laune bin. Ich hätte ihm die Arme auskugeln können.«
Der Fette hieß Dibbs. In Texas war er Polizist, hatte aber den Dienst quittiert – als Grund dafür deutete er an, daß Polizisten nicht genug Gewalt anwenden dürften. Und er selbst? Tja, zwei- oder dreimal hätte er gern einem das Hirn aus dem Schädel gepustet, aber so was durfte man ja nicht tun. Er hätte es leicht machen und sich dann auf Widerstand gegen die Staatsgewalt berufen können. Und er war von dem jungen Gesindel, das er nicht abknallen durfte, ausgelacht worden. Er war dann Bauarbeiter geworden, Bulldozerfahrer, war da aber auch wieder weggegangen, weil alle anderen Kohle von der Sozialversicherung kassierten, bloß er nicht. Jetzt war er Leibwächter (für einen Jidden) und arbeitete als Kurier.
»Was macht ein Kurier eigentlich?« wollte ich wissen.

»Sie transportieren was. Ich transportiere Geld.«

In den vergangenen Wochen war er in Mexiko, Panama und Honduras gewesen. Er hatte Pesos im Wert von 50 000 US-Dollar nach Montreal transportiert und 80 000 kanadische Dollar nach Honduras und Panama. Er arbeite für einen bestimmten Mann, sagte er. Als ich wissen wollte, wieso solche großen Summen über die Staatsgrenzen hin- und hergeschoben wurden, lachte er bloß, erklärte mir aber, wie das Geld transportiert wurde: in einem Koffer.

»Ist der eigentlich groß?«

»Sie würden staunen, wieviel Geld in einen kleinen Koffer paßt. Es ist ganz einfach. Bei der Ausreise wird das Gepäck in keinem Land überprüft, und in den USA und in Kanada ist es den Zöllnern egal, wenn sie einen Koffer aufmachen und sehen, daß er voll Pesos ist. Manchmal machen sie ihn nicht mal auf. Aber wenn sie's doch tun, scheißen sie sich in die Hosen, weil sie in ihrem Leben noch nicht so viel Geld gesehen haben.«

Mir war klar, warum jemand wie Dibbs für einen solchen Job ausgesucht worden war. Er war stark, groß wie ein Schrank, ziemlich dumm und absolut loyal. Über seinen Chef oder den Grund für die Geldtransporte schwieg er sich aus; an einem Punkt meinte er: »Vielleicht heiße ich Dibbs, vielleicht auch nicht.« Er hatte seinen Traum von der eigenen Bedeutung; die Höhe der Summen, die er transportierte, nährte diesen Traum. Er war stolz darauf, daß es noch nie jemandem gelungen war, ihn auszurauben. »Raten Sie mal, warum.«

Ich konnte es nicht erraten.

»Weil ich Alkoholiker bin.« Er hob sein Glas. »Sehen Sie? Cola. Wenn ich was Stärkeres trinke, bin ich geliefert. Also trinke ich nicht. Kann ich nicht. Besoffene werden beklaut. Sie – Sie werden wahrscheinlich beklaut. Sie haben den ganzen Abend Bier getrunken. Ich könnte fünfzig Riesen durch die miesesten Viertel von Panama-Stadt spazierentragen, und mir würde gar nichts passieren.«

»Weil Sie nüchtern wären.«

»Und raten Sie mal, warum noch.«

»Sagen Sie's.«

»Weil ich Karate kann. Ich könnte Ihnen die Arme auskugeln.«

Dibbs beugte sich vor. Er sah aus, als wollte er mir die Arme auskugeln. »Außerdem bin ich nicht blöd. Wer sich beklauen läßt, ist selbst schuld. Solche Leute sind blöd. Die gehen an die falschen Orte, lassen sich vollaufen. Und können kein Karate.«
Außerdem, dachte ich, wiegen sie weniger als hundertvierzig Kilo. Dibbs war ein ziemlich finsterer Charakter, und ich kam mir ohne Andy, der ihn abgelenkt hatte, recht wehrlos vor. Dibbs hatte eine Leidenschaft: Nutten, die er am liebsten gleich zu zweit oder zu dritt genoß. »Ich lieg bloß da – sie machen die ganze Arbeit.« Er gab damit an, daß er sie nie bezahlte, denn sie mochten ihn. Er brauchte bloß in ein Bordell zu gehen, und schon klebten sie an ihm und zankten sich mit großem Gezeter darum, wer mit diesem Fleischgebirge ins Bett steigen durfte. Er wußte auch nicht, wieso. »Vielleicht, weil ich so gut aussehe!«
Ich sollte doch mitkommen in den seiner Meinung nach einzigen anständigen Puff in San José – es sei zu spät, meinte ich, schon bald Mitternacht. Zwölf Uhr nachts sei die beste Zeit – da würden die Mädchen gerade erst wach. »Wie wär's mit morgen?« fragte ich, weil ich da schon längst in Limón sein würde. »Feigling!« Ich konnte sein Gelächter noch hören, als ich die Treppe zur Straße hinunterstieg.

Costa Rica hat zwei Eisenbahnlinien, jede mit ihrem eigenen Bahnhof in San José. Dieses »Schienennetz« veranschaulicht die Gleichgültigkeit des Landes gegenüber seinen Nachbarn: es führt zu den Küsten, aber nicht zu den Grenzen. Die Pazifikbahn geht nach Puntarenas am Golf von Nicoya, die Atlantikstrecke führt hinauf nach Puerto Limón. Der Atlantikbahnhof ist der ältere; Teile seiner Strecke werden seit fast hundert Jahren befahren. Vor dem Bahnhofsgebäude kann der Reisende eine aufgebockte Dampflokomotive bewundern – in El Salvador wäre ein solches Gerät noch keuchend und pfeifend auf der Gebirgsstrecke nach Santa Ana im Einsatz, in Guatemala hätte man sie längst eingeschmolzen und zu Splitterbomben für die »Weiße Hand« verarbeitet.
Täglich um zwölf Uhr mittags geht vom Atlantikbahnhof ein Zug nach Limón. Ein großartiger Zug ist es nicht, aber für zentralamerikanische Verhältnisse ist es der »Brighton Belle«: fünf Personen-

waggons, zwei Klassen, keine Güterwaggons. Ich hatte mich auf diesen Zug gefreut, weil er auf einer Strecke fährt, die als eine der schönsten der Welt gilt: vom gemäßigten Bergklima der Hauptstadt durch die tiefen Täler im Nordosten und schließlich zur tropischen Küste, die Kolumbus, als er 1502 auf seiner vierten Reise hier vorbeikam, wegen ihres üppigen Urwalds Costa Rica, »reiche Küste«, nannte. Er glaubte sich hier am Ziel, in der grünen Pracht Asiens. (Kolumbus kreuzte vor der Küste und lag vier Monate lang vor Panama krank danieder; grausamerweise sagte ihm niemand, daß auf der anderen Seite der Berge noch ein riesiger Ozean lag: die eingeborenen Indianer blieben taub für seine Bitten um Aufklärung darüber.)

Die landschaftlich schönste aller Routen in Zentralamerika; aber ich hatte noch einen guten Grund, San José mit diesem Zug zu verlassen. Seit meiner Ankunft in Costa Rica hatte ich ziemlich viel Zeit in der Gesellschaft trinkfester amerikanischer Exilanten zugebracht – Andy Ruggles und der diabolische Dibbs waren nur zwei von vielen. Nach El Salvador, das kein großer Spaß gewesen war, hatte ich ihre Gesellschaft genossen, aber jetzt war ich wieder fähig, mich allein weiterzubewegen. Reisen ist im besten Fall eine einsame Unternehmung. Um schauen, sehen und urteilen zu können, muß man allein und unbelastet sein. Andere Menschen können einen in die Irre führen; sie besetzen deine mäandernden Eindrücke mit ihren eigenen; wenn sie gute Gesellschaft sind, verstellen sie deinen Blick, wenn sie langweilig sind, verderben sie die Stille mit nicht zu beantwortenden Gemeinplätzen und zerstören deine Konzentration mit: »Oh, guck mal, es regnet!« oder: »Hier gibt es aber eine Menge Bäume.« Alleinreisen kann schrecklich einsam sein – und stößt auf völliges Unverständnis bei Japanern, die dich sehen, wie du gedankenverloren über einen Morgen Land voll mexikanischer Butterblumen vor dich hin lächelst, und dich fragen, wo denn die anderen aus deiner Gruppe sind. Ein Abend in einem Hotelzimmer in einer fremden Stadt; mein Tagebuch ist auf den neuesten Stand gebracht; ich sehne mich nach Gesellschaft: Was tun? Ich kenne hier niemanden, also gehe ich spazieren, sehe mir die drei Straßen der Stadt an und bin ein bißchen neidisch auf die flanierenden Pärchen und die Leute mit Kindern. Die Museen und Kirchen sind

geschlossen, gegen Mitternacht sind die Straßen leer. »Tragen Sie keine Wertsachen mit sich herum«, war ich gewarnt worden, »sie werden Ihnen nur gestohlen.« Wenn ich angegriffen werde, kann ich mich nur in meinem allerbesten Spanisch entschuldigen: »Tut mir leid, Señor, aber ich habe nichts Wertvolles bei mir.« Das ist bestimmt der sicherste Weg, einen Dieb in Rage zu bringen und zu Gewalt herauszufordern. Es ist gefährlich, auf diesen dunklen Straßen herumzulaufen, doch die Bars sind offen. Ruggles und Dibbs warten. Sie nehmen meiner Langeweile den Fluch, aber ich habe den leisen Verdacht, daß Ruggles und Dibbs, wenn ich zu Hause geblieben wäre und mich bis Mitternacht in der Innenstadt von Boston herumgetrieben hätte, in der Two O'Clock Lounge (»*20 splitternackte Collegegirls!!!*«) auf mich gewartet hätten. Dafür mußte ich nicht erst mit dem Zug nach Costa Rica fahren.
Es ist nicht leicht, in Gesellschaft klar zu sehen oder zu denken. Ich fühle mich nicht nur dadurch gehemmt, sondern habe, wenn jemand in meiner Nähe laut denkt, auch Schwierigkeiten, so zu empfinden, wie es für das Schreiben nötig ist. Ich werde abgelenkt, aber ich suche keine Ablenkung, sondern Entdeckungen. Um das Gesehene einzufangen, das, so banal es auch sein mag, meiner privaten Stimmung nach etwas Besonderes, Bemerkenswertes ist, bedarf es der Luzidität der Einsamkeit. Im Gefühl der Niedergeschlagenheit liegt etwas, was mein Gehirn beschleunigt und für flüchtige Eindrücke extrem empfänglich macht. Später werden diese Eindrücke vielleicht widerlegt oder gestrichen, vielleicht auch verifiziert und nachgeschliffen, in jedem Fall aber bleibt mir die Befriedigung, das Ganze allein zuwege zu bringen. Reisen sind keine Ferien, sondern oft genug das Gegenteil von Erholung. Meine Freunde hatten mir bei meiner Abschiedsparty an der South Station »Viel Spaß« gewünscht – nicht gerade das, worauf ich gehofft hatte. Ich wünschte mir ein bißchen Risiko, etwas Gefahr, ein unvorhergesehenes Ereignis, lebhaftes Unbehagen, die Erfahrung meiner eigenen Gesellschaft und, in bescheidenem Maße, die Romantik der Einsamkeit. Dies alles, hoffte ich, würde der Zug nach Limón mir bringen.
Ich suchte mir einen Fensterplatz in einer Ecke und sah mir an, wie die Häuser kleiner wurden, während wir die Vororte von San José hinter uns ließen. Sie wurden immer kleiner – aber im Gegensatz

zu den Häusern in allen anderen zentralamerikanischen Vororten nicht schmutziger und baufälliger –, je weiter wir uns der Peripherie der Stadt näherten. Die Fahnen von den vergangenen Wahlen hingen noch da, Wahlplakate und -slogans klebten noch an den Wänden. Es gab Häuser im Ranchstil, Bungalows, quadratische Häuser mit Blechdächern, Häuser aus Holzschindeln und Beton. In den kleinen Ansiedlungen leuchteten sie in Pink, Grün und Zitronengelb, in den feineren Villenvierteln ziegelrot und weiß inmitten weiter grüner Rasenflächen. Und dann, ohne die Müllkippe, den Slum oder den schmutzigen Fluß mit den grauen Seifenschaumschlieren zu passieren, der jede andere Stadt begrenzt, die ich bis jetzt gesehen hatte, sausten wir in die Landschaft hinein, vorbei an Bananenhainen und Kaffeefeldern, schattigen Plantagen zwischen grünbewaldeten Hügeln. An diesem späten Februartag war es sonnig und kühl, und hier, neben dem Bahndamm, stand ein einheimischer Imker, hakennasig und dünn wie ein Sherlock Holmes im Ruhestand; er sah von seinen umschwärmten Bienenstöcken auf und grinste den Zug an.

Auch das kleinste, ärmste Haus war säuberlich gestrichen, der Eingang gefegt, gestärkte Vorhänge flatterten durch die Fenster. In den Gärten sah ich Feuerholzstapel, Gemüse- und Blumenbeete. Es waren stolze kleine Häuser, und ihr Stolz gab ihnen Würde. An allem haftete etwas Vollständiges, Formelles, das sich in der Kleidung der Fahrgäste im Zug widerspiegelte: die Mädchen trugen Sonnenhüte, die Frauen Umschlagtücher, die Männer weiche Filzhüte.

Über die Hälfte meiner Mitreisenden waren Schwarze, was mich wunderte: ich konnte mich nicht erinnern, in San José Schwarze gesehen zu haben. Den Körben und Einkaufstaschen nach waren es Costaricaner und keine Touristen, die hier mit den Weißen im Zug schwatzten: sie unterhielten sich auf spanisch, machten sich miteinander bekannt, lachten und erzählten sich Witze. »Ich hoffe bloß, daß ich genug zu essen dabeihabe«, sagte eine schwarze Frau mit Sonnenhut. »Meine Kinder tun nichts als essen.«

Dann hörte ich: »*Take yo haid out de winda!* – Nimm dein' Kopp aus'm Fenster!«

Es war die gleiche Frau, die jetzt auf englisch losschimpfte. Einer ihrer kleinen Söhne, ein Knirps im blauen Pullover, hatte sich aus

dem Fenster gelehnt, und sein Kopf war so weit draußen, daß er sie nicht hören konnte.
»Gleich kommt 'n Baum und reißt 'n dir wech!«
Jetzt hörte er sie. Er drehte seinen Kopf in ihre Richtung, zog ihn aber nicht zurück.
»*You kyant do dat!* – Lassas sein!« Sie rüttelte an seiner Schulter. Der Junge setzte sich auf seinen Platz zurück und kicherte zu seiner Schwester hinüber.
»Die ganze Zeit muß ich hinter denen hersein«, sagte die Schwarze auf spanisch. Ihr Englisch war ein Singsang, ihr Spanisch ein Stottern.
Wir kamen durch sonnige Lichtungen in einem hübschen schattigen Wald. Es war etwas Ungewöhnliches, im Schatten von Bäumen dahinzufahren, die den Bahndamm überragten. Normalerweise herrschte Hitze auf beiden Seiten, und die Sonne brannte durch die Fenster; aber hier sprenkelte sie das Glas mit blitzenden Lichtpünktchen, und die Bäume standen so dicht, daß es unmöglich war, hinter den von engen Lichtschlitzen unterbrochenen Palisaden aus schlanken Stämmen etwas zu erkennen. Wir waren in den Bergen. Einmal tat sich wie ein Tor zwischen den Bäumen eine Lücke auf; weit weg wuchsen dunkle Fichtenwälder auf den Hügeln, darunter, in einem Graben aus Schatten, sah man eine Molkerei, eine Sägemühle, ein Dorf mit Holzhäusern und einen Holzlagerplatz. Ein Fluß mäanderte glitzernd durchs Dorf, bevor er ins schattige Tal stürzte; der Ort erinnerte mich an ein Städtchen in Vermont, das ich als Kind gesehen hatte, Bellows Falls vielleicht oder White River Junction. Die Illusion von Vermont blieb mir auch dann noch, als ich im Dorf eine Reihe Königspalmen sah.
Wir erreichten den Marktflecken Cartago. Im Jahre 1886 hatte ein amerikanischer Spekulant namens Minor Keith hier die Eisenbahn eingeführt. Die silberne Grundsteinschaufel mit entsprechender Inschrift ist im Nationalmuseum von San José ausgestellt, zusammen mit Tonscherben aus der Zeit vor Kolumbus, Masken, Goldschmuck und Porträts von schnauzbärtigen costaricanischen Patrioten und Präsidenten (deren Spazierstöcke, jeder einzelne so charakteristisch wie der jeweilige Schnauzbart, ebenfalls zu sehen sind). In diesem Museum findet sich auch ein Gemälde von Carta-

go nach dem großen Erdbeben von 1910. Ein interessantes Bild, denn direkt in der Mitte der Stadt, im Vordergrund des Bildes, sieht man die Bahngleise, die zu einem großen Teil von Mauerbrocken aus einem Kloster verschüttet sind. Dieses Beben machte Cartago dem Erdboden gleich; die Bahnlinie wurde repariert; vom alten Ort ist nichts geblieben.

Der Platz neben mir war zunächst leer, aber bei der Abfahrt aus Cartago setzte sich ein junger Mann neben mich und fragte mich, wie weit ich noch führe; er selber wollte nach Siquirres. Limón, meinte er, sei interessant, aber ich würde es dort vielleicht etwas überlaufen finden. Bis Siquirres seien es noch Stunden; ob ich ihm vielleicht ein bißchen Englisch beibringen könne. Er habe schon mal versucht, es zu lernen, es sei aber schwierig. Er hieß Luis Alvarado. Ich bat ihn, uns die Englischstunde vielleicht doch zu ersparen.

»Es ist bloß, weil Sie aussehen wie ein Lehrer. Ich dachte, Sie könnten mir vielleicht helfen«, sagte er auf spanisch. »Wie gefällt es Ihnen in Costa Rica?«

Ich sagte ihm, daß ich Costa Rica für ein sehr schönes Land hielt.

»Warum finden Sie das?«

»Die Berge.«

»Die sind aber nicht so schön wie die in Oregon. Auch nicht so hoch.«

»Der Fluß«, ergänzte ich. Der Fluß in dem Tal sei besonders schön.

»Die Flüsse in Oregon sind viel, viel schöner.«

Ich fände die Menschen in Costa Rica so angenehm, sagte ich.

»In Oregon lächeln die Menschen immer. Sie sind freundlicher als hier in Costa Rica.«

Das Land sei so grün, meinte ich.

»Waren Sie schon mal in Oregon?«

»Nein«, antwortete ich. »Sie denn?«

Er schon. Es war sein einziger Auslandsaufenthalt gewesen, ein Sommer in Oregon, in dem er versucht hatte, Englisch zu lernen. Wunderschön sei es gewesen, nur mit dem Englischunterricht habe es nicht so hingehauen. In Nicaragua oder Panama war er nie gewesen: widerwärtige Länder. Statt nach Panama zu fahren, meinte er, sollte ich lieber in die Staaten zurückkehren und mir Oregon ansehen.

Der Fluß lag unter uns; die Landschaft war weiter, schlichter und furchterregend geworden, zwei parallel verlaufende Gebirgszüge; dazwischen, so tief eingeschnitten, daß es mir angst machte, eine Schlucht. In der Schlucht Dampffontänen: hochgeschleuderte Gischt vom Fluß, dem Río Reventazón. Er fließt schnell und hat mit seiner Kraft die Flanken der Berge eingerissen, einen Canyon gebildet und mit den Trümmern seines Zerstörungswerks gefüllt. Die eingestürzten Wände von Felsbrocken, der Fluß, der über Geröll hinwegrauschte, die wirbelnden Blasen von Stromschnellen – das alles befand sich in hundertfünfzig Meter Tiefe unter dem Bahngleis. Die niedrigen Kaffeebüsche verdeckten nicht die Sicht darauf. Am tobenden Weiß im Talboden konnte ich erkennen, wie die Schlucht sich eingegraben hatte. Das Tal des Reventazón ist sechzig Kilometer lang; seine Wände sind an manchen Stellen so steil, daß der Zug durch Tunnel (Schreie und exaltiertes Gekreisch im Waggon, dazu der Geruch feuchter Wände) nach unten auf einen Felsvorsprung fahren muß, der so nah am Flußufer liegt, daß die Gischt gegen die Fenster prasselt. Dann wieder hinauf, einen Einschnitt entlang, zu Zickzackkurven und Brücken.
Den Brücken näherten wir uns immer in einem Winkel, so daß man sie zuerst vollständig von der Seite aus sah; Geflechte aus schlanken Eisenträgern oder Holzbalken, zwischen zwei Felsvorsprüngen verspannt. Es wirkte immer so, als läge die Brücke an einem anderen Gleis, als würden wir gleich daran vorbeifahren, aber jedesmal legte sich der Zug scharf in die Kurve und schwenkte laut ratternd in die Brücke ein. Die Stromschnellen da unten sahen dann besonders bedrohlich aus – eine ganze Treppe von Katarakten, die sich sprudelnd und schäumend in die noch größere Strömung weiter unten ergossen. Ich fragte mich, wie es kam, daß Costa Rica so kühl und bewaldet sein konnte, und das nicht nur, weil es so völlig anders war als seine nächsten Nachbarn; es war kühl und von Kiefern bestanden wie Vermont, dazu immer mit frischem Wasser versorgt – hier eine Sägemühle, da ein Bauernhof mit Kühen, die an den Berghängen grasten, und Pferde, die, gleichgültig gegenüber dem Zug, an Zäunen angebunden waren. In Costa Rica traf ich später einen amerikanischen Pferdehändler, der mir sagte: »Meine

Tiere würden durchgehen und sich erhängen, wenn ich sie so nah am Bahngleis festbinden würde.«

Während des ersten Drittels der Strecke fährt der Zug wie eine Bergbahn auf einem schmalen Absatz dahin, der aus dem Fels geschlagen worden ist. Wie schmal der Absatz ist? Einmal hatte sich eine Kuh auf die Gleise verirrt. Links die schroffe Bergwand, rechts der Abhang zum Fluß hinunter; die völlig verstörte Kuh trabte vor der Lokomotive her, die ihre Fahrt gedrosselt hatte, um sie nicht zu überfahren. Manchmal blieb das Tier stehen, richtete seine Nase gegen den Berg, schnupperte ein Weilchen an der Steilwand herum und lief dann mit den eigentümlich steifbeinigen Schaukelbewegungen von Kühen weiter. Weil der Bahndamm so schmal war, daß sie den Zug nicht vorbeilassen konnte, mußte sie fast anderthalb Kilometer weit mit baumelndem Schwanz auf dem Felsgesims vor uns herschaukeln.

Weiter unten am Fluß standen die Kaffeebüsche dichter, auch Kakao wuchs hier, mit seinen breiten Blättern und den plumpen, spindelartigen Schoten. Hier konnte ich besser schreiben, weil der Zug auf der ebenen Spur am Flußbett langsamer fuhr. Sehr ausführlich waren meine Notizen nicht. »Felsbrocken«, schrieb ich. »Tal – Fluß – Gischt – klapprige Brücke – gefangene Kuh – Kakao.«

»Ihr Amerikaner seid gern allein unterwegs.« Es war Luis.

»Ich finde es schrecklich, allein unterwegs zu sein«, sagte ich. »Es ist deprimierend. Ich vermisse meine Frau und meine Kinder. Aber wenn ich allein bin, sehe ich die Dinge klarer.«

»Ihr redet nie miteinander, ihr Amerikaner.«

»Sie meinen, in Oregon?«

»Hier, wenn ihr hier herumfahrt.«

»Wir reden andauernd miteinander! Wer sagt denn, daß Amerikaner nicht miteinander reden?«

»Da drüben ist ein Amerikaner«, sagte Luis. »Sehen Sie ihn? Warum reden Sie nicht mit dem?«

Der Mann hatte eine blaue Schirmmütze auf dem Kopf, eine Mütze, mit der er aussah wie die Comicfigur Barney Oldfield; er trug ein grellgrünes Hemd zu einer Hose mit Schlag. Auch im Sitzen hatte er den Riemen seiner Tasche über die Schulter gelegt und hielt sie fest, als hätte er etwas sehr Wertvolles darin. Er hatte einen

Sonnenbrand und war vielleicht Mitte Sechzig – die Haare auf seinen Armen waren weiß. Er saß in der Nähe der Schwarzen, die sich in Spanisch und Englisch unterhielten, redete aber mit niemandem.
»Ich wußte nicht, daß er Amerikaner ist.«
Luis fand das sehr amüsant.
»Sie haben nicht gewußt, daß *der da* Amerikaner ist?«
Es lag wohl an der Kappe, die Luis albern jugendlich fand. Costaricaner trugen weiche Filzhüte, und dieser Mann hatte seine Kappe, die nicht ganz zu seinem verwitterten Gesicht paßte, in einem schmissigen Winkel auf den Kopf gesetzt.
»Reden Sie mit ihm.«
»Nein, vielen Dank.«
Mit diesem alten Mann reden, bloß weil Luis hören wollte, wie wir englisch sprachen? Ich hatte in San José schon genug Amerikaner getroffen. Deshalb hatte ich die Stadt verlassen, um die angeblich unberührte Atlantikküste zu erforschen und mich vielleicht ein bißchen zu erholen, wenn ich mit einem ergrauten Schwarzen in einer Bar von Limón ein paar Anekdoten austauschen würde, Geschichten von Maultiertreibern und Piraten an der Moskitoküste.
»Na los!«
»Reden Sie doch mit ihm«, meinte ich. »Vielleicht bringt er Ihnen ein bißchen Englisch bei.«
Es war vor allem meine andere Furcht: die Verzerrung durch Gesellschaft. Ich wollte die Dinge nicht mit den Augen eines anderen sehen. Ich kenne das. Wenn sie auf etwas hinweisen, was du schon gesehen hast, fällt dir auf, daß deine Wahrnehmung ziemlich banal gewesen sein muß; wenn sie etwas erwähnen, was dir entgangen ist, fühlst du dich betrogen, und es ist ein noch größerer Betrug, es später als deine eigene Beobachtung auszugeben. In beiden Fällen ist es lästig. »Oh, guck mal, es regnet!« ist genausoschlimm wie »Costa Rica hat ein eigenes Längenmaß, die *vara*.«
Ich wollte mich vollkommen auf das konzentrieren, was draußen vor den Fenstern lag; ich wollte mich an dieses Tal erinnern, diesen Fluß, diese Berge, an die Brise, die die Luft im Zug erfrischte, an den Duft der wilden Blumen, die am Bahndamm wuchsen. »Hübsche Blumen«, schrieb ich.

Mit einem nervösen Grinsen stand Luis auf, ging den Gang entlang und murmelte dem alten Mann etwas zu. Der Alte verstand ihn nicht. Luis versuchte es noch einmal. Du Mistkerl, dachte ich. Jetzt drehte der alte Mann sich um und lächelte mich an. Er stand auf. Luis setzte sich auf seinen Platz. Der Alte kam auf mich zu und nahm Luis' Platz ein: »Mann, bin ich froh, Sie zu treffen!«
Er hatte seine Sightseeingtour verpaßt. Wäre alles inklusive gewesen, der Zug nach Limón, eine Dampferfahrt an der Küste entlang, Koch dabei, bestimmt wunderbare Mahlzeiten. Er hätte Affen und Papageien sehen können. Dann Rückfahrt nach Limón, ein bißchen Schwimmen, Viersternehotel, Bustransfer zum Flughafen und mit dem Flieger zurück nach San José. So eine Tour. Aber (der Fluß riß ein altes Kanu in Stücke – und die kleinen Jungen da, ob die wohl angelten?) der Hoteldirektor hatte sich mit der Uhrzeit vertan, die Gruppe war um sechs losgefahren, nicht um neun, und da hatte der alte Mann sich ganz spontan und weil er in San José auch sonst nichts verloren hatte, nach dem Zug erkundigt und war einfach schnell eingestiegen, und – man weiß ja nie – vielleicht könnte er die anderen noch einholen; schließlich hatte er ja seine dreihundert Dollar bezahlt, hier: die Quittung und das Heft mit den Gutscheinen.
Sechs Stunden lagen vor uns, sechs lange Stunden bis nach Limón.
»Wußten Sie, daß der Zug so lange braucht?«
»Mir wär's auch recht, wenn er vier Tage brauchte«, meinte ich.
Das beschäftigte ihn für eine Weile, aber sobald das Tal in all seiner Pracht zu sehen war, fing er an zu schwatzen. Er hieß Thornberry, kam aus New Hampshire und war Maler – Kunstmaler. Das war er nicht immer gewesen – bis vor kurzem hatte er sein Dasein als Werbegrafiker und Designer fristen müssen; die ständige Frage, womit er seine Lebensmittel bezahlen sollte, war eine echte Nerverei; aber vor ein paar Jahren war er an ein bißchen Geld gekommen, an ziemlich viel Geld, und hatte angefangen, sich in der Welt umzusehen: Hawaii, Italien, Frankreich, die Westindischen Inseln, Kolumbien, Alaska, Kalifornien, Irland, Mexiko und Guatemala. Sein Eindruck von Guatemala war ganz anders als meiner; er fand es wunderbar. Ihm gefielen die Blumen. In Antigua hatte er zwei Wochen in der Gesellschaft eines reizenden Burschen zugebracht, der jede Nacht Partys veranstaltete. Nach Mr. Thornberrys Bericht

scheint der reizende Bursche Alkoholiker gewesen zu sein. In Zacapa war Mr. Thornberry nicht gewesen.
»Diese Landschaft«, sagte Mr. Thornberry, »zieht dir die Schuhe aus.« Mr. Thornberry hatte eine eigentümliche Art zu sprechen: Er kniff die Augen zu schmalen Schlitzen zusammen, verzog das Gesicht zu einer Grimasse und den Mund zu einem Viereck, das ein Grinsen imitierte, dann sprach er durch die Zähne, ohne seine Lippen zu bewegen. So redet jemand, der gerade eine Aschentonne hochhebt; er schraubte sein Gesicht nach oben und preßte ächzend die Worte hervor.
Es gab eine Menge Dinge, die Mr. Thornberry die Schuhe auszogen: das Tosen des Flusses, die Erhabenheit dieses Tals, die kleinen Hütten, die großen Felsbrocken und besonders das Klima – er hatte sich auf etwas Tropischeres eingestellt. Für einen Mann in seinen Jahren ein merkwürdiger Satz, aber schließlich war Mr. Thornberry Maler. Wo denn sein Skizzenbuch sei? Er wiederholte, daß er sein Hotel ganz spontan verlassen habe – mit nichts als diesem leichten Gepäck. »Und wo ist Ihre Tasche?«
Ich zeigte auf meinen Koffer im Gepäcknetz.
»Der ist aber groß.«
»Er enthält alles, was ich habe. Vielleicht treffe ich ja in Limón eine wunderschöne Frau und beschließe, für den Rest meiner Tage dort zu bleiben.«
»Das hab ich mal getan.«
»Ich wollte nur einen Scherz machen.«
Aber Mr. Thornberry grimassierte immer noch: »In meinem Fall war es ein furchtbares Desaster.«
Aus dem Augenwinkel sah ich den sprudelnden Fluß und Männer, die im flachen Wasser standen – ich konnte nicht erkennen, was sie taten –, und neben dem Bahndamm Blumen in Rosa und Blau.
»Der Bursche in Antigua hatte ein wunderschönes Haus«, sagte Mr. Thornberry. »Mit einer Mauer ringsherum, ganz voll von diesen Trichterwinden, genau wie die hier.«
»Das sind also Trichterwinden, ja?« fragte ich. »Ich hab schon überlegt, wie sie heißen.«
Mr. Thornberry erzählte mir von seiner Malerei. Während der Wirtschaftskrise konnte man kein Maler sein; es hätte nicht zum

Leben gereicht. Er hatte in Detroit und New York City gearbeitet; furchtbar war es gewesen. Drei Kinder, das kleinste noch ein Säugling, und dann war seine Frau schwer erkrankt – Tuberkulose –, und er hatte sich keinen guten Arzt für sie leisten können. Also war sie gestorben, und er hatte die Kinder allein großziehen müssen. Schließlich waren sie erwachsen, hatten geheiratet, und er war nach New Hampshire umgezogen, um mit dem Malen anzufangen, was er immer schon hatte tun wollen. Schön sei es da, im nördlichen New Hampshire; eigentlich, meinte er, sah es verdammt ähnlich aus wie diese Gegend von Costa Rica.
»Ich finde, es sieht aus wie Vermont; Bellow Falls.«
»Finde ich nicht so.«
Baumstämme trieben im Wasser, riesige dunkle Hölzer, die gegeneinanderstießen und sich an den Felsen verkeilten. Warum die Baumstämme? Ich wollte Mr. Thornberry nicht danach fragen. Er war nicht länger in Costa Rica gewesen als ich. Wie sollte er also wissen, warum dieser Fluß, an dem keine Häuser standen, mit seiner Strömung Stämme mit sich riß, die so lang und doppelt so dick wie Telegrafenmasten waren? Ich wollte mich auf das konzentrieren, was ich sah; ich würde die Erklärung schon herausbekommen. Ich konzentrierte mich. Ich bekam nichts heraus.
»Sägewerk«, sagte Mr. Thornberry. »Sehen Sie die dunklen Dinger da im Wasser?« Er kniff die Augen zusammen, sein Mund wurde viereckig. »Baumstämme.«
Verflixt, dachte ich, und dann sah ich die Sägemühle. Deswegen waren die Stämme da. Sie waren weiter flußaufwärts gefällt worden. Sie mußten also...
»Die sind wohl weiter oben geflößt worden und werden hier unten zu Brettern zersägt«, bemerkte Mr. Thornberry.
»Das machen sie zu Hause auch so«, sagte ich.
»So machen sie es auch zu Hause«, sagte Mr. Thornberry.
Ein paar Minuten lang sagte er nichts. Er zog einen Fotoapparat aus seiner Schultertasche und knipste durchs Fenster. Es war nicht so einfach für ihn, an mir vorbeizuzielen, aber ich wäre lieber zur Hölle gefahren, als meinen Platz in der Ecke aufzugeben. Wir kamen jetzt durch ein anderes kühles Tal, in dem überall Säulen aus Felsgestein standen. Ich sah einen Teich.

»Teich«, sagte Mr. Thornberry.
»Schön«, sagte ich. Was hätte ich sonst sagen sollen?
»Was?« fragte Mr. Thornberry.
»Sehr schöner Teich.«
Mr. Thornberry lehnte sich nach vorn: »Kakao.«
»Ich habe vorhin auch schon welchen gesehen.«
»Aber hier ist viel mehr. Ausgewachsene Bäume.«
Hielt er mich für blind?
»Na ja«, sagte ich. »Er ist mit ein bißchen Kaffee gemischt.«
»Beeren«, sagte Mr. Thornberry mit zusammengekniffenen Augen.
Er hievte sich quer über meinen Schoß und knipste ein Bild. Nein, ich wollte ihm meinen Platz nicht überlassen.
Die Kaffeepflanzen hatte ich nicht gesehen. Wieso er? Ich wollte sie nicht sehen.
»Die roten sind reif. Wahrscheinlich sehen wir bald ein paar Leute bei der Ernte. Gott, finde ich diesen Zug grauenhaft.« Er fixierte seinen angestrengten Ausdruck im Gesicht. »Zieht einem die Schuhe aus.«
Ein ernsthafter Künstler hätte einen Skizzenblock und ein paar Stifte mitgebracht, würde konzentriert vor sich hin kritzeln und den Mund halten, aber Mr. Thornberry fummelte bloß mit seinem Fotoapparat herum und quasselte; er benannte die Dinge, die er sah, sonst nichts. Ich wollte gern glauben, daß er mich mit seiner angeblichen Malerei bloß angelogen hatte. Kein Maler würde so ziellos vor sich hin brabbeln.
»Bin ich froh, daß ich Sie getroffen habe!« sagte Mr. Thornberry. »Auf dem Platz da drüben wär ich glatt verrückt geworden.«
Ich schwieg. Ich sah aus dem Fenster.
»'ne Art Pipeline«, sagte Mr. Thornberry.
Parallel zum Bahndamm verlief eine rostige Röhre durch den Sumpf, der jetzt den Fluß ersetzte. Ich hatte nicht gesehen, wo der Fluß aufhörte. Palmen waren hier zu sehen und die rostige Röhre: eine Art Pipeline, wie er gesagt hatte. Hinter den Palmen erhoben sich Felswände; der Zug fuhr hinauf, unter uns waren Bäche...
»Bäche«, bemerkte Mr. Thornberry.
...und jetzt ein paar Häuschen, die ganz interessant aussahen, sie waren aus Holz wie die Hütten amerikanischer Landpächter, aber

solide gebaut, auf Pfählen über dem feuchten Untergrund. Wir hielten in einem Dorf namens »Moorende«: mehr solcher Hütten.
»Armut«, kommentierte Mr. Thornberry.
»Unsinn«, sagte ich. Es waren gute Blockhütten mit breiten Wellblechdächern, gesunden Gesichtern hinter den Fenstern und gutgekleideten Kindern auf den großen Veranden. Die Menschen hier waren nicht reich, aber auch nicht arm. Ich fand es erstaunlich, daß hier, so weit von San José – und ebensoweit von Limón –, in einem Grenzland zwischen undurchdringlichem Dschungel und dichter Savanne Menschen in trockenen, anständig gebauten Bungalows wohnten. Die meisten waren Schwarze, wie inzwischen auch die Mehrzahl der Fahrgäste im Zug. Ich ging zum hinteren Ende des Waggons, um Mr. Thornberry zu entkommen, und fing eine Unterhaltung mit einem alten Schwarzen an. Die Schwarzen, erzählte er, seien aus Jamaika herübergebracht worden, um die Eisenbahn zu bauen. »Wir haben die Krankheiten nicht gekriegt«, sagte er auf englisch. »Die Engländer haben alle Krankheiten bekommen.« Sein Vater sei Costaricaner gewesen, seine Mutter Jamaikanerin; seine erste Sprache sei Englisch (was mir einen Einblick in sein Familienleben ermöglichte: er war also von seiner Mutter großgezogen worden). Die schwarzen Kinder, die lachend im Gang des Zuges herumalberten, gefielen ihm nicht: »Ihre Großeltern wollten noch arbeiten, die nicht.«
Der Baustil der Häuser war vielleicht auch westindisch. Sie erinnerten mich an Häuser, die ich im ländlichen Süden gesehen hatte, in den Landstädtchen von Mississippi und Alabama, aber sie waren ordentlicher und besser gepflegt. In jedem sumpfigen Gärtchen standen Bananenstauden, in jedem Dorf gab es eine Gemischtwarenhandlung – fast immer mit einem chinesischen Namen auf dem Firmenschild; die meisten Läden waren mit einem anderen Gebäude verbunden, das als Bar und Billardzimmer diente. Es war etwas Freundliches an diesen Dörfern; die meisten Haushalte schienen rein schwarz zu sein, aber es gab auch gemischte: Mr. Thornberry wies mich darauf hin, sobald ich an meinen Platz zurückkehrte.
»Schwarzer Junge, weißes Mädchen«, sagte er. »Scheinen sich gut zu vertragen. Da ist die Pipeline wieder.«

Wann immer von da an die Pipeline ins Blickfeld kam – was sie von hier bis zur Küste etwa zwanzigmal tat –, wies Mr. Thornberry mich hilfsbereit darauf hin.
Wir waren tief in den Tropen. Die Hitze war erfüllt vom Geruch nach feuchter Vegetation und sumpfigem Wasser und vom schweren Duft von Urwaldblumen. Die Vögel hatten lange Schnäbel und stöckchenartige Beine, sausten im Sturzflug und bremsten ihren Fall mit ausgebreiteten Flügeln, so daß sie aussahen wie Spielzeugdrachen. Muhende Kühe standen knietief im Sumpf. Die Palmen sahen aus wie Fontänen oder zehn Meter hohe Büschel aus zerfledderten Federn – ich konnte keine Stämme sehen, nur diese fedrigen Blätter, die direkt aus dem Sumpf ragten.
»Ich hab mir gerade die Palmen da angesehen«, sagte Mr. Thornberry.
»Wie Riesenfedern«, sagte ich.
»Komische grüne Fontänen«, ergänzte er. »Sehen Sie mal, wieder Häuser.«
Noch ein Dorf.
Mr. Thornberry beobachtete: »Blumengärten. Die Bougainvilleen da – zieht einem ja die Schuhe aus. Mama in der Küche, Kinder auf der Veranda. Das da ist gerade frisch gestrichen. Gucken Sie mal das Gemüse an!«
Es sah so aus, wie er gesagt hatte. Das Dorf zog vorbei, und wir waren wieder in sumpfigem Urwald. Es war feucht und jetzt auch bedeckt. Meine Augenlider wurden schwer. Schreiben hätte mich wach gehalten, aber wegen Mr. Thornberry, der alle zwei Minuten zum Fenster rannte, um Fotos zu machen, hatte ich keinen Platz dazu. Außerdem hätte er mich gefragt, warum ich schriebe. Sein Gerede machte mich eher wortkarg. Das feuchte grünliche Licht wurde noch dunkler vom Holzrauch der Küchenfeuer; einige Familien kochten auf der freien Fläche unter ihren Pfahlbauten.
»Wie Sie schon sagten, die sind geschäftstüchtig«, sagte Mr. Thornberry. Wann sollte ich das gesagt haben? »In jedem verdammten Haus dahinten gab es etwas zu verkaufen.«
Nein, dachte ich, das konnte nicht stimmen. Ich hatte niemanden gesehen, der etwas verkauft hätte.

»Bananen«, sagte Mr. Thornberry. »Es macht mich wütend, wenn ich daran denke, daß sie sie jetzt für fünfundzwanzig Cent das Pfund verkaufen. Früher ging der Preis nach Bündeln.«
»In Costa Rica?«
»New Hampshire.«
Er schwieg für einen Moment, dann sagte er: »Buffalo.«
Er las ein Bahnhofsschild. Kein Bahnhof – eher ein Schuppen.
»Aber es erinnert mich nicht an New York.« Ein paar Kilometer zuvor waren wir im Dorf Bataan gewesen, und Mr. Thornberry hatte mich daran erinnert, daß es einen Ort auf den Philippinen gab, der auch so hieß. Der Marsch von Bataan. Komisch, daß die beiden Orte den gleichen Namen hatten, vor allem einen Namen wie Bataan. Der nächste Ort hieß Liverpool. Ich machte mich auf einiges gefaßt.
»Liverpool«, kommentierte Mr. Thornberry. »Komisch.«
Es war ein literarischer Bewußtseinsstrom: Mr. Thornberry als weniger anspielungsreicher Leopold Bloom, ich als unwilliger Stephen Daedalus. Mr. Thornberry war einundsiebzig. Er lebe allein, erzählte er, er koche für sich selbst. Er male. Vielleicht erklärte das alles. Eine dermaßen einsame Existenz förderte die Neigung zu Selbstgesprächen: er dachte einfach laut. Er war seit Jahren allein. Seine Frau war mit fünfundzwanzig gestorben. Aber hatte er nicht vorher von einem ehelichen Desaster gesprochen? Den tragischen Tod seiner Frau hatte er wohl nicht gemeint.
Ich erkundigte mich danach, um ihn von den vorbeiziehenden Dörfern abzulenken, die ihm, wie er wiederholte, die Schuhe auszogen:
»Haben Sie denn nie wieder geheiratet?«
»Ich bin mal krank gewesen, und da war dann diese Schwester im Krankenhaus, ungefähr fünfzig, ein bißchen dick, aber sehr nett. Das dachte ich jedenfalls. Man lernt ja einen Menschen erst kennen, wenn man mit ihm zusammenlebt. Sie war nie verheiratet. Da ist unsere Pipeline. Ich wollte gleich mit ihr ins Bett – lag wohl daran, daß ich krank war und sie mich gepflegt hat, so was gibt's ja oft. Aber sie meinte: ›Nicht vor der Ehe.‹« Er kniff die Augen zusammen: »Es war eine stille kleine Feier. Danach sind wir nach Hawaii geflogen. Nicht nach Honolulu, sondern auf eine der kleinen Inseln. Es war wunderschön: Urwald, Strand, Blumen. Sie fand's

furchtbar. ›Zu langweilig‹, meinte sie. Geboren und aufgewachsen in einer Kleinstadt in New Hampshire, einem winzigen Nest – Sie kennen solche Kaffs –, und dann fährt sie nach Hawaii und findet's langweilig. Sie wollte in Nachtklubs. Gab es da aber nicht. Sie hatte riesige Brüste, aber die durfte ich nicht anfassen. Sie täten ihr dann weh. Ich wurde allmählich verrückt. Und dann hatte sie einen Sauberkeitstick. An jedem einzelnen Tag dieser sogenannten Flitterwochen mußten wir in den Waschsalon, und da hab ich dann draußen gesessen und Zeitung gelesen, während sie große Wäsche gemacht hat. Sie hat jeden Tag die Bettlaken gewaschen. In Krankenhäusern macht man das ja vielleicht, aber im täglichen Leben ist so etwas nicht normal. Ich war wohl ein bißchen enttäuscht.«
Seine Stimme wurde matt: »Telegrafenmasten… Schweine… Wieder die Pipeline… Es war das totale Fiasko. Als wir aus den Flitterwochen zurückkamen, hab ich ihr gesagt, schau mal, das haut nie hin. Sie fand das auch und ist am selben Tag ausgezogen – na ja, war ja auch nie richtig eingezogen. Das nächste, was ich von ihr höre, ist eine Scheidungsklage. Alimente, Unterhalt, alles wollte sie. Und mich vor Gericht bringen.«
»Noch mal«, sagte ich. »Sie waren doch bloß in den Flitterwochen und sonst nichts?«
»Zehn Tage«, sagte Mr. Thornberry. »Eigentlich hätten es zwei Wochen sein sollen, aber sie hat die Stille nicht ausgehalten. War ihr zu langweilig.«
»Und dann wollte sie Unterhalt?«
»Sie wußte, daß meine Schwester mir eine Menge Geld hinterlassen hatte. Also hat sie mich verklagt.«
»Und was haben Sie gemacht?«
Mr. Thornberry grinste. Es war das erste richtige Lächeln, das ich an diesem ganzen Nachmittag auf seinem Gesicht zu sehen bekam. »Was ich gemacht habe? Gegenklage eingereicht. Wegen arglistiger Täuschung. Verstehen Sie, sie hatte nämlich einen Freund. Als wir in Hawaii waren, hat er sie angerufen. Mir hat sie gesagt, er sei ihr Bruder, natürlich.«
Er sah immer noch aus dem Fenster, war aber offensichtlich mit den Gedanken woanders. Er kicherte in sich hinein. »Danach brauchte ich nichts mehr zu unternehmen. Sie geht in den Zeugen-

stand. Der Richter fragt sie: ›Warum haben Sie diesen Mann geheiratet?‹ Und sie: ›Er hat mir gesagt, daß er Geld hätte.‹ Er hat mir gesagt, daß er Geld hätte! Damit hat sie sich ja selbst belastet! Vor Gericht haben sie sie ausgelacht. Ich hab ihr fünftausend gegeben und war froh, als ich sie los war.« Fast ohne Pause fuhr er fort: »Palmen«, dann: »Schwein... Zaun... Bauholz... Wieder Trichterwinden. Auf Capri wachsen die überall... Schwarz wie Pik-As... Amerikanisches Auto.«

Die Stunden vergingen, Mr. Thornberry redete ohne Unterlaß.
»Billardtisch... Lebt wohl von der Wohlfahrt... Fahrrad... Hübsches Mädchen... Laternen.«

Ich hatte ihn aus dem Zug werfen wollen, aber nach seiner Geschichte tat er mir doch leid. Vielleicht hatte die Krankenschwester genauso neben ihm gesessen; vielleicht hatte sie gedacht: »Wenn er das noch ein einziges Mal sagt, fange ich an zu schreien.«

»Und wann haben diese verunglückten Flitterwochen stattgefunden?«

»Letztes Jahr.«

Ich sah ein dreigeschossiges Haus mit Holzveranden an jedem Stockwerk. Es war grau, hölzern und baufällig und erinnerte mich an das Bahnhofshotel, das ich in Zacapa gesehen hatte. Aber dieses hier sah aus wie ein Gespensterhaus: Jedes Fenster war kaputt, inmitten des Unkrauts im Vorgarten rostete eine alte Dampflok vor sich hin. Vielleicht hatte es einmal einem Plantagenbesitzer gehört: ringsherum standen Bananenstauden. Das Gebäude war unbewohnt und verrottet, aber die Überreste des zersplitterten Zauns, des Gartens, der Veranden und der Scheune, die vielleicht einmal als Remise gedient hatte, deuteten darauf hin, daß es vor langer Zeit einmal ein grandioses Anwesen war, die Art von Behausung, in der die tyrannischen Bananenbarone in den Romanen von Asturias gelebt haben mochten. In der Hitze der Urwalddämmerung sah das verfallene Haus aus wie eine Phantasievorstellung, wie ein altes, zerfetztes Spinnennetz, von dessen einstiger Symmetrie noch ein paar Reste zu sehen waren.

»Das Haus da«, sagte Mr. Thornberry. »Costaricanische Gruselgotik.«

Ich hab's zuerst gesehen, dachte ich.

»Brahma-Bullen«, sagte Mr. Thornberry. »Enten... Bach... Spielende Kinder.« Und zum Schluß: »Brandung.«
Wir hatten die Küste erreicht und fuhren jetzt an einem palmengesäumten Strand entlang: die Moskitoküste, die sich von Puerto Barrios in Guatemala bis nach Colón in Panama erstreckt. Ein wilder Landstrich; er scheint mir ein idealer Schauplatz für eine Geschichte über Schiffbrüchige zu sein. Die wenigen Dörfer und Häfen, die es hier gibt, sind aufgegeben worden; sie veröden mit dem Ende der Schiffahrt und gingen wieder im Urwald auf. Massive Wellen rollten auf uns zu – der weiße Schaum strahlend im abendlichen Zwielicht – und brachen sich kurz vor den Kokospalmen neben dem Bahndamm. Um diese Tageszeit, zu Beginn der Nacht, ist das Meer das letzte, was dunkel wird: es scheint das Licht zu halten, das vom Himmel verschwindet; die Bäume sind längst schwarz. Im Schein dieser leuchtenden See und des blaßblauen östlichen Himmels, begleitet vom Rauschen der Brandung, ratterte der Zug weiter nach Limón. Mr. Thornberry redete immer noch. Er behauptete: »Ich glaub, daß es mir hier gefallen könnte« und berichtete dann, daß er ein Haus, ein Tier und ein aufflackerndes Feuer gesehen habe, bis wir endlich in völliger Dunkelheit dahinfuhren und sein Redefluß versiegte. Keine Brandung mehr, die Hitze beklemmend. Durch die Bäume hindurch sah ich ein Flammenmeer von gräßlich lodernden Licht: »Limón«, krächzte Mr. Thornberry.

Limón sah scheußlich aus. Es hatte geregnet, und die Stadt stank. Der Bahnhof lag an einer schlammigen Straße beim Hafen, Pfützen spiegelten die verfallenen Gebäude und grellen Lampen wider. Es roch nach totem Seegetier und feuchtem Sand, überlaufenden Abwasserkanälen, Salzlake, Öl, Kakerlaken und tropischer Vegetation, die in aufgeweichtem Zustand den gleichen heißen, modrigen Gestank von Mulch und Mehltau ausdünstet wie ein Komposthaufen im Sommer. Laut war es außerdem: scheppernde Musik, Rufe, Autohupen. Jener letzte Blick auf die palmengesäumte Küste und die Brandung war irreführend. Selbst Mr. Thornberry, eben noch ganz hoffnungsfroh, verzog ungläubig und angewidert das Gesicht: »Oh Gott«, stöhnte er. »Das ist ja ein Pissloch im Schnee!« Wir

tappten durch die Pfützen; die anderen Fahrgäste hasteten an uns vorbei und spritzten uns naß. »Das zieht einem echt die Schuhe aus«, bemerkte Mr. Thornberry.
Das genügte. »Ich sollte mir jetzt ein Hotel suchen«, sagte ich.
»Warum gehen Sie nicht in meins?«
Oh, guck mal, es regnet. Das zieht mir die Schuhe aus. 'ne Art Pipeline.
»Ich schnüffle mal ein bißchen in der Stadt herum. Ich bin wie eine Ratte im Irrgarten, wenn ich an einem neuen Ort ankomme.«
»Wir könnten doch zusammen zu Abend essen; könnte ganz lustig sein. Man weiß ja nie, vielleicht haben sie gutes Essen.« Mit zusammengekniffenen Augen blickte er die Straße hinauf: »Der Laden da ist mir empfohlen worden.«
»Mir nicht«, sagte ich. »Sieht ziemlich merkwürdig aus.«
»Vielleicht finde ich meine Reisegruppe doch noch.« Es klang nicht mehr hoffnungsfroh.
»Wo wohnen Sie denn?«
Er nannte mir das teuerste Hotel von Limón – und lieferte mir damit meine Begründung dafür, daß ich mich woanders umsehen wollte. Ein kleiner schwachsinniger Mann kam heran und erkundigte sich sanft, ob er meinen Koffer tragen dürfe. Als er ihn am Griff hochhob, schleifte der Boden auf der Straße, also lud er ihn sich auf den Kopf und marschierte O-beinig wie ein Arbeitszwerg zum Marktplatz. Hier trennte ich mich von Mr. Thornberry.
»Ich wünsche Ihnen, daß Sie Ihre Gruppe noch finden«, sagte ich, und er meinte, es sei schön gewesen, sich so im Zug kennenzulernen. Ganz lustig, eigentlich. Dann zog er von dannen. Ich verspürte eine unbändige Erleichterung, als sei ich gerade aus einer langen Haft befreit worden, gab dem Zwerg ein Trinkgeld und hastete in die entgegengesetzte Richtung, weg von Mr. Thornberry.
Ich ging zu Fuß, um meine Freiheit auszukosten und mir die Beine zu vertreten. Nach drei Häuserblocks sah die Stadt auch nicht besser aus, und war das da nicht eine Ratte, die knabbernd neben einem umgekippten Abfallkübel hockte? »Ein weißes Land«, hatte jemand in San José mir erklärt, aber diese Stadt war schwarz, ein Vorposten mit dampfenden Bäumen und Meeresgestank. Ich versuchte es in mehreren Hotels: wurmstichige Treppenhäuser, auf

dem Treppenabsatz im ersten Stock ein schwitzender Mensch hinter dem Tresen. Nein, Zimmer hätten sie keine mehr. Ich war ganz froh darüber, weil es so widerlich verdreckt aussah und die Angestellten so frech waren, und ging ein paar Straßen weiter. Ich würde bestimmt etwas Besseres finden. Aber die Etablissements waren noch kleiner, rochen noch schlimmer und waren auch voll. Während ich – außer Atem von der steilen Treppe – in einem Haus wartete, krabbelten zwei Kakerlaken an der Wand herunter und eilten ungehindert quer durchs Zimmer. »Kakerlaken«, sagte ich. »Was wollen Sie hier«, bekam ich zur Antwort. Hier war auch alles belegt. Ich hatte es bis jetzt in jedem zweiten Hotel versucht, jetzt probierte ich es bei jedem. Hotels waren das nicht, sondern Nester mit fauliger Bettwäsche, ein paar Zimmern und einem Stückchen Balkon. Ich hätte wissen können, daß sie voll waren: In den engen Treppenhäusern hatte ich rückwärts nach unten gehen müssen, um entnervten Familien auszuweichen, die mir entgegenkamen, mit Koffern beladenen Frauen und Kindern, zähneknirschenden Vätern, die murmelten, daß sie es eben noch woanders probieren müßten.
In einem Haus (durch das wacklige Treppenhaus, die nackten Glühbirnen, die mottenzerfressenen Möbel und den muffigen Geruch als Hotel zu erkennen) erklärte mir eine Frau mit Schürze: »Die da – die belegen doppelt« und deutete auf einen Gang voller Menschen: Omas, junge Frauen, seufzende Männer, vor Übermüdung glasig starrende Kinder, alle schwarz und erschöpft, schoben alte Koffer in ein Gelaß. Manche waren schon dabei, sich draußen im Gang im Stehen umzuziehen.
Ich hatte keine Ahnung, wieviel Uhr es sein mochte. Es war wohl spät; wer in Limón nicht auf Zimmersuche war, flanierte die nassen Straßen entlang. Alle schienen diesen gesetzten, selbstgewissen Zug um den Mund zu haben, der dem Fremden wie Spott oder zumindest Gleichgültigkeit erscheint. Samstagabende in fremden Städten können den friedfertigsten Besucher aus der Fasson bringen.
Noch später meinte jemand: »Weitersuchen ist Zeitverschwendung; in Limón sind keine Zimmer frei. Probieren Sie's morgen wieder.«
»Und was mache ich heute?«
»Da gibt's nur eins: Sehen Sie die Bar da drüben?« Eine abblättern-

de Ladenfront mit einer Glühlampenkette über der Tür, drinnen schemenhafte menschliche Köpfe, Rauch und die Geschirrzertrümmerungsmusik. »Gehen Sie rein, und gabeln Sie ein Mädchen auf, verbringen Sie die Nacht mit ihr – das ist Ihre einzige Chance.«
Ich ließ es mir durch den Kopf gehen. Aber ich sah keine Mädchen. Vor der Tür stand ein Trupp junger Kerle, die mit spöttischem Gegröle jeden Mann empfingen, der hineinwollte. Ich probierte es in einem weiteren Hotel. Der schwarze Besitzer sah mir meine Verzweiflung über seine Antwort an und schlug vor: »Wenn Sie wirklich hängenbleiben und nichts anderes finden, kommen Sie wieder her. Sie können auf dem Stuhl da übernachten.« Der Stuhl hatte eine gerade Lehne und stand auf der Veranda. Auf der anderen Straßenseite eine Bar: Musik und eine andere Gang von johlenden Jugendlichen. Ich schlug nach den Moskitos. Mopeds knatterten vorbei; sie klangen wie Außenbordmotoren. Dieser Ton, die jungen Kerle und die Musik zusammen waren ausgesprochen wüst. Trotzdem ließ ich meinen Koffer bei dem Mann und kämmte noch ein paar Straßen durch, fand aber keine Hotels mehr, keine Bars und keine Absteigen; hier war sogar die Musik etwas gedämpft. Ich wollte mich auf den Rückweg machen, war aber zu weit gegangen – ich hatte mich verlaufen.
Ich war in einem Viertel von Limón gelandet, das »Jamaicatown« genannt wird. Eine schwarze Gegend, in der englisch gesprochen wurde, in diesem weißen, spanischsprechenden Land: ein Slum. Die Straßen hier waren die schlimmsten, die ich bisher in Costa Rica gesehen hatte, an jeder Straßenecke ein Dutzend Menschen, sie redeten, lachten. Ihre Sprache hatte einen gackernden Unterton. Ich wurde beobachtet, bedroht wurde ich nicht, und trotzdem war ich mir noch nie so verloren vorgekommen; es war, als wäre ich durch das Netz meiner sicheren Pläne gerutscht und stürzte in freiem Fall durch die Dunkelheit. Ich würde noch tiefer fallen: bis zum Morgengrauen gab es absolut nichts, was ich tun konnte. Meine Füße schmerzten, ich war müde, verdreckt und verschwitzt, gegessen hatte ich den ganzen Tag noch nichts. Zwar war dies weder der passende Ort noch die Stunde, um über die Sinnlosigkeit meiner ganzen Reise nachzugrübeln, doch hatte Costa Rica sich zunächst wesentlich besser angelassen als diese finstere Sackgasse jetzt.

Ich fragte ein paar Männer, die an einer Straßenecke herumlungerten, nach dem Weg zum Marktplatz; ich fragte auf spanisch, die Antwort kam auf englisch: sie hatten gemerkt, daß ich Ausländer war. Die Beschreibung war klar und deutlich – der Platz sei nicht zu verfehlen, meinten sie.
Die Reihe von Hotels und Gasthäusern, in denen ich am frühen Abend gewesen war, tauchte wieder auf: vorhin hatte ich mich noch vor ihnen geekelt, inzwischen fand ich sie gar nicht mehr so übel. Ich lief weiter, und dann, in der Nähe des Marktplatzes, hopste er kraftlos über die Straße, eine Schulter vom Gewicht der Tasche mit dem Umhängeriemen tiefer als die andere, komische blaue Kappe, giftgrünes Hemd, Schlaghosen, schlappende Bootsschuhe: Thornberry.
»Ich hab Sie überall gesucht.«
Ich brauchte ihn, ich freute mich: endlich jemand, mit dem ich reden konnte. »Ich kriege nirgends ein Zimmer. In Limón ist alles voll, ich bin am Ende.«
Blinzelnd nahm er meinen Arm: »In meinem Zimmer stehen drei Betten«, sagte er. »Sie bleiben bei mir.«
»Sind Sie sicher?«
»Klar. Kommen Sie.«
Meine Erleichterung war nicht zu beschreiben.
Ich holte meinen Koffer von dem Hotel ab, in dem der Mann mir seinen Verandastuhl als Bettstatt angeboten hatte. Mr. Thornberry bezeichnete die Herberge als Pissloch (und ließ, wenn wir in den nächsten Tagen daran vorbeikamen, keine Gelegenheit aus, mich darauf aufmerksam zu machen: »Da ist Ihre Veranda!«). Ich ging in sein Zimmer und wusch mich, dann tranken wir zusammen ein Bier und schimpften über Limón. Vor lauter Dankbarkeit lud ich ihn zum Essen ein; wir bestellten gedünsteten Fisch mit Palmenherzen und eine Flasche Wein, und Mr. Thornberry erzählte mir traurige Geschichten über sein Leben und seine Einsamkeit in New Hampshire. Vielleicht würde er sich für die kalte Jahreszeit ein Haus in Puntarenas mieten: noch einen kalten Winter wollte er sich nicht antun. Er hatte nichts aus seinem Leben gemacht, meinte er, alles wegen des Geldes, dieser IBM-Aktien, die seine Schwester ihm vermacht hatte: »Die Dinge, die ich möchte, kann man nicht kau-

fen. Geld ist ein Scheißdreck. Wenn man welches hat. Wenn man keins hat, ist es wichtig. Ich hab nicht immer welches gehabt.«
»Sie haben mir das Leben gerettet«, sagte ich.
»Ich konnte Sie doch nicht die ganze Nacht lang rumlaufen lassen. Es ist gefährlich. Ich hasse diesen Ort.« Er schüttelte den Kopf. »Ich hab gedacht, daß es mir hier gefallen könnte. Vom Zug aus sah es doch ganz gut aus – all die Palmen. In dem Reisebüro haben sie mich angelogen. Da haben sie gesagt, hier gäb's Papageien und Affen.«
»Vielleicht können Sie ja morgen einen Ausflug mitmachen.«
»Ich bin's leid, darüber nachzudenken.« Er sah auf seine Uhr. »Neun. Ich bin völlig erledigt. Machen wir Schluß für heute?«
»Sonst gehe ich eigentlich nicht um neun schlafen.«
»Ich tu das immer«, sagte Mr. Thornberry.
Also gingen wir. Es gab nur einen Zimmerschlüssel. Wie ein ältliches Ehepaar pusselten wir beim Zubettgehen still vor uns hin, gähnten und stiegen züchtig in die Schlafanzüge. Mr. Thornberry zog sich die Decke unters Kinn und seufzte. Ich las noch ein bißchen und knipste dann das Licht aus. Es war noch früh, immer noch laut. »Motorrad«, sagte Mr. Thornberry. »Musik... Hören Sie bloß, wie laut die rumpalavern... Auto... Lokomotivpfeife... Das müssen Wellen sein.« Dann schlief er ein.
Trotz meiner feindseligen Regungen im Zug betrachtete ich Mr. Thornberry als meinen Retter. Um mich zu revanchieren, machte ich eine Ausflugsmöglichkeit für ihn ausfindig, eine Bootsfahrt auf dem Küstenkanal bis in die Laguna Matina im Norden und ein Nachmittag am langen Lavastrand an der Mündung des Río Matina. Mr. Thornberry bestand darauf, daß ich ihn begleiten sollte, und (»Geld ist ein Scheißdreck!«) bezahlte mein Ticket. Das Boot war klein und der Kanal so mit Wasserhyazinthen zugewuchert, daß wir nur langsam vorankamen. Aber es wuchsen dicke Büschel von Orchideen auf den tropischen Bäumen, Reiher und Silberreiher rauschten an uns vorbei, später flogen braune Pelikane in einer Formation wie Graugänse vorüber.
»Ich sehe keine Papageien«, sagte Mr. Thornberry. »Ich seh auch keine Affen.«
Ich ging vor zum Bug des Bootes, setzte mich in die Sonne und sah zu, wie der Urwald vorüberzog.

»Schmetterlinge«, sagte Mr. Thorberry, der achtern unter dem Sonnendach sitzen geblieben war.
Sie waren stahlblau, viereckig, so groß wie Topflappen, angepaßt an die Orchideen, zwischen denen sie herumflatterten.
»Schon wieder Reiher«, bemerkte Mr. Thornberry. »Wo sind die Papageien?«
Der Drang, ihn über Bord zu schubsen, stieg langsam in mir auf, dann schämte ich mich über meinen Ärger – schließlich hatte er mich gerettet.
»Sehen Sie mal, wie grün das alles ist«, sagte Mr. Thornberry.
Um halb zwei erreichten wir die Lagune, wo wir festmachten, weil der schwarze Bootsführer befürchtete, daß die Strömung in der Flußmündung uns ins offene Meer treiben könnte. Zu Fuß gingen wir zum grauen Lavastrand, wo ich schwimmen wollte. Auf spanisch brüllte der Bootsführer mir zu, ich solle sofort rauskommen – im Wasser seien Haie, und zwar von der hungrigsten, gemeinsten Sorte. Ob er denn welche gesehen habe, erkundigte ich mich. Nein, aber er wisse, daß es welche gebe. Ich hüpfte zurück ins Wasser.
»Haie!« schrie der Schwarze.
»Wo?« fragte ich. Ich stand bis zur Taille in der Brandung.
»Da! Raus! Raus!«
Beim Rückzug aus den Wellen sah ich die schwarze Rückenflosse eines Hais das Wasser zerschneiden. Aber das Tier selbst kam mir kaum größer vor als einen Meter. In East Sandwich auf Cape Cod hatte ich schon größere gesehen, und das sagte ich dem Bootsführer auch. Aber weil er darauf bestand, daß ich völlig verrückt sein müsse, hier zu schwimmen, gab ich seinen Ängsten nach und entschied mich statt dessen für einen Spaziergang.
Mr. Thornberry kam mir am Strand entgegen, und so gingen wir zusammen am Ufer entlang. »Treibholz«, sagte er. »Das ist alles Lava hier, wissen Sie. Deswegen ist der Sand so schwarz.«
Auf dem Rückweg brach an der Maschine unseres Bootes ein Scherbolzen. Der Bootsführer winkte einem vorbeifahrenden Kanu und verschwand für mindestens eine Stunde, um in den Hütten am Kanal nach Ersatz zu fahnden.
»Das Boot von der anderen Gruppe hatte extra einen Koch mit«, sagte Mr. Thornberry, »das hier hat nicht mal einen Motor.«

»Vielleicht hängen wir jetzt tagelang hier fest«, sagte ich aus reiner Bosheit. Ich konnte schon sehen, daß der schwarze Bootsführer in einem Kanu auf uns zusteuerte.

Abends in Limón konnte ich mir mein eigenes Hotel suchen. Die Wochenendausflügler waren weg, und ich hatte freie Auswahl. Kein schlechtes Hotel, obwohl das Bett feucht von der Seeluft war, ich von Moskitos geplagt wurde und das laute Schwappen der Brandung mich die halbe Nacht wach hielt. Dennoch: So für mich konnte ich klar denken und versuchen, das Thornberry-Paradoxon zu lösen.

Den nächsten Tag wanderte ich in Limón herum, das auf den zweiten Blick auch nicht schöner aussah als am ersten Abend: eine dampfende, stinkende Stadt voller Schlammlöcher und in der Feuchtigkeit verschossener Gebäude. Die Stuckfassaden hatten die Farbe und Konsistenz von schimmligem Kuchen angenommen; Zementkrümel lagen auf den Bürgersteigen verstreut. Im Park krochen dreizehige Faultiere im Geäst herum, auf dem Marktplatz und den Brüstungen der bröckelnden Gebäude hockten räudige Geier, noch mehr Geier kreisten über der Plaza. Gab es irgendwo auf dem Erdball ein schäbigeres Kaff? Kolumbus war hiergewesen, mit seinem Sohn Ferdinand. Über jene vierte Reise schrieb der damals vierzehnjährige Sohn einen Bericht, in dem es über Limón heißt, es sei »erhaben, voller Flüsse, verschwenderisch ausgestattet mit sehr hohen Bäumen, wie wir sie auch auf dem Inselchen (gemeint ist die Insel Uva, die bei den Indianern Quirivi hieß) fanden. Es gab viele Haine von hoch aufragenden Bäumen... Aus diesem Grund taufte der Admiral (Kolumbus) es La Huerta (der Garten).« So mag es gewesen sein, aber die Berichte von dieser Reise widersprechen sich: Ferdinand sah die Dinge manchmal anders als sein Vater. In Limón, schreibt Ferdinand, entsandten die Indianer, um die Ängste der Seefahrer zu zerstreuen, einen alten Mann »mit zwei kleinen Mädchen, eines etwa acht, das andere etwa vierzehn Jahre alt... Die Mädchen zeigten große Stärke, denn obwohl die Christen nach Erscheinung, Rasse und Sitten vollkommen Fremde für sie waren, zeigten sie keine Anzeichen von Kummer oder Furcht, sondern sahen immer fröhlich und züchtig aus. So zeigte der Admiral ihnen, wo sie sich nützlich machen konnten...« In seinen *Lettera Raris-*

sima an seinen Souverän gibt Kolumbus eine andere Version: »In Cariai (Limón) und den benachbarten Gegenden«, schreibt er, »leben Hexenmeister. Sie hätten alles in der Welt gegeben, damit ich nicht länger als eine Stunde dort bliebe. Kaum waren wir angekommen, da sandten sie sofort zwei prächtig herausgeputzte Mädchen hinaus, das ältere war kaum elf, das andere sieben, und beide zeigten einen solchen Mangel an Zucht, als seien sie nicht besser als Huren. Bei sich verborgen trugen sie ein Zauberpulver. Kaum waren sie angekommen, gab ich den Befehl, daß man ihnen etwas von unseren Tauschwaren geben sollte, und schickte sie unverzüglich an Land zurück...«
Mein Wunsch, Limón zu verlassen, verstärkte sich eines Morgens, als ich, weil ich nichts Besseres zu tun hatte, auf der Plaza stand und die Geier beobachtete: waren es Geier, Bussarde oder eine andere Art von Raubvögeln? Ich hörte eine scharfe Stimme und sah einen hünenhaften Schwarzen auf mich zukommen. Er trug einen silbernen Gegenstand mit sich herum, hatte eine Wollmütze auf dem Kopf und nackte Füße. In seinen Augen glitzerte der Wahnsinn. Beim Gehen zuckte er krampfartig.
»Ich bin der Sohn Gottes«, sagte er.
Er schüttelte das silberne Ding, dann hielt er es segnend wie ein Hostiengefäß in die Höhe. Es war ein Kugelschreiber.
»Ich bin der Sohn Gottes.«
Man lächelte über ihn, ließ ihn vorbeigehen. Vielleicht konnten die anderen kein Englisch.
»Ich bin der Sohn Gottes.«
Ich hielt mich zurück.
Mr. Thornberry saß in der kleinen Halle seines Hotels, sah tief bekümmert aus und studierte einen Reiseprospekt. Als er mich sah, sprang er auf.
»Lassen Sie uns hier verschwinden«, sagte ich.
»Hab ich versucht«, sagte er. »Das Flugzeug ist voll, und der Bus fährt erst heute abend.«
Der Zug war auch abgefahren, um fünf Uhr früh. »Wir können ein Taxi nehmen«, schlug ich vor.
»Ein *Taxi*? Nach San José?«
Wir gingen zum Taxistand auf der Plaza. Ich suchte mir den Fahrer

des am wenigsten verbeulten Autos aus und erkundigte mich nach dem Preis bis San José. Er überlegte einen Augenblick und nannte dann eine lächerlich hohe Summe. Ich übersetzte für Mr. Thornberry, und er antwortete: »Sagen Sie ihm, wir nehmen ihn.«
Aus Prinzip handelte ich den Fahrer noch um zehn Dollar runter und bestand darauf, daß er uns rechtzeitig zum Mittagessen in San José abzuliefern hätte. Er nickte grinsend. »Ich hab das noch nie gemacht«, sagte er.
»Ein großartiger Einfall«, meinte Mr. Thornberry. »Ich hab schon gedacht, ich komm aus dem Loch nicht mehr weg.« Er kniff die Augen zusammen und spähte aus dem Fenster. »Hütte«, sagte er. »Schwein... Kuh... Bananen.« Kurz vor San José wurde er ganz aufgeregt. »Sehen Sie mal«, sagte er, »unsere Pipeline!«

11
»Die Pazifikbahn«: der Zehnuhrzug nach Puntarenas

An einem Vormittag nach der Episode in Limón ging ich die Hauptstraße von San José entlang, als ich Captain Ruggles mit zwei Koffern aus seinem Hotel hasten sah. Abreisen wolle er nicht, sagte er, er suche sich bloß ein anderes Hotel. Am Abend zuvor habe er – zum ersten Mal seit seiner Ankunft in San José – versucht, ein Mädchen in sein Zimmer zu schmuggeln, und der Manager habe die Dame nicht weiter vorgelassen als bis in die Lobby. Es wurmte Andy besonders, daß der Mann beteuerte, er habe »einen Ruf zu verteidigen«. Also war Andy ausgezogen.
»Ich geh in ein Hotel weiter unten an der Straße«, erklärte er. »Da ist es gut, da kann man mit aufs Zimmer nehmen, wen man will.«
»Du hast schließlich auch einen Ruf zu verteidigen.«
»Worauf du dich verlassen kannst. Ich steige prinzipiell nicht in Hotels ab, in die man nicht auch einen Nigger mit zwei Köpfen mitnehmen könnte.«
Ich begleitete ihn zu seinem neuen Hotel, einem baufälligen Gebäude, das im Rotlichtbezirk stand und vor allem panamaische Matrosen beherbergte. In der Lobby lagen haufenweise Seesäcke, aber das große, vollgestopfte Ding vor dem Empfangstresen sah bloß aus wie ein Seesack. Es war Dibbs, der eine Banane aß. Die Welt ist klein.
»Sieht schon besser aus«, meinte Andy.
Dibbs hatte uns hereinkommen sehen. »Ach, du Scheiße«, kommentierte er und widmete sich wieder seiner Banane.
Die Tage vergingen, und mit ihnen schwand Andys gute Laune. Jedesmal, wenn ich ihn traf, beschwerte er sich über das gleiche. »Ich hasse diese Stadt. Ich weiß auch nicht, was es ist, aber ich kann

nicht dagegen an. Ich geh in ein anderes Hotel, damit ich eine Nutte mitnehmen kann, und verlange ein ruhiges Zimmer. Sie geben mir eins nach vorn raus. Große Balkontüren, sind permanent offen, wie der Kühler von 'nem Ventura. Das Gehupe, die Motorräder, die Abgase – man wird bekloppt davon. Ich krieg die Fenster nicht zu, ich kann nicht schlafen – ich hab noch nicht mal ein Mädchen mit raufgeschleppt. In so ein Zimmer würde ich keins mitnehmen. Hör mal: Ich finde die Mädchen noch nicht mal hübsch. Du etwa?«
Aber es lag auch an den Südstaaten-Spießern, die Andy noch mehr bedrückten als die panamaischen Matrosen. Mit einem siebenundsechzigjährigen Texaner machte er mich bekannt. »Mein einundvierzigster Trip nach San José«, tönte der Mann. »Die Mädchen kosten richtig Geld, aber sie sind jeden Cent wert.« Sein Freund sei erst zwölfmal hiergewesen, aber der sei auch noch jünger. Andys Hotel war voller Südstaaten-Spießer, die wegen des Biers und der Nutten hier runtergekommen waren. Sie trugen Cowboyhüte und Stiefel, Baseballkappen und mit Slogans bedruckte T-Shirts. In San José könne man gut einen draufmachen, sagten sie. Es sprach sehr für Andy, daß er meinte: »So wie die Kerle will ich nicht enden.« An seinem letzten Abend bat ich ihn, noch einmal *My Madonna* von Robert Service vorzutragen.
San José war nur oberflächlich sündhaft. Trotzdem fühlte ich mich vom ernsthaften, friedfertigen Leben der Stadt ausgeschlossen; es machte meinen Aufenthalt verquer, mehr als alles, was ich in Limón erlebt hatte. Es war ohnehin seltsam, als Reisender in einem Ort zu sein, in dem alle anderen so geschäftig und beschäftigt waren: Sie mußten zum Zahnarzt oder Vorhänge kaufen, Autoersatzteile auftreiben, die Kinder zur Schule begleiten, voll Hingabe und Unschuld ihr Leben zubringen. Der Einheimische mit der Umhängetasche voller Lebensmittel, der mit seinem kleinen Sohn aufs Amt ging, um seine Stromrechnung zu bezahlen: er war alles, was ich nicht war. Die Südstaaten-Spießer waren nichts weiter als ein Bruchstück des Vordergrunds, doch ich war als Reisender in dieser festgefügten Gesellschaft ein Störenfried, ein Fremder, der zusah, wie andere sich vertrauten Tätigkeiten widmeten, die er nicht beeinflussen und an denen er nicht teilnehmen konnte. Ich hatte hier nichts zu tun, aber es wurde schlimmer, als ich begriff, wie sehr ihr

Leben dem glich, das ich zu Hause zurückgelassen hatte. Und *meine* Familie? *Mein* Auto? *Meine* Stromrechnung? *Meine* Zähne? Das wohlgeordnete Leben in San José war wie ein Vorwurf; es kam mir vor, als hätte ich mich aus meiner Verantwortung gestohlen. Ich beobachtete ein junges Paar, das sich einen Staubsauger aussuchte, und fühlte mich schuldig und krank vor Heimweh. In ganz Zentralamerika gab es für mich nichts Schmerzlicheres als den Anblick dieses jungen Paars, das stolz mit seinem neuen Haushaltsgerät den Laden in San José verließ. Ich glaube, daß mir damals klar wurde, warum ich mich irgendwo im Hinterland stets wohler fühlte, warum die Fremdartigkeit von Santa Ana mich so entzückt und warum ich mir die entlegensten Orte von Guatemala oder die Wüsteneien Mexikos ausgesucht hatte. Vielleicht erklärte das mein Bedürfnis, nach den unergründlichen Magnetismen des Exotischen zu suchen: in der Wildnis waren alle nur Randfiguren, sahen alle so vorläufig, so unkomfortabel, so hungrig und müde aus, daß es möglich wurde, als Reisender anonym zu bleiben oder gar – paradoxerweise – auf die gleiche vorläufige Art dazuzugehören.

Auf der Landkarte ist eine Bahnstrecke verzeichnet, die östlich an Limón vorbei und über die Grenze nach Panama führt; diese Bananenlinie ist stillgelegt worden. Und selbst wenn sie noch in Betrieb wäre, hätte sie mich nirgendhin gebracht als zu einem Ort namens Bocas de Toro, wo ich mir ein Flugzeug nach Panama-Stadt hätte chartern müssen. So blieb mir nur die eine Wahl: der Bummelzug nach Puntarenas an der Pazifikküste und von da weiter auf der Straße – oder per Flugzeug nach Panama.
Mein wichtigster Grund, den Zug nach Puntarenas zu nehmen, hatte mit Reiseplanung nichts zu tun. Ich wollte unbedingt ein Buch lesen. Und ich hatte ein gutes Buch. Schon zweimal in San Salvador und einmal in Limón hatte ich Poes *Denkwürdige Erlebnisse des Arthur Gordon Pym* aufgeschlagen; jedesmal war es Nacht gewesen; ich hatte die Geschichte voller Faszination gelesen, und sobald ich das Licht ausknipste, machten sich die schauerlichen Ereignisse wieder über mich her und raubten mir den Schlaf. Das Buch enthält zweifellos die fürchterlichste Geschichte, die ich je gelesen hatte: Klaustrophobie, Schiffbruch, Durst, Meuterei,

Kannibalismus, Schwindelanfälle, Mord, Sturm – eine Reise wie ein einziger Alptraum, der auch mir Alpträume verschaffte. Zu Hause wäre es mir vielleicht nicht so schlimm vorgekommen, aber in drei zentralamerikanischen Hotelzimmern (heiß, stickig, eng, angesengte Lampenschirme mit Brandblasen von der Glühbirne, fremde Betten, die Ratte, die sich durch die Zimmerdecke nagte) war das Buch ein Erlebnis des nackten Grauens gewesen. Ich hatte es beiseite gelegt und mir geschworen, es nicht eher wieder aufzuschlagen, als bis ich in einem sonnendurchfluteten Zugabteil säße. Ganz gleich, wohin die Reise ging, wichtig waren nur die idealen Bedingungen zum Lesen: in einem Zug, die Füße hochgelegt, mit einer gut ziehenden Pfeife. Mein Buch war der einzige Grund, mit dem Zug nach Puntarenas zu fahren.

Der Pazifikbahnhof sah vielversprechend aus. Ein Arbeiter wischte den Boden der Eingangshalle, ein anderer putzte die Fenster: solche Pflegearbeiten sind ein guter Indikator für pünktlichen Zugverkehr. Außerdem stand gegenüber vom Fahrkartenschalter eine zwei Meter fünfzig hohe Christusfigur: Gottesfurcht und Reinlichkeit. Die Linie selbst ist jünger als die Atlantikstrecke, sie ist elektrifiziert, die Züge sind schnell, fahren sanft und, abgesehen von ihrer quäkenden Hupe, leise. Die Sitze in den blauen Waggons sind heil, und weil es täglich acht Züge gibt, selten voll besetzt: ein perfekter Ort zum Lesen.

Nicht einmal die Landschaft, die nicht sonderlich bemerkenswert ist, könnte stören. Der Südwesten von Costa Rica ist ganz anders als der Nordosten. Das Land scheint zur Pazifikküste hinabzugleiten, von den Kaffeebüschen in den hochgelegenen Vororten bis zu einem Gebiet mit Kleinindustrie, vor allem Zementfabriken und Holzlagerplätzen, die das Material für das Wachstum des Landes liefern. Als wir diesen Industriegürtel hinter uns ließen, war es noch nicht einmal zwölf Uhr, aber schon begann die Mittagspause – für die Fabrikarbeiter genauso wie für das Büropersonal und die leitenden Angestellten. Costa Rica hat eine breite Mittelschicht, aber alle gehen früh zu Bett und stehen früh wieder auf; jeder – ob Student, Arbeiter, Geschäftsmann, Grundstücksverwalter oder Politiker – teilt den Tag ein wie ein Bauer.

Die meisten Fahrgäste in diesem Personenzug waren zum Strand unterwegs. Sie waren gut gelaunt und hatten Körbe mit Schwimmflossen, Handtüchern, Sonnenhüten und Proviant bei sich. Für fast alle war es ein Ferientag. Nur wenige Schwarze saßen im Zug (sie sind auf der entgegengesetzten Küste zu Hause), und die Platzverteilung meiner Mitreisenden – Mädchen hier, Jungen dort, dann Mütter, die sich um kleine Kinder kümmerten, während ältere Männer und Ehemänner in sicherem Abstand von den Frauen zusammensaßen – erinnerte mich an Wochenendausflügler, die ich in Bostoner Zügen gesehen hatte: Leute aus den italienischen Gegenden an der North Station auf dem Weg zum City Point. Die Gesichter der Einheimischen hier hatten neapolitanische Züge, ihrem Gepäck schien ein Hauch von Fleischklößchen zu entsteigen. Sie hatten Radios, sie sangen, unterhielten sich lautstark und aßen Eis.

Zwischen den Kapiteln von *Pym* sah ich aus dem Fenster. In den Zweigen hoher Bäume leuchteten Blüten in einem grellen Orange, auf den Feldern unter diesen Bäumen wuchsen Reihen von reifen Tomaten, Paprikaschoten und Bohnen. Es wurde immer heißer, das Land wurde flacher; hier waren die meisten Tomaten abgeerntet, die Pflanzen verwelkt; manche Felder zeigten dürres Gelb. Es sah aus, als hätten wir hier eine ganz andere Jahreszeit als im Nordosten, wo wir vor der Talfahrt in die tropischen Niederungen Stunden auf Höhen verbracht hatten, deren Gärten im frischen Grün des frühen Frühlings standen. Auf dem größten Teil der Strecke nach Puntarenas sah alles herbstlich aus: einzelne dürre, geknickte Maisstengel auf den Äckern, die Bäume kahl bis auf ein paar Äste mit flatternden braunen Blättern, das Gras verbrannt, und sogar die als Zaunpfähle in den Boden gesetzten unbehandelten Stämme, die praktischerweise ausgeschlagen hatten und zu einem Dickicht aus Bäumen herangewachsen waren, verstreuten jetzt ihre Blätter in die trockene Luft. In Ojo de Agua und Cirvelas waren die Bauern bei der Heuernte.

In der Agrikultur dieses Landes gab es keine Konstanten. Die Breitengrade halfen auch nicht, wenn man aus dem, was auf den Feldern wuchs, Schlüsse ziehen wollte: Costa Rica ist ebenso gebirgig wie sumpfig und tropisch, außerdem wird es von zwei Ozeanen flankiert. Kaum hatte ich für mich entschieden, daß es in dieser Provinz Herbst geworden war, als wir schon schattige Dörfer und

Orangenhaine durchquerten. Kurz vor dem Dorf Atena machte der Zug sich auf den Anstieg zum Rand einer tiefen Schlucht aus grauem und braunem Felsgestein. Sie zog sich nach Westen weiter wie ein Einschnitt in den Horizont und war wahrscheinlich sehr tief, doch wegen einer Staubwolke, die im Inneren hing, konnte ich nicht bis auf den Grund sehen. Die Dörfer am Rand waren ebensostaubig; Weiler aus sechs Gehöften und Obstplantagen, die Kinder auf den Bahnsteigen verkauften Bündel von lilafarbenen Kugeln, eine Obstsorte, die ich noch nie gesehen hatte.

... langsam und mit größerer Stetigkeit als zuvor kam die Brigg heran, und – ich kann nicht ohne Erregung von diesem Erlebnis sprechen – unsere Herzen erhoben sich in stürmischer Freude, und wie strömten unsere Seelen aus in Jubelrufen, in Dankgebeten an Gott, da wir so völlig, so ganz wider Erwarten wunderbar errettet werden sollten! Mit einem Male wehte über das Wasser von jenem fremden Schiffe, das jetzt dicht an unserem Kurse war, ein Geruch, ein Gestank, für den die Welt keinen Namen hat...

Die Fahrgäste waren in der Hitze still geworden, sie sangen nicht mehr, und der Zug selbst war jetzt wie eine schläfrige Vorortbahn, die gemächlich von einem waldigen Hang zum anderen ratterte.

...konnten wir ihr Verdeck voll überblicken. Werde ich jemals das dreimal gräßliche Entsetzen dieses Schauspiels vergessen? Fünfundzwanzig oder dreißig menschliche Körper, darunter einige Frauen, lagen zwischen Heck und Galion verstreut im grauenhaftesten Zustand der Verwesung. Wir erkannten, daß auf dem unseligen Schiffe keine Seele am Leben war! Dennoch konnten wir uns nicht enthalten, die Toten um Hilfe anzurufen!

Selbst die Heuschrecken waren lauter als diese Lok, und die Fahrgäste nahmen die Obstverkäufer kaum wahr, die auf den kurzen Bahnsteigen der Dorfbahnhöfe auftauchten.

... Als unser erstes lautes Schreckensgeschrei losbrach, da war es, als antwortete etwas aus der Gegend des Bugspriets, so ähnlich

dem Ruf einer Menschenstimme, daß die feinsten Ohren dadurch erschreckt und getäuscht werden mußten...

Direkt vor mir saß eine Familie. Die Mutter hatte auf der einen Gangseite Platz genommen, ihre hübschen Töchter – eine war vielleicht sechzehn, die andere ein, zwei Jahre älter – auf der anderen. Der Vater hielt sich etwas abseits und trank aus einer Bierflasche. Zwischen den beiden Mädchen war ein freier Platz, ein Korb stand darauf. Ich hatte, um meinen Augen eine Pause zu gönnen, das Buch geschlossen und bemerkte nun einen Jungen, der an der rückwärtigen Tür herumhing. Zuerst dachte ich, daß er mich beobachtete. Er rückte näher. Er beäugte die beiden Mädchen und den freien Platz zwischen ihnen, schob sich heran, nahm seinen ganzen Mut zusammen und fragte: »Ist der Platz noch frei?«
Kichernd stellten die Mädchen den Korb weg. Der Junge setzte sich. Nach einer verlegenen Pause knüpfte er eine Unterhaltung an: Wohin sie denn führen. Und was sie sonst machten. Er selbst sei Student. Was für ein Glück, daß sie alle nach Puntarenas wollten. Er habe ein Radio. Ob sie nicht Lust hätten, ein bißchen Musik zu hören.
Bitte, bloß das nicht, dachte ich.
Die Mädchen lächelten nur. Der Junge hatte nicht gemerkt, daß sie mit ihren Eltern unterwegs waren. Der Vater widmete sich weiterhin seinem Bier, aber die Mutter starrte von ihrer Seite des Ganges her zu dem Jungen herüber. Ihr fettes Gesicht verfinsterte sich vor Entrüstung, ihre Finger verknoteten sich, wutentbrannt beugte sie sich vor. Der Junge war inzwischen bei einer Beschreibung der Tanzschuppen von Puntarenas angekommen. Man könne sich da toll amüsieren; er kenne sich aus. Er setzte zu einer Aufzählung sämtlicher Abendlokale an.
Das war zuviel für die Mutter. Sie erhob sich und ließ eine Schimpfkanonade los. Sie sprach furchtbar schnell und in einem solchen Ton, daß ich nur ein paar einzelne schrille Sätze mitbekam; die besagten jedenfalls, daß er versuche, sich an ihre Töchter heranzumachen, und lockere, respektlose Reden führe. »Dazu haben Sie kein Recht«, kreischte sie. »Für wen halten Sie sich eigentlich?« Sie hörte auf. Der Junge grinste beschämt. Er sagte nichts, konnte aber

auch nicht aufstehen – nach dem Verhaltenskodex des lateinamerikanischen Mannes mußte er sein Gesicht wahren und saß nun etwas blöd da. Die Mädchen, die kaum mit dem Jungen geredet hatten, sagten jetzt überhaupt nichts mehr.
Die Mutter legte wieder los, bezeichnete ihn als aufdringliches Schwein und drohte damit, ihn dem Schaffner zu melden. Mit jeder Schmähung rückte sie einen Zentimeter näher an den Jungen heran und brachte ihr fettes, wutverzerrtes Gesicht näher an seines. Dann hob sie den Arm, fuchtelte zur Täuschung mit der Faust und knallte den Ellbogen gegen sein Kinn. Von dem Schlag wurde der Junge zur Seite gedrückt, er hielt sich die Hand vor den Mund, betrachtete dann seine Finger: Blut. Er wollte protestieren, aber es klang matt, weil er offenbar mit dem nächsten Schlag rechnete.
Es kam noch schlimmer. Ein etwa elfjähriges Mädchen – vielleicht eine dritte Tochter – sauste mit einer Colaflasche an den Ort des Geschehens, schüttelte die Flasche und sprühte dem Jungen den klebrigen Schaum ins Gesicht. Die beiden Mädchen sagten immer noch nichts. Der Junge zog ein Taschentuch heraus, wischte sich das Gesicht ab und setzte zu einer Rechtfertigung an: »Sie haben gesagt, daß der Platz frei wär... Ich könnte mich hinsetzen... Fragen Sie sie doch, na los, sie werden es Ihnen sagen...«
Der Vater schluckte sein Bier. Hilflos sah er sich um, während seine Frau sich heiser schrie. Ich bewunderte den Jungen dafür, daß er nicht flüchtete, aber schließlich wich er dem Angriff der Mutter doch aus, verfügte sich auf den Zwischengang zum nächsten Waggon und leckte seine Wunden. Möglichst auffällig ging ich hinter ihm her. Ich fragte ihn über die Mutter aus: War sie eine typische costaricanische Mutter?
»Die meisten sind so. Sie ist sauer. Sie will nicht, daß ich mit ihren Töchtern rede. Dabei haben sie doch gesagt, der Platz wär frei! Sehen Sie sich mal an, was sie mit meinem Mund gemacht hat!«
Er zog seine Unterlippe herunter und zeigte mir sein blutiges Zahnfleisch.
»Aber der Vater – der Mann mit dem Bier –, der hat sich entschuldigt. Der ist eben zu mir gekommen und hat zu mir gesagt: ›Tut mir furchtbar leid, aber was soll ich machen?‹ Die Frau ist eine Sau.«

... Auf dem Rücken der Gestalt, von dem ein Teil des Hemdes heruntergerissen war, saß eine riesige Seemöwe, die sich an dem scheußlichen Fleisch gütlich tat; ihr Schnabel, ihre Fänge waren tief hineingegraben, ihr weißes Gefieder war über und über mit Blut bespritzt. Als die Brigg sich weiterbewegte, so daß wir sichtbar wurden, zog der Vogel mit offenbarer Mühe seinen blutroten Kopf aus dem Fleische, betrachtete uns alle mit einem stumpfsinnigen Ausdruck, erhob sich dann schwerfällig vom Leichnam, der ihm zum Fraß gedient hatte, flog gerade über unser Verdeck hin und blieb da eine Weile schweben, mit einem Stücke blutgetränkter, leberartiger Substanz im Schnabel. Der schaudervolle Bissen plumpste endlich mit plötzlichem Aufklatschen unmittelbar vor Parkers Füße...

Auf meinem Bein lag eine Hand. Meine Nachbarin, eine ungefähr fünfunddreißigjährige Frau, kniff mir ins Knie. »Ich bin gleich wieder da. Könnten Sie so lange auf meinen Koffer aufpassen?« Noch ein kleiner Druck auf meine Kniescheibe, dann entblößte sie lächelnd zwei Goldzähne und ging bis zum Wagenende. Als sie am Fahrkartenschaffner vorbeikam, zwickte sie ihn in den Hintern. Der Mann schien das ganz anregend zu finden, denn als sie wieder auf ihrem Platz saß, schlenderte er heran, um mit ihr zu flirten, trat aber bald den Rückzug an, weil er sich offenbar keinen Reim auf ihr Verhältnis zu mir machen konnte. Die Frau quetschte schon wieder an meinem Knie herum: »Sie lesen das Buch aber gern!«

... Ich sprang eilends vor und schleuderte mit einem tiefen Schauder den scheußlichen Gegenstand ins Meer...

»Wovon handelt es denn?«
»Von Schiffen«, sagte ich.
»In Puntarenas können Sie Schiffe sehen, soviel Sie wollen.«
Wir kamen an einer Kirche vorbei. In El Salvador oder Guatemala hätten die Fahrgäste sich andächtig bekreuzigt, und die Männer hätten den Hut vom Kopf genommen. Hier war die Kirche kein Gegenstand von allzu großem Interesse – dabei handelte es sich um ein imposantes Gebäude mit zwei spanischen Türmen, die aussa-

hen wie plumpe Thermoskannen, mit Voluten, Bleiglasfenstern und zwei Glockentürmen. Meine Mitreisenden fühlten sich im Angesicht dieses Gotteshauses zu etwa genauso ehrfürchtigen Gesten bemüßigt, als hätten sie eine Scheune vor sich – obwohl sie einer Scheune dieser Größe sicher anerkennend zugejubelt hätten.

Costa Rica gilt als lateinamerikanisches Unikat; der Wohlstand hat es langweilig gemacht, was sicher besser ist als die Aufregungen und Zwänge im Gefolge der Armut. Die offensichtliche Weltlichkeit des Landes kam für mich überraschend, da ich nie Kommentare dazu gelesen und nach meinen Kirchenbesuchen in Guatemala und El Salvador eine ähnlich vom Klerus beherrschte Gesellschaft erwartet hatte: Kniefälle vor dem Kreuz, Rosenkränze als einziger Schmuck um den Hals der Armen und das ewige »Ach, lassen Sie doch die Hütten da – sehen Sie sich die Kathedrale an!« Mexiko fand ich fromm und kirchenfeindlich zugleich, da priesterliche Autorität sich nicht mit dem mexikanischen Temperament vereinbaren läßt; Costa Rica ist weder das eine noch das andere: das Thema Religion interessiert offenbar nicht. Vielleicht hat es etwas mit politischem Pluralismus zu tun, wenn das der richtige Ausdruck für die aufgeklärte Einsicht ist, daß eine Wahl mehr sein kann als ein Fälscherstück oder ein Anlaß für Krawalle. Der Wahltag in Costa Rica war auf Fastnacht gefallen und hatte den Faschingsdienstag – nach allem, was ich hörte – ersetzt. Es war eine Fiesta geworden, ein wahrer Fest-Tag, der sich weniger durch ein hohes Maß an Debattierfreude als durch viel Auf-die-eigene-Schulter-Klopfen ausgezeichnet hatte. Der neue Präsident war noch nicht vereidigt, der Feiertag noch nicht zu Ende. Eine freie Wahl war wie eine menschliche Antwort auf eine rechthaberische und autoritäre Religion, die Unterwürfigkeit und Reue verlangte; sie bewies, daß Wettbewerb auch ohne Gewalt oder Bitterkeit möglich war. Die Abneigung der Costaricaner gegen Diktatoren hatte sie Priestern gegenüber unduldsam gemacht. Durch Glück und Erfindungsgeist war das Land wohlhabend geworden; es war klein und eigenständig genug, um es auch zu bleiben.

In den geriatrischen Teilen Floridas zum Beispiel (mit denen Costa Rica viel Ähnlichkeit hat) will man Komfort und Lebensqualität ganz entschieden hier und jetzt auf Erden. Nur der arme Bauer

glaubt, daß er im Himmel noch zum Bourgeois aufsteigt. Eine Klasse von Emporkömmlingen strebt nach irdischen Annehmlichkeiten; für religiöse Dinge kann und will sie sich nicht die Zeit nehmen: in Costa Rica fiel das besonders auf. In Krisenzeiten – Krankheit, Zusammenbruch, tödliche Wunden – würde ein Costaricaner sich an die Kirche wenden und ein Wunder verlangen, aber Menschen aus der Mittelschicht haben im allgemeinen keine Zeit für Wunderglauben und suchen, ohne die Kirche bewußt abzulehnen, ihr Heil in der Politik oder im Geschäft. Das hat sie fair gemacht, aber auch langweilig. Die großartigste Kirche von Costa Rica steht in Cartago: die Basilika Unserer Lieben Frau von den Engeln, der Schutzpatronin des Landes. Die Werbebroschüren weisen aber bloß darauf hin, daß der panamerikanische Highway durch die Stadt führt, daß alle fünf Minuten ein Bus nach San José geht, daß die Stadt ein gemäßigtes Klima hat und der »berühmte Vulkan Irazú gleich nebenan« liegt. In keinem der bunten Blättchen, die ich in der Hand hatte, wurde ein Wort über Kirchen verloren. Die Basilika ist vielleicht kein architektonisches Wunderwerk, aber darum geht es nicht. Die Costaricaner legen viel mehr Wert auf ihre Modernität, auf das Fehlen von Militarismus, auf ihr Klima, ihre Fabriken und ihren Vulkan als auf ihre Kirchen. Wenn es in einer Informationsbroschüre über San José »hervorragende medizinische Versorgung durch Ärzte und Krankenhäuser« heißt, klingt das weniger nach Eigenwerbung als nach beruhigenden Worten für Einwanderungswillige. Seismisch angeknackste Kathedralen und blutige, kippelnde Säulenheilige konnten andere lateinamerikanische Länder nicht davon abhalten, ihre Kirchen anzupreisen; sie haben schließlich auch nicht viel anderes, mit dem sie Staat machen könnten. Und sie sind, was viel wichtiger ist, bei ihrem Glauben geblieben. Die Weltlichkeit von Costa Rica bringt es mit sich, daß die Kirche ein bißchen peinlich geworden ist, zumindest recht überflüssig: historisches Erbe in Form von angestaubten Kunstwerken, kein Programm für die Seele. Aus diesem Grund sind die Costaricaner das wohl am leichtesten zu durchschauende Volk in Lateinamerika und, da ihm jeder religiöse Enthusiasmus abgeht, das politisch engagierteste.
Stadt und Kirche lagen jetzt weit hinter uns. Noch mehr Bahnhöfe;

die Landschaft war bei jedem anders: mal offen und flach, mal eine Schlucht, mal voll von abgeholzten Hügeln, mal ein unglaubhaftes Dorf aus abgeleitetem Licht: grüne Hütten, blaue Bäume und ein ganzer Hügel voll von rotem Gras, glühende, durch ein Prisma von Staub gebrochene Pastelltöne.

... Und jetzt verzehrte mich ein unwiderstehliches Verlangen hinunterzuschauen. Ich konnte, ich wollte meinen Blick nicht mehr auf die Bergwand beschränken; und mit einem tollen, nicht zu schildernden Gefühl des Grauens und der Erleichterung schaute ich tief in den Abgrund hinab. Einen Augenblick krampften sich die Finger wütend an ihrem Halt fest, während ein ganz leiser und schwacher Gedanke an die Möglichkeit des Entrinnens wie ein Schatten durch meine Seele flog; gleich darauf kannte mein Gemüt nur einen einzigen Wunsch – die Sehnsucht, das Verlangen, das völlig zügellose Begehren zu fallen, zu fallen!

Nach vielleicht achtzig Kilometern – es war sengend heiß – wurde der Schienenstrang gerade, und ein paar Essensverkäuferinnen (dunkeläugige, fast arabisch aussehende Frauen und Mädchen mit Umschlagtüchern und langen Röcken) stiegen ein und boten Körbe voller Orangen, Mandarinen und Mangos und Tüten mit gebrannten Erd- und Cashewnüssen an. Vor uns, viele Kilometer hinter den verdorrten Feldern, lag ein blauer See. Der Zug fuhr auf einen Berg hinauf: der See wurde immens, die Sonne hatte ihn zum Teil weiß gewaschen, das Blau herausgebleicht.
Die Kniekneiferin saß noch neben mir.
»Ist das da ein See?«
»Das ist das Meer«, sagte sie.
Der Pazifik. Mit einem wilden Verdacht sah ich mich um und widmete mich dann wieder meinem Buch. Als ich erneut aufsah, fuhren wir auf einer schmalen Halbinsel auf Puntarenas zu.
Auf dieser Landzunge gab es sehr wenige Bäume. Da waren der Bahndamm, eine Straße und eine Häuserreihe; für mehr hätte der Platz nicht gereicht. Auf der Pazifikseite lagen Frachter vor Anker, auf der geschützten Seite Segelboote und Schaluppen. Aus keinem erkennbaren Grund hielt der Zug auf der Mitte der Halbinsel an

und blieb zwanzig Minuten lang stehen. Eine heiße, steife Brise wehte durch die offenen Waggonfenster und ließ die Fensterklappen rappeln; träge braune Wellen schwappten an den felsigen Damm unter dem Zug. Die niedrige Sonne leuchtete in den Waggon und heizte ihn auf. Die Fahrgäste waren müde und sehr schweigsam. Die einzigen Geräusche kamen vom Wind und vom Meer. Auf der linken Seite des Zuges war kein Land zu sehen, nur der grenzenlose Ozean. Stiller und heller hätte es im Zug nicht sein können.

... Und jetzt rasten wir den Umarmungen des Wassersturzes entgegen, dorthin, wo sich eine Spalte auftat, um uns zu empfangen. Aber in diesem Augenblick erhob sich mitten in unserem Wege eine verhüllte menschliche Gestalt, doch weit gewaltiger in allen Maßen als die Kinder der Erde. Und ihre Haut war von weißer Farbe, von der Farbe des leuchtendsten, blendendsten ewigen Schnees.

Ich schloß das Buch. Irgendwann fuhr der Zug wieder an und setzte seinen Weg auf den letzten achthundert Metern nach Puntarenas fort. In Puntarenas war es sehr heiß und trotz des Windes sehr feucht. Ich lief durch die Straßen: Pensionen und billige Hotels, Bars, Restaurants, Souvenirbuden; Kunststoffschwimmflügel, Rückenkratzer und Sonnenhüte wurden feilgeboten. Ein heruntergekommener, doch gutbesuchter Badeort. Außer Schwimmen konnte man hier nicht viel machen, aber das Wasser mit seinem Hafenmüll, den zerfetzten Tauenden, den alten Flaschen, dem Ölschlick und dem wie fettige Lumpen aussehenden Seetang reizte mich nicht besonders. Ich trank ein Glas Limonade und überlegte mir, ob ich hierbleiben sollte, am Golf von Nicoya.
»Gehen Sie doch mal rüber auf die andere Seite«, sagte der Budenbesitzer, der mir die Limonade verkauft hatte. »Da wohnen all die Amerikaner. Es ist wunderschön da.«
Einige sah ich in den Straßen von Puntarenas herumschlurfen: Menschen, die hier heruntergezogen waren, um an diesem sonnigen, jugendlichen Ort zu sterben. Fast war ich versucht, in einen Bus zu steigen und mir ihre Häuser anzusehen, aber ich hatte eine Ahnung, daß ich schon wußte, was ich dort finden würde. Ein Villenviertel in den Tropen mag sehenswert sein, bloß hatte ich

meine Zweifel, ob eine genauere Betrachtung sich lohnen würde. Außerdem wollte ich mich ungern dem Gefühl des Ausgeschlossenseins hingeben, das mich beim Anblick von rasenmäher- und staubsaugerschiebenden Menschen beschleichen würde. Nach dieser langen Fahrt hatte ich kein Bedürfnis, mich hinzusetzen und bis zum letzten Beerdigungsinstitut und Minigolfplatz eine Beschreibung von Sarasota, Florida, zu geben. Reisende gehören nicht in die Vororte, denn gerade die zivilisiertesten Gegenden ermüden das Auge am schnellsten; an solchen Orten ist der Reisende genausosehr Störenfried wie in Sarasota. Ich wollte etwas viel Wilderes, die ungeschliffene Romantik der Fremde; von diesen freundlichen Amerikanern bekam ich nur Heimweh.

12
Der »Balboa Bullet« nach Colón

Man feierte den »Save Our Canal Day«. Zwei US-amerikanische Kongreßabgeordnete hatten der Kanalzone die Kunde gebracht, New Hampshire stehe voll hinter dem Kampf, den Panamakanal in amerikanischer Hand zu behalten (das erinnerte mich an den selbstironischen westindischen Spruch: »Britannien geh voran, Barbados steht hinter dir!«). Zum Zeichen dieser Unterstützung hatte der Gouverneur von New Hampshire in seinem Staat einen Feiertag ausrufen lassen. Ein Kongreßabgeordneter berichtete einer lärmenden Massenversammlung von Amerikanern in Balboa, daß 75 Prozent der US-Bevölkerung gegen den Übergabevertrag seien. Das Ganze war graue Theorie und das Geschrei – demonstriert wurde auch – nichts weiter als nationalistisches Wortgeklingel. Bis zur Unterzeichnung des Vertrages waren es nur noch wenige Monate. Mit einer Frau aus der »Zone« sprach ich darüber. Es sei ihr egal, meinte sie, ihr habe die Veranstaltung gefallen: »Wir kamen uns so vergessen vor, als ob alle gegen uns wären.«
Für die Zonenbewohner, die dreitausend Beschäftigten der Panama Canal Company und ihre Familien, war der Vertrag wie ein Ausverkauf: Warum sollte der Kanal eigentlich nach zwanzig Jahren in die Hände dieser nichtsnutzigen panamaischen Trottel übergehen? Warum, argumentierten sie schlicht weiter, sollten sie ihn nicht genauso weiterbetreiben wie in den letzten dreiundsechzig Jahren? Jede Unterhaltung, die ich mit einem dieser dereinst zum Untergang verurteilten Einwohner Panamas hatte, endete unweigerlich damit, daß der Zonenbewohner die Hände gen Himmel hob, in der Luft herumfuchtelte und schrie: »Der Kanal gehört *uns!*«
»Wollen Sie wissen, was das Vertrackte mit diesen Leuten ist?«

fragte mich ein amerikanischer Botschaftsangestellter. »Sie können sich nicht entscheiden, ob der Kanal eine Verwaltungseinheit der Regierung, eine Firma oder ein unabhängiger Staat ist.«
Was auch immer er ist: es handelt sich mit Sicherheit um einen hoffnungslosen, doch deswegen nicht minder interessanten Fall. Es gibt nur wenige Orte auf der Welt, die es in bezug auf den komplexen Ursprung, den einzigartigen Status und die wolkenverhangene Zukunft mit der Kanalzone aufnehmen können. Der Kanal selbst ist ein Wunderding: in seine Erschaffung flossen alle Energien Amerikas, sein gesamter Genius und all seine Hinterlist. Auch die Zone ist ein Paradoxon: ein wunderbarer Ort, aber ein Schwindelgeschäft. In der Debatte um den Kanal kommen die Panamaer so gut wie nicht vor: sie wollen den Kanal aus nationalistischen Erwägungen, aber Panama existierte kaum, als der Kanal gegraben wurde. Wenn es ganz mit rechten Dingen zugehen sollte, dann müßte der Isthmus komplett an Kolumbien zurückgegeben werden, dem er im Jahr 1903 abgeluchst worden ist. Die Meinungsverschiedenheiten bestehen zwischen den Vertragsbefürwortern und den Zonenbewohnern, die sich zwar anhören und benehmen wie die Leute aus Gullivers Glubbdubdrib, die aber allesamt Amerikaner sind und im gleichen Boot sitzen. Die Zonenbewohner allerdings verbrennen im Überschwang der Gefühle öfter mal ihr Sternenbanner, und ihre Kinder lassen den Unterricht an der Balboa High School sausen, um auf der Asche herumtrampeln zu können. Die Vertragsbefürworter, die in Gesellschaft Gleichgesinnter lautstark über die Zonenbewohner herziehen, äußern ihre Meinung nur sehr zurückhaltend, wenn sie sich in der Zone aufhalten. Ein Befürworter aus der Botschaft, der mich zu einer Vorlesung begleitete, die ich in der Balboa High School halten sollte, lehnte es rundweg ab, mich den Schülern vorzustellen; er fürchtete, daß Krawalle ausbrechen könnten und sein Auto umgekippt würde, wenn er sich ihnen zu erkennen gab. Erst zwei Abende zuvor hatten aufgebrachte Zonenbewohner Nägel in die Schlösser der Schultore geschlagen, um die Schule abzusperren. Was für ein dummer, lästiger Kleinkrieg, dachte ich und fühlte mich mehr denn je wie Lemuel Gulliver.
Nach allgemeiner Ansicht handelt es sich um eine firmeneigene Stadt. Viel persönliche Freiheit gibt es in der Zone nicht – dabei

meine ich nicht die garantierten Rechte auf Rede- oder Versammlungsfreiheit, diese besänftigenden Abstrakta, von denen kaum je Gebrauch gemacht wird. Ich spreche davon, daß ein Zonenbewohner erst um Erlaubnis fragen muß, wenn er sein Haus in einer neuen Farbe anstreichen oder die Scheuerleiste in seinem Badezimmer mit Schellack polieren will. Wenn er seine Garageneinfahrt asphaltieren möchte, muß er ein schriftliches Gesuch an die Firma richten, das sowieso abgelehnt wird: Kies ist vorgeschrieben. Der Zonenbewohner lebt in einem firmeneigenen Haus, er fährt auf Firmenstraßen, schickt seine Kinder in Firmenschulen, hat sein Konto bei der Firmenbank, leiht sich Geld bei der firmeneigenen Kreditanstalt, kauft im Laden der Firma ein (dessen niedriges Preisniveau sich nach dem von New Orleans richtet), geht im Firmenklub segeln, sieht sich im Firmenkino Filme an, und wenn er essen geht, spendiert er seiner Familie in der Firmencafeteria in der Stadtmitte von Balboa Firmensteaks und Firmeneiscreme. Wird ein Klempner oder Elektriker gebraucht, schickt die Firma einen. Das System ist zum Verrücktwerden, aber bevor der Zonenbewohner dem Wahnsinn verfällt, kann er den Firmenpsychiater konsultieren. Die Gemeinde ist vollkommen eigenständig. Die Kinder kommen im Firmenhospital zur Welt, Ehen werden in Firmenkirchen geschlossen (fast alle Konfessionen sind vertreten, aber die Baptisten sind in der Mehrzahl), und wenn der Zonenbewohner stirbt, wird er im Leichenhaus der Firma einbalsamiert – das kostenlose Begräbnis inklusive Sarg ist Bestandteil jedes Arbeitsvertrages.
In dieser Gesellschaft geistern zwei konkurrierende Gespenster herum: Lenin und Teddy Roosevelt (alias General Bull Moose). Es gibt weder Firmenschilder noch Plakatwände, noch irgendeine andere Art von Werbung, nichts als militärische Sachlichkeit im Erscheinungsbild der Firmengebäude. Die Zone sieht aus wie eine überdimensionierte Truppenbasis: die rechtwinkligen, mit Ziegeln gedeckten rotbraunen Häuser, die streng gestalteten Außenanlagen, die mit Hilfe von Schablonen beschrifteten Warntafeln an den Maschendrahtzäunen, die Wachposten, die depressiven Ehefrauen mit ihren sturen, feisten Männern. Tatsächlich gibt es Militärbasen in der Zone, aber sie sind nicht von den zivilen Vororten zu unterscheiden. Ich fand das überraschend: ein gut Teil der Kanalhysterie

in den Vereinigten Staaten ist durch die Nachricht hochgepeitscht worden, daß die Zonenbewohner mit Dienstboten, fürstlichen Gehältern und subventionierten Annehmlichkeiten wie die Maden im Speck lebten. Eine wesentlich korrektere Beschreibung würde den Zonenbewohner als Armeeangehörigen schildern, der in den Tropen brav seinen Dienst versieht. Die Regeln und Restriktionen, denen er sich fügen muß, haben seine Phantasie abgetötet und ihn für die Feinheiten der politischen Auseinandersetzung taub gemacht: er ist Christ, er ist stolz auf den Kanal und hegt ein dumpfes, unausgesprochenes Mißtrauen der Firma gegenüber; sein Gehalt entspricht etwa dem seines Kollegen in den USA – schließlich ist der Mann Mechaniker oder Schweißer, warum sollte er nicht sechzehn Dollar Stundenlohn verlangen können? Er kennt Schweißer in Oklahoma, die wesentlich mehr einstreichen. Doch die Mehrzahl der Zonenbewohner lebt bescheiden: ein Bungalow, ein Auto, ab und zu mal ein Ausflug in die Cafeteria oder ins Kino. Die leitenden Angestellten der Firma führen das Leben von Vizekönigen, bilden aber die Ausnahme. Wie in allen Kolonien gibt es eine Hackordnung; die Zone ist wie eine Miniaturausgabe der East India Company und erinnert sogar an die Gesellschaftsstruktur jenes kolonialen Unternehmens: der Zonenbewohner leidet unter einem notorischen altmodischen Mangel an sozialer Mobilität. Seine Identität leitet sich von seinem Gehalt, seinem Klub und seinem Job ab. Der Firmenmechaniker kommt kaum in Tuchfühlung mit dem Verwaltungsangestellten in dem Gebäude, das in der ganzen Zone als »The Building« bekannt ist, in der Machtzentrale in Balboa Heights. Im Klassensystem der Firma gibt es keine Kompromisse, und folglich empfindet der Zonenbewohner trotz seines Stolzes auf den Kanal das Ausmaß der Reglementierung oft genug als Belastung.
»Ich weiß jetzt, was Sozialismus ist«, erklärte mir ein Zonenbewohner in Miraflores.
Ich versuchte, ihm klarzumachen, daß dies nicht Sozialismus sei, sondern das höchste Stadium des Kapitalismus, die imperiale Firma; Profit und Idealismus, hochherzige Ausbeutung. Das ist Kolonialismus in der reinsten Form. Der Kolonialismus ist von Natur aus selektiv. Und die Opfer, die Armen, die Ausgebeuteten? Die

Zone ist sauber, aber nur scheinbar ein Hafen des Friedens. Vor etwa vier Jahren wurden die Schulen der Zone re-klassifiziert, was bedeutet, daß sie keine integrative Schulpolitik mehr zu betreiben haben. Schwarze, die Jahre zuvor als Arbeiter der Company angesiedelt worden waren, galten von da an als Panamaer. So vereinfachte man die Angelegenheit der Integration: den Schwarzen wurde nahegelegt, sich außerhalb der Zone anzusiedeln. Weit weg zogen sie nicht; das konnten sie nicht, denn sie arbeiteten immer noch in der Zone. Die Ränder der Kanalzone sind voll von diesen Hinausgeworfenen; die äußere Seite des Fourth of July Highway ist ein Slum. Die Leute überqueren den Highway, um zur Arbeit zu gehen, und kriechen am Abend wieder in ihre elenden Löcher zurück. Interessanterweise deutet der Zonenbewohner, wenn er sich besonders über seine zivilisatorischen Leistungen auf dem Isthmus ereifert, auf diese Trennungslinie und fordert einen auf, sich doch einmal den Gegensatz anzusehen. Aber schließlich war es der Zonenbewohner, der beschlossen hat, daß diese Menschen dort wohnen sollten und das übrige Panama sich rauszuhalten und ihn in Ruhe zu lassen hätte.

Die zähe Beharrlichkeit der Zonenbewohner ist kaum zu überbieten. Ihre Gegenstücke sind wohl weniger die Opportunisten in Suez als die Arbeitstiere im Indien der letzten Jahre des Britischen Raj. Der Zonenbewohner zeichnet sich nicht durch allzu große Spanischkenntnisse aus, ist auf seinem Gebiet aber tüchtig und fleißig. In der Woche vor meiner Ankunft hatten die Arbeiter der Zone versucht, einen Streik zu organisieren, um das Gewicht ihrer Stimmen in den Verhandlungen unter Beweis zu stellen, scheiterten aber genauso wie die Arbeiter in Polen oder der Tschechoslowakei meistens, und das vielleicht auch aus dem gleichen Grund: sie wurden unterdrückt, und als es soweit war, konnte der Ausstand nicht allzulange dauern – sie brachten es nicht übers Herz, den Kanal vollends dichtzumachen. Aus Solidarität blieben ihre Kinder dem Unterricht in der Balboa High School fern, sie schwänzten für ihre Eltern – und wohl auch aus ihren eigenen Beweggründen. Die Zonenbewohner wissen um die Besonderheit der Welt, in der sie leben, und sind sich klar darüber, daß sie vom Aussterben bedroht ist. Aber weil sie so unter sich bleiben, liegt die böse Außenwelt viel

näher als die Dämonenstaaten, die sie nur im Flüsterton erwähnen: Rußland, China, Kuba, »die Araber«, »die Kommunisten«. Die große, dumme, barbarische Welt der finsteren Kannibalen fängt da an, wo die Zone aufhört, gleich drüben auf der anderen Seite vom Fourth of July Highway: ein Raubtiergatter voller hungriger, ungewaschener Menschen, die in Spanisch brabbeln. Selbst die reizendsten Zonenbewohner sind völlig ahnungslos. Man lud zu einem Ehrendinner für eine Bibliothekarin in der Zone, die nach vierzig Jahren in der Firmenbücherei in den Ruhestand ging – nach vierzig Jahren, in denen sie in der Zone gewohnt, die einheimischen Angestellten beaufsichtigt, Bücher bestellt, zwischen den Büchergestellen hantiert, Veranstaltungen besucht, Memos verfaßt, Anweisungen gegeben hatte und mit der bibliothekarischen Dezimalklassifikation fertig geworden war. Alle, die sie je kennengelernt hatten, kamen zu ihrer Verabschiedung, die meisten – was für sie sprach – waren Panamaer. Reden wurden gehalten, es gab eine Laudatio und eine feierliche Präsentübergabe. Am Ende stand die Bibliothekarin auf und versuchte sich an einem Dankwort in spanischer Sprache, verhaspelte sich und kam schließlich vollends ins Stocken. In vierzig Jahren hatte sie nicht genug Spanisch gelernt, um den einheimischen Mitarbeitern, die das Dinner organisiert hatten, mit einem vollständigen Satz zu danken.
»Mir ist egal, was Sie dazu meinen«, sagte der Zonenbewohner in Miraflores, »es *fühlt* sich jedenfalls wie Sozialismus *an*.«
Wir beobachteten, wie der chilenische Frachter *Palma* die Schleuse passierte. Ich sah keine Pumpen im Kanal. Der Frachter fährt in die Schleuse ein, die Tore schließen sich, und binnen weniger Minuten sinkt das Schiff auf dieser letzten flüssigen Stufe seines Abstiegs auf das Niveau des Pazifiks hinab. Die oberen Tore werden ebenfalls geschlossen, und einhundertneunzigtausend Liter Wasser aus dem Lake Madden ersetzen das Wasser, das die *Palma* für ihre Fahrt durch den Kanal verbraucht hat. Kleine Lokomotiven auf Gleisen am Ufer des Kanals ziehen den Frachter – das ist die einzige Modernisierung, die in sechzig Jahren notwendig wurde. Früher wurden die Schiffe von Maultieren getreidelt, weswegen die Loks heute noch »Mulis« heißen. Es ist unmöglich, von der Mechanik des Kanals nicht beeindruckt zu sein; es gibt auf diesem

Planeten wenige Bauwerke, die einem Vergleich mit ihm standhalten können.
»Was sind das da drüben für Leute?« wollte ich wissen.
Fünf Männer in weißen Panamahemden krabbelten auf dem Weg zum stählernen Vorderteil der Schleuse, die aussah wie der Bug eines Kriegsschiffs, unsicher über Kabelrollen und schlitterten mit ihren eleganten Schuhen auf dem glatten Untergrund herum. Bei fast vierzig Grad Hitze liefen sie schnell, sie japsten und keuchten. Ich hatte gefragt, ob ich mich an der Schleuse ein bißchen umsehen könne, und zu hören bekommen, daß es verboten sei.
»Die da sind Kongreßabgeordnete«, sagte der Führer. »Das ist alles, was wir momentan kriegen. Kongreßabgeordnete.«
Der Führer war ein schwarzer, perfekt zweisprachiger Panamaer aus der Provinz Chiriqui. Er hatte sein Examen an der Universität von Panama mit einer Arbeit über die Geschichte des Kanals gemacht. Ich wollte wissen, ob er für die Übergabe des Kanals stimmen würde.
»Wenn dieser Vertrag ratifiziert wird, dann ist das hier das Ende vom Lied.«
»Meinen Sie, daß es für immer die Amerikaner sein sollen, die den Kanal betreiben?«
»Und ob ich das meine.«
Für einen Panamaer war dieser Standpunkt gewiß nicht typisch. Alle Panamaer, die ich später traf, behaupteten, der Kanal gehöre ihnen; nur die Bedingungen für die Rückgabe variierten je nach Person. Trotzdem haben die Zonenbewohner vermutlich recht, wenn sie sagen, der Kanal würde in panamaischer Hand mit Sicherheit schlecht verwaltet werden. Es gehört nicht viel dazu, seine Bilanz durcheinanderzubringen; tatsächlich arbeitet die Firma in manchen Jahren mit Verlust, und wenn die Panama Canal Company schwarze Zahlen schreiben will, müssen tagtäglich zwischen fünfunddreißig und vierzig Schiffe auf hochkomplizierte Art durch die drei Schleusen bugsiert werden. Ob er technisch veraltet sei, wollte ich wissen. Nein, meinte der Führer; außer ein paar echten Supertankern gebe es kein Schiff auf der Welt, mit dem er nicht fertig würde. Ob ein Kanal auf Höhe des Meeresspiegels nicht einfacher wäre? Nein, der Atlantik habe andere Gezeiten als der

Pazifik, erklärte der Führer und fragte mich, ob ich eigentlich wisse, daß es im Pazifik eine giftige Seeschlangenart gebe. Ein ebener Durchstich zwischen den Meeren würde diese Viecher in die Karibik schwemmen. »Gott weiß, was dann los wäre.«
»Ich freue mich, daß Sie auf unserer Seite sind«, sprach die Zonenbewohnerin den Führer an.
»Schicken Sie mir, wen sie wollen«, meinte der Schwarze. »Ich sag denen schon die Wahrheit.«
Ich warf ein, daß die Wahrheit einfach lauten müsse, das Abenteuer könne genausowenig von Dauer sein, wie die Argumente für das weitere Verbleiben der Engländer in Indien, für die US-amerikanischen Patrouillen in Veracruz oder für Colonel Vanderbilt in Nicaragua Bestand gehabt hätten. Über kurz oder lang (»Je länger, desto besser!« rief er schnell dazwischen) würde der Kanal ins Eigentum der Republik Panama übergehen müssen. Es müsse auch ihm klar sein, daß der Vertrag unterzeichnet werden und genau das passieren würde.
»Vielleicht passiert's, vielleicht auch nicht«, meinte er. »Ich weiß es nicht. Aber *wenn* es passiert, wird's schlimm.«
»Recht hat er«, meinte die Frau aus der Zone und fuhr zu mir gewandt fort: »Wir sind dabei, den Kanal genauso zu verschleudern wie Vietnam. Furchtbar. Wir sollten besser hierbleiben. Wir hätten Taiwan behalten sollen...«
»*Taiwan?*« fragte ich.
»Das haben wir den Chinesen geschenkt. Und deswegen müssen wir diesen Kanal behalten. Es ist unsere letzte Chance. Sehen Sie sich doch an, was mit Vietnam passiert ist, seit wir es verschenkt haben.«
»Wir haben Vietnam nicht verschenkt«, sagte ich.
»Doch, das haben wir.«
»Madam«, sagte ich, »wir haben den Krieg verloren.«
»Wir hätten ihn gewinnen sollen. Sie hören sich an wie diese Reporter. Die kommen hierher und erzählen, alle Zonenbewohner seien provinzielle Spießer und würden in Luxusvillen wohnen. Meine Güte, wir sind ganz gewöhnliche Menschen!«
»Das kann ich nur bestätigen«, sagte ich.
Aber wenn jemand in Panama von *wir* sprach, mußte ich immer

erst überlegen, um zu wissen, wer gemeint war. Das »Wir« der Frau aus der Zone bezog sich auf alle Zonenbewohner, Botschafter Jorden sagte *wir* und meinte die Vereinigten Staaten von Amerika, das »Wir« der Vertragsbefürworter erstreckte sich nicht auf die Zonenbewohner: mit diesem Pronomen wurde immer jemand ausgeschlossen. Die amerikanischen Soldaten in der Zone waren offiziell neutral, aber wenn ein Militär *wir* sagte, schwang seine Ablehnung des Vertrags dabei mit. Die Westinder der dritten oder vierten Generation – die meisten von ihnen aus Barbados – sagten auf englisch *wir* und fürchteten um ihre Jobs, andere Panamaer sagten *wir* auf spanisch und redeten von ihrer langen Tradition und hochentwickelten Kultur. Von den Angehörigen der drei Indianerstämme – den Cuña, den Guaymí und den Chocóe – beherrschen nur drei Prozent das Spanische: Ihr »Wir« in ihren jeweiligen Sprachen richtet sich gegen den Vertrag. Wenn es um den Kanal ging (und in Panama ging es um nichts anderes), sagte niemand *ich*. Man teilte die Ansichten der eigenen Gruppe, aus der man seine Identität bezog, und wagte sich nicht weit aus dem Stammesgebiet hinaus. Ich war auf der Durchreise wie Gulliver; ich bewegte mich zwischen den Gruppen und notierte mir ihre Kümmernisse – in einer Handschrift, die zusehends nervöser und unsicherer aussah.
Nicht alle beschweren sich. In Panama-Stadt traf ich ein Mädchen, das zu mir sagte: »Wenn man irgendwohin kommt, sagen die Leute immer: ›Sie hätten letztes Jahr hiersein sollen.‹ Das hab ich in Brasilien, in Peru und Kolumbien gehört. In Panama sagt das niemand. Hier muß man jetzt sein.«
Der Kanal und die Schleusen von Miraflores waren meine erste Anlaufstelle, da ich aber mehr über die Gegend wissen wollte, verbrachte ich einen Abend im Kasino des Holiday Inn und sah zu, wie die Leute mit vollen Händen ihr Geld verspielten. Gewinnen machte sie eher verbissen, denn Spieler haben den unausgesprochenen Wunsch, zu verlieren. Bleich und mit unbewegten Gesichtern knallten die Leute ihr Geld förmlich auf den Tisch, und ach – wer waren denn die Herren da drüben, die sich über ihre schwindenden Jetontürmchen beugten und mißmutig mit den Spielkarten schnippten: die Kongreßabgeordneten! Da waren Männer mit Cowboystiefeln, Damen, die sich Hundertdollarscheine aus dem

Dekolleté angelten, und lautstarke Amerikaner, die sich von den argwöhnischen Croupiers mit den feschen Anzügen gerade einen Verweis einhandelten, weil sie immer auf die Würfel spuckten (»Na hören Sie mal!« brüllte einer der Würfelspieler und warf ein paar Würfel nach dem Croupier). Das Glücksspiel wirkte so sehr wie eine freudlose Sucht, daß ich gehen mußte – noch eine Minute, und ich wäre zum Marxismus übergelaufen. Am nächsten Tag nahm ich die Schwarzensiedlungen von Panama-Stadt genauer in Augenschein. Trotz ihres schlimmen Zustands – zerbrochene Fensterscheiben, windschiefe Balkone, blasig abschilfernde Farbe an den Holzwänden – hatten die Häuser aus der Zeit der französischen Besetzung Panamas noch einiges von ihrer ursprünglichen architektonischen Eleganz. – Allerdings nicht genug, um mich länger zu interessieren, und den Unterhaltungen mit den bedrückten Mietern entnahm ich auch nur, daß es sich hier bloß um ein weiteres Stammesgebiet zu handeln schien, das mit seinen Nachbarn in Fehde lag.
An einem Vormittag hielt ich eine Vorlesung am Canal Zone College. Es ging ums Reisen, und wie seltsam war es doch, Menschen, die sich vor lauter Angst nicht einmal zu dem kurzen Trip nach Panama-Stadt durchringen konnten und das nahe Colón für wilder und gefährlicher hielten als einen Dschungel voll von Amazonas-Kopfjägern, etwas über Fernweh und die weite Welt zu erzählen.
Nach der Lesung kam ich mit einer Frau aus der Zone ins Gespräch. »Ich weiß nicht«, meinte sie, »was Sie hier in der Zone erwartet haben, aber ich kann Ihnen sagen, daß wir hier recht zurückgezogen leben.«
Schon wieder dieses »Wir«, diesmal aber war es nicht das Pronomen für eine Gruppierung, sondern ein viel intimeres Wort, das mit einer fast trotzigen, mütterlichen Zärtlichkeit ausgesprochen wurde. Sie sprach von ihrer Familie. Sie waren aus Pennsylvania hierhergezogen, ursprünglich nur für zwei Jahre, aber es hatte ihnen in der Zone so gut gefallen, daß sie geblieben waren. Nach mittlerweile elf Jahren hatte die Gegend immer noch ihre Reize, auch wenn sie es manchmal bedrückend fanden, wie die Company ihr Leben regelte.
»Und was machen Sie beruflich?« fragte ich.

»Nicht ich, mein Mann. Er ist der Leiter des Gorgas-Leichenschauhauses. Lachen Sie nicht.«
»Ich lache gar nicht. Ich finde es interessant.«
»Sie finden das interessant?« Jetzt lachte sie.
Ich konnte meine Neugier und meine Begeisterung über die Aussicht auf eine Tour durchs Leichenschauhaus kaum bezwingen, und als ich sie überzeugt hatte, daß ich es wirklich sehen wollte, und wir schon auf das alte graue Gebäude zufuhren, fragte sie mehrmals: »Sind Sie sicher, daß Sie das wirklich wollen?«

John Reiss war ein großer, kräftiger, rotbackiger Leichenbestatter mit einem freundlichen Umgangston. Seine Frau hatte mir gesagt: »Er kann hervorragend mit den Hinterbliebenen umgehen – er beruhigt sie einfach, ich weiß auch nicht, wie er das macht.«
Er sprach leise und präzise, interessierte sich für seine Arbeit – dabei besonders für Einbalsamierungstechniken – und war stolz auf die Tatsache, daß aus ganz Zentral- und Südamerika Leichen zu ihm geschickt wurden. Wie viele andere Zonenbewohner war er Mitglied des Elks' Club, des Klubs der Veterans of Foreign Wars und des Rotary Club, war aber wegen seiner beruflichen Interessen sicher eifriger als die meisten; in Amerika ist der Leichenbestatter, wie der Bürgermeister oder der Feuerwehrchef, eine Figur des öffentlichen Lebens, und die Zone ist eine Version von Amerika. Mr. Reiss war aber auch Mitglied des örtlichen Barber-Shop-Quartetts; seine Stimme hatte einen melodiösen, schmachtenden Klang, eine gesanglich gebildete Modulation: das betroffene Gurren des Bestattungsunternehmers.
»Zunächst einmal«, sagte Mr. Reiss im Sarglager – er hatte einen lehrhaften Flüsterton angenommen –, »haben wir hier die Särge selbst. Wenn Sie ein einheimischer Angestellter gewesen wären, hätten Sie diesen Sarg hier bekommen.«
Es handelte sich um einen schlichten silberfarbenen Stahlsarg mit schnörkellosen Griffen: eine polierte Metallschachtel von der Länge eines Menschen und etwa der Tiefe eines Pferdetrogs. Er war geschlossen, der Deckel festgeschraubt. Ich fand es nicht so einfach, mir diesen geschlossenen Sarg anzusehen, ohne ein deutliches Unbehagen über seinen möglichen Inhalt zu verspüren.

»Und wenn Sie Amerikaner gewesen wären, hätten Sie den hier gekriegt.«

Das Modell war größer und etwas schicker. An den Seiten waren Rosetten zu sehen, die Ecken des Deckels waren mit imitiertem Schnitzwerk verziert: ein paar romanische Voluten, etwas Blattgeranke. Die Griffe sahen aus wie die Türgriffe der Häuser am Louisburg Square in Boston. Abgesehen von den Blättern und der Größe konnte ich eigentlich keinen großen Unterschied zwischen diesem und dem silbernen Sarg erkennen.

»Der hier ist viel teurer«, sagte Mr. Reiss. »Der ist hermetisch versiegelt, und sehen Sie sich den farblichen Unterschied an.«

Natürlich: dieser hier war in einem goldenen Bronzeton gehalten, der andere war bloß silbern. Sie waren so verschieden wie der Status der Verstorbenen; und der hing von der Rasse ab. Etwa seit der Jahrhundertwende und noch bis vor sehr kurzer Zeit unterschied die Panama Canal Company die Rassen nicht mit den Ausdrücken »schwarz« und »weiß«, sondern durch die Merkmale von Gold und Silber. Der Euphemismus leitete sich aus der Art der Bezahlung der Arbeiter ab: Ungelernte – also die meisten Schwarzen – wurden mit Silbergeld bezahlt, Fachkräfte – fast alles weiße Amerikaner – mit Gold. Diese Termini bezogen sich auf nahezu alle Lebensbereiche der Zone: Es gab goldene und silberne Schulen, goldene und silberne Häuser und immer so weiter – bis hin zu den goldenen und silbernen Särgen, die ersteren hermetisch verschließbar, die letzteren – wie die silbernen Häuser – undicht. Und so konnte der Kanalangestellte noch im Sarg identifiziert werden. Noch lange nachdem er zu Staub zerfallen war und seine rassischen Merkmale sich in Verwesung aufgelöst hatten, konnte man bei einer Exhumierung seiner sterblichen Reste am Farbton der Kiste erkennen, ob der Grus im Leichentuch einstmals ein schwarzer oder ein weißer Mann gewesen war. Der Company muß es eine gewisse Befriedigung verschafft haben, zu wissen, daß das Farbschema der Schulen und Behausungen (und sogar der Trinkbrunnen, der Post und der Cafeteria) auch unter der Erde eingehalten wurde, wie gleichmäßig das Gras darüber auch wachsen mochte.

»Heutzutage«, sagte Mr. Reiss, »kriegen alle diesen guten Sarg.

Deswegen arbeitet das Bestattungsinstitut auch mit Verlust. Die Dinger kosten einen Haufen Geld.«
Das Empfangszimmer lag eine Treppe höher. Kühlschränke gab es hier und an den Wänden des kahlen schiefergrauen Raums die großen Stahlschubladen, wie man sie aus den Leichenschauhaus-Szenen im Film kennt: dieses Arrangement von vielen Türen, das die größte Ähnlichkeit mit einem Regal voller überdimensionierter Aktenschränke hat.
Mr. Reiss griff nach einer Schublade; er hielt sich gleichsam am Türgriff fest, unter dem ein Schild angebracht war: ein Name, ein Datum. »Hier drin hab ich einen Mann«, sagte er – und zog beim Reden schon am Griff. »Ist vor einem Monat gestorben. Wir wissen nicht, was wir mit ihm machen sollen. Aus Kalifornien. Keine Angehörigen, keine Freunde.«
»Mir wär's ganz lieb, wenn Sie die Schublade nicht aufmachen würden.«
Er schob sie sanft zurück und ließ den Griff los. »Keiner erhebt Anspruch auf ihn.«
Es war kalt in dem Raum; ich zitterte und merkte, daß ich eine prickelnde Gänsehaut bekam. Dies war der kälteste Ort seit meiner Abfahrt aus dem Schneesturm in Chicago.
»Sollen wir weitergehen?« fragte ich.
Aber Mr. Reiss las gerade ein anderes Schildchen und pochte an die dazugehörige Schublade. »Ja«, sagte er. »Das hier ist ein kleiner Junge. Erst sechs Jahre alt.« Seine Finger schoben sich unter den Griff. »Den haben wir schon seit letztem Juni – ist was?«
»Mir ist kalt.«
»Wir müssen die Temperatur hier drin ziemlich niedrig halten. Wo war ich stehengeblieben? Ach ja«, er sah auf seine Hand und auf das Schild, »der bleibt hier bis nächsten Juni. Aber es geht ihm gut.«
»Gut? Wie meinen Sie das?«
Mr. Reiss lächelte sanft; dies betraf seinen beruflichen Ehrgeiz. »Ich hab ihn selbst einbalsamiert – der ist komplett fertig. Na«, fuhr er fort, diesmal an die Schublade gewandt, »um ganz sicher zu sein, schau ich alle vier Wochen mal nach. Mach ihn auf und check ihn durch.«

»Was sehen Sie dann?«
»Austrocknung.«
Auf dem Weg zum Krematorium sagte ich: »Einen Augenblick lang hab ich geglaubt, daß Sie drinnen eine Schublade aufmachen würden.«
»Das hatte ich auch vor«, sagte Mr. Reiss. »Aber Sie wollten es ja nicht.«
»Ich glaub, ich wäre umgekippt.«
»Das sagen alle. Aber eigentlich muß man so etwas mal gesehen haben. Ein toter Mensch ist bloß ein toter Mensch. Es passiert jedem. Der Tod gehört zu den Dingen, mit denen man sich abfinden muß. Nichts, wovor man sich zu fürchten hätte.« In diesem Ton redete er offenbar mit den Hinterbliebenen; es klang sehr überzeugend. Ich kam mir unwissend und abergläubisch vor. Aber was wäre gewesen, wenn es mich erschreckt hätte? Wie hätte ich das Bild eines im Tod geschrumpften Sechsjährigen aus meinem Gehirn tilgen können? Ich hatte Angst, daß ein solcher Anblick mich für den Rest meines Lebens erschüttert hätte.
Im Einäscherungsraum war es heiß: die Luft war verbraucht und staubig, ich spürte die Hitze von den Öfen auf der anderen Seite des Raums; diese Öfen waren größere Ausgaben der alten Kohlenbrenner meiner Kindheit. Die Hitze hatte die Eisentüren rot verfärbt, sie waren mit feinem Staub bedeckt. Die Sonnenstrahlen, die durch die Fenster drangen, erhellten kleine Staubpartikel, die von der heißen Luft in unablässig wirbelnder Bewegung gehalten wurden.
»Es ist hier so heiß«, erklärte Mr. Reiss, »weil wir erst heute morgen eine Einäscherung hatten.« Er ging an die Seite eines der Öfen, klappte die Eisentür auf und sah hinein. »Ein Einheimischer.« Mit einem Schüreisen schob er ein paar weißglimmende Ascheflocken auseinander. »Nichts als Asche und ein paar Knochen.«
Neben den Öfen standen zwei Aluminiumfässer. Mr. Reiss öffnete den Deckel der einen Tonne – ein Ascheimer. Er griff hinein, tastete in der Asche herum und zog ein Knochenstück heraus. Es war ein trockener, kreidiger Splitterbrocken, von der Hitze weiß geworden wie Muschelschalen, bestäubt mit grauen Ascheflocken; am Ende saß eine Verdickung – wie eine Hälfte eines prähistorischen Goldschmiedehämmerchens.

»Das sind bloß noch so kleine Reste.«
»Es sieht aus wie ein Oberschenkelknochen.«
»Eins zu null für Sie«, sagte Mr. Reiss. »Es ist auch einer. Woher wissen Sie das?«
»Ich bin ein verkrachter Medizinstudent.«
»Wieso verkracht? Von Knochen verstehen Sie jedenfalls was.«
Mr. Reiss schloß die Hand über dem Knochen und zerkrümelte ihn wie einen Keks: *I will show you fear in a handful of dust.* »Wir kriegen ziemlich viele Amputationen. Das war ein ganzes Bein.« Er ließ den Staub wieder in die Tonne fallen und klatschte sich den Rest von den Händen. Ich warf einen Blick in die Tonne: angekokelte Sicherheitsnadeln und Fetzen von mumifiziertem Stoff.
»Nebenan ist eine medizinische Fakultät. Die schicken uns nach den Unterrichtsstunden immer die Sachen zum Einäschern. Sind in einem grausigen Zustand: Gehirne raus, alles aufgeschnitten und zerlegt. Ein paar kann man kaum noch erkennen.«
In den Räumen des Leichenschauhauses gab es keine anderen Menschen, jedenfalls keine lebenden. Durch seine Leere und das Fehlen von Geräuschen und Mobiliar wirkte es wie ein Mausoleum, und es kam mir vor, als wäre ich eingeschlossen, hermetisch mit diesem sanftmütigen Führer eingesiegelt, der Särge, austrocknende Leichen und brennbare Oberschenkelknochen mit einer alltäglichen Nonchalance behandelte, die mir meine Grenzen klarmachte und mir den Gedanken eingab, daß er mit seiner saloppen Art vielleicht irgendein grausiges Geheimnis vor mir verbarg. Aber Mr. Reiss sagte gerade: »Das Geld rinnt uns durch die Finger – wegen der Tarife. Das Material und die Särge sind so teuer geworden, daß wir nicht mal mehr kostendeckend arbeiten können. Die einheimischen Arbeiter kriegen diese richtig schönen... Ah, da sind wir schon«, unterbrach er sich an der Schwelle eines anderen leeren Raums. »Das Einbalsamierungszimmer.«
In der Mitte des Raums waren vier schräg stehende Waschbecken zu sehen, darunter verliefen Gummischläuche zum Boden. Große Marmorplatten bedeckten die Tische, an der Decke surrten zwei Ventilatoren, es roch stark nach Desinfektionsmitteln.
»Seit Jahren bitten wir schon um eine Klimaanlage«, sagte Mr. Reiss.

»Wieso denn? Es ist doch ziemlich kühl hier.«
Er lachte. »Ungefähr fünfundzwanzig Grad!«
Merkwürdig. Mich fröstelte schon wieder.
»Aber sie geben uns keine. Die Ventilatoren reichen überhaupt nicht aus – es stinkt manchmal ganz nett, wenn wir hier drin arbeiten!«
»Ich wollte Sie die ganze Zeit schon fragen, wie Sie die Leichen eigentlich nennen«, sagte ich. »Sprechen Sie von ›lieben Verstorbenen‹? Oder sagen Sie ›Leiche‹ oder ›Opfer‹ oder ›der Tote‹?«
»Von ›lieben Verstorbenen‹ ist wohl nur in Büchern die Rede«, meinte Mr. Reiss. »Das ist doch übertrieben. Es gibt schon eine Menge seltsame Vorstellungen von Leichenbestattern. Jessica Mitford zum Beispiel – das Buch von ihr. Die ist nicht weit rumgekommen. So sind wir in Wirklichkeit nicht. Wir sprechen normalerweise von den ›Überresten‹.«
Er ging zu einem der tiefen Waschbecken hinüber und fuhr fort: »Wir legen die Überreste auf so einen Tisch und lassen sie dann ins Becken gleiten. Dann machen wir eine Arterie auf. Meistens die Halsschlagader – ich find die Halsschlagader am besten. Die lassen wir völlig auslaufen. Das Blut läuft da runter – durch den Schlauch«, er sprach zum Becken gewandt und deutete mit der Hand an, wohin das Blut lief, »in den Boden. Dann – sehen Sie den Schlauch da? – füllen wir sie mit Einbalsamierungsflüssigkeit. Es dauert seine Zeit, und man muß aufpassen. Es ist nicht so einfach, wie es aussieht.«
Ich murmelte etwas und machte mir mit steifgefrorenen Fingern Notizen. Ich fände es sehr interessant, sagte ich. Mr. Reiss fing den Ball gleich auf.
»Es *ist* auch interessant! Hier kommen alle möglichen Typen rein. Gerade neulich«, mit emphatischer Erregung schlug er mit der Handfläche auf das Einbalsamierungsbecken, »ist ein Bus von der Brücke gefallen – kennen Sie die große Brücke, die über den Kanal geht? Achtunddreißig Tote, und die kamen alle zu uns, die hatten wir alle hier. Junge, das war was. Flugzeuge, Autounfälle, Ertrunkene, Leute, die in Colón um die Ecke gebracht worden sind. Aber nehmen Sie mal einen Mord auf einem Schiff, das gerade durch den Kanal fährt – eine knifflige Angelegenheit, aber wir kümmern uns

drum. Und dann die Indios. Erst lassen sie sich vollaufen, dann paddeln sie mit ihren Kanus los und saufen ab. Wir kriegen alle Typen, die Sie sich vorstellen können. Interessant ist das richtige Wort.«
Ich schwieg. Aber Mr. Reiss blieb am Becken stehen.
»Ich bin seit elf Jahren hier unten in der Zone«, sagte er, »und war die ganze Zeit Leichenbestatter.« Er sprach jetzt langsamer, als ob er sich selbst wunderte. »Und wissen Sie was? Jeden geschlagenen Tag hatte ich etwas völlig anderes vor mir. Wollen Sie den Autopsiesaal sehen?«
Ich sah auf meine Uhr.
»Ach du Schreck«, meinte er nach einem Blick auf seine eigene. »Schon nach eins. Ich weiß ja nicht, was mit Ihnen ist, aber ich hab wirklich Hunger.«
Die Küche vom Elks' Club war geschlossen. Wir gingen zum Post 2537 der Veterans of Foreign Wars weiter, wo Mr. Reiss Chop Suey und Eistee bestellte. »Was den Service angeht, ist das hier natürlich gar kein Vergleich mit den Staaten. Hier kriegt man nicht die Aufmerksamkeit, die man drüben bekommt. Drüben kriegt man richtig guten Service, große Autos und eine kleine Zeremonie. Hier gibt's bloß einen Leichenwagen.«
»Und eine Einbalsamierung.«
»Ich hab mich schon immer für Einbalsamierung interessiert«, erklärte er.
Das Chop Suey kam, dazu ein großer Teller mit nassem Gemüse und eine Schüssel voll Nudeln. Nur eine Handvoll andere Leute saß hier in der Cafeteria des V.F.W.; aber sie war so sauber, dunkel und klimatisiert wie jedes andere Versammlungshaus des Veteranenvereins in Amerika auch. Ich fragte Mr. Reiss, wieso er Leichenbestatter geworden war.
»Üblicherweise ist so was ein Familienunternehmen. Dein Vater war Leichenbestatter, also wirst du es auch. Ich bin da wohl die große Ausnahme: meine Familie hat was anderes gemacht.«
»Dann haben Sie sich einfach so für den Beruf entschieden?«
Mr. Reiss schluckte einen Mundvoll Chop Suey herunter, tupfte sich die Lippen mit der Serviette ab und sagte: »Ich wollte *immer* schon Beerdigungsunternehmer werden, schon seit ich denken

kann. Wissen Sie was? Das ist meine allererste Erinnerung. Ich muß ungefähr sechs gewesen sein, als meine alte Oma starb. Sie haben mich nach oben geschickt und mir Bonbons gegeben, damit ich ruhig war. Lakritzbonbons waren das, die hatten die Form von Hüten – Zylinder und Stetsons. Da war ich also oben – das war noch in Pennsylvania – und fing an zu brüllen: ›Ich will Granny sehen!‹ ›Nein‹, haben sie gesagt, ›er soll oben bleiben, gebt ihm noch ein paar Bonbons.‹ Aber ich hab so lange weitergebrüllt, bis sie schließlich nachgegeben haben und mich runterließen. Meine Cousine hat mich an die Hand genommen, und wir sind zu Granny gegangen, die da in ihrem Sarg lag. Sie wissen, das fand damals alles zu Hause statt. Als ich sie sah, hab ich sofort die Leute ausgefragt: ›Wie wird das gemacht? Wer hat das gemacht?‹ und so weiter. Ich war wirklich interessiert. Und damals hab ich beschlossen, was ich werden wollte: Beerdigungsunternehmer. Mit ungefähr neun war ich mir dann ganz sicher, daß es das richtige für mich war.«
Unwillkürlich stellte ich mir ein Klassenzimmer in Pennsylvania vor, in dem ein neugieriger Lehrer sich zu einem ruhigen Jungen mit roten Backen hinunterbeugte und fragte: »Nun sag mal, Johnny, was willst du denn mal werden, wenn du groß bist?«
Natürlich kamen wir auf das Thema Kanalvertrag zu sprechen. Ich wollte wissen, was nach der Unterzeichnung des Vertrages aus ihm und dem Gorgas-Leichenschauhaus würde.
»Wir werden bestimmt klarkommen, ganz egal, was passiert. Ich weiß nicht, was mit dem Vertrag wird, aber wenn sie uns übernehmen, dann behalten sie uns hoffentlich auch. Die meisten von uns lieben diesen Kanal, und wir im Leichenschauhaus leisten gute Arbeit. Ich nehme an, daß sie uns einfach wieder einstellen. Jeder macht sich Sorgen, aber warum eigentlich? Ohne uns können sie den Kanal nicht betreiben, und ich bin wirklich daran interessiert, daß ich hierbleiben kann.«

An diesem Abend war ich zu einem Dinner eingeladen. »Sie werden für ihr Futter singen müssen«, sagte der Gastgeber. Worüber ich denn sprechen solle, fragte ich. Es spiele eigentlich keine große Rolle – vielleicht irgendwas Literarisches? »Es ist ganz egal, was

Sie sagen«, meinte er, »das einzige, was sie wirklich interessiert, ist Ihre Meinung über den Vertrag.« Das sei mein Lieblingsthema, beteuerte ich.
Also sprach ich vor dem Panamaischen Schriftsteller- und Künstlerverband über *Die denkwürdigen Erlebnisse des Arthur Gordon Pym*. Da niemand das Buch gelesen hatte, konnte ich es behandeln wie eine Neuerscheinung, wie einen druckfrischen Kandidaten für die Bestsellerliste, so jung und voller Neuigkeiten wie ein Frühlingsmorgen in Boston. Hingerissen lauschten meine Zuhörer, als ich den Handlungsablauf schilderte, diese Folge von Ungeheuerlichkeiten und die gedämpfte Musik des erschütternden Schlusses, und betrachteten mich, als ich zu erläutern versuchte, wie Poe mit klugen Verknüpfungen und Schlingen aus losen Stücken und Enden einen dermaßen überzeugenden Henkersknoten schürzt, mit dem kurzsichtigen, mitfühlenden Ausdruck, den ich schon von den Gesichtern meiner Studenten in weit entfernten Hörsälen kannte.
In der anschließenden Fragestunde sagte ein Mitglied der Versammlung: »Mich interessiert das folgende: Wie ist Ihre Haltung in bezug auf den Panamakanal-Vertrag? Würden Sie so freundlich sein, uns etwas dazu zu sagen?«
»Mit Vergnügen«, versicherte ich. Sie hätten natürlich jedes Recht auf ihre eigene Meinung über die Zonenbewohner, sagte ich, aber vielleicht unterschätzten sie doch die Gefühle, die die Zonenbewohner ihrem Kanal gegenüber hätten. In unserem Zeitalter hänge man nicht unbedingt an seinem Beruf, die Menschen in der Zone aber seien stolz auf ihre Leistungen und betrieben die Arbeit am Kanal mit Hingabe. Kein noch so großer panamaischer Nationalstolz und kein Fahnengeschwenke könne das technische Geschick aufwiegen, das man brauche, um tagtäglich vierzig Schiffe sicher durch den Kanal zu bugsieren. Zugegebenermaßen wüßten die Zonenbewohner nicht viel über Panama, aber die Panamaer hätten ihrerseits auch keinen Begriff von den Abläufen des Lebens in der Zone und der Ernsthaftigkeit ihrer Bewohner.
Diese Ansicht erzeugte mißbilligendes Lächeln beim Publikum, erregte aber keinen Widerspruch, also führte ich noch weiter aus, daß die Kanalzone im Grunde Kolonialgebiet sei und daß niemand das

Wesen einer Kolonie begreifen könne, bevor er nicht *Frankenstein* und *Der gefesselte Prometheus* gelesen habe.

Beim Essen unterhielt ich mich mit einem älteren Architekten. Er schreibe Kurzgeschichten, erzählte er, meistens Satiren über den Regierungschef und Kommandeur der Nationalgarde, General Omar Torrijos. Was Torrijos denn von seinen Geschichten halte, wollte ich wissen. Er habe versucht, sie verbieten zu lassen, erzählte der Architekt, es aber nicht tun können, weil die Geschichten einen Literaturpreis bekommen hätten.

»Es gibt Leute, die Torrijos für einen Schwärmer halten.«

»Er ist ein Demagoge und kein Schwärmer«, erklärte der Architekt. »Ein Schauspieler – sehr schlau und absolut gerissen.«

»Finden Sie also, daß die Amerikaner den Kanal behalten sollten?«

»Nein. Ich werd's Ihnen sagen. Der Kanal ist der Traum aller Panamaer. Ihr habt euren *American Dream,* wir haben diesen. Aber das ist auch alles, was wir haben. Die eigentliche Tragödie besteht darin, daß er wahr werden wird, während Torrijos noch an der Macht ist. Er wird sich damit schmücken, verstehen Sie. Er kann dann sagen: ›Seht her, was ich geleistet habe! Ich hab unseren Kanal zurückbekommen!‹«

Wahrscheinlich stimmte das. Im Rahmen eines Hilfsprogramms hatte die amerikanische Regierung außerhalb von Panama-Stadt eine Reihe Wohnblocks mit Sozialwohnungen errichten lassen: für die Tausende von panamaischen Wohnungslosen ein Tropfen auf den heißen Stein. Offiziell hieß die Siedlung »Torrijos-Häuser«. Es wäre wesentlich gerechter gewesen, sie nach dem eigentlichen Wohltäter zu benennen, dem amerikanischen Steuerzahler. Ich erklärte dem Architekten, daß ich wohl ein größeres Anrecht darauf hätte, meinen Namen auf den Häusern zu finden als Torrijos, denn ich bezahlte in Amerika Steuern, der General nicht.

»Aber Sie haben ihn an die Macht gebracht.«

»Ich habe General Torrijos nicht an die Macht gebracht«, sagte ich.

»Ich meine, die Regierung der Vereinigten Staaten hat ihn eingesetzt. Sie wollten ihn als Verhandlungspartner. Mit einer demokratisch gewählten Regierung hätten sie es wesentlich schwerer gehabt. Es ist bekannt, daß Torrijos Zugeständnisse gemacht hat, die sie von einem demokratisch gewählten Führer nie bekommen hätten.«

»Hat Torrijos nicht zu einem Referendum über den Vertrag aufgerufen?«
»Das war ein Bluff. Keiner wußte, worum es ging. Bewiesen wurde damit gar nichts. Das Volk hat bei diesem Vertragswerk kein Wörtchen mitreden können. Und, sehen Sie, die USA geben Torrijos allein für seine Armee fünfzig Millionen Dollar! Und warum? Weil er soviel verlangt hat. Somoza in Nicaragua haben sie viel weniger gegeben, und der ist auch an der Macht geblieben.«
»Also bleibt Torrijos Ihnen erhalten, ob Sie wollen oder nicht?«
»Nein«, meinte der Architekt. »Wenn die USA von ihm bekommen haben, was sie wollen, dann, glaube ich, werden sie ihn fallenlassen wie eine heiße Kartoffel.«
Der Architekt hatte sich in Rage geredet. Er vergaß sein Essen, gestikulierte mit einer Hand und fuhr sich mit dem Taschentuch, das er in der anderen hielt, übers Gesicht.
»Wollen Sie wissen, wie Torrijos in Wirklichkeit ist? Er ist wie ein Junge, der sein erstes Auto zu Schrott gefahren hat. Dieses Auto ist unsere Republik. Jetzt wartet er auf das nächste Auto, das er kaputtmachen kann. Das zweite Auto ist der Vertrag. Was ich Torrijos gern sagen würde, wäre: ›Vergiß das Auto, lern erst mal fahren!‹«
»Sie sollten etwas essen«, schlug ich vor.
»Wir sind an einen wie ihn nicht gewöhnt«, sagte er mit einem Blick auf seinen Teller. »So eine Diktatur ist uns fremd. Er ist unser erster Diktator, seit wir 1903 unabhängig geworden sind. Ich habe noch nie mit so jemandem zu tun gehabt. Mr. Theroux, wir sind nicht an Diktatoren gewöhnt.«
Was der Architekt gesagt hatte, interessierte mich so sehr, daß ich mich ein paar Tage später um ein Gespräch mit einem panamaischen Rechtsanwalt bemühte, der an der juristischen Ausarbeitung des Vertrages mitgewirkt hatte. Den Namen des Architekten verschwieg ich: der Rechtsanwalt war ein enger Freund von Torrijos, und ich wollte nicht, daß der Mann wegen staatsfeindlicher Reden ins Gefängnis käme. Der Rechtsanwalt hörte sich die Argumente an und sagte dann auf spanisch: »Quatsch!«
Auf englisch fuhr er fort: »Omar ist nicht von den Gringos eingesetzt worden.«

Mich ärgerte diese Ausdrucksweise, aber in Anwesenheit des Botschafters konnte ich diesem dunkelhäutigen Bürger von Panama schlecht sagen, daß er mich lieber nicht Gringo nennen sollte, weil ich ihn sonst als »Spic« anreden müßte.
»Im Jahr 1967 konnten die Mitglieder der gewählten Regierung sich nicht auf einen Vertragsentwurf einigen«, erklärte der Anwalt.
»Und deshalb hat Torrijos 1968 die Regierung gestürzt, oder?« fragte ich und mied geflissentlich den Blick des Botschafters.
Der Anwalt schnaubte: »Manche Leute«, erklärte er langsam, »sind der Ansicht, daß die CIA den Putschversuch gegen Torrijos im Jahr 1969 eingefädelt hat. Was sagt Ihr Freund denn dazu?«
»Wenn der Anschlag schiefgegangen ist, dann stand die CIA wohl nicht dahinter. Haha.«
»Gelegentlich machen wir Fehler«, sagte der Botschafter, aber ich war mir nicht ganz sicher, was er damit meinte.
»Torrijos hat mit der Unterzeichnung dieses Vertrages großen Mut bewiesen«, sagte der Anwalt.
»Wieso Mut?« fragte ich. »Er unterschreibt und kriegt den Kanal. Das ist doch kein Mut, sondern Opportunismus.«
»Jetzt reden Sie wie Ihr Freund«, sagte der Anwalt. »Der gehört offenbar zur extremen Linken.«
»Nein, er ist tatsächlich eher konservativ.«
»Das ist das gleiche«, sagte der Anwalt und wandte sich ab.

Meine letzte Aufgabe, bevor ich den Zug nach Colón besteigen würde, sollte ein Vortrag an der Balboa High School sein. Mr. Dachi, bei der amerikanischen Botschaft zuständig für die Öffentlichkeitsarbeit, hielt es für eine gute Idee: die Botschaft hatte bisher noch keinen Referenten an die Balboa High geschickt. Ich war kein offizieller Besucher; das State Department bezahlte mich nicht für meine Reise, und es gab keinen Grund, warum der traditionelle Haß der Zonenbewohner auf die Botschaft sich gegen mich richten sollte. Aus alter Freundschaft für Mr. Dachi, den ich in Budapest kennengelernt hatte, sagte ich zu. Der Botschaftsangestellte, der mich dorthin begleitete, wollte, wie er sagte, lieber anonym bleiben: es gehe dort ziemlich wüst zu.
Jeder, der in den fünfziger Jahren eine amerikanische High-School

besucht hat, ist irgendwie auf Balboa High gewesen. Diese Atmosphäre von leise brodelnder Anarchie – Anarchie der Sorte, daß man Erstsemestern auf dem Klo die Hosen runterzieht oder auf der Schulfahnenstange einen Micky-Maus-Wimpel hißt; das Faible für Wurfgeschosse aus Spucke und Papier, für Turnschuhe, Bürstenhaarschnitt, Herumalbern in der Turnhalle; die Suche nach intellektueller Mittelmäßigkeit auf den Seiten von literarischen Anthologien (»Thornton Wilder gilt manchen als der amerikanische Shakespeare«) und doch das Mißtrauen gegen die Überdurchschnittlichkeit, weil alles Ungewöhnliche ein Makel sein muß (wenn du eine Brille trägst, bist du 'ne Intelligenzbestie und heißt in der ganzen Schule bloß noch »Einstein«); man wählt Naturwissenschaft als Hauptfach, weil die Russen das auch machen, und nutzt dann die Gelegenheit, anatomische Zeichnungen im Biologiebuch zu begaffen; man versteht Ausbildung in der Hauptsache als Übung in Geselligkeit, versucht mit verschwitzten Handflächen und Pickeln zurechtzukommen, lobt den Quarterback und macht sich über den Wasserträger lustig – ja, Balboa High war mir vertraut. Durch die derzeitige Rock-and-Roll-Mode kam mir das Ganze noch mehr wie ein Sprung in die Vergangenheit vor: *Elvis* war auf einem T-Shirt zu lesen, *Buddy Holly* auf einem anderen.
Um mir meinen ersten Eindruck zu bestätigen, ging ich auf JUNGEN und sah mich um. Der Waschraum war leer, aber die Luft vom verbotenen Zigarettenqualm zum Schneiden dick. Auf den Wänden stand: *Balboa is Number One, America's Great* und immer wieder *Panama Sucks.*
Seit zwanzig Jahren hatte ich keine amerikanische High-School mehr betreten; wie merkwürdig, daß der Affenkäfig, in dem ich meinen Abschluß gemacht hatte, bis zum letzten Ziegelstein, zur Glocke im Klassenzimmer und dem kleinen Fleckchen mit Efeu hier in Zentralamerika nachgebaut worden war. Und ich wußte es noch bis ins Mark, wie ich auf Medford High reagiert hätte, wenn angekündigt worden wäre, daß wir statt Latein um zehn eine Veranstaltung in der Aula besuchen sollten: prima Gelegenheit, Scheiß zu machen!
Wahrscheinlich war es harmlose Unbändigkeit, das Geschwatze und Geschnatter, das Gekicher, das Gerangel und Papiergeraschel.

Die Hälfte der 1285köpfigen Schülerschaft saß hier im Memorial Auditorium. Das Mikrophon gab – natürlich! – eine Art Grillengequietsch von sich und fiel dann und wann ganz aus, so daß meine Stimme nur noch als Flüstern zu hören war. Ich ließ den Blick über die Meute von fetten und dünnen Schülern schweifen und sah, wie eine Lehrerin quer über den Mittelgang hastete, sich eine Sitzreihe entlangquetschte, die Zeitschrift in ihrer Hand zu einem Schlagstock aufrollte und einem kichernden Jungen damit auf den Kopf schlug.

Der Direktor stellte mich vor. Er wurde schon auf dem Weg zum Rednerpult ausgebuht. Ich nahm meinen Platz ein, es wurde applaudiert, aber während der Applaus verebbte, wurden die Buhrufe lauter. Über Reisen wollte ich sprechen. »Ich glaub nicht, daß sie mehr als zwanzig Minuten verkraften können«, hatte der Direktor gesagt. Nach zehn Minuten gingen meine Worte fast vollends im Gemurmel des Publikums unter. Ich sprach weiter, sah auf die Uhr und brachte die Prozedur zu einem Ende. Irgendwelche Fragen?

»Wieviel verdienen Sie?« wollte ein Junge in der ersten Reihe wissen.

»Wie ist es in Afrika?« fragte ein Mädchen.

»Warum fahren Sie eigentlich den ganzen Weg mit dem Zug?« lautete die letzte Frage. »Ich mein, wenn's so ewig lang dauert?«

»Weil man eine Sechserpackung Bier mit ins Abteil nehmen kann, und bis man wieder nüchtern ist, ist man schon da.«

Die Antwort schien sie zu befriedigen. Sie grölten und trampelten, dann buhten sie wieder lautstark.

»Ihre, äh, Schüler«, sagte ich hinterher zum Direktor, »sind ziemlich, äh...«

»Es sind nette junge Leute«, unterband er meinen Versuch, etwas Kritisches zu sagen. »Aber als ich hier runterkam, dachte ich, daß ich ein paar richtig weltoffene Kinder vor mir haben würde. Schließlich sind wir hier im Ausland – ich hatte gedacht, sie wären vielleicht ein bißchen kosmopolitisch. Komischerweise sind sie weniger kultiviert als die jungen Leute zu Hause.«

»Ah, ja, unverbildet«, sagte ich. »Mir ist aufgefallen, daß sie die Büste von Balboa vor Ihrer Schule mit roter Farbe beschmiert haben.«

»Das ist unsere Schulfarbe«, sagte er.
»Steht die Geschichte Panamas auf dem Lehrplan?«
Die Frage brachte ihn ins Stocken. Er überlegte einen Augenblick und sagte dann unsicher: »Nein, aber in der sechsten Klasse haben sie dann ein paar Stunden Sozialkunde.«
»Ach ja, die gute alte Sozialkunde.«
»Aber die Geschichte Panamas – Teil des Lehrplans ist sie eigentlich nicht.«
»Seit wann sind Sie schon hier?« fragte ich.
»Seit sechzehn Jahren. Für mich ist die Zone meine Heimat. Manche Leute haben Häuser in den Staaten und fahren jeden Sommer hin. Ich tue das nicht. Ich will hierbleiben. 1964 ist uns einer unserer Lehrer weggelaufen – der dachte, es sei Schluß. Erinnern Sie sich noch an die Fahnenverbrennung? Wenn er hiergeblieben wäre, hätte er dreißig Dienstjahre hinter sich und Anspruch auf eine sehr gute Pension gehabt, aber er wollte nicht. Ich werde sehen, was hier passiert. Man weiß ja nie – diese Sache mit dem Vertrag ist noch längst nicht ausgestanden.«
Eine junge Lehrerin hatte uns zugehört. Zu den Worten des Direktors meinte sie: »Mein Zuhause ist das hier nicht. Ich bin jetzt seit zehn Jahren hier und bin mir immer – wie soll ich sagen – provisorisch vorgekommen. Manchmal wache ich morgens auf, ziehe die Vorhänge zur Seite, sehe die Palmen und denke: ›O Gott.‹«
»Wie finden Sie unsere Schüler?« fragte ein Lehrer, der mich aus dem Schulgebäude begleitete.
»Ziemlich laut«, antwortete ich.
»Die haben sich schwer zusammengerissen«, sagte er. »Ich war ganz überrascht – ich hatte mich auf das Schlimmste gefaßt gemacht. In der letzten Zeit war hier der Teufel los.«
Hinter uns ertönte das unverkennbare Geräusch von splitterndem Glas, dann jugendliches Gelächter und das entnervte Gebrüll eines Lehrers.

Es waren die High-School-Schüler, die dem Zug den Spitznamen »Balboa Bullet« gegeben hatten. Genau wie der Kanal ist er seinem Wesen nach amerikanisch, sieht solide aus, wird gut geführt und gut instand gehalten. Wenn jemand, der in Balboa Heights einge-

stiegen ist, sich im alten Zug nach Worcester wähnt, kann man es ihm nicht verdenken. Wie die Fahrkarten verkauft werden, wie die Schaffner mit den Pillendöschen-Käppis sie dann lochen und einem den Platzkartenabschnitt aushändigen *(Tragen Sie diesen Abschnitt sichtbar bei sich)*, das alles ist ziemlich aus der Mode gekommen und sehr zuverlässig. Aber auch das ist wie der Kanal: beide, der Kanal und der Zug, haben bis in modernere Zeiten hinein treu ihre Dienste geleistet, ohne modernisiert werden zu müssen. Der Zug braucht für die Strecke vom Atlantik zum Pazifik knapp anderthalb Stunden und ist fast immer pünktlich.
Ich war nun schon so lange in Panama, daß ich die meisten Orientierungspunkte wiedererkannte: »The Building«, das über dem Stevens Circle aufragt, die großen Villen in Balboa Heights und Fort Clayton, das aussieht wie der Hochsicherheitstrakt eines Gefängnisses. Die meisten Häuser sind gleichförmig bis zur Monotonie: zwei Bäume, ein Blumenbeet, ein Boot im Carport. Keine Fußgänger auf den Gehwegen, die fast überall ungepflastert sind. Nur die Hausangestellten, die träge vor den Küchentüren herumstanden, unterbrachen die Eintönigkeit und deuteten auf ein Leben hinter diesen Türen hin.
Die erste Haltestelle war Miraflores: »Mirror-Floors« in der verschliffenen Aussprache der Zone. Danach verschwindet der Kanal hinter einem Hügel und taucht bis Pedro Miguel nicht wieder auf. Die Schwimmbagger an den dortigen Schleusen sahen wegen ihrer Form und der Schornsteine wie Mississippi-Flußdampfer aus.
Anders als in allen anderen lateinamerikanischen Zügen zeigt sich hier ein Querschnitt durch die Bevölkerung des Landes. In den klimatisierten Waggons saßen die Offiziere der US-Armee, die bessergestellten Zonenbewohner, Touristen und die Geschäftsleute aus Frankreich und Japan, die in dieser kritischen Zeit noch einen Reibach mit Immobilien oder Importen machen wollten. Ich saß freiwillig im nichtklimatisierten Waggon, den ich mir mit einer buntgemischten Gruppe aus Panamaern und Zonenbewohnern teilte: da waren Unteroffiziere und einfache Soldaten, Kanalarbeiter auf Nachmittagsschicht, Schwarze mit Samtkäppis, manche mit Rastalöckchen, »Achtelneger« mit Pferdeschwänzen, ganze Familien – Schwarze, Weiße und alle Schattierungen dazwischen.

Die Fahrgäste in den klimatisierten Waggons sahen aus dem Fenster und bewunderten den Kanal, aber meine Mitreisenden auf den billigen Plätzen schliefen fast alle, und niemand schien zu bemerken, daß wir durch Wälder fuhren, die immer dichter, schattiger und schließlich zu lianenüberwuchertem, halbwildem Regenwald wurden. Der Wald verwilderte zu Dschungel, aber nur im Osten; auf der Westseite, neben dem Kanal, lag ein Golfplatz mit braunen, struppigen *Fairways* und ein paar einsamen Golfern, die auf das *Rough* zumarschierten: wer hier schlecht spielt, muß sich mit Schlangen und Skorpionen herumschlagen. Es gibt keine Plakatwände, überhaupt keine Werbeschilder an den Straßen, keinen Müll, keine Hamburgerbuden oder Tankstellen: dies ist die Apotheose eines amerikanischen Wohnviertels, der Triumph der Banalität, ein auf Dauer angelegtes Lager aus vernünftigen Häusern, vernünftigen Bahnhöfen, vernünftigen Kirchen und sogar einem vernünftigen Gefängnis, denn hier in Gamboa befindet sich die Strafanstalt der Kanalzone, die auch nicht besser oder schlechter aussieht als die Armeeunterkünfte von Fort Clayton oder die Zonenwohnhäuser in Balboa. Ein Uniformierter, der den Stetson der Staatspolizei trug, am Kotflügel seines Dienstwagens lehnte und sich die Fingernägel feilte, verlieh dem Gebäude den nötigen Anstrich von Striktheit.
Nur in den Tunneln wurde ich daran erinnert, daß ich mich in Zentralamerika befand: die Fahrgäste kreischten.
Hinter einem Tunnel wurde der Urwald dichter, Baum drängte sich an Baum, Schlinggewächs rankte sich um Schlinggewächs, undurchdringlich und dunkel. Dieser Wald hat nichts mit dem Kanal zu tun, er ist ein veritabler, von Vögeln wimmelnder Urwald. Hier, wo sich jenseits des teilenden Grenzstreifens das Gebiet von Panama fortsetzt, liegt für die Zonenbewohner der Rand ihrer Welt. Die Wildheit dieser Gegend ist genauso unwirklich wie die militärisch manikürte Zone. Daß es dort Alligatoren und Indianer gibt, spielt keine Rolle, denn in der Zone gibt es Hundewelpen und Polizisten und alles, was man sonst noch braucht, um den Regenwald zu ignorieren, der erst am Fuß der Anden endet.
Bei Culebra überquerten wir die kontinentale Wasserscheide; zwei Schiffe passierten den Gaillard Cut. Damit diese beiden Schiffe so

schläfrig dahingleiten konnten, hatte man sieben Jahre lang graben müssen: die, wie Lord Bryce sagte, »größte Freiheit, die man sich der Natur gegenüber jemals herausgenommen hat«. Die Einzelheiten finden sich in David McCulloughs Geschichte des Kanals, *The Path Between The Seas:* Es kostete neunzig Millionen Dollar, ein vierzehneinhalb Kilometer langes Stück zu graben und 73,5 Millionen Kubikmeter Erdreich zu bewegen; etwa sechzig Millionen Pfund Dynamit wurden für die notwendigen Sprengungen verbraucht, das meiste davon gleich hier in Culebra. Aber der Nachmittag war heiß und sonnig, die Vögel sangen, und bei Culebra sah es nicht viel anders aus als an einem natürlichen Fluß in den Tropen. Nach dem, was man in der Zone sehen kann, ist die Geschichte des Kanals kaum vorstellbar; das meiste liegt ohnehin unter Wasser. Bunau-Varillas Bemerkung, daß »die Wiege der Republik Panama« im Zimmer 1162 des Waldorf-Astoria-Hotels in New York City gestanden habe, ist richtig, scheint aber, wie alle anderen historischen Details im Zusammenhang mit dem Kanal, monströs und wirkt wie erfunden.

Und was konnte seltsamer sein als der Anblick eines Hochseeschiffs mitten im Urwald? Im Landesinneren sah man immer häufiger Sümpfe und Lagunen; dann zeigte sich der See. Der See von Gatún entstand durch den Kanal; bis sich im Jahre 1914 die Schleusen öffneten, existierte an dieser Stelle nur ein kleiner Fluß, der Chagres. Heute breitet sich hier ein Gewässer aus, das mit seinen 420 Quadratkilometern größer ist als der Moosehead Lake in Maine. Bei Frijoles wehte ein kühler Wind darüber hin und kräuselte seine Oberfläche mit weißen Schaumkronen. Ich konnte die Insel Barro Colorado sehen. Als das Wasser ins Tal strömte und den See bildete, flohen die Tiere auf diese Insel, die Vögel retteten sich auf die Bäume, und der Hügel wurde zur Arche. Noch heute ist er ein Naturreservat.

Alle Transistorradios – es waren fünf, um genau zu sein – in meinem Waggon dudelten den gleichen Hit: *Staying Alive,* als der Zug den Damm von Monte Liro zum Ufer von Gatún überquerte. Ich kam mir vor wie in Louisiana, und das nicht nur wegen der Schwarzen, ihrer Radios und dieser Musik; die meisten Zonenbewohner waren tatsächlich aus New Orleans hierhergeholt worden,

und diese Passage war praktisch identisch mit der Fahrt über die lange Binnenseebrücke über den Lake Pontchartrain, die der von Chicago kommende Zug unternimmt – nicht von ungefähr heißt er dann auch »The Panama Limited«. Die Inseln im See von Gatún sind so jung, daß sie immer noch aussehen wie Berggipfel in einem Überschwemmungsgebiet, aber man hat kaum Zeit, sie sich genauer anzuschauen. Der Zug rattert hier mit fast hundert Stundenkilometern über den Damm. Ich bedauerte, daß er nicht weiterfuhr und ich nicht einfach drin sitzen bleiben und weiter Pfeife rauchen konnte, bis er mich nach Kolumbien und Ecuador gebracht hätte. Gute Züge fahren nie weit genug, schlechte sind nie früh genug am Ziel. Die letzten Schleusen bei Gatún und die umliegenden Gebäude, das Camp, die Häuser, die militärischen Schilder rüttelten eine verschüttete Erinnerung in mir wach. Sie gab meinem gesamten Panamaerlebnis eine andere Perspektive. In der Balboa High School hatte ich eine vertraute Wehmut verspürt; dort war es gewesen wie in meiner eigenen High-School. Eine amerikanische High-School ist wie die andere; sie alle haben diese zeitlose spielerische Kameraderie, diesen vorgeblichen Fleiß und einen ziemlich amüsanten Anstrich von Plänkelei zwischen Schülern und Lehrern. Die Atmosphäre ist immer gleich, dieser Geruch nach Buchbinderleim und Papier, Bohnerwachs, Kreidestaub und Turnschuhgummi; das ferne metallische Scheppern von Spindtüren, das Rufen und Gekicher. Der Aufenthalt in Balboa High hatte meiner Wahrnehmung nicht weitergeholfen.
Aber Gatún rührte mich an. Gatún war ein Stück meiner Vergangenheit, das ich verloren geglaubt hatte; ich hatte es vergessen und begriff erst jetzt bei der Durchfahrt, wie kostbar es mir war. Ohne diese Reise wäre die Erinnerung vielleicht endgültig verschüttet worden. Es muß 1953 gewesen sein, ich war zwölf Jahre alt, dürr und zu kurzsichtig, um einen Baseball aufzufangen, als mein Onkel – ein Militärarzt – mich aus Gefälligkeit einlud, den Sommer mit ihm, meiner Tante und meinen Cousins in Fort Lee in Virginia zu verbringen. Er hatte den Rang eines Offiziers. Bestraft aussehende einfache Soldaten, die am Straßenrand Kaugummipapierchen aufsammelten, salutierten vor seinem Auto auch dann, wenn meine Tante darin saß – der stramme Gruß galt den Rangabzeichen, neh-

me ich an. Wenn das geschah, waren wir immer zum Swimmingpool in der Fort Lee Officers' Open Mess unterwegs. Wir fuhren oft zum Pool. Dort gab es einen Jungen in meinem Alter, er hieß Miller. Auf seiner Badehose war ein gelber Fleck. »Das ist Essiglake. Hab mich in Deutschland damit bekleckert«, sagte er. Die Erklärung schien abenteuerlich, aber ich glaubte ihm, weil er ein deutsches Bajonett besaß. Miller war schon so lange in Virginia, daß er die Hitze nicht mehr spürte. Ich hatte noch nie solche Temperaturen erlebt. Ich bot mich meinem Onkel als Caddy an, mußte mich aber schon beim sechsten Loch in den Schatten setzen, wo ich dann darauf wartete, daß er zum dreizehnten Loch kam, das gleich daneben lag. Ich wollte mich genauso akklimatisieren wie Miller, endete aber immer im Schatten eines Baumes. Mein Onkel meinte, daß ich vielleicht Wassersucht hätte. »Das ist mein Neffe«, stellte er mich seinem Golfpartner vor, »er hat *Dropsy* (Wassersucht).« Der Spitzname »Dropsy« verfolgte mich den ganzen Sommer lang. Fort Lee war ein Camp der Army, paßte aber nicht zu dem Stereotyp, das ich aus Kriegsfilmen kannte, denn es sah aus wie ein Staatsgefängnis, das als Country Club genutzt wurde. Außer den immerzu salutierenden Soldaten lungerten überall Schwarze herum, die in den Gärten arbeiteten, in der Tastee-Freez-Eisdiele herumhingen, die schattenlosen Straßen entlangschlenderten oder den Sprühwagen mit DDT fuhren, der durch die Hausgärten rumpelte und erst eine neblig-schöne Giftwolke und nachher haufenweis tote Grashüpfer hinterließ. Die Wälder waren dünn und voller Kiefern, die Erde vom tiefsten Rot, das ich je gesehen hatte, die Häuser kühl (meine Tante lud zu morgendlichen Kaffeekränzchen). An den Türen der Restaurants in der Nähe des Camps hingen kleine rechteckige Schilder wie die Namensschildchen aus Blech, auf denen in Boston DUFFY oder JONES stand. Hier lautete die Aufschrift, die ich in meiner Unschuld für einen Namen hielt, immer gleich: WHITE. Ganz in der Nähe fuhr ein Zug vorbei, die Verbindung nach Hopewell und Petersburg; die Insekten waren tagsüber so laut wie bei Nacht, die Gebäude blaßgelb mit roten Ziegeldächern, Zäunen und Schildern mit Schablonenschrift – so war es auch hier. Als der Zug in den Ort Gatún einfuhr, war ich wieder in Fort Lee, zurückgekehrt zu einem fünfundzwanzig Jahre zurückliegenden

Augenblick, als ich mit dem gleichen Gefühl von Aufregung und Furcht die militärischen Gebäude und die kümmerlichen Bäume in der roten Erde betrachtet hatte, die unerklärlich leuchtenden Blumen, die Mädchen vom Women's Army Corps, den gelben Schulbus, die Reihe von Fords in olivgrüner Tarnfarbe, das rautenförmige Baseballfeld und die schwarzen Menschen, das Spielfeld der Kinderliga, den Friedhof, die jungen Soldaten, die verloren aussahen, wenn sie nicht marschierten, die staubige Hitze. Die beiden Welten trafen aufeinander: dies war das ländliche Virginia, wir waren immer noch in den Fünfzigern, der Geruch war der gleiche und meine Erinnerung so klar, daß ich dachte, der nächste Halt müsse Petersburg sein.

Tatsächlich war es Mount Hope, aber Mount Hope war eine Fortsetzung der gleichen Erinnerungsbilder. Es kommt nicht oft vor, daß ich so weit reise und so leicht ein bis dahin verlorenes Bruchstück meiner Vergangenheit wiederfinde. Wie bei allen Erinnerungen gibt es auch hier etwas, was ungenau aussieht, zum Beispiel die Erinnerung an das Namensschild mit der Aufschrift WHITE. Durch die Perspektive der Jahre konnte ich erkennen, wie alt und klein diese andere Welt war und wie sie mich genarrt hatte.

In Colón verflog der Zauber. Colón sah auf eine Weise geteilt aus, an die ich mich nie gewöhnen werde. Es war auf eine so nackte Art kolonialistisch: die als Viertel für Einheimische deklarierten Armenquartiere auf der einen Seite des Bahndamms, die miltärisch-symmetrischen Herrschaftsgebäude des Yachtclubs, der Büros und der von Gärten umrahmten Wohnhäuser auf der anderen; hier die Herrschenden, dort die Beherrschten. Das ist die alte Form des Kolonialismus, da man – anders als bei den ebenso raffgierigen, aber meist im verborgenen wirkenden multinationalen Konzernen – auf den ersten Blick erkennt, daß man sich in einer Kolonie befindet, und an den Automarken ablesen kann, daß es eine amerikanische Kolonie ist.

Die Miethäuser waren die gleichen, wie ich sie in Panama-Stadt gesehen hatte: verrottende Antiquitäten. Ein neuer Anstrich und eine Dosis Rostentferner hätten sie in Häuser wie im französischen Viertel von New Orleans oder in der Altstadt von Singapur verwandeln können. Während Gatún und so vieles andere an Fort

Lee, Virginia, im Jahr 1953 erinnerte, ähnelte die unmittelbare Umgebung den hektischen, riechenden Geschäftsvierteln im Singapur der Vorkriegszeit: die säuerlichen Gerüche des Basars, die Stoff- und Kuriositätenmärkte, die Lebensmittelhändler, die Schiffsausrüster, die in Colón genauso wie in Singapur Inder oder Chinesen waren.

Ich hatte gehört, daß die Inder als Hilfskräfte für den Eisenbahnbau in die Zone gekommen waren; eine schwer beweisbare Tatsache, denn Arbeiter sind Arbeiter: in den Geschichtsbüchern bleiben sie stumm. Immerhin waren die Arbeitskräfte für den Kanalbau aus siebenundneunzig Ländern zusammengezogen worden, zu denen vielleicht auch Indien gehört hatte. In Colón konnte ich allerdings keinen Inder finden, der aus diesem Grund gekommen war. Mr. Gulchand schien ein typisches Beispiel zu sein. Er war Sindhi und Hindu – in seinem Laden hing ein koloriertes Porträt des Mahatma. Nach der Teilung Indiens war die Provinz Sindh dem Staat Pakistan zugesprochen worden, und Mr. Gulchand, der sich vor der muslimischen Herrschaft fürchtete, war nach Bombay umgezogen. Das war zwar nicht die Heimat, aber wenigstens hinduistisch. Er eröffnete ein Im- und Exportgeschäft, durch das er auch mit Filipinos zu tun bekam. Er besuchte die Philippinen, wo es ihm so gut gefiel, daß er in den sechziger Jahren sein Geschäft dorthin verlegte. Der Vietnamkrieg bescherte dem Inselstaat eine kurze wirtschaftliche Blüte, und Mr. Gulchands Geschäft florierte. Sein Umzug entfremdete ihn nicht nur der anglo-indischen Einflußsphäre, sondern brachte ihn zugleich in engen Kontakt mit Amerikanern. Und er lernte Spanisch. Inzwischen war er schon um die halbe Welt gereist und nur noch durch den Pazifik vom Handelsplatz Colón und den – wie er hoffte – in Panama profitableren Im- und Exportgeschäften getrennt, von mittelamerikanischen Kontakten und der Stadt, die alle Lateinamerikaner als ihre Metropole betrachten: Miami. In Colón war er seit fünf Jahren. Er konnte es nicht ausstehen. Er sehnte sich nach der verständlicheren Unordnung von Bombay, nach der vertrauten Anarchie.

»Die Geschäfte sind flau«, sagte Mr. Gulchand. Der Kanalvertrag sei schuld. Es war die alte Geschichte: die Kolonie würde über dem Kopf des Ladeninhabers zusammenbrechen, Rezession, Weiße, die

ihre Sachen packten, Preisverfall. »Niemand kauft mir mein Zeug ab, obwohl ich es praktisch verschenke.«
Was er von Colón halte?
»Kriminell«, sagte Mr. Gulchand mit seinem gurgelnden indischen Akzent. »Und dreckig.«
Er riet mir dringend, meine Uhr abzunehmen, was ich ihm auch versprach. Auf der Suche nach einem Postamt fragte ich einen Schwarzen nach dem Weg. »Ich zeig Ihnen, wo's langgeht«, sagte er. »Aber das da«, er klopfte auf das Glas meiner Uhr, »müssen Sie abnehmen, sonst ist es weg.« Ich nahm die Uhr ab.
Die Werbeplakate an den Geschäften waren Variationen des gleichen Themas: RÄUMUNGSVERKAUF! ALLES MUSS RAUS! TOTALER PREISSTURZ WEGEN GESCHÄFTSAUFGABE! »Ich weiß nicht, was passieren wird«, hatte Mr. Reiss im Gorgas-Leichenschauhaus gesagt, als wir uns über den Vertrag unterhielten, dessen Ratifizierung – nach den Aufklebern auf den hiesigen Schaufenstern zu urteilen – nicht mehr fraglich schien; die Läden würden bald leerstehen.
Ich fragte einen anderen Inder, was er tun wolle, sollte der Vertrag unterschrieben werden.
»Mir einen neuen Standort suchen. In einem anderen Land.«
Die Inder behaupteten, die Schwarzen seien kriminell; die Schwarzen hielten die Inder für Diebe, stritten aber auch nicht ab, daß es unter ihnen selbst Diebe gab. Die Jugendlichen seien schuld, die Rastas und die Arbeitslosen. Jeder in Colón sieht aus wie ein Arbeitsloser, sogar die Ladeninhaber: kein Kunde in Sicht. Aber wenn das Geschäft wirklich flau ist – und mir kam es auf jeden Fall so vor –, kommt das vielleicht nicht von ungefähr. Man schaue sich nur die Ware an: japanische Pfeifen, die aussehen, als sollte man damit Seifenblasen machen; digitalisierte Radios und absurd komplizierte Kameras; Tafelservice für vierundzwanzig Personen; lilafarbene Sofas; Lederkrawatten und Kunstfaserkimonos; Klappmesser und Bowiemesser; ausgestopfte Alligatoren in acht verschiedenen Größen, der kleinste für zwei, der größte – anderthalb Meter lang – für fünfundsechzig Dollar; ausgestopfte Gürteltiere für fünfunddreißig Dollar und sogar, zum Preis von einem Dollar, eine ausgestopfte Kröte, die aussah wie ein Kricketball mit Füßen.

Und Ramsch: Brieföffner, Eier aus Onyx, windschiefe Körbe und Brandmalerei-Untersetzer, die die entwurzelten Cuña-Indianer zu Tausenden auf den Markt werfen. Wer braucht den Krempel?
»Ist nicht Qualität der Ware«, erklärte ein anderer Hindu in einem Laden. »Ist Fehlen von Kundschaft. Kommen nicht.«
Ich hatte Durst. Ich ging in eine Bar und bestellte mir ein Bier. An der Jukebox stand ein panamaischer Polizist und drückte Knöpfe: *Staying Alive* ertönte. Der Polizist sprach mich an: »Dieser Ort ist nicht sicher.«
Ich ging ins Wachsfigurenkabinett. Wegen des blutenden Jesushauptes dachte ich zunächst an eine Ausstellung von Devotionalien – im Fenster stand auch noch eine Märtyrerfigur. Drinnen überwog das Anatomische: zweihundert leblose Körper und andere Exponate. Da gab es wächserne Föten, Geschlechtsorgane, siamesische Zwillinge, Leprakranke, Syphilitiker und einen kompletten Kaiserschnitt. »Erfahren Sie die Wahrheit über die Verwandlung eines Mannes in eine Frau!« versprach das Begleitheftchen. Das entsprechende Ausstellungsstück war androgyn und gelb. »Beobachten Sie Krebsgeschwüre in der Leber, im Herzen und in anderen Organen! Staunen Sie über das Wunder der Geburt!« Eine Fußnote in dem Heftchen klärte darüber auf, daß die Einnahmen des Museums dem panamaischen Roten Kreuz zuflossen.
Wenn ich in Colón hätte bleiben wollen, hätte ich mich zwischen dem Chaos und der Gewalt des Einheimischenviertels und der kolonialistischen Sterilität der Zone entscheiden müssen. Ich entschied mich für den leichtesten Weg, kaufte mir eine Fahrkarte zurück nach Panama-Stadt und stieg in den Siebzehnuhrfünfzehnzug. Wir hatten den Bahnhof gerade hinter uns gelassen, als der Himmel sich verfinsterte und es zu regnen begann. Wir waren in der Karibik; hier konnte in jedem Augenblick ein Schauer herunterkommen. Achtzig Kilometer weiter, an der Pazifikküste, herrschte Trockenzeit; dort würde der Regen noch sechs Wochen auf sich warten lassen. Der Isthmus ist zwar schmal, doch die Küsten sind so verschieden, als läge ein ganzer Kontinent dazwischen. Der Regen prasselte herunter und fegte über die Felder, er schwärzte den Kanal und kräuselte die Wasseroberfläche im Wind, er platschte gegen den Waggon und rann die Fensterscheiben herab.

Beim ersten Tropfen hatten die Fahrgäste die Fenster geschlossen, und jetzt saßen wir schweißtriefend da, als hätte uns der Platzregen erwischt.
»›Wo ist Ihre Fahrkarte?‹ hab ich gefragt!«
Der Schaffner tauchte wichtigtuerisch im Gang auf und redete in seinem schleppenden Louisianatonfall auf einen Schwarzen ein.
»Du spielst mit, Buddy – du sitzt in meinem Zug!«
Er sprach englisch. Immerhin waren wir in der Zone. Aber die Leute waren keine Zonenbewohner, sondern Kanalarbeiter, die meisten von ihnen ebenjene Schwarzen, die zu »Panamaern« umdeklariert worden waren. Daher wirkte es wohl besonders unangemessen, daß dieser amerikanische Schaffner, der nervös an seiner Eisenbahnermütze herumnestelte, wenn er nicht eifrig Fahrscheine lochte, sich vor einem spanischsprechenden Fahrscheinbesitzer aufbaute und sagte: »Das macht noch mal fünf Cent – die Preise sind schon vor einem Jahr erhöht worden.«
Er ging weiter. Wieder ein Fahrscheinproblem: »Das kannst du deiner Oma erzählen!«
Zur Blütezeit der niederländischen Besitzungen in Ostindien steckten Männer wie er – allerdings handelte es sich um Holländer – in blauen Uniformen und bedienten die Straßenbahnen und Züge in Medan. Es lag in Nord-Sumatra, himmelweit von Amsterdam entfernt, wo sie ihr Geschäft erlernt hatten. Sie trugen lederne Geldtaschen am Gürtel, verkauften und lochten Fahrkarten und bimmelten mit den Straßenbahnglocken. Dann wurde der Archipel zum Staat Indonesien, und die meisten Züge und sämtliche Straßenbahnen fuhren nicht mehr, weil die Einheimischen von Sumatra und Java nie gelernt hatten, wie man sie bedient.
»Du sitzt in meinem Zug«: ein kolonialistischer Aufschrei.
Gerechtigkeitshalber muß ich doch erwähnen, daß unser Zugbegleiter sich entspannte, als er seine Fahrscheinkontrolle hinter sich hatte; er alberte mit einem gackernden schwarzen Mädchen herum und plauderte mit einer Familie, die drei lange Sitzbänke belegte. Zum Amüsement der Fahrgäste, die sich aus den Fenstern lehnten (sie standen wieder offen, weil es fünf Kilometer hinter Colón aufgehört hatte zu regnen), scheuchte er fünf kleine Jungen herum, die in Frijoles auf dem Bahnsteig spielten. Er stampfte mit den Füßen

auf und schrie: »Ab da! Ab! Ab! Ab.« Dann unterhielt er sich mit den Männern, die am Zug standen; sie trugen Bündel von Fischen aus dem See, der hier bis auf acht Meter an den Bahndamm heranreichte.

In den Parks von Balboa und Panama-Stadt hatten die abendlichen Baseballspiele begonnen; wir kamen hintereinander an dreien, dann noch mal an zweien vorbei. Und die amerikanischen Touristen, die jeden Platz des klimatisierten Waggons besetzt hatten, krabbelten jetzt aus dem Zug und gingen quer über den Bahnsteig zu ihrem klimatisierten Bus. Mir fiel plötzlich auf, daß wir wohl den Weltrekord im geriatrischen Tourismus halten; aber obwohl die Alten behandelt werden wie Kindergartenzöglinge, sind sie doch neugierig auf die Welt. Für sie – Gott segne ihre blauen Hosen und gelben Schuhe – gehört das Reisen zum Alterungsprozeß.

Überall in der Zone war jetzt Klubstunde. Im Offizierskasino und bei den Veterans of Foreign Wars, bei der American Legion und den Elks, im Church of God Servicemen's Center, im Shriners Club, bei den Freimaurern, in den Golfklubs, im Star of Eden, in der Freimaurerloge Nr. 9 des Ancient and Illustrious Star of Bethlehem, bei den Buffaloes, den Moose, bei der Loge Nr. 25 des Lord Kitchener Clubs und in der Cafeteria der Company in Balboa war das Tagewerk vollbracht, und gesellige Zonenkolonialisten vertieften sich ins Gespräch, das einzig den Vertrag zum Gegenstand hatte. Es war sieben Uhr abends in der Zone, und man schrieb das Jahr... Wer hätte es sagen können? In der Gegenwart lag es nicht. Die Vergangenheit zählte, denn gegen die Gegenwart hatten die meisten Menschen in der Zone etwas einzuwenden. Bis jetzt war es ihnen gleichermaßen gelungen, die Uhr anzuhalten und den Kanal zu betreiben.

Vor der Balboa High School warteten ein paar Schüler auf die nächtliche Dunkelheit, in der sie wieder heimlich mit Nägeln die Türschlösser verkeilen und dafür sorgen wollten, daß die Schule am folgenden Tag nicht öffnen konnte. Um Mitternacht fiel der Kunstlehrerin plötzlich ein, daß sie einen Brennofen angelassen hatte, der die ganze Schule in Brand setzen konnte. Sie rief den Direktor an. Er zog sich etwas über und sah nach. Keine Gefahr: der Stecker des Ofens war doch herausgezogen worden. Nicht einmal die Türen waren erfolgreich verklemmt. Am nächsten Tag öffnete die High-School ihre Pforten wie gewöhnlich, und in der Zone war alles in bester Ordnung. Ich wurde gebeten, länger zu bleiben, auf eine Party zu gehen, über den Vertrag zu diskutieren, die Indianerdörfer anzusehen. Aber meine Zeit verrann; es war schon März, und ich hatte noch keinen Fuß auf südamerikanischen Boden gesetzt. In ein paar Tagen sollten in Kolumbien Wahlen stattfinden. »Und sie rechnen«, sagte Miss McKinven in der Botschaft, »mit Ärger.« Diese Überlegungen bewegten mich dazu, wie Gulliver schreibt, meine Abreise schneller voranzutreiben, als ich es geplant hatte.

13
Der »Expreso del Sol« nach Bogotá

Wenn Fremde mich fragten, wohin ich wollte, antwortete ich oft: »Nirgendwohin.« Unbestimmtheit kann zur Gewohnheit werden, das Reisen zur Trägheit führen. Ich konnte mich zum Beispiel nicht erinnern, wieso ich nach Barranquilla gefahren war.
Von Panama aus mußte ich zwar irgendwohin fliegen: es gibt keine Straßen- oder Bahnverbindung durch das Darién-Gebiet zwischen Panama und Kolumbien, aber warum ich mir ausgerechnet Barranquilla ausgesucht hatte, wußte ich nicht mehr. Vielleicht stand der Name besonders groß gedruckt auf der Karte, vielleicht war der Ort mir wichtig vorgekommen, vielleicht hatte irgend jemand mir gesagt, daß ich dort hinmußte, wenn ich einen Anschluß nach Bogotá bekommen wollte. Keine dieser Vermutungen gründete sich auf Fakten. Barranquilla war unangenehm, dreckig und hatte für mich außerdem den besonderen Nachteil, daß ich ausgerechnet am Tag vor den landesweiten Senatswahlen in diesem Rattenloch angekommen war. Es würde Krawalle geben, versicherte man mir; man erwartete Massenschlägereien; die Bergbauern wurden in Bussen herangekarrt – sie hatten für 200 Peso (ungefähr zwei Dollar fünfzig) ihre Stimmen verkauft und wurden dafür kostenlos mit Bussen zu den Wahllokalen gekarrt. Der Mann, mit dem ich gerade sprach, war zahnlos. Wenn man eine Fremdsprache lernt, rechnet man eigentlich nie mit Sprechbehinderungen; ich konnte das Spanisch dieses Mannes durch seine Kaugeräusche kaum verstehen, begriff aber ungefähr, worum es ging: Zwei Tage lang würde kein Alkohol verkauft werden, alle Bars würden geschlossen bleiben, und es dürften, sobald die Stimmenabgabe begonnen hätte, weder Busse noch Taxis die Stadt verlassen, die im Mündungsgebiet des

Río Magdalena am Karibischen Meer liegt. »Da werden Sie warten müssen«, sagte der Mann. Und während ich wartete, versuchte ich, darüber nachzudenken, warum ich nach Barranquilla gekommen war. Ich trank Mineralwasser und Kaffee für fünf Cent die Tasse. Unter einer Palme im Hotelgarten fing ich an, Boswells *Leben Samuel Johnsons* zu lesen. Ich hörte den hupenden Autos zu. Mehrmals wanderte ich durch die Stadt und sah Lastwagenladungen von Unterstützern mit den Namen ihrer Kandidaten auf Spruchbändern und T-Shirts und noch vollere Laster mit bewaffneten Soldaten. Es sah aus, als sammelte sich eine Armee für eine Schlacht. Ich zog mich mit Boswell wieder unter meine Palme zurück und versuchte, mich zu entsinnen, wieso ich nicht gleich nach Santa Marta gefahren war, wo der Zug nach Bogotá abfährt.
Auf meinen Streifzügen durch Barranquilla hatte ich einen Beamten des amerikanischen Auswärtigen Amts kennengelernt. Er kam sich hier vor wie ausgesetzt; er hieß Dudley Symes und leitete das US-Kulturzentrum. Am Wahltag rief er in meinem Hotel an und fragte mich, ob ich zusehen wollte, wie die Leute ihre Stimmen abgaben. Ob das denn sicher sei, wollte ich wissen.
»Wir werden sehen«, meinte er. »Wenn wir uns schön unauffällig verhalten, tut uns keiner was.«
Ich stutzte meinen Schnauzbart und warf mich in ein zerknittertes kurzärmliges Hemd, dunkle Hosen und meine wasserdichten Schuhe: ich würde mich ausgezeichnet einfügen, dachte ich. Aber die Verkleidung war sinnlos: Dudley trug Sandalen und buntkarierte Bermudashorts, und sein Auto, ein großer, schwerfälliger Chevrolet, sah anders aus als alle anderen Autos, die ich in Barranquilla gesehen hatte. *Unauffällig,* hatte er gesagt, doch nun starrte man uns überall an, und das Auto war in den engen, aufgerissenen Gassen der Innenstadt nahezu manövrierunfähig. Fast sofort steckten wir mitten im Stau. Die Leute, die ihre Stimmen verkauft hatten, mußten noch einen ganzen Tag auf ihren Bustransfer in die Heimat warten und schoben sich jetzt in Massen durch die Stadt. Sie trugen immer noch die Papierhütchen mit den Namen der Kandidaten drauf und starrten neugierig in unser Auto. Es gab viel Geschrei und Gesang, und in den fähnchenbehängten Läden, die als Wahlkampfbüros dienten, saßen die Anhänger (T-Shirt, Papierhütchen)

zu Hunderten, skandierten Kandidatennamen und warteten auf die Wahlergebnisse. (Tatsächlich wurden die Stimmen erst nach zwei Wochen korrekt ausgezählt.) Die Wähler dieser oder jener Partei waren so gut zu erkennen, daß es für ihre jeweiligen politischen Gegner leicht gewesen wäre, einen Streit mit ihnen vom Zaun zu brechen. Aber es waren reichlich Soldaten da, und die einzigen Geräusche, die einem das Blut in den Adern gefrieren ließen, stammten von der dröhnenden Steel-Drum-Musik und den gellenden Stimmen, mit denen die Vertreter der Parteihauptquartiere sich gegenseitig übertönten.

Dudley bugsierte sein Auto durch eine Nebenstraße, fluchte über die Schlaglöcher und versuchte, sich hupend einen Weg durch die Massen zu bahnen. Es war heiß und feucht; die Gesichter der Menschen glänzten vor Schweiß.

»Sehen Sie irgendwelche Ausschreitungen?«

Ich verneinte.

»Diese Menschen«, sagte er – und er hätte genausogut die Halbstarken meinen können, die gerade seine hintere Stoßstange mit Faustschlägen traktierten –, »sind bekannt als ›das glückliche Volk von Kolumbien‹.«

»Glücklich« war nicht unbedingt das Wort, das mir als erstes eingefallen wäre. Die Leute sahen hysterisch aus; ihre Stimmen klangen schrill; sie wischten sich die Gesichter mit den Wahlkampf-T-Shirts ab und färbten das aufgedruckte Kandidatenkonterfei dadurch noch dunkler; sie schrien aus den Autofenstern, und dann sahen wir einen nagelneuen Wagen, der auf einen Jeep auffuhr und ihn gegen einen Baum rammte. Der Kühler des neuen Autos war geborsten, Kühlwasser tröpfelte auf die Straße.

»Sein Daddy kauft ihm ein neues«, meinte Dudley.

»Wer spricht eigentlich vom ›glücklichen Volk‹?« wollte ich wissen.

»Alle. Deswegen passiert hier nie etwas. Die Regierung unternimmt absolut nichts, weil sie es nicht tun muß. Sie wissen ja, daß die Leute glücklich sind, also geben sie ihnen nichts.«

Bei manchen Autos und allen Bussen und Lastwagen hatte man direkt vor den Reifen dicke Büschel von Palmwedeln an die Stoßstangen gebunden. Es sah aus wie eine tropische Dekoration, was es aber keinesfalls war. An den Tagen vor der Wahl streuten übermütige Kolumbianer Glassplitter und Nägel auf die Straßen; bei einem Fahrzeug ohne solche Palmwedel wurden dann die Reifen durchlöchert, und die Insassen konnten ausgeplündert oder zumindest in Angst und Schrecken versetzt werden. Wenn die Blätter richtig angebunden waren, fegten sie Glas und Nägel beiseite.

»Wenn ich ein bißchen schlauer wär«, meinte Dudley, »hätte ich mir auch solche Dinger ans Auto gebunden. Beim nächsten Mal, falls ich das noch erlebe, mach ich's genauso.«

Dudley war schwarz. Er hatte etliche Jahre in Nigeria und Mexiko gearbeitet und sprach Spanisch mit einem breiten Akzent. Barranquilla sei für ihn der schlimmste Ort, den er je gesehen habe, und manchmal frage er sich, ob er nicht zu Hause in Georgia besser dran wäre.

»Haben Sie genug von dieser Wahl gesehen?«

Das hätte ich, sagte ich. Und von Barranquilla auch. Dieser Ort ohne Zentrum bestand aus Hunderten von staubigen Straßen in einem rechtwinkligen Raster; an jeder Ecke ein Stau, Soldaten vor den Wahllokalen, Polizisten, die ziellos ihre Trillerpfeifen hören ließen, Musik, Menschenmassen. Der Leitartikel in der Morgenausgabe der *Crónica* hatte gemahnt: »Wenn man in einer Demokratie lebt, hält man ihre Freiheit allzuschnell für selbstverständlich.« Schon möglich, daß Kolumbien eine Demokratie war – wenn absolutes Chaos ein Anzeichen dafür ist. Die Prozedur der Stimmenabgabe wirkte hektisch, und die Menschenmenge in den Straßen schien förmlich darauf zu warten, daß irgend etwas Weltbewegendes passierte.

Aber nichts geschah. Am nächsten Tag deklarierten alle Parteien sich auf die eine oder andere Art zu Wahlsiegern. Vielleicht ist das die Erklärung. In einer Diktatur gewinnt bloß eine Partei; in einer lateinamerikanischen Demokratie siegen alle, und solche Siege können nur zu Querelen führen. Es war das gleiche wie beim lateinamerikanischen Fußball. Punktestand, Spielverlauf und Strategie bedeuten kaum etwas; auf die Befriedigung der Massen kommt es an. Und die konnte sich nur in allgemeiner Rauferei äußern, denn was auch immer geschah, Barranquilla würde sich nicht ändern.

»Ich war einmal in Buenaventura«, erzählte mir ein Amerikaner.

»Mir hatte jemand gesagt, daß Buenaventura der schlimmste Ort von ganz Kolumbien wäre, und ich konnte mir nicht vorstellen, daß es etwas Schlimmeres als Barranquilla geben könnte. Es war ziemlich wüst da, aber kein Vergleich zu dem hier.«
Während der Wahlen warteten die Deutschen, die Briten, die Libanesen, die Amerikaner und die sonnenbadenden Japaner, die Vertreter aller Ausländergruppen, die in Barranquilla lebten – samt und sonders Mitglieder des Cabaña Clubs –, am Swimmingpool und im Innenhof des Prado-Hotels das Ende der Ausgangssperre ab. Die Frauen blätterten in alten Ausgaben von *Vogue*, die Mädchen hörten Radio, die Männer fingerten an den goldenen Kruzifixen, die an ihren Halskettchen baumelten; man flirtete und faulenzte. Anderthalb Kilometer weiter weg, im Ort, ließen sich die Bauern mit dem Geld in der Tasche, das sie für ihre verkauften Stimmen bekommen hatten, in Hauseingängen nieder und warteten darauf, daß sie nach der Ausgangssperre wieder nach Hause in ihre Berge konnten.
Eine Handelsware verbindet alle Bewohner von Barranquilla: das Haschisch. Die einen bauen es an, die anderen verkaufen es, die einen kaufen es, die anderen rauchen es. Viele sitzen wegen Drogenhandel im Gefängnis von Barranquilla (Henri Charrière, der Autor von *Papillon*, verbrachte ein Jahr hinter seinen Mauern, nachdem er die Teufelsinsel verlassen hatte), aber noch viel mehr sind im Geschäft mit Marihuana zu Millionären geworden. Es gibt sogar eine Sammelbezeichnung für sie: die *marijuaneros* – die Marihuanisten. Wie einträglich dieses Geschäft ist, fällt in Barranquilla mehr auf als in jeder anderen südamerikanischen Stadt, denn Barranquilla ist ärmer als jede andere. Kaum einen Kilometer von den müllübersäten Straßen der Innenstadt entfernt, auf sanften Hügeln, die eine Aussicht auf die sumpfige Ebene des Magdalena und den Dunst über der Karibikküste gewähren, gibt es Straßenzüge voll der merkwürdigsten Häuser, die ich je gesehen hatte. Es sind die Villen der Schmuggler und Drogenhändler, die unter dem wenig präzisen Ausdruck »die Mafia« bekannt sind. Die Häuser sind wie Stahlkammern von Banken konstruiert. Hohe Mauern oder unüberwindliche Zäune umgeben sie; die meisten sind mit großen Marmorplatten verkleidet, viele haben keine Fenster, höchstens ein

paar hohe, ungefähr fünfzehn Zentimeter breite Schlitze. Sie sind mehr als einbruchssicher; sie könnten einer Belagerung standhalten. Neben diesen Häusern nimmt sich das hochgradig gesicherte Viertel Bel Air in Kalifornien geradezu freundlich und schutzlos aus. Und wie, fragt man sich, konnten die Bürger einer so armen Stadt das Geld auftreiben, um sich solche Gefängnisse hinzustellen, jedes Haus eine Art Mausoleum aus aneinandergesetzten Steinplatten? Mit so vielen Wachhunden, Klimaanlagen und Stacheldrahtrollen?

Ein Blick auf die Landkarte erleichtert einem die Suche nach der Antwort. Barranquilla liegt strategisch günstig. Es hat einen Hafen. Zwischen den Bergen im Osten liegen viele flache, versteckte Täler, in denen Flugzeuge ungesehen landen und starten können. Die Berge erstrecken sich bis zu einer hohen Halbinsel namens Guajira, auf der das ideale Klima für den Anbau von Marihuana herrscht. Es wird dort in Monokultur angepflanzt. Haschischraucher auf der ganzen Welt schätzen den Geschmack des Produkts aus des Guajira, des »kolumbianischen Goldes«. Die meisten Häuser in diesem Villenviertel gehören Bauern, die sich im Drogengeschäft eine goldene Nase verdient haben. Die Gewinnspanne ist für Pflanzer und Schmuggler gleichermaßen gewaltig. Es kommt nicht selten vor, daß ein Flugzeug mit einer Tonne Rohmarihuana abfliegt, und das Schmuggelgeschäft ist dermaßen institutionalisiert, daß Barranquilla auch zum zentralen Umschlagplatz für Kokain wurde. Die Coca-Blätter werden in Peru geerntet, nach Südkolumbien gebracht, in Cali verarbeitet, in Bogotá verpackt und an die Küste verfrachtet; wenn der Stoff in Barranquilla ankommt, ist er fertig für den »Verbraucher«. Ein Kilo ist in den Vereinigten Staaten eine halbe Million Dollar wert. Die Risiken sind hoch, aber das Preisgeld auch.

Die Flugzeuge werden in Miami gechartert; die kleinen müssen zum Auftanken in der Karibik zwischenlanden, die größeren fliegen nonstop nach Guajira. Gelegentlich kommt es zu Verhaftungen – es ist strafbar, ein leeres Flugzeug nach Kolumbien zu fliegen –, aber nur die kleinen Fische landen im Gefängnis. Die anderen kaufen sich frei oder lassen ihre Beziehungen nach Bogotá spielen: wer die Behauptung bestreitet, daß viele kolumbianische Politiker eng mit dem Drogenhandel verbunden sind, ist naiv. Ein erfolgreicher amerikanischer Schmuggler kann auf diese Weise Millionen machen; die Kolumbianer kaufen sich von ihrem Geld teure Häuser oder besorgen sich in Miami Autos, Kühlschränke, Hi-Fi-Anlagen und Tiefkühlgeräte; in Barranquilla residieren sie wie Adlige. Abgesehen von ihren ungewöhnlichen Häusern versuchen sie, unauffällig zu bleiben. Ein Drogenhändler hatte sich einen Rolls-Royce Corniche im Wert von vierhunderttausend Dollar kommen lassen, aber die anderen Dealer ließen ihn damit nicht auf den Straßen von Barranquilla herumfahren – sie fanden das zu auffällig und fürchteten Racheakte. Und was die kleinen Fische angeht, die geschnappt und eingelocht werden – man kann nicht viel für sie tun. Ihr Geld wird konfisziert, und sie müssen lange Haftstrafen absitzen. Als ich durch den Ort kam, saßen zwanzig Amerikaner im Gefängnis von Barranquilla, und das amerikanische Konsulat, das etliche Jahre lang geschlossen war, hatte nur ihretwegen seine Tätigkeit wiederaufgenommen. Das Konsulat erteilt auch Visagenehmigungen: die Zahl der Visaanträge hatte sich verhundertfacht, seit die Bewohner von Barranquilla im Drogengeschäft reich geworden waren.

Die Wahlen waren vorüber, aber der Zug nach Bogotá sollte erst am folgenden Tag abfahren. Ich mußte also Zeit totschlagen und tat, was die meisten machen, wenn sie zuviel Zeit haben: Ich betrieb Sightseeing. Mit einem scheußlichen Überlandbus fuhr ich in westlicher Richtung an der Küste entlang zur alten (1533 gegründeten) Stadt Cartagena. Einst war sie einmal das, was Barranquilla heute ist: ein Platz für Schmuggler, Piraten und Abenteurer; die Befestigungswerke des Ortes sehen aus wie großformatige Versionen der Villen von Barranquilla. Wenn man von den jämmerlichen Hütten am Wegesrand, der furchterregenden Straße, dem Gekreisch der Hupen und der Hitze absehen kann, ist Cartagena reizend. Es ist ehrwürdig und anziehend, eine Art Freilichtmuseum. Das Schloß, die Kaimauern, die Plazas, Kirchen und Klöster sind alle hübsch und gut erhalten. Doch Langeweile und Müßiggang sind das Motiv des Besuchers, und selbst diese feine Stadt bot mir nicht genug, um mir mein Gefühl der Rastlosigkeit zu nehmen. Ich ging zum Hotel Bolívar. Der Speisesaal im ersten Stock war leer und kühl; vier

Ventilatoren drehten sich an der Decke, Zweige von hohen Bäumen raschelten am Balkongitter. Ich aß frische Palmenherzen mit kubanischem Reis, schrieb auf dem Papier mit dem Briefkopf des Hotels an meine Frau, und der Tag hatte auf einmal seinen Sinn bekommen.

Auf dem Weg zum Postamt kam ich an den Souvenirgeschäften vorbei. Die Ware war die gleiche, die ich überall in Zentralamerika gesehen hatte: Lederwaren, indianische Stickereien (es fiel mir wieder auf, daß die Indios dadurch unterworfen, wenn nicht gar geblendet worden sind, daß man sie zu Stickerinnen degradiert hat – oder gehören gestickte Servietten zur Eingeborenenkunst?), ungelenke Schnitzereien, zu Aschenbechern und Lampenfüßen umfunktionierte Kuhhufe und Alligatoren, noch mehr ausgestopfte Kröten mit Glasaugen. Das Geschäft lief flott, wie an einer der Touristenschlangen an den Kassen abzulesen war: einer hatte eine Kokosnußmaske, der nächste ein besticktes Tischtuch, andere Kokosfasermatten und Alligatoren. Die letzte in der Schlange, eine etwas zerstreut wirkende Frau in einem schweißfleckigen Hängerkleid, trug eine aufgerollte Peitsche in der Hand.

Eine Straße in Cartagena schien mir näherer Betrachtung wert. Hier gab es nichts als Pfandleiher, in jedem Laden das gleiche Schild: *Wir beleihen und verkaufen alles*. Es waren nicht die alten Kleider, die Toaströster und getragenen Stiefel, die mich interessierten, sondern die Werkzeuge. Das Angebot bestand zur Hälfte aus Bauarbeiterutensilien: Schraubenschlüssel, Bohrer, Schraubenzieher in vielen Größen, Ahlen, Klauenhämmer, Hobel, Äxte, »Franzosen«, Bleilote, Wasserwaagen, Mörteltröge, Bolzen und Maurerkellen. Sie waren alle versetzt worden und standen jetzt zum Verkauf. Es dämmerte mir, warum niemand an den halbfertigen Häusern zwischen Cartagena und Barranquilla weiterbaute: die Arbeiter hatten ihr Werkzeug verpfändet. Hätten in jedem Pfandhaus nur einige dieser Geräte gelegen oder hätte es nur ein paar Läden voller Werkzeug gegeben, wäre es mir nicht so bemerkenswert vorgekommen, aber diese Leihhäuser sahen aus wie Eisenwarenhandlungen. Auf den Tafeln in den Schaufenstern stand, daß die Pfänder drei Monate lang aufbewahrt und dann verkauft wurden: die reine Resignation. In den Fenstern lag genug Werkzeug, um

Kolumbien noch einmal zu erbauen; genügend untätige Menschen gab es ohnehin. Doch in dieser schmuggelnden, stehlenden Gesellschaft war ein Hammer oder eine Säge kein Arbeitsgerät, sondern eine Währungseinheit, eine Handelsware.
Aber was hatte ich bis jetzt gesehen? Nur diesen schmalen Küstenstrich. Ich wollte weiter; vielleicht würde ich ja etwas anderes finden. Ich versuchte also, mich nach dem Zug zu erkundigen, und war nach der angenehmen Zugfahrt in Panama wieder mit sämtlichen Schwierigkeiten des Bahnfahrens in Lateinamerika konfrontiert. Einfach war es nie. Das lag weniger am mäßigen Service und den schlechten Zügen selbst als an dem Umstand, daß niemand Bescheid wußte. Die großen Verkehrswege von Mexiko nach Südamerika sind allgemein bekannt; viele Menschen reisen von einer Hauptstadt zur anderen, aber sie fliegen, und die ärmeren nehmen den Bus. Nicht viele Leute scheinen von der Existenz der Eisenbahn zu wissen; wer es angeblich doch tut, ist nie damit gefahren. Ein Informant sagt, die Fahrt von Santa Marta nach Bogotá dauere zwölf Stunden, ein anderer schwört, es seien vierundzwanzig; man sagte mir, der Zug habe keinen Schlafwagen, Cook's *Timetable* behauptete das Gegenteil. Gab es einen Speisewagen? Würde ich einen Schlafsack brauchen? War der Zug klimatisiert? »Tun Sie sich doch einen Gefallen«, hörte ich. »Nehmen Sie ein Flugzeug. Das tun die Kolumbianer auch.«
Ich hatte mir offenbar immer die unbekanntesten Routen zu den beliebtesten Zielen ausgesucht. In den seltensten Fällen wußte ich, wieviel die Reise kosten, wie lange sie dauern, ja nicht einmal, ob ich überhaupt ankommen würde. Daraus ergab sich eine gewisse Angst, weil ich immer nur auf Vermutungen oder meine Schlüsse aus der dünnen schwarzen Linie, die auf der Landkarte Bahnlinien symbolisiert, angewiesen war. Mir war klar, daß ich mich nicht in Europa befand, aber das hiesige Streckennetz war noch viel unzuverlässiger als jedes in Asien. Es gab keine am Ort publizierten Fahrpläne, kaum Informationen; das wenige, was man in Erfahrung bringen konnte, erfuhr ich nur am Bahnhof selbst, wenn ich denn das große Glück hatte, ihn überhaupt zu finden. (»Der *Bahnhof*? Meinen Sie nicht vielleicht den Busbahnhof?« lautete die übliche, etwas verunsicherte Gegenfrage.) Ich holte mir

die nötigen Informationen meistens von einem Mann, der im Warteraum den Boden aufwischte, oder von einem Mangoverkäufer an der Tür. Vor jeder Fahrt erkundigte ich mich am Bahnhof bei diesen Leuten (die Bescheid wußten, weil sie immer da waren und die Züge ankommen und abfahren sahen) nach den Abfahrtszeiten, war dann aber immer noch unsicher, weil ich nie etwas angeschrieben sah, keine Fahrkarte und keine offizielle Bestätigung in der Hand hatte. Die Fahrkartenschalter öffneten immer erst ein paar Stunden vor der Abfahrt des Zuges; das Rätsel löste sich erst am Tag der Reise selbst. Dann kam ich vor dem Schalter an und nannte mein Ziel, der Fahrkartenverkäufer war überrascht, nahezu fassungslos, mich dort zu sehen; als sei ich durch einen üblen Trick hinter sein Geheimnis gekommen. Er wand sich und kicherte verlegen, aber das Spiel war aus: ich hatte ihn gefunden, ich hatte gewonnen. Ihm blieb kein Ausweg, er mußte mir eine Fahrkarte verkaufen.

Es schien wirklich ein ausgeklügeltes Spiel zu sein, bei dem ich etwas verfolgte, was sich mir oft entzog: den Zug herauszubekommen, den Bahnhof zu finden, die Fahrkarte zu kaufen, einzusteigen und mich auf einen Sitzplatz fallen zu lassen wurde zum Selbstzweck. Die Fahrt selbst war ein Epilog, wenn nicht gar eine Antiklimax. Das ganze Drumherum beim Kauf einer Fahrkarte beschäftigte mich dermaßen, daß ich oft vergaß, wohin ich eigentlich wollte, und, wenn ich gefragt wurde, die Frage für eine dubiose Impertinenz hielt und mit »Nirgendwohin« beantwortete.

In einem kolumbianischen Lied heißt es:

*Santa Marta hat 'nen Zug,
aber keine Tram!*

Santa Marta, wo Simón Bolívar so arm starb, daß er nicht einmal mehr ein Hemd sein eigen nennen konnte, ist die älteste Stadt Kolumbiens. In den letzten Jahren hat sie sich zum Badeort entwickelt, aber die teuren Hotels liegen außerhalb, weit weg von den Bars und Billardhallen. Der Ort bemüht sich eifrig, sich als Mausoleum für Bolívar darzustellen, und hat wie jede andere größere Stadt in La-

teinamerika ein beeindruckendes Denkmal des Befreiers vorzuweisen. Es liegt eine ätzende Ironie in dieser Verehrung für Bolívar, aber sie paßt ganz gut zu den anderen Fehleinschätzungen auf diesem Kontinent. Bolívar kam nach Santa Marta, weil er in Bogotá einen Mordanschlag zu befürchten hatte. In Peru galt er als Diktator, in Kolumbien als Verräter, in Venezuela – seinem Heimatland – als Geächteter. Sein Lohn für die Befreiung Lateinamerikas bestand in Not und Verleumdung. Die Denkmäler sind erst nachher hingestellt worden, die eingemeißelten Worte seine Schlachtrufe aus der Zeit, als die Revolution noch siegreich schien. Welcher Stadtrat könnte die Spendengelder auftreiben, um seine letzten Worte in den Marmor ritzen zu lassen? »Amerika ist unregierbar«, hatte er an Flores geschrieben. »Diejenigen, die der Revolution dienen, sind schon auf See. Das einzige, was man in Amerika tun kann, ist auswandern.«
Bolívar war nach Santa Marta gekommen, weil er außer Landes fliehen wollte. 1830 kann hier nicht viel los gewesen sein; es gibt auch jetzt nur sehr wenig: ein kleines Städtchen, einen Strand, ein paar Cafés, ein Bordell (»Hallo, Mister«), einen Küstenstreifen an der glatten blauen Karibik. An diesem wolkenlosen, vom Sonnenlicht gesegneten Märztag war die Stadt wie ausgestorben. Ich stieg aus dem Bus aus Barranquilla, wanderte an der Meeresfront entlang und fragte Passanten nach dem Bahnhof. Die Mädchen im Bordell, die bei meinem Eintreten höchst erfreut waren, heulten wütend auf, als sie begriffen, daß ich von ihnen bloß eine Wegbeschreibung wollte.
Der Schalter war geschlossen, aber die Abfahrtszeiten standen in krakeliger Kugelschreiberschrift auf einem mit Tesafilm am Fenster befestigten Zettel: Ein Zug kam an, einer fuhr ab, und der letztere hatte auch einen Namen – hieß »Expreso del Sol«. Ich setzte mich auf eine Bank und wartete darauf, daß das Fenster geöffnet würde. Plötzlich hörte ich Gebrüll und sah vier Polizisten, die einen jungen Mann durchs Gebäude hetzten. Sie warfen ihn zu Boden und wanden Ketten um seine Beine und Handgelenke. Dann setzten sie ihn neben mich. Die Haare standen wirr um seinen Kopf, er hatte frische Wunden im Gesicht und atmete schwer, rührte sich aber nicht mehr, sobald er saß. Ich stand auf und setzte mich auf eine

andere Bank. Falls er doch abhauen wollte, hätte sich einer dieser Polizisten zu schießen bemüßigt fühlen können – ich wollte nur sichergehen, daß ich außerhalb der Schußlinie saß.
Eine winzige alte Frau mit Einkaufstasche (auch sie wollte nach Bogotá) ging zu dem Gefangenen hinüber. Sie beäugte sein Gesicht aus nächster Nähe, wechselte dann ein paar Worte mit den Polizisten und ließ sich schließlich neben mir nieder.
»Was ist das für ein Mann?« fragte ich. »Ein Dieb?«
Sie sah mich an und verdrehte ein Auge nach oben. Durch ihre dicken Brillengläser sahen ihre Augen verzerrt aus; ihr Gesichtsausdruck wirkte leicht verrückt.
»Ein Irrer!« zischte sie.
Der Fahrkartenschalter wurde geöffnet. Ich ging hin und bat um einen Schlafwagenplatz nach Bogotá.
»Haben Sie Familienangehörige?«
»Ja.«
»Reisen die mit Ihnen zusammen?«
»Sie sind in England.«
»Dann kann ich Ihnen keinen Schlafwagenplatz verkaufen«, sagte sie. »Die Abteile sind nur für Familien. Ab sechs Personen.«
Ich kaufte ein normales Ticket und fragte: »Wann kommt der Zug an?«
Sie lächelte, schien aber ihre Zweifel zu haben: »Morgen?«
»Und ein Bett ist auf keinen Fall zu haben, richtig?«
»Wenn Sie unbedingt eins wollen, können Sie nach dem Einsteigen den Schaffner fragen. Der verkauft Ihnen vielleicht einen Platz.«
Ich werde den Schaffner schmieren, dachte ich, aber ein Blick auf den Zug und in die Schlafwagen – kleine, schmutzige Zellen mit gepolsterten Brettern – ermunterte mich nicht dazu. Ich ging eilig die Straße hinunter, kaufte ein paar Brote, etwas Käse und etwas, was das Mädchen hinter der Theke als »östliche Bologneserwurst« bezeichnete. Es hatte keinen Sinn, mich durch Bestechung in einen Schlafwagen zu mogeln: es gab weder Bettzeug noch Wasser, noch Schlösser an den Türen. Ich würde mein Glück eben im normalen Waggon versuchen müssen, auf einem abschüssigen Plastiksitz. Irgend etwas sagte mir, daß es eine lange Reise werden würde.
Bei Sonnenuntergang fuhren wir ab, und ich hatte sofort das drin-

gende Bedürfnis, aus diesem Zug wieder auszusteigen. Ich fand jetzt schon alles unbequem, und eigentlich war die Reise solche Unannehmlichkeiten nicht wert. Kinder schrien auf den Armen ihrer Mütter, und wir hatten den Bahnhof kaum verlassen, als die Leute sich schon lautstark über die kaputte Innenbeleuchtung, die Überfüllung und die Hitze beklagten. »Sie sitzen auf meinem Platz!« brüllte ein Junge einen alten Mann an, der zusammen mit seiner betagten Ehefrau reiste. »Ich steh nicht auf«, meinte der alte Mann. Alles schwitzte und grummelte vor sich hin. »Ich krieg kaum noch Luft«, sagte eine Frau. »Was für ein Gestank!« murmelte ein grausam aussehender Mann in seine Handfläche. Ich war von der Zärtlichkeit auf dem Bahnsteig gerührt gewesen, von den Vätern, die ihre Kinder zum Abschied küßten, von den Jungen, die ihre Freundinnen umarmten, von den händchenhaltenden Ehepaaren. Aber jetzt keiften diese Menschen gereizt herum, und ich fand sie gräßlich. Sie müssen hier sein, dachte ich, sie haben einen Grund dafür. Sie fahren nach Hause, zur Arbeit oder zu Freunden auf Besuch. Ich hatte keine solche Rechtfertigung.
Ich war das Opfer meiner eigenen Pläne. Ich war so weit gereist und nur in diesen Zug gestiegen, um in einem Zug zu sein. Er fuhr nach Bogotá, also fuhr ich auch dahin. Aber Bogotá bedeutete mir nichts: ich fuhr hin, um es wieder zu verlassen. Eine solche Fahrt konnte im besten Fall ein Spaß sein, aber diese hatte recht freudlos angefangen. Zum Aussteigen war es zu spät; wir fuhren weg vom Sonnenuntergang, in die Dunkelheit hinein; die Pfeife gellte, und die Fahrgäste, eingelullt vom Rattern der Räder, lächelten jetzt ziemlich traurig vor sich hin. Ich bedauerte es, daß der Zug mich nicht aus Kolumbien hinaus-, sondern tiefer hineinbrachte, auf einer Strecke, vor der mich jeder gewarnt hatte (die Hitze, die Moskitos, die Sümpfe des Magdalena), bis zu einer Hauptstadt, auf die niemand ein Loblied sang.
Hinter Santa Marta durchquerten wir eine grüne Ebene, an deren anderem Ende sich Berge aus fahlem Samt erhoben, ein im lachsfarbenen Licht der fast verfinsterten Sonne gelber Flaum aus Gestrüpp. Dann ging es für etliche Kilometer an der Karibikküste entlang, wo der rosaschimmernde Himmel die Sümpfe rosa färbte und die stillen Teiche darin die frischen Sterne widerspiegelten.

Das, dazu die Palmen und die fruchtbaren Felder gaben mir etwas Hoffnung. Die Lagunentümpel erzitterten in einer Brise und verloren ihre Farbe.

Der Zug war fast voll, aber in Ciénaga, beim ersten Aufenthalt, erhob sich ein Schrei von den Wartenden auf dem Bahnsteig, dann drängelten und boxten sich die Massen in die Waggons. »Kolumbien hat sich mit Begeisterung in die Lüfte aufgeschwungen«, behauptet das *South American Handbook*. »Keiner fährt mit dem Zug«, hatte ich in Barranquilla gehört. Es gab Leute, die sogar die Existenz von Zügen abstritten, und ich hatte tagelang herumfragen müssen, um mir meine Informationen zu holen. Wie also erklärte sich dieser Andrang? Vielleicht war es ja ganz einfach. Trotz aller Behauptungen, daß es sich um ein reiches, zivilisiertes Land handele, ist Kolumbien ein Staat voller analphabetischer Bauern, die zumeist in unerreichbaren Gegenden leben. Aus diesen Bedingungen, nämlich Armut, Analphabetismus und Abgeschiedenheit, erwuchs eine mündliche Tradition, über die auch die Informationen über die Züge weitergegeben werden: man weiß es vom Hörensagen, durch die Buschtrommeln. Wir kamen mit Verspätung in Ciénaga an, aber die Leute hatten den ganzen Tag lang auf dem Bahnsteig gesessen, weil es hieß, daß ein Zug kommen würde. Jetzt drängelten sie sich, Kisten und Koffer hinter sich herzerrend, auf die wenigen leeren Sitze. Wer keinen Platz mehr bekam, und das waren viele, blieb einfach im Gang stehen oder setzte sich auf seinen Pappkarton. Der Gang war gerammelt voll. Es war wie in einem heimwärts fahrenden Pendlerzug voller erschöpfter Arbeitnehmer, die sich stehend an die Haltegriffe klammern. Der Unterschied war bloß, daß dieser Zug noch zwölfhundert Kilometer bis Bogotá vor sich hatte.

Es gab keine Luft im Waggon. Es hatte angefangen zu regnen, ein warmes nächtliches Nieseln; die Leute im Zug hatten die Fenster zugeschoben. Die Lampen flackerten, der Zug schaukelte, und die Fahrgäste standen so dicht gedrängt, daß die kleinste Schlingerbewegung ihnen klagende Schreie entlockte. Jetzt, dachte ich, macht bestimmt einer ein Radio an. Und bevor der Gedanke ganz da war, fing die Musik schon an, ein grausiges Trompeten und mehrstimmiges Gesinge, dieser lateinamerikanische Quickstep, der wie Säure in meine Ohren drang. Regen, die Musik, der heiße, stickige Waggon, dazu die Moskitos und die schwächlichen Glühbirnen, die aussahen wie vertrocknete Mandarinen. Ich schob mein Fenster auf und zog Boswell heraus, hatte aber erst zwei Seiten gelesen, als das Licht vollends ausfiel. Wir saßen im Dunkeln.

Dunkelheit wirkte besser als Dämmerlicht. Die Leute hier waren Landbewohner: bei Dunkelheit schliefen sie ein. Bald war es still im Waggon, der Regen ließ nach, der Mond war rund und gelb wie ein Rad Cheddarkäse, und durchs Fenster – meins war das einzige, das offenstand – sah ich die platte, sumpfige Ebene und ein paar Hütten mit Feuerstellen davor. Das moordunkle Land roch nach Schlamm und Regen; die Fahrgäste schliefen oder standen still schaukelnd im Gang. Die Dunkelheit war rein und heiter. Ich bin am Leben, dachte ich.

Um neun Uhr oder kurz danach passierten wir Aracataca, den Geburtsort des Romanautors Gabriel García Márquez: Aracataca ist das Macondo aus *Laubsturm* und *Hundert Jahre Einsamkeit*. Im Schein von Feuern und Laternen sah ich Lehmhütten, die Umrisse von Palmen und Bananenbäumen, im hohen Gras leuchteten Glühwürmchen. Obwohl es noch nicht spät war, schien kaum noch jemand wach zu sein, nur ein paar übermüdet vor sich hin starrende Jugendliche, die aufgeblieben waren, um den Zug vorbeifahren zu sehen. »Da kommt es«, sagt eine Frau in García Márquez' Macondo beim Anblick des ersten Zuges, der sich der kleinen Ortschaft nähert. »Etwas Schreckliches, wie eine Küche, die ein Dorf hinter sich herzieht.«

Ich machte mir ein Sandwich mit Bologneserwurst, trank zwei Flaschen von dem Bier, das ich mir in Santa Marta gekauft hatte, und schlief ein. Der laute Rhythmus der ratternden Räder auf den Schienen war ein Schlafmittel; Stille und Stillstand weckten mich auf. Um Mitternacht war ich hellwach: der Zug stand. Ich hatte keine Ahnung, wo wir waren, aber es muß ein ziemlich großer Ort gewesen sein, weil die meisten anderen Fahrgäste – unter ihnen mein Sitznachbar – hier ausstiegen. Aber genauso viele Leute stiegen ein, so daß es nicht weniger überfüllt war. Kinder wachten auf und weinten, es gab Gedränge und Gerangel um die freien Plätze. Ein Mädchen setzte sich neben mich; ihr rundliches Profil, das sich

vor der Bahnhofsbeleuchtung abzeichnete, war unverkennbar indianisch. Sie trug eine Baseballkappe, einen Pullover und lange Hosen, ihr Gepäck bestand aus drei Pappkartons und einem leeren Ölfaß. Als der Zug anfuhr, kuschelte sie sich an mich und schlief ein. Mein Hemd klebte vom Schweiß, der feuchte Luftzug half nicht im geringsten, und ich wußte, daß wir erst spät am folgenden Tag aus diesem Sumpfgebiet herauskommen würden. Ich schlief ein, und als ich an einer anderen einsamen Haltestelle (ein flaches Gebäude, ein Mann mit Laterne) wieder erwachte, sah ich, daß das Mädchen sich auf die andere Seite des Gangs begeben und sich an einen brummelnden Mann geschmiegt hatte.
Ein tropischer Sonnenaufgang: die Sonne als grauer Wattebausch in einer feuchten Wolke. Ich vergewisserte mich, daß ich nachts nicht bestohlen worden war: Paß und Geld steckten noch sicher in der ledernen Gürteltasche. Ein Blick auf die Landkarte sagte mir, daß wir noch ungefähr eine Stunde bis Barrancabermeja hatten. Das Land war dünn besiedelt, Savanne ging in Sumpfland über. Wir waren noch zu weit vom Magdalena entfernt, um ihn sehen zu können, und die heißen Wolken verhüllten die Berge. Es war nichts als ein kleiner Zug auf einem schnurgeraden Gleis, der sich durch eine Gegend arbeitete, in der es keine Straßen gab, nur Hütten, dann und wann einen Ochsen im Gras und Geier und Reiher. Armselige Hütten waren es: bloße Unterstände aus Lehm mit Grasdächern.
»Wie wär's mit einem Kaffee?«
Ein Mann mit einem Tablett mit gefüllten Tassen. Für das kolumbianische Äquivalent eines Pennys kaufte ich ihm gleich zwei ab. Weil der Platz neben mir frei war, konnte ich mich ausstrecken, Kaffee trinken, meine Pfeife anstecken und Boswell lesen. Gar nicht so schlecht, und es stellte sich das gleiche Gefühl von Tugendhaftigkeit ein wie seinerzeit in Mexiko, nachdem ich eine widerwärtige Nacht auf einem engen Sitzplatz überstanden hatte.
Den größten Teil des Vormittags über blieb es bewölkt: auch gut. Man hatte mir gesagt, daß die Hitze unerträglich würde, wenn die Sonne durchkäme. Vielleicht war auch das bloß Gerede; alles andere, was man mir gesagt hatte, stimmte schließlich auch nicht. Sie hatten behauptet, daß hier Urwälder seien, und ich hatte keine

gesehen. Hier war nichts als Sumpf, und etwas weiter weg gab es flache Hügel mit seltsamen, wie abgenutzten Formationen, als hätte eine große Flut sich über sie ergossen und sie klein und glatt gewaschen. Man hatte gesagt, daß es hier Moskitos gebe. Das stimmte, aber die Flugkäfer waren viel schlimmer, denn sie stachen nicht bloß, sondern verfingen sich in meinem Haar. Und die Hitze war auch nicht schlimmer als in Santa Marta und lange nicht so schrecklich wie in Zacapa. Sie hatten gesagt, daß uns die Eiswürfel ausgehen würden, tatsächlich aber gab es in diesem Zug überhaupt kein Eis, und ich hatte diese Aussicht auch damals schon nicht als sonderlich beklemmend empfunden. Nach achtzehn Stunden in diesem Sumpfland-Expreß konnte ich also wahrheitsgemäß behaupten, daß ich in meinem Leben schon schlimmere Züge gesehen hatte. In Lobgesänge ausbrechen konnte ich zwar nicht, aber ich war auch nicht der Meinung, daß der Zug versichert und dann verschrottet werden müßte.

Ich wollte auf dieser Reise bei Sinnen bleiben, also brachte ich die Zeit bis Mittag ganz geschäftsmäßig damit zu, mein Tagebuch auf den neuesten Stand zu bringen. Dann packte ich meine Sandwichzutaten, wanderte durch den Zug, fand einen leeren Tisch in dem unbenutzten Speisewagen und machte mir ein Submarine-Sandwich. Noch ein kleiner Spaziergang, und ich ließ mich endgültig mit Boswell nieder. Die Sonne war herausgekommen, die Sümpfe schimmerten, und das Buch war großartig. Doktor Johnson äußert sich zu allem, auch zum Reisen. Boswell fährt nach Korsika: »Wenn er mir Ratschläge zu meinen Reisen gab, ließ Dr. Johnson sich nicht lange über Städte, Paläste, Gemälde, Ausstellungen und arkadische Szenen aus. Er hielt es mit Lord Essex, der seinem Verwandten Roger Earl of Rutland rät, ›lieber hundert Meilen zu reisen, um mit einem weisen Mann zu sprechen, als fünf Meilen zu fahren, um eine schöne Stadt zu sehen‹.«

Das Buch wurde zu meinem Rettungsanker. Landschaft kommt darin nicht vor. Vor dem Fenster hatte ich ja alle Landschaft, die ich brauchte. Was mir fehlte, waren Gespräche, und die fand ich hier: geschliffene Rede, weisen Rat und witzige Bemerkungen. Ich konnte mich mit Boswell identifizieren (»Warum ist der Schwanz des Fuchses buschig, Sir?«), und das Buch auf meinem Schoß im

Verein mit diesem Zug im Magdalena-Tal war genau das richtige. Wenn ich auf meinem langen Weg durch Kolumbien dieses Buch nicht gehabt hätte, wäre die Reise unerträglich gewesen.
Nach den Konversationen, die bei Mrs. Thrale und im Mitre stattfanden, war jedes Gespräch mit den übrigen Passagieren ein deutlicher Abstieg. Zuerst hatte ich gedacht, ich sei der einzige Ausländer im Zug. Ich hatte mich getäuscht: an den abgeschnittenen Kattunhosen, dem Vollbart, dem Ohrring, den Landkarten und dem Rucksack hätte ich den Globetrotterkollegen gleich erkennen können. Er war Franzose. Er hatte Halsweh. Ein französischer Weltreisender mit Halsweh ist ein wunderbarer Anblick, aber es bedarf mehr als einer Mandelentzündung, um einem Franzosen die Angeberei im Hals steckenbleiben zu lassen.
Voller Verachtung betrachtete er mein bügelfreies Hemd, meine wasserdichten Schuhe und meine Sonnenbrille.
»Sind Sie Tourist?« fragte er.
»Wie Sie«, antwortete ich sehr freundlich.
»Ich reise«, betonte er den Unterschied. »Ich komme gerade von der Insel San Andrés vor Kolumbien. Davor habe ich die Staaten bereist.«
»Ich auch. Aber ich bin durch Zentralamerika gekommen.«
»Haben Sie Tikal gesehen?«
»Nein, ich war aber in Zacapa. Kein Mensch fährt nach Zacapa.«
»Ich hab Tikal gesehen. Wunderschön. Das hätten Sie sehen sollen. Wie lange sind Sie schon unterwegs?«
»Etwas länger als einen Monat.«
»Ich reise schon seit fünf Monaten! *Fünf*. Ich bin im Oktober aus Paris abgefahren, und dann war ich einen Monat in New York City.«
»Reisen in New York?«
Das saß. »Bin hier und da gewesen«, meinte er. »Wohin fahren Sie?«
»Bogotá.«
»Ja, aber danach.«
»In den Süden von Argentinien.«
»*Patagonie*.« Er fuhr mit dem Finger auf seiner französischen Landkarte herum: »Ich fahr hierhin«, er tippte auf eine grüne Ausbuchtung in Brasilien. »Den Amazonas runter nach Leticia. Das

dauert fünfzehn Tage oder noch länger auf dem Fluß.« Er sah zu mir auf. »Argentinien hat eine schlechte Regierung.«
»Die Regierung von Brasilien ist ganz wunderbar«, sagte ich. »Fragen Sie nur die Indianer am Amazonas, die werden Ihnen das bestätigen.«
Er strich sich durch den Bart, etwas unsicher, ob ich ihn verspottete. »Chile und Argentinien sind schlimmer. Deswegen fahr ich da nicht hin. Bleiben Sie die ganze Strecke bis nach Bogotá in diesem Zug?«
»Richtig.«
»Ich nicht. Ich steig in La Dorada aus, dann fahr ich weiter mit dem Bus.«
»Geht das schneller?«
»Nein, man spart aber Geld, fünf Dollar oder noch mehr.«
»Fünf Dollar hab ich noch«, sagte ich. Er fing an zu husten. Er stand auf, um sich Platz zu verschaffen, und hustete, wobei er sich jedesmal von der Taille an vornüberbeugte. »Sie sollten etwas für Ihren Hals tun«, sagte ich. »Wollen Sie ein Aspirin?«
»Nein«, meinte er. »Es ist nichts Ernstes.«
Ich widmete mich wieder meinem Boswell, döste dann ein bißchen und sah aus dem Fenster. Die Landschaft veränderte sich nicht. Das Tal war so flach und breit, daß es keine Ränder zu haben schien; der Bewuchs war so dicht, daß man keine Einzelheiten erkennen konnte. Später am Tag setzte sich die Savanne wieder durch, ich konnte die bleistiftdünnen Umrisse von Hügeln ausmachen, und neben dem Bahndamm grasten Rinder und Pferde, die beim Auftauchen des Zuges losgaloppierten. Schwärme von weißen Reihern wehten über die Grasspitzen wie Papierschnipsel im Wind.
In einem Städtchen gab es eine Bar. Sie trug, so nah am viel mächtigeren Magdalena, die Inschrift »Blaue Donau« in Spanisch. An einen Balken vor der Bar waren drei gesattelte Pferde gebunden; ihre Reiter standen am Fenster und tranken Bier. Eine richtige Wildwestszene in diesem armen, leeren Land: Siedlerhütten, Schweineställe und die Gerüchte über Smaragde. Im Zug war es nicht besser. Die Fahrgäste schliefen oder saßen still da, traumatisiert von der Hitze. Zur Hälfte waren es flachgesichtige Indianer mit Umschlagtüchern und Filzhüten.

Am späten Nachmittag hörten wir an einem Bahnhof, daß es, wahrscheinlich wegen eines Erdrutsches, zu einer Entgleisung gekommen war. Der Franzose bestätigte das Gerücht – ihm sei es aber egal, weil er ja in La Dorada aussteigen würde. Die Nachricht von einer solchen Entgleisung überraschte mich nicht. Dudley hatte mich in Barranquilla mit einem Amerikaner bekannt gemacht, der sich mit Verkehrsproblemen beschäftigte. Dieser Mann hatte mir Statistiken über Entgleisungen auf der Strecke zwischen Santa Marta und Bogotá gezeigt. Sein Zahlenmaterial reichte nur bis 1972, aber das genügte schon: 7116 Entgleisungen im Jahr 1970, 5969 im Jahr 1971, 4368 im Jahr 1972. Die Lage werde schlechter, hatte er gesagt, und so war ich aus Santa Marta mit der Erwartung abgefahren, daß wir entgleisen oder daß ein Gleisunfall uns zumindest aufhalten würde. (Es heißt auch, daß es Banditen gibt, die den Zug anhalten und die Fahrgäste ausrauben, was die Kolumbianer im Zug allerdings bestritten.)
»Glauben Sie, daß wir es schaffen?« fragte ich den Zugbegleiter.
»Sie sind heute abend in Bogotá«, meinte er. »Das ist die Wahrheit.«
Bald darauf erschienen die Berge, die Kordillere der Andenkette, und mit ihnen der braune Strom Magdalena, auf dem Männer in Einbäumen paddelten oder vom Ufer aus mit Geräten fischten, die wie Schmetterlingsnetze aussahen. Zuerst waren die Berge verstreute Kuppen und einsame Zacken, manche sahen aus wie Zitadellen, fast eckig, mit burgartigen Gebilden, die die Gipfel umgürteten: eine Täuschung, denn Gebäude gab es hier nicht. Meine Augen, die an solche Höhen nicht gewöhnt waren, wurden in die Irre geführt und formten bekannte Dinge aus der Fremdartigkeit. Der Zug fuhr direkt auf diese blauen, grauen und grünen Spitzen zu, und was ich für verschlungene Wolkenwirbel, für ferne Konturen im Himmel gehalten hatte, waren auch Berge, und alles um mich herum, was mir wie luftiger Wasserdampf erschienen war, hatte Substanz.
Der Zug begann seinen Anstieg in den Dampf und Nebel. Hier war es noch heiß und trocken, dort regnete es. Wir fuhren in den Regen hinein, in eine Kältezone und einen alles durchnässenden Wolkenbruch. Die Äcker und Gärten waren leuchtend grün, dazwischen

Villen, wie ich sie noch nie gesehen hatte. Sie lagen auf den Hügeln hinter Hecken und Mauern; sie hießen »Sevilla« oder »Meine Zuflucht«, hatten Swimmingpools, Blumengärten und Rasenflächen von so ebenmäßiger Farbe wie Teppiche. Manche sahen aus wie Schlösser, manche wie Schweizer Chalets, und eins schien ganz und gar aus orangefarbenen Kacheln zu bestehen, ein Märchenhaus mit kegelförmigen Dächern. Die Indianer und die zerlumpten Küstenbewohner im »Expreso del Sol« betrachteten diese protzigen Bergvillen erstaunt und beinah ängstlich. Ich fragte mich, ob ihnen bewußt war, daß in solchen Häusern einzelne Familien lebten. Wenn mir diese Behausungen schon phantastisch vorkamen, was mußte erst jemand davon halten, der aus einem Dorf am Magdalena stammte?
Ich fragte einen meiner Mitreisenden. Er starrte durchs Fenster, sein Gesicht war naß vom Regen. Trotz der Kälte trug er nur ein Hemd. »Wer wohnt in diesen Häusern?«
»Die Bosse«, antwortete er auf spanisch.
Aber wir waren in Kolumbien: hier gab es kein Moor ohne einen Berg, kein Herrenhaus ohne eine Traube von Hütten davor. Die Hütten lagen näher am Bahndamm, in den Dörfern hasteten gebückte Bauern durch den Regen. Es war kalt, und wir hatten uns mit solcher Geschwindigkeit von der Ebene in die Berge bewegt, daß mein durchgeschwitztes Hemd mich jetzt bis auf die Knochen abkühlen ließ. Ich zog meine Lederjacke an und fror immer noch.
In dieser Bergregion hielt der Zug an, und wie auf ein verabredetes Zeichen stiegen alle aus und kletterten in die wartenden Busse. Zu dem entgleisten Zug vor uns und dem Erdrutsch war keine Ansage gemacht worden, trotzdem wußte es jeder. Die letzten paar Kilometer legten wir also in einem alten Bus zurück, der auf den regennassen Bergstraßen ständig ins Rutschen kam. Zum ersten Mal hatte ich auf dieser Reise das Gefühl, in Lebensgefahr zu schweben. Bei Dunkelheit erreichten wir die hochgelegene, verregnete Stadt.

Das trauervolle Antlitz der historischen Gebäude von Bogotá ist rein spanisch, aber die Düsternis ihrer Anlage zeigt einen ureigenen Andenstil. Auch an einem sonnigen Tag sind die drei Spitzen des Klosters, des Kreuzes und der Christusstatue naß und dunkel, die

Stadt selbst breitet sich auf einer gigantischen Granitplatte hin. In ihrer Höhenlage von 2610 Metern über dem Meeresspiegel ist sie dem Bergwetter ausgesetzt; während ich dort war, regnete es fast immer, und kalter Nieselregen umfing sie mit trübsinnigem Pathos. Meine Stimmung war auch nicht viel besser. Von der Höhenluft wurde mir schwindlig; ich stolperte von einem Ende der Stadt zum anderen, fühlte mich leicht benebelt und hatte Herzjagen.

Vor der Errichtung der Hochhäuser müssen die Spitzen ihrer Kirchtürme der Stadt zu einer Art schwermütiger Schönheit verholfen haben. Sie sind die schönsten Beispiele für das goldene Zeitalter spanischer Architektur. Dazu kommt noch das Klima, das dem von Nordwestspanien sehr ähnlich ist, und so kann man sich in manchen Teilen der Stadt fühlen, als »ergehe man sich«, wie Boswell es formuliert, »in Salamanca«. Der Kontakt zwischen Bogotá und Spanien war eng, da Spanien jahrhundertelang leichter zu erreichen war (indem man den Magdalena bis zur Küste hinunterfuhr) als alle Orte in Kolumbien selbst. Kulturell und geographisch war Bogotá für Südamerika und sein eigenes Hinterland unerreichbar. Das ist bis heute so geblieben, es ist eine erhabene Stadt mit einem unüberwindbaren Klassensystem. In den Parks von Bogotá grasen Kühe, aber diese Andeutung von Ländlichkeit wird ebenso wie die Kirchtürme fast völlig von den häßlichen Bürogebäuden überschattet.

Beim Anblick des ersten Indianers in Bogotá verblaßten rasch die spanischen Bilder in meiner Vorstellung. In Kolumbien gibt es dreihundertfünfundsechzig Indianerstämme. Manche erklommen die Höhen von Bogotá, um sich Arbeit zu suchen, andere, die schon da waren, erlebten die Spanier und gingen nie mehr fort. Ich sah eine Indianerin und beschloß, ihr zu folgen. Sie trug einen Filzhut, wie ihn die Detektive und Reporter in Hollywoodfilmen tragen, ein schwarzes Umschlagtuch, einen weiten Rock und Sandalen und führte an einem Strick zwei Esel. Die Esel waren schwer mit Metallbehältern und Lumpenbündeln beladen, aber das war nicht das Auffälligste an dieser Indianerin mit ihren beiden Tieren. Wegen des heftigen Straßenverkehrs benutzte sie den Bürgersteig, ging vorbei an den schicken Damen und den Bettlern, vorbei an den Kunstgalerien voller miserabler Grafiken (Südamerika nimmt mit seiner Produktion drittklassiger abstrakter Kunst offenbar einen

Spitzenplatz in der Welt ein, zweifellos, weil es eine vulgäre Schicht von Neureichen beherbergt, die auch für den Aufstieg der Inneneinrichter verantwortlich sind: sogar in einem Drecklich wie Barranquilla kann man sich jeden Abend auf einer anderen Vernissage herumtreiben). Ohne die Bilder eines Blickes zu würdigen, trottete die Indianerin weiter, vorbei am Gebäude der Bank von Bogotá, an der Plaza (schon wieder Bolívar, mit aufgepflanztem Schwert), vorbei an den Souvenirläden mit Lederwaren und kitschigen Schnitzereien, vorbei an den Juwelieren, die den Touristen ihre Tabletts voller Smaragde zeigten. Sie überquert die Straße, die Esel trotten schwerfällig unter ihrer Last, die Autos hupen, weichen aus, die Menschen machen ihr Platz. Eine wunderbare Szene für einen Dokumentarfilm, die arme Frau und ihre Tiere in der unbarmherzigen Viermillionenstadt; sie ist ein Vorwurf an alles, was um sie herum zu sehen ist, auch wenn nur wenige Leute sie wahrnehmen und sich niemand nach ihr umdreht. Wenn man einen Film daraus machen würde, dessen Szenario sich allein darauf beschränkte, wie sie von einem Ende Bogotás zum anderen geht, würde er einen Preis bekommen; wenn sie als Detail in einem Gemälde erschiene, wäre es ein Meisterwerk (aber in Südamerika malt niemand überzeugende menschliche Gestalten). Es ist, als hätten die letzten vierhundertfünfzig Jahre nicht stattgefunden. Die Frau geht nicht durch eine Stadt: sie überquert mit ihren trittsicheren Tieren einen Berg. Sie ist in den Anden, sie ist zu Hause; alle anderen sind in Spanien.
Ohne aufzusehen, ging sie an einem Mann vorbei, der Poster verkaufte, und passierte die Bettler vor einer alten Kirche. Ich sah mir die Plakate an, warf einen Blick auf die Bettler und verlor die Frau aus den Augen. Ich hielt an, sah woandershin, und sie war verschwunden. Also begnügte ich mich mit den Postern, Konterfeis von Bolívar, Jesus und Che Guevara, die schwer auseinanderzuhalten waren: sie sahen aus wie verschiedene Versionen der gleichen Person, immer die gleichen jammervollen Augen, das gleiche störrische gute Aussehen und die gleiche heldenhafte Positur. Die Wahlplakate in Barranquilla hatten genauso holzschnittartig gewirkt: die Kandidaten der Rechten hatten fett und selbstzufrieden dreingeblickt, während die Vertreter der Linken einer Mischung aus diesem Patrioten, dem Erlöser und dem Revolutionär ähnelten. Auf

den anderen Plakaten waren nackte Blondinen, Jane Fonda, Josef Stalin (mit einer aufgedruckten Warnung vor den »Yanquis«), Marlon Brando und Donald Duck zu sehen. Ich erstand das beste von allen: abgebildet war der gekreuzigte Jesus, dem es gelungen war, eine Hand von einem Kreuznagel zu lösen; der Gekreuzigte hatte den freien Arm um die Schultern eines betenden Guerillakämpfers gelegt und sprach: »Auch ich wurde verfolgt, mein tapferer Guerillero.«
Überall gab es Bettler, aber wie in Kalkutta hielten sie sich vorwiegend an den Kirchen und geweihten Plätzen auf, um die Leute da zu erwischen, wo das Gewissen sie am meisten plagte. Sie waren blind, lahm und gebrechlich; Kinder, Frauen, alte Männer und (bei dieser Kälte nackte) Säuglinge, die auf den Knien von kriecherischen alten Hexen geschaukelt wurden. Hier waren zwei Schwestern; die eine lag in einer Apfelsinenkiste. Auf einem gekritzelten Schild stand, sie sei gelähmt (»Und das ist meine Schwester...«). Manche betteln nicht, sondern kampieren bloß mitten in der Stadt auf einer Verkehrsinsel und kochen irgendeine graue Flüssigkeit in Blechdosen, kauern sich an eine Wand oder hausen (wie der kleine Junge, den ich während meines Aufenthalts in Bogotá täglich sah) im Schutt leerstehender Gebäude. Die Schilder, die die hartnäckigen Bettler bei sich haben, tragen erbarmungswürdig platte Aufschriften: »Ich habe Lepra«, »Ich bin krank« oder »Wir sind Waisen«; manche halten Plakate mit Kurzversionen einer langen Kette von Schicksalsschlägen und Krankheiten hoch. Diejenigen unter ihnen, die etwas vorführen, die blinden Musiker und indischen Schlangenmenschen, ziehen sofort große Zuschauermengen an.

*See the blind beggar dance, the cripple sing,
the sot a hero, lunatic a king.*

*(Sieh den blinden Bettler tanzen, den Krüppel singen,
der Zecher ein Held, der Wahnsinnige ein König.)*

Eine Bemerkung über die große Zahl von Bettlern zeigt wohl ebensowenig Einsicht wie die Aussage, daß der ganze Kontinent voller Soldaten und Schuhputzjungen ist. Man könnte sogar behaupten,

daß es in Kolumbien wie anderswo ein gewisses Maß an Organisation erfordert, um überhaupt zu betteln. Aber warum, fragte ich mich, waren so viele Kinder darunter? Sie waren nicht krank und nicht lahm, hatten keine Schilder bei sich, lebten in zertrümmerten Häusern und rannten in Rudeln in den Straßen herum. Sie waren quicklebendig, aber sie führten das Leben von Ratten. Ich fragte mehrere Kolumbianer, die sich über meine Unwissenheit eher verwundert zeigten, über sie aus. *Gamins* seien das – das Wort für diese Straßenkinder ist im Spanischen und im Englischen das gleiche –, und ich solle mich vor ihnen hüten, denn die meisten seien Taschendiebe und Langfinger. Einem wohlhabenden Kolumbianer kommt es überhaupt nicht in den Sinn, daß diese Kinder etwas anderes sein könnten als Ungeziefer: warum sollte man sie ernähren und unterbringen, wenn es doch so viel billiger ist, sie sich durch einen hohen Zaun ums Haus vom Leibe zu halten?
Ich verbrachte meine Tage in Bogotá mit Kirchenbesuchen (elegante Interieurs mit einem Hauch Voodoo-Zauber: Frauen stehen schubsend Schlange, um sich literweise Weihwasser abzuholen; KEINE KANNEN, NUR FLASCHEN steht auf dem Schild), mit Klettertouren auf die Berge und mit Bewunderung für die alten amerikanischen Autos (hier ein Nash und da ein Studebaker), bis ich selbst Lust auf so ein Gefährt bekam und bedauerte, daß mein Vater seinen 1938er Pontiac verkauft hatte. Wahrscheinlich würde es, dachte ich, demnächst große Mode in Amerika, mit solchen unzerstörbaren, instand gesetzten Autos aus den Vierzigern und Fünfzigern herumzufahren. Und als ich die verdächtig aussehenden Jugendlichen, die sich an mich heranmachten *(»Ay, meester, joo from New York?«)*, leid war und mich die Bettler und *gamins* allzusehr deprimierten, kehrte ich zur Aufheiterung zu Boswell zurück. An einem grauen Nachmittag in Bogotá las ich die folgende Passage: »Wo man einen großen Teil der Bevölkerung in hilflosem Elend schmachten läßt, muß das Land schlecht in Ordnung gehalten und erbärmlich regiert werden: eine schickliche Fürsorge für die Armen ist aber der wahre Prüfstein der Zivilisation.« Gentlemen mit guter Bildung, stellte er fest, glichen sich in allen Ländern; der Zustand der unteren Stände aber, insbesondere der der Armen, sei ein untrügliches Merkmal für nationale Unterschiede.

14
Der »Expreso Calima«

Aus gutem Grund endet die Bahnstrecke von Bogotá in der Stadt Ibagué. Hinter Ibagué liegt ein schwindelnd hoher Paß, von dessen Steilheit man sich vielleicht einen Begriff machen kann, wenn man sich den Grand Canyon mit dichtem Grün bewachsen vorstellt: tiefe grüne Schluchten und grüne Grate, Felsgesimse und Steilhänge. Die Fähigkeit, durch solche Gegenden Eisenbahnen zu bauen, ging um die Jahrhundertwende verloren. Vor nicht allzu langer Zeit verlängerten die Kolumbianer die Strecke von Girardot aus bis nach Ibagué, waren aber am Quindio-Paß mit ihrem Latein am Ende. Es gibt dort unpassierbare Stromschnellen, hohe Berge und eine Schlucht mit senkrecht aufragenden Wänden. Es ist erstaunlich genug, daß eine Straße darüber führt, wenn sie auch sehr klein ist: man braucht sechs Stunden für die einhundertvier Kilometer von Ibagué nach Armenia, von wo aus es dann wieder eine Schienenstrecke gibt; sie führt nach Süden, nach Cali und Popayán, das nur einen Katzensprung von Ecuador entfernt ist.
Während der Talfahrt von der Ostandenkordillere, auf der Bogotá liegt, ging es mir merklich besser. In dieser tieferen Lage, im Graben zwischen zwei Gebirgszügen, war mein Kopf wieder klar. Die Hügel hatten eine feine Struktur und sahen aus wie große, weiche grüne Sandhaufen, die man neben den Bahndamm in die Ebene geschüttet hatte. Telegrafenmasten säumten die Gleise; die Gegend ist so feucht, daß kleine Pflanzen auf den Drähten Wurzeln geschlagen hatten und mit hängenden Blüten und Blättern wie Orchideenbüschel in der Luft baumelten.
In Girardot hielt der Zug. Alle anderen stiegen aus. Ich blieb sitzen und las weiter Boswell.

»Wir sind da«, sagte der Schaffner. Er stand schon auf dem Bahnsteig und sprach mich durchs Fenster an.
»Ich nicht. Ich fahr nach Ibagué.«
»Sie müssen mit dem Bus weiterfahren, der Zug fährt nicht bis dahin.«
»In Bogotá hat man mir das aber anders gesagt.«
»In Bogotá – pah, was wissen die denn schon?«
Fluchend machte ich mich auf den Weg zur Bushaltestelle. Der Bus nach Ibagué war schon weg, aber ein paar Stunden später sollte einer nach Armenia fahren. Mit dem käme ich über den Quindio-Paß; dann könnte ich nach einer Nacht in Armenia per Bahn bis Cali weiterzuckeln. Ich besorgte mir eine Fahrkarte und suchte mir ein Lokal zum Mittagessen. Ich war so früh aus Bogotá aufgebrochen, daß ich zum Frühstücken keine Zeit gehabt und jetzt einen Bärenhunger hatte.
Das Restaurant war klein und schmutzig. Ich bat um eine Speisekarte. Es gab keine. Ich fragte die Kellnerin, was ich essen könnte.
»Tagesgericht«, sagte sie. »Heute Bohnen nach Antioquia-Art.«
»Bohnen nach Antioquia-Art« hörte sich nicht schlecht an, und schließlich waren wir hier nicht weit von der gleichnamigen Provinz. Vielleicht war es ja eine hiesige Delikatesse? Aber Namen sind Schall und Rauch. Dieses Gericht hätte heißen können, wie es wollte – ich erkenne Schweinebacken, wenn ich sie sehe. Fliegen umschwirrten mich und die fettige Schnauze auf meinem Teller. Ich aß die Bohnen und eine Scheibe Brot und ließ den Rest zurückgehen.
Girardot liegt am oberen Flußlauf des Magdalena, der hier so seicht ist, daß nichts Größeres als ein Kanu darauf fahren kann. Die Brücke über den Fluß wurde gerade frisch gestrichen; der Bus blieb im Verkehr stecken und rührte sich anderthalb Stunden lang nicht vom Fleck. Das bedeutete eine sehr späte Ankunft in Armenia und, was wesentlich schlimmer war, eine gefährliche Nachtfahrt über die Haarnadelkurven des Quindio-Passes. Die Kolumbianer sind gleichmütige Menschen. Sie sind daran gewöhnt, auf Busse und Züge zu warten, die zu spät oder überhaupt nicht ankommen. Sie beklagen sich nicht; sie reden ohnehin nicht viel. Ich beschwerte mich, bekam aber keine Reaktion. Also las ich weiter über Dr.

Johnson: »Er bemerkte häufig, unter den allgemeinen Bedingungen des menschlichen Lebens gebe es mehr zu erdulden als zu genießen... Was ihn betreffe, sagte er, er verbringe keine Woche in seinem Leben, die er zurückwünsche, und wenn ein Engel ihm den Vorschlag machte.« Und ich dachte: Vor einer Woche war ich noch in Barranquilla.
Ich sah auf. Der Bus hatte sich nicht bewegt: immer noch dieselbe Bierreklame, in einem Hauseingang immer noch dasselbe Kind mit seinem Tablett voll Schmalzgebäck; immer noch die Haufen von kaputten Ziegeln; auf der Straße immer noch die Schlange von Lastern und Bussen.
»Ist ja furchtbar«, sagte ich.
Mein Sitznachbar lächelte.
Wir waren nirgendwo. Wir waren nirgendwoher gekommen. Ibagué, Armenia, Cali: Namen auf einer Landkarte, sonst nichts.
»Von wo sind Sie, Sir?«
Ich sagte es ihm.
»Weit weg«, meinte er.
»Und Sie?«
»Armenia.« Er deutete auf den Himmel. Sein Poncho lag zusammengefaltet auf seinem Schoß. Es war sehr heiß.
»Glauben Sie, daß wir überhaupt noch da ankommen?«
Er lächelte und hob die Schultern.
»Ich wünschte, ich wäre zu Hause«, sagte ich. »Ich bin schon lange unterwegs, aber ich frage mich ständig, ob es der Mühe eigentlich wert ist.«
Der Mann lachte. Wenn mein Spanisch besser gewesen wäre, hätte ich ihm übersetzt, was ich gerade gelesen hatte: »Er verbringe keine Woche in seinem Leben, die er zurückwünsche...«
Wir unterhielten uns über die Männer, die die Brücke anstrichen. Wegen einer so simplen Tätigkeit war der Verkehr in Girardot zum Erliegen gekommen; kein Fahrzeug durfte die Brücke passieren. Ja, ja, Anstreichen sei schwierig, meinte der Mann, oder nicht? Die Männer da draußen gäben halt ihr Bestes. Er saß da, schwitzte und spottete. Die Kolumbianer an der Küste waren laut und überschwenglich, aber diese Bergbewohner waren Stoiker mit einem gelegentlich trockenen Humor.

»Macht nichts«, sagte der Mann. »Ich fahr heim. Heute abend sitz ich in meinem Haus.«
»Sie haben Glück«, sagte ich. »Sie könnten nach Hause laufen, wenn Sie wollten.«
»Nein. Über den Quindio-Paß kann man nicht zu Fuß gehen.«
Noch mehr Warterei, noch mehr Boswell. »Mr. Elphinston sprach von einem neuen Buch, das sehr bewundert wurde, und fragte Johnson, ob er es gelesen habe. Johnson: ›Ich habe hineingesehen‹ – ›Was (sagte Elphinston), haben Sie es nicht ganz gelesen?‹ Johnson, verstimmt, daß er so gedrängt wurde und genötigt war, seine kursorische Art des Lesens zuzugeben, antwortete schroff: ›Nein, Sir, lesen *Sie* Bücher *ganz?*‹«
Der Bus fuhr an, langsam zwar, aber nach dem Purgatorium in der Sonne war ich für jede Bewegung dankbar. Nicht nur die Anstreicher hatten den Verkehr aufgehalten, sondern auch noch eine Polizeikontrolle, die Busse und Lastwagen nach Drogen durchsuchte. Vielleicht waren es auch keine Drogen. In unseren Bus kletterten sie auch, liefen mit den Händen an den Pistolen zwischen den Sitzbänken herum, pickten sich ein halbes Dutzend Leute heraus und ließen sie am Straßenrand ihre Koffer ausleeren. Viermal passierte das auf der Strecke zwischen Girardot und Armenia, und einmal mußte auch ich aussteigen und meinen Koffer aufmachen. »Was suchen Sie denn?« fragte ich. Der Polizist gab mir keine Antwort. Im Bus meinte mein Sitznachbar: »Das hätten Sie den Polizisten nicht fragen sollen. Der sucht doch gar nichts. Der will bloß Ärger machen.«
Die Bergkette der Zentralkordillere lag noch in der Ferne. Die Gegend zwischen Girardot und Ibagué war umgeben von grünen Hügeln, es gab schattige Wiesen und Farmen; Mais, Rinder und wasserreiche Täler. Es mutete idyllisch an, und vor jedem Haus blühten die Bougainvilleen in Violett und Orange. Allein die Farben wirkten wie eine Art von Reichtum. Das tiefe grüne Gras dieser sanften Landschaft stimmte mich milder: dies zu sehen hieß, einen Teil dieses armen Landes entdeckt zu haben, in dem die Menschen zufrieden in einem milden Klima lebten und genug Platz für sich hatten. Ich las immer immer noch und blickte nur ab und zu auf. Boswell war für diese Fahrt genau das richtige. Das Buch lieferte

mir in diesen kolumbianischen Hochtälern oft genug Erklärungen, ließ manches klarer hervortreten oder verschaffte mir – wie etwa in diesem schönen Tal – einfach Verschnaufpausen.
»Man sprach über die Lebensweise in verschiedenen Ländern und die unterschiedlichen Anschauungen, mit denen Menschen auf die Suche nach neuen Gegenden gehen. Daraufhin verbreitete sich ein gelehrter Herr... über das Glück eines primitiven Lebens und erwähnte als Beispiel einen Offizier, der tatsächlich eine Zeitlang in der Wildnis Amerikas gelebt hatte; und er zitierte dessen Überlegung von damals mit einer Miene der Bewunderung, als sei sie tief philosophisch gewesen: ›Hier bin ich, frei und ungebunden, mit dieser Indianerin an meiner Seite und mit dieser Flinte, mit der ich mir Nahrung verschaffen kann, wenn ich sie brauche: was kann man sich mehr zur menschlichen Glückseligkeit wünschen?‹ ...Johnson: ›Sir, lassen Sie sich nicht von solch grotesker Ungereimtheit imponieren. Das ist trauriges Zeug, es ist tierisch. Wenn ein Bulle sprechen könnte, könnte er genausogut ausrufen: »Hier bin ich, mit dieser Kuh und diesem Gras, welches Wesen kann größeres Glück genießen?«‹«
Wie wahr; ich konnte keineswegs von der Zufriedenheit dieser Bauern ausgehen. Es war sehr hilfreich, Doktor Johnson in der Nähe zu haben, der einen zur Ordnung rief.
In Ibagué hielten wir an, um erneut eine polizeiliche Durchsuchung über uns ergehen zu lassen, dann verließen wir den Ort. Kaum hundert Meter hinter der Stadtgrenze fuhren wir bergan. Wir drehten und wendeten und schraubten uns immer höher; nach ein paar Minuten lag Ibagué unter uns, nur noch Dächer, Türme und Schornsteine. Wir hatten den Quindio-Paß erreicht.
In meiner reiseunlustigen Verfassung brauchte es schon einiges, um mich vom Zauber Boswells und Johnsons wegzureißen, aber am Quindio-Paß legte ich das Buch beiseite, um es für mehrere Tage nicht mehr aufzuschlagen. Ich hatte bis dahin nichts gesehen, was mit dieser – nun ja – rauhen Großartigkeit der Natur zu vergleichen wäre. Nicht einmal die zentralamerikanische Vulkankette, weder das Tal des Todes bei Zacapa noch die wilden Höhen von Chiapas konnten sich mit dieser grandiosen Landschaft messen. Tief unten im grünen Canyon verlief ein Fluß, weiß und unerreichbar. Die

wenigen Häuser und kleinen Gehöfte im Canyon klebten irgendwie an den Felswänden; diese Wände waren so steil, daß die Hütten aussahen wie darauf gemalt, primitive, zweidimensionale Kleckse von Häusern und Gärtchen. Wegen des jähen Abgrunds mußten die Furchen für die Bohnen übereinander angeordnet werden wie Rillen in einem vertikalen Waschbrett. Ich sah keine Menschen, die sich hinauswagten; es sah so aus, als würden sie schlicht und einfach runterfallen, sobald sie über die Türschwelle traten – wie sie in ihren Waschbrettgärten Unkraut jäteten, konnte ich mir nicht vorstellen.

Es gab nur die kleinen Gärten, aber keine Tiere: es hätte keinen Platz für sie gegeben, kein ebenes Stück, auf dem ein Huhn, geschweige denn ein Schwein Halt gefunden hätte. Es waren nur wenige Bauernhöfe, vielleicht ein Dutzend kleine Gehöfte in schwindelnder Höhe, der Rest war nichts als grüne Steilheit und herabstürzende Schluchten voll dünner Luft. Die Straße war aus dem Berg herausgeschnitten worden und so schmal, daß die Rückseiten der Gebäude – fast ausnahmslos Bars –, die mit der Front zur Straße standen, auf hölzernen Stützpfeilern über der Schlucht schwebten. Im luftigen Balkenwerk nisteten Vögel.

Cajamarca, die einzige Ortschaft an dieser Strecke, lag auf einem kleinen Felsvorsprung. Ich konnte den Ort erst sehen, als wir schon darin waren, und im nächsten Augenblick fielen die Häuser schon unter uns zurück, und Cajamarca bestand nur noch aus rostigen Dächern und Hutkrempen: ein Weiler, der wie durch magnetische Kräfte an einer Felswand haftete. Diese kurvenreiche Straße, die die einzige Verbindung nach Süden und Westen in die Kaffeeanbaugebiete und zum Haupthafen Buenaventura darstellt, verdeutlicht die Abgeschiedenheit von Bogotá. Wenn man Kolumbien mit dem Flugzeug überquert, bekommt man keine Vorstellung davon, wie schwierig es ist, Benzin und Lebensmittel nach Bogotá zu schaffen, und je länger ich hier über Land fuhr, desto mehr kam mir die Hauptstadt vor wie eine Art Andenfestung, die in keiner Beziehung zu den anderen Orten stand. In diesem Land kam es immer noch auf die Flüsse und Maultierpfade an. In der Regenzeit war eine Fahrt über eine nur teilweise geteerte Paßstraße wie diese hier wohl undenkbar: selbst an diesem trockenen, hellen Nachmittag lagen

fünf Lastwagenwracks auf der Straße. Die Fahrer, die offenbar nicht mit baldiger Hilfe rechneten, hatten sich – wie Pygmäen, denen es geglückt ist, einen Elefanten zu erlegen, den sie nicht transportieren können – neben den Fahrzeugen in kleinen Camps eingerichtet.
Wahrscheinlich war es weniger die Pracht der Höhen als der bodenlose Schrecken des leeren Raumes neben ihnen, der die Fahrgäste zum Schweigen brachte. Die meisten waren Indianer mit dunklen, verdrießlichen Gesichtern unter den flachen Hüten; Ponchos schützten sie vor der Kälte. Sie blieben teilnahmslos und rührten sich nur, um sich Ziegenkäsestückchen in den Mund zu schieben. Nach der widerwärtigen Mahlzeit in Girardot war ich wieder hungrig geworden, und als wir in einer Kurve darauf warteten, daß ein Lastwagen an uns vorbeifahren konnte, war ein kleiner Junge an den Bus gekommen, um lautstark »Käse! Käse! Käse!« anzubieten. Das Wort hallte von den Wänden der Schlucht wider. Die Klumpen, deren Konsistenz mich an Hefeteig vor dem Aufgehen erinnerte, waren in Bananenblätter gewickelt. Ich kaufte mir einen Klumpen und aß ihn bröckchenweise. Er war salzig und schmeckte nach Ziege, aber nicht schlechter als Gorgonzola.
Vier Stunden vergingen auf diese Weise im schnaufenden Bus: Käse, Kurven und gelegentliche Ausblicke in die Schlucht, die mir den Atem verschlugen.
Auf der obersten Paßhöhe waren wir in Wolken. Keine wabernden Flaschengeisterfetzen wie am Morgen in Bogotá, sondern ein formloser weißer Dampf, in den wir hineinfuhren und in dem wir uns verloren. Vollkommene Leere hatte die Straße verschluckt, tropfte in den Bus und vernebelte die Schlucht, verschleierte manche Gipfel und löschte andere, weiter entfernte, aus. Sie schloß die Sonne aus oder trübte sie vielmehr und verlieh ihr das Starren einer perlmuttschimmernden Glühbirne. Der Dampf changierte von Weiß zu Grau, und da war keine Straße mehr, kein Tal, keine Berge, kein Himmel, nur ein graues Meeresreich aus Dunst wie das Schreckensszenario, das sich Arthur Gordon Pym am Ende seiner Reise bietet. Es war eine Erscheinungsform von Blindheit, von Blindflug, wie eine Kindergeschichte von einem klapprigen alten Bus, der sich in die Lüfte schwingt, von Verzückung in solcher Unerklärlichkeit

und Reinheit – und jetzt beutelte uns auch noch ein Windstoß –, daß ich jedes Gefühl von Raum und Zeit verlor. Am ehesten war es wie eine Erfahrung des Todes; als ob ich, sosehr ich es auch versuchte, hinter der albernen Unmittelbarkeit dieses Busses nichts zu sehen vermöchte als drückenden, formlosen Dunst, während meine Sinne versagten.

Das Grau wurde zu Weiß, entfärbte sich, grüne Fleckchen wurden hinaufgeworfen. Wir fuhren abwärts. Das Grün sah in der feuchten Wolke nahezu schwarz aus, dann oliv; es war der unbefestigte Straßenrand an der Schlucht, in die ein kleiner Rutsch uns befördern konnte. Niemand würde uns fallen sehen; es würde keinen Ton geben, nur das Glucksen, wenn der Schachtboden dieses anderthalb Kilometer tiefen Schlundes uns verschluckte.

Die Bustür war offen: das Scharnier war abgebrochen. Der Bus legte sich schwankend in eine Kurve, und ein dumpfer Aufprall war zu hören. Ein Indio auf einem der vorderen Plätze hatte ein Bündel auf dem Schoß gehabt, es war ihm aus den Händen gehüpft, über den Boden gerollt und aus der offenen Tür hinausgekullert.

Der Indio stand auf.

»Bitte, Señor«, sagte er. »Da hab ich fünf Peso drin.«

Ungefähr fünfzehn Cent. Der Fahrer bremste ab.

»Und ein paar von meinen Sachen«, sagte der Indio.

Der Fahrer hielt mitten auf der Straße an. Er hätte wohl kaum an den Straßenrand fahren können: knapp zwei Meter nach rechts war nur noch Leere. Der Indio stieg aus und rannte mit flatterndem Poncho die Straße zurück, um sein Bündel aufzuklauben.

»Fünf Peso«, sagte der Fahrer. »Das ist aber 'ne Menge wert, was?« Er zog an seinem Schnauzbart, und die Fahrgäste brachen in brüllendes Gelächter aus. Der Fahrer fühlte sich bestätigt. »Was macht es schon, wenn wir im Dunkeln fahren müssen? Der gute Mann braucht sein Bündel und seine fünf Peso, was?«

Die Fahrgäste kicherten noch, als der Indio zurückkam. Er legte das Bündel auf seinen Platz, klopfte es flach und setzte sich darauf. Wir fuhren weiter durch Wolkenreste, die die Abendsonne filterten, blaßgelb färbten und die gelbe Farbe auf Bäume und Gras tropfen ließen. Vor uns, in einem anderen Tal, lag eine gelbe Stadt inmitten von gelben Feldern und gelben Hügeln. Armenia.

Armenia, Antioquia und unweit der Ort Circasia. Die Namen klangen kleinasiatisch und sonderbar, aber ich war zu müde, um mich lange darüber zu wundern. Der Bus rumpelte durch die Stadt, und ich erkannte trotz der Dunkelheit ein großes Hotel in der Mitte eines Häuserblocks. Ich bat den Fahrer, anzuhalten, ging zu Fuß zu dem Hotel zurück und mietete mir ein Zimmer. Erst glaubte ich, daß ich einschlafen würde, wenn ich bis Mitternacht an meinem Tagebuch arbeitete, aber Höhenluft und Kälte hielten mich hellwach. Also entschloß ich mich zu einem Gang durch Armenia.
Wenn die Stadt dunkel oder in irgendeiner Weise bedrohlich gewirkt hätte, wäre ich nicht allein ausgegangen, aber sie war gut beleuchtet, und an einem Freitag – Samstag war Markt – voller Menschen vom Land, die hierhergekommen waren, um ihr Gemüse zu verkaufen. Menschen standen in Trauben vor den Schaufenstern von Elektrogeschäften und sahen fern. Die meisten waren Bauern, Indios und Landarbeiter aus Dörfern, die kein Licht und schon gar kein Fernsehen hatten. Ich stellte mich zu einer Gruppe und schaute mit zu: ein Dokumentarfilm über australische Aborigines. Viele der Eingeborenen waren nackt, aber genauso viele trugen Schlapphüte und abgetragene Kleidungsstücke, die sich von denen der faszinierten Zuschauer in Armenia nicht besonders unterschieden.
»...dieses steinzeitliche Volk«, sagte der Sprecher, und die Aborigines wurden dabei gezeigt, wie sie Unterstände bauten, Holzstämme umdrehten und Maden von den Mulgabäumen sammelten, Eidechsen aufspießten und über dem Feuer brieten. Von der Warte dieses kolumbianischen Tals aus gesehen waren die Aborigines gar nicht schlecht dran. Die Sonne schien da drüben im australischen Outback, und als die Aborigines sich an ein Känguruh heranpirschten, sahen sie ganz munter und waidmännisch versiert aus. Jetzt kamen die Kinder der Aborigines. Der Sprecher gab ein paar herablassende Anmerkungen über ihren Gesundheitszustand und ihre lange Geschichte von sich, und in Bogotá wurde das Ganze sicher als Morgenröte der Weltgeschichte und Siedlung felskratzender Urzeitmenschen verstanden. Die Leute hier in Armenia bestaunten bloß mit verlegenem Lachen die Nacktheit, die schlaffen Penisse und die hängenden Brüste. Die besserwisserische Sprecherstimme

tönte weiter, wies hin auf die Mahlzeit aus Maden, die Behausungen aus Zweigen, die primitiven Grabwerkzeuge.
»Guck mal«, sagten die Zuschauer hier vor dem Elektroladen. »Wo ist das denn? Ist das Afrika?«
»Weit weg«, meinte einer. »Sehr weit von hier.«
Fünf Minuten später blieb ich auf dem Rückweg zum Hotel auf dem Bürgersteig stehen, um meine Pfeife anzuzünden. Ich hörte Husten, es kam aus einem dunklen Hauseingang, ein Kinderhusten. Das Husten von Erwachsenen ist oft nur ein Ärgernis, aber das Husten eines Kindes klingt immer hilflos und mitleiderregend. Ich sah in den Hauseingang hinein und fragte: »Geht's dir nicht gut?«
Drei Jungen sprangen auf. Der größte war schwarz und trug ein Männerjackett, das ihm bis zu den Knien reichte; die beiden anderen, die zerrissene Hemden und Shorts anhatten, waren spanisch aussehende Jungen mit schlaftrunkenen Gesichtern. Sie grüßten. Ich fragte sie nach ihrem Alter. Der schwarze Junge war zehn, die beiden anderen neun Jahre alt; einer der beiden Neunjährigen, ein kränkliches, dünnes Kerlchen, hatte gehustet.
»Ich hab gerade was gerechnet«, sagte der andere Neunjährige. Er zeigte mir einen Fetzen Papier mit einer Zahlenkolonne; die Ziffern waren ordentlich mit Bleistift geschrieben und bedeckten das ganze Papier.
»Guck, ich hab 'ne Million verdient.«
»Gut gemacht«, sagte ich. »Euer Lehrer wird sich freuen.«
Sie lachten. Der schwarze Junge sagte: »Wir haben keinen Lehrer.«
»Keine Schule?«
»Früher sind wir hingegangen.«
»Woher kommt ihr?«
Den Namen des Dorfes, aus dem der schwarze Junge kam, verstand ich nicht. Seine Eltern lebten dort, sagte er, und sie hätten ihn weggeschickt, weil sie zu Hause zu viele Kinder waren. Wie viele, wollte ich wissen. Mehr als zehn, meinte er. Das Haus sei klein gewesen, und sie hätten nichts zu essen gehabt.
Der zweite Junge erzählte: »Meine Eltern wohnen in Cali. Da bin ich zu Hause. Ich hab eine Menge Geschwister. Aber da gab es ein Problem. Mein Vater hat mich andauernd geschlagen und verprü-

gelt. Ich hatte Angst, und da bin ich eines Tages hierhergekommen.«
»Ist der da dein Bruder?«
Der dritte Junge kicherte und fing wieder an zu husten.
»Das ist mein Freund.«
»Hört mal«, sagte ich. »Wenn ich euch Geld gebe, teilt ihr es euch dann?«
»Ja«, sagte der zweite Junge und legte seinen Arm um den Schwarzen. »Das ist mein bester Freund.«
»Und was ist mit ihm?« Ich deutete auf den dritten Jungen.
Er war der kleinste und zerlumpteste, er hatte keine Schuhe, beim Husten hob er die Arme: sie waren dünn und schmutzig.
»Der gehört auch zu uns«, sagte der Schwarze. »Er will bei uns bleiben. Allein hat er Angst.« Der Junge klang, als sei er sich nicht recht sicher. Ich hörte heraus, daß der schwache Kleine ihnen vielleicht doch ein wenig zur Last fiel.
Ich gab ihnen etwas Geld, das sie sich teilen sollten, dann fragte ich (obwohl ich die Antwort schon kannte): »Was macht ihr eigentlich um die Zeit hier draußen?«
Der zweite Junge sagte: »Wir haben versucht zu schlafen.«
»Wo schlaft ihr?«
»Hier.« Sie zeigten auf den Hauseingang, wo ein rechteckiges Stück Pappe, eine kleine, flachgedrückte Schachtel wie ein Fußabstreifer neben dem Bürgersteig lag. Es war eine feuchte, kühle Nacht und diese Nebenstraße von Armenia – vor allen Schaufenstern waren die Jalousien heruntergelassen – so dunkel und zugig wie ein Bergpaß.
»Wo eßt ihr?«
»Die Leute geben uns Essen.«
»Ihr solltet nach Hause gehen.«
»Das ist viel schlimmer«, meinte der zweite Junge.
»Wir können nicht nach Hause«, sagte der schwarze Junge. »Zu weit weg, zu schwierig. Wir können hier leben.«
»Es ist aber nicht so toll, hier zu leben, oder?«
»Wir müssen.«
Es war nach Mitternacht, aber ihre Antworten kamen prompt; sie waren offensichtlich intelligent, und manchmal hätte man fast ver-

gessen können, daß sie noch Kinder waren. Sie waren gewitzte kleine Städter, wach wie Erwachsene, aber in diesem Hauseingang, den sie bewohnten, gab es nichts als das eine Stück Pappe. In Indien hatte ich bettelnde Kinder gesehen; die mechanische Bitte um eine Rupie, die einstudierte Geschichte – sie waren genauso arm und verloren. Aber einem indischen Bettler kann man nicht nahekommen, er ist ängstlich und unterwürfig, und dann gibt es natürlich eine Sprachbarriere. Mein Spanisch reichte aus, um mich nach dem Leben dieser kleinen Jungen zu erkundigen, und jede Antwort brach mir das Herz. Bei aller zur Schau getragenen Selbständigkeit konnten sie doch nicht wissen, wie traurig und verwahrlost sie aussahen. Welche Hoffnung ließ ihnen denn dieses Leben auf der Straße? Es war klar, daß sie sterben würden, und jeder, der ihre kleinen Leichen ans Licht brachte, um diese Ungeheuerlichkeit zu illustrieren, machte sich auch noch linksradikaler Tendenzen verdächtig. Kolumbien war eine Demokratie, oder nicht? Erst letzte Woche hatten die Wahlen stattgefunden, und in Bogotá waren reichlich Kolumbianer gewesen, die nicht müde wurden, mir zu erklären, wie reich und angenehm dieses Land sei, man müsse nur aufpassen und sich von Dieben und *gamins* fernhalten. Was für eine Scheiße! Wie abscheulich, daß Kinder so umkommen sollten.

Wir redeten noch ein bißchen miteinander, aber die Passanten starrten mich schon an: wer war denn das, irgendein Perverser, der obdachlose Jungen zu irgendwelchen unaussprechlichen Handlungen überreden wollte? Ich entfernte mich, aber nicht sehr weit. Etwa eine Viertelstunde später kam ich wieder vorbei. Die Kinder lagen in ihrem Hauseingang. Sie schliefen halb übereinandergestapelt wie Sardinen, der kleinste Junge in der Mitte, der Schwarze schützte sich und die beiden anderen mit den Schößen seiner Jacke vor der Kälte. Ich trug meine Lederjacke, und mir war nicht warm. Ich betrachtete die Jungen aus einiger Entfernung; sie schliefen unruhig und zappelig, mit ausgestreckten nackten Beinen. Ich ging bis zur Ecke vor und blieb stehen, um ein Auto vorbeizulassen. Als das Motorengeräusch verebbt war, hörte ich wieder das Husten des kleinsten Jungen, ein tiefes, keuchendes, tuberkulöses Bellen, dem ein mühsames Atemholen folgte.

Solche Kinder sind keine Nachrichten wert. In Armenia erscheint

eine Lokalzeitung, auf deren Titelseite am folgenden Morgen neben den Berichten über die Wahlen (man war immer noch beim Auszählen der Stimmen) ein Artikel über einen Fall aus Columbus, Ohio, zu lesen war. Voller Triumph kündete er vom erfolgreichen Verlauf einer siebenstündigen Operation, in der siamesische Zwillinge getrennt worden waren. Der Zustand von Mark und Matthew Myers sei zufriedenstellend, sagte der Arzt. »Mark strampelt fröhlich und ist quicklebendig.« Das waren Nachrichten: das abnorme Element gefiel den Lesern dieses Provinzblattes, wie sich überhaupt Krüppel und Anomalien in ganz Lateinamerika anhaltender Beliebtheit erfreuen. Mir erschien es wesentlich bemerkenswerter, daß es Kinder gibt, die kalte Nächte auf einem Stück Pappe in zugigen Hauseingängen verbringen müssen. Sie wurden nicht erwähnt und nicht wahrgenommen, denn sie hatten das außerordentliche Pech, nicht mit zwei Köpfen zur Welt gekommen zu sein. In Kolumbien sind obdachlose Kinder nichts Besonderes, sie gehören so sehr zum Alltag, daß ihr Dasein niemandem mehr barbarisch vorkommt.
Ich blätterte um: eine ganzseitige Anzeige für ein teures neues Wohnviertel. »Wer sagt, daß Sie auswandern müssen, wenn Sie leben wollen wie in Kalifornien?« lautete die Überschrift. Der neue Komplex sollte etwa anderthalb Kilometer vor Armenia entstehen, nur eine Meile entfernt von diesem Hauseingang. Eine vollmundige Beschreibung folgte: Die Häuser verfügten jeweils über eine »großartige Innenausstattung« und Garagen für zwei Autos, zur größeren Sicherheit und Bequemlichkeit werde der ganze Komplex durch Mauern geschützt.

Der Bahnhof von Armenia ist ein massiver gelber Klotz in typisch südamerikanischer Jahrhundertwende-Bauweise – wie eine römische Villa, der er um so mehr ähnelt, als er so verkommen und verstaubt ist. Über die Bahnline haben Armenia, Medellín und auf Umwegen auch Bogotá Zugang zum Seehafen von Buenaventura. Problematisch an dieser Bahnstation – wie an vielem anderen in Kolumbien – war nur, daß ich so heftig davor gewarnt wurde. »Gehen Sie bloß nicht allein dahin«, sagte die Frau im Hotel. »Ich würde da nie allein hingehen.«

Ich sei aber allein unterwegs, sagte ich.
»Es ist sehr gefährlich.«
»Warum?«
»Diebe.«
Diebe gab es, wie ich hörte, an Bahnhöfen und Bushaltestellen, auf den Märkten, in den Parks, auf den Bergpfaden, in den stillen Seitengassen und in den Hauptstraßen. Wenn ich mich nach dem Weg zu einem bestimmten Stadtviertel erkundigte, bekam ich keine Auskunft: »Gehen Sie nicht hin«, hieß es immer. Im »Expreso del Sol« hatte es geheißen, Bogotá sei gefährlich. In Bogotá erzählte ich, ich führe nach Armenia: »Fahren Sie nicht hin, es ist gefährlich.« Der Bahnhof? »Gefährlich.« Aber der Zug fuhr morgens um sechs. »Das ist die schlimmste Zeit. Dann überfallen sie Sie im Dunkeln.« Und wie sollte ich dann nach Cali kommen? »Fahren Sie nicht nach Cali – Cali ist noch gefährlicher als Armenia.«
Ich nahm solche Geschichten nicht auf die leichte Schulter. Die Warnungen von Touristen sind ungefähr das gleiche wie die Geschichten von den Raubüberfällen in New York: eher hinter vorgehaltener Hand geäußerte Angst als Berichte von erlebten Tatsachen. Aber wenn ein Einheimischer vor einem Ort warnt, den er gut kennt, sollte man hinhören, denn er hätte schließlich jeden Grund, den Fremden zu beruhigen und zum Dableiben zu überreden. Die Mitteilung der meisten Kolumbianer aber lautete: Verlassen Sie die Stadt, mieten Sie sich ein Taxi, nehmen Sie ein Flugzeug, machen Sie, daß Sie nach Hause kommen.
Gerade das konnte ich nicht. Wenn ich ausging, nahm ich vorsichtshalber meine Uhr ab. Aber da ich nirgends länger als ein paar Tage blieb, war ich fast immer mit meinem Koffer und (da man im Hinterland mit Kreditkarten nichts anfangen konnte) mit mehreren tausend Dollar unterwegs. Ich war leichte Beute, und weil ich das wußte, hatte ich mir einen Schnauzbart stehenlassen, der mir im Verein mit meinen glattgekämmten Haaren zur Anonymität verhelfen sollte. Die Diebe, erfuhr ich, kamen immer zu zweit. Sie stachen einem ein Messer in die Rippen oder schlitzten einem den Koffer auf. Und sie waren hinter mir her gewesen: »Komm her, Mister. Du mein Freund...« Es ärgerte mich, wenn sie mich nach all der Mühe mit meiner Maskerade doch herauspickten, aber ich

hatte Glück; ich rannte weg oder hängte sie ab und wurde nie bestohlen, weder in Kolumbien noch sonstwo.
Die ständigen Warnungen vor der Gefahr durch Diebe hatten mir eine Phantasievorstellung eingegeben, mit der ich mich in ganz Kolumbien unterhielt: Ich ging mit einer Pistole in der Tasche eine dunkle Straße entlang. Ein Dieb machte sich an mich heran und hielt mir ein Stilett vor die Nase: »Geld her.« Ich zog meine Pistole, überwältigte ihn natürlich... und klaute ihm seinen letzten Peso: »Da hast du's, du Scheißer!« Ich schnippte meine Zigarette in seine Richtung und beobachtete genüßlich, wie er davonkroch und um sein Leben flehte.
Ohne diese imaginäre Pistole allerdings war ich in Armenia ziemlich nervös: es war gefährlich. Ich wachte früh auf und hastete durch den nachtdunklen Slum zum anderen Ende der Stadt. Das war gefährlich. Der Bahnhof befand sich in einer Seitenstraße und steckte voller zusammengekauerter Indios und undefinierbarer Schatten. Das war auch gefährlich. Ich besorgte mir meine Fahrkarte, sprang in den Zug, fand einen Platz in der Ecke und blieb bis zur Abfahrt mit gesenktem Kopf sitzen. Für kolumbianische Verhältnisse ein ausgesprochen luxuriöser Zug, viel besser ausgestattet als der »Expreso del Sol«, mit dem ich die lange Strecke von der Küste zurückgelegt hatte. An den Fenstern hingen Gardinen, und um diese Stunde war er nicht voll. Wenn ich Glück hatte, würde ich in Cali den angeberischen Franzosen wiedertreffen, der zum Amazonas wollte, und ihm sagen, daß der Zug fünfunddreißig Cent billiger war als der Bus.
Die Berge hatte man schon von den Straßen Armenias aus sehen können; der Zug hatte kaum den Bahnhof verlassen, als wir bereits mittendrin waren. Ich konnte sehen, daß sich hinter der ersten, grünen Kette noch eine Kette aus blauen Bergen hinzog, hinter denen wiederum ein dritter Gebirgszug lag, mit schwarzen, viel höheren, schärfer umrissenen Gipfeln. Wir fuhren durch das Tal des Cauca, der von Süd nach Nord durch das ganze Land fließt, vorbei an Hainen voller farnartiger Bambusstauden am Fluß. Auch die Straße konnte ich sehen: sie überquerte die Bahnlinie und erklomm die Hügel, aber der Zug hielt sich an die gerade Linie des Flußufers. Die Busse auf der Straße ächzten vor und zurück, dann

schossen sie außer Sicht; der Zug hielt oft, aber zuckelte in stetigem Schneckentempo südwärts. Wir fuhren in die Hitze hinein; dieses langsame Rumpeln nach Süden hob meine Stimmung, denn da unten lag Patagonien. Die Verzögerungen und Umwege nach Osten oder Westen setzten mir zu und machten mir klar, wie sehr ich mich geirrt hatte, als ich glaubte, ich könnte mich in Boston in einen Vorortzug setzen und nach zwei Monaten in Patagonien ankommen. Ich war schon mehr als einen Monat unterwegs, und wo war ich? In einem Bummelzug in einem grünen fernen Land. Die Menschen hier hatten keine Ahnung, wo Patagonien lag.
Die Gegend war fruchtbar und üppig: Bananen und Kaffee wuchsen nebeneinander, kultivierter Boden, so weit das Auge reichte. Wo waren die Besitzer dieser Güter? Ich sah bloß Kleinbauern: kleine Hütten, Schweine, klapprige Pferde, Menschen, die ein staubiges Leben zwischen Abfällen führten, die ganze unverschuldete Wildheit Kolumbiens. Weidende Kühe hatten das Gras so gründlich gestutzt, daß die Hügel und Wiesen aussahen wie mit dem Rasenmäher geschoren, jedes grüne Stück ein manikürter Golfplatz. Aber es war übertrieben. Wenn es nicht bald regnete, wäre die ganze Gegend überweidet und würde ihre Herden nicht mehr ernähren können.
Am Bahnhof von Tuluá kaufte ich mir eine Flasche »britisches« Sodawasser, das ich im Zug trank, sobald wir weiterfuhren. Eine alte Frau sah mir zu.
»Heiß hier«, sagte ich, weil ich mich beobachtet fühlte.
»In Cali ist es viel heißer«, erwiderte sie.
»Tatsächlich? Ich dachte, da sei es kühl.«
»Sehr heiß. Es wird Ihnen nicht gefallen.«
»Sind sie aus Cali?«
Sie lächelte: »Venezuela.«
»Wie lange sind Sie schon unterwegs?«
»Zwei Tage. Ich bin nach Bogotá geflogen, dann mit dem Bus nach Armenia, und jetzt sitz ich hier im Zug. Ich will meine Schwester besuchen. Warum wollen Sie denn nach Cali?«
Mir fiel keine Antwort ein. Ich hatte keinen guten Grund für eine Reise nach Cali, jedenfalls keinen anderen als den, daß es südlich von Bogotá und auf dem Weg nach Ecuador liegt. Wenn ich ihr

mein endgültiges Ziel nannte, würde sie mir sicher noch mehr unbeantwortbare Fragen stellen.
»Ein Freund von mir wohnt in Cali«, sagte ich.
Die Lüge bedrückte mich. Ich hatte keinen Freund in Cali. Abgesehen von ein paar entfernten Verwandten in Ecuador kannte ich auf diesem ganzen Kontinent keine Menschenseele. Man hatte mir Adressen mitgegeben, aber eine meiner Reiseregeln hieß, daß ich tunlichst keine Bekannten von Bekannten aufsuchte. In der Vergangenheit hatte ich so etwas widerstrebend getan, mit entweder hochnotpeinlichem oder katastrophalem Ergebnis. Das Alleinreisen, diese egoistische Sucht, ist schwer zu erklären oder zu rechtfertigen.
»Wie schön«, sagte die Frau. »In Cali werden Sie einen Freund brauchen.«
Jetzt war meine Depression komplett.
Es war zu heiß zum Lesen. Boswell lag in meinem Koffer, zusammen mit meiner Uhr und meinem Ring. Ich trank mein Sodawasser und sah den Männern zu, die mitten im Río Barragan ihre Lastwagen wuschen: in den Tropen ist es üblich, Fahrzeuge in Flüssen zu reinigen; diese Gegend aber war tropisch und mild zugleich. Abgesehen von den hohen, geraden Palmen auf den Hängen, von den Bananen und dem einen oder anderen Schwein hätten diese grünen Berge auch in die Catskill Mountains gepaßt. Wir fuhren hinüber zu flacheren Hügeln, voll von struppigem Grün: Bananen, Hühner und noch mehr Schweine; man konnte nicht aus dem Fenster sehen, ohne an Frühstück zu denken.
Nach gut sechzig Kilometern wurden die Berge noch wilder, nach weiteren dreißig hatte sich das Klima völlig verändert. Jetzt waren die Hügel braun und abgefressen, die Landschaft sonnenverbrannt, nirgends mehr ein grüner Halm. Die Hänge der kahlen, von jedem Blatt entblößten Kuppen waren abgerundet, kleine wellenförmige Erhebungen liefen quer über sie hin. Es war wie ein braunes Hügelmeer, als sei eine Schlammflut aufgewühlt worden, deren plumpe Spitzen gerade erst trockneten und im nächsten Augenblick zu krümeligen Klumpen, Dünen und Staublawinen zerfallen würden. An ihrem Fuß schimmerte eine pastellartige Fläche verwässerten Grüns: die Zuckerrohrfelder zwischen den beiden Kordillerenzügen. Von hier bis nach Cali wurden die Felder immer breiter, vor den Bahn-

übergängen standen (sitzen konnten sie nicht, es waren zu viele) die Plantagenarbeiter wie Sträflingskommandos auf den Ladeflächen von Lastwagenkolonnen. Sie waren schon vor Sonnenaufgang unterwegs gewesen und wurden jetzt, um vier Uhr nachmittags, über die Felder, die sie abgeerntet hatten, nach Hause gebracht.
Die Ortschaften, die ich gesehen hatte, schienen mir, jedenfalls nach den Bahnhofsvorplätzen zu urteilen, ziemlich reizlos. In Bugalagrande gab es ein paar Fabriken und ausgetrocknete Felder mit dürrem Mais. Die Hausberge jedes Orts hatten eine andere, bestimmte Form: die von Bugalagrande waren riesige, zusammengesackte Zirkuszelte. In Tuluá sah ich zwei Kirchen, die eine mit der Kuppel des Petersdoms, die andere sah aus wie die Kathedrale von Reims, ansonsten wirkte Tuluá so trostlos wie Eisenbahnknotenpunkte der muslimischen Welt, etwa in der östlichen Türkei, wo es nichts als Sonne, Staub, Hütten und die eine oder andere Moschee gibt. Bei diesen kolumbianischen Bahnhöfen gab es Orts- oder Verkehrsschilder, auf denen immer auch ein Stück Werbung zu lesen war, in manchmal merkwürdiger Zusammenstellung: NATIONALES POLIZEIINSTITUT; TRINKT COCA COLA; KEIN DURCHGANG; RAUCHEN SIE HOMBRE-ZIGARETTEN; LANGSAM FAHREN; BANK VON KOLUMBIEN.
Hinter Buga (ein großartiger alter Bahnhof mit Wartesälen erster und zweiter Klasse, beide gleichermaßen leer und verlassen) verliefen die Gleise schnurgerade; ein Hinweis darauf, daß wir keine Berge mehr vor uns hatten und geradewegs in die Hitze hineinfuhren, durch die Tiefebene, in der nichts mehr unseren Weg behinderte als eine flirrende Luftspiegelung, die sich aus der ausgedörrten Sumpflandschaft erhob.
Die Sonne drang heiß durch die Gardinen. Weil ich mich nicht anderswohin setzen konnte, ging ich zum Ende des Zuges durch, suchte mir eine offene, schattenspendende Tür und setzte mich dorthin, rauchte meine Pfeife und sah zu, wie die Zuckerrohrfelder vorüberzogen. Ein anderer Mann war auf die gleiche Idee gekommen. Wir kamen ins Gespräch. Er trug einen verkrumpelten Hut und ein verschossenes Hemd und hatte keine Schuhe an. Er sei Kaffeepflücker. Er arbeite in Cali, aber die Arbeit gefalle ihm dort nicht: schlechter Lohn, und der Kaffee sei auch nicht besonders.

»Der beste Kaffee kommt aus Armenia«, sagte er. »Das ist der beste von ganz Kolumbien.« In Armenia seien die Löhne besser, weil man da auch bessere Kaffeepreise erziele.
»Was verdienen Sie in Cali?«
»Achtzig Peso.« Weniger als drei Dollar.
»Pro Woche? Pro Tag? Pro Korb?«
»Achtzig pro Tag.«
»Warum werden Sie nicht nach Körben bezahlt?«
»An manchen Orten wird das so gemacht, aber nicht in Cali.«
»Ist es schwere Arbeit?«
»Es ist Arbeit.« Er lächelte. »Heiß ist es, das kann ich Ihnen sagen.«
»Wieviel haben Sie letztes Jahr am Tag verdient?«
»Vierundsechzig Peso.« Zwei Dollar.
»Und im Jahr davor?«
»Sechsundfünfzig Peso.« Einen Dollar fünfzig.
»Also bekommen Sie jedes Jahr mehr.«
»Aber nicht genug. Wissen Sie, was es kostet, wenn man Fleisch, Mehl, Eier und Gemüse kaufen muß?«
»Vielleicht verdienen Sie ja nächstes Jahr hundert Peso.«
»In Armenia kriegen sie jetzt so viel«, sagte er. »Manchmal auch hundertfünfzig. Deswegen bin ich da raufgefahren. Ich will in Armenia arbeiten.«
»Wie viele Stunden arbeiten Sie?«
»Den ganzen Tag.«
»Fangen Sie früh an?«
»O ja, wir fangen früh an und hören spät auf.«
»Tut mir leid, wenn ich Sie so ausfrage«, sagte ich.
Er entschuldigte mich mit einer schönen spanischen Redewendung: »Stets zu Diensten, mein Herr.«
»Was zahlen Sie für ein halbes Kilo Kaffee?« wollte ich wissen.
»Wenn man auf einer Plantage arbeitet, nicht viel.«
Ich sagte ihm, was ein Pfund Kaffee in den USA kostet. Zuerst wollte er es mir nicht glauben, dann meinte er kopfschüttelnd: »Egal, was Sie sagen, wir sind immer noch sehr arm hier in Kolumbien. Hier ist alles teuer, und es wird immer schlimmer. Da, sehen Sie, das ist Palmira. Bald sind wir in Cali.«
In Bogotá und Armenia war ich froh über meine Lederjacke gewe-

sen, aber hier, in dieser Hitze, war sie absurd deplaciert. In Cali war es so heiß, daß ich sie versehentlich im Zug liegenließ und zurückrennen mußte, um sie zu holen. Auf dem Weg über den Bahnsteig sah ich, wie ein Gepäckträger rasch und ärgerlich auf einen alten Mann mit einem Sack voller Orangen einsprach. Ich tat so, als müßte ich mir die Schuhe zubinden, und hörte zu.
»Ich hab dir mit dem Ding geholfen«, sagte der Träger. »Das mindeste, was du jetzt tun kannst, ist, mir was dafür zu geben.«
»Ich geb dir nichts. Du hast überhaupt nichts getan.«
»Fünf Peso«, beharrte der Gepäckträger. »Gib.«
Der alte Mann wandte sich ab.
Händeringend ging der Gepäckträger zehn Schritte hinter ihm her, sagte aber nichts.
Der Alte drehte sich um und bleckte die Zähne: »Du bist ein Hurensohn.«
Der Gepäckträger hörte ihn: »Du bist eine Hure, und deine Mutter war eine schwarze Hure!« Er sah, wie ich herüberschaute, und meinte: »Guck dir den dummen Menschen da an!«

Cali (»Sehr gefährlich«) war so langweilig, daß ich mir an einem Nachmittag, nur um etwas zu tun zu haben, eine Rolle Zahnseide kaufte und mir sehr sorgfältig damit die Zähne bearbeitete. Mit den Hotels von Cali hatte ich auch kein Glück: dreimal übernachtete ich in der Stadt, und an jedem Morgen zog ich aus dem Irrenhaus, in dem ich gerade genächtigt hatte, wieder aus und begab mich auf die Suche nach einem neuen. Ich machte die Runde durch die Kirchen und sah viele kleine alte Frauen vor den Beichtstühlen Schlange stehen. Was für Sünden sie begangen haben mochten? *Ich hatte sündige Gedanken, Vater.* Ich erkundigte mich nach Freizeitmöglichkeiten in Cali. »Ich an Ihrer Stelle würde nach Armenia rauffahren«, sagte ein Kolumbianer in meinem zweiten Hotel. »Eine reizende kleine Stadt.« Ich sei gerade in Armenia gewesen, bedeutete ich ihm, und es habe mich an die ärmsten Gegenden Indiens erinnert. Eine solche Bemerkung würgte jede Unterhaltung ab: wie arm der arme Kolumbianer sich selbst auch vorkommen mochte, er fühlte sich durch jeden Vergleich mit einem anderen armen Land verleumdet.

Im Süden und Westen lagen Berge. An meinem letzten Tag in Cali besorgte ich mir eine Landkarte der Gegend und tauchte in die Landschaft hinein, hielt mich an die Maultierpfade und vermied den höchsten Hügel, ein Art Provinzgolgatha mit drei Kreuzen auf dem Gipfel. Ich wanderte den ganzen Vormittag über, bis ich, als die Sonne direkt über mir stand, an einen Bach kam, der in eine Grube plätscherte. Brote hatte ich bei mir, aber nichts zu trinken, und so ging ich eilig auf den Bach zu. Am anderen Ufer stand eine Hütte, an einer Wand war eine Ziege angebunden. Neben der Hütte stand ein alter Mann und schleuderte Steine in den Bach. Es sah aus wie eine Wordsworthsche Idylle, bis er besser zielen konnte und ich merkte, daß seine Wurfübungen mir galten. Ich ging nicht weiter. Der Mann fluchte und schrie inzwischen; entweder war er verrückt, oder er hielt mich für einen Steuereintreiber. Ich schlug einen anderen Pfad ein und fand schließlich doch noch Wasser.
Überall in diesen Bergen gab es Hütten, an den unmöglichsten Stellen, sie lehnten an Felsbrocken und vor Höhleneingängen oder standen am Grund von Sandgruben. Ich lernte sie zu fürchten, denn bei jeder gab es einen räudigen Hund, der sofort herauskam, mich ankläffte und in seine Pfoten knurrte. Ich hatte wirklich Angst, von einem dieser Köter gebissen zu werden, weil sie alle einen irren, tollwütigen Ausdruck hatten und weil ein einziges Bellen gleich Gekläff von allen anderen Hunden auf dem ganzen steinigen Hügel auslöste. Ich wollte einen großen Bogen um diese Hunde machen, kam von den Maultierpfaden ab, und meine Karte half mir gar nichts mehr, also orientierte ich mich an den Golgathakreuzen und führte mich selbst nach Cali zurück.
An jenem Abend erwähnte ich die Hunde einem Kolumbianer gegenüber. In den Hügeln seien jede Menge Köter, sagte ich. Ob die eigentlich gefährlich seien, wollte ich wissen.
»*Manche* von den Hunden sind gefährlich«, sagte er. »Aber die Schlangen sind *alle* giftig.«
»Ich hab keine Schlangen gesehen.«
»Vielleicht nicht. Aber sie haben Sie gesehen.«
Zur Feier meiner Abreise aus Cali ging ich an einem Sonntag abend zu einem teuren Büfett in einem der feineren Restaurants. Eine Gruppe von amerikanischen Missionaren, vielleicht auf einem Wo-

chenendausflug von ihren Missionsstationen, war auch da: zwei riesenhafte Männer, zwei fette Frauen, ein feister Junge und ein paar kleinere Kinder, Vertreter der Sorte von bibelklopfenden Baptisten, die man manchmal mit Giftpfeilen gespickt an einem Nebenarm des oberen Amazonas auffindet, vorwitzige Menschen aus dem Mittleren Westen, die sich predigend durch die weißesten Flecken der südamerikanischen Landkarte vorwärts tasten, nur um gerade rechtzeitig zum Erscheinen des neuen Kirchenblättchens in der Heimatgemeinde einen besonders grausigen Märtyrertod zu erleiden. Heute abend aber hatten sie ihren Spaß; ständig waren sie zum Büfett unterwegs, holten sich den zweiten und dritten Gang und dann noch ein Dessert. »Diese Torte da ist sagenhaft!« Die Kellner reagierten mit ungläubigem Erstaunen, wenn sie schon wieder ein Huhn verstümmeln oder noch einen Kuchen in Stücke hakken sollten. Ich hätte sehr gern mit den Missionaren geredet, aber sie blieben unter sich, saßen zu zehnt an einem langen Tisch. An der Moskitoküste von Costa Rica hatte ich die Szenerie für eine Geschichte über Schiffbrüchige gefunden, und hier, in einem Hotelrestaurant in Südkolumbien, sah ich nun, wer die Schiffbrüchigen sein könnten. Gott hatte sie hergeschickt.
In der Mitte des Büfetts thronte eine meterhohe Eisskulptur, ein lyraförmiges Objekt, das im Verlauf des Abends langsam vor sich hin schmolz und aufs Tischtuch tröpfelte. Es interessierte mich, weil es in den Slums von Cali und den Dörfern, die ich am Nachmittag gesehen hatte, kein Eis gab, ja manchmal nicht einmal Wasser, und hier diente das Eis als frivole Dekoration, deren alberne Form ich besonders anstößig fand. Während ich noch die Eisskulptur betrachtete, machte sich eine fette Frau an mich heran. Zuerst hielt ich sie für eine der Missionarinnen, aber sie sprach spanisch.
»Wie heißen die auf englisch?« fragte sie.
»*Oranges*«, sagte ich und hatte wieder einmal stark den Eindruck, daß die Aktion mit dem Schnauzbart ziemlich schiefgegangen war.
»*Narrishes*«, versuchte sie zu wiederholen und sagte dann auf spanisch: »Ich will Englisch lernen. Sie können es mir beibringen. Das da?«
»*Grapes.*«
»*Crepes.*«

»Guten Abend.« Ein Mann in Schwarz mit Priesterkragen. »Hol dir was zu essen, Maria«, sagte er. Die Frau lächelte mich an und ging dann ans andere Ende des Büfetts. »Sie spricht jeden an«, sagte der Priester. »Sie müssen ihr das nachsehen. Sie ist etwas zurückgeblieben.«
Die Frau häufte Essen auf ihren Teller. Sie hatte ein breites unscheinbares Gesicht, blasse Augen und die Art von auffälliger Körperfülle, das aufgeschwemmte Fett der Verrückten, ans Haus Gefesselten, die nichts tun, als aus dem Fenster zu starren.
»Ihr Vater war sehr reich. Vor zwei Jahren ist er gestorben«, sagte der Priester. »Enorm reich.« Der Priester machte ein mitleidig schnalzendes Geräusch.
»Ist Maria ein Mitglied Ihrer Gemeinde?«
»Ach nein, sie steht ganz allein da«, sagte der Priester. »Ich kümmere mich um sie.«
Der Priester hatte das hagere Gesicht und das dunkle Starren eines Matadors; sein Blick wanderte zwischen Maria und mir hin und her, mißtrauische Mundfalten setzten sein bemühtes Lächeln wie in Klammern. Bald gesellte sich ein gravitätischer Mann in einem blauen Hemd zu uns.
»Das ist Pater Padilla«, sagte der erste Priester. »Er ist Kapuziner. Pater Padilla, dieser Herr ist Amerikaner. Bitte entschuldigen Sie mich, ich muß nach Maria sehen.« Er eilte zum Büfett, wo Maria schon den nächsten Fremden angeredet hatte.
Ich wandte mich an Pater Padilla: »Sie sind nicht wie ein Priester gekleidet.«
»Wir tragen keine Priesterkleidung mehr«, sagte er. »In Kolumbien ist das nicht üblich.«
»Bei Kapuzinern?«
»Bei allen.«
»Aber Ihr Freund da drüben«, ich deutete auf den Mann in Schwarz, der Maria gerade ihren Teller abnahm, »trägt seinen Kragen noch.«
Pater Padilla runzelte die Stirn. »Der ist kein Priester.«
Merkwürdig: der Priester im Sporthemd, der Laie im Priesterkragen. »Er sieht aber so aus.«
»Er ist eine Art Hilfskraft, aber nicht in meinem Sprengel.«

Der Schwarzgekleidete sah auf. Weil er aufgehört hatte, ihren Teller vollzuhäufen, schimpfte Maria mit ihm. Der Mann rammte die Zinken seiner Gabel in eine Scheibe Schinken.
»Sie ist reich?« fragte ich.
»Sehr reich«, sagte Pater Padilla. »Aber in meiner Gegend sind alle arm, sie haben nichts.«
Ich erzählte ihm von dem, was ich in Armenia gesehen hatte, von den Kindern im Hauseingang. Wie konnte man es zulassen, daß solche Zustände sich nicht änderten?
»Es ist mir völlig unverständlich«, sagte er, »daß manche Leute in diesem Land so reich sind und andere so arm. Eine furchtbare Situation. Es gibt Zehntausende von Kindern, die so leben. Warum das so ist? Ich kann es nicht erklären.«
Der Pseudopriester näherte sich mit Maria, die er führte wie ein Zoowärter ein seltenes unbeholfenes Tier: »Sie will Sie etwas fragen.«
Maria sabberte. Sie hatte einen silbernen Gegenstand in der Hand: »Was ist das auf englisch?«
»*Spoon*«.
»*Boon*«, brabbelte sie mit Kleinkinderstimme. »Komm mit. Iß an unserem Tisch. Du kannst mir Englisch beibringen.«
»Tut mir leid«, sagte ich. »Ich muß gehen.«
Der falsche Priester führte sie weg. Pater Padilla sah ihnen nach: »Ich möchte betonen, daß ich nicht oft hierherkomme. Das ist jetzt vielleicht das zweite Mal, verstehen Sie?«
»Ja.«
»Viel Glück bei Ihren Reisen«, sagte er. »Gott sei mit Ihnen.«

15
Der »Autoferro« nach Guayaquil

In Mittelamerika und Kolumbien hatte ich Leute getroffen, die nach Norden unterwegs waren und mir begeistert von der Eisenbahn zwischen Guayaquil und Quito berichtet hatten, der »G und Q« oder der *Good and Quick,* wie all jene sie nennen, die noch nicht auf der Strecke gefahren sind. An ihren vierhundertachtzig Kilometern wurde bis zu ihrer Fertigstellung im Jahre 1908 siebenunddreißig Jahre lang gebaut. Vom 2850 Meter hoch gelegenen Quito aus klettert der »Autoferro«, ein auf ein Eisenbahnchassis geschweißter ehemaliger Bus, noch weitere elfhundert Höhenmeter bis nach Urbina und fährt dann über eine Serie von engen Zickzackkurven und Schleifen (die Teufelsnasen-Kehre! die Schleife von Alausi!) abwärts auf Meereshöhe, zum dampfigen, südlichen Hafen von Guayaquil. Ich hatte keine Probleme, an Informationen über den Zug zu kommen; der Bahnhof lag in der Nähe, der Zug verkehrte oft, und eine Fahrkarte kostete nur ein paar Dollar. Ich war sicher, daß diese Fahrt ein Kinderspiel werden würde, und weil ich so sicher war, schob ich sie vor mir her. Ich ließ mich zu einem Vortrag in Quito überreden; die Leute dort luden mich auf Partys ein; ich ging auf die Partys und versuchte, amüsant zu sein. Der Zug sollte warten, in den konnte ich ja jederzeit einsteigen.
Über das Wetter in Quito staunte ich immer wieder. Den ganzen Tag über wechselte es unablässig. Zeitweise hing die Wolkendecke so tief über der Stadt, daß es mir vorkam, als könnte ich einzelne Wasserdampfsträhnen mit den Händen greifen und vom Himmel ablösen. Ich wohnte auf einem Berg, von dem aus ich ein Stück klare Luft und gleich darüber diese drohende Wolke sehen konnte. Die Vormittage waren oft sonnig, die Nachmittage grau, am Abend

setzten sich manche Wolken fest, andere brandeten wie eine Flut über die Stadt, löschten die Lichter in den Häusern, verwischten die Neonreklamen und verdüsterten schließlich die gelben Straßenlaternen, bis Quito aussah wie vollkommen unbewohnt oder gar wie ein Luftschacht, durch den undurchsichtige Flaumballen trudelten. An einem Morgen nieselte es, und winzige Vögel, nicht größer als die hölzernen Piepmätze in Kuckucksuhren – es waren Kolibris –, hockten im Geäst eines Strauchs: jedes Vögelchen brauchte nur ein einziges kleines Blatt, um im Trockenen sitzen zu können.
Trotz der Kälte und der Höhenlage, die mir den Atem nahm, gefiel mir Quito. Quito war, fand ich, die glücklichste von allen Bergstädten in Südamerika, und Bogotá kam mir im Rückblick vor wie ein grausamer, hoch aufragender Ort, ein Adlerhorst, in dem jetzt die Geier mit ihrer sterbenden Beute hausten. Quito wirkte insgesamt heiterer, ein Plateau voller Kirchtürme; helle Häuser standen verstreut an den Hängen der Berge, die sich über der Stadt erhoben. An den höheren, schlechter zugänglichen Seiten des Pichincha liegen die Hütten der ganz Armen, die von ihren Türschwellen aus bis nach Peru sehen können. Aber Quito hatte auch seine Tücken, die nicht auf den ersten Blick erkennbar waren. Nur einen Monat nachdem ich entschieden hatte, daß die Stadt zu den angenehmsten gehörte, die ich je gesehen hatte, und darüber hinaus auch zu den fairsten (in Ecuador gab es keine politischen Gefangenen), wurden die Fahrpreise für Busse auf sechs Cent erhöht und jeder Bus in der ganzen Stadt von Demonstranten zerstört.
»Man soll die Menschen nicht nach ihrem Land beurteilen«, riet mir eine Dame, die aus Bolivien stammte. »In Südamerika schätzt man sie besser nach ihrer Höhe ein.«
Es gebe wesentlich weniger nationale als höhenabhängige Charaktereigenschaften: die Bergbewohner auf den Höhenzügen der Anden seien steif und unnahbar, die Menschen im Tal viel gastfreundlicher, und am allernettesten, wenn auch etwas faul und träge, seien die Leute, die auf Meereshöhe wohnten. Jemand, der auf einer Höhe von ungefähr zwölfhundert Metern wohnte, sei in etwa der Idealtyp, ein netter Kerl, ganz gleich, ob er in Ecuador, Peru, Bolivien oder sonstwo zu Hause sei.

Ich hielt meinen Vortrag in Quito, wurde danach tagelang herumgereicht und schloß Bekanntschaft mit Lehrern, Schriftstellern und Coca-Cola-Vertretern. In Quito gibt es eine der besten Buchhandlungen von ganz Südamerika, aber ich kaufte keine Bücher, weil meine neuen Freunde mir ständig welche in die Hand drückten, und statt in den Zug nach Guayaquil zu steigen, las ich die Bücher und betrachtete die Kolibris. Ein paar Tage nach meiner Ankunft äußerte ich den vagen Wunsch, mir ein paar von Quitos sechsundachtzig Kirchen anzusehen, und fand mich sofort in einem Auto wieder, in dem ich zu den heiligen Orten chauffiert wurde.
In La Compañía, der jesuitischen Kirche im italienischen Stil, gibt es ein Gemälde von der Hölle. Aus einer gewissen Entfernung kam mir dieses Wandgemälde vor wie ein getreues Abbild des nächtlichen Fußballspiels in El Salvador, bei näherem Hinsehen aber war es reiner Bosch, das große Amphitheater der Hölle bis ins kleinste Detail. Quitos Kinder werden schulklassenweise zur Bildbetrachtung in die Kirche geführt, damit sie einen gehörigen Schreck bekommen und vor lauter Angst auf dem rechten Weg bleiben. Jede Sünde ist aufgeführt, und jeden Sünder ereilt die Strafe, die ihm gebührt: die kreischende Ehebrecherin wird von einem wilden Eber gefressen; dem Unzüchtigen wird Feuer durch einen Trichter in den Mund geflößt, und ein feuerspeiender Hund steckt ihm die Genitalien in Brand; die Eitle trägt eine Halskette aus Skorpionen; der Trunkenbold wird gezwungen, siedendes Öl zu schlucken; die Zunge der Schwatzhaften wird von einer Schlange gebissen; ein Riesenskorpion erwürgt den Ungerechten; Geldverleiher mit eindeutig semitischen Gesichtszügen werden zu Hackfleisch gemacht, Betrüger in Stücke geschnitten; Vielfraße würgen am Abfall, Lügner liegen auf dem Streckbett. In goldenen Lettern über dem Fresko Vers 3 aus Lukas 13 in spanischer Sprache: »...sondern so ihr euch nicht bessert, werdet ihr alle auch also umkommen.«
Diese Strafen sehen viel grausamer aus als alles, was in Dantes *Inferno* vorkommt. Die unbefangene Grausamkeit leitet sich wohl eher von der heiligen Teresa von Ávila her, der spanischen Nonne, in deren *Confesiones* eine furchterregende Vision der Hölle enthalten ist. Sie wurde 1622 heiliggesprochen, im gleichen Jahr, in dem die Kirche La Compañía geweiht wurde. Ich konnte mir vorstellen,

daß ein solches Monumentalgemälde besonders effizient sein mußte, wenn es darum ging, die Indios beim rechten Glauben zu halten. Die Indianer stellten mit Sicherheit die größte Gruppe von Kirchenbesuchern in Quito, und in der künstlerischen Gestaltung zeigen sich Anklänge an die Kunst der Indianer bzw. Inka. Ein Viertel der Innenausstattung der Kirche San Francisco ist Inka-Kunst. Die Kirche selbst steht auf dem Platz des einstigen Sommerpalastes von Atahuallpa; die Inka-Motive ziehen sich durch die ganze Kirche: zwei Goldreliefs von Sonnengöttern gleich beim Eingang wiederholen sich auf den Wänden im Kirchenschiff, daneben auch Früchte und Blumen – die Erntesymbole der Inka –, die hier Heilige und Kreuzigungsszenen schmücken. Die Stationen des Kreuzweges sind spanisch, aber die Masken, die an den Wänden darüber hängen, sind wieder die großen goldenen Gesichter, manche davon mit dem gleichen Kopfputz, den man in Miniaturform auf dem Schmuck der Inka sehen kann; sie haben übertrieben nach oben oder unten gezogene Mundwinkel wie Darstellungen von Komödie und Tragödie.

Diese Kirchen waren voller kniender, betender Indios mit Ponchos, Umschlag- und Tragtüchern. In der Kirche von Santo Domingo zündeten sie Kerzen an, in San Francisco rutschten sie die Stationen des Kreuzweges auf den Knien entlang, und in La Compañía beteten sie vor der Gitarre der ersten Heiligen von Ecuador, der heiligen Mariana de Jesús – die so schön war, daß sie ihr Leben lang einen schwarzen Schleier trug. Es wird erzählt, daß ein Mann einmal diesen Schleier zu lüften versuchte und darunter nur den grinsenden Schädel der Heiligen zu sehen bekam: ein göttlicher Hinweis darauf, daß er seine Grenzen überschritten hatte. Niemand konnte die Gitarre erklären – die allerdings in Südamerika auch keiner Erklärung bedarf. Die Indios, die das Instrument betrachteten, waren kleine, kräftige, O-beinige Menschen mit dickem schwarzem Haar wie freundliche Trolle. Auch wenn sie nichts zu schleppen hatten, gingen sie vornübergebeugt in der typischen Haltung von Trägern.

Fast die Hälfte der Bevölkerung Ecuadors sind Indios, aber es scheinen viel mehr zu sein, weil sie durch ihre Jobs so sichtbar sind. An jeder Straßenecke verkaufen sie Mandarinen und Reliquien,

Zigaretten, Süßigkeiten und Streichhölzer, sie arbeiten als Köche, Gärtner und als Tagelöhner auf Baustellen: sie wohnen in den halbfertigen Häusern und ziehen, wenn diese fertig sind, in die Rohbauten der nächsten Bauvorhaben um. In den elegantesten Villenvierteln sieht man ganze Familien – Vater, Mutter und Kinder – Feuerholz sammeln und Mülltonnen durchwühlen. In jeder Ansammlung von Ecuadorianern sind die Indios sofort zu erkennen: es sind die Beladenen mit den Bündeln.
»Irgend jemand sollte sich um sie kümmern«, sagte ein Passant zu mir. »Da sieht man so einen kleinen Mann, und immer hat er einen Gurt um den Kopf und trägt eine riesige Last den Berg rauf. Wenn es bloß etwas gäbe, womit man ihnen helfen könnte.«
»Räder?« schlug jemand vor.
»Räder würden auf diesen Gebirgspfaden nichts nützen«, sagte der erste Mann.
»Eine Art Schlitten«, meinte eine Frau. »Den könnten sie ziehen.«
»Kriegen sie doch nicht den Berg rauf«, erwiderte der Mann.
»Ich nehme an, man müßte ihnen einen anderen Indio zur Verfügung stellen«, sagte ich. Die spöttische Bemerkung wurde mit größtem Ernst behandelt.
»Man muß sich allerdings klarmachen«, sagte ein anderer Gesprächsteilnehmer, »daß ein Indio, sobald er sich Schuhe anzieht, kein Indio mehr ist.«
Der ecuadorianische Autor Jorge Icaza erklärte mir, erst das indianische Element in den Romanen seines Landes mache sie zu ecuadorianischen Romanen, alles andere sei Falschmünzerei und Imitation. Sein eigener Roman *Huazi-Pungo, Ruf der Indios* steckt voller indianischer Überlieferung und Redewendungen: ganz bewußt, sagte er, denn er habe weder einen spanisch-amerikanischen Roman noch einen im europäischen Stil schreiben wollen, sondern ein durch und durch südamerikanisches Epos. Dafür habe er erst ein Idiom erfinden und eine neue Tradition begründen müssen. »Ich kann Ihnen sagen, daß die Akademie davon überhaupt nicht begeistert war.«
Auch an diesem Tag hatte ich eigentlich mit dem Zug nach Guayaquil fahren wollen, aber es war nicht besonders schwierig, mich dazu zu bringen, daß ich meine Pläne über den Haufen warf und

statt dessen mit drei etwas angejahrten ecuadorianischen Autoren zu Mittag aß. Außer Icaza, der zitterte, angestrengt nachzudenken schien und mir erzählte, er habe es längst aufgegeben, die nordamerikanischen Autoren zu lesen (»Diese Bücher sagen mir nichts«), kamen auch Bejamín Carrión und Alfredo Pareja mit. Pareja, der jüngste der drei, sah aus wie ein Colonel aus Kentucky und war lange in den USA gereist. Carrión war über Achtzig und erinnerte mich mit seinem staunenden Gesicht, in dem sich Würde mit Altersschwachsinn verband, an den Schauspieler Alastair Sim. Alle trugen Nadelstreifenanzüge und schwenkten ihre Spazierstöcke. Mit meinem bügelfreien Hemd und meinen wasserdichten Schuhen kam ich mir vor wie ein Kleinaktionär, der zur Audienz beim Vorstandsvorsitzenden gebeten worden war. Carrión war tatsächlich Vorstandsvorsitzender einer von ihm gegründeten Tageszeitung.
In einem Punkt waren sie sich einig: Der letzte interessante Autor, den die USA hervorgebracht hätten, sei John Steinbeck gewesen. Danach sei die gesamte nordamerikanische Literatur unlesbar geworden.
Bevor ich richtig loslegen konnte, sagte Icaza besänftigend, Literatur sei immer ein Kampf, ein Kampf um jedes einzelne Wort, und er beschrieb die Entstehung von *Huazi-Pungo*.
Ich erwähnte Borges.
»Nein, nein, nein«, sagte Icaza.
»Borges hat gesagt, die argentinische Tradition enthalte die Gesamtheit der westlichen Kultur«, zitierte ich.
»Borges irrt sich«, behauptete Carrión.
»Wir halten nicht viel von Borges«, sagte Icaza.
Pareja wirkte unsicher, sagte aber nichts.
»Ich hab ihn schon immer kennenlernen wollen«, erklärte ich.
»Sehen Sie mal«, sagte Carrión, »die Verkaufsziffern zählen. Man muß ankommen bei den Leuten. Man muß sich einen Namen machen, sonst wird man nicht beachtet.«
Während er sich noch weiter über das Thema verbreitete, kam es mir wirklich vor wie im Konferenzraum eines südamerikanischen Unternehmens, das in der letzten Zeit nicht allzuviel Gewinn erzielt hatte. Carrión fand, das Lob von Kritikern bedeute gar nichts, wenn man keine Leser habe, und Icaza und Pareja pflichteten ihm bei.

Verlage seien Wirtschaftsunternehmen und Verleger Geschäftsleute, die Geld verdienen müßten, um zu überleben. Und natürlich müßten Autoren ihre Bücher verkaufen, um wahrgenommen zu werden. Er wußte Bescheid, denn er saß im lateinamerikanischen Ausschuß der Nobelpreiskommission. Schon viele verdienstvolle Autoren habe er vorgeschlagen, aber die Nobelpreisleute hätten jedesmal gesagt: »Wer ist denn der Mann? Wir haben noch nie von ihm gehört.«
Es sei wirklich ein Problem, meinte Icaza.
O ja, ein ernstes Problem, ergänzte Pareja. Man sollte sich einmal eingehend damit befassen.
Ich hätte Borges gern noch einmal erwähnt, fürchtete aber eine unangenehme Reaktion. Dann merkte ich, daß Pareja mich ansprach. Sein Problem mit nordamerikanischen Autoren, sagte er, sei, daß er bei ihnen immer an die Politik der USA denken müsse – an die Regierung der Vereinigten Staaten, an Nixon, an Vietnam. Und da er sich nicht für die Politik der USA interessiere, finde er auch die Bücher unersprießlich.
Amerikanische Romane, jedenfalls die guten, hätten mit amerikanischer Politik nichts zu tun, wandte ich ein.
»Für mich ist beides das gleiche«, beharrte er.
»Verwechseln Sie da nicht den Bock mit dem Gärtner?«
Nein, das finde er nicht. Da die anderen seiner Meinung waren, wurde die Sitzung nach diesem Stichwort vertagt.
»Vielleicht fühlten sie sich von Ihnen kritisiert«, erklärte mir ein Mitarbeiter des amerikanischen Auswärtigen Amts am folgenden Tag.
Ich sagte, ich hätte versucht, taktvoll zu sein, und Borges nur aus einer langgehegten Bewunderung für sein Werk erwähnt.
»Die Lateinamerikaner sind komische Menschen«, sagte er. »Sie können es nicht ausstehen, wenn man sie kritisiert. Sie können es nicht vertragen – also muß man es lassen. Kritik – oder was sie dafür halten – verabscheuen sie. Die Regierung von Ecuador besteht aus einer Art Triumvirat von Diktatoren – der Armee, der Marine, der Luftwaffe –, drei Generälen. Wenn die das Gefühl haben, daß man sie kritisiert, pflanzen sie dem Kritiker einen Sprengsatz vors Haus und zünden den dann auch.«
Das klinge ernst, meinte ich.

»Aber nein«, sagte er. »Niemand kommt zu Schaden. Es ist bloß eine Warnung. Der einzige bisher bekannte Todesfall war der eines Regimekritikers, der einen Herzanfall erlitt, als er die Detonation hörte.«

Im Büro dieses Mannes hing eine Karte von Ecuador. Sie hatte nicht die geringste Ähnlichkeit mit meiner Karte des Landes. Es sei, erklärte der Mann, eine ecuadorianische Karte, und die Hälfte des Gebiets darauf gehöre eigentlich zu Peru. Auch die ecuadorianischen Karten von Peru und die peruanischen Karten von Ecuador waren völlig unterschiedlich: jedes Land stellte sich darauf jeweils als sehr groß und im Besitz einer Provinz am Amazonas dar.

Bei diesem Mann – einem Fundus von Informationen – erkundigte ich mich auch nach den Indianern des Landes. Früher, sagte er, habe es einige wenige adlige Inka gegeben, die die Masse der Indios als billige Arbeitskräfte ausnutzten. Die siegreichen Spanier ersetzten die Adelsschicht und beuteten die Indios genauso aus. Bis heute habe sich daran nicht viel geändert; die Indios bildeten immer noch die Unterschicht, und weil die meisten Analphabeten waren, konnten sie nicht wählen.

»Ich frage mich, wieso die Indios diese Leute nicht erwürgen«, sagte ich.

Seit meiner Ankunft in Quito hatte es mehrere Todesfälle durch Strangulation gegeben; der Würger wurde gefaßt. Unter der Überschrift »Krawattenobsession« berichtete die Zeitung *El Universo* von dem Fall. Der Mörder war homosexuell, aber es gab noch mehr Enthüllungen. Er näherte sich seinen Opfern in Frauenkleidern (Fotos zeigten ihn mit einem ganzen Sortiment verschiedener Frauenperücken) und hatte vier Männer auf dem Gewissen. Die Zeitung gab seine Einlassungen bei der Vernehmung wieder: »Wenn er sexuellen Kontakt zu herausragenden Persönlichkeiten oder Personen hatte, die Krawatten trugen, überkam ihn der Wunsch, sein Opfer zu strangulieren, während er sich anderen Menschen gegenüber völlig normal verhielt.«

»Die Lage bessert sich allmählich«, sagte der amerikanische Schriftsteller Moritz Thomsen, der Autor zweier großartiger Bücher, *Arm mit den Armen* und *The Farm on the River of Emeralds,* durch die er, der vierzehn Jahre in einer der wilderen Provinzen

Ecuadors zugebracht hat, sich als mit dem in Patagonien lebenden W. H. Hudson auf einer Stufe stehend auswies. »Wenn man in manchen Gegenden von Ecuador mit dem Auto unterwegs ist, bewerfen einen die Indios mit Steinen und zertrümmern so manchen die Windschutzscheiben.« Grinsend zog er seine blauen Augen zu schmalen Schlitzen zusammen. »Also besteht noch Hoffnung für eine Revolution, nehme ich an.«
Moritz war es auch, der eines Nachmittags auf einer Straße von Quito zu mir sagte: »Ich verstehe das nicht so ganz, Paul. Wie schreibst du eigentlich ein Reisebuch, wenn du dauernd auf Partys gehst?«
»Über die Partys schreiben?« fragte ich mich selbst. Aber er hatte völlig recht, und ich schämte mich. Ich schwor mir, mich gleich am nächsten Tag in den Zug nach Guayaquil zu setzen.
Aber am nächsten Tag fuhr kein Zug. Mr. Kleiderling von der amerikanischen Botschaft hatte die Lösung. Ich würde, wenn ich mich bereit erklärte, dort einen Vortrag zu halten, nach Guayaquil geflogen. Er würde dem Büro in Guayaquil telegrafieren und sie bitten, mir eine Fahrkarte für den »Autoferro« zurück nach Quito zu besorgen. »Es ist ja der gleiche Zug«, sagte er, »bloß eine andere Richtung.«
Mir war's recht, also flog ich nach Guayaquil.

Besuchern von Guayaquil wird dringend angeraten, den Blick nach oben zu richten, da man an einem klaren Tag von den feuchten Straßen der stinkenden Stadt aus den schneebedeckten Gipfel des Chimborazo sehen kann, wenn man aber nach unten schaut, sieht man nichts als Ratten. Der Chimborazo war in dichte gelblichbraune Luft gehüllt, aus der den ganzen Tag lang verfärbter Regen fiel, so daß die Fußgänger unter den Galeriegängen der Geschäftshäuser Schutz suchten. Nachts ergossen sich wahre Sturzbäche vom Himmel, die aber ebensowenig wie der Sprühregen am Tag irgendeine Wirkung auf die Ratten hatten. Ratten können schwimmen, sie können drei Tage lang Wasser treten, sich durch Hohlziegel nagen und senkrechte Wände hochklettern; sie können tagelang ohne Futter auskommen und extreme Hitze und Kälte ertragen. Sie sind bösartig, furchtlos und robust; ihre Vermehrungsweise macht sie nahezu unausrottbar. Sie sind vermutlich die einzige Art von Schädlingen, die Krach machen: sie sind nicht wirklich verstohlen. Sie schleichen nicht, sondern stolpern ziemlich nachlässig mit torkelnden, irgendwie entgleist aussehenden Bewegungen herum. Ratten kündigen sich auf zwanzig Meter Entfernung an: sie quieken ununterbrochen, zanken sich und springen sich gegenseitig an. Sie sind so böse, daß sie nicht listig sein müssen.

In Guayaquil gehören sie der Spezies *Rattus rattus* an, der Schwarzen oder Schiffsratte, die den Schwarzen Tod von Asien nach Europa brachte. In Europa brach die Pest vierhundert Jahre lang immer wieder aus, bis sie im späten achtzehnten Jahrhundert über den Mittleren Osten den Rückweg nach Asien antrat. Man glaubt, daß die Pest in Europa zum Stillstand kam, weil die Schwarze Ratte von der robusteren, ungeselligen, für Menschen aber ungefährlicheren Wanderratte, *Rattus norvegicus*, verdrängt wurde. Die Schwarzen Ratten kletterten mitsamt ihren Flöhen auf Schiffe und fuhren mit bis in die heißen, feuchten Hafenstädte von Afrika und Südamerika, wo sie sich besonders stark vermehrten und die Pest, die auf diesen Kontinenten immer noch vorkommt, verbreiteten. Ich konnte keine Statistiken über Pesttote in Guayaquil bekommen – die Frage danach galt als ausgesprochen unhöflich –, aber es gibt dort Todesfälle, die auf den Stich des Rattenflohs zurückzuführen sind. Es ist eine kurze gräßliche Krankheit: man wird gestochen und ist innerhalb von zwei Tagen tot.

Am oberen Teil der Wand meines Hotelzimmers in Guayaquil gab es ein Paneel mit Lüftungsschlitzen. Zwei Nächte lang hielt mich das Quietschen eines Ventilator-Keilriemens wach: das Geräusch setzte immer bei Dunkelheit ein, das leise Zirpen eines Riemens auf einem ungeölten Schwungrad. Ich beschwerte mich beim Hotelmanager.

»In Ihrem Zimmer ist kein Ventilator.«

Ich ging zurück in mein Zimmer, kletterte auf einen Stuhl und hielt ein Streichholz vor die Schlitze. Was ich für eine Klimaanlage gehalten hatte, war ein Nest: zirpend trippelten drei Ratten im Dreck hinter dem Paneel herum.

»In meinem Zimmer sind Ratten«, sagte ich zum Manager.

»Ah, ja«, sagte er. Überrascht klang es nicht. Ich wartete darauf, daß er noch etwas sagen würde, aber er lächelte bloß.

»Ich schlage vor, wir überlassen das Zimmer den Ratten. Ich glaub, sie fühlen sich da sehr wohl.«
»Ja«, sagte der Manager, dem meine Ironie zu entgehen schien, etwas zögernd.
»Die Ratten können das Zimmer haben, und ich zieh in ein anderes.«
»Sie wollen in ein anderes Zimmer umziehen, meinen Sie das?«
Aber alle Zimmer im teuren Hotel »Humboldt« (es war nach einem berühmten deutschen Rattenfänger und Entdeckungsreisenden benannt) rochen nach Ratten; ein Geruch von angenagten Kleidern, Exkrementen und Schimmel stieg aus jeder Ecke. Man konnte gut erkennen, wo die Ratten sich durch Wände und Zimmerdecken genagt hatten.
Ich hatte unbedingt nach Guayaquil fahren wollen, weil dort entfernte Verwandte von mir lebten. 1901 war mein Urgroßvater mit Frau und vier Kindern von seinem Dorf Agazzano beim norditalienischen Piacenza nach New York aufgebrochen. Er hieß Francesco Calesa. Er fand New York widerwärtig und Amerika außerordentlich enttäuschend. Zwanzig Tage auf dem Dampfer *Sicilia* waren schlimm genug gewesen, Weihnachten auf Ellis Island wurde eine Art Fegefeuer, New York die reine Hölle. Er hatte sich eigentlich in Argentinien als Bauer niederlassen wollen, sah sich dann aber durch den Ausbruch einer Gelbfieberepidemie in Buenos Aires dazu gezwungen, seine Pläne zu ändern. Vielleicht hatte er gehofft, auch in Nordamerika als Landwirt arbeiten zu können, aber er war zweiundfünfzig Jahre alt und hatte kein Geld. Die Lage war hoffnungslos. Als er es nicht mehr ertragen konnte, schickte er sich zur Rückkehr nach Italien an. Ermengilda, seine Frau, sträubte sich und lehnte es schließlich ab, mit ihm zu gehen. Die Ehe zerbrach, und er kehrte nach Piacenza zurück, wo seine verheiratete Tochter lebte (sie war ein Jahr zuvor mit ihrem Mann aus Amerika geflohen). Seine Frau blieb in New York City, zog die restlichen Kinder allein groß und brachte einen Zug von starrköpfiger Eigenbrötelei in die Familie. Meine Großtante, die in Italien geblieben war, hatte eine Tochter, Maria Ceruti, die in eine Familie Norero aus Chiavari einheiratete. Die Noreros waren hervorragende Ärzte; nachdem sie sich im ecuadorianischen Guayaquil niedergelassen hatten, um dort Kekse, Süßigkeiten, Spaghetti und andere Teigwaren herzu-

stellen, stiegen sie auf. Der Name, den sie sich in Ecuador gemacht hatten, war auch in Chiavari geschätzt. Es war völlig problemlos, sie in Guayaquil zu finden, denn die Noreros kannte jeder. Man wunderte sich höchstens darüber, daß ich, ein Fremder, mit dieser jetzt so mächtigen Familie verwandt sein sollte.

Ich traf Domingo Norero im Familienunternehmen La Universal, mit Sitz in einem großen Gebäude, von denen es in der Stadt nicht viele gab. Bei ihm war ein auffallend hübsches Mädchen, seine Schwester Annamaria, gerade auf Besuch aus Italien. Ganz leicht waren unsere verwandtschaftlichen Beziehungen nicht zu erklären, aber der Name Chiavari wirkte wie ein Paßwort. Annamaria wohnte in Chiavari, Domingo besaß dort ein Haus, und ihre Mutter hielt sich gerade dort auf.

Im Büro im zweiten Stock, in dem es nach Schokoladenkeksen roch, fand also die Familienzusammenführung statt. Domingo, ein großer, schlanker, fast britisch aussehender Mann, erinnerte sich an den Italienbesuch meiner Großmutter. Gründer des Unternehmens in Guayaquil war sein Großvater gewesen, und nach dessen Tod war es an Domingos Vater Vicente gefallen. Wegen seines schlechten Gesundheitszustands und seines großen Interesses an der Geschichte der Inka hatte Vicente sich vom Geschäft zurückgezogen; jetzt ergänzte er nur noch seine ohnehin umfangreiche Sammlung von Kunst aus der Zeit vor Kolumbus, ein Thema, über das er auch geschichtswissenschaftliche Abhandlungen schrieb: erst kurz zuvor war sein in italienischer Sprache verfaßtes Werk *Ecuador in präkolumbischer Zeit* erschienen. Domingo, erst siebenundzwanzig Jahre alt, hatte mit neunzehn geheiratet; seine blonde Frau sah aus wie ein Vögelchen, die beiden Kinder waren hübsch wie kleine Prinzen. Seine Yacht, die *Vayra*, lag am Fluß Guayas vor Anker, sein Chevrolet Impala stand vor der Fabrik, sein Jeep und sein Mercedes standen vor seiner Villa draußen am Stadtrand. Doch trotz seines Reichtums war Domingo ein bescheidener Mensch, wenn auch ein wenig bekümmert darüber, daß das ganze Geschäft nun auf seinen Schultern ruhte.

»Ich hatte gar keine Ahnung, daß ich so viele Verwandte in den Staaten habe«, sagte er. »Aber wissen Sie eigentlich, wie viele südamerikanische Cousins und Cousinen Sie haben? Die Noreros

sind über den ganzen Kontinent verteilt, und in Chile wimmelt es geradezu von ihnen.«
Es machte mich etwas nachdenklich. All diese Wirtschaftsbosse und hinter Mauern verschanzten Geschäftsleute, die ich in Kolumbien gesehen und verflucht hatte, waren vielleicht mein eigen Fleisch und Blut. Die Villa Norero, genau so ein Anwesen wie all jene anderen in Zentralamerika und diesem Teil Südamerikas, bei deren Anblick ich mich gefragt hatte, ob die alte Ordnung sich jemals ändern würde, war der Beweis. Sie war im maurischen Stil gehalten, mit arabischen Fliesen und Säulen geschmückt; in den landschaftsgärtnerisch gestalteten Grünanlagen (Zitronenbäume, Palmen und formale Blumenbeete) befand sich ein Swimmingpool. Das Motto unter dem Familienwappen am Eingang lautete: *Deus Lo Vulte* – »Gott will es«.
Bei einem Drink unterhielt ich mich mit dem würdigen alten Vicente, dem Präsidenten der Sektion Guayaquil des Garibaldi-Klubs. Vicente war der leibhaftige Giorgio Viola, der Garibaldino aus Joseph Conrads Roman *Nostromo*. In seinem früheren Leben als Kapitän Korzeniowski war Conrad hier gewesen; in *Nostromo* verwandelt er Ecuador in Costaguana, Guayaquil in Sulaco und den Vulkan Chimborazo in den Berg Higuerota. Niemand paßte besser nach Ecuador als Vicente Norero, der auch in Conrads Roman nicht deplaciert gewirkt hätte. Er signierte eins seiner Bücher für mich, dann machten wir uns mit zwei Autos auf zum Yachtklub von Guayaquil. Am Tag zuvor war ich dort schon einmal vorbeigekommen, hatte aber, wahrscheinlich abgelenkt von den Ratten, die aus den Büschen huschten und auf dem Uferweg herumlärmten, den Klub nicht gesehen.
Der Lunch zog sich über den ganzen Nachmittag hin. Während wir aßen und redeten, konnte ich vom Fenster aus den breiten Río Guayas betrachten. Große buschige Matten aus Algen, die die Einheimischen »Salatköpfe« nennen, Baumstämme und Äste trieben auf der Oberfläche. Mit diesem Treib- und Schwemmgut ähnelte er weniger einem Fluß als einer Monsunüberschwemmung, die eine ganze Landschaft mitriß. Doch obwohl Guayaquil eine abgrundtief gräßliche Stadt zu sein schien, war sie mir durch diese Familienzusammenführung nicht mehr ganz so zuwider, auch wenn das Treffen mir meine Verbindung zu diesen Spekulanten bewußt-

machte. Wir bereicherten uns alle an der Neuen Welt, auch ich, der ich mit meinen wasserdichten Schuhen und meinen Notizbüchern den Ort in der Hoffnung auf ein paar exportfähige Eindrücke mit den Augen ausplünderte.

Annamaria war auch Unternehmerin. Ihr Mann und ihre beiden Kinder waren in Italien geblieben; sie sei auf Geschäftsreise, erzählte sie mir in genuesisch gefärbtem Italienisch. »Ich mache viele Geschäfte«, sagte sie. »Ich mache Bauteile für Toiletten, Einwegspritzen – ein Stich, und man schmeißt sie weg – und so etwas.« Sie schüttelte sich ein paar Löckchen aus der Stirn und hob mit zierlichen Fingern eine leere Flasche vom Tisch: »Ich mache Flaschen. Ich mache alles.«

»Machen Sie Geld?«

»Ja, Geld, ich mache viel Geld«, lachte sie. »Aber ich mag es sehr, zu Hause zu kochen.«

»Sie haben uns noch gar nicht gesagt, warum Sie nach Guayaquil gekommen sind«, wandte sich Domingo an mich.

Es wäre zu kompliziert gewesen, meine Zugreisen zu erklären; also sagte ich, daß ich im hiesigen Kulturzentrum einen Vortrag halten sollte und dann vorhätte, mit dem »Autoferro« nach Quito zurückzufahren.

»Das ist schön«, sagte Annamaria. »Wenn man es nur einmal macht.«

Sie deuteten auf den Bahnhof, der in Durán liegt, am jenseitigen Ufer des unordentlichen Flusses. Sie selbst seien nie mit diesem Zug gefahren, sagten sie, was mich nicht überraschte. Inzwischen war ich lange genug in Lateinamerika, um zu wissen, daß den Zügen ein Klassenstigma anhaftete. Nur halbwegs Mittellose, Lahme, Barfüßige, Indios und geistig minderbemittelte Hinterwäldler fuhren mit der Bahn oder wußten überhaupt von ihrer Existenz. Gerade aus diesem Grund bot sie eine gute Einführung in das soziale Elend und die landschaftliche Pracht dieses Kontinents.

»Ich hoffe, Sie kommen wieder einmal nach Guayaquil«, sagte Domingo, und dann trennten sich unsere Wege: die Noreros wandten sich ihrem gewinnträchtigen Tagesgeschäft zu und ich mich meinem uneinträglichen Geschwätz, meinem Vortrag über amerikanische Literatur.

Und die versprochene Fahrkarte?
»Wir haben versucht, Ihnen einen Platz reservieren zu lassen«, sagte der Vertreter der Botschaft in Guayaquil. »Aber in den nächsten paar Tagen ist er voll besetzt. Wenn Sie noch ein Weilchen in Guayaquil bleiben wollen, können wir Sie vielleicht noch unterbringen, aber versprechen kann ich Ihnen nichts.«
»Warum ist denn dieser Zug so beliebt?« wollte ich wissen.
»Er ist nicht so besonders beliebt, er ist bloß klein.«

An einem Abend in Guayaquil sagte ein etwa fünfundvierzigjähriger Ire in einem grellen Karoanzug: »Sie werden wahrscheinlich nicht glauben, was ich Ihnen jetzt erzähle.«
»Schießen Sie los«, forderte ich ihn auf. Er hatte eine gütige Art, eine sanfte Stimme und die mangelnde Eleganz eines Mannes, der nicht daran gewöhnt ist, sich eine zum Anzug passende Krawatte auszusuchen. In seiner Direktheit schwang eine geflüsterte Vertraulichkeit mit, ein seelenvoll forschender Ton: ein ehemaliger Priester, vermutete ich.
»Ich war Jesuitenpater«, sagte er. »Fünfzehn Jahre lang im Priesteramt. Mein Noviziat hab ich in Irland und Rom abgedient, nach der Priesterweihe bin ich in die Staaten gegangen. In Ecuador war ich eine Zeitlang als Missionar tätig, dann hatte ich eine Gemeinde in New York. Ab und zu bin ich nach Belfast geflogen und hab meine Familie besucht. Das Jahr 1972 war ziemlich schlimm: der ›Blutige Sonntag‹ und allerhand Greueltaten der Engländer. Mein Bruder wurde gefoltert, meiner Schwester das Dach über dem Kopf angezündet. Ich war tief erschüttert. ›Liebe deinen Nächsten wie dich selbst‹ soll man predigen, aber wie konnte ich nach dem, was ich gesehen hatte, meinen Mitmenschen etwas von Nächstenliebe erzählen? Natürlich kam das alles nicht so ganz von ungefähr und nicht über Nacht. Ich hatte schon sieben Jahre lang gezweifelt, aber nach dieser Reise war ich in besonders schlechter Verfassung. Als ich wieder in New York war, bat ich meinen Bischof um eine sechsmonatige Beurlaubung. So etwas ist ziemlich normal, wissen Sie. Priester sind auch nur Menschen. Manchmal trinken sie zuviel, sie haben persönliche Probleme; sie brauchen Zeit, um sich selbst zu finden. Ein Dispens entband mich von meinen Pflichten; ich würde

keine Messen mehr lesen, sondern nur noch dabei assistieren müssen. Sie wissen, wovon ich spreche.
Mein Bischof war vollkommen verblüfft. Er konnte einfach nicht glauben, was ich ihm sagte: er habe sich eine Liste von allen unsicheren Kantonisten gemacht. Er hatte wirklich so eine Liste aufgestellt von Kandidaten, die seiner Meinung nach früher oder später den Priesterberuf an den Nagel hängen würden. Der Witz war bloß, daß er mich nicht draufgesetzt hatte. Er hat mich trotzdem beurlaubt, aber angenommen, daß ich zurückkommen würde.
Ich hatte auf einmal Zeit – meine Assistenz bei Messen lastete mich überhaupt nicht aus –, und da hab ich mir einen Job als Versicherungsvertreter gesucht. Meine Güte, war ich da gut! Ich hab in ganz New York meine Policen verkauft. Wahrscheinlich hat es mir genützt, daß ich Priester war: im Versicherungsgeschäft geht nichts über eine vertrauenerweckende Art. Das Geld war mir ziemlich egal. Ich war an den Menschen interessiert, ich fand es aufregend, bei ihnen zu Hause mit ihnen zu reden. Sie wußten ja nicht, daß ich Priester war; für sie war ich ein Verkaufsmensch, der seine Verträge verscheuerte.
Als die sechs Monate um waren, ging ich wieder zu meinem Bischof und bat ihn um eine Urlaubsverlängerung. Er war überrascht, o ja, aber ich hatte ja nicht auf seiner Liste gestanden. Er lächelte sogar und sagte noch einmal: ›Ich weiß, daß Sie wiederkommen werden.‹ Aber ich wußte, daß ich das nicht tun würde.
Es ist so einfach, Priester zu sein, nicht wahr? Na, Sie werden darüber nichts wissen. Aber es ist einfach. Man wird rundum versorgt. Man muß keine Miete zahlen und keine Lebensmittel kaufen. Kein Kochen, kein Putzen. Man kriegt immer was geschenkt. ›Brauchen Sie ein Auto, Pater?‹ ›Hier ist eine kleine Aufmerksamkeit für Sie‹, Pater‹, ›Können wir irgend etwas für Sie tun, Pater? Sie müssen es nur sagen.‹ Ich wollte das nicht mehr, aber ich wollte auch keine Versicherungen mehr verkaufen – in gewisser Weise war das auch eine Art Seelsorge. Ich konnte nicht nach Hause, und ich konnte nicht in New York bleiben. Eins wußte ich: Ich wollte raus. Ich fuhr ein letztes Mal zu meiner Familie nach Belfast; die politische Lage war genausoschlimm wie immer. Mein Bruder hat mich zum Flughafen gebracht, und während wir da so nebeneinanderher

gingen, dachte ich: Mich siehst du nie wieder. Das war das Schwerste, was ich je getan habe; meinen Bruder dastehen zu lassen und ins Flugzeug zu steigen war viel schwerer, als dem Priesterstand den Rücken zu kehren.
Ich kam direkt nach Ecuador. Ich habe mich hier immer wohl gefühlt und hatte meine Freunde. Das ist jetzt fünf Jahre her. Ich hab eine Ecuadorianerin geheiratet, und jetzt bin ich glücklich wie noch nie in meinem Leben: Wir haben ein Kind, das jetzt vierzehn Monate alt ist, und das nächste ist unterwegs – deswegen ist meine Frau heute nicht mitgekommen.
Ob ich noch in die Kirche gehe? Natürlich. Ich hab den Priesterstand verlassen, aber nicht die Kirche. Ich lasse keine Messe aus und gehe auch zur Beichte. Wenn ich zur Beichte gehe, verstehen Sie, dann rede ich nicht mit dem Priester, sondern mit Gott. Ich hab einen Job hier. Keine besonders wichtige Position, aber ich werde hier noch eine ganze Weile bleiben.
Am schlimmsten ist eigentlich, daß ich es niemandem sagen kann. Wie sagt man denn: ›Ich bin kein Priester mehr, ich bin verheiratet, ich habe Kinder‹? Das weiß keiner. Für meine Mutter wäre es ganz schrecklich. Aber es passieren komische Sachen, merkwürdige Dinge. Vor ein paar Jahren hat meine Schwester mir einen Brief geschrieben: ›Wenn Du Dich jemals entscheiden solltest, alles hinzuschmeißen, dann würden wir das verstehen.‹ Warum hat sie das wohl geschrieben? Und letzte Weihnachten hat meine andere Schwester mir Geld geschickt: ›Vielleicht kannst Du's brauchen‹, hat sie geschrieben. Vorher hatte sie das noch nie gemacht, denn Priester brauchen doch kein Geld. Aber ich kann meiner Mutter nicht ins Gesicht sehen. Ich glaube, ich habe mir immer selbst Leid aufgebürdet, um das Leid anderer zu lindern. Ob meine Mutter das verstehen würde? Ich kann die Tiefe ihres Verständnisses nicht abschätzen. Sie wissen, wovon ich rede. Es ist ein Jammer. Ich träume davon, nach Hause zu fahren. Ich hab mindestens einmal in der Woche den gleichen Traum, in dem ich in Belfast bin. Ich sehe mein altes Haus und gehe zur Haustür. Aber ich kann nicht rein – ich stehe wie angewurzelt auf den Stufen und muß wieder gehen.
O ja, natürlich schreibe ich andauernd nach Hause. Meine Briefe – lange Ergüsse über mein Leben in Ecuador, über die Gemeinde

und so weiter – sind wahre Meisterwerke. Kein einziges wahres Wort darin. Ich weiß, daß meine Geschwister mich verstehen würden, aber meine Mutter würde es umbringen. Sie ist über Achtzig, müssen Sie wissen. Sie wollte, daß ich Priester werde. Sie lebt für mich. Aber wenn sie stirbt, sitz ich am nächsten Tag im Flugzeug nach Belfast. Das tut mir am meisten weh. Daß sie nicht über mich Bescheid wissen kann. Und daß ich sie nie wiedersehen kann.
Finden Sie, daß ich darüber etwas schreiben sollte? Ich wünschte, ich könnte es, aber ich kann nicht schreiben. Ich sag Ihnen was, Paul: Sie schreiben es auf. Es wär doch eine gute Geschichte, oder?«

In den Augen dieses Iren waren die Indios grausam unterdrückte Menschen, denen man keine Chance gelassen hatte; Jorge Icaza glaubte sie im Besitz des Schlüssels zu aller Kultur; für meine entfernten Verwandten, die Noreros, hatten die Indios wahre Würde und eine glorreiche Vergangenheit. In den Augen der meisten anderen waren sie Holzhauer und Wasserträger, im großen und ganzen jedenfalls Bauerntölpel.
In Guayaquil hörte ich noch eine andere Ansicht. Señor Medina war ein etwas vertrockneter, widerborstiger Ecuadorianer mit einem dünnen Schnauzer, schmalem Kopf und strengen grauen Augen. Sein Schlips war eng gebunden, seine Hosen hatten eine messerscharfe Bügelfalte, und die Kappen seiner auf Hochglanz gewienerten Schuhe waren außerordentlich spitz – kaum zu glauben, daß sich in diesen klauenartigen Zacken fünf Zehen befinden sollten. Wir waren über Ratten ins Gespräch gekommen. Die Ratten würden zumeist entweder vergiftet oder in Fallen gefangen, sagte er, aber es gebe eine bessere Methode. Man erzeuge einen hohen Pfeifton in einer für das menschliche Ohr unhörbaren Frequenz, um die Ratten zu vertreiben. Die hiesigen Kornmühlen hätten unter einer wahren Rattenplage gelitten, aber der hohe Winselton – ich glaube, er nannte ihn »Sonar« – habe gewirkt. Manchmal wurden Ratten über Nacht in einen Raum gesperrt und mit diesem Gerät beschallt; am Morgen danach waren sie tot: der Ton hatte sie zu Tode gefoltert.
»Auf mich haben Musikboxen ungefähr die gleiche Wirkung«, sagte ich, »besonders ecuadorianische Musikboxen.«

»Der Ton ist für Menschen unhörbar«, erklärte er, »obwohl er allerdings bei manchen Frauen Kopfschmerzen verursacht. Ich wünschte, daß es so etwas auch gegen Indios gäbe.«
»Was für ein humaner Gedanke«, sagte ich.
Er gönnte mir ein dünnlippiges Lächeln: »Ecuadors Problem ist ein Rassenproblem. Die Indios sind faul. Die sind nicht so wie Ihre Indianer. Manchmal lassen sie sich die Haare schneiden und gehen arbeiten, aber das ist eher die Ausnahme. In Ecuador gibt es keine Armen, nur Indios. Sie sind ungebildet und andauernd krank.«
»Warum bilden Sie sie dann nicht aus? Besorgen Sie ihnen Ärzte und Schulen. Deswegen wandern sie doch so verloren durch die Straßen von Quito und Guayaquil – weil sie glauben, daß sie in den Städten finden, was ihnen auf dem Land fehlt.«
»Sie haben gar keine Ahnung, warum sie nach Guayaquil kommen. Sie wissen hier nichts mit sich anzufangen. Sie verkaufen dies und das, sie gehen betteln, ein paar arbeiten auch, aber sie sind völlig orientierungslos. Das sind sie immer.«
»Auch schon vor der Eroberung durch die Spanier?«
»Ganz sicher. Das Inka-Reich wird überschätzt.«
»Wer ist eigentlich noch Ihrer Ansicht?«
»Fast alle, aber sie haben Angst, es laut zu sagen. Wenn Sie länger hierblieben, würden Sie mir auch zustimmen. Die Inka – wer waren die denn schon? Sie hatten keine große Kultur, keine Literatur, nichts. Sie haben den Spaniern keinen Eindruck gemacht, und sie beeindrucken mich auch jetzt nicht. Ich weiß überhaupt nicht, wovon die Leute reden, wenn sie diese Töpfe und Masken herumzeigen. Sehen sie denn nicht, wie primitiv diese Sachen sind? Die Inka waren keine Krieger: sie haben sich nicht gegen die Spanier gewehrt und wurden einfach überwältigt.«
Als die Spanier ankamen, herrschte gerade Bürgerkrieg, sagte ich. Atahuallpa hatte den Thron seines Bruders usurpiert. Die fatalistischen Untertanen glaubten, daß die Spanier gekommen waren, um sie zu bestrafen. Und ein Volk zu besiegen, das sich ohnehin schuldig fühlte, war wohl nicht besonders schwierig.
»Sie gehörten einer degenerierten Rasse an«, sagte Señor Medina.
»Das soziale Netz der Inka war aber tausendmal besser als alles, was Ecuador in der Hinsicht zu bieten hat.«

»Sie waren, was Sie heute sehen – faule Menschen mit einer anderen Mentalität.«
»Anders als Ihre, wollen Sie sagen?«
»Und als Ihre. Dieses ganze Gerede von den Inka in Ecuador ist Blödsinn. Die Geschichte von Ecuador ist spanische Geschichte und keine indianische.«
»Das klingt ja wie ein Epitaph«, sagte ich. »Auf wessen Grabstein wird es denn stehen?«
Señor Medina verlor allmählich die Geduld mit mir. Er legte die Finger zusammen, klopfte auf den Tisch und sagte: »Wissen Sie, was Fetischismus ist? Das ist nämlich ihre Religion, der Fetischismus. Sie müssen immer die Statue sehen und das Kreuz anfassen. Das kommt von ihrer eigenen Religion her und ist scheußlich mit anzusehen. Was sie nicht sehen können, glauben sie nicht. Deswegen müssen sie die geweihten Gegenstände anfassen und in der Kirche herumkriechen.«
»In Boston, Massachusetts, tun die Leute das auch«, erwiderte ich.
»Bleiben Sie noch in Guayaquil«, sagte er. »Und Sie werden Ihre Meinung schon ändern.«
Ich konnte mir aber keinen rechten Grund für einen längeren Aufenthalt in Guayaquil ausdenken. Außerdem blieb der »Autoferro«, in dem ein Platz für mich bestellt werden sollte, immer noch ausgebucht. Wenn ich nach Quito zurückkehrte, sagte man mir, könnte ich von da mit dem »Autoferro« wieder nach Guayaquil fahren und dann nach Peru weiterfliegen. Ich nahm mir vor, es so zu machen, und reiste gleich am nächsten Tag ab; es war die Landung auf dem Flughafen von Quito, die mir bewußtmachte, wie freudlos Flugreisen sind und wie oberflächlich es wäre, wenn man von jedem Abflug und jeder Landung etwa so über den Blick aus dem Fenster berichtete: *Unter uns lag der Faltenwurf der bestellten Felder, die spielzeugkleine Andenstadt...* Nein, alles lieber als das. Wenn ich schon reise, dann über Land, wo jedes Ding, das ich sah, und jeder Ort seinen eigenen Geruch hatte. Wenn ich über das Zwergenhafte schriebe, das ich aus einem Flugzeugfenster sah, würde ich mich wohl wie ein Mensch auf dem Mond anhören.
In Quito begrüßten mich die Menschen, die ich in der Woche zuvor kennengelernt hatte, wie einen alten Freund. Die zeitliche Begren-

zung einer Reise kann Freundschaften intensivieren und in Intimität verwandeln – was für jemanden, der einen Zug erwischen muß, möglicherweise fatal ist. Was ich hier schreibe, liest sich vielleicht wie ein verschämter Hinweis auf eine leidenschaftliche Affäre, die mich am Weiterfahren hinderte. (»Nur noch einen Tag, mein Liebling, dann brich mir das Herz, und geh...«) Das war es nicht. Es war eine einfachere, schlichtere Angelegenheit, die die Verspätung mit sich brachte. Mit Fremden konnte ich gut fertig werden, aber die Freunde brauchten Aufmerksamkeit und gaben mir das Gefühl, allzu wahrnehmbar zu sein. Es war leichter, mich in einsamer Anonymität voranzubewegen, meinen Schnurrbart zu zwirbeln, meine Pfeife zu schmauchen und im Morgengrauen die Zelte abzubrechen. Und Südamerika war ein geographisches Problem, das nur zu lösen war, wenn man sich dauernd voranbewegte, denn anzuhalten hieß, vor Rätsel gestellt zu werden. Ständig hörte man Klagen über die Barbarei dieser Orte, aber was mich betraf, waren sie nicht barbarisch genug.
»Ecuador ist schön, auf seine winzige Art«, hatte der Schriftsteller V. S. Pritchett mir vor meiner Abreise gesagt. Das ist es auch, und ich war sicher, daß ich zurückkommen würde: denn als ich endlich meine Zugfahrkarte hatte, fuhr der »Autoferro« ohne mich ab.

16
Der »Tren de la Sierra«

Der schöne cremefarbene Bahnhof von Lima heißt Desamparados, das bedeutet »im Stich gelassen«. Die Trübsal des Wortes scheint unbegründet, bis der »Tren de la Sierra« die Talstrecke nach Chosica hinter sich gebracht hat und zwischen den rosafarbenen Wänden der engen Schlucht des Río Rímac bergan geklettert ist; hier werden die Fahrgäste allmählich krank. Von meinem Herzrasen in Bogotá und meiner japsenden Indolenz in Quito her wußte ich, daß ich ein Kandidat für die Höhenkrankheit war; die steil ansteigende Schlucht, die ich auf dem Weg nach Ticho erlebte, zeigte sich mir ebensosehr als landschaftliches Phänomen wie als körperliches Symptom: je höher wir die Anden hinauffuhren, desto mehr litt ich. Es gibt wohl keine Eisenbahnstrecke auf der Welt, von der man zutreffender behaupten könnte, daß sie *ad nauseam*, bis zum Erbrechen, weitergeht.
Perus Eisenbahner drohten mit Streik, und obwohl es sich um ein bloßes Gerücht handelte, verliehen Graffiti, die streifig von den mürben Wänden alter Kirchen und Klöster trieften, der Warnung Gestalt: NIEDER MIT DEN IMPERIALISTISCHEN UNTERDRÜCKERN! SOLIDARITÄT MIT DEN EISENBAHNERN! MEHR GELD! Ziemlich oft kam in diesem großen improvisierten Skript das Wort »Streik« vor, aber das spanische Wort für Streik kann auch »Entspannung« oder »Freizeit« bedeuten, und so konnte man die über ganz Lima verstreuten Appelle auch als Aufforderung zum »Relaxen« lesen. Wenn die Eisenbahner nichtsnutzige Krawallbrüder gewesen wären, die eine Zeit der politischen Wirren für ihre eigenen überzogenen Forderungen ausnutzen wollten, hätte ich ziemlich zuversichtlich darauf gewartet, daß der Streik durch

die Intervention von ein paar süßholzraspelnden Unterhändlern verhindert werden würde. Aber hier ging es nicht ums bloße Säbelrasseln: die Eisenbahner waren, genau wie alle anderen Arbeiter in Peru, ausgesprochen unterbezahlt. Andernorts in Südamerika war den Provokationen oder schlichten Bitten der Arbeiter Einhalt geboten worden; wo der Mummenschanz der freien Wahlen versagte, taten Polizei und Militär das Ihre. Peru, das einstige goldene Königreich, das ein Drittel des ganzen Kontinents umspannt hatte, war tief gefallen und sah, jetzt so geschlagen, nicht mehr aus, als könnte es den aufmuckenden Arbeitern irgendwelche Hoffnungen machen. Es gibt auf diesem Planeten wenige große Städte, die ausgeplünderter und bankrotter wirken als Lima. Es hat die gleiche Atmosphäre wie Rangun, die gleiche Hitze, die gleichen kolonialen Relikte, den gleichen Leichengeruch: die Paradesoldaten des Imperiums sind schon lange aus den Avenuen hinausmarschiert und haben ihre Zuschauer als Bettler und Aasfresser zurückgelassen. Schon seit meinem Aufenthalt in Mexiko war ich angesichts der Beschreibung »einst eine wichtige Stadt des Spanischen Reiches, berühmt für ihre Architektur« ängstlich gespannt, aber keine andere Stadt war so tief gesunken. Lima wirkte wie ein geschändetes Grab, und es war dort vom einstigen Glanz nichts mehr übrig außer der traurigen, verdorrten Mumie des Nationalismus und gerade so viel Religion, wie nötig ist, um eine geduldige Menge mit dem Versprechen auf fette Jahre im Jenseits zu trösten: die Stadt war – als Pars pro toto für Peru – ein finsteres Beispiel für abscheuliches Fehlmanagement. Der offizielle Sprachduktus der Regierung klang nach Mutlosigkeit und Selbstbetrug, der Zorn der Bahnarbeiter war um so bitterer, als sie sich betrogen fühlten und Hunger litten.
Weil ich den Eindruck hatte, daß ein Streik hierzulande eine länger währende Angelegenheit werden könnte, nutzte ich die erste Gelegenheit, Lima mit dem Zug in Richtung Huancayo zu verlassen. Von diesem Kopfbahnhof in den Bergen aus würde ich mich über Ayacucho auf Straßen nach Cuzco durchschlagen und von da die lange Fahrt durch Bolivien und Argentinien bis zur endgültigen Endstation in Patagonien antreten. Ein schnell gefaßter Plan; und wie konnte ich wissen, daß ich innerhalb von drei Tagen schon

wieder in Lima sein und versuchen würde, einen anderen Weg nach Cuzco zu finden?
Der Bahnhof liegt am Ufer des Río Rimac. Um sieben Uhr früh sah der Fluß schwarz aus, er wurde grau, während die Sonne sich über den Hügeln am Fuße der Anden erhob. Durch die sandigen Berge am Stadtrand wirkt Lima wie eine Wüstenstadt mit einem Saum aus heißen Plateaus. Sie liegt nur ein paar Kilometer vom Pazifik entfernt, ist aber so flach, daß man das Meer nicht sehen kann und tagsüber keine Meeresbrise spürt. Es regnet selten in Lima. Würde es öfter geschehen, brauchten die Hütten in dem Elendsviertel am Fluß Dächer. Der Slum ist auch in anderer Beziehung seltsam; abgesehen davon, daß ihnen ohne Ausnahme die Dächer fehlen, sind die Hütten in diesem »jungen Dorf«, wie es in Peru beschönigend heißt, aus gespaltenem Bambus, Stroh und Schilf geflochten: kleine, schwache, den Sternen und der Sonne ausgesetzte Körbe sind neben den Fluß gepflanzt, der ein paar Kilometer hinter dem Bahnhof die Farbe von Kakao hat. Die Menschen waschen sich mit dem Flußwasser; sie trinken es und kochen damit, und wenn ihre Hunde eingehen oder sie Schlachtabfälle von Hühnern wegwerfen müssen, nimmt der Fluß die Überreste mit.
»Allerdings essen sie nicht gerade oft Hühner«, sagte der Peruaner im Zug. Der Fluß, erklärte er, sei ihnen Lebensader und Abwasserkanal zugleich.
Auf der Fahrt durch das Flußtal bleibt es unverständlich, wie es möglich sein soll, in das Hochgebirge an seinem Ende einzudringen, das viel zu schroff, zu kahl und zu hoch aussieht; die Täler sind nichts als vertikale Risse, den Bergen fehlt jede Spur von Bäumen oder Menschen. Ihre Vegetation ist restlos abgebrannt; sie treten weich heraus wie nackter Stein. Für etwa vierzig Kilometer bleiben die Felswände in der Ferne; der Zug rattert mit trügerischem Tempo das Flußufer entlang auf sie zu, dann hält er in Chosica. Fünf Minuten später fährt er weiter, erreicht aber auf der ganzen Strecke nie mehr seinen anfänglichen Schwung.
Wir fuhren ins Tal ein und kletterten im Zickzackkurs an den Wänden entlang. Dieses Tal ist eigentlich keins, sondern ein Einschnitt im Fels, ein so enger Schlitz, daß das Signalhorn der Diesellok kaum ein Echo machte: die Wände stehen sich so dicht

gegenüber, daß kein Widerhall von ihnen zurückgeworfen wird. Wir sollten um vier Uhr nachmittags in Huancayo ankommen; am späten Vormittag hatte ich noch geglaubt, daß wir vielleicht verfrüht ankämen, mittags fuhren wir so langsam, daß ich mich fragte, ob wir noch am selben Tag unser Ziel erreichen würden. Schon lange vor Ticlio spürte ich die ersten Anzeichen von Höhenkrankheit. Ich war nicht der einzige: eine ganze Anzahl meiner Mitreisenden, auch ein paar Indios waren darunter, sah deutlich schlecht aus.

Es fängt mit Schwindelgefühl und leichtem Kopfweh an. Ich hatte an der Tür gestanden und die kühle Luft dieser schattigen Felswände eingeatmet. Weil mir schwummrig wurde, setzte ich mich hin, und wenn der Zug nicht voll gewesen wäre, hätte ich mich quer über die Sitze gelegt. Eine Stunde später schwitzte ich und bekam, obwohl ich mich nicht vom Fleck gerührt hatte, Atembeschwerden. In der trockenen Luft verdampfte der Schweiß und kühlte mich aus, bis mir übel wurde. Die anderen Fahrgäste sahen schlapp aus, ihre Köpfe wackelten, niemand sagte etwas, niemand aß. Ich grub ein paar Aspirintabletten aus meinem Koffer und kaute sie, fühlte mich davon aber bloß noch unwohler, und mein Kopfschmerz ließ nicht nach. Wenn man sich auf Reisen so elend fühlt, ist das schlimmste das Bewußtsein, daß man viel zu schwach ist, um sich zu retten, falls der Zug entgleist oder einen Zusammenstoß hat. Ich hatte einen noch viel schrecklicheren Gedanken: Wir hatten ungefähr ein Drittel des Weges nach Huancayo hinter uns, aber Huancayo lag noch höher. Ich wollte mir nicht ausmalen, wie es mir in dieser Höhenlage gehen würde.

Ich spielte mit dem Gedanken, in Matucana auszusteigen, aber in Matucana gab es nichts außer ein paar Ziegen, einigen Indios und Wellblechhütten im Geröll. Keine einzige Haltestelle schien etwas zu bieten, was Erleichterung oder Zuflucht versprach. Ich fühlte mich von dieser Höhenkrankheit besonders gestraft, weil sie verdarb, was eine Fahrt von hinreißender Schönheit hätte sein können. Ich hatte noch nie solche Felswände gesehen und war noch nie auf einer so spektakulären Bahnstrecke gewesen. Warum mußte ich mich ausgerechnet in einer so unglaublich reizvollen Landschaft derart hundeelend fühlen? Wenn ich die Kraft zur Konzentration

hätte aufbringen können, wäre ich geblendet gewesen von so viel Pracht; so aber war sie bloß eine zusätzliche Belastung.
Die fahlen rosenfarbenen Berge hatten dunkle Streifen und fleckige Markierungen wie zarte Schneckenhäuser. Hier drinnen krank zu sein, zusammengesackt auf meinem Platz zu sitzen, die rötlichen, in den Spalten gestockten Geröllawinen und die mit jedem Höhenmeter wechselnde Formation der Felswände zu betrachten war eine solche Qual, daß ich anfing, enorme Schönheit mit enormen Schmerzen zu verbinden. Jetzt bekam ich auch noch Zahnweh, besonders ein Backenzahn quälte mich, als stünde der Nerv in Flammen. Zu der Zeit wußte ich nicht, daß ein Hohlraum in einem kariösen Zahn in großer Höhe rebellisch wird. Die Luft in diesem verschlossenen Loch dehnt sich aus, drückt auf den Nerv und verursacht Höllenqualen. Der Zahnarzt, der mir das später erklärte, war bei der Air Force gewesen und hatte miterlebt, wie in einem Flugzeug während eines raschen Sinkfluges Druckverlust im Cockpit aufgetreten war, der Copilot vor Schmerzen geschrien hatte und einer seiner Zähne explodiert war.
Einige Fahrgäste übergaben sich. Sie taten es auf die jämmerliche, hemmungslose Art hilfloser Kranker. Sie kotzten auf den Boden und aus den Fenstern und verstärkten meine Übelkeit. Einige sah ich durch die Waggons stolpern. Zuerst dachte ich, daß sie sich einen Platz suchten, wo sie sich übergeben konnten, sah sie dann aber mit Ballons zurückkommen. *Luftballons?* Sie setzten sich wieder, hielten sich die Nasen zu und atmeten die Luft aus den Mundstücken ihrer Ballons.
Unsicher stand ich auf und arbeitete mich zum hinteren Zugteil durch, wo ein bekittelter Peruaner Luft aus einer Sauerstoffflasche in Ballons abfüllte, die er an erschöpft aussehende Fahrgäste verteilte. Ich reihte mich in die Schlange ein und stellte bald fest, daß ein paar Züge Sauerstoff mir den Kopf frei machten und mich wieder zu Atem kommen ließen.
In diesem Sauerstoff-Waggon traf ich einen jungen Mann. Er hatte auch einen Sauerstoffballon in der Hand und trug einen hübschen Cowboyhut mit einem Lederband mit Inka-Brandmalereimuster. »Wenn ich auch nur die geringste Ahnung gehabt hätte, was hier auf mich zukommt«, sagte er, »wär ich nie mitgefahren.«

»Sie sprechen mir aus der Seele.«
»Mit dem Sauerstoff ist es schon besser. Mann, fühl ich mich beschissen.«
Wir nippten an unseren Ballons.
»Sind Sie aus den Staaten?«
»Massachusetts.«
»Ich bin aus Minnesota. Sind Sie lange in Lima gewesen?«
»Nur einen Tag«, sagte ich.
»Es ist gar nicht so schlimm«, meinte er. »Ich war einen Monat da. Ist eine der billigsten Städte in ganz Südamerika. Cuzco soll allerdings noch billiger sein. Ich denk, ich werd einen Monat oder so dableiben und dann wieder nach Lima gehen – such mir 'n Job auf einem Schiff.« Er sah mich an. »Schlau von Ihnen, daß Sie so warme Sachen dabeihaben. Ich wünschte, ich hätte so eine Jacke. Ich hab nichts als die Klamotten für Lima, aber ich will mir in Huancayo einen Pullover kaufen: die werden da gemacht. Da kriegt man einen Alpaka-Pullover halb geschenkt. Jesus, ist mir schlecht.«
Wir fuhren durch einen Tunnel. Wir waren schon durch andere gekommen, aber dieser war extrem lang und hatte eine Besonderheit: auf einer Höhe von 4830,5 Metern ist er der höchstgelegene Eisenbahntunnel der Welt. Der Zug wurde laut, ohrenbetäubend, um genau zu sein, und ich hatte mich in meinem ganzen Leben noch nie so mies gefühlt. Ich sprühte mir den Rest des Ballongases in den Mund, schluckte und bekam einen neuen. »Ich glaub, ich kotze gleich«, sagte der Junge aus Minnesota. In dem schwachen gelben Licht und mit dem Cowboyhut über den Augen sah er schlapp und schwer angeschlagen aus. Mir ging es ja auch nicht besonders, aber am Ende des Galera-Tunnels wußte ich, daß wir den höchsten Punkt überschritten hatten, und da ich das überlebt hatte, war ich sicher, daß ich bis Huancayo durchhalten würde.
»Das mit dem Schiff«, sagte ich. »Das, auf dem Sie anheuern wollen. Wohin wollen Sie denn damit?«
»Nach Hause«, sagte er. »Ich will auf eins, das in die Staaten fährt. Wenn ich Glück hab, bin ich Ende April wieder zu Hause. Ich möchte Minneapolis im Frühling sehen.«
»Ist es so schön wie das hier?«
»Es ist besser.«

Wir waren jetzt so hoch, daß wir die ganze Kette der Anden überblicken konnten, von manchen Kurven aus über Hunderte von Kilometern hinweg. Das Gebirge besteht weniger aus einzelnen Bergspitzen als vielmehr aus dichtgedrängten Gipfeln, die überraschenderweise mit wachsender Entfernung heller werden. Ich fragte den Jungen aus Minnesota, wie er nach Cuzco kommen wollte. Er war vier Wochen lang in Lima gewesen und war sicher gut informiert, dachte ich. Es gebe einen Bus, sagte er, und wenn ich Lust hätte, könnten wir ja zusammen damit fahren. Es koste nicht viel, aber er habe gehört, daß es manchmal vier oder fünf Tage dauern könne, bis man in Cuzco ankomme. Das hänge von der Straße ab. Um diese Jahreszeit regne es hier viel, und die Straße nach Ayacucho sei bestimmt in einem schlechten Zustand.
In La Oroya, wo die Bahnstrecke sich teilt – die andere Strecke führt nach Norden zu den Zink- und Kupferminen von Cerro de Pasco –, wurde unser Zug aufgehalten. La Oroya selbst war trostlos und kalt. Kinder kamen auf den Bahnsteig, um zu betteln, Säcke wurden eingeladen. Vom Gehen bekam ich ein Brennen im Hals, also setzte ich mich hin und überlegte mir, ob ich etwas essen sollte. Ein paar Indios verkauften gestrickte Schals und Ponchos, Schmalzgebäck und verbrannte Fleischstücke. Ich trank eine Tasse sauren Tee und nahm noch ein paar Aspirin. Ich wollte nur zu gern wieder in den Zug, damit ich mir noch einen Ballon mit Sauerstoff holen konnte.
Als wir einstiegen, schlurfte eine alte Frau auf den Bahnsteig. Sie hatte drei Bündel: Stoff, fettige Zeitungspakete und eine Petroleumlampe. Ich half ihr beim Einsteigen, sie bedankte sich und erzählte mir auf spanisch, daß sie nach Huancavelica wollte, das ein paar Kilometer hinter Huancayo liegt. »Und wohin wollen Sie?«
Ich sagte es ihr und fragte sie dann, ob die Menschen in dieser Gegend noch Quechua sprächen, die Sprache der Inka.
»Ja. Das ist meine Sprache. Alle sprechen hier Quechua. Das werden Sie in Cuzco merken.«
Für den Rest des Nachmittags krochen wir weiter in Richtung Huancayo, und je weiter wir fuhren, desto mehr bewunderte ich die technischen Leistungen dieser Gebirgsbahn. Es gibt die verbrei-

tete Ansicht, der Amerikaner Henry Meiggs habe sie geplant, tatsächlich aber war es ein Peruaner namens Ernesto Malinowski, der die Trasse absteckte; Meiggs leitete die Bauarbeiten und trieb sie voran, von ihren Anfängen im Jahr 1870 bis zu seinem Tod im Jahr 1877. Doch es sollte noch weitere zwanzig Jahre dauern, bis die Bahn Huancayo erreichte. Eine Trans-Anden-Bahn von Huancayo nach Cuzco war zwar 1907 vorgeschlagen und vermessen worden, wurde aber nie gebaut. Leider, denn wenn es sie gegeben hätte, wäre meine Ankunft in der schlammigen Gebirgsstadt von etwas mehr Hoffnung begleitet gewesen. Jetzt jedenfalls fühlte ich mich zu krank zum Essen, zu benommen, um weiterzufahren oder irgend etwas zu tun, außer bibbernd mit meiner Lederjacke angetan im Bett zu liegen und die Gedichte und »Andachten« von John Donne zu lesen. In einer kalten Nacht in den Anden keine besonders trostspendende Lektüre: »Wie schon Krankheit selbst die größte Not ist, so ist die größte Not an der Krankheit die Einsamkeit; wenn die Ansteckungsgefahr die Helfer vom Besuch abhält und selbst der Arzt sich kaum herbeiwagt. Die Einsamkeit ist eine Qual, die nicht einmal die Hölle bereithält.«

Die feuchten Wände in jedem Zimmer, die schlammigen Straßen, die aus dem Ort hinausführten: die Abgelegenheit dieser Stadt war wie mit Händen zu greifen; ihre Kälte machte die Einsamkeit körperlich spürbar. Ich brauchte keine Landkarte, um zu wissen, daß ich mich am Ende der Welt befand. Aber beim Aufwachen hatte ich eine Idee. Anstatt die Einheimischen von Huancayo nach dem Weg nach Cuzco zu fragen, würde ich zum Busbahnhof gehen und mit den Leuten reden, die gerade mit dem Bus von Cuzco aus durch die Anden gefahren waren. Meine eigene Unschlüssigkeit hob meine Stimmung ein bißchen: Ich hatte geglaubt, es gäbe nur einen einzigen Weg nach Cuzco, und war entschlossen gewesen, diese Route durch die Anden auch einzuschlagen, aber als ich jetzt merkte, daß ich die Wahl zwischen mehreren Möglichkeiten hatte, konnte ich mir die beste und einfachste aussuchen, auch wenn es Umkehren bedeutete. Die Bahnfahrt nach Huancayo war übel gewesen: was, wenn die Weiterreise noch schlimmer wäre?
Den größten Teil des Vormittags über redete ich mit Fahrgästen,

die aus den von Ayacucho ankommenden Bussen stiegen. Viele waren von der langen Fahrt benommen und machten nur vage Angaben, diejenigen, die noch klar denken konnten, erzählten mir von Verspätungen durch Erdrutsche und Regenfälle; sie hatten in den Bussen übernachten müssen. Nur zwei waren in Cuzco gewesen. Für sie war die Straße der einzige Weg nach Huancayo, weil sie hier wohnten.

Ganz in der Nähe der Bushaltestelle gab es eine Bar. Peruanische Bars sind ausgesprochen mittelalterlich, haben rohe Holztische, feuchte Wände und Lehmfußböden, Hühner und Hunde laufen herum. Es gibt Flaschenbier, aber die meisten Barbesucher aus den Anden ziehen ein fermentiertes Gebräu vor, das aussieht wie eine suppige Brühe, sehr bitter schmeckt und in Plastikbechern ausgeschenkt wird. Es ist fast identisch mit dem Maisbier, das man in den Dörfern Ostafrikas mit der Kelle aus schmierigen Töpfen geschöpft bekommt: ein Schluck vom Gebräu aus Huancayo versetzte mich tatsächlich gleich zurück ins gute alte Bundibugyo.

»Bitte, können Sie uns die beste Strecke nach Cuzco sagen?« fragte ein Barbesucher. Er sei Student aus Lima und hoffe, daß ein Generalstreik vielleicht etwas gegen die hohen Preise ausrichten könne. »Sie sagen, Sie sind gerade aus Lima gekommen, und wahrscheinlich wollen Sie ja nicht wieder dahin zurück – es kommt einem so weit vor, nicht? Aber Lima liegt viel näher an Cuzco als Huancayo.«

»Aber Cuzco liegt doch gleich hinter diesen Bergen«, sagte ich.

»Das ist ja das Problem, nicht?« Er kippte sein Bier. Ich sah, daß er nicht das örtliche Gebräu trank, sondern wie ich auch ein Helles aus der Flasche. »Man kommt viel leichter drüber als durch. Steigen Sie in den Frühzug nach Lima, besorgen Sie sich ein Flugticket, und – peng! – schon sind Sie in Cuzco.«

»Ich hab gedacht, daß bloß Touristen fliegen.«

»Sie sind doch auch einer.«

»Nicht so ganz.«

»Hören Sie zu: Sogar manche Indios«, er flüsterte das Wort, »sogar die nehmen den Flieger.«

Am nächsten Tag fuhr ich mit dem Zug zurück nach Lima; Abfahrt in nebliger Kälte, Ankunft am Bahnhof Desamparados in sengender Hitze. Diese Rückfahrt war kürzer, und wir kamen pünktlich an, aber schließlich ging es ja auch die ganze Zeit abwärts.

»Ist Peru nicht grauenhaft?« fragte mich ein Peruaner in Lima. Ein sehr un-südamerikanischer Gefühlsausbruch: bisher hatte noch niemand in meiner Gegenwart sein Land schlechtgemacht. Auch die rebellischsten Kolumbianer loben den einheimischen Kaffee, und die Ecuadorianer preisen ihre schmackhaften Bananen. Weil ich mir nicht sicher war, ob der Mann nach Komplimenten fischte, verlegte ich mich auf gelinde Überraschung und matten Widerspruch. Da hätte ich aber gar nicht recht, sagte er: Peru habe ein grausames Regime, liege ständig in Fehde mit seinen Anrainerstaaten und werde bald den Bach runtergehen. Er wollte kein Lob.
»Ja«, pflichtete ich ihm bei, »so wie Sie das sagen, klingt es ziemlich schrecklich.«
»Peru stirbt. Furchtbare Dinge werden hier passieren.« Er klang wütend.
Ich nickte verständnisvoll.
»Wenn Sie das nächste Mal nach Peru kommen, dann ist hoffentlich alles anders.«
Dieser Mann war viel kritischer als ich. Ich mochte Lima inzwischen ganz gern und hatte dem Schmutz der Stadt gegenüber eine gewisse Toleranz entwickelt. Es war ganz anders als zu Hause: hier erinnerte mich nichts an Vertrautes. Heimweh bekam ich nur an Orten, wo die Leute sich Staubsauger kauften oder ihre Stromrechnungen bezahlten. In Lima waren alle Menschen ein bißchen verloren, genau wie ich; sie gingen spazieren oder hingen auf den Plazas herum, weil sie nichts Besseres zu tun hatten, und wenn sie ins Museum oder in Kirchen gingen, trieb sie das gleiche wie mich: die schiere Langeweile. Ich wußte, daß ich hier fremd war, aber sie? Sie waren arm, und die Armen sind immer Fremde im eigenen Land. Wir waren hier alle fehl am Platz, wenn auch aus unterschiedlichen Gründen.
Das Leben in Lima ist sichtbar, weil es sich draußen abspielt. Es gibt reiche Villenviertel, aber die Reichen verschanzen sich hinter ihren Mauern; in einer so armen Stadt ist es gefährlich, Stärke oder Wohlstand zu demonstrieren: wer in schicken Autos in Lima herumfährt,

kann sich Schimpfkanonaden von zerlumpten Passanten einhandeln. Die übrige Gesellschaft hatte sich in die Straßen begeben, und da saßen sie nun alle, umweht von Abwassergestank und dem allgegenwärtigen süßlichen Geruch menschlicher Exkremente. Ein Regenguß hätte die Stadt vielleicht sauber gewaschen, aber in Lima regnet es selten. Wegen des warmen Klimas können die Leute draußen leben, und wenn man zu Fuß durch die Stadt geht, kann es einem so vorkommen, als sei die ganze peruanische Gesellschaft jung, faul und arm. Die Armut der Stadt hat Lima bisher von Verkehrsproblemen verschont (die Straßen sind breit – sie wurden für Siegesparaden gebaut), bringt es aber auch mit sich, daß die Busse uralt und ständig überfüllt sind. In der Stadtmitte liegen sieben große Parks und Plazas, die von Menschen wimmeln; die meisten sitzen einfach nur herum oder schlafen, andere verkaufen Orangen, Süßigkeiten und Sonnenbrillen oder stellen Vorrichtungen, die aussehen wie Sänften für Potentaten, auf die Gehwege und warten auf Schuhputzkundschaft. Erfinderisch zeigen sich die Schachtel-Kameraleute, die aus zusammengeschusterten Kisten Dinger herstellen, die eine täuschende Ähnlichkeit mit Camerae obscurae oder Kodak Brownies haben. Ein anderer Mann betreibt einen Stand, an dem man sich für zehn Cent »Viewmaster«-Dias von Schneewittchen und den sieben Zwergen, Singapur, New York, Rom, Bambi oder wilden Tieren ansehen kann; da gibt es einen Leierkastenmann mit einem Papagei und einem geistesgestörten Affen und dort drüben fünf als Zigeunerinnen aufgemachte Mädchen, die Karten lesen. »Sie sind von weit her gekommen, Mister«, wurde mir bedeutet. »Ich sehe eine Frau – sie spricht mit Ihnen – sie ist nicht Ihre Frau.« (Die Frau sollte sich als Elvera Howie aus Chicago erweisen, die sich mit ihrem Mann Bert in Cuzco aufhielt; sie trank eine Menge, hatte mir aber nichts Romantisches zu bieten.) Ganze Familien mit ihren Küchenutensilien und ihrem kärglichen Bettzeug lebten in den Parks; Mütter stillten ihre Kinder, andere Kinder weinten zum Erbarmen, Gören kreischten, ein dünnes Kerlchen schlief auf dem müllübersäten Rasen neben einem dürren Hund. Daneben Prostituierte, kleine Trupps von Männern, Liebespärchen, Bettler: »Alle Welt«, um es mit dem spanischen Ausdruck für Massenansammlungen zu beschreiben, alle Welt, die nichts zu tun hatte.

DER WEG AUS DER KRISE: VOLKSKRIEG! Die Farbe, mit der jemand diese Mitteilung auf eine Wand an der Plaza de Armas gekleckst hatte, war noch frisch; aber es sah so aus, als hätte der Krieg schon stattgefunden. Die Tausende in den Parks und auf den Plazas hätten auch die Verwundeten und Toten sein können, die nach erbitterter Schlacht auf dem Felde geblieben waren; für die meisten von ihnen traf die Bezeichnung »Flüchtlinge« wirklich zu. In ganz Südamerika haben die Häuser nicht solche Bombenschäden und Kriegsschrammen wie die Gebäude von Lima. Die Fassaden sind allerdings nicht von Gewehr- und Schrapnelleinschlägen so pockennarbig, sie sind einfach verschlissen und verbraucht. Im Klassenkampf wird nicht zum Gefecht geblasen; er vollzieht sich mit Wut und Gemurr und nicht mit Glanz, Gloria und dem Getöse, mit dem ganze Armeen dem Heldentod auf den Schlachtfeldern entgegenmarschieren.

Peru ist zu arm, um seine brüchigen Gebäude zu reparieren, kann es sich aber auch nicht leisten, sie abzureißen. Sie sind bis auf einige, die sich mit ihren Säulengängen und Balkons ihre Schönheit bewahrt haben, verblichen und zerbröckelt, und die, die nicht mit Brettern zugenagelt dem Verfall preisgegeben wurden, dienen jetzt als Bars und Tanzlokale. Was man zuerst für eine Schlange an einer Brottheke hält, entpuppt sich als Massenandrang von Peruanern, die vor einem ehemals eleganten Adelspalais auf Einlaß zu einer Kinovorstellung mit einem Gewaltfilm oder (am hellichten Nachmittag) zu einer Tanzveranstaltung warten. Der peruanische Ekel vor der eigenen Stadt war, hatte ich den Eindruck, so heftig, daß er, sollte jemals Geld ins Spiel kommen, dazu führen würde, Lima zu zerstören und in ähnlich mißverstandener Modernität wie Bogotá wieder aufzubauen.

Von der Kathedrale aus (die ausgestellte Mumie ist nicht die Leiche von Francisco Pizzaro: seine Gebeine hat man kürzlich in einem Bleibehälter in der Krypta gefunden) ging ich zum Park der Universität und von da aus weiter auf einen Rundgang durch die Stadt bis zur Plaza Bolognesi, wo ich mich schließlich niederließ und mir Gedanken über das melodramatische Denkmal von General Bolognesi machte. Es ist das absonderlichste Monument, das ich bis dahin gesehen hatte. Das Denkmal ist über dreißig Meter hoch, auf der Vorderseite befindet sich eine Kopie der Nike von Samothrake, auf den Paneelen marschieren Soldaten, auf einem Gesims ist ein Mann dargestellt, der vom Pferd stürzt – das Pferd ist lebensgroß und liegt verdreht auf der Seite. Eine andere Abteilung von Soldaten erkundet mit gezückten Schwertern das nächste Gesims; Adler, Kränze und Kanonen aus Marmor und Bronze heben die Säule noch höher empor, und sie steigt immer noch weiter gen Himmel an, mit einer großen trauernden Frauengestalt, die ihren Körper an einen höher gelegenen Stützpfeiler schmiegt; noch mehr Gewehre, Fahnen und Soldaten, Schlachten auf allen Seiten – hier Sieg, da Niederlage –, und fast ganz oben flattern zwei marmorne geflügelte Nymphen. Sie strecken die Füße in die Luft, spreizen die Flügel und recken die Arme dem bronzenen Bolognesi selbst entgegen, der mit der Pistole in der einen und einer Fahne in der anderen Hand vorwärtsstürmt, hinweg über die breite Avenida, die Tanzlokale, die kreischenden Kinder und überfüllten Busse.

»Kaufen Sie mir ein paar Bilder ab?«

Ein Peruaner mit einem alten Fotoalbum: Arbeiter aus den Zinkminen, alte Autos, Schneeverwehungen, Kirchen und Eisenbahnen auf achtzig Jahre alten Abzügen. Zwei Eisenbahnbilder kaufte ich ihm für einen Dollar das Stück ab.

»Sie werden es mir hoffentlich glauben«, sagte er auf spanisch, »wenn ich Ihnen sage, daß ich einige Jahre in Ihrem Land gelebt habe.« Er sah abgerissen aus und trug einen Filzhut. »In Washington, D. C.«

»Wie hat es Ihnen gefallen?«

»Ich hätte nie weggehen sollen. In Lima kann man nicht leben.« Er fingerte ein ausgefranstes Stück Papier aus seinen Lumpen, eine Bestätigung darüber, daß er 1976 eine Steuererklärung eingereicht hatte. »Ich hab alles abbezahlt«, erklärte er. »Sie lassen mich wieder rein, wenn ich gehen will.«

»Und warum wollen Sie nicht gehen?«

»Vor kurzem bin ich hier in Schwierigkeiten geraten. Da war einer, der zuviel getrunken hatte. Er wollte Streit mit mir anfangen, und ich hab mich gewehrt. Ich kann nirgendshin. Ich muß vor Gericht erscheinen. Aber wer weiß, wann die Anhörung stattfinden soll?«

»Es wird schon klappen«, sagte ich. »Nach der Verhandlung können Sie nach Washington zurück.«
»Nein.« Er zögerte, bewegte die Lippen, als wollte er einen Satz einstudieren, und sagte dann auf englisch: »Ich bin total pleite. Wie mein Land.«

17
Der Zug nach Machu Picchu

Peru ist das ärmste Land Südamerikas – und zugleich das meistbesuchte. Die beiden Tatsachen hängen zusammen: selbst der dümmste Tourist kann auf spanisch zumindest bis zehn zählen und sich ausrechnen, daß die gigantischen Ruinen von Peru wegen der schwachen Landeswährung zum Spottpreis zu haben sind. Der Student, den ich in Huancayo kennenlernte, hatte recht gehabt: im Flugzeug nach Cuzco saßen ein paar Indios. Alle übrigen waren Touristen. Sie waren am Tag zuvor in Lima angekommen und schon per Rundfahrt durch die Stadt geschleust worden. In ihrem Hotel hing ein Plan: »4.00: Weckruf! 4.45: Gepäck in den Flur stellen! 5.00: Frühstück! 5.30: Treffpunkt Halle!…« Um acht Uhr früh kamen sie in Cuzco an, drängelten sich an den Indios (die genau wie im Zug ihre Blechtöpfe, ihre fettigen Bündel mit Essen und ihre Laternen mit sich trugen) vorbei zu einem wartenden Bus und gratulierten sich zu ihrem billigen Urlaubsort. Die beinah unabdingbare Tatsache, daß der Flugtourismus die Ausländer nur in die mottenzerfressensten Länder der Erde verfrachtet, ist ihnen kaum bewußt: der Tourismus, den man gerade in den rückständigen Gesellschaften ankurbeln will, ist nichts anderes als ein blinder, plumper Überfall der mobilen Reichen auf die passiven Armen. Das Ergebnis ist oft genug für beide Parteien gleichermaßen ärgerlich.

Let Observation with extensive View
Survey Mankind, from China to Peru;
Remark each anxious Toil, each eager Strife,
And watch the busy scenes of crouded Life.
(Samuel Johnson)

*(Laß die Beobachtung mit weitgespanntem Blick
die Menschheit aufnehmen, von China bis Peru;
bemerke jede angestrengte Mühsal, jedes eifrige Bemühn,
und betrachte die geschäftigen Szenen des belebten Lebens.)*

Die Besucher trugen Namensschildchen mit der Aufschrift *Samba South America*. Zu dieser frühen, grauen nebelnassen Stunde in der dünnen Hochgebirgsluft wollten die dynamischen Namen nicht so recht zu den erschöpften Gesichtern passen: Hildy Wicker, Bert und Elvera Howie, Charles P. Clapp, Morrie Upbraid, Ehep. Prell, Ehep. Goodchuck, Bernie Khoosh, Ehep. Avatarian, Jack Hammerman, Nick und Lurleen Poznan, Harold und Winnie Casey, Ehep. Lewgard, Wally Clemons und der kleine alte Merry Mackworth. Sie waren alle nicht mehr ganz taufrisch; sie hatten Buckel und Beinschienen und Holzbeine, zwei von ihnen gingen – im Hochgebirge der Anden eine beeindruckende Vorstellung – an Krücken, und keiner von ihnen wirkte besonders gesund. Die Hitze von Lima und die hiesige Kälte, die Verspätungen und die ewige Treppensteigerei – und dabei hatten sie die Klettertour auf die senkrechten Treppen der Inka noch vor sich (»Ich weiß auch nicht, was schlimmer ist, rauf oder runter«) – machten ihnen schwer zu schaffen. Man konnte sie nur bewundern, denn in zwei Tagen würden sie schon wieder mit dem gleichen Flugzeug nach Lima zurückfliegen, würden wieder um vier Uhr früh geweckt werden und noch am gleichen Tag in einem gottverlassenen Nest wie Guayaquil oder Cali eintreffen.

Nach der Landung in Cuzco fühlte ich mich schwummrig, nach dem Mittagessen ging es mir noch viel schlechter, aber ich wollte der Höhenkrankheit auf keinen Fall nachgeben. Mit einem leicht seekranken Gefühl, einer Mischung aus Übelkeit und Benommenheit, stolperte ich durch die Stadt. Der Ort hatte das schmutzigbraune Aussehen der Isolation und zeigte immer noch Spuren des Erdbebens, das ihn dreißig Jahre zuvor getroffen hatte. Fast die einzigen Gebäude, die damals nicht zusammenbrachen, waren die unzerstörbaren Festungen und Tempel der Inka außerhalb des Ortes. An jeder Straßenecke verkauften die Indianer Alpaka-Pullover, Teppiche, Ponchos und Strickmützen. Sie selbst sehen – von der

Taille abwärts – plump aus wie Schachfiguren, vor allem die Frauen, die drei Röcke übereinander und schwere Kniestrümpfe tragen, sie sind stabil, breit und offenbar durch nichts umzuwerfen. Sie können sich warm verpacken, weil sie Expertinnen im Stricken mit der Alpakawolle sind, die sie von ihren eigenen Haustieren bekommen. Einzig der Hut, ohne den man selten einen Indio sieht, ist weder gestrickt noch gewebt: er besteht fast immer aus rauhem Filz. Während der vergangenen Wochen hatte ich mich bei allen möglichen Leuten erkundigt, warum die Indios ein solches Faible für diese Hüte hätten; die Erklärungen waren weder einfallsreich noch besonders interessant, und keine konnte mir einen Grund für die Beliebtheit dieser melonenartigen Kopfbedeckungen liefern. In Cuzco hörte ich, wie sich zwei Touristen über das Thema unterhielten.
»Ich versteh das mit diesen Hüten nicht«, sagte der eine.
»Es ist doch das gleiche wie mit Briefmarken«, meinte der andere.
»Wieso?«
»Klar. Alle Welt leckt an den Briefmarken, aber es gibt keine Untersuchung darüber, ob das eigentlich gesundheitsschädigend ist. Und mit diesen Hüten ist es genauso.«
Zum ersten Mal, seit ich auf meiner planlosen Reise die Vereinigten Staaten verlassen hatte, traf ich andere planlos Reisende. Ich hatte mich immer als Lehrer ausgegeben; sie nannten sich Studenten. Es hatte Vorteile, Student zu sein: Studentenfahrscheine, Studentenermäßigungen, Studentenhotels, verbilligte Eintrittskarten. Dicke, haarige Kerle, die längst die Vierzig überschritten hatten, beschwerten sich an Fahrkartenschaltern: »He, ich bin Student! Na hören Sie mal! Der glaubt mir ums Verrecken nicht, daß ich Student bin! He...« Billigtouristen, Faulenzer, Vagabunden und Schnorrer, die es in diese verarmte Weltgegend gezogen hatte, weil sie Geld sparen wollten. Ihre faden Gespräche drehten sich nur ums Geld: es ging um den Wechselkurs, das billigste Hotel, den billigsten Bus, um jemanden, der (»War das ein Gringo?«) ein Essen für fünfzehn Cent oder einen Alpaka-Pullover für einen Dollar ergattert oder in irgendeinem Dorf von der Dunkelheit überrascht worden war und bei ein paar Aymara-Indios gepennt hatte. Es waren Amerikaner, aber auch Holländer, Deutsche, Franzosen, Briten und Skandina-

vier; sie sprachen alle das gleiche Idiom, die Sprache des Geldes: die Prahlerei drehte sich immer darum, wie lange sie es schon geschafft hatten, hier in den peruanischen Anden herumzuhängen und das System zu überlisten.

Auf einen indianischen Verkäufer von Kaugummi der Marke Chiclets – es waren immer entweder Pullover oder Chiclets – konnten solche Globetrotter demoralisierend wirken. Die peruanische Arbeitslosenzahl war hoch, die Jobs rar, die Straßen waren gesäumt von Bettlern und Obdachlosen. Wie sollte man also diese Tausende von ponchotragenden Fremden einschätzen, die herumlungerten und es sich gutgehen ließen, aber keine erkennbaren Einkommensquellen hatten? Die Touristen konnte man begreifen, sie kamen und gingen und machten kein großes Theater, die Rucksacktypen aber gaben Anlaß zu Besorgnis und Mißstimmungen.

In Peru wirkte sich ihre Anwesenheit auf verschiedene Weise aus. Zum einen hielt sich durch sie die Kriminalität in Grenzen: sie hatten nie viel Geld bei sich und verteidigten das wenige, was sie hatten, mit Klauen und Zähnen. Die peruanischen Taschendiebe und Straßenräuber, die den Fehler machten, einen von diesen Reisenden ausrauben zu wollen, zogen im unausweichlichen Handgemenge mit diesen Opfern immer den kürzeren. Mehr als einmal hörte ich in Cuzco und Umgebung einen Aufschrei und sah einen wutentbrannten Holländer oder einen in Rage geratenen Amerikaner, der einen Peruaner an der Gurgel packte. Der Peruaner hatte den Fehler gemacht, zu glauben, daß er es mit einem einsamen Wanderer zu tun hätte; tatsächlich waren alle wie Stammesbrüder, denen immer ihre Freunde zu Hilfe kamen. Es wäre einfach gewesen, mich zu beklauen oder Merry Mackworth niederzuschlagen, aber bei dem bärtigen Kerl mit dem Poncho über seinem *California is for Lovers*-T-Shirt, mit dem Rucksack und nichts als dem Geld für die Busrückfahrt nach Lima hätte die Sache schon anders ausgesehen; ein solch zäher Bursche hatte keine Angst davor, zurückzuschlagen.

Außerdem hielten die Rucksacktypen die Preise in Grenzen, weil sie keine Trinkgelder gaben und nichts Übertewertes kauften. Auf dem Markt feilschten sie wie die Einheimischen und bezahlten für Tomaten und Obst nur den marktgerechten Preis und keinen Centavo mehr. Ihre bloße Anwesenheit an einem Ort war ein untrügliches Anzeichen für billiges Essen und preiswerte Unterkunft: in Lima konzentrierten sie sich auf einen Stadtbezirk, um Huancayo machten sie einen Bogen, in Cuzco waren sie in Scharen vertreten. Ein Tourist bezahlt jeden Preis, wenn er muß: er will ja nicht lange bleiben. Diese anderen Reisenden aber waren eingefleischte Knauser; sie änderten nicht viel an Peru und machten es mit Sicherheit nicht reicher, aber vielleicht war das immer noch besser als alle stümperhaften Versuche, das Land mit teuren Hotels zu kolonisieren. Das Argument, daß Fünfsternehotels sich segensreich auf ein Land auswirken, weil sie Arbeitsplätze schaffen, ist dumm, wenn nicht gar destruktiv: sie machen die Einheimischen zu Kellnern und Spülerinnen, und das ist so ziemlich alles.

Das Rucksackgeschwader war sehr ruinenbewußt. Viele von ihnen waren überhaupt nur der Ruinen wegen nach Cuzco gereist, und ich fragte mich, was es eigentlich war, was diese Leute daran so anzog, die doch weder Archäologen noch, trotz ihrer gegenteiligen Behauptungen, Studenten waren. Aus ihren Gesprächen schloß ich, daß sie eine spirituelle Affinität zu den sonnenanbetenden Inka und eine Art – in Wirklichkeit ziemlich aufgesetzte – soziale Affinität zu den Indios verspürten. Die Indios fertigten Körbe, Töpfe und handgewebte Stoffe an, und das war es, wofür sich auch ihre Gönner entweder wirklich oder nur in der Phantasie leidenschaftlich begeisterten. In einer Beziehung waren sie aber unindianisch: im Gegensatz zu allen Indianern, die keine Messe auslassen, waren sie keine Kirchgänger. Sie blieben nicht nur den Gottesdiensten fern, sondern verzichteten auch auf Besichtigungstouren durch die katholischen Klöster, Kreuzgänge und Kapellen. Dabei könnten die Klöster interessant sein; außer den Gemälden und Statuen gibt es dort Flagellationsinstrumente: Peitschen, Eisenruten, neunschwänzige Katzen, Stacheldrahtarmbänder und stählerne Stirnreifen, die Santa Catalina und Rosa von Lima in schmerzhafter und blutiger Selbstkasteiung getragen hatten (das Stahlband wurde so lange enger gemacht, bis das Blut lief). Aber die Freibeuter und die harten, bärtigen Studenten wanderten lieber die zehn schwindelerregenden Kilometer hinauf zu den Ruinen von Sacsayhuamán – einer Festung, die in der Form eines Pumakiefers angelegt ist –, zum Am-

phitheater von Qengo mit seinen dunklen Altären im Innenraum (»Echt Wahnsinn!«) oder zur sprudelnden Quelle am Schrein von Tambo Machay weiter oben an der Straße. Die Touristen fuhren mit dem Bus, diese anderen Reisenden benutzten die Inkastraße, einen steilen Pfad durch die Berge im Norden von Cuzco. Sie waren nicht hier, um über die Spanier nachzudenken, sondern um in den Überresten des Inkareiches zu leben. Für sie ist Cuzco immer noch die Stadt der Inka. Die Plaza de Armas ist nicht der Platz, an dem zwei großartige Kirchen stehen, sondern die Stelle, auf der die Inka im »Leichentrage-Monat« die Mumien zur Schau stellten, die sie sonst im Sonnentempel aufbewahrten. Zwecklos, darauf hinzuweisen, daß es an der Plaza keinen Sonnentempel mehr gibt, denn die Steine existieren noch: sie wurden in die Kirche von Santo Domingo integriert. Jedes spanische Gebäude ist ein ehemaliges Bauwerk der Inka, die Straßen sind Pfade der Inka, die Adelshäuser haben einst den Inka gehört.
Ich hatte weder ein Namensschildchen vom Reisebüro noch einen Rucksack. Ich beschritt einen unglaubwürdigen schmalen Pfad zwischen diesen beiden Gruppen und fand mich oft in Gesellschaft von Mexikanern, die sich selbst als Touristen sahen, aber entweder für Hippies oder, schlimmer, für Einheimische gehalten wurden.
»Guck mal genau hin, Paul«, sagte ein Mexikaner eines Abends, »sehe ich aus wie ein Peruaner?«
»Absolut nicht«, sagte ich.
»Was ist denn bloß los mit den Leuten? Ich bin zwei Tage in Cuzco, und schon halten sie mich auf der Straße an und fragen mich nach dem Weg! Ich will dir mal was sagen: Noch zwei Tage, und ich bin wieder in Mexiko! Mag ja sein, daß es dreckig ist, aber so dreckig wie hier ist es auch wieder nicht.«
Am folgenden Tag gingen die Mexikaner und ich kurz vor Anbruch der Dunkelheit durch ein paar dunkle Gassen von Cuzco und fanden uns nach einer Weile in einem feuchten, schattigen Innenhof. In den niedrigen Gebäuden brannte kein Licht; Wäsche hing auf einer Leine. Ein hinkender Hundewelpe schlabberte Wasser aus einer Pfütze, ein großer Truthahn kollerte uns an, zwei Indiofrauen saßen auf einer Bank und tranken Maisbier aus Plastikbechern.
»Ich höre Musik«, sagte einer der Mexikaner. Sein Gesicht leuch-

tete auf, er ging dem Ton nach, der aus einem dunklen Eingang an der Seite des Innenhofes drang. Er ging hinein und kam nach einem Augenblick wieder herausgeschossen: »Es ist eine typische Bar.«
»Sollen wir reingehen?« fragte ich.
»Es gibt keine Plätze mehr«, sagte er und wollte offenbar dringend weg. »Ich trink mein Bier im Hotel.«
Und weg waren die drei Mexikaner. Ich trat in die Bar ein und begriff den Grund für ihre Eile. Der niedrige, fast unterirdisch gelegene Schankraum wurde von sechs rußigen Laternen erhellt, in deren blakendem Licht ich zerlumpte Indios erkennen konnte, die betrunken vor sich hin grinsten und aus verbeulten Bechern Maisbier tranken. Die Bar hatte die Form eines Troges. An einem Ende spielten ein alter Mann und ein sehr kleiner Junge auf Saiteninstrumenten; der Junge sang sehr süß in der Quechua-Sprache. Am anderen Ende des Troges hantierte eine fette Frau mit Fleischstücken, die sie über einem offenen Holzfeuer briet; der Rauch wirbelte durch den Raum. Sie arbeitete nur mit den Händen, warf das Fleisch in die Pfanne, wendete es mit den Händen, hob es prüfend mit den Fingern hoch und legte die fertigen Stücke mit beiden Händen auf einen Teller. Beim Feuer krabbelte ein vielleicht sechs Monate altes Baby herum, das fast nackt war und aussah wie eine weiche Puppe. Ich hatte mich nun umgeschaut und wollte schon gehen, als ich drei Männer bemerkte, die mich zu sich heranwinkten.
»Hier ist ein Platz.« Einer von ihnen rutschte auf seiner Bank zur Seite.
Der Mann trank Maisbier, von dem ich unbedingt einen Schluck trinken sollte. Ich hätte es schon in Huancayo probiert, sagte ich. Das hiesige sei anders, meinte er. Ich konnte keinen Unterschied feststellen; es war der gleiche Geschmack nach saurem, ranzigem Porridge.
»Schmeckt wie afrikanisches Bier«, sagte ich.
»Nein«, schrie er. »Das hier ist gutes Zeug.«
Ich bestellte mir ein normales Bier und machte mich bekannt; vor mir selbst rechtfertigte ich die Lüge über meinen angeblichen Lehrerberuf damit, daß ich mir sagte, es sei viel leichter zu erklären, was ein Lehrer unterrichtet, als zu erläutern, was ein Autor

schreibt. Schreiben ist ein Beruf, den man unmöglich erklären kann. Und selbst wenn die Eröffnung, daß man diesen Beruf hat, keine Bestürzung hervorruft, erzeugt sie übertriebenen Respekt und verwandelt Unterhaltungen schnell in Interviews. Ein harmloser Erdkundelehrer hat eine gute Entschuldigung, praktisch überall zu sein.

Sie seien, sagten sie, im Auftrag des Bauministeriums hier. Gustavo und Abelardo waren Architekten, der dritte Mann, der Napoleon Prentice hieß (»Ein schöner englischer Name, aber ich kann kein Englisch«), Bauingenieur. Ihre Berufe hörten sich beeindruckend an, aber die Männer waren ärmlich gekleidet und sahen ziemlich düster aus.

»Vielleicht sprechen Sie kein Englisch«, sagte ich zu Napoleon, »aber ich bin sicher, daß Ihr Quechua wesentlich besser ist als meins.«

»Ich kann kein Quechua«, sagte Napoleon.

Gustavo sagte: »Ich kann ein paar Worte, aber das ist alles. Sie können es leicht lernen. Es ist genau wie Englisch.«

»Quechua ist wie Englisch?«

»Die Grammatik ist genau die gleiche. Auf spanisch sagen wir ›ein Buch rot‹, aber auf Quechua sagen sie ›ein rotes Buch‹. Wie Englisch. Na los, sagen Sie es.«

»Rotes Buch«, sagte ich auf englisch.

Der Satz brachte sie zum Lächeln; ein englisches Stottern mitten in dieser sonoren spanischen Unterhaltung.

»Sie werden keine Probleme mit Quechua haben«, sagte Gustavo.

Die Männer kamen nicht aus Cuzco. Alle drei stammten aus Lima. Das Ministerium hatte sie geschickt; sie sollten ein Siedlungsprojekt in Quillabamba am Urubambafluß hinter Machu Picchu entwerfen. Abelardo war gerade angekommen, die beiden anderen hielten sich schon seit einigen Monaten in Cuzco auf.

»Wie lange werden Sie hierbleiben, Abelardo?« fragte ich.

»Ein Jahr.« Er warf einen Blick auf die anderen und schüttelte den Kopf. Nicht besonders überzeugt fügte er hinzu: »So schlecht ist es nicht.«

»All die Ruinen«, meinte Napoleon. »Interessant!«

»Interessieren Sie sich für Ruinen?« wollte ich wissen.

»Nein«, sagte Napoleon. Dem allgemeinen Gelächter war zu entnehmen, daß er für alle sprach.
»Was halten denn Ihre Ehefrauen davon, wenn Sie alle so lange weg sind?« Die Frage bekam ich immer zu hören – ich wollte wissen, ob sie vielleicht eine schlaue Antwort darauf parat hätten, die ich später benutzen könnte.
»Wir sind nicht verheiratet«, sagte Gustavo. »Glauben Sie denn, daß verheiratete Männer sich nach Cuzco und Quillabamba schicken lassen würden?«
»Ich bin verheiratet, und ich bin nach Huancayo gefahren.«
»Das ist Ihr Bier, lieber Freund. Wenn ich verheiratet wäre, würde ich zu Hause bleiben.«
»Das tue ich auch«, sagte ich. »Mehr oder weniger.«
»Mehr oder weniger!« Gustavo wollte sich ausschütten vor Lachen. »Das ist ja echt komisch.«
»Nur alleinstehende Männer wie wir«, sagte Abelardo, »werden in so gräßliche Orte wie Iquitos und Puerto Maldonado geschickt.«
»Liegt Iquitos nicht in Ecuador?« fragte ich.
»Manchmal ja, manchmal nein«, lachte Gustavo. »Im Augenblick ja.«
»Ich war in Maldonado«, sagte Napoleon. »Fürchterlich – heißer als in Brasilien.«
»Lima ist schön. In Lima kann man so viel unternehmen.«
Das Jahr in Quillabamba würde eindeutig lang für ihn werden.
»Aber denk doch an all die Ruinen in Cuzco«, sagte Napoleon.
Abelardo stieß einen obszönen Fluch aus, übersetzt etwas wie: »Pisse auf die Eier Gottes.«
»Welche anderen Länder kennen Sie noch?« fragte Gustavo. »Frankreich zum Beispiel? Wieviel würde ich brauchen, um in Paris leben zu können? Wieviel Dollar am Tag?«
»Ungefähr vierzig.«
Er sah entmutigt aus. »Und London?«
»Vielleicht dreißig«, sagte ich.
»Geh nach Lima«, sagte Abelardo. »Da kostet es bloß vier.«
»Geh nach Maldonado«, sagte Napoleon. »Da brauchst du nur einen.«
»Ach ja, die Mädchen von Lima«, trauerte Abelardo.

»Hier gibt es jede Menge Mädchen«, erklärte Gustavo. »Amerikanerinnen, Deutsche, Japanerinnen, was du willst.«
»Ihr werdet schon zurechtkommen«, meinte ich.
»Aber klar«, sagte Gustavo. »In Quillabamba geht's uns bestimmt gut. Wir werden Ideen austauschen.«
Der kleine Junge und der alte Mann spielten noch immer ihre melancholische näselnde Musik. Es stimmte mich traurig, daß dieses barfüßige Kind in einer solchen Kaschemme sang. Die Musik verstummte; der Junge nahm seine Mütze vom Kopf und ging an die Tische, um ein paar Münzen zu sammeln. Wir gaben ihm auch etwas, er verbeugte sich und kehrte zu seinen Liedern zurück.
»Er ist arm«, sagte ich.
»Siebzig Prozent der Bevölkerung von Peru sind arm«, sagte Gustavo, »genau wie der Junge da.«
Wir tranken noch weiter, aber Alkohol hat in dieser Höhenlage eine lähmende Wirkung: ich fühlte mich so bleiern und dumm, daß ich die dritte Flasche Bier ablehnte. Die anderen aßen gebratenes Fleisch. Ich probierte davon, hob mir meinen Appetit aber für später auf, denn ich war inzwischen lange genug in Cuzco, um zu wissen, wo ich für einen Dollar fünfzig ein gutes Steak und eine gefüllte Avocado bekommen konnte. Ich überließ die drei ihrer Unterhaltung über Perus Chancen in der Fußballweltmeisterschaft.
»Wir sind nicht sehr gut«, sagte Napoleon. »Ich glaube, wir verlieren.« Widersprechen wollte ich nicht: mit einem Peruaner geht man am besten um, indem man seinen Pessimismus teilt.
Nach dem Abendessen fühlte ich mich zu krank für einen Spaziergang und ging zurück zum Hotel, das aus ein paar über der Plaza gelegenen Zimmern bestand, sah mich im Speiseraum um und entdeckte einen alten Plattenspieler. Es war tatsächlich ein Gerät von Victrola, ein Victor von 1904; daneben lag ein Stapel 78er-Schellackplatten. Die meisten waren angeknackst. Ich fischte eine heile heraus und las das aufgeklebte runde Etikett: *Ben Bernie and the Lads,* stand da, *Shanghai Lil (Warner Bros.,* »Footlight Parade«*).* Ich drehte die Kurbel und setzte die Scheibe in Bewegung.

> *I've travelled every little highway,*
> *I've climbed every little hill;*

I've been looking high,
I've been looking low,
Looking for my Shanghai Lil.

Die Lichter brannten auf der Plaza. Der Leprakranke, der nachmittags mit blutenden Füßen *like the Pobble who had no toes* an mir vorübergeschlurft war, hatte sich neben dem Brunnen zusammengerollt. Auf der gegenüberliegenden Seite sah ich die wunderschöne jesuitische Kirche, weit dahinter die Anden, schwarz und hoch wie die Hüte der Indios, die schlafend auf der Plaza lagen.

I've been trying to forget her,
but what's the use – I never will.
I've been looking high,
I've been looking low...

Es war kalt. Meine Lederjacke reichte mir nicht, und dabei war ich im Zimmer. Aber es war still: kein Gehupe, keine Autos, keine Radios, keine Schreie, nur die Kirchenglocken und der Victrola.

Looking for my Shanghai Lil.

Um vier Uhr früh an jedem Werktag läuten in Cuzco die Kirchenglocken, und noch einmal um Viertel nach vier und um halb fünf. Wegen der großen Zahl der Kirchen und wegen der Kessellage des Tals klingt das frühmorgendliche Geläut besonders festlich. Die Glocken rufen alle Menschen zur Frühmesse um fünf, aber nur die Indios folgen ihnen in hellen Scharen. Kurz vor sechs öffnen sich die riesigen Portale der Kathedrale wieder ins kalte, verhangene Gebirgsmorgengrauen, und Hunderte von Indios strömen auf die Plaza; so viele von ihnen mit leuchtendroten Ponchos, daß es aussieht wie der Beginn einer Fiesta. Sie sehen glücklich aus, sie haben ein Sakrament empfangen. Alle Katholiken kommen mit leichtem Herzen von einer Messe, und auch die meisten dieser gewohnheitsmäßig verdrossenen Indios mit den von Kummerfalten zerfurchten Gesichtern verlassen den Gottesdienst zu dieser frühen Stunde mit einem Lächeln.

Die Touristen wachen mit den Indios auf, gehen aber zum Bahnhof Santa Ana, weil sie zum Zug nach Machu Picchu müssen. Sie haben Lunchpakete bei sich, Regenschirme, Regenmäntel und Fotoapparate. Sie sind sauer – und haben auch allen Grund dazu. Es ist ihnen gesagt worden, daß sie um sechs am Bahnhof sein müßten, um einen Platz im Siebenuhrzug zu ergattern. Jetzt, um sieben, sind die Tore des Bahnhofs noch nicht geöffnet, und zweihundert oder noch mehr Touristen stehen wartend im Nieselregen. An diesem Bahnhof gibt es keine Ordnung.
Die Touristen wissen das und ärgern sich darüber. Gestern sind sie für den Flug nach Cuzco früh geweckt worden und trafen im Flughafen auf Menschenmassen. Sie sind für den Zug nach Machu Picchu früh aufgestanden, und hier ist der Andrang noch schlimmer. Sie drängeln und schubsen nicht. Sie stehen in der grauen Morgendämmerung, umkrampfen ihre Lunchpakete und schimpfen vor sich hin. Die meisten von ihnen sind auf einer zwölftägigen Südamerika-Rundreise und haben schon viel Zeit mit Warten zugebracht. Es gefällt ihnen überhaupt nicht. Beschweren wollen sie sich nicht, weil sie wissen, daß Amerikaner als notorische Nörgler gelten. Aber sie sind sauer. Ich stehe inmitten der Menge und warte auf eine Gelegenheit, ihnen zu sagen, daß ich ihnen ihren Unmut nicht verdenken kann.
»Sie könnten ja wenigstens die Türen aufmachen und uns in den Bahnhof lassen«, sagt einer der Goodchucks.
»Das ist denen zu einfach. Die wollen uns lieber warten lassen«, meint Charles P. Clapp.
»Ich find das alles zum Kotzen«, sagt Hildy, die auch aussieht, als sei ihr schlecht. Die arme Frau ist über Siebzig, und hier steht sie nun auf der Bahnhofstreppe hinter dem schmuddligen Marktplatz von Cuzco, mitten in den Anden. Zu ihren Füßen kauert eine Indiofrau mit einem weinenden Kind, die Kaugummi und Zigaretten verkauft, daneben sitzt ein anderer bejammernswert schmutziger Mensch mit einem Haufen angestoßener Pfirsiche. Hildy kommt aus einem ordentlichen Vorort im Mittleren Westen, wo die Züge pünktlich verkehren und höfliche Menschen ihr einen Sitzplatz anbieten. Sie hat nicht gewußt, wie hart es hier sein würde. Sie hat meine ganze Sympathie, ja, ich bewundere sie sogar: in ihrem Alter

zeugt so etwas von Tapferkeit. »Wenn die nicht ziemlich bald die Türen aufmachen, geh ich ins Hotel zurück.«
»Ich könnte es Ihnen nicht verdenken.«
»Mir geht es schon seit La Paz nicht mehr richtig gut.«
»Marquette hat eine Niederlage einstecken müssen«, sagt Morrie Upbraid, ein kräftiger Mann aus Baton Rouge, der ständig mit zusammengebissenen Zähnen spricht.
»Texas hat dieses Jahr eine starke Mannschaft«, sagt Jack Hammerman.
»Und was war mit Notre Dame?«
Sie reden über Football: über Siege, Niederlagen und den farbigen Kerl, der über zwei Meter groß ist. Es schafft eine gewisse Zufriedenheit und nimmt der Warterei im regennassen Cuzco den Fluch. Männer unter sich; die Frauen stehen herum und ärgern sich.
»Ich will sehen, wie LSU sie alle macht«, sagt Mr. Hammerman.
»Man sollte doch meinen, daß sie mindestens mal die Türen aufmachen«, sagt Mrs. Goodchuck.
Endlich gehen die Bahnhofstüren auf; die Menge schwappt nach vorn. Die ältlichen Touristen schieben sich vor, drängeln aber nicht. Massenansammlungen sind immer so eine Sache, und sie haben das Gefühl, daß sie sich hier einem Test unterziehen; als würde eine allzu heftige Reaktion sie gleich zu Peruanern machen. Vor Scham und Mißbilligung halten sie sich etwas zurück, und nur ein argentinisches Paar in den Flitterwochen – ein dunkler, forscher Mann und seine dürre, klettenhafte Frau – schubst sich nach vorn durch. Sie haben es leicht. Mit Ellbogeneinsatz drängen sie sich an den sanftmütigeren Amerikanern vorbei und sind vermutlich überrascht, daß sie so schnell durch die Tür gelangen.
»Ihr müßt euch nach hinten lehnen«, rät Charles P. Clapp. »Dann werdet ihr nicht platt getrampelt.«
Die Amerikaner lehnen sich zurück.
Alle bekamen einen Platz, außer drei mit Rückentüchern und Bündeln beladenen Indiofrauen und zwei mit Schlapphüten und Ponchos als Indios verkleideten Globetrottern. Wir übrigen saßen da, unsere Lunchpakete auf dem Schoß. Eine Stunde lang ging das so, und während die Zeit verstrich, steigerte sich die furchtsame Spekulation darüber, ob der Zug überhaupt abfahren würde, zu laut-

starkem Unmut. Ein allgemeiner Seufzer der Erleichterung ertönte, als der Zug endlich den Bahnhof verließ. Es war noch immer bewölkt, die Berge wirkten durch den grünlichen Dunst weicher. Die Autostraße liegt hoch, aber der Zug bleibt unten; er umfährt die Berge auf einer Strecke durch eine Reihe von Schluchten, dicht vorbei an rauschenden Wildwasserbächen. Aussichtspunkte gab es hier kaum: wir waren zu tief unten in den Bergen, um außer überhängenden Felsen etwas sehen zu können. Wo immer ein Talboden flach genug war, standen Lehmhütten neben den raffiniert konstruierten Inka-Mauern, diesen sorgfältig errichteten Bauwerken aus exakt zusammengefügten Steinen; Inka-Terrassen waren zu Indiodörfern geworden. Die Hütten aus Lehmziegeln stammen aus unserer Zeit, die Inka-Mauern sind alt, sie aber wurden ohne Hilfe von Rädern erbaut, und ihre Außenseiten sind mit Steinwerkzeugen poliert und verbunden worden.
Bert Howie skandiert beim Anblick des Mauerwerks: »Inka! Inka! Inka! Egal, wohin du guckst: Inka!«
»Mich erinnert das hier irgendwie an Wyoming«, sagt Harold Casey und macht uns auf die felsigen Steilwände, das herabstürzende Wasser und die grünen Berghänge aufmerksam.
Die Lewgards fühlen sich an Teile von Maine erinnert. Die Prells sagen, es sei kein bißchen wie Indiana, und ernten Gelächter. Jemand meint, es sei so ähnlich wie Ecuador, was die anderen ärgert: Ecuador ist ihre nächste Station.
Bert und Elvera Howie hören sich die Vergleiche an und sagen, es sei wie Afrika. Teile von Afrika sähen haargenau so aus. Wir blicken aus dem Fenster und sehen Lamas, die kleineren, flauschigeren Alpakas, sehr borstige Schweine und Reisig sammelnde Frauen mit Filzhüten, Umschlagtüchern und Kniestrümpfen. *Afrika?* Elvera besteht darauf. Sie sei ganz überrascht, sagt sie, weil Bert an diesem Morgen gesagt habe, der Blick aus dem Hotel – aus dem Fenster des Cocktail-Salons im obersten Stock – erinnere ihn an Florenz: all diese orangefarbenen Ziegeldächer, die Kirchen, das Licht.
»Nach Afrika wollte ich schon immer mal«, wirft Hildy ein, die jetzt, weil sie sich hinsetzen konnte, schon frischer aussieht.
Bert erklärt: »Wir waren die letzten, die aus Uganda rausgekommen sind.«

»Das muß ja gräßlich gewesen sein.«
»Diese armen Hindus. Denen haben sie am Flughafen die Ohrringe abgenommen.«
Elvera meint: »Es war zum Fürchten. Aber mir hat's gefallen.«
»Da gab es genau solche Berge, von denen Afrikanerinnen mit Sachen auf dem Kopf herabstiegen.«
»Bert ist zum Fischen gegangen.«
»Im Nil.« Während er das mit einem Lächeln erzählt, sieht der peruanische Fluß, der neben dem Bahndamm fließt – der nette kleine Anta –, direkt anheimelnd aus: was ist er schon im Vergleich zum Nil?
»Riesenbrummer hab ich gefangen: Nil-Barsche heißen die Dinger. Das Wasser war so schwarz wie der Sitz hier.«
»Guckt euch diese Armut an«, sagt Mr. Upbraid.
Wir sind in einem Dorf hinter der Stadt Anta: ein paar Lehmhütten, ein paar Schweine, ein Alpaka mit verfilztem Fell, kleine Mädchen mit Säuglingen auf dem Arm, Kinder, die die Hände aufhalten und um »*Monis, Monis*« betteln.
»Haiti«, sagt Bert. »Wart ihr schon mal in Haiti? Das ist Armut. Das ist Elend. Das hier ist doch gar nichts. Die Leute hier haben Bauernhöfe – jeder hat ein oder zwei Morgen Land. Selbstversorger. Haben ein Dach über dem Kopf. Denen geht's ganz gut. Aber in Haiti? Da verhungern sie glatt. Oder Jamaika? Noch schlimmer.«
Niemand kann ihm widersprechen. Wir sehen aus dem Fenster. Was Bert sagt, läßt das alles recht wohlhabend erscheinen.
»Das ist keine Armut«, behauptet Bert.
Es hat keinen Zweck, wenn ich ihm sage, daß diese Bauern Pächter sind und nichts besitzen als die Kleider, die sie am Leib tragen. Die Hütten sind undicht. Die Gemüsebeete liegen hoch in den Bergen, manche auf den alten Inka-Terrassen, andere wie hellgrüne Flicken, die in einem Neigungswinkel von sechzig Grad auf die Abhänge gestichelt sind. Ich bin versucht, ihm zu sagen, daß niemand hier etwas besitzt, ja, daß diese Indios selbst zum Besitz eines Herren gehören. Aber sachliche Informationen verwirren diese Touristen nur, sie basteln sich ihre Erklärungen lieber selbst zusammen.
»Sieht aus wie 'ne Art Höhle – ich nehm an, daß sie früher dadrin

gewohnt haben, vor vielen Jahren.« Und: »Eine Art Treppe – führt bestimmt zu einem Ausguck oder so was.«
»Komisch, die Sonne scheint, aber hier ist es echt dunkel.«
»Weil wir in einem Tal sind.«
Die Unterhaltung, reinster Thornberry, holperte weiter vor sich hin, während wir an den Rümpfen der kauernden Berge vorüberglitten.
»Guck mal. Wieder Indiofrauen.«
Es waren zwei, mit Umschlagtüchern und tellerartig flachen Hüten wie rote Tortenbackformen. Die eine zerrte ein Lama aus einem Acker, die andere spann – vielleicht nur zur Erbauung der Touristen – mit einer rohen Holzspindel, die sie in der Hand hielt, Wollfäden.
»Hast du das im Kasten, Bert?« wollte Elvera wissen.
»Moment noch.«
Bert zog seine Kamera heraus und knipste ein Bild von den beiden Frauen. Ein Mann namens Fountain sah ihm zu. Bert wandte sich an Mr. Fountain: »Das ist die neue Canon – gerade auf den Markt gekommen.«
Er sagte weder, wieviel er dafür bezahlt hatte, noch machte er viel Aufhebens davon, daß sie ihm gehörte; es war eine etwas undurchsichtige Art von Angeberei: »Das ist die neue Canon.«
Mr. Fountain nahm die Kamera, wog sie in der Hand, guckte durch den Sucher und meinte: »Handlich.«
»Kompakt«, sagte Bert. »Ich wünschte, ich hätte schon auf unserer Weihnachtsreise so eine gehabt.«
Der Satz erweckte fragendes Gemurmel, aber nicht viel echtes Interesse.
»Wißt ihr, was ein Sturm von Windstärke zwölf ist?«
Unwissenheit kommt manchmal eingewickelt daher wie ein Paket; das Gemurmel hörte sich an wie das Rascheln der Papierhülle um dieses schlichte Ding. Niemand wußte es.
»Es war auf einer Kreuzfahrt«, sagte Bert. »Von Acapulco aus. Wir waren schon einen Tag unterwegs. Schöner, sonniger Tag. Plötzlich ziehen Wolken auf, und ziemlich bald bläst es mit Windstärke zwölf. Alle waren seekrank. Achtundvierzig Stunden hat's gedauert. Elvera ist an die Bar gegangen und blieb da einfach sitzen – hat sich zwei Tage lang festgehalten.«

»Das war meine Schmusedecke.«
»Man konnte nicht schlafen, man konnte nicht essen. Dramamine wirkt nämlich bloß, wenn man es nimmt, *bevor* man anfängt zu kotzen. Es war echt grauenhaft. Ich bin zwei Tage lang rumgelaufen und hab immer bloß gesagt: ›Das gibt's doch gar nicht. Das gibt's doch nicht.‹«
Es ging noch weiter. Zehn Minuten lang gaben Bert und Elvera Howie ihre Horrorgeschichte zum besten, und selbst in ihrer monotonen Erzählung – sie redeten abwechselnd und fielen sich gegenseitig ins Wort, um noch weitere Details hinzuzufügen – klang der Bericht so furchterregend wie eine Seite aus *Arthur Gordon Pym:* eine Geschichte von hohen Wellen und wildem Wind, von Seekrankheit, Feigheit und Schlaflosigkeit. Die alten Leute auf dem Schiff (die alten Leute in diesem Zug reagierten darauf mit besonderem Entsetzen) wurden so schlimm herumgeschleudert, daß sie Knochenbrüche an Armen und Beinen davontrugen. »Ein alter Mann – netter alter Knabe – brach sich die Hüfte. Manche Leute waren so schwer verletzt, daß wir sie für den Rest der Reise nicht mehr gesehen haben.« Das reine Chaos sei es gewesen, sagte Bert, und Elvera gab dem englischen Kapitän die Schuld: er habe sie überhaupt nicht vorgewarnt. »Irgendwas *muß* der doch gewußt haben.« Hinterher hatte der Kapitän gesagt, daß das der schlimmste Sturm in all seinen Jahren auf See gewesen sei.
Elvera hatte mich schon seit einiger Zeit mit einer Art säuerlichem Mißtrauen beäugt. »Ihr Engländer«, sagte sie schließlich.
»Eigentlich bin ich kein Engländer.«
»Eigentlich.« Sie verzog das Gesicht.
Bert redete immer noch vom Hurrikan, vom Wind und den Knochenbrüchen. Die Geschichte bewirkte, daß einem der leichte Regen, der in dieses Andental hinunterging, wie ein Frühlingsschauer vorkam und die Eisenbahnfahrt wie ein Spaziergang. Bert und Elvera hatten schon stürmische Tage im Pazifik abgewettert; der Trip in dem Zug hier war ein Sonntagsausflug, der kaum der Rede wert war.
»Ich hab Durst«, sagte Elvera. »Statt diesen Leuten etwas von einem anderen Trip zu erzählen, solltest du dich vielleicht besser auf die heutige Fahrt konzentrieren und mir was zu trinken beschaffen.«

»Komisch«, meinte Bert. »Ich kann kein Wort Spanisch. Ich kann bloß Englisch; aber ich komm immer durch. Sogar in Nairobi. Und in Italien. Wollen Sie wissen, wie ich das mache? Ich sitz einfach da und sage ›Ich... wollen... trinken.‹ Klappt immer.«
Die Gelegenheit für den Beweis, daß er jede Sprachbarriere spielend überspringen konnte, bot sich schnell. Ein Schaffner kam in unseren Waggon. Bert lächelte und tippte dem Mann auf den Arm: »Ich... wollen... trinken.«
Der Schaffner grunzte etwas und wandte sich ab.
»Das passiert mir wirklich zum ersten Mal, daß ich...«
»Seht mal!«
Vor uns, hinter einem schwarzen Tor aus steinernen Zinnen, lag ein weites, flaches, sonnendurchflutetes Tal; im Himmel und an den Felsvorsprüngen hingen Vögel schräg wie Akzentzeichen auf geschriebenen Vokalen; windgebeugte Sträucher bildeten streifiges Grün auf den schroffen Bergen im Hintergrund. In der Mitte des Tals, zwischen Fuchsien und weißen Orchideen, ein turbulenter brauner Fluß: der Vilcanota, der nach Norden auf Machu Picchu zufließt, wo er Urubamba heißt und nach Nordosten weiterströmt, auf den Amazonas zu. Er fließt durch Sicuani, vorbei an den Gletschern über der verfallenden Stadt Pisaq, und hat hier, wo unser Zug entlangtutete, das heilige Tal der Inka ausgewaschen. Die Form dieses Tals – flach, grün und versteckt, und das an einem so hochgelegenen Ort – hatte die Inka angezogen. Viele waren hiergewesen, schon bevor die Spanier nach Cuzco kamen, und viele verschanzten sich hier, als die Hauptstadt gefallen war. Das Tal wurde zu einer Bastion der Inka, und lange nachdem die Spanier glaubten, dieses fromme und hochzivilisierte Reich ausgelöscht oder zumindest unterworfen zu haben, lebten noch immer Inka in den Festungen dieser Schluchten. 1570 waren zwei Missionare der Augustiner, die Mönche Marcos und Diego, so von fanatischem religiösem Eifer beseelt, daß sie den Weg über diese Berge und durch dieses Tal schafften. Sie setzten sich an die Spitze eines zusammengewürfelten Haufens von konvertierten Indios, die mit Fackeln jeden Tempel in Brand steckten, in dem noch Inka ihrem Gott huldigten. Den größten Triumph hatte der Zug in Chuquipalta bei Vitcos, wo seine Mitstreiter zur größeren Ehre Gottes (der Teufel

war hier erschienen, sagten die Inka) ihre brennenden Fackeln an das Haus der Sonne legten. Am Flußufer wurden mehrere Missionsstationen eingerichtet (Marcos erlitt später ein grausiges Martyrium), aber weiter oben, wo Berge und Himmel scheinbar eins werden, blieben die Ruinen sich selbst überlassen. Die Täler verfielen in einen langen Schlaf. Erst 1911 drang wieder jemand hierher vor, als der Yale-Absolvent Hiram Bingham – die Zeilen aus Kiplings *Explorer (Something hidden. Go and find it. Go and look behind the ranges – / Something lost behind the ranges. Lost and waiting for you. Go! – [Etwas Verborgenes. Geh und finde es. Geh und such es hinter den Bergen – / Etwas Vergessenes hinter den Bergen. Untergegangen, und es wartet auf dich. Geh!])* im Ohr – die riesige Stadt auf dem Berggipfel fand und Machu Picchu nannte. Er glaubte die verlorene Stadt der Inka gefunden zu haben, aber John Hemming äußert in *The Conquest of the Incas* die Ansicht, daß ein noch abgelegenerer Ort im Westen, Espíritu Pampa, diesen Titel viel eher für sich beanspruchen könne.

Es gehört zum Genius der Inka, daß sie sich in versteckten Tälern verschanzten, hinter Geröllhalden, am Ende steiler Pfade, die sich im Gebirge verloren. Ihre hochentwickelte Steinbaukunst befähigte sie dazu, die natürlichen Bollwerke zu sicheren Festungsanlagen und Wachposten auszubauen. Ein paar Kilometer hinter dem Eingang zum Vilcanota-Tal erreichten wir Ollantaytambo, und wenn ich nicht schon bei einem anderen Ausflug an diesem Ort gewesen wäre, hätte ich jetzt nicht bemerkt, wie perfekt sein Standort gewählt war, da man die Terrassenanlagen und Tempelmauern erst erkennen konnte, wenn man obendrauf stand. Vom Bahndamm und vom Fluß aus sind sie so gut wie völlig verborgen; was man von dort aus sieht und für Wohnhäuser hält, sind Hunderte von Metern in der Höhe postierte Wachtürme der Inka, hohe, dickwandige Hütten, von denen aus die belagerten Krieger vor neuen spanischen Attacken gewarnt werden konnten. Ollantaytambo war in gewisser Weise erfolgreich: vor über vierhundert Jahren griff ein spanisches Regiment unter Hernando Pizarro die Stadt an und wurde zurückgeschlagen. »Als wir Tambo erreichten«, schrieb ein spanischer Soldat, »fanden wir es so stark befestigt, daß schon der Anblick Furcht und Schrecken verbreitete.« Es wurde eine blutige

Schlacht, in der die Spanier von Steinschleuderern, amazonischen Bogenschützen und Inka, die sich mit vom Feind erbeuteten Waffen, Helmen und Schilden ausgerüstet hatten, zurückgeschlagen wurden.

Die Symmetrien der Inka sind von anmutiger, biblischer Pracht: hinter den Mauern liegen hängende Gärten, gekrönt von zwanzig Tonnen schweren Megalithen, die etliche Kilometer weiter weg aus dem Fels gebrochen und auf diesen Gipfel gehoben wurden. Es handelte sich hier nicht allein um eine Festung; zuerst war es ein königlicher Garten gewesen.

»Die sind sicher gegen Erdrutsche«, meinte Mr. Fountain, der gerade vorbeiging.

Bert Howie rief: »Hey, was für tolle Schuhe!«

Er bestaunte meine Füße.

»Wasserdicht«, erklärte ich.

»Hey, Honey«, sagte Bert zu Elvera, »guck dir mal diese tollen Schuhe an!«

Aber Elvera guckte sich immer noch Ollantaytambo an. Sie hielt den Uhrenturm auf dem Dorfplatz für eine Kirche und fühlte sich, wie sie sagte, an die Kirchen von Cuzco erinnert. Die anderen redeten von Kirchen in Lima, in Quito, in Caracas, in La Paz und noch weiter weg; niemand äußerte sich über die Weizen- und Maisfelder, die schwindelnden Höhen der von Gletschern geglätteten Felswände oder über unseren Weg, der hier im heiligen Tal der Inka am braunen, lauten Fluß entlang zur Sonne führte. Das Thema Kirchen löste eine Diskussion über Religion und damit einen wahren Strudel von verworrenen Ansichten aus.

»Diese goldenen Altäre lassen mich nicht los«, sagte jemand. »Ich verstehe nicht, wieso sie sie nicht einschmelzen und von dem Geld einige der hungernden Menschen ernähren.«

»Und die Statuen«, meinte ein anderer, »die sind so übertrieben, immer so blutig und ausgemergelt.« Alle redeten und argumentierten durcheinander; die Christusfiguren seien am allerschlimmsten, richtig blutrünstig, aber die Madonnen immer pausbäckig und mit Samt und Spitze rausgeputzt wie Puppen; Jesus am Kreuz sehe zwischen all den Goldschnitzereien fürchterlich aus mit diesen vorstehenden Rippen; man sollte doch meinen, daß sie sie

wenigstens wie Menschen darstellen könnten. Es ging weiter: Blut, Gold, Leiden und Gläubige auf den Knien. Warum sie eigentlich so übertreiben müßten, fragte einer, wenn es dann doch bloß vulgär aussehe.
Ich hatte schon ziemlich viel in der Art gehört: diese vorgebliche Mischung von Unverständnis und Abscheu enthielt eine Portion spöttischer Herablassung. »Ich begreif's einfach nicht«, sagten sie, benutzten ihre Verständnislosigkeit aber bloß als Deckmäntelchen für hämische Ignoranz.
Der Moment schien gekommen, an dem ich etwas sagen mußte. Ich hatte diese Kirchen auch gesehen und meine eigenen Schlüsse gezogen. Ich räusperte mich.
»Es *sieht* übertrieben aus, weil es übertrieben *ist*«, sagte ich. »Schon möglich, daß in den hiesigen Kirchen die Christusdarstellungen blutiger sind als in Spanien, und sie sind bestimmt sehr viel blutiger als alles, was man in den Staaten zu sehen bekommt. Aber hier ist auch das Leben blutiger, nicht wahr? Um an das Leiden Christi glauben zu können, muß man wissen, daß Er mehr litt als man selbst. In den Vereinigten Staaten sieht die Christusfigur leicht verletzt aus; ein paar Tränen, ein paar kleine Kratzer. Aber hier? Wie kann man mehr erdulden als diese Indios? Sie haben schon alle Arten von Schmerz erlebt. Die Inka waren friedfertig und fromm, aber wenn jemand das Gesetz mißachtete, erwarteten ihn ungeheuerliche Strafen: er konnte lebendig begraben, mit Keulen erschlagen, auf dem Boden gekreuzigt, zu Tode getrampelt oder gefoltert werden. Hohe Beamte, die ein Verbrechen begangen hatten, bewarf man von einem Berggipfel aus mit schweren Steinen, Jungfrauen, die man dabei ertappte, wie sie mit einem Mann sprachen, wurden an den Haaren aufgehängt. Die spanischen Priester brauchten den Schmerz nicht hier einzuführen, aber ein gekreuzigter Jesus gehörte zur Liturgie. Man lehrte die Indios, daß Christus litt, also mußten sie davon überzeugt werden, daß Sein Leiden schlimmer war als ihres, ebenso wie man ihnen zeigen mußte, daß Maria, die Mutter der Welt, gesünder und besser gekleidet war als jede Frau in ihrer irdischen Gesellschaft. Die Figuren sind in jeder Beziehung überlebensgroß, weil sie Gott und die Heilige Mutter Gottes darstellen. Stimmt's?«

Voller Überzeugung, daß ich recht hatte, kam ich in Fahrt: zum Beispiel die Maria in der Kirche San Francisco in Lima. Mit ihrem flitterbesetzten Umhang, dem Brokatgewand und dem silbernen Korb in der Hand mußte sie jede Adlige der Inka und schließlich auch jede elegante Spanierin überstrahlen. Die Heiligenfiguren mußten jeden Spanier oder Peruaner in den Schatten stellen, ob im Reichtum oder im Leid: sie mußten mutiger, gequälter, reicher oder blutiger aussehen, um gesegnet zu wirken. In allen Kirchen war der Heiland schlimmer entstellt als der Leprakranke auf der Plaza, und das mußte er auch sein. Die Lehre der peruanischen, vielleicht der gesamten lateinamerikanischen Kirche basierte auf der Demonstration der Außergewöhnlichkeit des Erlösers. Auf etwa die gleiche Weise zeigten die Statuen von Buddha als Bettelmönch einen Mann, der hungriger und magerer aussieht als jeder gläubige Buddhist. Um an Gott glauben zu können, mußte man begreifen, daß Er größere Qualen erlitten hatte als man selbst, und Maria mußte mütterlicher, fruchtbarer und reicher aussehen als jede andere Mutter. Die Religion brauchte diese Intensität, um Frömmigkeit zu erzeugen. Ein Gläubiger konnte niemanden verehren, der so war wie er selbst: man mußte ihm einen Grund für die Heiligkeit der göttlichen Statue geben. Er reagierte darauf in der passendsten Weise, indem er sie hingebungsvoll in Gold hüllte.

Nach diesen Ausführungen redete niemand mehr von Religion. Alle starrten aus den Fenstern und sagten: »Wieder Schweine« oder »Guck mal, ist das ein Regenbogen?« Sie schwatzten vor sich hin wie Mr. Thornberry, um sich von einer längst schon langweiligen, ereignislosen Bahnfahrt abzulenken.

Es *war* ein Regenbogen über dem Urubamba. Soweit bekannt ist, waren die Inka das einzige Volk der Erde, das den Regenbogen verehrte. Inzwischen waren wir nahe an dem Ort, den Hiram Bingham als »letzte Hauptstadt der Inka« bezeichnet hat. Der Zug hielt. Machu Picchu lag über uns, verborgen hinter Felswänden und steinernen Vorsprüngen. Die Touristen plapperten immer noch. Dummerweise hatte ich Bert Howie von dem Victrola-Gerät in meinem Hotel erzählt, auf dem ich mir *Shanghai Lil* vorgespielt hatte, worauf Bert, der sich neben mir den Berg hinaufquälte, mir gleich voll wehmütiger Erinnerungen mitteilen mußte, Ben Bernie sei ein

Junge aus Chicago gewesen. Hoch über Berts redseligem Kopf, an der steilsten Stelle des Berges, hatten jeden Tag bei Sonnenaufgang die prächtig gewandeten Sonnenpriester nach Osten geblickt und, wenn die Sonne – ihr männlicher Gott – ihre Flammen über die Anden ergoß, die Arme ausgebreitet und (so beschreibt es Pater Calancha im Jahr 1639) »ihr Küsse zugeworfen... eine Zeremonie der tiefsten Ergebung und Ehrfurcht«. Wir waren allerdings noch nicht weit gekommen; wir waren immer noch in der Nähe des Flusses, der wild und dunkel aussieht, weil er den schwammigen Bewuchs der überhängenden Felsen und nicht den Himmel widerspiegelt. »Das Wasser sieht schwarz und schrecklich aus«, schreibt Bingham, »auch für ganz profane Yankees.«
Wir kletterten weiter den Steilhang hinauf. Die Touristen unterbrachen ihr Geplauder nur, wenn ihnen die Puste auszugehen drohte; ihr Japsen klang zusehends kläglicher. Erst auf der allerletzten Stufe, am Rand des Berges, öffnete sich ein Blick auf die ganze Stadt. Sie liegt hingebreitet auf dem Berg wie ein riesiges, zerbrochenes, von Kondorschwärmen sauber gepicktes Skelett. Dieses eine Mal schwiegen die Touristen.

18
»El Panamericano«

Der »Panamericano«, einer der bedeutenden Züge Südamerikas, verkehrt auf der über anderthalbtausend Kilometer langen Strecke zwischen La Paz in Bolivien und der argentinischen Stadt Tucumán. Daß er eine Staatsgrenze überquert, was wenige Züge in dieser Hemisphäre tun, macht die Fahrt mit ihm besonders reizvoll. Fast immer ist das Niemandsland der Grenze eine Szenerie für faszinierendes Schmierentheater: da gibt es die Zeremonie des Pässestempelns, die mißtrauischen Blicke, die Einschüchterung beim Zoll, die albernen patriotischen Feindseligkeiten und die unerklärten Verspätungen. Den Río Grande zwischen Texas und Mexiko hatte ich zu Fuß überquert, der Grenzübertritt zwischen Guatemala und El Salvador war eine kleine Wanderung gewesen; jetzt freute ich mich darauf, in Bolivien in einen Zug zu steigen und – nach drei Tagen auf dem Hochplateau der Anden – im Herzen von Argentinien anzukommen.
Aber erst einmal mußte ich sehen, wie ich überhaupt aus Peru hinauskommen konnte. Der Eisenbahnerstreik hatte inzwischen begonnen, und nur noch eine Strecke war in Betrieb. Das Personal für den Zug nach Machu Picchu stellte die peruanische Armee. Hier ging es nur um das Wohl der Touristen; Pech, wenn man bloß ein Indio war, der auf einer der anderen Strecken nach Hause fahren wollte. Die Grubenarbeiter streikten auch, und die Arbeiter der Stadtverwaltung hatten das Rathaus von Lima besetzt. Aus friedlichen Demonstranten waren wütende Massen geworden, und es gab Sabotagedrohungen gegen den Zug nach Machu Picchu. Die Arbeiter verlangten einen Dollar fünfzig mehr Lohn. In Peru kosten zwei Pfund Fleisch einen Dollar fünfzig, und mehr als zwei Pfund

kann ein peruanischer Durchschnittshaushalt sich im Monat nicht leisten. Ich müsse schnell aus Peru abreisen, wurde ich gewarnt, denn bald würden auch die Busse bestreikt; und obwohl ich mir in Kolumbien geschworen hatte, keinen Fuß mehr in einen südamerikanischen Bus zu setzen – guter Gott, ich hatte schließlich Frau und Kinder! –, blieb mir keine Wahl, als mit dem Bus nach Puno zu fahren.

Mit dem Zug wäre es eine einfache, angenehme Fahrt gewesen, mit dem Autobus war es eine staubige, quälende Holperei über eine Wellblechpiste. Ich konnte in diesem Gefährt nicht lesen und mußte für einen Tag mit meinem Tagebuch aussetzen. Bei Sonnenuntergang erreichten wir den Titicacasee, den wir in stockfinsterer Nacht im Dampfer *M. V. Ollanta* überquerten. Angeblich ist dies eine der reizvollsten Fahrten auf dem ganzen Kontinent, aber ich sah nichts, denn es war Nacht. Die letzte Etappe legten wir mit dem Zug zurück, doch die Fahrt von Guaqui nach La Paz war zu kurz, um einen Eindruck zu hinterlassen. Ich erinnere mich bloß an einen verwirrt dreinblickenden Indio, der mit einem Lama zwischen den Felsbrocken stand und mit den Augen dem Zug folgte. Dieses Lama sah aus wie das im Kindervers von Hillaire Belloc: ein besonderer Vorwurf an mich:

The llama is a woolly sort of fleecy hairy goat,
with an indolent expression and an undulating throat
like an unsuccessful literary man.

(Das Lama ist eine Art wollige, filzig-haarige Ziege
mit Gleichmut im Gesicht und Falten am Hals
wie ein erfolgloser Literat.)

Gleich über La Paz, wo der Zug nach oben klettert und eine Weile auf dem Kamm der Bergkette bleibt, bevor er in die Stadt hinunterfährt, gibt es pechschwarze schneebedeckte Gipfel. Der Schnee hat etwas gespenstisch Trockenes, Dauerhaftes an sich; etwas völlig anderes als der leuchtende neuenglische Schneematsch.

Die Leere von Bolivien war mir schon am Südende des Sees aufgefallen. Es war weder die krümelige Leere von Mexiko noch die

muschelkalkfarbene Kahlheit von Peru, noch die verwitterte Trokkenheit von Guatemala; Boliviens Kahlheit war die nackte, kiesige Erdkruste, fossile geologische Formationen: der Mutterboden war einfach davongeweht und hatte das Land bis auf seine uralten Knochen entblößt. Kälter und bösartiger konnte kein Ort aussehen. Und doch waren die Bolivianer im Zug von Guaqui freundliche Menschen, die mit ihren Hüten (hier schien eine steife braune Melone besonders beliebt) beinahe flott aussahen. »Sie sollten eine Weile hierbleiben«, meinte ein Bolivianer und deutete auf die schneebedeckten Gipfel. »Da drüben kann man Ski fahren.«
Die Wolken waren grau und schwarzgerändert. Während der Talfahrt in Richtung La Paz, das zu immer größerer Häßlichkeit heranwuchs, je weiter wir uns dem Talboden näherten, brachen sie zusammen, und ein bläulichweißer Blitz schoß aus dem Himmel. Dann ein Donnerschlag; es fing an zu hageln. Murmelgroße Hagelkörner prasselten gegen die Zugfenster; ein Wunder, daß sie das Glas nicht zertrümmerten.
Mir ging es nicht gut. In Cuzco hatte ich schlecht geschlafen, im Bus nach Puno nur gedöst, und die wütenden Dampfkessel der *M. V. Ollanta* hatten mich während der Überfahrt über den Titicacasee wach gehalten. Ich hatte Magenbeschwerden, und zum ersten Mal nützte mir mein mit Morphium versetzter englischer Zement nichts mehr. Dazu kam noch die Höhenlage: La Paz liegt 3600 Meter über dem Meeresspiegel, der Zug war auf seinem Weg in die Stadt noch höher hinaufgeklettert. Ich befand mich in einem Halbwachzustand, fühlte mich schwindlig und kurzatmig. Die Höhenkrankheit war mir aufs Gedärm geschlagen, und obwohl ich weiter an der Zement-Flasche hing und Gewürznelken kaute (mein Zahn schmerzte wieder), wußte ich, daß es mir erst bessergehen konnte, wenn ich mit dem »Panamericano« aus La Paz hinausfuhr.
Ich hatte noch ein weiteres Leiden, das sich allerdings als vorteilhaft erwies. Ich weiß nicht mehr, wie ich in La Paz ein Hotel fand – ich glaube, daß ich eins sah, das in Frage kam, und einfach hineinging. Jedenfalls wollte ich, nachdem ich mein Zimmer gefunden hatte, ein Aspirin nehmen und ließ dabei das Zahnputzglas ins Waschbecken fallen. Instinktiv griff ich danach, bewegte es herum und merkte plötzlich, als ich den Arm hob, daß ich nur Glassplitter

und Blut in der Hand hatte. Es war die Hand, mit der ich schreibe; das Blut lief mir den Arm hinunter. Ich bandagierte die Wunde mit einem Handtuch, ging auf den Flur hinaus und rief nach dem Zimmermädchen, das den Boden fegte. Sie machte ein schnalzendes Geräusch: das Blut sickerte schon durch das Handtuch. Sie nahm ein Gummiband aus der Schürzentasche.
»Binden Sie sich das ums Handgelenk«, sagte sie. »Dann hört es auf zu bluten.«
Ich erinnerte mich dunkel, daß Aderpressen inzwischen in Verruf gekommen waren, und fragte sie nach der nächstgelegenen Apotheke.
»Vielleicht sollten Sie zum Arzt gehen«, meinte sie.
»Nein«, sagte ich. »Es wird schon aufhören.«
Ich war kaum zwei Straßen weit gekommen, als das frische Handtuch, das ich um meine Hand gewickelt hatte, auch schon durchweicht war. Es tat nicht weh, aber es sah scheußlich aus. Ich versteckte die Hand unter dem anderen Arm, um die Passanten nicht zu erschrecken, aber das Blut tropfte aufs Pflaster: »Verdammt«. Es war mir zutiefst peinlich, mit einem blutgetränkten Handtuch um die Hand in dieser großen grauen Stadt herumzulaufen. Allmählich wünschte ich mir, daß ich das Gummiband ausprobiert hätte. Blut tropfte auf den Zebrastreifen, Blut tropfte auf die Plaza. Ich fragte mich zur Apotheke durch und konnte sehen, daß ich überall, wo ich stehengeblieben war, eine Pfütze von Blut hinterlassen hatte; ein entsetzter Einheimischer beobachtete mich. Rennen wollte ich nicht: Rennen beschleunigt den Herzschlag, und man blutet noch mehr.
Fünf junge Chinesinnen führten die Apotheke; ihr Spanisch hatte den gleichen näselnden, kaugummikauenden Ton wie chinesisches Englisch. Ich hielt meine tropfende Tatze über einen Papierkorb: »Ich hab da ein kleines Problem.« Noch im Hotel hatte ich die spanischen Vokabeln für »Wunde«, »Desinfektionsmittel«, »Verband«, »Heftpflaster« und »Mull« nachgesehen.
»Kommt es immer noch raus, das Blut?« fragte eine der Chinesinnen.
»Ich glaube schon.«
»Nehmen Sie mal den Verband ab.«
Ich wickelte das durchweichte Handtuch auseinander. Blut lief aus

dem Schlitz in meiner Handfläche: ein sauberer, leicht geöffneter Schnitt im Fleisch, aus dem es in einem stetigen Rinnsal heraustriefte. Jetzt blutete ich auf die Ladentheke. Mit raschen Bewegungen holte das Mädchen etwas Watte, tauchte sie in Alkohol und preßte den Bausch mit schmerzerzeugendem Druck auf den Schnitt. In Sekunden war die Watte rot.
»Es läuft noch raus«, sagte sie.
Die anderen Chinesinnen und ein paar Apothekenkunden kamen heran, um einen Blick darauf zu werfen.
»Schlimm«, sagte einer.
»Es tut nicht weh«, sagte ich. »Tut mir leid, wenn ich hier so eine Schweinerei mache.«
Wortlos schlang ein anderes Mädchen einen Gummischlauch um mein Handgelenk und zog ihn fest. Noch mehr Watte wurde auf den Schnitt gelegt; diese Lage blieb weiß.
»Jetzt kommt es nicht mehr raus«, sagte das zweite chinesische Mädchen.
Aber meine Hand wurde taub und sah ganz grau aus. Ich bekam es mit der Angst und löste den Gummischlauch. Das Blut lief mir wieder bis zum Ellbogen hinunter.
»Sie hätten das Gummiband dranlassen sollen.«
»Das ist mir zu gefährlich.«
Sie versuchten alles mögliche; kippten direkt aus der Flasche Alkohol drauf, drückten die Wunde, betupften sie mit Mercurochrom, streuten weißen Puder darüber, bis meine Hand aussah wie eine bolivianische Pastete, aber nichts half: bei direktem Druck quoll das Blut nur noch schneller heraus.
»Machen Sie das Band wieder drum.«
»Nein«, sagte ich. »Das ist nicht gut.«
»Es ist gut. Es wirkt.«
Verblüfft sagte das andere Mädchen: »Es läuft immer noch!«
»Sie müssen genäht werden«, sagte eine dritte.
»So groß ist die Wunde ja nicht«, sagte ich.
»Doch. Gehen Sie zum Arzt, es ist gleich gegenüber.«
Ich ging zur Arztpraxis und stand vor verschlossenen Türen: Mittagspause. Also, immer noch blutend, zurück zur Apotheke: »Lassen Sie das mit dem Gummiband. Verkaufen Sie mir bloß einen

Verband und ein Wunddesinfektionsmittel. Ich bin sicher, daß es aufhören wird – so etwas hört früher oder später immer auf.«
Eine andere Chinesin wickelte einen Streifen Verbandsmaterial ab, half mir, meine Hand zu verbinden, und gab mir all die angebrochenen Flaschen und Heftpflasterpackungen, die wir benutzt hatten; ich bezahlte an der Kasse.
Es tröpfelte noch ein bißchen: nicht allzuviel, aber genug, um die Mullbinde so zu tränken, daß sie ungefähr so furchterregend aussah wie die Juxverbände aus dem Scherzartikelladen, mit denen Kinder ihre Freunde erschrecken. Der Verband war dick, das Blut leuchtend rot, aber ich war ziemlich sicher, daß nichts mehr aus der Wunde lief. Zur Erholung bestellte ich mir einen stark gesüßten Kaffee und legte die bandagierte Hand in den Schoß.
»Auweia«, sagte der Kellner. »Wie ist das denn passiert?«
»Ein Unfall«, sagte ich leichthin.
In der Bank legte ich meine verletzte Hand auf die Theke des Wechselschalters. Die Kassiererin war furchtbar flink, zählte die Banknoten ab, blickte angestrengt von meiner Hand weg, stellte keine Fragen, und schon war ich wieder draußen: seit Monaten hatte ich keine Banktransaktion so schnell tätigen können.
Ich ging zum Reisebüro. Der dortige Angestellte war nicht mehr der Jüngste, aber quicklebendig. Ständig wiederholte er ein spanisches Wort, das soviel wie »Fertig!« oder »So!« bedeutete. Ich sollte mich hinsetzen. Das tat ich auch und legte die rechte Hand scheinbar unabsichtlich auf sein Pult.
»Eine Fahrkarte nach Buenos Aires über Tucumán, bitte.«
»So!«
»Schlafwagen erster Klasse, und ich möchte so schnell wie möglich abreisen.«
»So!«
Er raschelte mit seinen Papieren, und während er das Ticket ausstellte, fragte er: »Die Wunde... Ist die groß?«
»Sehr.«
»So!« sagte er und schenkte mir einen mitfühlenden Pfiff. Noch nie war ich so schnell an meine Fahrkarte gekommen. Die bolivianischen Reaktionen auf meine Hand waren so ermutigend, daß ich den Verband erst am folgenden Tag wechselte. Ich wurde prompt

bedient und ständig darüber ausgefragt: Ob es weh tue. Wie es denn passiert sei. Ob die Wunde groß sei. Meine Hand war ein wunderbares Gesprächsthema, und jeder, der an mir vorbeiging, starrte meinen weißen Fäustling an. In Lima hatte ich versucht, ein Gemälde zu kaufen, die Verhandlungen aber wegen des lächerlich hohen Preises frustriert abgebrochen. In La Paz sah ich ein viel besseres Bild, ein frommes Porträt des heiligen Dominikus, das etwa 1750 in Potosí entstanden war. Ich mußte nicht einmal eine Stunde lang feilschen, wobei ich meine bandagierte Hand zum Gestikulieren benutzte, dann war ich mit dem Bild unter dem Arm schon wieder draußen.

»Lassen Sie das Bild lieber im Koffer«, riet die Verkäuferin. »Es ist illegal, solche Kunstwerke außer Landes zu bringen.«

Die verletzte Hand erwies sich als eine der segensreichsten Erfahrungen meiner Südamerikareise. Später sagte ich mir allerdings, daß ich vielleicht mein Schicksal herausforderte: immerhin hätte sich die Wunde infizieren und meine Hand abfallen können.

Die Stadt auf ihrem hohen Andensattel oberhalb der Baumgrenze war der passende Schauplatz für solche Scheußlichkeiten, denn sie leidet selbst unter einer Art städtischem Wundbrand. Wenn es je eine Stadt gab, die bis zur Verwesung heruntergekommen, schorfig und krebszerfressen aussah, dann ist es La Paz. Ihre ungeheure, jämmerliche Häßlichkeit macht sie schon fast wieder liebenswert, ja, auf den zweiten Blick fand ich sie sogar ganz angenehm. Sie ist eine Stadt des Betons und des schimmligen Brots, eine Stadt der eisigen Stürme, die einen bulgarischen Geruch von nassem Tweedstoff hinterlassen. Die schweren, würdevollen Gesichter der Menschen in La Paz hatten nichts von der raubgierigen Wachsamkeit an sich, die mir bei den Peruanern und Kolumbianern aufgefallen war. In den holzgetäfelten Kaffeehäusern mit den Kellnern in weißen Jacken, den Espressomaschinen, den klebrigen Kuchen und den Spiegeln, mit den finsteren Matronen an einem und den stämmigen Männern mit ausgebeulten, schlechtsitzenden Anzügen an einem anderen Tisch konnte ich es kaum glauben, daß ich mich nicht in Osteuropa befand; erst draußen, wo ein untersetzter Indio im Schatten eines Betonmischers Cocablätter kaute, wurde ich wieder daran erinnert, wo ich war.

Es nieselte ununterbrochen: kalter Regen, Graupelschauer, Hagel. Die meisten Leute waren mit schweren Mänteln, dicken Pullovern, Wollmützen und sogar Fäustlingen oder Handschuhen gegen das Wetter gewappnet. Manche Indios, dick und rund durch ihre Verpackung, trugen unter den Filzhüten auch noch Mützen mit Ohrenschützern. Einmal sah ich die Sonne. Sie erschien eines Morgens in einer Lücke zwischen den Nebelschwaden über der Schlucht; sie war von kraftvoller Helligkeit, aber nicht warm – nichts als ein blendendes Blitzlicht, das bald von neuem Dunst verfinstert wurde. Der Wetterbericht in der Tageszeitung lautete fast immer gleich: »Wolken, Nebel, leichter Regen, keine Aussicht auf Änderung« – es war genau wie in einer bestimmten Jahreszeit in Nord-Maine, abgesehen davon, daß ich hier meinem Gefühl von Übelkeit und Brechreiz nie entrinnen konnte. Ich war müde und konnte nicht schlafen; ich hatte keinen Appetit und schwankte schon nach einem Schluck Alkohol. Außerdem ist es nicht leicht, in einer kalten Stadt fremd zu sein: die Leute bleiben in den Häusern, die Straßen sind nach Ladenschluß wie ausgestorben, in den Parks sitzt niemand mehr. Die scheinbare oder wirkliche Zweckmäßigkeit einer kalten Klimazone wirkt auf einen müßigen Reisenden immer wie ein Vorwurf. Ich rollte mein Bild zusammen, versteckte es im Koffer und bereitete meine Abreise vor.

Die Sonne kam genau in dem Moment heraus, als der »Panamericano« den Bahnhof verließ und in engen Serpentinen in die Eukalyptushaine an den Berghängen im Norden der Stadt fuhr. Diese Bäume sollten die einzigen bleiben, die ich für die nächsten paar Tage zu sehen bekam. Zerlumpte Jungen rannten hinter den Bäumen hervor, hängten sich grinsend außen an den Zug, sprangen nach ein paar Minuten wieder ab, sausten mit lautem Geschrei ins schüttere Gestrüpp zurück und verschwanden zwischen den hohen schlanken Bäumen mit der abschilfernden Rinde. An den tiefer gelegenen Hängen waren noch Lehmhütten gewesen, aber weiter oben gab es auch die nicht mehr, nur noch verlassene Erdwälle und den einen oder anderen Indio. Trotz des stetigen Regens der letzten Tage waren die steilen Bachbetten trocken und steinig, tiefe Einschnitte in die wasserlosen Berge. Nichts hätte unfruchtbarer aussehen können als dieser sandige, felsübersäte Boden. Wir waren jetzt sehr hoch, vielleicht viertausend Meter, und kletterten immer noch über dem Rücken der Stadt hinauf zur grauen, trockenen Lippe des Plateaus, das sie überragt. Auf dieser steilen Gefällstrecke schien der Zug fast nach hinten zu kippen: zur Rechten das Gebirge, zur Linken eine tiefe Schlucht aus grobgezimmerten Dächern.

Nach fast einer Stunde Fahrt war La Paz immer noch zu sehen. Es lag unter uns; wir waren in Spitzkehren vor und zurück den Berg hinaufgeklettert und immer wieder an der Stadt vorbeigekommen, die jetzt groß und spektakulär schäbig aussah. Dahinter sah man in der klaren Luft, die eine Fernsicht von hundertfünfzig Kilometern gestattete, die Anden: schneebedeckte Berge mit rauchigen Wolken an den Gipfeln. Hier oben zwischen Gänseblümchen, Gräsern und zwitschernden Vögeln war es kalt und hell. Plateaus und Zinnen umgeben die Stadt von drei Seiten, und als wir zum letzten Mal an ihr vorüberfuhren – wir hatten inzwischen eine offene Hochebene erreicht –, sah sie aus wie ein Bergwerk im Tagebau, durchfurcht von Straßen und Gräben, ein rotgefärbter Felsvorsprung, der in grüne Hänge, schwarze Grate und weiße Gipfel ausuferte.

Der Zug wurde schneller, tollwütige Hunde hinkten hinterher; wir überquerten die graue Ebene bis zum ersten Halt, dem 4114 Meter hoch gelegenen Illimani. Schafe liefen über die Schienen, Indiofrauen verkauften Orangen für einen Penny das Stück. Ich kaufte mir sechs und sprang schnell auf den anrollenden Zug. Nach der langsamen Kletterei zu diesem Bahnhof gewann der Zug ein überraschendes Tempo und raste schnell über den Altiplano dahin.

Es war ein bolivianischer Zug. Die meisten Waggons waren hölzerne Zweite-Klasse-Kisten, vollgestopft mit Indios auf dem Weg nach Süden. Diese Waggons, der Speisewagen und der einzige bolivianische Schlafwagen fuhren nur zur Grenze in Villazón. Mein Schlafwagen gehörte der argentinischen Eisenbahngesellschaft und blieb auf der ganzen Strecke nach Tucumán angekoppelt: ein solider, ungefähr fünfzig Jahre alter Pullman britischen Fabrikats, in dem jedes Abteil über Einbauschränke, ein Waschbecken und einen Nachttopf verfügte. In meinem Abteil gab es zwei Kojen. Fer-

nando, ein Journalistikstudent, schlief oben, ich hatte das untere Bett und konnte mich privilegiert fühlen, weil ich dadurch ein Anrecht auf den Fensterplatz und den Tisch bekam.
»Sie sind Lehrer und schreiben die ganze Zeit«, sagte Fernando.
»Ich werd angeblich Journalist und hab noch nicht einmal einen Stift! Sie müßten der Journalist sein!«
»Erdkundelehrer.« Ich unterbrach meine Notizen. »Und das hier, wissen Sie, ist wirklich eine geographische Besonderheit.«
»Das hier?«
Wir sahen aus dem Fenster.
»Zum Beispiel der Berg da.«
»Ah, ja«, meinte er. »Das ist ein hoher Berg.«
Gemeint war der fast sechseinhalb Kilometer hohe Nevado Illimani, eine dunkle, brutale, von windgepeitschtem Schnee gekrönte Erhebung hinter der Ebene, deren graues Gras die Stürme flachgebürstet hatten.
Fernando lächelte. Er hatte überhaupt nicht verstanden, um was es mir ging: »Ich freue mich, daß es Ihnen in meinem Land so gut gefällt.« Dann verließ er das Abteil.
Der Berg lag bald schon weit hinter uns, der Zug spurtete auf eine unregelmäßige Wand aus Regenwolken und Bergen zu, vorbei an Weizenfeldern und Paprikabeeten. Der östliche Horizont, weiß und von Kuppeln gekrönt, sah aus wie die Skyline einer arabischen Märchenstadt: sie bildete das Ende des Altiplano, dieser Bergkette mit den Gipfeln, die aussahen wie bis zu den Kuppeldächern und gedrungenen Minaretten eingesunkene Moscheen; ein zarter, wunderbar gezeichneter Umriß von der merkwürdigen Schönheit einer Fata Morgana. Näher am Schienenstrang, aber sehr verstreut, lagen kleine Lehmhütten. Sie hatten Hofmauern aus Lehmziegeln, manche auch Viehgatter, aber keine Fenster. Sie waren verschlossen, es brannte kein Licht: aufgelassene, elende Hütten. Im Dorf Viacha hielten wir an, um noch Fahrgäste aufzunehmen. In der zweiten Klasse gab es jetzt nur noch Stehplätze, die altersschwachen grünen Waggons waren zum Bersten voll, und in den Kurven konnte ich an jedem Fenster drei oder vier Gesichter erkennen. Ich hatte vergeblich versucht, durch den Zug zu gehen: die Gänge der zweiten Klasse waren von Menschen und ihrer Habe völlig ver-

stopft. Der Kontrast zwischen diesem mit Bolivianern vollgestopften Glühwurm und der menschenleeren Hochebene hätte kaum schärfer sein können. Wallace Stevens kam mir in den Sinn:

> *It is equal to living in a tragic land*
> *To live in a tragic time.*
> *Regard now the sloping mountainous rocks*
> *And the river that batters its way over stones,*
> *Regard the hovels of those that live in this battered land.*

> *(In einem tragischen Land*
> *lebt man wie in tragischer Zeit.*
> *Sieh jetzt die steilen, felsigen Berge*
> *und den Fluß, der sich seinen Weg über die Steine schlägt.*
> *Sieh die Hütten derer, die in diesem geschlagenen Land leben.)*

Es gab keine Autos in den Dörfern, keine Straßen, keine Bäume, nur Lehmhütten, Kühe und gegen die Kälte dick vermummte Indios. Abgesehen von den Lamas, die vor dem Zug davonsprangen, und den auffallend struppigen Maultieren, die keine Notiz von ihm nahmen, hätte diese Fahrt durch den Altiplano auch durch Texas gehen können. Die Umrisse der fernen Berge sahen abgeschliffen aus, auf den einen ergoß sich eine Regenwolke, über einem anderen ging die Sonne unter, und der Himmel war ungeheuer weit. Von hier an verlief der Schienenstrang schnurgerade, und kurz bevor das Tageslicht endgültig schwand, wurde es bitterkalt. In diesem leeren Land schob ein Indio ein Fahrrad über einen Feldweg und überquerte dann einen brachliegenden Acker; später sah ich eine Frau, die eine kleine Herde regloser Schafe hütete. Ein paar Kilometer weiter quälten sich eine Indiofrau und zwei kleine Kinder durchs Dämmerlicht der Ebene. Sie führten fünf mit bäuerlichem Gerät, Schaufeln und Hacken beladene Maultiere am Zügel. In einem wolkenreichen Sonnenuntergang wirkte das Dorf Ayoayo (Lehmhütten, eine Kirche mitten in der Hochebene) wie ein ferner Vorposten eines anderen Zeitalters; es war so klein, daß der Zug nicht anhielt.

Das Land wurde bergiger, eine Kette von schroffen, kahlen Erhebungen tauchte auf. Die Sonne ging unter; wir fuhren schon in fast völliger Dunkelheit dahin, aber das Licht traf noch die hohen Berggipfel und die hoch oben segelnden Kondorvögel. Der letzte Indio, den ich an jenem Tag sah, ging durch eine Schlucht, die von den Bahngleisen wegführte. Trotz der Kälte trug er nur Sandalen ohne Socken.

Ich sah etwas, was ich zunächst für eine Christusstatue hielt; als wir näher kamen, veränderte das Ding seine menschenähnliche Gestalt und nahm die Form einer Flasche an. Es *war* auch eine Flasche, vielleicht acht Meter hoch und aus Holz. Sie stand da, mitten im Nichts; in großen Lettern leuchtete die Aufschrift INKA-COLA.

Inzwischen hatte ich mein Tagebuch auf den neuesten Stand gebracht und war mit mir zufrieden: Mein Tagewerk war vollbracht, ich hatte es mir in diesem Schlafwagenabteil ganz gut eingerichtet und war unterwegs nach Süden, zur Grenze. Ich ging zum Speisewagen, wo ich Fernando traf, der mit seinem Freund Victor und einem dritten, entweder betrunkenen oder von Natur aus sauertöpfischen jungen Mann, dessen Namen ich nicht mitbekam, beim Bier saß. Ich sollte mich zu ihnen setzen; sie stellten mir die üblichen südamerikanischen Fragen: Woher ich käme, wo überall ich gewesen sei, ob ich Katholik sei, was ich von ihrem Land hielte.

»Sie können absolut keine Kritik vertragen«, hatte ich in Ecuador gehört. »Sagen Sie bloß nichts Kritisches.« Für Peru, wo Lob nur feindselige Reaktionen der Einheimischen hervorrief, weil sie glaubten, daß ich mit ihrer korrupten Regierung sympathisierte, war es kein guter Rat gewesen. Aber die Bolivianer – wenn man von Fernando und seinen Freunden ausgehen konnte – wollten bestimmt gelobt werden.

»Bolivien ist ein wunderbares Land«, sagte ich.

»Ja, nicht wahr?« sagte Victor mit einem kalten Lächeln. Die anderen stimmten ihm zu. Wir wußten doch alle, daß wir nicht die Wahrheit sagten, oder?

»Sehen Sie sich doch Peru an«, meinte Fernando.

Ungefähr eine Minute lang machten die drei Bolivianer Peru runter.

»Die meisten Peruaner sind allerdings der gleichen Meinung«, sagte ich.

»Chile ist das Allerletzte«, sagte Victor.
»Und Ecuador?« fragte der Sauertöpfische.
»Die haben eine Militärdiktatur«, sagte Fernando.
Keine sehr einfallsreiche Anmerkung, denn die hatte jedes der erwähnten Länder, Bolivien eingeschlossen.
»In Ecuador gibt es bald freie Wahlen«, warf ich ein.
»Bei uns auch«, sagte Victor.
Vier Monate später fand die bolivianische Wahl statt. Im ganzen Land gab es Schießereien, rätselhafte Todesfälle durch Maschinengewehre und Wahlurnen voller gefälschter Stimmzettel. Nach allgemeiner Ansicht war das Ergebnis der Wahl manipuliert worden, die Staatschef General Hugo Bánzer Suárez daraufhin »annullierte«. Der Ausnahmezustand wurde verhängt, und nach einem nach offizieller Lesart »unblutigen Putsch« wurde eine neue Regierung gebildet. Fünf Monate später kamen der Gegenputsch und ein erneutes Versprechen auf freie Wahlen.
Peru sei rückständig, sagte Fernando. Der chilenische Schwarzmarkt sei so erbärmlich, daß man da nicht mal eine Tube Zahnpasta kriegen könne, sagte Victor. Der Sauertöpfische meinte, in Brasilien würden Indios abgeschlachtet. Fernando fand, daß er durch Zeitungen ganz gut Bescheid wisse: die bolivianischen Zeitungen seien die besten von ganz Südamerika, aber die argentinischen Blätter brächten fast nie ausländische Nachrichten. Der Rest kam nur vom Hörensagen: Paraguay sei ein unbeschreiblicher Sumpf, Kolumbien voller Diebe und die Panamaer mit ihrem tyrannischen Staatschef seien viel zu blöd für den Kanal.
Wir tranken weiter Bier, und die Bolivianer fuhren fort, über ihre Nachbarn herzuziehen. Ich wandte ein, daß sie doch einige nationale Charaktereigenschaften gemeinsam hätten, und gab wieder, was die Frau in Ecuador mir über die Rolle der Höhenlage im südamerikanischen Bewußtsein gesagt hatte. Sie hielten das für völligen Unsinn und bestanden auf ihrer übertriebenen Darstellung der Unterschiede. Merkwürdig war bloß, daß sie nicht viel über Bolivien gesagt hatten, und dabei konnte Bolivien uns kaum näher sein: Bolivien war der altmodische Speisewagen mit den geschäftigen Kellnern, es waren die Indios, die im Eingang kauerten, es war der kalte Regenguß, der draußen vor den Fenstern auf den Alti-

plano niederging. Vielleicht war es Gedankenübertragung, als Victor jetzt sagte: »In Bolivien haben wir ein Problem.«
»Nur eins?« fragte ich.
»Ein größeres«, erklärte er. »Und das ist das Meer. Die Chilenen oder die Peruaner sollten uns ein Stückchen Küste abtreten. Wir brauchen einen eigenen Seehafen. Weil der uns fehlt, haben wir so viele andere Probleme. Was kann man ohne Seehafen machen?«
»Das bolivianische Bier schmeckt ihm«, meinte Fernando.
»Ja«, sagte ich. »Es ist sehr gut.«
»Guckt euch den Mann da an«, sagte Victor.
An einem Nebentisch saß ein Mann und trank Bier. Ein Blick genügte, und ich wußte, daß er Amerikaner war. Er trug Holzfällerschuhe und ein kariertes wollenes Holzfällerhemd von der Art, wie sie die fortgeschrittenen Studenten an den staatlichen Universitäten besonders schätzen. Das Hemd hing ihm aus der Hose, er hatte einen zottigen Bart, ließ sich sein Bier direkt aus der Flasche in den Hals laufen und wischte sich rülpsend den Mund am Ärmel ab.
»Wie häßlich«, sagte Victor.
»Er hätte doch den Kellner um ein Glas bitten können«, sagte Fernando.
Der Sauertöpfische lächelte auf einmal: »Guckt euch das an! Gluck, gluck«, er ahmte die Bewegung mit dem Daumen nach, »direkt aus der Pulle!«
»Sehr häßlich«, sagte Victor.
»Ich glaube, er ist Amerikaner«, sagte ich.
»Der ist bestimmt Deutscher«, fand Victor. »So trinken Deutsche Bier.«
Wir unterhielten uns auf spanisch – unvorsichtigerweise, wie sich herausstellte, denn einen Augenblick später stand der Mann auf und sagte in fließendem, amerikanisch gefärbtem Spanisch: »Ich bin Amerikaner, und das ist die Art und Weise, wie Amerikaner Bier trinken.« Er leerte seine Flasche, rülpste und ging in Richtung zweiter Klasse.
Mitten beim Essen bekam ich einen heftigen Magenkrampf. Ich entschuldigte mich und ging zurück ins Abteil. Der Zug hatte angehalten; wir waren in Oruro, einer relativ großen, fast ausschließlich indianischen Stadt am Uru-Uru-See. Der Regen hatte sich ver-

stärkt, jetzt prasselte er an die Fenster, in einem Schwall, den die Bogenlampen des Bahnhofs silbrig färbten. Ich ging zu Bett, schaltete das Licht aus und rollte mich gegen den Krampf zusammen. Gegen Mitternacht wachte ich auf. Es war sehr kalt im Abteil und so voller Staub, den der Zug aufwirbelte, daß ich kaum Luft bekam. Ich versuchte, die Lampen anzumachen, aber sie funktionierten nicht. Ich bemühte mich heftig, die Tür zu öffnen – sie schien von außen abgeschlossen. Ich würgte, fror und krümmte mich vor Magenschmerzen. Ich hatte keine Wahl, als ruhig liegenzubleiben, nahm vier Schluck von meinem Magenzement, vergrub das Gesicht in meiner Decke und wartete auf die Wirkung des Morphins.
Im Morgengrauen sah ich, warum ich die Tür nicht aufbekommen hatte: Fernando, der im oberen Bett noch fest schlief, hatte sie oben und unten verriegelt. Mir ging es immer noch grauenhaft. Ich hatte mir vorgestellt, daß wir nach fünfzehn Stunden den Altiplano verlassen haben und vielleicht durch ein Tal rumpeln würden, das dem Meeresspiegel etwas näher lag. Ich hatte mich geirrt. Wir waren immer noch auf dreieinhalbtausend Metern und ratterten durch eine unheimliche Mondlandschaft mit trockenen Felsen und leeren Kratern. Alkohol verschlimmert die Symptome der Höhenkrankheit, und mit einem Kater fühlt man sich in einer solchen Höhe dem Tode nahe. Die Landschaft war freudlos und voller harter, scharfkantiger Steinbrocken, eine Ebene, voll von zerbröseltem Feuerstein. Hier, in der kalten Cordillera de Chichas, gab es nicht einmal Indios. Die wenigen Tümpel, die ich sah, wirkten wie Gelee, und dann merkte ich auf einmal, daß die Geleeschichten nichts anderes waren als Krusten von staubigem Eis; später sah ich noch schmutzige Schneeflecken liegen wie Streifen aus zerfetzter Unterwäsche. Schnee!
Beim Frühstück – für mich Tee und trockner Toast – unterhielt ich mich mit Victor. Er und Fernando, erfuhr ich, (der Sauertöpfische war verschwunden) hatten beschlossen, einmal auszuspannen, und sich dafür einen Ort im Süden von Bolivien ausgesucht; der Zug würde später am Tag dort anhalten.
Was sie denn da tun wollten?
»Nichts.«
Ich wüßte genau, was er meinte, versicherte ich ihm.

»Vielleicht ein bißchen lesen«, ergänzte Victor. »Ich liebe amerikanische Romane.«
»Haben Sie irgendwelche Lieblingsautoren?«
»E. Bing Walla«, kam es wie aus der Pistole geschossen. »Und Artur Ailie und Tyla Cowdway.«
»Nie gehört.«
Die entsprechenden Paperbacks waren in seiner Aktentasche: Spanische Übersetzungen von Irving Wallace, Arthur Hailey und Taylor Caldwell. »Das hier«, er zog den Roman von Taylor Caldwell heraus, »handelt von Cicero. Aber sicher haben Sie diese Autoren alle schon gelesen.«
»Ich habe von keinem ein einziges Wort gelesen.«
»Was haben Sie für ein Buch?«
Es war *Mordbüro*, ein Roman von Jack London, der mir nicht gefallen hatte. »Es riecht nicht gut. Auf englisch sagen wir: ›It stinks.‹«
»*Eet schteenks*«, wiederholte er.
»Ich fühle mich scheußlich«, sagte ich. »Das kommt von der Höhe. Ich glaube, ich gehe am besten wieder ins Bett.«
Ich ging und legte mich in meine Koje, stopfte mir das Kopfkissen in den Nacken und sah mir an, wie faltige Berge an uns vorüberzogen. Sie hatten die Farbe von Schießpulver. Ich nahm an, daß wir inzwischen die Hochebene verließen. Die wenigen Ansiedlungen, die ich sehen konnte, waren verfallen: Kirchenruinen und zusammengebrochene Zäune; ansonsten meilenweit nichts als Gestrüpp, Fels und kleine braune Bäche. Von Zeit zu Zeit tauchten Fernando und Victor im Abteil auf, um mich zu fragen, wie es mir gehe. Ganz gut, behauptete ich, fühlte mich aber immer noch mies und machte mir allmählich Sorgen, weil ich meinen Zement bis auf den letzten Schluck ausgetrunken und immer noch Magenkrämpfe hatte.
Stunden vergingen, und das Rumpeln des Zuges erbitterte das Stachelschwein, das jetzt in meiner Magengrube hauste. Dann waren wir in Tupiza, wo Victor und Fernando sich verabschiedeten. Sogar bei Sonnenschein sah der Ort, ein Haufen brauner Häuser auf einem Berghang, wie ein gottverlassenes Kaff aus. Kondore kreisten darüber hin, und ein paar neugierige Indios warfen mißtrauische Blicke auf die beiden Neuankömmlinge, die mehrere Wochen bei

ihnen verbringen wollten. Ich fror schon bei dem Gedanken, hier auf dem Bahnsteig zurückbleiben und dem abfahrenden Zug nachsehen zu sollen, während Stille auf das Dorf herabrieselte.

Mit dem Tempo eines Dauerläufers bewegten wir uns weiter und fuhren für die nächsten paar Stunden am Westufer eines breiten schlammigen Flusses, des Camblaya, entlang. Hier wuchsen Büsche und keulenförmige Kakteen, zwischen den karstigen Bergen gab es sogar Maisfelder. Weil meine Krämpfe etwas nachließen, dachte ich zunächst, daß wir die Hochebene schon verlassen hätten, aber ich täuschte mich. Nur dieses Flußtal war fruchtbar – der Rest war nichts als trockene, bergige Wüste, eine zum Wahnsinnigwerden abweisende Alptraumlandschaft, ein immenses leeres Land. Am oberen Flußlauf wuchsen Brombeersträucher und kleine Weiden, alles übrige war ein staubiges Taubenblau: Berge, Schluchten, knotige Kakteen.

Die Berge wurden flacher, der Fluß verschwand aus dem Blickfeld, meilenweit vor uns erstreckte sich nur noch dieses wüste Land. Der Zug kroch unverändert langsam unter einem klaren Himmel über diese gleichförmige Dürre dahin. Die einzigen interessanten Landschaften lagen woanders: im Westen, wo es Canyons gab, im Osten, wo sich eine Bergkette aus schneebedeckten Gipfeln hinzog und den gleichen flüchtigen Glanz einer Luftspiegelung zeigte, die ich am Tag zuvor in der Nähe von La Paz gesehen hatte. Man nennt sie die Anden, aber der Name sagt gar nichts. Ich fand es sonderbar, daß solche riesigen verschneiten Berge nur diese Sammelbezeichnung und keine individuellen Namen haben sollten. Aber auch diese Wüste, diese anderthalbtausend Kilometer lange Hochebene voll der merkwürdigsten Formationen hatte keinen anderen Namen als Altiplano. Sogar die Landkarten geizten hier mit Namen und Beschreibungen. Der Zug rollte durch Wolkenland; ein halbes Dutzend Haltestellen, der Rest war unbekannt. Wer jetzt noch im Zug saß, war zur Grenze unterwegs, zur Grenzstadt, die einen Namen hatte.

Kurz vor Villazón war der Zug so schnell geworden, daß die Esel auf den Weiden vor ihm davongaloppierten. Wir fuhren in den Bahnhof ein; die Höhe über dem Meeresspiegel war angeschrieben:

Wir waren genausohoch wie in La Paz. Der argentinische Schlafwagen wurde abgekoppelt und auf ein Nebengleis rangiert, der Rest des Zuges ratterte einen Berg hinunter und war nicht mehr zu sehen. Im Schlafwagen waren wir zu fünft; niemand wußte, wann wir über die Grenze kommen würden. Ich fragte den Schaffner, der im Gang herumsaß und nach Fliegen schlug.
»Wir werden noch lange hiersein«, sagte er. Es klang, als redete er von Jahren.
Die Stadt war eigentlich keine. Sie bestand aus ein paar Gebäuden, die ihre Existenz dem Grenzposten verdankten: eine einzige, unbefestigte Straße mit flachen, hüttenartigen Geschäften. Sie waren alle geschlossen. Um den kleinen Bahnhof herum hatten etwa zwanzig Frauen viereckige selbstgebastelte Sonnenschirme aufgestellt, unter denen sie Obst, Brot und Schnürsenkel verkauften. Die ganze Indiomeute war hier ausgestiegen und hatte für eine gewisse hektische Erregung gesorgt, aber jetzt waren die Leute weg, und der Zug war auch weg. Die Marktfrauen hatten keine Kundschaft mehr, nichts regte sich außer den Fliegen über den Schlammpfützen. Ich ging den Bahnsteig entlang und bekam sofort Atemnot – aber vielleicht war ich zu schnell gegangen. Am hinteren Ende, neben einem Baumstumpf, schrie und weinte eine geistesgestörte alte Indiofrau. Niemand beachtete sie. Ich kaufte mir ein halbes Pfund Erdnüsse und setzte mich damit auf eine Bahnhofsbank.
»Gehören Sie zu dem Schlafwagen?« Ein schäbig gekleideter Mann war erregt auf mich zugeeilt.
Ich bejahte.
»Um wieviel Uhr fährt er ab?«
»Ich wünschte, ich wüßte es.«
»Ich werd schon eine Antwort kriegen«, sagte er, ging ins Bahnhofsgebäude und klopfte an einer Tür. Von drinnen brüllte jemand: »Gehen Sie weg!«
Der Mann kam wieder heraus. »Das sind doch alles Hurensöhne!« Er platschte durch die Pfützen zum Schlafwagen zurück.
Die alte Indiofrau kreischte immer noch, aber nach ein, zwei Stunden hatte ich mich daran gewöhnt. Die Schreie waren zu einem Bestandteil der Stille von Villazón geworden. Der Schlafwagen, wie er da so einsam auf dem Abstellgleis festsaß, sah furchtbar albern

aus. Es war kein Zug in Sicht, kein einziger anderer Waggon. Wir befanden uns auf einer Klippe. Anderthalb Kilometer weiter südlich, über eine Brücke und wieder einen anderen Berg hinauf, lag die argentinische Stadt La Quiaca. Sie war auch im Nirgendwo, aber dahin sollten wir fahren, irgendwie und irgendwann.
Ein Schwein kam heran, schlabberte in der Pfütze zu meinen Füßen und schnüffelte an den Erdnußschalen. Wolken brauten sich über Villazón zusammen, ein schwerer Laster ratterte vorbei, hupte ohne Grund, wirbelte Staub auf und fuhr in Richtung Bolivien. Die Indiofrau kreischte immer noch. Die Marktfrauen packten ihre Kisten zusammen und gingen. Es dämmerte schon, und der Ort sah ausgestorbener aus als je zuvor.
Die Nacht kam. Ich ging rüber zum Schlafwagen; er lag im Dunkeln: kein Strom, kein Licht. Die Luft im Gang war dick von Fliegen. Der Schaffner schlug mit einem Handtuch nach ihnen.
»Um wieviel Uhr fahren wir?«
»Ich weiß es nicht.«
Ich wollte nach Hause.
Aber Ungeduld war zwecklos. Ich mußte mich damit abfinden, daß dies unvermeidlicher Leerlauf war, ein Hohlraum in der besser begreifbaren Erfahrung des Reisens. Was würde es nützen, wenn ich jetzt die Nerven verlieren oder versuchen würde, die Zeit abzukürzen? Ich würde einfach durchhalten müssen. Aber im Dunkeln vergeht die Zeit besonders langsam. Die Indiofrau kreischte, der Schaffner verfluchte die Fliegen.
Ich verließ den Schlafwagen und ging auf ein niedriges beleuchtetes Gebäude zu, das ich für eine Bar hielt. Hier gab es keine Bäume und kaum Mondlicht: die Entfernungen waren trügerisch. Ich brauchte eine halbe Stunde bis zu dem Haus, bei dem es sich tatsächlich um ein Café handelte. Ich bestellte mir einen Kaffee und wartete in dem leeren Raum, daß er mir gebracht würde. Plötzlich hörte ich eine Lokomotivpfeife.
Ein zierliches barfüßiges Mädchen stellte eine Tasse vor mich hin.
»Was ist das für ein Zug?«
»Der Zug nach La Quiaca.«
»Scheiße!« Ich legte etwas Kleingeld hin, ließ den Kaffee stehen und rannte den ganzen Weg zurück bis zum Schlafwagen. Als ich

ankam, wurde gerade die Lok an den Waggon gekuppelt; mein Hals brannte von der Rennerei in dieser Höhenluft. Mein Herz raste. Keuchend warf ich mich aufs Bett.
Draußen sprach ein Signalgeber mit einem der Fahrgäste.
»Die Gleise bis nach Tucumán rauf sind nicht in Ordnung«, sagte er. »Es kann Tage dauern, bis Sie dahin kommen.«
Was für eine beschissene Reise.
Wir wurden über die Grenze und den Hügel zum argentinischen Bahnhof gezogen; dort wurde der Schlafwagen wieder abgehängt; wir standen schon wieder auf einem Abstellgleis. Drei Stunden vergingen. Im Bahnhof gab es nichts zu essen, aber ich fand eine Indiofrau, die einen über einem Feuer siedenden Teekessel bewachte. Sie war überrascht, als ich sie darum bat, mir eine Tasse zu verkaufen, und nahm das Geld mit etwas affektierter Grazie. Es war schon nach Mitternacht; im Bahnhof saßen in Decken gehüllte Menschen auf ihrem Gepäck und hielten ihre Kinder in den Armen. Jetzt fing es auch noch an zu regnen, aber gerade als ich die Geduld verlieren wollte, dachte ich daran, daß diese Menschen Zweite-Klasse-Fahrgäste waren, deren grausames Schicksal es war, in der öden Mitte dieses Kontinents herumsitzen und auf einen Zug warten zu müssen. Ich war viel besser dran. Ich hatte ein Bett und eine Fahrkarte erster Klasse. An der Verspätung war sowieso nichts zu ändern.
Also tat ich, was jeder vernünftige Mensch tun würde, der in einer Regennacht an der Grenze zwischen Bolivien und Argentinien festsaß. Ich ging zu meinem Abteil und wusch mir das Gesicht, zog mir den Schlafanzug an und legte mich ins Bett.

Es klopfte an der Abteiltür: Der Schaffner.
»Die Fahrkarten, bitte.«
»Wo sind wir?«
»La Quiaca.«
Immer noch an der Grenze.
»Wann fahren wir ab?«
»In ein paar Minuten.«
Wer's glaubt, wird selig, dachte ich und drehte mich wieder um. Verzweiflung und Ungeduld hatten eine einschläfernde Wirkung.

Aber ein wenig später wurde ich von einem Zugsignal und einem knirschenden Metallgeräusch geweckt, dann hörte man die Amboßtöne der Puffer. Wir waren endlich unterwegs.
Ich schlief lange. Um sechs Uhr früh sah ich, daß wir an einem Bahnhof angekommen waren. Vor dem Fenster standen drei Pappeln. Am frühen Nachmittag wachte ich wieder auf. Die drei Pappeln standen immer noch da. Wir hatten uns nicht vom Fleck gerührt.
Wir waren in Humahuaca, einer kleinen Stadt in Nord-Argentinien. Seit La Quiaca hatten wir keine hundertsechzig Kilometer zurückgelegt, aber etwa dreihundert Höhenmeter hinter uns gelassen. Ein kühler, sonniger Sonntag. Man hörte Insektengesumm und den fröhlichen Klang von Kirchenglocken, der Ort sah heiter aus. Ich war nicht mehr an Blumengärten – in diesem Fall Beete voller Chrysanthemen – und eine Art hartnäckigen Wohlstand gewöhnt. Es war seit Wochen der erste Bahnhof, in dem nicht mindestens ein Schwein bei den Gleisen herumwühlte oder Hühner im Büro des Bahnhofsvorstehers gackerten. Dieser Anschein von Ordnung heiterte mich auf: Ich befand mich offensichtlich in einem anderen Land, in dem der dreckige Zug mit seinen fliegenumschwärmten Waggons völlig deplaciert aussah.
Eine hochelegante Dame von etwa vierzig Jahren führte ein hübsches Mädchen durch den Bahnhof: »Das ist der Zug nach Tucumán«, sagte sie auf spanisch. »Bist du nicht froh, daß wir mit dem Auto gekommen sind?«
Das Mädchen erschauerte pflichtschuldig beim Anblick des »Panamericano«.
Ich hätte mir gern die Stadt angesehen, hatte aber Angst, zurückgelassen zu werden. Humahuaca war ein netter Ort, aber meilenweit von allen anderen entfernt, und der nächste Zug ging erst drei Tage später.
Ich erkundigte mich beim Schlafwagenschaffner, was los sei.
Die Gleise, meinte er. Irgendwo weiter unten seien die Gleise unterbrochen, entweder wegen Überflutung oder wegen eines Erdrutsches. Die Sache sei noch nicht behoben, weil die Männer nachts nicht arbeiten könnten. Irgend etwas Ernstes, es habe etwas mit einem Vulkan zu tun.
»Wir kommen jetzt für etliche Stunden nicht weg«, meinte er.

Ich ging in der Stadt spazieren und sah lauter Indios, die mit angewelkten Blumen aus den Kirchen kamen; es war Palmsonntag, fiel mir ein. Aus den Gesichtern dieser Menschen leuchtete eine große Zufriedenheit, eine Art freudige Erfüllung von der Messe, die reine Freude, die man auch Heiligkeit nennt. Sie waren zu Hunderten, und jeder einzelne hatte eine Blume in der Hand.
Der Rest der Stadt war wie leblos, die Restaurants geschlossen, der Busbahnhof öde und verlassen. Ich machte eine Runde durch den Stadtpark und ging wieder zum Bahnhof zurück.
In den Stunden, die seit der Ankunft des »Panamericano« verstrichen waren, hatte sich die Atmosphäre verändert. Der Zug hatte Schmutz in den Bahnhof gebracht und ihn in einen Misthaufen verwandelt. Unter jedem Fenster lagen Orangen- und Bananenschalen (in diesem wohlanständigen Bahnhof gab es keine Schweine, die sie aufgefressen hätten), Wasser triefte unter den Waggons hervor, unter jedem Toilettenrohr lagen große Haufen von Exkrementen. Die Sonne schien stärker, und Fliegen schwärmten um die Waggons. Dieser Expreß, der so großartig wirkte, wenn er fuhr, stank zum Himmel, wenn er stand.
Ich hatte gedacht, ich sei der einzige Ausländer im Zug; ich hätte es besser wissen müssen. Die Erfahrung hatte mich gelehrt, daß in der zweiten Klasse immer ein Deutscher auf seinem Rucksack hockte und Apfelsinenkerne aus dem Fenster spuckte. In Humahuaca war es Wolfgang. Während des kalten Regengusses in Oruro war er in den bolivianischen Teil des Zuges eingestiegen und hatte seitdem in der zweiten Klasse vor sich hin gelitten. Ich hatte ihn nicht gesehen, er aber mich, als ich bei der Indiofrau in La Quiaca Tee gekauft hatte. Er war seit Monaten in Zentral- und Südamerika unterwegs und hatte nur sehr vage Vorstellungen von seinem Ziel. Eins wußte er jedenfalls genau: Wenn er nicht das Glück hätte, in Buenos Aires einen Job zu finden, säße er für den Rest seines Lebens in Argentinien fest. Am liebsten würde er aber, ehrlich gesagt, nach Hause fahren.
In der Gesellschaft solcher Leute, von denen ich viele getroffen hatte, schämte ich mich fast, daß ich so schnell von Boston hierhergekommen war. Zwei Monate zuvor war ich in der South Station in den »Lake Shore Limited« gestiegen und nach ein paar

Schneetagen unter blauem Himmel in Richtung Mexiko gerollt. Ich war nicht bestohlen worden und nie ernstlich krank gewesen; ich hatte hübsche Orte gesehen und nette Leute kennengelernt. Ich hatte Hunderte von Seiten meines Tagebuches gefüllt und war jetzt sicher, daß ich es bis Patagonien schaffen würde, bis nach Esquel, dem kleinen Ort, den ich auf der Karte gesehen hatte, meinem willkürlichen Ziel. Ich hatte die meisten Länder schnell durchquert und war immer etwas ratlos, wenn ich einen anderen Reisenden kennenlernte, der mir erzählte, er hätte vor, für einen Monat in – beispielsweise – Barranquilla oder Cuzco zu bleiben. »Ecuador hat mir nicht gefallen«, sagte ein Amerikaner in Peru. »Vielleicht hab ich einfach nicht genug Zeit dort verbracht.« Er war zwei Monate lang dort gewesen, was mir wie eine Ewigkeit vorkam.

Wolfgangs Geschichte war die gleiche: einen Monat hier, einen Monat dort, zwei Monate wieder woanders. Er hatte sich, offenbar auf der Suche nach einem Neubeginn, in diesen Orten fast häuslich eingerichtet. Ich wußte, daß ich sehr schnell nach Süden hastete, ein Zugvogel, der seine allgemeinen Schlüsse aus dem unmittelbar Sichtbaren zog. Aber weil ich keine Kamera mitgenommen und so viel niedergeschrieben hatte, blieben mir alle Bilder frisch und lebendig im Gedächtnis. Ich brauchte mir nur die Aufzeichnungen der Gespräche anzusehen, wenn ich mich nach Mexiko oder Costa Rica zurückversetzen wollte, und die Besonderheiten der Bahnreise von Santa Marta nach Bogotá genügten mir schon, um Kolumbien wiedererstehen zu lassen. Reisen ist vor allem eine Prüfung für das Erinnerungsvermögen.

Um Zeit totzuschlagen (der Zug hing immer noch in Humahuaca fest), teilweise aber auch, um mich von dem Schuldgefühl zu befreien, das mich immer in Gesellschaft von Menschen befiel, die in mir nichts weiter als einen Touristen betrachteten, fragte ich Wolfgang, was ihm von den Orten, die er bereist hatte, am tiefsten in Erinnerung geblieben war.

»Das ist ein Quiz«, erklärte ich. »Ich sage einen Ortsnamen, und Sie sagen mir, was Ihnen dazu als erstes einfällt. Stellen Sie sich vor, ich bin jemand, der überhaupt noch nichts von der Welt gesehen hat – ich will wissen, wie es dort ist. Okay?«

»Das ist ein gutes Spiel«, sagte er.

»Fertig? Also los. Mexiko.«
»Die Amerikaner haben da viel Ärger«, sagte Wolfgang.
»Guatemala.«
»Ich hab den Bus nach San Salvador verpaßt, aber mein Rucksack war noch drin und also auch mein Paß. Ich hab drei Dollar vertelefoniert. Grauenhaft.«
»Nicaragua.«
»Hätt ich nicht hinfahren sollen.«
»Costa Rica.«
»Langweilig.«
»Kolumbien.«
»Tolle Lebensmittel auf den Märkten, aber ich bin dort krank geworden.«
»Vielleicht lag's an den Lebensmitteln«, meinte ich. »Was ist mit Ecuador?«
»Da war ich einen Monat. Bin mit den Bussen gefahren.«
»Peru.«
»Schön und billig.«
»Bolivien.«
»Die Leute in Bolivien sind alle blöd.«
»Argentinien.«
»Ich bleib hier ein paar Wochen oder Monate«, sagte er. »Also? Hab ich bestanden?«
»Durchgefallen, Wolfgang.«
Konkret wurde er erst, sobald wir aufs Thema Wechelskurs zu sprechen kamen. Hier bekomme man 670 Peso für den Dollar, aber es gebe auch Städte, wo man 680 kriegen könne. Der Unterschied betrug weniger als einen Cent, aber Wolfgang untermauerte die These, die ich schon früher auf dieser Reise aufgestellt hatte: Die abgerissensten Reisenden wissen immer am genauesten über die Wechselkurse Bescheid. Wolfgang wollte gar kein neues Leben anfangen. Für ihn wie für viele andere war Reisen nur eine Methode, Geld zu sparen.
Wir standen noch auf dem Bahnsteig, als der Zug ohne jede Vorankündigung zu rollen begann. Wir rannten los und sprangen in die Waggons, Wolfgang in die zweite Klasse, ich in die erste. Erst zwei Tage später, in Tucumán, sah ich ihn wieder.

Der »Panamericano« fuhr durch ein flaches grünes Tal, an einem fast ausgetrockneten, aber sehr breiten Fluß entlang, dem Río Grande de Jujuy. Berge erhoben sich abrupt aus dem Tal. Sie waren alt, schrundig und extrem hoch, eine ganze Kette ohne einen einzigen Baum. Die dem Wind ausgesetzten Flächen der hohen Felswände und Gipfel leuchteten rosa, mit braunroten und orangefarbenen Flecken; die Hügel näher am Fluß ähnelten Schlammhaufen. Durch diese kleinen Buckel und die völlige Kahlheit der Berge bekam das ganze Gebirge etwas Brutales, Autoritäres: die Umrisse lagen nackt da, die Bergflanken waren von Geröllawinen ausgehöhlt oder zu angekratztem Weiß erodiert, und die runderen Gipfel der unteren Hänge sahen aus wie zusammengesunkene Zelte oder wie die Decken (sie hatten sogar die gleichen Falten), mit denen die Indios ihre Habe schützen. Ein braunes Rinnsal rann in der Mitte der ausgewaschenen Flußmulde; das war alles, was vom Río Grande noch übrig war; an den beiden Ufern standen Pappeln, Weiden, Kakteen und Lehmziegelhäuser, an die gepflügte Äcker grenzten. Es war ein sonderbarer Anblick, diese kahlen Berge über dem grünen Tal, das breite Flußbett, in dem es sowenig Wasser gab, die einzige menschliche Gestalt ein alter Mann, der wie das Klischee vom ergrauten Goldsucher von einem Ufer zum anderen stolperte.
Hier gab es Maisfelder, Gärten voller Tomaten und Sonnenblumen und Felder voller Rotkohlköpfe, die viel grandioser aussahen als die farblosen Hütten. Wir bewegten uns langsam durch Argentinien, aber in einer wesentlich angenehmeren Höhe. Ich konnte den Unterschied körperlich spüren; ich hatte gut geschlafen. Es gefiel mir, wie es hier aussah. Die Landschaft war weiträumig, fruchtbar, dünn besiedelt und wartete scheinbar noch auf Menschen. Es war leicht zu verstehen, warum Waliser, Deutsche und Italiener hierhergekommen und verschwunden waren: Sie hatten ihre Kultur in irgendein Bergtal verfrachtet und dem Rest der Welt adieu gesagt.
Staub wehte zum Abteilfenster herein, und ich wusch vorsichtshalber meine verletzte Hand und legte einen neuen Verband an. Wenn Schmutz in den offenen Schnitt käme, würde er sich sicher infizieren. In Tilcara, einem pappelgesäumten Ort an einer Bergflanke,

ließ der Staubsturm nach. Schwarzgekleidete Frauen und beleibte Männer saßen im Schatten von Apfelbäumen beim Picknick, und es sah aus wie ein entlegener Flecken in Italien. Die Leute waren bestimmt italienische Siedler. Aber Tilcara war nur eine Oase: hundert Meter hinter der Stadt, nach einem Schild mit der Aufschrift LASST DIE BÄUME LEBEN (das mir perverserweise wie ein Anzeichen für Zivilisation vorkam), wehte der Staub wieder, und die nackten Berge bekamen Streifen aus gelbem Sandstein.

Wir überquerten den Wendekreis des Steinbocks, eine wirklich existierende Linie, die als Haarriß über die Berge verläuft, die wiederum selbst wie auf einer topographischen Karte mit Schraffuren markiert waren: rosa, orange, grün. Die ganze Landschaft war so einfach und klar koloriert wie eine Landkarte – und auf dem Blatt Papier, das ich vor mir hatte, korrekt wiedergegeben: Schwarze Bahnlinie zieht sich durch braunes Tal mit grünem Rand und an den richtigen Stellen rosa- und orangefarbenen Konturen. Wir waren jetzt bei Maimara. Bloß ein paar Häuser, aber eine gelbe Kirche aus der Mitte des siebzehnten Jahrhunderts. Die Menschen in diesen argentinischen Ortschaften sahen aus, als seien sie hier, um zu bleiben, während die Städte in Bolivien alle den Eindruck gemacht hatten, als stünden sie kurz vor der endgültigen Aufgabe.

Beim Anblick eines lahmen Hundes fiel mir ein, daß ich seit der Staatsgrenze der USA keinen Hund gesehen hatte, der nicht hinkte, keine Frau, die nicht irgend etwas trug, keinen Indio ohne Hut und – nirgends – eine Katze.

Der planmäßige Aufenthalt in Maimara sollte nur drei Minuten dauern, aber nach einer Stunde standen wir immer noch da, im Sonnenschein des späten Nachmittags. Ich setzte mich auf die Bahnsteigstufen und rauchte meine Pfeife. Ein Mann, der einen Pfad neben dem Bahndamm entlangging, kam heran und erkundigte sich, wohin ich fuhr. Er war klein, sehr dunkel, hatte Schlitzaugen in einem breiten Gesicht und kleine, fleischige Hände. Ein Indianer wahrscheinlich oder ein Mestize – die Inka waren bis nach Jujuy vorgedrungen.

Ich sagte ihm, daß ich mit diesem Zug nach Tucumán wollte.

Weiter südlich sei ein Vulkan, erklärte er; der Vulkan habe einen Erdrutsch verursacht und die Schienen auseinandergerissen. Die

Gleise würden wohl gerade instand gesetzt, aber bis nach Jujuy würde es so oder so vier Stunden dauern, und in Tucumán käme ich kaum vor morgen an.
»Wozu reist man eigentlich?« fragte mich dieser dunkelhäutige Provinzbewohner. »Ich bin im Land herumgekommen – Jujuy, La Quiaca, hab all diese Orte gesehen. Aber keiner ist so schön wie Maimara. Wir haben Äpfel, Mais, Birnen, alles, was man braucht. Hier gedeiht alles, und die Stadt ist hübsch. Ich war mal in Villazón – wirklich häßlich. Da könnte ich's nicht aushalten. Hier hab ich alles, was ich brauche.«
»Schön für Sie.«
»Bleiben Sie doch hier«, schlug er vor.
»Der Zug fährt ja offensichtlich nicht weiter, also werd ich wohl hierbleiben.«
»Das war der Vulkan, der hat die Gleise kaputtgemacht. Wohin wollen Sie nach Tucumán weiter?«
»Buenos Aires, dann Patagonien.«
»Patagonien! Das ist so weit weg, daß sie da ganz anders reden.« Er grinste mich an. »Sie waren also in La Quiaca und wollen nach Patagonien. Die liegen an den entgegengesetzten Enden von Argentinien. Da würde ich nie hinfahren. Da würde ich lieber zu Hause bleiben.«
»Wenn ich in Patagonien gewesen bin, fahre ich nach Hause.«
»So ist's recht!« meinte er. »Es muß doch schrecklich sein, an einem schönen Sonntagnachmittag wie diesem so weit von zu Hause weg zu sein.«
»Hier scheint die Sonne«, sagte ich. »Zu Hause regnet es bestimmt.«
»Das ist interessant.« Er bedankte sich und verschwand zwischen den rauschenden Pappeln.
Gleich südlich von Purmamarca, in einem trockenen Flußbett – das breite Tal war von wolkenverhangenen Bergen eingeschlossen –, sah ich eine Palmsonntagsprozession. Ich nehme jedenfalls an, daß es eine war; es hätte alles mögliche sein können. Mindestens zweitausend Menschen bewegten sich langsam zu Pferd und zu Fuß das Flußbett hinunter, manche trugen Banner und Fahnen, es gab eine adrett uniformierte Kapelle, die Quelle von klagenden Mißtönen.

Vorn in der Prozession trugen ein paar Leute einen entweder symbolischen oder echten weißen Sarg. Besonders merkwürdig sah das alles vor einem Himmel aus, der sich auf die Menschen zu senken schien und sie zu winzigen Figürchen in einem gigantischen Wandgemälde machte, dessen Hauptgegenstand der granitene Muskel in dieser herabstürzenden Wolke war.

Der Zug fuhr weiter, und die Wolke fiel immer tiefer. Sie glitt die Berge hinab, ins Tal hinein und das Flußbett hinunter. Sie blieb zwischen den Baumwipfeln hängen, und der Nachmittag verdüsterte sich. Innerhalb von fünfzehn Minuten hatte sich die Landschaft von einer überwältigenden Aussicht auf Argentinien in einen weinenden neuenglischen Spätnachmittag verwandelt. Die Sichtweite betrug vielleicht noch fünfzig Meter; es war warm und dämmrig weiß, eine Welt von unerwarteter Geisterhaftigkeit.

Es fing an zu nieseln, neben dem Bahndamm türmten sich Lehmmassen von bereits geräumten Erdrutschen. Der Schaden war offensichtlich: zerstörte Mauern, geknickte Abflußrohre, Wasser, das gegen Sandsäcke schwappte. Ich lehnte mich aus der Tür hinaus. Der Schlafwagenschaffner stand hinter mir: »Das ist der Vulkan.«

»Ich habe gar nicht gewußt, daß es hier Vulkane gibt.«

»Nein, der Ort heißt Vulkan. *Volcán.*«

Was ich die ganze Zeit über – nach den Erklärungen, die ich weiter oben an der Strecke bekommen hatte – für einen Vulkan gehalten hatte, war einfach ein Ortsname gewesen.

»Wie kommen wir voran?« fragte ich.

»Wir sind mit anderthalb Tagen Verspätung in Buenos Aires.«

Die restlichen Tageslichtstunden lang las ich Friedrich Dürrenmatts *Der Richter und sein Henker* in der englischen Übersetzung mit dem wesentlich weniger passenden Titel *End of the Game*. Nach Jack Londons schwachem und widersinnigem Handlungsaufbau fand ich den von Dürrenmatt brillant – und notwendig, denn der Autor ist nicht allwissend, erscheint aber durch seine Ordnung wie ein Weiser. Als Bahnlektüre eignen sich die Romane mit dem strafften Handlungsaufbau am besten, eine Methode, der Willkür der Reise zu etwas Ordnung zu verhelfen.

In Jujuy sah ich den Fluß, der ein paar Kilometer weiter nördlich

so verkümmert gewesen war, in voller Größe. Hier trug der Río Grande seinen Namen zu Recht. Seine Ufer säumten grüne Bäume und Blumen, über dem Wasser hing abendlicher Dunst. Jujuy schien friedlich und feucht, es lag gerade hoch genug, um angenehm zu sein, und so tief, daß einen nicht wieder das Würgen ankam. Der Regen auf den Blüten parfümierte die dunkle Luft, eine frische Brise wehte vom Fluß her. Es sah idyllisch aus. Erst später erfuhr ich von der Überschwemmung in Jujuy, derentwegen Tausende aus ihren Häusern hatten evakuiert werden müssen. Vom Zug aus kann man nicht alles sehen.
Der Bahnhof war voller Indios, die gekommen waren, um ihre Landsleute aus dem Zug von der Grenze zu begrüßen. Dies war der letzte Ort in Argentinien, an dem ich so viele von ihnen sah, und manche Argentinier behaupteten gar, daß es in ihrem Land kaum welche gebe; so war auch diese Stadt eine Art Grenze, das Ende des alten Inka-Weges. Jujuy war grün, eine Stadt, die, wie es schien, in saftigem, grundlos tiefem Spinat begraben lag.
Ich wäre sehr gern hiergeblieben, und beinah hätte ich es auch getan, sah dann aber vom Bahnsteig aus, daß zwanzig neue Waggons, unter anderem ein recht anziehend wirkender Speisewagen, an unseren Zug gekoppelt wurden. Mir ging es wunderbar: keine Krämpfe, keine Höhenkrankheit; mein Appetit stellte sich wieder ein (immerhin hatte ich noch am Vortag in Villazón gesessen und Erdnüsse geknabbert) und mit ihm ein ziemlich heftiger Durst. Ich setzte mich in den Speisewagen und bestellte mir eine Karaffe Wein. Ein Kellner in schwarzer Uniform deckte alle Tische, komplett mit Tischtüchern, Besteck und Blumenvasen. Eine etwas voreilige Anstrengung: an diesem Abend blieb ich sein einziger Gast.
Das Abendessen – wir fuhren inzwischen auf dem Weg über die Stadt General Miguel Martín de Guemes nach Tucumán – bestand aus fünf Gängen: hausgemachte Nudelsuppe, Wurst mit Polenta, Kalbsschnitzel, Schinkensalat und Dessert. Der Kellner, der anfangs neben mir stand und mich hin und wieder mit einer neuen Karaffe Wein versorgte, setzte sich zu mir, als ich meine Pfeife anzündete, und stieß mit mir an.
Wie viele Argentinier sprach er Spanisch mit starkem italienischen

Akzent, konnte allerdings kaum Italienisch. »Ich bin Italiener«, erklärte er, aber er sagte es genauso wie Amerikaner, die sich als Polen oder Armenier bezeichnen: Es ist die Behauptung oder Entschuldigung eines Immigranten in einem unbestimmten Land.
»Wir haben Glück, daß wir mit diesem Zug durchkommen«, sagte er. »Es ist seit zwei Wochen der erste, der es bis hinter Volcán geschafft hat. Haben Sie den Erdrutsch gesehen?«
Das hatte ich allerdings: Der Schlammberg hatte sich seitwärts über die Gleise geschoben.
»Mehrere Züge wollten schon durch, als sie alles erst zur Hälfte geräumt hatten, und – *quietsch* – schon waren sie entgleist. Also haben sie mit dem Lotteriespiel erst mal aufgehört, und ich hab zwei Wochen lang auf meinen Zug gewartet.«
Was für ein Schicksal: Dieser Steward wartet zwei Wochen in Jujuy auf den »Panamericano«, dann kommt er endlich, sie hängen seinen Speisewagen dran, und er hat bloß einen einzigen Kunden, nämlich mich. Es schien ihm allerdings nicht allzuviel auszumachen.
»Welche Länder haben Sie schon gesehen?«
Ich zählte sie ihm auf.
»Und welches von all denen gefällt Ihnen am besten?«
Sie können keine Kritik vertragen.
»Argentinien.«
»Die anderen sind alle so arm«, sagte er. »Wissen Sie, was ein Pfund erstklassiges Steakfleisch hier kostet? Raten Sie mal.«
Ich tippte auf den Gegenwert von fünfzig Cent und lag damit zu niedrig. Leicht irritiert erklärte er, daß ein Pfund Filet hier für fünfundsiebzig Cent zu haben sei.
Ein etwas trügerisches Argument für den Wohlstand in einem Land, dessen jährliche Inflationsrate zwischen drei- und vierhundert Prozent lag. Jeden Tag war der Peso weniger wert, alles wurde teurer, nur Steaks nicht. Die meisten Argentinier aßen zweimal täglich Fleisch, und selbst der kleinste Angestellte bestellte sich zum Mittagessen eine riesige Schuhsohle mit Pommes Frites. Dabei fiel mir ein, daß die kritischsten Äußerungen über Argentinien, die ich gelesen hatte, von V. S. Naipaul stammten. Seine Artikel in der *New York Review of Books* hatten eine gewisse Kontroverse ausgelöst. Die wichtigste Erklärung für Naipauls Haß auf Argentinien

hatte niemand angeführt – aber vielleicht ist es nicht allgemein bekannt, daß Naipaul Vegetarier ist.
»Wie gefällt Ihnen dieser Zug?«
Tu, was du willst, bloß kritisiere sie nicht.
»Es ist einer der besten Züge, die ich in meinem Leben gesehen habe.«
»Mit der Ausstattung *könnte* er der beste sein: Liegesessel, viel Platz und Komfort, aber sehen Sie sich die Leute an! Sie sitzen in der ersten Klasse und spucken auf den Boden, hängen ihre Kleider an den Wandlampen auf und legen ihre Füße auf die schönen Stühle.« Mit spöttischer italienischer Gestik imitierte er die eben genannten Banausen, sehr zum Amüsement der Köche, die sich inzwischen auch zu uns gesellt hatten. »Sehen Sie sie? Was kann man machen? Die haben einfach keine Ahnung, wie man Zug fährt, das ist es doch.«
Sein Ärger bezog sich auf alle. Er pickte sich weder eine einzelne Gruppe heraus, noch erwähnte er, was ich viel interessanter fand, die Indios. Ich empfand das als Erleichterung. Zu den Annehmlichkeiten von Argentinien (und Costa Rica) gehörte es, daß man völlig anonym bleiben konnte. Die Gesichter in diesem Zug hätte man auch in den Staaten oder in Europa sehen können. In Argentinien konnte man in eine Menschenmenge eintauchen und verschwinden. Die wiedergewonnene Unauffälligkeit war für mich sehr entspannend; sie vereinfachte das Reisen und gestattete mir, andere Leute stundenlang anzusehen, ohne dabei ertappt zu werden.
In dieser Nacht schlief ich sehr gut, bis ich den Schlafwagenschaffner an meine Abteiltür bummern hörte:
»Aufwachen«, schrie er. »Wir sind in Tucumán! Sie müssen aufstehen!«
Ich öffnete die Tür.
»Beeilen Sie sich, Señor, alle anderen Fahrgäste sind schon ausgestiegen.«
»Wie komme ich weiter nach Buenos Aires?«
»Der Zug ist schon weg, Sie müssen auf den ›Estrella del Norte‹ warten. Der fährt heute abend. Sehen Sie...« Er zog meinen Koffer aus der Abteiltür: »Wir hätten ja schon gestern abend hiersein sollen. Die anderen haben genau das gleiche Problem wie Sie.«

Er half mir hinaus in die graue Morgendämmerung am Belgrano-Bahnhof von Tucumán. Die morgendliche Kühle verdichtete sich schon zu Feuchtigkeit. Im Nebel sahen die Palmen im Garten des Bahnhofs gespenstisch aus. Ich brachte mein Gepäck zum Aufbewahrungsschalter und ging frühstücken.

19
»La Estrella del Norte« nach Buenos Aires

Das Nützliche bescherte mir das Angenehme. Die Hochebene, diese Welt aus Katzenstreu, konnte man gar nicht besser verlassen: man überquerte Argentiniens schlichte Grenze nachts, lernte am folgenden Tag die leere Gegend des Landes kennen und durchstreifte am Morgen darauf die Straßen einer großen, noch schlafenden Provinzhauptstadt.
Jetzt, um halb acht, hatten noch nicht einmal die Cafés geöffnet, Königspalmen und dunkelgrüne Araukarien triefen im Frühdunst. Der Tag gehörte mir: Wenn mich in Tucumán nichts hielt, konnte ich abends in einen Schlafwagen des »Estrella del Norte« einsteigen und in Buenos Aires aufwachen. Die Strecke war nicht ungefährlich. In Bogotá hatte ich mir einen Zeitungsartikel ins Notizbuch gelegt. Unter der Überschrift »Eisenbahnunglück in Argentinien: 50 Tote« hieß es dort, daß der »Nordstern« an einem Bahnübergang hinter Tucumán in einen Schwerlaster gerast war. Das Unglück, über das mit der ganzen Begeisterung, die Südamerikaner für Katastrophen aufbringen, berichtet wurde, lag erst einen Monat zurück. »In dem Zug kriegen Sie sicher ein Bett«, sagte ein Bahnbeamter in Tucumán. »Seit dem Unfall haben die Leute Angst.«
Tucumán war älter, flacher, sauberer und wesentlich langweiliger, als ich es mir vorgestellt hatte, der Inbegriff einer selbstgenügsamen abgelegenen Provinzstadt. Es ist eine argentinische Stadt und deshalb auf eine recht altmodische Art durch und durch europäisch, von den Nadelstreifenanzügen und schwarzen Schnauzbärten der Männer, die in den Kaffeehäusern herumsaßen oder sich auf der Plaza die Schuhe wienern ließen, bis hin zu den sackartigen Schul-

uniformen der Mädchen, die auf dem Weg zur Klosterschule noch schnell in der Kathedrale vorbeischauten, um zum Zeichen ihrer Frömmigkeit das Knie des Gekreuzigten zu tätscheln. Die Häuserfronten im Stadtzentrum, der umständliche Papierkram in der Bank, wo jede Transaktion mit gleich dreifachem Durchschlag festgehalten wurde, der ausgeklügelte Schick der Frauen beim Einkaufsbummel, die eitlen Posen der jungen Männer, die sich mit dem Kamm durch die Haare fuhren – das alles war die Alte Welt. Die Wohnhäuser sind französisch, die öffentlichen Gebäude italienischer Barock, die Monumente und Statuen aber, die immer wüster zu werden schienen (zunehmend nacktere Feen und Göttinnen, strengere Helden in immer wilderen Posen), je weiter man nach Süden vordrang, sind reines Südamerika.

Nach den tonnenförmigen Indios zwischen den windgepeitschten Felsen der Hochebenen, den Bauern in den heruntergekommenen Dörfern an der Grenze und den gähnend aufgerissenen Flußtälern des Nordens war ich auf alles andere als San Miguel de Tucumán gefaßt. Die Stadt war düster, aber die Düsternis gehört zum argentinischen Wesen; sie ist kein dramatisches Schwarz, sondern eher eine seelische Durchfeuchtung, die Armesündermelancholie eines Emigranten an einem regnerischen Nachmittag fern der Heimat. Sichtbares Elend gab es nicht, und wenn irgendwelche Greueltaten begangen wurden, dann im Dunkel polizeieigener Folterkammern oder in den beengten Arbeiterunterkünften der Zuckerrohrplantagen. Tucumán war so proper, daß es vier Uhr nachmittags wurde, bis ich eine Bar fand.

Ich lief herum. An diesem feuchten, bewölkten Tag waren die Lichtverhältnisse so schlecht, daß der Mann mit der Plattenkamera auf der Plaza Independencia (Tucumán ist die Stadt, in der im Jahr 1816 Argentiniens Unabhängigkeit verkündet wurde) mein Konterfei erst nach dem zweiten Versuch hinkriegte. Ich konnte mir Tucumán als einen Ort vorstellen, in den ein trauriges unschuldiges Kind verschickt werden könnte, um eine schreckliche Woche mit seiner altjüngferlichen Tante und deren angestaubten Erbstücken zu verbringen. Vielleicht war es das schwermütige Kolorit wie in einem Buñuel-Film, das mich darauf brachte. Hinter den schmalbrüstigen Häuserfassaden stellte man bestimmt hübschen Dienstmädchen nach, und in den Wohnzimmern mit den hohen Decken hörte man das leise Ticken vergoldeter Pendülen: Phantasien eines müßigen Flaneurs. Ich fand ein Fremdenverkehrsbüro. Die Frau am Schalter händigte mir drei Broschüren aus, die mir alle empfahlen, Tucumán den Rücken zu kehren: Man sollte in die Berge fahren oder in die Wälder vor der Stadt oder, was ich besonders erheiternd fand, Jujuy besichtigen. Es galt offenbar als eine der Hauptattraktionen von Tucumán, daß es eine Tagesreise von Jujuy entfernt liegt.

Gaucho-Kitsch in allen Spielarten beherrschte die Andenkenläden, unter anderem indianische Lassos, Spielzeug-Pferdepeitschen und übertreuerte Dolche, dazu kamen noch Salzstreuer, Schürzen, Kalender und kleine Schachteln aus Kaktusfasern, alles mit den Lettern »Tucumán« beschriftet. Das Angebot der Buchhandlungen fand ich weitaus interessanter als irgendwo sonst auf dieser Reise, aber vielleicht war ich bloß so beeindruckt, weil ich hier drei argentinische Lizenzausgaben meiner eigenen Bücher fand. Ich notierte mir die Adresse des Verlags in Buenos Aires, um mal reinzuschauen, wenn ich dort wäre.

Meine beinahe einzige Tat in Tucumán war der Erwerb einer Pizza, einer dicken neapolitanischen Teigscheibe mit Anchovis, bei deren Anblick mir der traurige Satz eines Peruaners wieder einfiel: »In Peru sind die Zeiten so mies«, hatte der Mann gesagt, »daß uns sogar die Sardellen weggeschwommen sind.« Je weiter der Tag voranschritt, desto sicherer war ich mir, daß ich abends den Ort mit dem »Estrella del Norte« verlassen wollte. Nachmittags lief mir Wolfgang über den Weg; er begleitete mich zum Bahnhof. Wolfgang war in Höchststimmung, weil der Dollar während der letzten vierundzwanzig Stunden um fünf Pesos gestiegen war. »Und morgen geht er noch höher.« Später sah ich ihn in Buenos Aires, wie er jeden Morgen gleich nach dem Aufwachen den Anstieg der Inflationsrate verfolgte: für Wolfgang war die Inflation die beste Rendite.

Der »Estrella del Norte« stand schon bereit.

Wolfgang seufzte: »Nach dem hier setz ich mich in keinen Zug mehr.«

»Wollen Sie was zum Lesen?« Ich gab ihm den Dürrenmatt.

Er besah sich das Buch: »Hab ich schon mal gelesen, auf deutsch.« Trotzdem wollte er es behalten: »Damit kann ich ja Englisch üben.«

Oswaldo, der das untere Bett im meinem Abteil hatte, war ein fahriger, redseliger Fleischwarenvertreter auf dem Weg nach Rosario. Er wäre gern geflogen, was ihm seine Firma aus Kostengründen verwehrt hatte. »Dieser Zug war es, der vor ungefähr vier Wochen den Unfall hatte. Jede Menge Tote, brennende Waggons, furchtbar.« Er riß die Vorhänge auseinander und sah aus dem Fenster. »Ich hoffe, das passiert uns nicht. Ich hab nicht die geringste Lust auf ein Zugunglück. Aber ich hab bei dem Zug hier ein ganz schlechtes Gefühl.«
Nach dieser wenig erbaulichen Unterhaltung ließ ich mich lieber mit der Lokalzeitung von Tucumán und einem Bier im Speisewagen nieder. Die Zeitung verbreitete sich – typisch für die argentinische Presse, die aus den Auslandsnachrichten innenpolitisches Kapital zu schlagen versucht – voller Häme über den Wahlsieg der Rechten in Frankreich und Fälle von Menschenraub in Italien. (»Unsere Terroristen sind alle nach Europa umgezogen«, erklärte mir später jemand in Buenos Aires. Es klang ein bißchen schadenfroh. »Jetzt bekommen Sie einen Begriff davon, was wir durchgemacht haben.«)
»Wenn Sie gestatten.« Oswaldo ließ sich an meinem Tisch nieder. Er hatte ein spanisches Comicbuch in der Hand, einen zweieinhalb Zentimeter dicken Pappband mit dem Titel *D'Artagnan*, so hieß der einfältige Säbelrassler der Titelgeschichte. Selbst ein Fleischwarenvertreter war mit dieser Lektüre wohl kaum überfordert.
Ich beachtete ihn nicht weiter und sah aus dem Fenster. Wir verließen die Stadt Tucumán, durchquerten die gleichnamige Provinz und erreichten die Provinz Santiago del Estero. In der dunstigen Dämmerung leuchteten die Zuckerrohrfelder und Orangenhaine tiefgrün wie Irland im Abendlicht. Vor manchen Bauernhöfen loderten Feuer, und es war noch so hell, daß ich die Ziegelreihenhäuschen der Landarbeiter erkennen konnte, weiter weg die Dächer und Säulen des Herrenhauses und die schönen Pferde am Zaun. Dann senkte sich die Nacht über die Zuckerrohrfelder, und nur noch die

tanzenden gelben Scheinwerfer von Autos, die über die Landstraßen rumpelten, deuteten Leben an.
»Hier ist es gewesen.« Oswaldo hatte sein Comicbuch zugeklappt. »Der Unfall.«
Er stemmte sich gegen den Tisch, als erwartete er, gleich vom Stuhl geworfen zu werden. Aber der Zug schaukelte weiter durch Argentinien, und in der Küche sang ein Mann.
Um zehn wurde das Abendessen serviert: Vier Gänge, unter anderem ein dickes Steak, kosteten zwei Dollar. Es war einer dieser Speisewagen, in denen die Kellner und Stewards wesentlich formeller gekleidet sind als die Gäste, in diesem Fall eine gutgenährte lautstarke Menge von Pseudoeuropäern, die inzwischen alle Tische besetzt hatte. Zwei Männer setzten sich zu Oswaldo und mir, und nach einer respektvollen Pause und ein paar Schluck Wein erklärte uns der eine, warum er nach Buenos Aires mußte: Sein Vater hatte gerade einen Herzanfall gehabt.
Er sprach das verwaschene argentinische Spanisch, das jedes Doppel-»l« zu einem russischen »dsch«-Laut verwischt. »Mein Vater ist fünfundachtzig.« Der Mann stopfte sich Brot in den Mund. »War in seinem ganzen Leben keinen einzigen Tag krank. Und dabei ist er Kettenraucher, der frißt die Zigaretten fast. Kräftig und gesund ist er. Ich war völlig platt, als sie mir am Telefon gesagt haben, er hätte einen Herzanfall. ›Der Mann war noch nie in seinem Leben krank‹, hab ich gesagt.«
»Mein Vater war auch so einer«, erzählte der zweite. »Ein zäher Kerl von der alten Schule. Aber er ist nicht an einem Herzanfall gestorben, bei ihm war's die Leber.«
Oswaldo setzte an: »Also mein Vater...«
Der erste Mann rauchte und trank wie unter Zwang; Rauchwölkchen quollen aus seinen Nasenlöchern, während er auf seinem Brot herumkaute. Immer wieder rief er laut nach dem Kellner.
»He, Chef! Bringen Sie mir 'n Aschenbecher. Wenn ich esse, brauch ich einen Aschenbecher.«
Er hatte den Brotkorb leergegessen.
»He, Chef! Bitte noch Brot. Ich hab Hunger. Ach, und wenn Sie schon dabei sind, auch noch ein Bier. Ich hab Durst.«
Ganz schön forsch waren sie, diese hart arbeitenden, gesprächigen

Männer, bloß mit dem Humor schien es ein bißchen zu hapern. Von allen Menschen, die ich in Südamerika traf, waren die Argentinier diejenigen, die sich am wenigsten für den Rest der Welt oder irgendein Thema interessierten, das nicht unmittelbar mit Argentinien zu tun hatte. Darin ähneln sie den weißen Südafrikanern: Beide Völker scheinen anzunehmen, daß sie am Ende der Welt sitzen und von Wilden umzingelt sind. Auch untereinander schlugen die Männer, Spießer bis ins Mark, ziemlich rüde Töne an. Das jedenfalls war mein Eindruck im »Estrella del Norte«. Erst in Buenos Aires lernte ich liebenswürdigere, gebildete Menschen kennen und mußte meine Ansichten revidieren.

Während der nächsten halben Stunde redeten Oswaldo und die beiden anderen über Fußball. Weil Argentinien gerade gegen Peru gewonnen hatte, rechneten sie sich gute Chancen für die Weltmeisterschaft im Juli aus.

»Können Sie Spanisch?« Es war der erste Mann, der, dessen Vater den Herzanfall gehabt hatte. Er hielt ein Brotstückchen in der erhobenen Hand.

»Ja. Einigermaßen, glaube ich.«

»Sie sagen ja nicht viel. Deswegen frage ich.«

»Ich interessiere mich nicht für Fußball.«

Er warf den anderen einen vielsagenden Blick zu. »Ich meine, Sie beteiligen sich nicht an unserer Unterhaltung.«

»An welcher Unterhaltung?«

»An dieser.« Er verlor allmählich die Geduld.

»Über Fußball.«

»Nein, über alles. Wir reden hier, Sie sagen nichts. Sie sitzen bloß da.«

»Na und?«

»Vielleicht stimmt ja was nicht.«

Da war sie also wieder, die alte südamerikanische Unsicherheit: Mißtrauen, Angst, die Sorge, daß mein Schweigen Mißbilligung bedeuten könnte.

»Nein, es ist alles in bester Ordnung. Ich bin froh, daß ich hiersein kann. Argentinien ist ein wunderbares Land.«

»Er ist froh«, sagte der Mann. Er hatte immer noch das Brotstückchen in der Hand und hielt es jetzt näher an sein Weinglas. »Wis-

sen Sie, was die Spanier machen? Gucken Sie mal. Das hier. Fertig? Sie tauchen ihr Brotstück in den Wein.« Er führte es vor. »Und dann essen sie das Brot.« Er mampfte das aufgeweichte Bröckchen. »Haben Sie gesehen? Die tunken ihr Brot in den Wein. In Spanien.«
»Wenn Sie das merkwürdig finden, dann erzähl ich Ihnen mal was.«
Sie lächelten: Ich beteiligte mich also doch an der Unterhaltung.
»Die Italiener tun sich Obst in den Wein. Sie zerschnippeln Birnen, Pfirsiche und Bananen, tun sie in ein Weinglas, rühren um, essen das Obst auf und trinken dann den Wein aus. Stellen Sie sich das mal vor, so mit einem guten Glas Wein umzugehen!«
Ihren leeren Blicken war zu entnehmen, daß mein Beitrag nicht allzugut ankam.
»Wir machen das auch so«, sagte Oswaldo schließlich.
Kaffee und Crème Caramel beschlossen die Mahlzeit, und der zweite Mann stürzte sich in eine langatmige Erörterung der regionalen Unterschiede in den Bezeichnungen für »Brot« in Argentinien. »Das hier zum Beispiel heißt bei uns in Tucumán ›Semmel‹. Aber in Córdoba sagen sie ›Brötchen‹ dazu. Oben in Salta nennen sie es ›Rundstück‹. ›Laibchen‹ heißt es dann in...«
Weil weder er noch die anderen, die auch noch ihr Scherflein zum Thema beitrugen, ein Ende fanden und ich dem Ganzen nichts hinzuzufügen hatte, wünschte ich allen eine gute Nacht, wanderte durch den dahinrasenden Zug und ging zu Bett.
Ein Traum erfaßte mich. Ich befand mich mit einer wunderschönen, schlauen Frau in einem edwardianischen Haus. Das Haus wackelte, der Fußboden kippelte und tanzte wie ein Floß, Risse zogen sich die Wände hinauf. Die Frau flehte mich an, den Grund für dieses Schwanken herauszufinden. Ich sah erst aus dem zersprungenen Wohnzimmerfenster und ging dann in den Garten, wo es dermaßen wackelte, daß ich kaum noch aufrecht stehen konnte; zu sehen war aber nichts. Die Frau stand am Fenster, alle Ziegel um den Fensterrahmen herum waren geborsten.
»Du bist in einem Magnetfeld«, sagte ich und versuchte unsicher, die Balance zu halten. »Da unten ist ein geladener Draht. Die magnetische Kraft versetzt das Haus in Schwingungen...«

Ich wachte auf. Der Zug schwankte genauso wie der Garten in meinem Traum, und ich wußte nicht mehr, wie die Frau hieß.
Die Sonne schien, wir hielten in San Lorenzo am Río Paraná. Am jenseitigen Ufer beginnt das argentinische Zweistromland, die Provinz Entre Ríos, dahinter liegt Uruguay. Flach war das Land hier, um die Zäune schlangen sich blaue Trichterwinden, Pferde grasten auf den weiten Wiesen.
Oswaldo packte seine Sachen zusammen. »Mit den Jungs, mit denen wir gestern abend zusammengesessen haben«, sagte er, »wurde es nachher noch ganz interessant. Sie hätten nicht so früh gehen sollen.«
»Ich hätte nichts zur Unterhaltung beitragen können.«
»Sie hätten zuhören können. Es war sehr interessant. Der eine ist auch im Fleischgroßhandel. Der kannte mich sogar! Natürlich nicht persönlich, aber er hatte schon von mir gehört.«
Oswaldo schien darüber hoch erfreut. Als er gepackt hatte, lag das Comicbuch noch auf seinem Platz.
»Wollen Sie es haben?«
Ich hob es auf. *D'Artagnan* war sehr grell illustriert. Der Werbetext auf dem Deckel versprach einen *Tollen Sammelband* mit *Zehn kompletten Geschichten, ganz in Farbe*. Die Geschichten hießen: »Auf Wiedersehen, Kalifornien«, »Wir Männer aus der Legion« und »Or-Grund, der tödliche Wikinger«. Das Heft handelte von Cowboys, Detektiven, Höhlenmenschen und Soldaten. Eine Anzeige warb für Freizeitkurse, in denen man Fernsehgeräte reparieren lernte.
»Ich hab schon ein Buch«, sagte ich.
»Sie brauchen mir nichts dafür zu zahlen«, sagte Oswaldo.
»Ich lese keine Comics.«
»Der hier ist aber wirklich toll.«
»Comics sind was für Kinder und Analphabeten«, hätte ich gern gesagt, aber an den Menschen hier sollte man ja nicht herumkritteln.
»Herzlichen Dank. Lesen Sie denn auch Bücher von argentinischen Autoren?«
»Das hier«, er tippte auf das dicke Heft in meiner Hand, »ist ein argentinisches Buch. Kommt aus Buenos Aires.«

»Ich dachte eher an andere Bücher. Welche ohne Bilder.«
»Geschichten?«
»Ja, von Borges zum Beispiel.«
»Von welchem Borges?«
»Jorge Luis.«
»Kenn ich nicht.«
Das Thema langweilte ihn, außerdem war er verstimmt, weil ich mich für sein Comicbuch so wenig erwärmt hatte. Mit einem etwas knappen Abschiedsgruß stieg er in Rosario aus. Rosario, das auch am Paraná liegt, bestand aus Vororten und Industrie und roch nach Qualm aus den Schloten, blühenden Bäumen und dem heißen Fluß. In einer der soliden Bürgervillen hatte im Jahr 1928 Che Guevara das Licht der Welt erblickt. Seine Heimatstadt hatte ihn allerdings nicht zum Revolutionär gemacht. Erst seine Erfahrungen in Guatemala, wo 1954 Jacobo Arbenz Guzmán von der CIA gestürzt wurde, brachten ihn zu der Überzeugung, daß Südamerika dringend einen neuen Befreier brauchte, eine Ansicht, zu der ich nach meinen Pilgerfahrten durch den Kontinent inzwischen auch gelangt war. Auf gewisse Weise war Guevaras Schicksal noch schlimmer als das von Bolívar, denn sein Fall war vollständig. Seine politischen Absichten sind längst vergessen, bloß sein Kleidungsstil hat überlebt: eine der schicksten Londoner Boutiquen heißt Che Guevara. Die sicherste Methode, einen Menschen zu zerstören oder sich über seine Ideen lustig zu machen, besteht darin, ihn Mode werden zu lassen. Guevaras große Wirkung auf die Modeschöpfer ist ein Teil seiner Tragödie.
Die Felder hinter Rosario sahen nach September aus; herbstlich die leeren Ackerfurchen, die verstreuten leeren Hülsen von Maiskolben, die Erntearbeiter, die sich mit Heuballen abmühten. Weiter im Süden endete das Ackerland und ging in Weiden über. Rinder standen im grünen Gras, Eukalyptusbäume dienten als Windschutz, alles war still und geordnet.
Ein Armeelager kam ins Blickfeld, ein Vorort, eine Fabrik. Anderswo konnten südamerikanische Armeecamps so bedrohlich aussehen wie Gefängnisse, dieses hier aber war nicht eingezäunt, und die manövrierenden Soldaten, die gerade einen Panzer auf einem Feld in der Nähe des Schienenstranges angriffen, sahen aus wie Pfadfin-

der. Weder wirkte der Vorort beklemmend, noch erschien die Fabrik wie ein Schandfleck in der Landschaft. Der äußere Eindruck mag trügerisch sein, aber nach allem, was ich bisher gesehen hatte, brauchte ich diese tröstliche Ordnung, die Leichtigkeit dieser Luft, den Anblick dieses Falken oben am Himmel.

Viele kleine Bahnhöfe lagen an dieser Strecke, aber der Zug hielt nicht. Die Gegend wurde sumpfiger: etliche Zuflüsse zum Paraná waren über die Ufer getreten und hatten die Schotterstraßen überschwemmt. Der Vegetation nach zu urteilen, den hohen blauen Gummibäumen und den dichten Wäldern, kam das häufiger vor. Die Farmhöfe sahen elegant und groß aus, aber es gab auch rechteckige kleine Bungalows, jeder auf seinem eigenen eingezäunten Grundstückchen: Häuschen, Gärtchen, kleiner Swimmingpool.

Dann rückten die Häuser enger zusammen. Am Rand des Marschlandes standen Schuppen, dann größere Wohnhäuser, Wasserspeicher und Kirchtürme. Es war Mittag. Weißuniformierte Schulmädchen hüpften auf den Bürgersteigen herum, am Bahnhof J. L. Suárez warteten Leute auf den Vorortzug, und dahinter, hinter den Graffiti (ALLE MACHT FÜR PERÓN), standen streng wirkende kleine Häuser an schmalen Straßen, und es gab Hecken und Stauden von Zierbananen. Die Köche und Kellner des Speisewagens stiegen in San Martín aus, wo fast alle Häuser einstöckig waren, in Miguelete stiegen noch mehr Leute aus und gingen am Golfplatz vorbei. Ein Spieler wartete ab, bis der Zug weiterfuhr, bevor er puttete.

Die Stadt konnte nicht mehr weit sein. Die Häuser wurden immer prächtiger, aber diese Pracht erschien auch ein wenig gespenstisch wie die Geisterhäuser in den Erzählungen von Borges. Gotisches Gitterwerk, Balkons und verriegelte Fensterläden deuteten auf französischen Einfluß hin. Wie lichte, zarte Spinnennetze verbargen sich diese Häuser halb hinter Bäumen. Die nächste freie Fläche war ein sonnendurchfluteter Park, dann ein Boulevard, ein Stückchen Europa, eilige Menschen und elegante Kleider auf einem belebten Trottoir. Es kam mir vor, als sei ich monatelang durch einen Tunnel gefahren und soeben am anderen Ende wieder herausgekommen – am anderen Ende der Welt, an einem Ort, ehrwürdig wie Boston, aber viel größer, der mir aufreizend vertraut war.

Der Bahnhof Retiro ist eine englische Konstruktion nach einem englischen Entwurf. Sein hochgewölbtes Dach ruht auf Eisenträgern aus einer Liverpooler Schmiede, Säulen und Fußböden sind aus Marmor, und seine kunstvoll gemeißelten Ziergiebel und die gebündelt durch das Dach einfallenden Sonnenstrahlen betonen die Höhe des Gebäudes: eine Kathedrale, bloß ohne Altäre und Bankreihen. Die Bahnhöfe und Eisenbahnen in Argentinien sehen nicht zufällig so englisch aus, denn die meisten wurden von Engländern gebaut und bis zum Jahr 1947, als Juan Perón sie kaufte und sich damit auf das schlechteste Geschäft der Weltgeschichte einließ, auch von ihnen betrieben. (Hätte er noch ein paar Jahre gewartet, dann hätte die britische Eisenbahngesellschaft, die nur noch Verluste einfuhr, sie ihm geschenkt.) Seit damals verlieren die argentinischen Staatsbahnen Geld, haben aber das Inventar behalten, und ich fand es ausgesprochen erholsam, an diesem Bahnhof im Herzen einer vielschichtigen, schönen Stadt anzukommen, weil es mir bewußtmachte, wie lang mein Weg hierher gewesen war. Diese Ankunft bedeutete mir mehr als die unwirklichen Eindrücke von den Anden oder dem Altiplano. Mir reichte es nicht, in unbewohnten schwindelnden Höhen herumzufahren; ich brauchte die Sicherheit, eine gastfreundliche Kultur zu erreichen, die verständlich und der Mühe wert war.

Auf den ersten und auch noch den zweiten Blick ist Buenos Aires ein hochzivilisierter Ameisenhügel. Die Straßen und Gebäude der Stadt vereinigen alle Eleganz der Alten Welt, ihre Bewohner all die ungeschliffene, gesunde Frische der Neuen. Zeitungskioske und Buchhandlungen gibt es an jeder Ecke – alle Menschen hier sind gebildet, denkt man, und dazu noch reich und schön. Die Frauen von Buenos Aires waren gut angezogen, mit einem kunstvollen Schick, wie ihn die Europäerinnen längst aufgegeben haben. Ich war auf einen recht wohlhabenden Ort gefaßt gewesen, auf Rinder, Gauchos und eine gnadenlose Diktatur; mit dem Charme der Stadt, mit den Reizen ihrer Bauten und der Stärke ihrer Anziehungskraft hatte ich nicht gerechnet. Es ist eine wunderbare Stadt für Fußgänger, und auf meinen Streifzügen kam ich zu dem Schluß, daß es sich hier gut leben lassen müßte. Auf Panama und Cuzco hatte ich mich eingestellt, aber Buenos Aires war etwas völlig anderes, als ich erwartet hatte. In der Erzählung »Eveline«, aus James Joyces *Dubliner*n, sinnt die Titelheldin über ihr mühseliges Leben nach, das ihr einmal die Chance bot, mit Frank zusammen aus Dublin wegzugehen: »Er sei in Buenos Aires auf die Füße gefallen, sagte er, und in die alte Heimat sei er nur herübergekommen, um Ferien zu machen.« Frank, ein Abenteurer in der Neuen Welt, sprudelt von Geschichten (»Er erzählte ihr Geschichten über die schrecklichen Patagonier«), hält bald um ihre Hand an und bittet sie, ihre Flucht aus Dublin einzuleiten. Sie ist zur Abreise entschlossen, aber im letzten Augenblick (»Alle Wasser der Welt brandeten um ihr Herz«) verläßt sie der Mut. Frank steigt in den Zug, der ihn zum Hafen bringt, und sie bleibt in Dublin zurück »wie ein hilfloses Tier«.

Die Erzählungen in den *Dublinern* sind traurig – nur wenige in der Weltliteratur sind trauriger –, aber »Eveline« konnte ich erst jetzt, in der Stadt, die sie nie gesehen hatte, wirklich als Chronik der verpaßten Möglichkeiten begreifen. Bisher war es mir nicht besonders tragisch vorgekommen, wenn jemand nicht nach Buenos Aires fahren konnte; ich hatte immer angenommen, daß es Joyce um den schönen Namen der Stadt gegangen sei, um die *buenos aires*, die »guten Lüfte« Südamerikas, derentwegen man den Mief von Dublin gern hinter sich ließ. Das erste Mädchen, das ich in Buenos Aires kennenlernte, war ausgerechnet Irin, eine Ranchbesitzerin, die Spanisch mit breitem irischem Akzent sprach. Sie war als Teilnehmerin der Hockeyweltmeisterschaft aus Mendoza in die Stadt gekommen und fragte mich – obwohl die Antwort, wie ich dachte, doch auf der Hand lag –, ob ich auch Hockey spielte. In den USA waren die Iren Priester, Politiker und Polizisten geworden, weil sie sich einen konventionellen Status gewünscht und Berufe ergriffen hatten, die ihnen ein gewisses Ansehen verschaffen sollten. In Argentinien wurden sie Farmer und überließen die Regelung des Straßenverkehrs den Italienern. Eveline hatte eindeutig ihr Schiff verpaßt.

In dem Einwanderergemisch von Buenos Aires, wo ein volles Drittel der argentinischen Bevölkerung lebt, suchte ich vergeblich nach irgendwelchen typisch südamerikanischen Charakteristika. Ich hatte mich an die Friedhofsatmosphäre zerstörter Städte gewöhnt, an die Bettlerkultur, an die Hazienda- und Vetternwirtschaft, an die selbstgefälligen betuchten Familien, die »ihre« Indianer ausbeuteten, an Schweine auf Bahnsteigen. Die Primärfarben solcher Kraßheiten hatten meine Augen abgestumpft und meinen Sinn für feine Unterschiede verdorben. Nach den hungernden Kindern in Kolumbien und dem peruanischen Verfall war es gar nicht mehr so einfach, sich über die Pressezensur in Argentinien aufzuregen, die ohnehin mehrdeutig und anzweifelbar war und hauptsächlich als Vorstellung existierte. Bis jetzt hatte ich mich mit groben Vergrößerungen des Sichtbaren befaßt und selten Theoretisches gefunden, hier aber, in einer Stadt, die zu funktionieren schien, war ich meiner Sache weit weniger sicher. Und während ich Buenos Aires auf langen Fußmärschen durchmaß und dabei zugleich meinen Kreislauf in Schwung brachte (seit meinem Aufenthalt in Cuzco war ich nicht gerade viel gelaufen), kam es mir immer weniger absonderlich vor, daß diese Stadt, in der sich Che Guevara, Jorge Luis Borges und Adolf Eichmann gleichermaßen zu Hause gefühlt haben, außer einem Dutzend Geigern von Weltrang auch die Stripperin Fanny Foxe hervorgebracht hat.

Schon die Anlage der Stadt deutete den kulturellen Überbau an. Die rosablühenden Bäume der Pampas wachsen in Parks, die Namen wie »Parque Britannia« und »Parque de Palermo« haben und als Anlagen nach englischer oder italienischer Art zu erkennen sind. Die Straßenzüge der Innenstadt folgen französischen, die Industrieviertel deutschen, der Hafen italienischen Vorbildern. Allein der Maßstab des Ganzen ist amerikanisch und wirkte für mich durch die Dimensionen und das Gefühl von Raum vertraut. Es war eine saubere Stadt. Hier nächtigte niemand in Hauseingängen oder Parks – eine im südamerikanischen Kontext beinah schockierende Feststellung. In dieser Stadt, durch deren Straßen sich auch noch um drei Uhr morgens die Menschenmassen schoben, konnte ich zu jeder Stunde spazierengehen und mich sicher fühlen. Weil die Tagesstunden zu heiß und feucht dafür waren, spielten die Kinder bis lange nach Mitternacht in den hellerleuchteten Parks Fußball. Es ist eine Stadt ohne nennenswerten indianischen Bevölkerungsanteil – offenbar verirren sich die Indios nur selten in die Gegend südlich von Tucumán; die wenigen, die es hier gab, kamen aus Paraguay oder von der anderen Seite des Río de La Plata, aus dem benachbarten Uruguay, arbeiteten als Hausangestellte, wohnten in den Slums vor der Stadt und wurden nicht zum Bleiben ermuntert.

Es ist eine gespaltene Kultur, aber auch das Land selbst ist gespalten. Die Argentinier, die ich kennenlernte, sprachen von zwei Ländern, zum einen vom Hochland im Norden, wo es bloß Berge, Folklore und halbwilde Siedler gebe, zum anderen von den feuchten, leeren Pampas des Südens mit ihren Rinderfarmen und den weiten, noch immer unberührten Landstrichen. (Das Wort *pampas* leitet sich von einem Wort aus der Aymara-Sprache ab, das »Weite« bedeutet.) Man muß anderthalbtausend Kilometer fahren, um diese Trennung zu begreifen, aber die Argentinier bewegen sich trotz ihres angeblichen Abenteuergeists nur auf ausgetretenen Pfaden. Sie kennen Chile, manche kennen Brasilien, sie verbringen die Wochenenden an den Fleischtöpfen von Montevideo, die Wohlhabenden besitzen Ferienhäuser in der patagonischen Oase Bariloche, aber sie begeben sich selten in den Norden des Landes und wissen herzlich wenig über das übrige Südamerika, das ihnen ziemlich gleichgültig zu sein scheint. Zu Quito zum Beispiel fällt ihnen ein, daß es gräßlich ist, klein, arm und primitiv. Nach Bolivien fährt man nicht, lieber pflegt man seine Beziehungen zu Europa. Die Argentinier halten sich selbst für französiert und haben so oft von der Ähnlichkeit ihrer Hauptstadt mit Paris gehört, daß ihnen ein Besuch in Frankreich, wo sie sich selbst davon überzeugen könnten, überflüssig vorkommt. Statt dessen halten sie sich an die alten familiären Bindungen zu Europa; viele fahren nach Spanien, fast eine Viertelmillion reist jedes Jahr nach Italien, und die besonders Unternehmungslustigen sind anglophil. Was sie von den USA halten sollen, wissen sie nicht genau, und diese Unsicherheit äußert sich in Verachtung.

»Was wissen Sie denn über Argentinien?« wurde ich gefragt, und um ihren Lektionen zuvorzukommen (ihre eigene politische Vergangenheit schien ihnen höchst peinlich zu sein), sagte ich etwas wie: »Ja, als ich in Jujuy war...« oder: »Also Humahuaca ist wirklich sehr schön...« oder: »In La Quiaca ist mir aufgefallen...« Niemand war in La Quiaca gewesen oder hatte je mit dem Zug die Grenze überquert. Wenn sich jemand in Buenos Aires über das

Elend in der entlegenen Provinz ereifert, erzählt er einem etwas über die Größe der Kakerlaken im nahen Rosario.

Völlig erschöpft war ich zu Beginn einer Hitzewelle, dem sogenannten argentinischen Herbst, in Buenos Aires angekommen. Von fünf Tagen und Nächten im Zug von La Paz war ich völlig schlaff, ich hatte eine schlimme Erkältung, meine verletzte Hand pochte, und so widmete ich einige Tage ausschließlich meiner Wiederherstellung. Ich las, trank Wein und spielte Billard, bis ich wieder zu mir selbst fand.

Irgendwann ging es mir so gut, daß ich meinen argentinischen Verlag aufsuchen konnte. Aber ich hatte Pech mit dem Telefon. Weil es im Hörer immer bloß tutete und klingelte, sich aber keine menschliche Stimme vernehmen ließ, ging ich zum Hotelportier.

»Ich komm bei dieser Nummer nicht durch.«
»Buenos Aires?«
»Ja, eine Firma auf der Carlos Pellegrini.«
»Das ist doch bloß vier Straßen weiter!«
»Ich wollte zuerst dort anrufen.«
»Sie werden merken, daß hinzugehen wesentlich schneller ist.«

Also ging ich hin und stellte mich als der Autor der drei Bücher vor, die ich in den Buchläden von Tucumán gesehen hatte.

»Wir haben Sie uns viel älter vorgestellt«, sagte Señor Naveiro, der Verlagschef.

»Nach allem, was ich hinter mir habe, fühle ich mich auch wie achtzig«, antwortete ich.

Eine Frau, die von meinem Auftauchen gehört hatte, kam in Señor Naveiros Büro: »Ein gewisser General aus unserer Regierung – der Verkehrsminister – hat Ihre Bücher gelesen. Er möchte, daß Sie mit dem Zug nach Salta fahren.«

Ich sei schon in Salta gewesen, sagte ich, jedenfalls ein paar Kilometer davor.

»Er wünscht, daß Sie mit dem Zug von Salta nach Antafagosta in Chile fahren.«

Ich lehnte höflich ab.

»Der General möchte außerdem wissen, wohin Sie sonst noch fahren möchten.«

Nach Süden, sagte ich, nach Patagonien.
»Er wird Ihnen die Fahrkarten zukommen lassen. Wann möchten Sie abreisen?«
Und so wurde alles arrangiert.
»Wir wünschen Ihnen einen angenehmen Aufenthalt in Argentinien«, sagte Señor Naveiro. »Wir haben schlimme Zeiten hinter uns, aber die Lage bessert sich.«
Es schien so zu sein. Seit zwei Jahren hatte es keine Fälle von politischer Entführung mehr gegeben. Mein Freund Bruce Chatwin, der kurz zuvor aus Patagonien zurückgekommen war, hatte berichtet, daß die Stadtguerilla inzwischen Ferien in Uruguay oder Skiurlaub in der Schweiz machte. Isabel Perón war entmachtet und entwaffnet worden und lebte jetzt mit ihren Kanarienvögeln und ihrem Dienstmädchen in einem abgelegenen Tal unter Hausarrest. Etwas skeptischer stimmten mich die offiziellen Verlautbarungen über politische Gefangene. »In der gesamten Republik Argentinien gibt es keinen politischen Gefangenen«, erklärte Oberst Dotti, der Generaldirektor der staatlichen Strafanstalten. »Es handelt sich um subversive Straftäter, aber nicht um politische Gefangene.« Kurz nach meinem Eintreffen waren sechzig »subversive Straftäter« während einer Gefängnisrevolte in Buenos Aires umgekommen, einige waren erschossen worden, andere erstickt.
Zu diesem Vorfall konnte ich Señor Naveiro nichts entlocken, wollte aber auch nicht bohren, weil mir das zu unhöflich vorgekommen wäre. Er wollte mir unbedingt etwas Gutes tun: Ob ich vielleicht jemandem ein Telex schicken müsse? Ob ich vielleicht seiner reizenden Sekretärin ein paar Briefe diktieren wolle? Ob ich denn ein angenehmes Hotel gefunden hätte? Gebe es vielleicht irgend jemanden in Argentinien, den ich gern kennenlernen wolle? Und ob vielleicht jemand nach Patagonien vorausfliegen solle, um dort alles für mich vorzubereiten?
»Ich schlage vor«, sagte er, »daß ich jemanden mit dem Flugzeug nach Patagonien schicke. Sie steigen in den Zug. Und wenn Sie ankommen, haben Sie jemanden da, der sich um alles kümmert, wenn es Probleme gibt. Sie brauchen nur ja zu sagen, den Rest machen wir.«
Ich erklärte ihm, daß mir eine solche Hilfe zwar in den Bergen

Kolumbiens sehr willkommen gewesen wäre, daß ich in Patagonien aber kaum mit Problemen rechnete.

»Nun gut. Ich nehme an, Sie wissen, daß Sie sich hier im Land des Fleisches befinden. Lassen Sie uns Ihre Ankunft in Buenos Aires mit einem großen Stück Fleisch feiern.«

Es war das größte, das ich je gesehen hatte, zart wie eine gekochte Rübe und so groß wie eine Fußballschuhsohle in Größe sechsundvierzig. In diesem Restaurant mußte man nicht nur das Stück angeben, das man haben wollte, sondern auch noch die Rinderrasse. Man sagte »Rumpsteak vom Longhorn« oder »Zartes Lendenstück vom Shorthorn«.

»Ja, die Dinge sind zur Zeit ziemlich ruhig.« Señor Naveiro füllte die Weingläser. Isabel Perón sei eine Katastrophe gewesen, aber die Allgemeinheit empfinde sie gar nicht einmal als bösartig, sondern eher als traurige Figur. General Videla, dessen leichenartiges Aussehen ihm den Spitznamen »der Schädel« bzw. »der Knochen« eingetragen hatte, war ein scheuer, vorsichtiger Mensch, von dem die meisten hofften, daß er Argentinien zu einer zivilen Regierung zurückführen würde.

Argentinien kam mir auf die gleiche Weise bürokratisch und unregierbar vor wie Italien. Es ist ein hochentwickeltes Land mit geographischer Anbindung an die dritte Welt, politisch unterentwickelt und von heftigem Mißtrauen gegen die Regierung und einer tiefen Verachtung für Politik geprägt. Ohne den regulierenden Glauben an Gesetze oder freie Wahlen verkommt die argentinische Vaterlandsliebe zu wirrer Aggression und kleinkariertem Provinzialismus. Man fühlt sich von der Politik betrogen, weil sie so ineffizient ist. Ein Land mit einer Alphabetismusquote von 91,4 Prozent – der höchsten in Südamerika und einer der höchsten der Welt – hat eigentlich keine Entschuldigung für eine totalitäre Regierungsform. Auch dem nachsichtigsten Beobachter konnte die Gleichgültigkeit nicht entgehen, mit der man hier ein diktatorisches Militärregime als angeblich einzige Alternative zur völligen Anarchie tolerierte. Ob das nicht ein bißchen kindisch sei, fragte ich.

»Ich weiß nicht«, meinte Señor Naveiro. »Aber ich will Ihnen mal sagen, was ich glaube. Argentinien ist ein reiches Land. Wir haben

Ressourcen, wir haben einen sehr hohen Lebensstandard – sogar im Norden, wo Sie gewesen sind, geht es den Leuten ganz gut. Und ich glaube, ich kann zu Recht sagen, daß wir alle hart arbeiten. Manche arbeiten sogar sehr hart. Aber wir haben einen großen Fehler. Können Sie sich denken, worauf ich hinauswill?«
Nein, das könne ich nicht.
»Hier funktioniert jeder für sich, aber wir können mit niemandem zusammenarbeiten. Ich weiß nicht, warum, aber wir haben absolut keinen Teamgeist.«
»Ich kann mir auch nicht denken, daß ein selbsternanntes Regime aus Generälen sich besonders förderlich auf den Gemeinsinn auswirkt«, erwiderte ich. »Warum gibt es keine freien Wahlen?«
»Wir geben die Hoffnung nicht auf«, sagte Señor Naveiro. »Können wir, wenn Sie gestatten, das Thema wechseln?«
»Gern.«
»Ich habe kürzlich Ihren Aufsatz über Rudyard Kipling gelesen. Ich finde ihn sehr gut.«
Er meinte eine längere Rezension, die erst ein paar Wochen zuvor auf der ersten Seite der *New York Times Book Review* erschienen war. Es überraschte mich, daß Señor Naveiro den Artikel schon kannte, den ich selbst noch nicht in der Hand gehabt hatte, aber ich besaß erstens kein Luftpost-Abonnement und war zweitens zum Erscheinungstermin ohnehin in Peru oder Bolivien gewesen.
»Wissen Sie, wer sich sehr für Ihre Ansichten über Kipling interessieren würde? Borges.«
»Tatsächlich? Ich hätte ihn schon immer gern kennengelernt.«
»Wir verlegen seine Bücher«, sagte Señor Naveiro. »Ich bin sicher, daß sich da etwas arrangieren läßt.«
Bis ich wieder etwas von Señor Naveiro hörte, schickte mir seine Pressestelle einen Reporter ins Hotel, der ein Interview mit mir machen sollte. Der Journalist war klein, dünn und wollte unbedingt wissen, was ich von Argentinien hielt. Ich wußte kaum, wo ich anfangen sollte. Abgesehen von der Schwierigkeit, komplexe politische Sachverhalte auf spanisch auszudrücken (wie sagte man: »Wirre Aggression und kleinkarierter Provinzialismus«?), gab es da noch die Vorsichtsmaßregel, die ich bisher immer beherzigt hatte: »Kritisiere sie nicht – sie können keine Kritik vertragen.«

Weil ich nicht sofort lossprudelte, hielt mich der Interviewer für gehemmt und sagte mir vor: »Argentinien ist sehr kultiviert, oder?«
»O ja, sehr kultiviert.«
Er schrieb diese Antwort auf seinen Block.
»Zivilisiert, stimmt's?«
»Selbstverständlich.«
Er kritzelte zufrieden vor sich hin.
»Gute Züge – englische Züge?«
»Sie nehmen mir die Worte aus dem Mund.«
»Hübsche Mädchen?« Er grinste und schrieb.
»Hinreißend.«
»Und Buenos Aires? Ist wie...«
»Paris«, sagte ich.
»Natürlich.« Er schraubte seinen Füllhalter wieder zu. Das Interview war beendet.
Am gleichen Abend ging ich mit dem Mann, der meine Bücher für die argentinischen Ausgaben ins Spanische übersetzt hatte, auf eine Party. Er verdiente meinen besonderen Respekt, weil er ein Zitat dingfest gemacht hatte, das ich frecherweise ohne Quellenangabe in einem Text verwendet hatte, zwei Zeilen aus den *Intercepted Letters* des irischen Nationaldichters Thomas Moore. Aber Rolando Costa Picazo hatte schließlich in Ohio und Michigan unterrichtet, wo solche Dinge zum Allgemeingut gehören. Auch er riet mir zu einem Treffen mit Borges.
»Die Frage ist nicht, ob ich Borges kennenlernen will, sondern ob er mich treffen möchte.«
»Er liest gerade Ihren Aufsatz über Kipling. Wenn er ihm gefällt, will er Sie sicher kennenlernen«, meinte Rolando. »Ach, hier ist jemand, der Sie interessieren dürfte.« Er schob mich auf einen älteren Mann zu.
Der Mann lächelte, schüttelte mir die Hand und sagte auf spanisch: »Sehr erfreut.«
»Er hat Ezra Pound ins Spanische übersetzt«, erklärte Rolando.
Auf englisch – schließlich war der Mann Übersetzer – sagte ich: »Es muß schwierig sein, Pound ins Spanische zu übertragen.«
Der Pound-Übersetzer lächelte stumm.

»Die *Cantos*«, ergänzte ich. »Ein schwieriger Brocken.« Und ich dachte: schwierig, wenn nicht kompletter Blödsinn.
»Ja«, sagte der Herr. »Die *Cantos*.«
»Welche gefallen Ihnen denn am besten?«
Er hob die Schultern. Hilfesuchend lächelte er Rolando an. Nach einer Unendlichkeit begriff ich, daß dieser Mann, der mir als argentinischer Übersetzer und Intellektueller vorgestellt worden war, kein Englisch konnte. Für einen Pound-Übersetzer schien mir das ganz passend – seine Unwissenheit war bestimmt von Vorteil und seine Fassung sicher viel gelungener als das Original.
Am folgenden Tag klingelte spätnachmittags das Telefon.
»Borges möchte Sie treffen.«
»Wunderbar. Wann?«
»In einer Viertelstunde.«

20
Der »Subterráneo« von Buenos Aires

Trotz seines für amerikanische Ohren düster und »unterirdisch« klingenden Namens ist der »Subterráneo« von Buenos Aires ein gut funktionierendes Streckennetz von fünf U-Bahn-Linien, das die gleiche Ausdehnung hat wie Bostons Subway. Erbaut wurde es 1913, fünf Jahre später als die Bahn von Boston (es ist damit älter als die Netze von Moskau und Chicago), und wie dort trieb es die alten Trambahnen in den Ruin. Die Wohnung von Jorge Luis Borges lag an der Maipú, gleich um die Ecke von der Plaza General mit der U-Bahnstation San Martín an der Linie Retiro-Constitución.
Mit dieser U-Bahn hatte ich schon immer fahren wollen, seit ich von ihrer Existenz wußte; es war auch mein langgehegter Wunsch, mich mit Borges unterhalten zu können. Er war für mich, was Lady Hester Stanhope für Alexander Kinglake war: »Dauerthema in jeder Gesellschaft«, ein exzentrisches Genie, vielleicht mehr als ein Prophet, der sein verborgenes Dasein in den Tiefen eines unheiligen Landes führte. In *Eothen*, einem meiner Lieblingsreisebücher (»›Eothen‹ ist, wie ich hoffe, fast das einzige schwierige Wort, das sich in diesem Buch findet«, sagt der Autor, »es bedeutet: ›Aus dem Osten‹«), widmet Kinglake ein ganzes Kapitel seinem Zusammentreffen mit Lady Hester. Das war das mindeste, was ich für Borges tun wollte. Ich stieg in die U-Bahn und fand nach kurzer Fahrt problemlos sein Haus.
Auf dem Messingschild an der Wohnungstür im fünften Stock stand *Borges*. Ich klingelte, ein etwa siebenjähriger Junge öffnete und steckte bei meinem Anblick verlegen den Daumen in den Mund – das Kind der Haushälterin. Die Haushälterin selbst, eine feiste Indianerin aus Paraguay, bat mich herein und ließ mich im

Vorraum in Gesellschaft einer großen weißen Katze zurück. In diesem Vorraum brannte eine einzige trübe Lampe, der Rest der Wohnung lag in Dunkelheit gehüllt, was mir wieder in Erinnerung rief, daß Borges blind war.

Neugier und Unrast trieben mich in ein kleines Wohnzimmer. Trotz zugezogener Vorhänge und geschlossener Fensterläden konnte ich einen Kandelaber erkennen, das Familiensilber, das Borges in einer seiner Erzählungen erwähnt, einige Gemälde, alte Fotografien und Bücher, nur wenige Möbel: ein Sofa und zwei Stühle am Fenster, ein an die Wand geschobener Eßtisch, anderthalb Wände voller Bücherregale. Etwas streifte an meinen Beinen entlang: die Katze war mir gefolgt.

Auf dem Boden lag kein Teppich, über den der Blinde hätte stolpern, es gab keine störenden Möbel, an denen er sich hätte stoßen können. Das Parkett glänzte; nirgends Staub. Die Gemälde waren amorph, um so präziser aber die drei Stahlstiche, Piranesis *Le Vedute di Roma*. Die Ansicht der Cestiuspyramide schien am besten zu Borges zu passen, etwa als Illustration zu seinen *Fiktionen*.

»Ich muß große Ideen produzieren«, sagte Piranesi, den sein Biograph Bianconi den »Rembrandt der Ruinen« nennt. »Wenn man mich damit betraute, ein neues Universum zu entwerfen, wäre ich wohl verrückt genug, damit zu beginnen.« Der Satz hätte auch von Borges stammen können.

Die Bücher in den Regalen waren bunt gemischt: in einer Ecke standen hauptsächlich »Everyman«-Klassikerausgaben: Homer, Dante und Vergil in englischer Übersetzung, meterweise Gedichtbände ohne erkennbare Anordnung: Tennyson und e. e. cummings, Byron, Poe, Wordsworth, Hardy; dazu Nachschlagewerke wie Harveys *English Literature, The Oxford Book of Quotations*, verschiedene Wörterbücher, unter anderen das von Dr. Johnson und eine alte ledergebundene Enzyklopädie. Die Bände mit den abgenutzten Rücken und ausgeblichenen Einbänden waren keine bibliophilen Ausgaben, sondern Bücher, die jemand gelesen hatte. Die Seiten waren vom Blättern dicker geworden, Lesezeichen aus Papierstreifen klemmten dazwischen. Lesen ändert das Erscheinungsbild eines Buches. Wenn ein Buch erst einmal gelesen ist – wobei jeder Leser ihm seinen persönlichen Stempel aufdrückt –,

sieht es nie wieder so aus wie vorher: es ist eine der Freuden des Lesens, diese Veränderung der Seiten mitzuverfolgen, mit der man ein Buch in Besitz nimmt.
Im Flur ertönte das Geräusch schlurfender Schritte, dazu ein deutliches Ächzen. Borges tastete sich an den Wänden des dämmrigen Vorraums entlang. Er trug einen eleganten dunkelblauen Anzug mit dunkler Krawatte, schwarze, lose zugebundene Schuhe, aus seiner Brusttasche hing eine Uhrkette. Er war größer, als ich erwartet hatte, in seinem Gesichtsschnitt zeigte sich etwas Englisches, ein blasser Ernst um Stirn und Kinn. Seine blicklosen Augen traten starr hervor. Abgesehen von seinem schleppenden Gang und einem leichten Zittern der Hände schien er völlig gesund. Er hatte die umständliche Präzision eines Chemikers. Seine Haut war klar – die Hände zeigten keine Altersflecken –, und in seinem Gesicht lag Entschlossenheit. Man hatte mir gesagt, er sei »um die Achtzig«, tatsächlich war er bei meinem Besuch neunundsiebzig Jahre alt, sah aber zehn Jahre jünger aus. »Wenn du mein Alter erreichst«, sagt er in der Erzählung »Der Andere« zu seinem Doppelgänger, »hast du das Augenlicht fast ganz eingebüßt. Du siehst noch die Farbe Gelb und Licht und Schatten. Mach dir keine Sorgen. Allmählich zu erblinden ist nichts Tragisches. Es ist wie ein langsam erlöschender Sommerabend.«
»Ja.« Er tastete nach meiner Hand, drückte sie und führte mich zu einem Stuhl. »Setzen Sie sich bitte. Irgendwo ist hier ein Stuhl. Machen Sie es sich nur bequem.«
Er redete so schnell, daß mir sein Akzent erst auffiel, als er völlig atemlos geendet hatte. Seine hervorsprudelnden Sätze unterbrach er nur, wenn er ein neues Thema anschneiden wollte. Dann kam er ins Stocken, erhob die zitternden Hände und schien seine neuen Gedanken mit festem Griff aus der Luft zu reißen.
»Sie sind aus Neuengland. Wie wunderbar. Das ist die beste Gegend, aus der man stammen kann. Dort hat alles angefangen: Emerson, Thoreau, Melville, Hawthorne, Longfellow. Sie haben es begonnen. Wenn es sie nicht gegeben hätte, gäbe es nichts. Ich war einmal dort und fand es wunderschön.«
»Ich kenne Ihr Gedicht darüber«, sagte ich. »›Neuengland, 1967‹: *Die Formen meines Traums in neue tauchen...*«

»Ja, ja«, wehrte er ab. Er machte eine ungeduldige Handbewegung wie jemand, der Würfel schüttelt. Über seine Arbeit wünschte er nicht zu sprechen. »Ich habe damals in Harvard Vorlesungen gehalten. Ich hasse Vorlesungen – ich unterrichte sehr gern. Ich war gern in den Staaten, vor allem in Neuengland. Und Texas ist etwas Besonderes. Dort war ich mit meiner Mutter. Sie war alt, über Achtzig. Wir haben uns The Alamo angesehen.« Borges' Mutter war kurz zuvor im hohen Alter von neunundneunzig gestorben; ihr Zimmer war so geblieben, wie sie es verlassen hatte. »Kennen Sie Austin?« Ich erzählte ihm, daß ich mit dem Zug von Boston nach Fort Worth gefahren war, das mich nicht beeindruckt hatte.

»Sie hätten nach Austin fahren sollen«, sagte Borges. »Der ganze Rest bedeutet mir nichts: der Mittlere Westen, Ohio, Chicago. Sandburg ist der Poet Chicagos, aber was ist er schon? Er ist nur laut und hat alles von Whitman. Whitman war großartig, Sandburg war nichts. Und der ganze Rest?« Er schüttelte seine Finger in Richtung einer imaginären Landkarte von Nordamerika. »Kanada? Sagen Sie mir, was Kanada hervorgebracht hat. Nichts. Aber der Süden ist interessant. Schade, daß sie den Bürgerkrieg verloren haben – finden Sie das nicht auch schade, hm?«

Die Niederlage des Südens sei unvermeidlich gewesen, sagte ich. Die schon immer rückwärtsgewandten und selbstzufriedenen Südstaatler seien heutzutage die einzigen Menschen in Nordamerika, die überhaupt noch vom Bürgerkrieg redeten; im Norden tat das niemand. Wenn der Süden gesiegt hätte, wären uns einige dieser Konföderiertenreminiszenzen erspart geblieben.

»Natürlich reden sie darüber«, sagte Borges. »Es war eine schreckliche Niederlage für sie. Aber sie mußten verlieren. Sie waren bäuerliche Grundbesitzer. Aber ich frage mich, ob eine Niederlage eigentlich so schlimm ist. Sagt Lawrence in den *Sieben Säulen der Weisheit* nicht etwas über die ›Schändlichkeit des Sieges‹? Die Südstaatler waren mutige Leute, aber vielleicht ist ein mutiger Mann nicht unbedingt ein guter Soldat, was meinen Sie?«

Mit Mut allein, stimmte ich zu, sei man ebensowenig ein guter Soldat, wie Geduld allein einen zu einem guten Angler mache. Mut könne einen Menschen blind für die Gefahr werden lassen, und ohne eine gehörige Portion Vorsicht könne Mut tödlich sein.

»Aber die Leute haben Respekt vor Soldaten«, sagte Borges. »Deswegen hält niemand viel von den Amerikanern. Wenn Amerika eine Militär- statt einer Wirtschaftsmacht wäre, würden die Leute zu ihm aufschauen. Wer hat schon Respekt vor Geschäftsleuten? Niemand. Die Menschen blicken nach Amerika und sehen nichts als Handelsvertreter. Also lachen sie.«
Er ließ die Hände flattern, griff zu und wechselte das Thema: »Wie sind Sie nach Argentinien gekommen?«
»Von Texas aus mit dem Zug über Mexiko.«
»Wie finden Sie Mexiko?«
»Runtergekommen, aber ganz schön.«
»Ich mag Mexiko und die Mexikaner nicht«, sagte Borges. »Sie sind so nationalistisch. Und sie hassen die Spanier. Was soll aus ihnen werden, wenn sie solche Gefühle haben? Und sie haben nichts. Sie spielen bloß – sie spielen Nationalstolz. Aber was sie besonders gern tun, ist Indianerspielen. Sie spielen gern. Sie haben absolut nichts. Und kämpfen können sie auch nicht, was? Sie sind ganz schlechte Soldaten – sie verlieren immer. Sehen Sie sich doch an, was ein paar amerikanische Soldaten in Mexiko ausrichten konnten! Nein, Mexiko gefällt mir überhaupt nicht.«
Er machte eine Pause und beugte sich nach vorn. Seine Augen quollen heraus. Er fand mein Knie und tippte zur Bekräftigung darauf: »Ich habe diesen Komplex nicht. Ich hasse die Spanier nicht, ziehe aber die Engländer bei weitem vor. Als ich 1955 mein Augenlicht verloren hatte, wollte ich etwas völlig Neues anfangen und habe Altenglisch gelernt. Hören Sie zu...«
Er sagte das Vaterunser in Altenglisch auf: »Das war das Vaterunser. Und jetzt das – kennen Sie das?« Er zitierte die Anfangszeilen von *Der Seefahrer* aus dem *Exeterbook* von 975.
»*Der Seefahrer*. Ist es nicht wunderbar? Ich habe englische Vorfahren. Meine Großmutter stammte aus Northumberland, und wir hatten Verwandte in Staffordshire. ›Sachse, Kelte und Däne‹ – heißt es nicht so? Zu Hause sprachen wir englisch. Mein Vater sprach englisch mit mir. Vielleicht habe ich auch norwegisches Blut – in Northumberland waren ja die Wikinger. Und in York – York ist eine wunderschöne Stadt, nicht? Da waren meine Vorfahren auch.«
»Robinson Crusoe kam aus York.«

»Tatsächlich?«
»›Ich bin geboren in York in England im Jahre 1632, aus guter Familie...‹«
»Richtig, richtig, ich hatte es vergessen.«
Die nordischen Namen fänden sich in ganz Nordengland, sagte ich, zum Beispiel ›Thorpe‹ als Orts- und Personenname.
»Wie das deutsche ›Dorf‹«, sagte Borges.
»Oder das holländische *dorp*.«
»Wie seltsam. Wissen Sie was: Ich schreibe gerade an einer Geschichte, deren Hauptfigur Thorpe heißt.«
»Da rührt sich wohl Ihre northumbrische Abstammung.«
»Vielleicht. Die Engländer sind wunderbare Menschen. Aber ängstlich. Sie wollten gar kein Empire. Das ist ihnen von den Franzosen und Spaniern aufgezwungen worden, und dann hatten sie ihr Reich. Es war eine großartige Sache, was? Sie haben so viel hinterlassen. Denken Sie nur an Indien – Kipling! Einer der größten Schriftsteller überhaupt.«
Eine Erzählung von Kipling, sagte ich, sei aber oft nichts weiter als ein Handlungsgerüst, eine Übung in irischem Dialekt oder ein schlimmer Schnitzer, wie zum Beispiel der Höhepunkt von »Am Ende der Fahrt«, wo jemand ein Ungeheuer auf der Netzhaut eines Toten fotografiert und die Abzüge dann verbrennt, weil sie so erschreckend sind. Aber wie ist das Abbild des Nachtmahrs dorthin gekommen?
»Das spielt keine Rolle. Er ist immer gut. Meine Lieblingsstück ist »The Church that was at Antioch«. Welch wunderbare Geschichte. Und welch großer Dichter. Ich weiß, daß Sie der gleichen Meinung sind – ich habe Ihren Aufsatz in der *New York Times* gelesen. Ich möchte, daß Sie mir ein paar von Kiplings Gedichten vorlesen. Kommen Sie.« Er stand auf und führte mich an ein Bücherregal. »Sehen Sie all die Bücher von Kipling? Ganz links stehen die *Collected Poems*. Ein großer Band.«
Er vollführte beschwörerische Handbewegungen, während ich meine Augen an der »Elephant Head Edition« entlangwandern ließ. Ich fand das Buch und nahm es mit zum Sofa.
»Lesen Sie mir *The Harp Song of the Dane Women* vor«, sagte Borges. Ich gehorchte.

*What is a woman that you forsake her,
and the hearth-fire and the home-acre,
to go with the old grey Widow-maker?*

*(Was ist eine Frau, daß ihr sie verlaßt
und das Herdfeuer und den Heim-Acker
und geht mit der alten grauen Witwenmacherin?)*

»›Die alte graue Witwenmacherin‹. Das ist so gut. Auf spanisch kann man solche Dinge nicht sagen. Aber ich unterbreche Sie. Lesen Sie weiter.«
Ich las bis zur dritten Strophe. »›Nur den zehnfachfingernden Tang, euch zu fassen‹ – wie schön!« rief er. Ich setzte meinen Vortrag dieses Vorwurfs an einen Reisenden fort – schon vom Lesen bekam ich Heimweh –, und alle paar Strophen freute sich Borges laut über die eine oder andere gelungene Formulierung. Die englischen Komposita, die das Spanische nicht gestattet, machten ihn ganz ehrfürchtig. Eine einfache poetische Phrase wie »weltmüdes Fleisch« müßte auf spanisch heißen: »dieses Fleisch, müde gemacht von der Welt«. Zartheit und Zweideutigkeit gehen im Spanischen verloren, und Borges ärgerte sich darüber, daß er sich nicht an den gleichen Zeilen versuchen konnte wie Kipling.
»Und jetzt zu meinem nächsten Lieblingsgedicht, der *Ballad of East and West*.«
Die Ballade bot noch viel mehr Anlaß zu Einwürfen als der *Harp Song*. Bei dieser Ballade, die nie zu meinen Favoriten gehört hatte, machte Borges mich auf die guten Zeilen aufmerksam, stimmte bei manchen Zweizeilern laut mit ein und sagte ständig: »Auf spanisch kann man das nicht machen.«
»Lesen Sie noch eins.«
»Wie wär's mit *The Way through the Woods*?« schlug ich vor, las es und bekam eine Gänsehaut.
»Es ist wie mit Hardy«, sagte Borges. »Hardy war ein großer Dichter, aber seine Romane kann ich nicht lesen. Er hätte bei der Poesie bleiben sollen.«
»Das hat er am Schluß ja auch getan und keine Romane mehr geschrieben.«

»Er hätte gar nicht erst damit anfangen sollen«, sagte Borges.
»Wollen Sie mal etwas Interessantes sehen?« Er zog mich wieder zu den Regalen und zeigte mir seine *Encyclopaedia Britannica*. Es handelte sich um die rare elfte Auflage, keine Faktensammlung, sondern ein hochliterarisches Werk. Ich sollte den Artikel »Indien« aufschlagen und mir die Signatur auf den Bildtafeln ansehen: Es war der Namenszug von Lockwood Kipling. »Rudyard Kiplings Vater, sehen Sie?«
Wir machten eine Tour an den Regalen entlang. Besonders stolz war er auf sein *Dictionary* von Dr. Johnson (»Wurde mir aus dem Gefängnis Sing-Sing übersandt, von einer Person, die nicht genannt werden wollte«), auf seinen *Moby Dick*, auf seine Übersetzung von *Tausendundeiner Nacht* aus der Feder Sir Richard Burtons. Er griff suchend in die Regale und zog noch mehr Bücher heraus, führte mich in sein Arbeitszimmer und zeigte mir seine Gesamtausgabe der Werke von Thomas de Quincey, seinen *Beowulf* (er berührte es und fing schon an zu zitieren), seine isländischen Sagen.
»Das hier ist die beste Sammlung angelsächsicher Literatur in Buenos Aires«, sagte er.
»Wenn nicht in ganz Südamerika.«
»Ja, vermutlich.«
Wir wandten uns wieder der Bibliothek im Wohnzimmer zu. Er hatte vergessen, mir seine Poe-Ausgabe zu zeigen. Ich hätte gerade *Die denkwürdigen Erlebnisse des Arthur Gordon Pym* gelesen, sagte ich.
»Erst gestern abend habe ich mich mit Bioy Casares über *Pym* unterhalten«, sagte Borges. Bioy Casares hatte an einer Sammlung seiner Erzählungen mitgearbeitet. »Der Schluß ist so merkwürdig – das Dunkel und das Licht.«
»Und das Schiff mit den Leichen.«
»Ja«, sagte Borges etwas unsicher. »Es ist schon so lange her, daß ich es gelesen habe – bevor ich mein Augenlicht verloren habe. Es ist Poes größtes Werk.«
»Ich würde es Ihnen mit Vergnügen vorlesen.«
»Kommen Sie morgen abend wieder. Um halb acht. Sie lesen mir ein paar Kapitel von Pym vor, dann essen wir zusammen zu Abend.«
Ich nahm meine Jacke vom Stuhl. Die weiße Katze hatte am Ärmel

herumgekaut; der Ärmel war naß, aber die Katze schlief inzwischen. Sie lag auf dem Rücken, als wollte sie, daß man ihren Bauch kraulte. Ihre Augen waren fest geschlossen.

Es war Karfreitag. Überall in Südamerika fanden feierliche Prozessionen statt; überall wurden Bildnisse von Jesus Christus herumgetragen, Kreuze die Vulkane hinaufgezerrt; die Menschen trugen schwarze Schleier, geißelten sich selbst, rutschten auf Knien die Stationen des Kreuzwegs entlang, paradierten mit Totenschädeln. In Buenos Aires war wenig von diesem bußfertigen Treiben zu sehen. In dieser weltlichen Stadt fand Frömmigkeit im Kino statt. *Julia*, der Film mit etlichen Oskars, hatte am Karfreitag Kinopremiere vor einem leeren Saal. Gegenüber, im Electric, wurden die *Zehn Gebote* gezeigt, das Bibelepos aus den fünfziger Jahren; die Schlange an der Kasse wand sich um zwei Häuserblocks. Vor dem Kino, in dem es Zefirellis *Jesus von Nazareth* gab, standen ungefähr fünfhundert Menschen fromm im Regen.
Den Tag über hatte ich die Notizen ins reine geschrieben, die ich mir am Vorabend auf dem Schoß gemacht hatte – wegen Borges' Blindheit hatte ich ungeniert mitschreiben können. Ich stieg wieder in die U-Bahn und fuhr zu unserer Verabredung.
Diesmal brannten die Lichter in Borges' Wohnung. Seine schlurfenden Schritte mit den lose zugebundenen Schuhen kündigten sein Kommen an: auch in der heutigen feuchten Hitze war er so *overdressed* wie am Abend zuvor.
»Zeit für Poe«, sagte er. »Bitte nehmen Sie Platz.« Der Poe-Sammelband lag auf einem Stuhl. Ich hob ihn auf und fand *Pym*, aber bevor ich anfangen konnte, sagte Borges: »Ich habe über *Die Sieben Säulen der Weisheit* nachgedacht. Jede Seite ist gut, und doch ist es ein langweiliges Buch. Ich möchte wissen, warum.«
»Er wollte einen großen Roman schreiben. George Bernard Shaw hat ihm geraten, viele Semikolons zu benutzen. Lawrence wollte erschöpfend sein, weil er glaubte, wenn sein Buch nur schwergewichtig genug daherkäme, würde man es für groß halten. Aber es ist langweilig und völlig humorlos. Wie kann ein Buch über Araber eigentlich nicht komisch sein?«
»*Huckleberry Finn* ist ein großartiges Buch«, sagte Borges. »Und

komisch ist es auch. Aber der Schluß taugt nichts. Tom Sawyer tritt auf, und schon wird es schlecht. Und dann Nigger Jim...« Borges hatte begonnen, die Luft mit den Händen zu durchkämmen... »Ja, wir hatten einen Sklavenmarkt hier in Retiro. Meine Familie war nicht besonders reich. Wir hatten bloß fünf oder sechs Sklaven. Andere Familien hatten dreißig oder vierzig.«
Ich hatte gelesen, daß früher einmal ein Viertel der Bevölkerung Argentiniens schwarz gewesen sei. Heute gab es hier keine Schwarzen mehr. Ich fragte Borges nach dem Grund.
»Es ist ein Rätsel. Aber ich kann mich noch erinnern, früher viele gesehen zu haben.« Borges sah so jung aus, daß man leicht vergessen konnte, daß er so alt war wie unser Jahrhundert. Für die Verläßlichkeit seiner Erinnerungen konnte ich nicht garantieren, aber er war der artikulierteste Gewährsmann, den ich auf dieser Reise kennengelernt hatte. »Sie waren Köche, Gärtner, Mädchen für alles«, erklärte er. »Ich weiß nicht, was mit ihnen passiert ist.«
»Es heißt, sie seien an Tb gestorben.«
»Und warum ist ihnen das in Montevideo nicht passiert? Es liegt doch gleich da drüben, was? Es gibt auch noch eine andere, genauso alberne Version, nämlich daß sie sich mit den Indianern bekriegt und daß die Indios und Neger sich gegenseitig umgebracht hätten. Das hätte um 1850 sein müssen, aber es ist nicht wahr. 1914 gab es noch viele Neger in Buenos Aires, da waren sie was ganz Normales. Vielleicht sollte ich besser von 1910 reden.« Er lachte plötzlich. »Sie waren nicht sehr fleißig. Es galt als großartig, wenn jemand indianisches Blut hatte, aber schwarzes Blut ist nicht so toll, was? In Buenos Aires gibt es einige prominente Familien, die es haben – ein paar Spritzer von der Teerbürste abgekriegt, was? Mein Onkel hat immer gesagt: ›Jorge, du bist faul wie ein Nigger nach dem Lunch.‹ Sie haben nachmittags nicht mehr viel gearbeitet, verstehen Sie. Ich weiß nicht, warum es hier nur so wenige gibt, aber in Uruguay oder Brasilien – in Brasilien stolpert man vielleicht auch mal über einen Weißen, was? Wenn man Glück hat, was? Ha!«
Borges ließ ein mitleidiges, über den eigenen Scherz amüsiertes Lachen hören. Seine Gesichtszüge hellten sich auf.
»Sie hielten sich für Eingeborene! Ich habe mal gehört, wie eine Schwarze zu einer Argentinierin gesagt hat: ›Na, wir sind wenig-

stens nicht mit dem Schiff hergekommen!‹ Sie hielt also die Spanier für Einwanderer. ›Wenigstens sind wir nicht mit dem Schiff hergekommen!‹«
»Wann haben Sie das gehört?«
»Vor vielen, vielen Jahren. Aber die Neger waren gute Soldaten. Sie haben im Unabhängigkeitskrieg gekämpft.«
»Das haben sie auch in den Staaten getan«, sagte ich. »Aber viele waren auf seiten der Engländer. Die Engländer haben ihnen die Freilassung versprochen, wenn sie in der englischen Infanterie dienen würden. Ein Südstaaten-Regiment bestand ausschließlich aus Schwarzen: es nannte sich Lord Dunmores Äthiopier. Sie sind dann in Kanada gelandet.«
»Unsere Schwarzen haben die Schlacht von Cerrito gewonnen. Sie haben im Krieg gegen Brasilien gekämpft. Sie waren ausgezeichnete Infanteristen. Die Gauchos waren beritten, die Neger nicht. Es gab ein ganzes Regiment – es war das sechste, das hieß dann nicht ›Regiment der Mulatten und Schwarzen‹, sondern auf spanisch: das ›Regiment der Braunen und Dunklen‹, um keinen zu beleidigen. In *Martín Fierro* (dem argentinischen ›Nationalepos‹ von José Hernandez; A. d. Ü.) heißen sie ›Menschen von niederer Farbe‹… na ja, genug, genug. Kommen wir zu *Arthur Gordon Pym*.«
»Welches Kapitel? Wie wäre es mit dem, in dem das Schiff mit den Leichen und Vögeln herannaht?«
»Nein, ich möchte das letzte. Das mit der Dunkelheit und dem Licht.«
Ich las das letzte Kapitel, in dem das Kanu in die Antarktis treibt, wobei das Wasser immer wärmer und schließlich furchtbar heiß wird, der weiße Ascheregen niedergeht, der Dampf aufsteigt, der weiße Riese erscheint. Borges unterbrach mich immer wieder und sagte auf spanisch: »Das ist hinreißend«, »Das ist wunderbar« oder »Wie schön!«
Als ich geendet hatte, bat er: »Lesen Sie das vorletzte Kapitel!«
Ich las das vierundzwanzigste Kapitel mit Pyms Flucht von der Insel, der Verfolgung durch die aufgebrachten Wilden, der lebhaften Schilderung von Höhenangst. Besonders diese lange, schreckenerregende Passage entzückte Borges so sehr, daß er zum Schluß in die Hände klatschte.

»Und wie wäre es jetzt mit etwas Kipling? Sollen wir rauskriegen, worum es bei ›Mrs. Bathurst‹ geht, und uns mal ansehen, ob es eine gute Geschichte ist?«

»Ich muß gestehen, daß ich ›Mrs. Bathurst‹ überhaupt nicht mag.«

»Na gut, dann ist sie wohl auch schlecht. Also dann *Kleine Geschichten aus den Bergen*. Lesen Sie ›Hinter dem Gitter‹.«

Ich las die Geschichte. An der Stelle, wo Bisesa ihrem englischen Geliebten Trejago ein Liebeslied vorsingt, unterbrach mich Borges und rezitierte:

Alone upon the housetops, to the North,
I turn and watch the lightning in the sky –
the glamour of thy footsteps in the North,
come back to me, Beloved, or I die!

(Ganz allein bin ich und schau nach Norden.
Wende mich und sehe sehnsuchtsvoll
Blitze zucken, wie der Zauber deines Schritts vom Norden.
Komm zu mir, wenn ich nicht sterben soll!)

»Mein Vater hat das immer vorgetragen«, erzählte Borges. Am Ende der Geschichte sagte er: »Jetzt suchen Sie eine aus.«

Ich las die Geschichte vom Opiumraucher, »Das Tor der hundert Sorgen«.

»Wie traurig das ist. Furchtbar. Der Mann kann nichts tun. Und achten Sie mal darauf, wie Kipling die gleichen Zeilen wiederholt. Die Geschichte hat überhaupt keinen Plot, aber sie ist schön.« Er griff an sein Jackett. »Wie spät ist es?« Er zog seine Taschenuhr heraus und berührte die Uhrzeiger. »Halb zehn. Wir sollten etwas essen.«

Während ich die Bücher sorgfältig, wie Borges es verlangte, wieder an ihre Plätze zurückstellte, fragte ich: »Lesen Sie manchmal Ihre alten Bücher noch einmal?«

»Nie. Ich bin mit meinem Werk nicht zufrieden. Die Kritiker haben seine Bedeutung furchtbar übertrieben. Ich würde viel lieber...« mit einer umgreifenden Geste machte er einen Satz auf die Bücherregale zu: »*richtige* Autoren lesen. Ha!« Er drehte sich zu mir um.

»Lesen Sie meine Arbeiten zum zweiten Mal?«
»Ja. ›Pierre Menard‹...«
»Das war meine allererste Erzählung. Damals war ich sechsunddreißig oder siebenunddreißig. Mein Vater hat immer gesagt: ›Lies viel, schreib viel, und laß dich nicht zu schnell drucken‹ – das waren seine Worte. Meine beste Geschichte war ›Der Eindringling‹. Und ›Der Süden‹ ist auch gut. Sie ist bloß ein paar Seiten lang. Ich bin faul – ein paar Seiten, und schon bin ich fertig. Aber ›Pierre Menard‹ ist ein Witz und keine Erzählung.«
»Meinen chinesischen Studenten habe ich immer ›Die Mauer und die Bücher‹ zu lesen gegeben.«
»Chinesischen Studenten? Die fanden das wahrscheinlich urkomisch. Ist es wohl auch. Es ist ein ganz unwichtiges Stück, lohnt sich nicht zu lesen. Lassen Sie uns essen.«
Er nahm seinen Stock vom Sofa im Wohnzimmer, und wir gingen aus, runter mit dem engen Lift, hinaus durch die schmiedeeisernen Tore. Das Restaurant lag gleich um die Ecke, ich konnte es nicht sehen, aber Borges kannte den Weg: der Blinde übernahm die Führung. Mit Borges diese Straße in Buenos Aires entlangzugehen war ungefähr so, als würde man von Kavafis durch Alexandria oder von Kipling durch Lahore geleitet. Die Stadt gehörte ihm, er hatte seinen Teil zu ihrer Erfindung beigetragen.
An diesem Karfreitagabend war das Restaurant voll und extrem laut. Als Borges hereinkam und sich mit seinem Stock den Weg an den Tischen vorbeitastete, deren Anordnung er offenbar gut kannte, wurde es still im Raum, die anderen Gäste hörten auf zu essen. Jeder wußte, wer Borges war. Die ehrerbietige und zugleich neugierige Stille hielt an, bis Borge sich hingesetzt und unser Essen bestellt hatte: Palmenherzen, Fisch, Weintrauben.
Ich trank Wein, Borges hielt sich an Wasser. Beim Essen legte er den Kopf zur Seite und versuchte vergeblich, die Palmenherzenstücke mit der Gabel aufzuspießen, probierte es dann mit einem Löffel und benutzte schließlich verzweifelt die Finger.
»Wissen Sie, was der größte Fehler bei den Versuchen ist, *Dr. Jekyll und Mister Hyde* zu verfilmen?« fragte er. »Sie nehmen immer den gleichen Schauspieler für beide Männer. Sie sollten zwei verschiedene nehmen. Das war Stevensons Absicht. Jekyll besteht aus zwei

Männern, und man findet erst zum Schluß heraus, daß es ein und derselbe ist. Dieser Paukenschlag am Ende ist nötig. Und noch etwas. Warum machen die Regisseure Hyde eigentlich immer zum Frauenhelden? Er war doch sehr grausam.«

»Hyde trampelt auf einem Kind herum, und Stevenson beschreibt das Geräusch von zersplitternden Knochen«, sagte ich.

»Ja. Stevenson haßte Grausamkeit, hatte aber nichts gegen physische Leidenschaft.«

»Lesen Sie auch moderne Autoren?«

»Unaufhörlich. Anthony Burgess ist gut – ein sehr großzügiger Mann, übrigens. Wir sind das gleiche: Borges – Burgess. Der gleiche Name.«

»Irgendwelche anderen?«

»Robert Browning«, sagte Borges, und ich fragte mich schon, ob er mich aufziehen wollte. »Er hätte Kurzgeschichten schreiben sollen. Wenn er das getan hätte, wäre er größer gewesen als Henry James und würde heute noch gelesen werden.«

Borges widmete sich schon seinen Weintrauben.

»Das Essen ist gut in Buenos Aires, finden Sie nicht?«

»Die Stadt wirkt fast überall sehr kultiviert.«

Er hob den Kopf. »Mag sein, aber es gibt jeden Tag Bombenanschläge.«

»In der Zeitung steht nichts darüber.«

»Sie haben Angst, die Nachrichten zu drucken.«

»Und woher wissen Sie von den Bomben?«

»Ganz einfach. Ich höre sie.«

Tatsächlich brach drei Tage später ein Feuer aus, das große Teile des neuen, eigens für die Übertragungen der Fußballweltmeisterschaft eingerichteten Farbfernsehstudios zerstörte. Angeblich ein »Fehler im elektrischen System«. Fünf Tage danach gab es Bombenanschläge auf zwei Eisenbahnzüge in Lomas de Zamora und Bernal. Eine weitere Woche später wurde ein Minister der Regierung tot in einer Straße von Buenos Aires aufgefunden; an der Leiche hing ein Zettel: *Ein Geschenk von den Montoneros.*

»Aber die Regierung ist gar nicht so übel«, sagte Borges. »Videla ist ein wohlmeinender Militär.« Lächelnd ergänzte er langsam: »Er ist nicht sehr helle, aber wenigstens ist er ein Gentleman.«

»Und Perón?«
»Perón war ein Schurke. Meine Mutter hat unter Perón im Gefängnis gesessen. Meine Schwester war im Gefängnis. Mein Cousin. Perón war ein schlechter Führer und zugleich, wie ich vermute, ein ängstlicher Mensch. Er hat das Land ausgeplündert, und seine Frau war eine Prostituierte.«
»Evita?«
»Eine ganz gewöhnliche Nutte.«
Der Kaffee wurde serviert. Borges winkte dem Kellner: »Bitte bringen Sie mich zur Toilette.« Zu mir sagte er auf englisch: »Ich muß mal eben dem Bischof die Hand schütteln. Ha!«
Auf dem Rückweg durch die dunklen Straßen hielt er vor einem Hoteleingang inne und versetzte den metallenen Markisenpfosten zwei Schläge mit dem Stock. Entweder war er nicht ganz so blind, wie er tat, oder die Pfosten waren vertraute Gegenstände an seinem Weg – vorsichtig ausgeholt hatte er jedenfalls nicht. »Das bringt Glück«, sagte er.
Beim Einbiegen in die Maipú erklärte er mir: »Mein Vater hat immer gesagt: ›Was diese Geschichte von Jesus doch für ein Blödsinn ist. Daß dieser Mann für die Sünde der Welt gestorben sein soll. Wer könnte so etwas glauben?‹ Es ist auch Unsinn, nicht wahr?«
»Was für ein passender Gedankengang am Karfreitag«, sagte ich.
»Daran habe ich gar nicht gedacht! Ja, wirklich!« Er lachte so laut, daß er zwei Passanten aufschreckte.
Als er seinen Haustürschlüssel herausfischte, erkundigte ich mich nach Patagonien.
»Ich war mal da«, sagte er. »Ich kenne es nicht gut, aber eins kann ich Ihnen sagen: Es ist eine trostlose Gegend, eine sehr trostlose Gegend.«
»Ich wollte eigentlich morgen abfahren.«
»Fahren Sie noch nicht. Kommen Sie mich besuchen. Es gefällt mir, wie Sie lesen.«
»Vielleicht kann ich auch nächste Woche nach Patagonien fahren.«
»Es ist trostlos«, sagte Borges. Er hatte die Tür aufgeschlossen und schlurfte jetzt zum Lift, um seine Metalltore zu öffnen. »Das Tor der hundert Sorgen«, kicherte er und stieg ein.

Borges war unermüdlich. Wieder und wieder sollte ich ihn besuchen. Er blieb gewöhnlich lange auf, war begierig auf Gespräche und die Lektüre mit mir; seine Gesellschaft war höchst angenehm. Ganz allmählich verwandelte er mich in Boswell: Jeden Morgen nach dem Aufwachen setzte ich mich hin und schrieb die Unterhaltungen des vorhergehenden Abends nieder; dann durchstreifte ich die Stadt und stieg bei Anbruch der Dunkelheit wieder in die U-Bahn. Er selbst gehe selten aus, sagte Borges: »Ich gehe nicht zu den Botschaftsempfängen und nicht auf Partys. Das Herumstehen und Trinken finde ich gräßlich.«
Man hatte mir warnend gesagt, daß er hart und übellaunig sein könne, aber was ich zu sehen bekam, war geradezu engelhaft. Er hatte etwas von einem Scharlatan, außerdem eine starke Neigung zum Monologisieren – wobei ich wußte, daß er nur Dinge wiederholte, die er schon hundertmal gesagt hatte. Gegen sein leichtes Stottern behalf er sich mit den Händen. Mal war er schulmeisterlich, mal ein Schüler mit elfenhaft aufmerksamem Gesicht und gefalteten Händen. In Ruhe wirkte sein Gesicht aristokratisch; es leuchtete auf, wenn er zu dem übertriebenen Grinsen, mit dem er Freude ausdrückte (er lachte gern über seine eigenen Witze), die gelben Zähne bleckte. Dann sah er aus wie ein französischer Schauspieler, der merkt, daß es ihm gelungen ist, anderen die Schau zu stehlen. (»Die Schau gestohlen!« würde Borges sagen. »*Das* kann man auf spanisch nicht sagen. Deswegen ist die spanische Literatur so langweilig.«) Er hatte das perfekte Gesicht für einen Weisen und konnte doch, wenn er seine Züge auf eine bestimmte Art bewegte, wie ein Clown aussehen – nie wie ein Narr. Er war überaus sanftmütig; weder seine Worte noch seine Gesten deuteten jemals auf Gewalt.
»Ich verstehe Rachegefühle nicht«, sagte er. »Ich hatte nie welche. Und ich schreibe auch nicht darüber.«
»Und was ist mit ›Emma Zunz‹?«
»Na gut, das ist aber auch die einzige. Die Geschichte lag schon vor, und ich halte sie auch nicht für besonders gut.«
»Sie halten also nichts von Vergeltung, von Rache für etwas, was man Ihnen angetan hat?«
»Rache verändert nicht, was einem angetan wurde. Vergebung auch nicht. Rache und Vergebung sind irrelevant.«

»Und was kann man tun?«
»Vergessen«, sagte Borges. »Das ist alles, was man tun kann. Wenn mir etwas Schlimmes angetan wird, dann tue ich so, als sei es vor langer Zeit geschehen und habe jemand anderen getroffen.«
»Funktioniert das?«
»Mehr oder weniger. Eher weniger als mehr.«
Wir waren noch bei der Zwecklosigkeit von Rache, als er wieder ausholte und mit zitternden Händen nach einem neuen, sachlich verwandten Thema griff, dem Zweiten Weltkrieg.
»Als ich kurz nach dem Krieg in Deutschland war«, sagte er, »habe ich kein einziges Wort gegen Hitler gehört. Die Deutschen in Berlin haben zu mir gesagt«, er sprach jetzt deutsch, »›Na, was halten Sie von unseren Ruinen?‹ Die Deutschen wollten bemitleidet werden – ist das nicht schrecklich? Sie haben mir ihre Ruinen gezeigt und wollten bedauert werden. Aber warum sollte ich ihnen nachgeben? Ich habe gesagt«, wieder kam der Satz auf deutsch: »›Ich habe London gesehen‹.«
Wir blieben beim Thema Europa, die Unterhaltung wandte sich den skandinavischen Ländern und somit unausweichlich dem Nobelpreis zu. Ich wollte nicht erwähnen, daß Borges oft als möglicher Kandidat genannt worden war, aber er kam von selbst darauf zu sprechen: »Wenn man ihn mir antrüge, würde ich hinrennen und ihn mit beiden Händen ergreifen. Aber welche amerikanischen Autoren haben ihn denn bekommen?«
»Steinbeck.«
»Nein, das glaube ich nicht.«
»Es stimmt aber.«
»Ich kann nicht glauben, daß Steinbeck ihn bekommen hat. Aber Tagore hat ihn bekommen, und der war ein grauenhafter Schreiber. Sentimentales Gewäsch – Mond, Gärten. Kitschgedichte.«
»Vielleicht verlieren sie ein bißchen durch die Übersetzung aus dem Bengali ins Englische.«
»Davon können sie höchstens profitieren. Aber sie sind sentimental.« Ein glückseliges Strahlen, das sich durch die Blindheit noch verstärkte, überzog sein Gesicht. So ging es oft: Ich konnte ihm zusehen, wie er sich in eine Erinnerung vertiefte. »Tagore war mal in Buenos Aires.«

»Nachdem er den Nobelpreis bekommen hatte?«
»Es muß danach gewesen sein. Ich kann mir nicht vorstellen, daß Vittoria Ocampo ihn sonst eingeladen hätte.« Er kicherte. »Und wir haben uns gezankt, Tagore und ich.«
»Worüber?«
Borges hatte eine spöttisch-feierliche Stimmlage, die er sich für besondere Äußerungen frostiger Ablehnung vorbehielt. Jetzt legte er den Kopf in den Nacken und sagte in dieser Tonlage: »Er hat sich blasphemisch über Kipling geäußert.«
Wir hatten uns an diesem Abend verabredet, um die Kipling-Erzählung »Dayspring Mishandled« zu lesen, kamen aber nicht dazu. Es war spät geworden, fast schon Zeit zum Abendessen; von Kiplings Geschichten gingen wir zu Schauergeschichten im allgemeinen über. »›They‹ ist eine sehr gute Geschichte. Ich mag die Horrorgeschichten von Lovecraft. Seine Plots sind hervorragend, aber der Stil ist schauderhaft. Ich habe ihm einmal eine Geschichte gewidmet. Sie ist aber nicht so gut wie ›They‹ – sehr *triste*.«
»Kipling schrieb wohl über seine eigenen toten Kinder. Seine Tochter starb doch in New York, der Sohn fiel im Ersten Weltkrieg. Und er ist nie wieder in die Staaten gefahren.«
»Ja«, sagte Borges, »er hatte ja diese Auseinandersetzung mit seinem Schwager.«
»Aber der hat sich vor Gericht bis auf die Knochen blamiert.«
»Bis auf die Knochen – das kann man auf spanisch nicht sagen.« Er war schadenfroh, tat aber ganz verdrossen: »Auf spanisch kann man überhaupt nichts sagen.«
Wir gingen zum Essen. Er erkundigte sich, was ich bis jetzt in Südamerika gemacht hatte. Ich erzählte von meinen Vorträgen über amerikanische Literatur, bei denen es mir zweimal passiert war, daß ich mich vor spanischsprechendem Publikum als Feministen bezeichnet hatte und angesehen worden war, als beichtete ich gerade eine abartige Neigung. Die Lateinamerikaner seien in diesem Punkt nicht gerade feinfühlig, meinte Borges. Über Mark Twain, Faulkner, Poe und Hemingway hätte ich gesprochen, ergänzte ich.
»Was ist mit Hemingway?« fragte er.
»Er hatte einen großen Fehler«, sagte ich. »Einen sehr schwerwiegenden, nämlich seine große Schwäche für Tyrannen.«

»Ganz meine Meinung«, sagte Borges.
Auf dem Rückweg nach einem angenehmen Essen – Borges schlug wieder gegen die Markisenpfosten an dem Hotel – sagte er: »Ja, ich finde, wir beide sind uns über die meisten Dinge ziemlich einig, was?«
»Vielleicht«, sagte ich. »Aber irgendwann in den nächsten Tagen muß ich nach Patagonien.«
»Wir sprechen nicht von Patagonien«, erklärte Borges. Wir sagen ›Chubut‹ oder ›Santa Cruz‹.«
»W. H. Hudson sprach schon 1893 von Patagonien.«
»Was wußte der denn schon? *Idle Days in Patagonia* ist kein schlechtes Buch, aber man stellt doch fest, daß keine Menschen darin vorkommen, bloß Vögel und Blumen. Und so ist es auch in Patagonien. Es gibt dort keine Menschen. Das Schlimme an Hudson ist, daß er die ganze Zeit gelogen hat. Dieses Buch ist voller Lügen. Aber er hat an seine Lügen geglaubt, bis er selbst nicht mehr zwischen Dichtung und Wahrheit unterscheiden konnte.« Borges überlegte für einen Moment: »Es gibt nichts in Patagonien. Die Sahara ist es nicht, aber es ist das nächste, was Argentinien in der Richtung zu bieten hat. Nein, es gibt nichts in Patagonien.«
Wenn es so ist, dachte ich, wenn es dort wirklich nichts gibt, dann ist es der ideale Ort für den Schluß dieses Buches.

21
Der »Lagos del Sur«-Expreß

Patagonien lag an meinem Heimweg. Ich hatte verschiedene Zugreservierungen gestrichen, um mehr Zeit mit Borges zu verbringen, jetzt aber wollte ich mich nicht mehr aufhalten lassen und machte feste Pläne für den Weg nach Süden. Ein paar Tage hatte ich bis zur Abfahrt noch vor mir; ausgeschlossen aus der Intimität der langen argentinischen Osterfeiertage streifte ich allein durch die Stadt. Inzwischen deprimierte sie mich. Einiges von der Düsterkeit, die die Einheimischen für eine Weile vertrieben hatten, kroch wie Feuchtigkeit in meine eigene Seele. Zum Teil lag das an La Boca, dem italienischen Viertel beim Hafen: kleine Jungen schwammen im ölschillernden, stinkigen Hafenwasser, ich fand die sizilianischen Häuser und Restaurants eher nachgemacht als charmant; manches an der Schäbigkeit war aufgesetzt, das übrige wirklicher Dreck.
Weil es offenbar alle taten, besuchte ich den Friedhof Chacarita, fand das Grab von Perón und sah Frauen, die sein gruseliges Bronzegesicht küßten und die Klinke der Mausoleumstür mit Nelken bekränzten. (»Fanatikerinnen!« sagte ein Beobachter. »Es ist wie beim Fußball!« flüsterte seine Frau.) An einem Abend wurden Rolando und ich auf unserem Weg zu einem Vorort von einem Motorradpolizisten zur Seite gewinkt. Rolando sprach für uns beide. Der Polizist behauptete, wir hätten eine rote Ampel überfahren, Rolando widersprach so lange, bis der Polizist nachgab: Sie sei tatsächlich grün gewesen. »Aber hier steht Aussage gegen Aussage«, meinte der Polizist mit verschämt erpresserischem Unterton. »Wollen Sie die ganze Nacht hier herumstehen, oder sollen wir die Sache lieber gleich regeln?« Rolando gab ihm den Gegenwert von

etwa sieben Dollar. Der Polizist legte die Hand an die Mütze und wünschte uns fröhliche Ostern.
»Ich fahre ab«, sagte ich.
»Gefällt Ihnen Buenos Aires nicht?«
»Doch, sehr«, sagte ich. »Aber ich möchte weg, bevor ich meine Ansicht ändern muß.«

Der »Lagos del Sur«-Expreß brauchte eine volle Stunde, um sich aus der Stadt hinauszuwinden. Wir waren um fünf Uhr an einem sonnigen Nachmittag abgefahren, und bis wir die kühle, riesige Weidefläche der Pampas erreicht hatten, wurde es dunkel. Das Nachglühen des Sonnenuntergangs war schnell vorbei, das Gras wurde grau, die Bäume schwarz; ein paar Rinder standen ruhig wie Findlinge im Halbdunkel.
Der Zug befuhr die Linie General Roca, auf die kurz zuvor ein Bombenanschlag verübt worden war. Die Strecke, die in den Provinzen La Pampa und Río Negro durch offenes, menschenleeres Weide- und Ödland und später durch das Große Hochplateau von Patagonien führt, war so leicht zu bombardieren, daß sich hier wohl jeder als Terrorist betätigen konnte. Der Schlafwagensteward beruhigte mich allerdings: Bevorzugtes Ziel der Anschläge seien Güterzüge; wahrscheinlich, weil man da mehr Schaden anrichten könne. Der »Espreso del Sur« war ein reiner Personenzug: »Entspannen Sie sich, lassen Sie sich's gutgehen. Überlassen Sie die Sorgen ruhig uns, das ist unser Beruf.«
Der alte hölzerne Schlafwagen, der innen mit poliertem Mahagoni ausgeschlagen war, hatte eine ungewöhnliche Anordnung. Er war sehr lang, in der Mitte befand sich eine Art Aufenthaltsraum mit Polstersesseln, Kartentischen und Türen. Dort versammelten sich die Fahrgäste, meistens ältere Semester, um sich über die Kälte von Patagonien auszulassen. Ich hatte eine Erste-Klasse-Fahrkarte, blieb in meinem Abteil, schrieb über Buenos Aires und Borges und bedauerte, daß ich ihn in meiner Rolle als Boswell nicht gefragt hatte: »Warum ist der Schwanz des Fuchses buschig, Sir?«
Beim Dinner am ersten Abend (Wein, zwei Sorten Salat, das obligatorische Steak) wurde, nur als Arbeitserleichterung für den Kellner, der seine sechs Gäste eng beisammen haben wollte, um beim

Bedienen nicht immer im ganzen Waggon hin- und herlaufen zu müssen, ein Mensch in Armeeuniform an meinem Tisch placiert: ein junger Soldat. Ich fragte ihn, wohin er fahre.
»Comodoro Rivadavia«, sagte er. »Häßlicher Ort.«
»Dann fahren Sie also auch nach Patagonien.«
Er zupfte an seiner Uniform: »Ich kann's mir nicht aussuchen. Ich bin in der Armee.«
»Muß man dahin?«
»Jeder – für ein Jahr.«
»Es könnte schlimmer sein; schließlich haben Sie keinen Krieg.«
»Keinen Krieg, aber eine Auseinandersetzung, und zwar mit Chile, wegen des Beaglekanals. Ausgerechnet in diesem Jahr, wo ich meinen Wehrdienst ableisten muß. Vielleicht werde ich doch zum Kampf eingesetzt.«
»Verstehe. Wollen Sie nicht gegen die Chilenen kämpfen?«
»Ich will gegen niemanden kämpfen. Ich will in Buenos Aires sein. Wie finden Sie es – schön, was? Hübsche Mädchen, was?«
»Wie ist die chilenische Armee?«
»Sie taugt nicht viel, ist nicht besonders groß. Aber die Marine ist unheimlich stark. Sie haben Schiffe, Boote, Kanonen, alles. Wegen der Armee mach ich mir keine Gedanken – ich hab Angst vor der Marine. Wohin fahren Sie denn?«
»Esquel.«
Er schnaubte. »Warum denn dahin?«
»Der Zug fährt dahin.«
»Der Zug fährt auch nach Bariloche. Fahren Sie doch dahin: Berge, Seen, Schnee, hübsche Häuser. Da ist es wie in der Schweiz oder in Österreich.«
»In Österreich und der Schweiz bin ich schon gewesen.«
»Der Schnee ist toll.«
»Ich bin nach Südamerika gefahren, um dem Schnee zu entkommen. Da, wo ich herkomme, lag er drei Meter hoch.«
»Ich sage ja nur, daß Esquel nur ein bißchen hübsch ist, aber Bariloche ist echt toll.«
»Vielleicht folge ich Ihrem Rat und fahr später nach Bariloche.«
»Esquel können Sie vergessen. Patagonien auch. Dort ist es häßlich. Ich sag's Ihnen, der einzig wahre Ort ist Buenos Aires.«

Jetzt war ich fast nur noch einen Steinwurf von dem kleinen Städtchen entfernt, um das ich zu Hause in Boston einen Kringel auf der Landkarte gemalt hatte, und immer noch versuchte man, mich von meinen Plänen abzubringen.

In der Nacht hörte ich Frösche quaken, spähte aus dem Fenster und sah Glühwürmchen. Ich schlief schlecht, wahrscheinlich wegen des Weins (offenbar vermischen die Argentinier ihn aus gutem Grund immer mit Wasser), doch die große orangefarbene Mondscheibe tröstete mich in meinen wachen Stunden. Gegen Morgen döste ich ein, verschlief die Stadt Bahía Blanca, die ich eigentlich hatte sehen wollen, und wachte erst wieder auf, als wir den Río Colorado überquerten. Der Fluß gilt vielen als Grenze zu Patagonien, und tatsächlich gab es am jenseitigen Ufer nichts zu sehen. Das Nichts, hatte ich immer wieder gehört, war das hervorstechendste Merkmal Patagoniens. Dann schob sich Weideland dazwischen, darauf grasende Rinder unter einem leeren Himmel. Für die nächsten paar Stunden war es nichts als das: Gras, Rinder, Himmel. Und es war kalt. Die Orte waren klein, selten mehr als kleine Ansammlungen von Farmgebäuden mit Flachdächern, die sich schnell zu winzigen Flecken verkleinerten.
Kurz nach elf Uhr vormittags erreichten wir die Stadt Carmen de Patagones am Nordufer des Río Negro; am anderen Ende der Brücke liegt Viedma. Die eigentliche Grenzlinie zwischen dem fruchtbaren Teil Argentiniens und dem staubigen Hochplateau von Patagonien ist wohl dieser Fluß. Hudson beginnt sein Buch über Patagonien mit einer Beschreibung dieses Flußtals, dessen irreführender Name zu all den anderen falsch getauften geographischen Merkmalen paßte, die ich seit Mexico gesehen hatte. »Der Fluß hieß bei den Eingeborenen Cusar-leofú oder Schwarzer Fluß«, sagt Hudson, »was gänzlich falsch ist, es sei denn, das Beiwort beziehe sich auf seine Geschwindigkeit und seine Gefährlichkeit, denn er erscheint keineswegs schwarz... Das Wasser, das von den Anden her über einen Kontinent von Stein und Kies hinwegfließt, ist wunderbar rein und von meergrüner Farbe.« Wir blieben am steilen Nordufer, im Bahnhof von Carmen de Patagones. In einem Schuppen saß eine Frau, die stapelweise glänzende rote Äpfel verkaufte,

immer fünf auf einmal. Sie sah aus wie eine der munteren, tüchtigen Frauen, die man an Herbsttagen in den Landstädten von Vermont antreffen kann: Haarknoten, rosige Wangen, brauner Pullover und schwerer Rock. Ich kaufte ihr ein paar Äpfel ab und erkundigte mich, ob sie aus Patagonien stammten. O ja, sagte sie, sie kämen ganz aus der Nähe – und ob es nicht ein wunderschöner Tag sei?
Die Sonne schien; ein frischer Wind spielte in den Pyramidenpappeln. Daß wir hier eine Stunde lang aufgehalten wurden, störte mich nicht im geringsten: je mehr Verspätung wir hatten, desto besser, denn ich sollte laut Fahrplan zur unbequemen nächtlichen Stunde von ein Uhr dreißig in Jacobacci aussteigen und da auf meinen Anschlußzug nach Esquel warten, der erst um halb sechs Uhr früh abfuhr.
Mit »Hilfe einer hellen Sonne«, sagt Charles Darwin, der mit der *Beagle* nach Carmen kam, war der Blick »fast pittoresk«. Die Stadt selbst kam ihm schäbig vor. »Anders als die britischen tragen diese spanischen Kolonien keine Elemente des Wachstums in sich.«
Wir überquerten den Fluß. Obwohl er nur einige hundert Meter breit ist und ich in Südamerika schon so viele ähnliche Überfahrten erlebt hatte, versetzte mich diese in Staunen: Am jenseitigen Ufer lag ein anderes Land. Es war schattenlos und braun, der Boden war nichts als Sand und Kies. Drüben in Carmen de Patagones weidete Vieh, da wuchsen Pappeln, und das Gras war grün; hinter Viedma gab es kein Gras mehr, nur noch niedrige Büsche und staubige Erde. Zwei Staubteufel stiegen auf und holperten auf den Horizont zu.
Ich saß im Speisewagen beim Mittagessen. Ein Vertreter für Kunststoffartikel, der zur walisischen Siedlung in Trelew wollte, machte eine wegwerfende Handbewegung in Richtung Fenster: »Jetzt kommt noch mehr und noch mehr und noch mehr davon, den ganzen Weg bis Jacobacci.«
Auf den ersten Blick könnte man die Gegend für fruchtbar halten. Im Hintergrund zeigt sich ein Streifen von reichem, ungebrochenem Grün mit den buckligen Umrissen von Büschen. In der Mitte sieht man Gelbgrün, das zu einem welligeren Bereich mit braunen Flecken verblaßt. Erst im Vordergrund erkennt man die Täu-

schung: schüttere, kleinblättrige Dornbüsche, die die Steppenlandschaft bedecken, haben einem Grün vorgegaukelt. Die kleinen Dornenpolster wurzeln im Staub, andere Sträucher haben die Farbe von Flechten und sehen fast pilzartig aus. Nicht einmal Unkraut wächst hier, nichts als diese Büsche, und die könnten genausogut tot sein. Die Vögel fliegen so hoch, daß sie sich nicht bestimmen lassen. Es gibt keine Insekten, keinen Geruch.

Und hier fing Patagonien erst an. Wir fuhren noch immer an der Küste entlang, am Golf von San Matías. Vom nahen Meer ließ sich kaum etwas erahnen, allerdings kam im Lauf des Nachmittags ein See ins Blickfeld. Er verbreiterte sich, wurde immer blauer und gab sich schließlich als der Atlantik zu erkennen. Auch hier blieb das Land karstig; die Salzfluten vergangener Zeiten hatten den Boden vergiftet und noch wüster gemacht.

Wir passierten Dörfer; auf der Karte waren sie als Städte eingetragen, aber in Wirklichkeit paßte kein Name. Was waren sie? Sechs flache, windschiefe Gebäude, drei davon Latrinen; vier einzelne Bäume, ein lahmer Hund, ein paar Hühner, ein so heftiger Wind, daß ein Paar Damenunterhosen waagerecht von der Leine winkte. Dann und wann, mitten in der Wüste, ein einsames Haus aus Lehmblöcken oder staubigen Ziegeln, scharf umrissen wie in einem Cartoon. Die Häuser gaben mir Rätsel auf: Die Zäune aus Knüppeln und Zweigen, die sie umgaben (was friedeten sie eigentlich ein, vor wem schützten sie?), halfen mir nicht, ihrem Zweck auf die Spur zu kommen.

Wir erreichten San Antonio Oeste, ein kleines Städtchen, das am blauen Wasser des Golfs von San Matías liegt wie eine Oase. Etwa vierzig Leute stiegen aus; von hier aus fahren die Busse zu den weiter südlich gelegenen Küstenorten Patagoniens, nach Comodoro und Puerto Madryn. Weil ich merkte, daß wir hier wohl noch festhängen würden, stieg ich auch aus und wanderte im Wind auf und ab.

Der Kellner lehnte sich aus dem Fenster des Speisewagens.

»Wohin fahren Sie?«

»Esquel.«

»Nein!«

»Über Jacobacci!«

»Nein! Der Zug ist bloß soo klein!« Mit erhobenen Zeigefingern deutete er einen winzigen Abstand an.

In den USA und in Mexiko war ich Fragen nach meinem Ziel immer ausgewichen, weil ich die Vorstellungskraft meiner Zuhörer nicht überfordern wollte. Erst in Südamerika hatte ich Patagonien erwähnt und höfliche Reaktionen bekommen. Aber je näher ich an Esquel herankam, desto ferner wurde es mir dargestellt, und auf einmal war es weiter weg als je zuvor. Der Grund war klar: niemand würde eine Reise an einem solchen Ort enden lassen – von Esquel aus machte man sich auf den Weg. Aber es war mir immer bewußt gewesen, daß ich nicht vorhatte, über einen Aufenthalt zu schreiben: Dazu bedarf es der Kunstfertigkeit eines Miniaturisten. Mich interessierten die Poesie des Aufbruchs, der Weg und das Hinkommen. Ich war hierhergelangt, indem ich in eine U-Bahn voller Bostoner Pendler gestiegen war, die mich und den Zug verlassen hatten, um zur Arbeit zu gehen. Ich war geblieben, und jetzt befand ich mich in San Antonio Oeste in der patagonischen Provinz Río Negro. Die Reise hatte viel Schönes gehabt, aber es war öde, in diesem Bahnhof zu hocken.

Wir setzten unseren Weg nach Südwesten fort, auf die Provinz Chubut zu. Die Landschaft bot nicht einmal mehr die Illusion von Grün. Jetzt zeigten sich nur noch Schattierungen von Braun und Grau, selbst die niedrigen Dornenpolster wurden spärlicher. Darunter wuchsen kleine, noch steifere Gewächse, die sich hart und fächerartig hinspreizten wie Korallen. Für die Herstellung von Lehmziegeln war die Bodenstruktur offenbar nicht fein genug, denn die in großen Abständen auftauchenden Behausungen waren Blockhütten, deren Holzbohlen in dieser völlig baumlosen Gegend wie Fremdkörper wirkten. Hudson und andere Reisende berichten vom Vogelreichtum Patagoniens; Hudson läßt sich seitenlang über den Gesang der Vögel in der Wüste aus, aber ich sah nichts als etwas groß geratene Schwalben und während eines ganzen Nachmittags einen einzigen Falken. Angeblich gab es hier Nandus, Flamingos und Reiher. Weil mich aber mein enttäuschtes Selbstgespräch darüber, daß ich sie nicht zu sehen bekam, an Mr. Thornberry in Costa Rica erinnerte (»Wo sind denn die Papageien und die Affen?«), gab ich es auf, nach ihnen Ausschau zu halten. Es war verblüffend, *wie* leer dieser Landstrich war. Borges hatte ihn trostlos genannt. Er war nicht trostlos, er war eigentlich gar nichts. Die Landschaft hatte nicht genügend Substanz für eine Stimmung. Eine Wüste ist eine leere Leinwand, man selbst ist es, der ihr Züge und eine Atmosphäre verleiht, man selbst erschafft sich ein Luftbild und erweckt es zum Leben. Aber ich war unbewegt, die Wüste blieb wüst und so leer, wie ich mich selbst fühlte.

Feiner Staub drang durch die Fenster, waberte durch den Gang, legte sich auf den kleinen Aufenthaltsraum in der Mitte des Schlafwagens und schob sich so dicht zwischen mich und die anderen Fahrgäste, die etwa zwei Meter von mir entfernt an der anderen Waggonwand saßen, daß ich sie kaum noch sehen konnte. Staub macht mir normalerweise nicht viel aus, dieser hier aber, der durch sämtliche Türdichtungen und Fensterritzen drang und im Waggon anschwoll, war schwer zu verkraften.

Es gab ein paar Überraschungen. Ich hatte schon alle Hoffnung fahrenlassen, in Patagonien irgend etwas wachsen zu sehen, als bei der Ortschaft Valcheta ein pappelgesäumtes Feld mit Weinstöcken in Sicht kam: ein Weinberg in der Wüste und ein Garten mit Apfelbäumen dazu. Der kleine Fluß, der vom vulkanischen Tafelland der Hochebene her nach Norden strömt, erklärte ihre Existenz. Nicht nur Valcheta, auch die anderen Dörfer weiter im Osten hängen von diesem Fluß ab; man hat sich da angesiedelt, wo man Brunnen graben konnte.

Bei jedem Halt war ich zum Luftschnappen aus dem Zug gestiegen und hatte gemerkt, daß es im Verlauf des Tages immer kühler und jetzt geradezu kalt geworden war. Die anderen Fahrgäste, die an die schwere Luft von Buenos Aires gewöhnt waren, staunten über die Kälte und blieben warm verpackt in dem staubigen Aufenthaltsraum sitzen. Manche hielten sich Taschentücher vor den Mund, andere machten Konversation.

»Wie ist das Wetter in Bariloche?«

»Trübe. Regnerisch.«

»Oh, mein Herr, was sagen Sie da? Sie sind ja grausam!«

»Na gut, das Wetter ist wunderbar.«

»Das weiß ich doch. Bariloche ist so hübsch. Und Dienstag sind wir schon da!«

Sie hatten Fotoapparate bei sich. Beinahe hätte ich laut über den Gedanken gelacht, daß irgend jemand eine Kamera hierher mitnehmen konnte, um Schnappschüsse von den Sehenswürdigkeiten zu machen. So ein Unsinn. Man bemerkt etwas Ungewöhnliches in der Landschaft, sieht hin und merkt, daß es eine Schlammpfütze ist, der ein Windstoß zu Rippen verholfen hat. Gegen sieben Uhr abends war die Sonne hell und stand tief, und ein paar Minuten lang wurden die üblen, stachligen, verkrüppelten Dornbüsche wunderschön beleuchtet und warfen lange Schatten über die Wüste. Weiter weg sah man Mulden und aufgeworfene Erdfalten, eine Landschaft mit merkwürdig vertrauten Zügen: Es war eine braune, karstige Gegend, wie man sie von den Bildtafeln hinten in der Schulbibel her kennt. »Palästina«, steht unter dem Bild oder »Das Heilige Land«, und man sieht es sich an: trockene Erde, verdorrte Büsche, blauer Himmel, krümelige Katzenstreu.

Beim Abendessen gesellte sich ein junges Paar zu mir, das gerade eine Brasilienreise gemacht hatte. Sie stammten aus Buenos Aires und waren wohl auf Hochzeitsreise. Die Sonne ging eben unter: leuchtendblauer, leuchtendgelber Himmel, schwarze Landschaft. Wir erreichten den windgepeitschten Bahnhof von Ministro Ramos Mexia. Auf der Landkarte war der Ort nicht verzeichnet. Die Frau redete: In Brasilien esse man gern ein kräftiges Frühstück, viele Schwarze gebe es da; alles furchtbar teuer. Und draußen, auf dem Bahnsteig von Ministro, liefen Jungen herum und boten Walnüsse und Weintrauben zum Verkauf.

Dann war die Sonne weg. Sofort wurde es kalt und stockfinster, und die Menschen, die erst am Zug gestanden hatten, gingen hinüber zu den grellen Lampen, die von den Deckenbalken des Bahnhofsgebäudes baumelten; wie Motten zog es sie zum Licht.

Im Vergleich zu diesem abgelegenen Bahnhof wirkte unser verstaubter Schlafwagen geradezu luxuriös. Das junge Paar, das gerade noch von der Armut in Brasilien geredet hatte, verfiel in schuldbewußtes Schweigen, als es den Jungen hörte, der draußen »Trauben! Trauben! Trauben!« skandierte und seinen Korb zum Fenster hochwuchtete.

»Die Leute sind so arm hier«, sagte die Frau. Der Kellner hatte uns gerade unsere Steaks gebracht, aber niemand rührte seins an.

»Menschen im Abseits«, sagte ihr Mann.
Die Leute draußen auf dem Bahnsteig lachten und gestikulierten. Einen Augenblick lang dachte ich, daß man uns um unsere Schuldgefühle betrog, denn die Menschen in Ministro machten eigentlich einen ganz lustigen Eindruck. Der Zug fuhr los, und wir attackierten unsere Steaks.
Als das junge Paar gegangen war, fragte mich der Zugbegleiter, ob er sich zu mir setzen dürfe.
»Mit dem größten Vergnügen!« Ich schenkte ihm ein Glas Wein ein.
»Ich wollte Sie schon die ganze Zeit fragen«, sagte er, »woher Sie Ihr Gratisbillett haben.«
»Von einem gewissen General«, sagte ich.
Er fragte nicht weiter nach. »Argentinien ist teuer, was? Raten Sie mal, was ich verdiene.«
In Buenos Aires hatte ich gehört, daß der monatliche Durchschnittslohn bei etwa fünfzig Dollar läge, was mir ziemlich niedrig vorgekommen war. Jetzt konnte ich mich selbst von der Wahrheit überzeugen. Ich schätzte, um die fünfzig Dollar, sagte ich.
»Weniger«, meinte der Schaffner. »Viel weniger.« Es seien etwa vierzig Dollar. »Wieviel verdient man in den Staaten?«
Ich antwortete mit einer barmherzigen Lüge: Ein Schaffner bekäme bei uns etwa fünfzig Dollar die Woche.
»Das hab ich mir gedacht«, sagte er. »Viel mehr als wir.«
»Aber bei uns sind die Lebensmittel sehr teuer. Hier finde ich sie billig.«
»Ein bißchen billig. Aber alles andere ist teuer. Sie wollen Kleidung? Sie wollen Schuhe? So was ist teuer. Und dann denken Sie vielleicht, daß bloß Argentinien so ist. Nein, es ist in ganz Südamerika das gleiche. Es gibt Länder, die sogar noch viel schlechter dran sind als wir.«
Er schenkte sich noch ein halbes Glas Wein ein, füllte es mit Mineralwasser auf und murmelte: »All die Leute, die im Juli zur Weltmeisterschaft nach Buenos Aires kommen, werden staunen. Wie Sie, was? ›Was für eine kultivierte, schöne Stadt!‹ werden sie sagen, und dann merken sie, wie teuer alles ist. Die wollen bestimmt gleich wieder nach Hause.«

»Interessieren Sie sich für Fußball?« fragte ich.
»Nein«, kam es schnell. Dann überlegte er einen Augenblick und sagte gedehnt: »Nein. Ich hasse Fußball. Ich weiß auch nicht genau, warum. In dieser Beziehung bin ich vielleicht nicht normal. Die meisten Leute sind ja verrückt danach. Aber wollen Sie ganz genau wissen, was ich dagegen habe?«
»Ja, sagen Sie's nur.«
»Fußball ist eine schmutzige Angelegenheit. Gucken Sie sich doch ein Fußballspiel an. Andauernd treten sie sich gegen die Fersen. Den Schiedsrichtern ist das egal. Kicken, treten. Es ist blöd und unfair. Die Leute finden das Spiel so toll, weil es so rauh zugeht, die sehen doch gern, wenn die Spieler sich die Fersen blutig treten.« Er nahm einen Schluck Wein. »Sportliches Können, so was seh *ich* gern. Tennis ist doch ein sauberer und sicherer Sport, Basketball ist gut. Keine Raufereien, keine Tritte. Der Schiedsrichter schreibt die Fouls auf, und nach dem dritten ist man raus.«
Bei der Eisenbahn sei er jetzt schon zweiunddreißig Jahre, sagte er.
»Waren Sie auch in Patagonien?« fragte ich.
»Das hier ist Patagonien.« Er klopfte ans Fenster. Draußen war es dunkel, aber vielleicht meinte er ja auch den Staub, der immer noch durch den Spalt zwischen Fensterbank und Fensterrahmen rieselte.
»Dann haben Sie sicher auch für die Engländer gearbeitet.«
»Ah, die Engländer! Die mochte ich, obwohl ich doch Deutscher bin.«
»Sie sind Deutscher?«
»Jawohl.«
Aber er sagte es wie ein Amerikaner. »Wir sind Engländer«, sagen manche Bürger von Charlottesville, Virginia und meinen damit, daß ihre Vorfahren irgendwelche rußverschmierten Bergbaustädte in Yorkshire verlassen und mit Schweinezucht so viel Geld gemacht hatten, daß sie sich als Landjunker niederlassen und die Juden aus den örtlichen Jagdvereinen raushalten konnten. In meiner High-School gab es einen Jungen, der seine guten Algebranoten damit erklärte, daß er Albaner sei.
Sehr viel von dieser groben Ahnungslosigkeit und diesem täppischen Umgang mit Stammbäumen fand sich auch in Argentinien. Der Schaffner nannte mir seinen deutschen Nachnamen. »Und

hören Sie mal, mit Vornamen heiße ich Otto!« Deutsch konnte er natürlich nicht. Señor DiAngelo und seine fleischgesichtigen Kumpane im Speisewagen konnten kein Italienisch. Señor Kovacs, der Fahrkartenkontrolleur, sprach kein Ungarisch. Der einzige Einwanderer, den ich in Argentinien kennenlernte, der noch hätte entwurzelt werden müssen, war ein Armenier, den ich wegen des Gleichklangs mit *Armenian* und seines unerschütterlichen Glaubens an die Diktatur für mich nur »Mr. Totalitarian« genannt hatte. Er trug stets einen Kittel und eine kleine blaue Mütze und las täglich seine in Buenos Aires erscheinende armenische Zeitung. Armenien hatte er sechzig Jahre zuvor den Rücken gekehrt.
Der Schaffner namens Otto fragte: »Sie steigen in Jacobacci aus?«
»Genau. Wann kommen wir an?«
»Morgen früh gegen zwei.«
»Und was kann ich in Jacobacci tun?«
»Warten. Ihr Anschlußzug nach Esquel fährt erst um halb sechs.«
»Sie sind schon mal damit gefahren, oder?«
Otto machte ein Gesicht, als wollte ich ihn auf den Arm nehmen, besaß aber genug Takt und Geistesgegenwart für die Antwort: »Nein, der Zug hat ja keinen Schlafwagen.« Er trank einen Schluck Wein. »In dem Zug gibt es nicht viel, wissen Sie. Er ist...« er benutzte das spanische doppelte Diminutiv, »...klitzeklein. Er braucht Stunden und Stunden. Aber gehen Sie nur zu Bett, Señor, ich weck Sie, wenn wir da sind.«
Er trank seinen gespritzten Wein aus, dann ließ er die Eisstücke in seinem Glas kreisen und schüttete sie sich in den Mund, stand auf und sah aus dem schwarzen Fenster auf das schwarze Patagonien und den gelben, zur perfekten, beidseitig konkaven Scheibe deformierten Halbmond. Ich konnte hören, wie die Eisstücke zwischen seinen Backenzähnen knirschten; und als ich das Geräusch nicht mehr ertragen konnte, ging ich zu Bett. Es gibt kaum etwas, was den menschlichen Geist mehr aufschürft als jemand, der hinter einem steht und schlürfend auf Eisstücken herumkaut – auch wenn er das in Patagonien tut.

22
Der alte Patagonien-Expreß

Otto mußte mich nicht wecken, das besorgte schon der Staub, der mein Abteil erfüllte. Während der »Lagos del Sur«-Expreß über das regenarme Hochplateau eilte (was sollten wasserdichte Schuhe einem hier nützen?), wurde der Staub aufgewirbelt und vom Sog des rasenden Zuges durch die klappernden Fenster und Türen gepreßt. Mit einem Gefühl, als müßte ich ersticken, wachte ich auf, machte mir aus dem Bettlaken einen Mundschutz, öffnete die Abteiltür und bekam sofort eine Staubwolke ins Gesicht. Ein normaler Staubsturm war das nicht: Motorenlärm, Dunkelheit und Kälte verliehen dem Ganzen eher den Charakter eines Grubenunglücks. Jedenfalls bestand keine Gefahr, daß ich Ingeniero Jacobacci verschlief: kurz nach Mitternacht war ich hellwach, knirschte mit den Zähnen und kaute auf Sandkörnern herum.
Ich räumte meinen Koffer auf, füllte meine Jackentaschen mit den Äpfeln, die ich in Carmen de Patagones gekauft hatte, ging zum Verbindungsgang durch und setzte mich hin, um auf Ottos Zeichen zu warten. Staub wirbelte aus dem Gang, wehte um die Lampen und überzog Spiegel und Fenster wie mit Hamsterfell. Ich hielt mir ein Taschentuch vors Gesicht. Waschen hatte keinen Sinn: es gab keine Seife, und das Wasser war eiskalt.
Nach einer Weile tauchte Otto auf. Er hatte sich seine Eisenbahneruniform über den Schlafanzug gezogen und wirkte übernächtigt. Schlaftrunken tippte er auf seine Armbanduhr: »Noch zwanzig Minuten bis Jacobacci.«
Ich wollte wieder ins Bett zurück. Ich verspürte nicht die geringste Lust, die Sicherheit dieses Zuges mit der Ungewißheit der Außenwelt zu vertauschen. Der Zug war ja bloß staubig, aber ich hatte

hier ein Nest, draußen war nur Leere, und nichts war gewiß. Jeder, den ich kennengelernt hatte, warnte mich davor, mit dem Zug nach Esquel zu fahren. Aber was sollte ich machen? Ich mußte dorthin, um nach Hause zu kommen.

Ich hatte damit gerechnet, daß ich der einzige wäre, der in Ingeniero Jacobacci ausstieg. Ich hatte mich geirrt. Außer mir gab es da noch zwei alte Männer mit zwei großen Ölfässern im Gepäck, eine Frau mit einem Kind am Hals und einem im Schlepptau, ein Paar, dessen Koffer mit Bindfaden und Gürteln zusammengeschnürt war, und andere schemenhafte Gestalten. Der Bahnhof war so klein, daß wir gerade eben auf dem Bahnsteig Platz fanden. Die Zweite-Klasse-Fahrgäste, die vom heftigen Bremsen und dem Licht der Bahnhofslampen aufgeweckt worden waren, sahen erschöpft und bleich aus. Eine halbe Stunde lang zischte der Zug am Bahnsteig, dann rollte er langsam davon. Er hinterließ Staub, schummriges Licht und Stille. Es war, als nähme er die Welt mit sich.

Dieser Expreßzug, in den ich mich jetzt wehmütig zurücksehne, hatte mein Gefühl für Entfernung und Höhe verwischt. In Jacobacci waren die Daten nachzulesen: Wir waren über anderthalbtausend Kilometer weit von Buenos Aires entfernt und hatten seit Carmen de Patagones, das auf Höhe des Meeresspiegels liegt, über eintausend Höhenmeter überwunden, befanden uns jetzt auf einem Plateau, das sich im Süden erst an der Magellanstraße wieder absenkt. In diesem Wind, auf dieser Höhe und um diese Stunde – es war zwei Uhr früh – war es bitterkalt in Jacobacci. »Niemand steigt in Jacobacci aus«, hatte es geheißen. Ich wußte es jetzt anders. Es waren Leute ausgestiegen, die, wie ich vermutete, auf den Zug nach Esquel warteten. Ich sah mich nach ihnen um. Sie waren verschwunden.

Und wohin? Hinein in diesen Wind, in diese Dunkelheit, zu diesen Hütten in der Wüste. Sie stiegen nicht um, sie wohnten in Jacobacci. Später kam mir der Gedanke naiv vor, aber jetzt fand ich es sonderbar, daß es Menschen – Einwanderer und deren Nachkommen – geben konnte, die sich freiwillig ausgerechnet hier niedergelassen hatten. Es gab kein Wasser, keinen Schatten, grauenhafte Straßen und kaum bezahlte Arbeit. Wie zäh die Menschen auch sein mochten, sie hatten weder das Durchhaltevermögen noch den

Erfindungsreichtum der Indianer, und selbst die hatten diesen Teil Patagoniens nicht besiedelt. Im Nordosten liegen die fruchtbaren Weiden von Bahía Blanca, im Westen die Seen der paradiesischen »Argentinischen Schweiz« bei Bariloche. Wegen einiger Schafe und Rinder und ihrer erstaunlichen Sturheit wohnten die Leute in diesem winzigen patagonischen Städtchen, in dem der Schienenstrang sich teilt, in diesem Eisenbahnknotenpunkt in der Wüste. Der Gedanke war naiv. Für manche Menschen ist Freiraum wichtiger als Gras oder Bäume; für sie sind Städte und Wälder Brutstätten der Verwirrung. Hier könne man einfach man selbst bleiben, erklärte mir ein Waliser in Patagonien. Das jedenfalls stimmte.

Ich ließ meinen Koffer auf dem Bahnsteig stehen, lief für eine Weile auf und ab und rauchte meine Pfeife. Der nächste Zug nach Buenos Aires würde erst in drei Tagen abfahren. Ein an die Bahnhofswand genageltes Unesco-Plakat unterrichtete mich über Unterernährung in Lateinamerika. Wie schon in Guatemala schlug auch hier ein Schild vor: FAHR ZUG – ES IST GÜNSTIGER! Auf einem anderen stand: DER ZUG IST DEIN FREUND – SEI EIN FREUND DES ZUGES! An einem Balken hing eine Bronzeglocke, die mich an eine Schulglocke erinnerte; der Stationsvorsteher hatte kurz vor Abfahrt des »Lagos del Sur«-Expreß damit geläutet, aber niemand war eingestiegen.

Der Zug war in die eine Richtung verschwunden, die Leute, die in Jacobacci ausgestiegen waren, in die andere. Nur ich war noch da, wie der Unglücksbote im Buch Hiob: »*Und ich bin allein entronnen, daß ich dir's ansagte.*« Es war kalt in diesem elenden Nest, aber mir blieb nichts anderes übrig, als vier Stunden lang auf den Miniaturdampfzug nach Esquel zu warten. Auf ihre Weise war die Situation perfekt. Wenn es unter anderem zum Sinn und Zweck einer Reise gehört, einem das freudige Entdeckergefühl zu verschaffen, daß man völlig allein ist, daß man nach zwanzig- oder fünfundzwanzigtausend Kilometern alle anderen hinter sich gelassen und sich auf eine einsame Mission in einen entlegenen Teil der Welt begeben hat, dann war ein Traum in Erfüllung gegangen. Der Zug fährt in Buenos Aires ab, legt anderthalbtausend Kilometer zurück, hält mitten in der Wüste an, und du steigst aus. Du siehst dich um: Du bist allein. Es ist wie Ankommen, eine

einzigartige Entdeckung in sich selbst. Am Himmel standen Sterne in unbekannten Konstellationen, und selbst der Mond war verdreht, eine antipodische Ausgabe dessen, den ich kannte. Mir war alles neu. Das Wort »allein« schwingt auf jeder aufregenden Seite der besten Werke der Reiseliteratur mit, subtil und unauslöschlich wie ein Wasserzeichen. Der Begriff davon, der Gedanke, daß ich darüber würde berichten können – denn schließlich war ich ja losgefahren, um ein Buch zu schreiben –, wog alle Unannehmlichkeiten auf. Allein, allein: es war wie der Beweis für meinen Erfolg. Für diesen Zustand der Einsamkeit hatte ich sehr weit reisen müssen.
Eine Stimme – eher das Quaken eines Frosches – ertönte: »Tee?«
Der Stationsvorsteher. Er trug einen Wintermantel, einen Schal und brüchige Stiefel; das Abzeichen der General Roca Railways zierte den Mantelaufschlag. Der winzige Gaskocher in seinem Büro gab etwas Wärme ab, ein kleiner verbeulter Wasserkessel wackelte auf einem selbstgebastelten Drahtrost.
Ich fand, daß ich ihm eine Erklärung schuldig sei: »Ich warte auf den Zug nach Esquel.«
»Esquel ist ein sehr schöner Ort.«
Von Jacobacci aus gesehen. Er war der erste Mensch, dem ich begegnete, der etwas Positives über Esquel zu sagen hatte. Nach einem Blick auf Jacobacci konnte man es verstehen. Die Leute in Belchertown, Massachusetts haben auch immer ein gutes Wort für Holyoke übrig.
Er hatte Maté-Pulver (es wird aus den Blättern verschiedener Stechpalmensträucher gewonnen, vor allem vom *Ilex paraguayensis*) in ein kleines Horngefäß mit einer ungelenk eingeritzten Aufschrift gefüllt und einen silbernen Trinkhalm hineingesteckt.
»In Esquel kann man so viel unternehmen. Hotels, Restaurants, große Farmen. Ungefähr fünfzig Kilometer von da gibt es einen wunderbaren Park: Bäume, Gras, alles. Ja, Esquel ist schön.«
Er goß kochendes Wasser auf und reichte mir den Tee.
»Und wie finden Sie ihn?«
»Sehr gut. Maté mag ich gern.« Er hatte viel zuviel Zucker reingetan; es schmeckte abscheulich.
»Ich meine den Becher.«

Ich nahm das Gefäß in Augenschein.
»Ein Kuhhorn. Aus Paraguay.«
Die Kratzschrift auf dem Horn bestätigte das. »Wunderhübsch«, behauptete ich. »Waren Sie in Paraguay?«
Er hob die Schultern. »Meine Frau. Ihr Bruder lebt da. Sie hat ihn letztes Jahr besucht.« Er grinste. »Mit dem Flugzeug.«
Er nickte und machte noch eine Tasse Tee. Ich fragte ihn über Jacobacci aus, über den Zug und über Patagonien, bekam aber nur langweilige Antworten. Er schien sich am meisten für Geld zu interessieren. Wieviel mein Koffer gekostet habe, wie teuer ein Haus in den Staaten sei, wieviel ich verdiente, was man für ein neues Auto hinlegen müsse. Statt einer Antwort sagte ich ihm, wieviel ein Pfund Steakfleisch in Massachusetts kostete. Das verschlug ihm den Atem. Jetzt beklagte er sich nicht mehr, sondern gab nur noch mit dem einheimischen Preis für Rinderlende an.
Wenn er doch nur gesagt hätte: »Wollen Sie mal was Merkwürdiges hören?« Er war alt genug, um gute Geschichten zu kennen. Aber er schlief halb, es war kalt, es war fast drei Uhr früh. Also ließ ich ihn in Ruhe und ging hinaus. Ich wanderte den Schienenstrang entlang, weg von den Lichtern des Bahnhofs. Der Wind raspelte in den Dornbüschen wie Sand auf einer Schütte. Die Luft roch staubig. Der Mond über den Büschen tauchte die bucklige Monotonie Patagoniens in blaues Licht.
Ich hörte es knurren. Etwa dreißig Meter weg stand eine flache schwarze Hütte, und wahrscheinlich hatte das Geräusch meiner Schritte auf dem Schotter des Bahndamms den Hund geweckt. Er fing an zu bellen. Sein Gebell weckte einen anderen Hund ganz in der Nähe, der laut loskläffte. Es ist mir seit meiner Kindheit nicht gelungen, meine Angst vor Hundebissen zu überwinden; beim Anblick großer, bellender Hunde versteinere ich. In meinen schlimmsten Alpträumen geifern irische Wolfshunde. Die aggressivsten Viecher gehören alten Leuten, schönen Frauen, häßlichen, zwergwüchsigen Männern und kinderlosen Ehepaaren. »Er tut doch nichts«, sagen diese Leute, die sich an meiner Angst weiden, und ich will immer sagen: »Vielleicht tut er mir nichts, aber ich ihm.« Es ist bekannt, daß in Südamerika viele Hunde Tollwut haben. Hier waren es nicht die geduckten Parias, die ich in Ceylon

und Burma gesehen hatte, sondern schlankere, wolfsartige Geschöpfe, deren Gebisse übel aussahen und die von den Einheimischen aufgehetzt wurden. In den Indiodörfern von Peru und Bolivien gab es immer Hunde, die oft einen wesentlich wacheren Eindruck machten als ihre Herren. Solche albernen Tiere hatten den Zug verfolgt. Ich hatte Angst vor Tollwut. »Die Heilung ist so schlimm wie die Krankheit selbst«, heißt es immer. Meine Angst war nicht völlig unbegründet: Schilder, die vor tollwütigen Hunden warnten, hatte ich mehrmals gesehen.

Ein Hund, er war kleiner, als ich nach seinem Gebell angenommen hatte – ungefähr so groß wie ein Schulranzen –, schoß aus dem Dorngestrüpp auf die Gleise. Er kauerte sich hin und lockte mit seinem Geknurr den anderen Hund herbei. Ich vergrub die Hände in den Taschen und trat den Rückzug an. Ich wandte mich zum beleuchteten Bahnhof um; es war dumm gewesen, so weit wegzugehen. Die Hunde waren jetzt beide auf dem Bahndamm, kamen näher und machten laut bellend vorsichtige, geduckte Vorstöße in meine Richtung. Zu gern hätte ich einen Stock gehabt, mit dem ich sie hätte verprügeln können (mir war allerdings nicht klar, ob sie das zu Mordtaten anstacheln würde oder ob sie sich vertreiben ließen), aber ich war ja in einer Wüste. Abgesehen von ein paar Pappeln am Bahnhof gab es Hunderte von Kilometern weit und breit keinen einzigen Baum. Ich wäre gern gerannt, wußte aber, daß sie das bloß als Zeichen von Feigheit auffassen und mich erst recht jagen würden. Also ging ich weiter rückwärts, behielt sie im Auge und hatte zuviel Angst vor ihnen, um sie zu hassen. Näher am Bahnhof schöpfte ich wegen der Pappeln etwas Hoffnung: Immerhin konnte ich auf eine hinaufklettern und mich in Sicherheit bringen. Außerdem gab es hier Licht, das die Hunde zu ängstigen schien. Sie hielten sich im Schatten zwischen den Eisenbahnwaggons, und als sie sahen, daß ich mich auf den Bahnsteig gerettet hatte, verlegten sie sich darauf, einander zu verfolgen. Sie waren klein, dumm, jämmerlich und verkrüppelt: von meiner sicheren Warte aus konnte ich sie hassen.

Der Bahnhofsvorsteher hatte den Radau gehört: »Gehen Sie da draußen nicht allzuweit weg. Hier laufen eine Menge Hunde herum.«

Ich schleifte meinen Koffer zu einer hölzernen Wartebank. Meine Bücher hatte ich alle irgendwo zurückgelassen, nur Boswell nicht, den ich mir jetzt wieder vornahm. Meine Hände wurden kalt. Ich verstaute das Buch und zog mir noch einen Pullover an, steckte die Hände in die Taschen, legte mich wieder auf die Bank unter das Schild DER ZUG IST DEIN FREUND, starrte die Glühbirne in der Deckenlampe an und dankte meinem Herrn, daß ich nicht von einem tollwütigen Hund gebissen worden war.

Ob rational oder nicht, es war meine Angst. Das Alleinreisen bringt viel Schönes mit sich, aber ebenso viele Ängste. Die schlimmste Furcht ist die konstanteste, nämlich die Angst vor dem Tod. Man kann nicht monatelang allein herumreisen und in Patagonien ankommen ohne das Gefühl, etwas sehr Dummes getan zu haben. In den kalten Stunden vor dem Morgengrauen an einem so gottverlassenen Ort kommt mir das ganze Unterfangen tollkühn vor, voller unnötiger Risiken und absolut sinnlos. Ich war allein angekommen und hatte mein Ziel fast erreicht, aber wozu? Ich hatte es mir nur gutgehen lassen, aber nichts beweisen wollen. Dennoch begleitete mich diese Angst an jedem Tag. Wenn ich einen Autounfall mitbekam, von einem Eisenbahnunglück las, einen Leichenwagen oder einen Friedhof sah, hinten in einem schwankenden Bus saß oder vor einer abgeschlossenen Feuertür stand (die Notausgänge der meisten Hotels, in denen ich übernachtet hatte, wurden nachts wegen der Einbruchgefahr verriegelt), wenn ich eine Postkarte schrieb und mir die Zweideutigkeit des Satzes »Das wird meine letzte Fahrt« auffiel – all das brachte in meinem Hinterkopf die Totenglocken zum Schwingen.

Ich hatte einen sicheren Ort verlassen und einen gefährlichen erreicht. Das Risiko war der Tod, der mir besonders nah zu sein schien, weil mir bis jetzt nichts Böses zugestoßen war. Wer auf diese Art hierherfuhr, forderte sein Schicksal heraus. Erdrutsche, Flugzeugabstürze, Lebensmittelvergiftungen, Unruhen, Bombenanschläge, Haie, Cholera, Überschwemmungen und tollwütige Hunde gehörten in dieser Ecke der Welt zum Alltag – um ihnen zu entgehen, mußte man durch einen Zauber unverwundbar sein. Und während ich hier auf der Bank lag, wollte ich mich selbst nicht dazu beglückwünschen, daß ich so weit gereist war und so knapp vorm

Ziel war, sondern hatte auf einmal Verständnis für die Leute, die mich ausgelacht hatten, als sie hörten, wohin ich wollte. Ihr Spott war berechtigt, denn sie hatten auf eine schlichte Art die Sinnlosigkeit des Ganzen erfaßt. Mr. Thornberry hatte im Urwald von Costa Rica gesagt: »Ich weiß, was ich sehen will. Papageien und Affen. Wo sind sie denn?« In Patagonien gibt es Guanakos (»Guanakos spucken einen an!«). Aber sollte man wirklich sein Leben aufs Spiel setzen, um ein solches Tier zu sehen? Oder, anders ausgedrückt, war es auch nur eine durchfrorene Nacht auf einer hölzernen Wartebank in einem patagonischen Bahnhof wert, das Tirilieren des vielgerühmten Flötenvogels zu hören? Jetzt fand ich das nicht. Später sah ich nur noch das Amüsante an der Episode und vergaß meine Ängste. Ich hatte Glück, denn während der ganzen Reise hatte ich immer wieder aus dem Fenster gesehen und gedacht: Was für ein furchtbarer Ort, um zu sterben.

Sorgen hatte ich mir auch gemacht, daß ich meinen Paß oder mein Ticket für den Heimflug hätte verlieren können, ausgeraubt werden würde oder Hepatitis bekäme und zwei Wochen in einem Krankenhaus an einem elenden Ort wie Guayaquil oder Villazón hätte zubringen müssen: Ängste, die sich auf Informationen gründeten. »Das Leben ist immer lebensgefährlich, es kann einem ja auch auf der Straße ein Ziegelstein auf den Kopf fallen«, sagen wohlmeinende Menschen, um einen zu beruhigen. Die Gefahren in den Anden und in primitiven Ländern *sind* aber größer, und jeder, der anderer Meinung ist, ist ein Narr.

Doch auf meiner Bank in Jacobacci war ich froh, daß ich alle anderen zurückgelassen hatte. Es war zwar eine Ortschaft mit einer Hauptstraße und einem Bahnhof, mit Menschen und Hunden und elektrischem Licht, aber sie lag nah genug am Ende der Welt, um mir das Gefühl zu geben, ich sei ein einsamer Entdecker in einem fremden Land. Diese Illusion (die auch am Südpol und am Oberlauf des Nils eine Illusion bleibt) war befriedigend genug, um mich weitermachen zu lassen.

Ich nickte gelegentlich ein, und dann war mir beim Aufwachen sehr kalt, also versuchte ich, wach und warm zu bleiben. Ich machte noch drei Spaziergänge, diesmal aber immer mit einem großen Bogen um die Hunde. Es gab Hahnengeschrei, aber keine Anzeichen

für die Morgendämmerung; das einzige andere Geräusch kam vom Wind, der gegen den Bahnhof drückte.
Ich war bei Dunkelheit in Ingeniero Jacobacci angekommen, es war immer noch dunkel, als der Bahnhofsvorsteher mich nach einer weiteren Tasse Tee in den anderen Zug steigen ließ. Der Waggon war so klein, wie man mir warnend gesagt hatte, innen war alles eingestaubt. Aber ich hatte wenigstens einen Sitzplatz. Gegen fünf Uhr belebte sich der Bahnsteig mit Leuten, die sich zu dieser unglaublich frühen Stunde von Freunden und Angehörigen verabschiedeten. In Bolivien und Argentinien war mir diese Sitte aufgefallen – diese Abschiedsszenen mit vielen Küssen, Umarmungen und Gewinke. An den größeren Bahnhöfen trennten sich die Männer unter Tränen von Frauen und Kindern, was ich immer rührend gefunden hatte, weil es in so großem Gegensatz zu ihrer sonstigen lächerlich männlichen Selbstüberschätzung stand.
Ein Signal ertönte, das schrille Tuten einer Dampfpfeife. Die Bahnhofsglocke bimmelte. Angehörige sprangen aus dem Zug, Fahrgäste stiegen ein; kurz vor sechs fuhren wir los.
Der Mond schien hell in einem blauen Himmel. Die Sonne war noch nicht aufgegangen, blaugrau und blaßbraun schimmerte das Land hinter Jacobacci. Wir hatten die Stadt hinter uns gelassen, bevor der östliche Himmel zu glühen begann. Die Berge freuten mich. Bei meiner nächtlichen Ankunft hatte ich geglaubt, daß es hier ebensoflach wäre wie in der Gegend, die ich in der Abenddämmerung gesehen hatte, in dieser öden Steppe beim Dorf Ministro Ramos Mexía, in dem die kleinen Weintraubenverkäufer trällernd im Staub herumgesprungen waren, aber es war hier anders, und der wolkenlose Himmel tröstete mich mit der Aussicht auf einen warmen Tag. Ich aß einen Apfel und zog Boswell heraus, und als die Sonne aufging, schlief ich friedlich ein.
Der Zug war uralt, und ich fand ihn immer noch merkwürdig, obwohl ich inzwischen an die Fremdartigkeit südamerikanischer Eisenbahnen hätte gewöhnt sein müssen. Auf der anderen Seite des Gangs saß ein Junge und sah mir beim Gähnen zu.
»Hat dieser Zug einen Namen?« fragte ich ihn.
»Ich verstehe nicht.«
»Der Zug, mit dem ich nach Buenos Aires gefahren bin, heißt

›Estrella del Norte‹, der Expreß nach Bariloche heißt ›Lagos del Sur‹, der nach Mendoza ›El Liberador‹. So ein Name.«
Er lachte. »Dieser Zug ist viel zu unbedeutend für einen Namen. Die Regierung denkt sowieso daran, die Strecke stillzulegen.«
»Heißt er vielleicht ›Pfeil von Esquel‹ oder so etwas?«
Er schüttelte den Kopf.
»Oder vielleicht ›Patagonien-Expreß‹?«
»Der *alte* Patagonien-Expreß«, meinte er. »Aber Expreßzüge fahren ja eigentlich schnell.«
»Das tun sie nie«, sagte ich. »Mit einem zum Beispiel bin ich nach Tucumán gefahren und mit einem Tag Verspätung angekommen. Oben in Humahuaca saßen wir sechs Stunden lang auf einem Bahnhof fest.«
»Überschwemmungen«, meinte der Junge. »Regen. Hier regnet es ja nicht, aber der Zug ist trotzdem langsam, wegen der Berge. Sehen Sie, eine Kurve nach der anderen.«
Es stimmte. Wegen der Berge und Täler Patagoniens, auf die ich mich wegen ihres Abwechslungsreichtums und ihrer unbestrittenen Schönheit gefreut hatte, kamen wir nur langsam voran. Auf einer geraden Strecke hätte die ganze Reise vielleicht drei Stunden gedauert, wir aber sollten erst abends um halb neun nach einer fast vierzehnstündigen Fahrt in Esquel ankommen. Die Berge hatten weniger Ähnlichkeit mit Bergen als mit mißlungenen Soufflés.
Der Zug wurde von einer Dampflok gezogen, und zum ersten Mal seit meiner Abreise wünschte ich mir, daß ich eine Kamera bei mir hätte, um ein Bild von ihr zu machen: sie war eine Art wild gewordener Samowar auf Rädern, mit Eisenflicken auf dem Kessel, lekkenden Röhren an der Unterseite, tröpfelnden Ventilen und eisernen Krümmern, die Dampffontänen zur Seite schleuderten. Weil sie mit Öl befeuert wurde, spie sie zwar keinen schwarzen Qualm, hatte aber Bronchialprobleme und rang bei Steigungen japsend und blubbernd um Atem, den sie an Abhängen, an denen sie einen völlig unkontrollierten Eindruck machte, mit merkwürdigem Pfeifen wieder von sich gab. Eine Schmalspurbahn mit kleinen Holzwaggons. Die erste Klasse war nicht sauberer als die zweite, verfügte aber über Sitze mit etwas höheren Rückenlehnen. Das ganze Gefährt knarrte, und wenn es schnell fuhr, was selten genug vor-

kam, machte es ein solches Getöse von krachenden Kupplungen, klappernden Fenstern und ächzendem Holz, daß ich das Gefühl hatte, es würde gleich endgültig in seine Einzelteile zerfallen, einfach explodieren und seine Splitter in eine der trockenen Schluchten verstreuen.
Die Gegend sah steinzeitlich aus wie ein gemalter Hintergrund für ein Dinosaurierskelett im Museum: simple, schreckenerregende Berge und Rinnen; Dornbüsche und Felsen, glattgeschrubbt vom Wind, als hätte eine große Flut alles bloßgelegt und der Landschaft sämtliche Eigenheiten abgewaschen. Der Wind bearbeitete sie immer noch, ließ keine Bäume wachsen, blies den Mutterboden nach Westen, legte noch mehr Felsgestein frei und entwurzelte sogar die häßlichen Büsche.
Die Menschen im Zug sahen höchstens an den Bahnhöfen einmal aus dem Fenster, und das auch nur, weil sie sich Brot oder Weintrauben kaufen wollten. Einer der Vorteile von Zugfahrten besteht darin, daß man nur hinaussehen muß, um sich zu orientieren. Hinweisschilder sind überflüssig. Ein Berg, ein Fluß, eine Wiese: die Merkmale der Landschaft sprechen für sich. Diese Gegend aber hatte keine besonderen Kennzeichen, sie bestand vielmehr aus nichts als völlig gleichartigen Merkmalen: tausend Berge und trockene Flußbetten, eine Milliarde ewig gleicher Büsche. Ich döste ein und wachte wieder auf; die Stunden vergingen, die Szenerie vor dem Fenster änderte sich nicht. Die Bahnhöfe waren genauso austauschbar: ein Schuppen, ein Bahnsteig aus Beton, glotzende Männer, Jungen mit Körben, Hunde, verbeulte Pritschenwagen.
Ich hielt nach Guanakos Ausschau, weil ich nichts Besseres zu tun hatte, sah aber keine. Aber es gab andere Tiere, zum Beispiel alle Arten von Vögeln: kleine zwitschernde Mauersegler und Spatzen, dunkle Falken und Bussarde. Patagonien ist vor allem ein Vogelreservat. Auch Eulen gab es hier, in der Nähe der Anden mächtige Adler und ganz im Süden riesenhafte Albatrosse. Die Häßlichkeit der Landschaft setzte sich ohne Unterlaß fort, und ich verspürte nicht die geringste Lust, mich aus diesem Zug zu rühren. »Hier sind wir auch dem Zug dankbar wie einem Gott, der uns rasch durch diese Schatten und an so vielen verborgenen Gefahren vorbeigeleitet«, schreibt Robert Louis Stevenson. »So streifen wir leichthin

durch diese grauenerregenden Lande wie die Möwe, die sicher durch den Hurrikan und am Haifisch vorübersegelt.«
Der Junge auf der anderen Seite des Gangs schlief. Ich betrachtete ihn und die anderen, und plötzlich ging mir auf, daß ich aussah wie sie. Gleich zu Anfang der Reise hatte ich gemerkt, wie wenig plausibel ich als Reisender erscheinen mußte: Ich hatte weder Kreditkarten noch Rucksack, war weder gut genug angezogen, um als Pauschalurlauber auf Zehn-Tage-Tour durch Ruinen und Kirchen, noch schmutzig und abgerissen genug, um als Globetrotter durchzugehen. Die Leute fragten mich immer, was ich machte, und schienen von meiner Geschichte mit dem Erdkundelehrer (»Osterferien!«) nie so recht überzeugt. Ich erzählte von meiner Frau und meinen Kindern, aber warum war ich hier und sie nicht? Darauf hatte ich keine Antwort parat. Für die Touristen war ich ein Abtrünniger, für die Weltenbummler ein Eindringling in ihre Kreise, die Einheimischen verstanden mich nicht. Es war nicht leicht, andere davon zu überzeugen, daß ich nichts im Schilde führte, nicht auf der Flucht, weder ein Trickbetrüger noch ein Mann mit Hintergedanken war. Ich *hatte* Hintergedanken, das war es ja, aber darüber wollte ich nicht reden. Hätte ich mich Thornberry oder Wolfgang, der Frau in Veracruz oder Bert und Elvera Howie als Schriftsteller zu erkennen gegeben, hätten sie mich gemieden oder, um es mit Bert Howie auszudrücken, »doppelt und dreifach« auf mich »geschissen«.
Hier aber, im »alten Patagonien-Expreß«, sah ich aus wie alle anderen: ein leicht unrasierter, europäisch angehauchter, einigermaßen präsentabler Typ mit Hängeschnauzbart, abgeschabtem Koffer und ausgetretenen wasserdichten Schuhen. Was für eine Erleichterung: endlich war ich anonym – aber an welch einem seltsamen Ort! Ich fügte mich nahtlos in den Vordergrund ein – aber in welch einen Hintergrund! Erstaunlich: Ich gehörte in diesen Zug.
Der Junge wachte auf.
»Wie weit ist es noch bis Norquinco?« fragte er.
»Keine Ahnung. Für mich sieht hier alles gleich aus.«
Mein Hintermann sagte: »Ungefähr noch zwei Stunden.«
Dabei deutete er nicht aus dem Fenster, sondern sah auf seine Arm-

banduhr. Die Landschaft gab keine hilfreichen Hinweise auf unseren Standort.
Mit Vornamen hieß der Junge Renaldo, mit Nachnamen Davies – ein Waliser. Dieser Teil Patagoniens ist voller Joneses, Williamses, Powells und Pritchards, walisischer Familien, die von Rawson, Trelew und Puerto Madryn aus über das Hochplateau gezogen waren, um eine neue walisische Kolonie zu gründen. Es sind nicht die singenden, träumenden Klischeewaliser, sondern zähe, unabhängige, reservierte Leute von einem ganz anderen Schlag. Sie sind gottesfürchtige Protestanten, züchten Schafe, haben eine sentimentale Sehnsucht nach einer Heimat, die sie nie gesehen haben, und eine Schwäche für eine Sprache, die nur die wenigsten von ihnen beherrschen. (Ein Klassiker der walisischen Literatur heißt *Dringo'r Andes* – »Die Bezwingung der Anden« –, verfaßt von der Waliserin Eluned Morgan, die während des großen Auswandererzuges im Golf von Biskaya zur Welt kam.) Renaldo wollte sich auf englisch mit mir unterhalten, da ich aber seine Aussprache nicht verstand, sprachen wir spanisch.
»Ich hab mein Englisch auf einem Frachter gelernt«, erklärte er.
»Das ist kein guter Ort dafür.«
Er war zwei Jahre lang zur See gefahren und befand sich jetzt auf dem Heimweg.
»Wenn Sie auf einem Schiff waren«, sagte ich, »dann waren Sie bestimmt auch in Boston.«
»Nein. Aber ich war in ganz Amerika. Überall auf dem ganzen Kontinent.«
»New York?«
»Nein.«
»New Orleans?«
»Nein.« Er blickte ein bißchen verwirrt drein. »Amerika, nicht die Vereinigten Staaten.«
»Südamerika?«
»Genau. Ich war in ganz Amerika. Und in Asien: Singapur, Hongkong, Bombay. Und in Afrika: Durban, Kapstadt, Port Elizabeth. Ich bin überall gewesen.«
Sein Schiff sei unter peruanischer Flagge gesegelt, die Mannschaft habe aber hauptsächlich aus Chinesen und Indern bestanden: »Ich

fand die Inder ganz nett. Sie haben geredet, wir haben Karten gespielt. Aber die Chinesen hab ich gehaßt. Die gucken einen immer an und sagen keinen Ton. Und wenn sie was haben wollen, dann«, er grapschte mit der Hand, »grapsch und raff, was anderes kennen die nicht.«

Ich fragte ihn nach seinem Eindruck von Südafrika. Seine Antwort überraschte mich.

»Südafrika ist ein sehr schlimmes Land. Sehr schön, aber die Gesellschaft ist grausam. Sie werden es mir nicht glauben, aber die haben überall Schilder, auf denen steht: ›Nur für Weiße‹. Taxis, Busse, Geschäfte – ›Nur für Weiße‹. Die Weißen hierhin, die Schwarzen dorthin. Merkwürdig, oder? Und die meisten Leute sind ja schwarz!« Er hörte sich eher erstaunt als empört an, fügte aber hinzu, daß er mit so etwas nicht einverstanden sei.

»Warum nicht?« wollte ich wissen.

»Es ist nicht gut. ›Nur für Weiße‹, ›Nur für Schwarze‹. Ein dummes System, und es zeigt doch, daß sie große Probleme haben.«

Dieser Scharfblick eines einfachen Mannes aus Patagonien wunderte mich, ich sagte aber nur: »Ganz meine Meinung.«

»Lieber bring ich mein ganzes Leben in Barranquilla zu als in Durban. Und Barranquilla ist wirklich schrecklich.«

»Stimmt«, sagte ich. »Ich bin in Barranquilla gewesen und fand es grauenhaft.«

»Ist es nicht ein Schweinestall? Echt häßlich.«

»Als ich da war, hatten sie gerade Wahlen.«

»Die haben Wahlen? Ha! Die haben doch gar nichts!«

Er kicherte beim Gedanken an Barranquilla vor sich hin. Ich sah über ihn hinweg aus dem Fenster. Dünenartige Berge, niedrige Büsche, gleißende Sonne, die Staubwölkchen, die der Zug aufwirbelte. In der Ferne kreiste ein Kondor – dieser Vogel schlägt in der Luft nicht mit den Flügeln. Der Haß des Patagoniers auf Barranquilla war reiner Ekel vor langsamem Verfall, vor Schimmel und Ungeziefer. Hier verrottete nichts. Ein totes Lebewesen skelettierte hier schnell: es schrumpfte einfach ein und war bald nichts mehr als blanke Knochen. Hier gab es keine Feuchtigkeit und keinen Moder, nur die Reinheit der Wüste, die schnelle Zerstörung durch Sonne und trockene Luft, eine ausgetrocknete Wildnis, ein Fossil auf der

Flanke des Planeten. Nur wenige Lebewesen hatten hier überdauert, und diese wenigen waren praktisch unzerstörbar.
»Sie haben also die Welt gesehen«, sagte ich. »Warum fahren Sie nach Hause?«
»Weil ich die Welt gesehen habe. Nirgends ist es wie hier. Ich werd hier einen Job kriegen, vielleicht auf dem Bau oder als Mechaniker. In Norquino oder Esquel.«
»Ich fahr nach Esquel«, sagte ich.
»Mit dem Bus von Bariloche aus geht es wesentlich schneller.«
»Ich wollte aber mit dem Patagonien-Expreß fahren«, sagte ich.
»Mit dem *alten*.«
Kurz vor Norquino zerrte er seinen Koffer zur Tür und sagte: »Die Königin von England – Sie wissen, wen ich meine?«
»Queen Elizabeth – ja, und?«
»Sie hat eine Ranch bei Esquel. Sehr viel Vieh, sehr schön.«
Ich verbrachte den Nachmittag in diesem Zug wie so viele andere in den Zügen durch die beiden amerikanischen Halbkontinente: Ich entsann mich aller Menschen, die grausam zu mir gewesen waren, und übte schneidende Retourkutschen, die ich ihnen hätte verpassen sollen; ich rief mir die peinlichsten Augenblicke meines Lebens ins Gedächtnis zurück, ließ kleine Siege und große Niederlagen Revue passieren; stellte mir vor, wie es wäre, wenn ich mit jemand anderem verheiratet wäre, Kinder hätte und geschieden würde; ich wählte mich selbst zum Präsidenten einer Bananenrepublik und schlug mich mit einer lautstarken Opposition herum; ich studierte Medizin, eröffnete eine Praxis und führte knifflige Operationen durch; ich trug vor großem Publikum eine lange, heitere Geschichte vor, aber am Schluß bekam jemand anderer den Preis. Ich starb und hörte, wie die anderen laut über mich redeten. Es war ein ziemlich typischer Reisenachmittag.
Auf der Landkarte hatte ich mir das Dorf Leleque als Fixpunkt ausgesucht; es war noch meilenweit entfernt. Der Zug mühte sich ab, fuhr selten geradeaus, hielt gelegentlich an – ein Ruf, die Glocke, die Pfeife, ein Bellen, und wir fuhren wieder. Ich wußte, daß meine Reise zu Ende ging, bedauerte es aber nicht, daß der Zug mich in ein paar Stunden, wahrscheinlich bei Anbruch der Dunkelheit, ans Ziel bringen würde und daß das dann alles wäre. Meine

Gedanken rasten voraus zum Bahnhof von Esquel, zum Flugzeug nach Buenos Aires, zu meiner Heimkehr. Ja, ich würde mir am Flughafen ein Taxi leisten, koste es, was es wolle. Mein Ziel war nah, und ich wurde ungeduldig.
Die Landschaft aber lehrte einen Geduld, Vorsicht, Zähigkeit. Man mußte sich in sie vertiefen, um sie zu sehen. Ein flüchtiger Blick gab nichts preis. Auf ihrer schmalen Spur durch die Wüste stampfte die gepeinigte Lokomotive dahin, immer kurz davor, sich die Seele aus dem Leib zu husten, in einen Regen aus Metallteilen und Dampf zu zerplatzen oder sich mit einem letzten Seufzer festzufressen und an einem Abhang den Geist aufzugeben, in eine Senke zurückzurollen und nicht weiterzukönnen. Es war wie ein Wunder, daß eine so alte Maschine noch immer lief, und allmählich klangen mir die Ächzlaute der Lok eher schwungvoll als schwächlich im Ohr.
Aber weder Lok noch Landschaft hatten so viel zu bieten, daß sie mich lange gefesselt hätten. Ich widmete mich Boswell, aß Weintrauben und döste vor mich hin. Die Sonne glitt schon auf die hohen Berge im Westen zu. Der Wind wurde kälter. Eine Chance, noch bei Tageslicht in Esquel anzukommen, hatten wir wohl nicht mehr. Wenn es hier dunkel wurde, dann auf die plötzliche patagonische Art: die Dunkelheit kam so rasch wie ein fallender Vorhang, der die Nacht mit Kühle füllte. In der Stille der Wüste hörte man das Geräusch des Windes und den dampfenden Zug. Er hielt an den kleinen Bahnhöfen vor Esquel; die Lokomotive zitterte in der Dunkelheit, der Himmel dahinter war ein riesiges Sieb mit blauen Sternenlöchern.
Es war schon nach acht, als ich die Lichter sah. Ich wartete auf mehr; mehr kamen nicht. An diesen Orten war nichts dran, dachte ich, wenn man nicht über ihnen war. In diesem Augenblick wußte ich nicht, daß wir uns über Esquel befanden. Ich hatte mehr erwartet: eine Oase, höhere Pappeln vielleicht, den Anblick von ein paar gemütlichen Bars, ein vollbesetztes Restaurant, eine angestrahlte Kirche; irgend etwas, was meine Ankunft angezeigt hätte. Vielleicht auch weniger, so etwas wie an einem der winzigen Bahnhöfe entlang der Strecke, wie in Jacobacci zum Beispiel: ein paar Schuppen, ein paar Hunde, eine Glocke. Der Zug leerte sich rasch.
Ich fand einen Menschen mit einer amtlich aussehenden Mütze und

einem Eisenbahnerabzeichen am Hemd. Ob es hier in der Nähe ein Hotel gebe?
»Esquel ist voller Hotels. Manche sind sogar gut.«
Ich ließ mir eins nennen, begab mich dorthin, nahm – allerdings nicht aus freien Stücken – ein kaltes Bad und ging ins Restaurant.
»Was möchten Sie trinken? Rotwein?«
»Ja, bitte.«
»Und was essen Sie? Steak?«
»Ja.«
Das Übliche. Aber die Atmosphäre war anders. Sie hatte etwas von einem Wildwest-Saloon, die Leute waren übers Wochenende in die Stadt gekommen, ledrige Gesichter, Lederjacken auch hier drinnen, einer hatte ein Buch auf der Sitzfläche eines Stuhls aufgeklappt. Kellner eilten mit Tabletts herum. Ich sah eine Wanduhr, einen Kalender, ein Foto, das offenbar eine hiesige Fußballmannschaft zeigte, ein Heiligenbild.
Ich hatte eigentlich spazierengehen, eine Bar suchen wollen. Meine Muskeln schmerzten von der langen Fahrt, und ich wollte mich bewegen. Aber hier auf diesem Stuhl nickte ich langsam ein. Ich rüttelte mich selbst wach und verlangte die Rechnung.
Sand und Grus rieselten aus den Seiten von Boswell auf meine Brust, als ich im Bett lag. Ich las einen Satz, sah zu, wie der Sand herabrutschte, wollte ihn wegkehren und schlief ein.

Ich hatte eigentlich am Karsamstag in Esquel ankommen wollen, um am Ostersonntag dort aufzuwachen und den Sonnenaufgang zu sehen. Aber Ostern war vorbei; dieser Tag war kein besonderes Datum, und ich hatte verschlafen. Ich stand auf und ging hinaus. Es war sonnig und windig – wie in diesem Teil Patagoniens an jedem Tag des Jahres.
Ich ging zum Bahnhof. Die Lokomotive, die mich hierhergebracht hatte, stand auf einem Abstellgleis und sah so erledigt aus, als würde sie nie wieder fahren; ich war aber sicher, daß sie es noch hundert Jahre lang machen würde. Ich ging weiter, vorbei an den eingeschossigen Häusern, an den einzimmrigen Hütten, bis dahin, wo die Straße sich in einer staubigen Karrenspur verlor. Dort war ein steiniger Abhang, es gab ein paar Schafe, ansonsten nur Büsche

und Wildkräuter. Wenn man genau hinsah, konnte man die kleinen rosafarbenen und gelben Blüten an den Büschen erkennen. Der Wind bewegte sie. Ich ging näher heran. Sie schüttelten sich. Aber sie waren hübsch. Hinter meinem Kopf lag eine große Wüste.
Das war das patagonische Paradox: Hier mußte man entweder Miniaturist sein oder sich für enorme, leere Weiten interessieren. Dazwischen gab es nichts, was man betrachten konnte. Entweder die ungeheure Größe der Wüste oder eine winzige Blume: es galt, sich zwischen dem Winzigen und dem Weiten zu entscheiden.
Dieses Paradox belustigte mich. Meine Ankunft zählte nicht, auf die Reise kam es an. Und ich würde mich an den Rat von Dr. Johnson halten. Zu Beginn seiner Laufbahn hat er den Reisebericht eines Portugiesen über Abessinien übersetzt. Im Vorwort steht: »Er hat den Leser nicht mit romantischen Absurditäten oder unglaubhaften Fiktionen unterhalten; was auch immer er wiedergibt, sei es nun wahr oder nicht, ist zumindest wahrscheinlich, und derjenige, der in seine Erzählung nichts aufnimmt, was die Grenzen der Wahrscheinlichkeit überschreitet, kann mit Fug und Recht verlangen, daß ihm glaubt, wer ihn nicht widerlegen kann.«
Die Schafe sahen mich. Die jüngeren rannten davon. Als ich wieder hinsah, waren sie verschwunden; ich war eine Ameise auf einem fremden Ameisenhügel. Der leere Raum machte es unmöglich, die Ausmaße von irgend etwas festzustellen. Es gab keinen Pfad durch die Büsche, aber ich konnte über sie hinwegsehen, über diesen Ozean von Dornen, der von fern so sanft aussah, so grausam aus der Nähe und von ganz nah so sehr wie mißgestaltete Blumensträußchen. Es war absolut still und geruchlos.
Ich wußte, daß ich mich nirgendwo befand, aber am überraschendsten blieb doch, daß ich nach so langer Zeit noch auf der Welt war, auf einem Punkt am unteren Ende der Landkarte. Die Landschaft war unheimlich, aber es war nicht zu leugnen, daß sie lesbare Merkmale aufwies und ich in ihr existierte. Das war die Entdeckung: ihr Anblick. Ich dachte: Das Nirgendwo ist ein Ort.
Dort unten vertiefte sich das patagonische Tal zu grauem Felsgestein, zeigte seine äonenalten Streifen, war von Fluten zerklüftet. Dahinter lag eine Kette von Bergen, gemeißelt und gesprengt vom Wind, der jetzt in den Büschen sang. Die Büsche schwankten mit

diesem Gesang, erstarrten wieder und schwiegen. Der Himmel war hellblau. Ein kleiner Wolkenbausch, weiß wie eine Quittenblüte, trug einen kleinen Schatten heran, von der Stadt oder vom Südpol. Ich sah ihn herankommen. Er kräuselte die Büsche und glitt über mich hin, ein kurzes Frösteln, dann schob er sich aufwärts nach Osten. Hier waren keine Stimmen zu hören. Hier gab es nur das, was ich sah, und obwohl dahinter Berge, Gletscher, Albatrosse und Indianer waren, gab es hier jedenfalls nichts, was der Rede wert gewesen wäre, nichts, was mich länger hätte aufhalten können. Nichts als das patagonische Paradox: Die unermeßliche Weite, die winzigen Blüten der Beifußgewächse. Das Nichts, das für einen unerschrockenen Reisenden der Beginn sein kann, war der Schluß für mich. Ich war in Patagonien, und ich mußte lachen, wenn ich mir überlegte, daß ich von Boston hierhergekommen war, mit der U-Bahn, mit der die Leute zur Arbeit fuhren.

Quellen

Bierce, Ambrose, *Des Teufels Wörterbuch*, aus dem Amerikanischen von Gisbert Haefs, Zürich 1986.
Borges, Jorge Luis, *Gesammelte Werke*, herausgegeben von Gisbert Haefs und Fritz Arnold, verschiedene Übersetzer, München und Wien 1992.
Boswell, James, *Das Leben Samuel Johnsons und Das Tagebuch einer Reise nach den Hebriden*, aus dem Englischen von Jutta Schlösser, München 1985.
Darwin, Charles, *Reise eines Naturforschers um die Welt*, bearbeitet von Dr. Irma Bühler nach der Ausgabe von 1875 in der Übersetzung von J. Victor Carus, Frankfurt am Main o. J.
Donne, John, *Complete Verse and Selected Prose*, ed. John Hayward, London 1962.
Eliot, Thomas S., »The Waste Land«, in *Collected Poems 1909–1962*, London und Boston 1990.
Faulkner, William, *Wilde Palmen*, aus dem Amerikanischen von Helmut M. Braem und Elisabeth Kaiser, Zürich 1957.
Hammett, Dashiell, *Der dünne Mann*, aus dem Amerikanischen von Tom Knoth, Zürich 1976.
Icaza, Jorge, *Huazi-Pungo, Ruf der Indios*, aus dem Spanischen von Paul Zech, Rudolstadt 1952.
Joyce, James, *Dubliner*, aus dem Englischen von Dieter E. Zimmer, Frankfurt am Main 1995.
Kinglake, Alexander William, *Eothen oder Reiseimpressionen aus dem Osten*, aus dem Englischen von August Kretzschmar, Leipzig 1846.
Kipling, Rudyard, »Am Ende der Fahrt«, in *Dunkles Indien, Erzählungen*, aus dem Englischen von Gustav Meyrink, München und Leipzig 1993.
Kipling, Rudyard, *Die Ballade von Ost und West, Selected Poems*, aus dem Englischen von Gisbert Haefs, Zürich 1992.
Kipling, Rudyard, *Kleine Geschichten aus den Bergen*, aus dem Englischen von Wilhelm Lehmann, München und Leipzig 1993.
Lawrence, T. E., *Die sieben Säulen der Weisheit*, aus dem Englischen von Dagobert von Mikusch, Leipzig 1936.
Moorhouse, Geoffrey, *Fata Morgana*, aus dem Englischen von Gustav Kilpper, Reinbek bei Hamburg 1976.

Moravia, Alberto, *Die Streifen des Zebras,* aus dem Italienischen von Ute Stempel, München 1980.
Morelet, Arthur, *Reisen in Central-Amerika,* aus dem Französischen von H. Hertz, Jena 1872.
Poe, Edgar Allan, *Die denkwürdigen Erlebnisse des Arthur Gordon Pym,* aus dem Amerikanischen von Gisela Etzel, Zürich 1985.
Slocum, Joshua, *Allein um die Welt,* aus dem Englischen von Jürgen Hassel, Bielefeld 1977.
Thesiger, Wilfried, *Die Brunnen der Wüste – Mit den Beduinen durch das unbekannte Arabien,* aus dem Englischen von Peter Stadelmayer, München 1959.
Thomsen, Moritz, *Arm mit den Armen,* aus dem Amerikanischen von Hans-Georg Noack, Baden-Baden 1972.
Twain, Mark, *Querkopf Wilson,* aus dem Amerikanischen, anonym, 1898.
Waugh, Evelyn, *Als das Reisen noch schön war,* aus dem Englischen von Rose Grässel, Hamburg 1949.

(Daten nach der »Deutschen National-Bibliographie«. Leider konnten nicht alle im Text erwähnten Autoren und Werke ermittelt werden.)